여러분의 합격을 응원하는
해커스공무원의 특별 혜택

FREE 공무원 민법 **동영상강의**

해커스공무원(gosi.Hackers.com) 접속 후 로그인 ▶ 상단의 [무료강좌] 클릭 ▶
좌측의 [교재 무료특강] 클릭

 해커스공무원 온라인 단과강의 **20% 할인쿠폰**

82FC6AB664D3AD23

해커스공무원(gosi.Hackers.com) 접속 후 로그인 ▶ 상단의 [나의 강의실] 클릭 ▶
좌측의 [쿠폰등록] 클릭 ▶ 위 쿠폰번호 입력 후 이용

* 쿠폰 이용 기한: 2022년 12월 31일까지(등록 후 7일간 사용 가능)
* 쿠폰 이용 관련 문의: 1588-4055

해커스 회독증강 콘텐츠 **5만원 할인쿠폰**

4F85498523644AG4

해커스공무원(gosi.Hackers.com) 접속 후 로그인 ▶ 상단의 [나의 강의실] 클릭 ▶
좌측의 [쿠폰등록] 클릭 ▶ 위 쿠폰번호 입력 후 이용

* 쿠폰 이용 기한: 2022년 12월 31일까지(등록 후 7일간 사용 가능)
* 월간 학습지 회독증강 행정학/행정법총론 개별상품은 할인쿠폰 할인대상에서 제외

단기 합격을 위한
해커스 커리큘럼

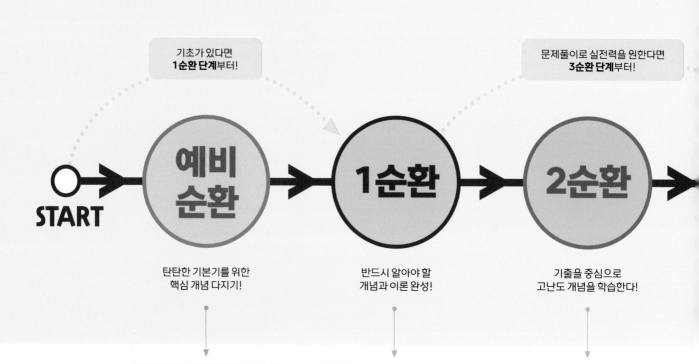

기초가 있다면
1순환 단계부터!

문제풀이로 실전력을 원한다면
3순환 단계부터!

START → **예비 순환** → **1순환** → **2순환** →

탄탄한 기본기를 위한
핵심 개념 다지기!

반드시 알아야 할
개념과 이론 완성!

기출을 중심으로
고난도 개념을 학습한다!

강의 **쌍기초 입문반**

법원직 초시생 전용 과목별 공부
방법론 및 틀과 기초 개념을 잡는
강의

강의 **기본이론반**

조문 → 판례 → 기출로 이어지는
체계적인 뼈대를 세우는 강의

사용교재
· 해커스법원직 민법 기본서 1권, 2권

강의 **심화이론반**

기출 중심으로 1순환 내용(조문과
판례)에 살을 붙이고 고득점에
필요한 구조화·체계화하는 강의

사용교재
· 해커스법원직 민법 기출문제집 1권, 2권
· 해커스법원직 민법 기본서 1권, 2권

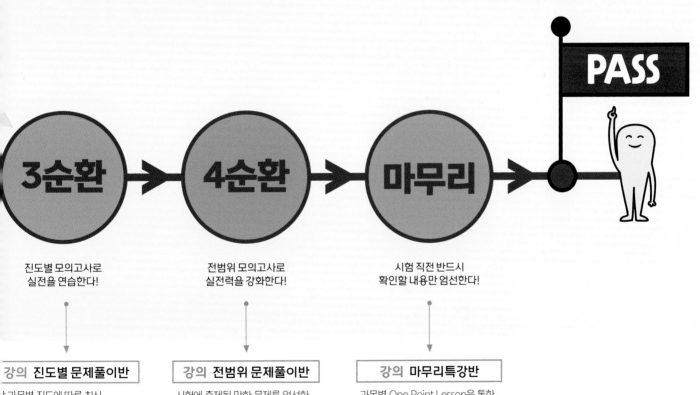

진도별 모의고사로
실전을 연습한다!

전범위 모의고사로
실전력을 강화한다!

시험 직전 반드시
확인할 내용만 엄선한다!

강의 **진도별 문제풀이반**

과목별 진도에 따른 최신
제를 풀이하며 본인의 취약영역을
악 및 보완하는 강의

강의 **전범위 문제풀이반**

시험에 출제될 만한 문제를 엄선한
전범위 예상 문제풀이를 통해
실전력을 강화하는 강의

강의 **마무리특강반**

과목별 One Point Lesson을 통한
자기주도 마무리 및 반복학습으로
최종 점검할 수 있는 강의

2022 대비 최신판

해커스법원직

민법

기출문제집 | 2권 채권법·가족법

윤동환, 공태용 민법의 맥

■ 해커스공무원

윤동환

약력

서울대학교 졸업(법학사, 경제학사)
고려대학교 법학대학원 수료

현 | 해커스공무원, 해커스경찰 민법 강의
현 | 합격의법학원 변호사시험 민법, 민사소송법 전임
전 | 성균관대·경북대·전남대·제주대·인하대 로스쿨 특강
전 | 성균관대·한양대·단국대·전남대·전북대 등 대학 특강
　　및 모의고사 문제 출제

저서

해커스법원직 윤동환, 공태용 민법의 맥 기출문제집, 해커스패스
해커스법원직 윤동환, 공태용 민법의 맥, 해커스패서
민법의 맥, 기출중심 민법사례의 맥, 우리아카데미
민사소송법의 맥, 기출중심 민사소송법 사례의 맥, 우리아카데미
민법 필수암기장, 핵심 민사소송법의 맥, 우리아카데미
합격의 KEY 변시 기출문제 완전분석(선택형), 우리아카데미
민법·민사소송법 종합사례의 맥, 우리아카데미
실전답안 민법·민사소송법 핵심사례의 맥, 우리아카데미
핵심 정지문 민법의 맥, 핵심 정지문 민사소송법의 맥, 우리아카데미
최근 3개년 및 1개년 민법 판례의 맥, 우리아카데미
최근 3개년 및 1개년 민사법 판례의 맥(공태용 공저), 우리아카데미

공태용

약력

서울대학교 법과대학 졸업
제41회 사법시험 합격(사법연수원 제31기)

현 | 해커스공무원 민법, 상법 강의
현 | 합격의법학원 변호사시험 상법 강의
현 | 사법시험, 변호사시험 강의
현 | 법률사무소 예건 대표변호사
현 | 서울중앙지방법원 조정위원
현 | 서울시 계약심의위원장, 용인시 법률고문 등 공공기관
　　법률고문
현 | JYP엔터테인먼트 사외이사 및 감사위원
현 | 기타 상장회사와 비상장회사 법률고문
전 | 법무법인 광장 변호사(금융팀)
전 | 이화여대로스쿨 법률상담 및 법률구조 자문위원

저서

해커스법원직 민법 윤동환, 공태용 민법의 맥 기출문제집, 해커스패스
해커스법원직 윤동환, 공태용 민법의 맥, 해커스패스
해커스법원직 공태용 상법의 맥, 해커스페스
상법의 맥, 우리아카데미
핵심 상법의 맥, 우리아카데미
핵심 상법 기출의 맥, 우리아카데미
최근 3개년 상법 판례의 맥, 우리아카데미
핵심 정지문 상법의 맥, 우리아카데미
최근 1개년 민사법 판례의 맥(윤동환 공저), 우리아카데미
민사법 기록의 맥(윤동환 공저), 우리아카데미

서문

저자는 20년간 수험 민법을 강의하고 저술 작업을 하면서 민법이라는 과목을 가장 효율적으로 학습하는 방법을 생각해 왔고 그 결과물로 『해커스법원직 윤동환, 공태용 민법의 맥 기본서』에 이어 『해커스법원직 윤동환, 공태용 민법의 맥 기출문제집』을 선보이게 된 것을 기쁘게 생각합니다.

수험가에서는 열 권의 책을 한 번 보는 것보다 한 권의 책을 열 번 보는 것이 낫다는 말이 있습니다. 시험장에서 생각날 수 있도록 여러 번 반복학습하기 위해서는 당연한 선택입니다. 하지만 시중에 나와 있는 '법원직 전용 기출문제집'을 표방하는 문제집의 경우에도 그 분량이 1,500페이지가 넘는 경우가 허다합니다. 그러나 법원직 기출의 경우 몇 문제를 제외하고는 변호사시험과 같이 심도있고 깊이 있는 민법의 법리(사례형)를 물어보는 것도 아니고, 법원행정고시와 같이 아주 다양한 판례를 장문의 지문으로 물어보는 것도 아닙니다. 전체적으로는 '기본법리'를 중심으로 '중요판례' 및 '중요조문'을 출제하고 있으며 변별력을 위한 지엽적인 판례와 조문은 정답과 무관한 경우가 많아 지엽적인 판례와 조문들을 위해 굳이 1,500페이지 이상 되는 문제집을 볼 필요도 없고 더군다나 반복해서 보는 것은 불가능에 가깝다고 할 수 있습니다.

따라서 최근 8개년 법원직 '기출'을 중심으로 각종 국가고시 기출지문 중 출제가 유력한 '출제예상' 문제를 빠짐없이 꼭 필요한 만큼만 수록하여 반복학습을 통한 효과적인 법원직 객관식 정복이 가능하도록 800여 페이지로 구성하였습니다. 특히 최근 3년 정도의 법원직 9급 공채시험의 경향을 살펴보면 지문의 길이가 길어지고 5급 공채시험, 변호사시험에서나 볼 수 있었던 사례형 문제가 출제되고 있습니다. 법리에 대한 탄탄한 이해가 뒷받침되지 않으면, 아무리 성실하게 기출지문을 암기한다 해도 방대하고 난해한 민법에서 합격에 필요한 점수를 얻을 수 없는 상황입니다. 이에 '출제예상' 문제에는 난이도 있는 다소 장문의 지문이나, 간단한 사례형 문제를 수록함으로써 다양한 문제의 유형에 대비하도록 하였습니다.

본서의 특징은 아래와 같습니다.

1. 교과서 진도에 맞춘 논리적 흐름과 체계

기출문제 원전을 교과서 진도에 맞추어 배치함으로써 교과서 공부와 병행할 수 있도록 했습니다. 수험생 여러분은 먼저 교과서에서 해당 진도의 내용을 학습한 후 실제 기출문제 및 예상문제를 풀어봄으로써 문제 적응력을 높이고 교과서를 공부할 때에도 강약을 조절할 수 있을 것입니다. 교과서와 별도로 본서를 가지고 학습할 때에도 교과서 편재에 따라 해설에 제목을 붙이고 지문을 분류하여 민법의 논리적 흐름과 체계를 잃지 않도록 했습니다.

서문

2. 비교판례 및 쟁점정리

해설부분에 참고판례, 관련판례, 비교판례, 쟁점정리 등의 표시를 하여 출제가 유력한 판례와 쟁점을 정리했습니다. 민법에 할당된 객관식 문제의 수가 25개이기 때문에 결국 중요한 부분에서 출제될 수밖에 없습니다. 따라서 기출된 주요 판례가 반복 출제되는 것은 피할 수 없습니다. 하지만 기출문제는 모든 수험생이 대비하는 최소한의 학습범위에 속하므로 이로써 변별력을 높이기에는 한계가 있습니다. 때문에 출제자에게는 똑같은 문제가 반복되는 것을 최소화하면서도 중요한 주제를 놓치지 않아야 하는 딜레마가 존재합니다. 이 딜레마를 해결하는 가장 손쉬운 방법은 기출된 판례와 관련되거나, 비교되는 판례의 출제일 것입니다. 이러한 경향은 실제 기출문제를 분석해 보면 알 수 있습니다. 본서는 기출지문을 기준으로 삼아 가장 출제가 유력한 판례를 선별하고 적재적소에 배치함으로써, **별도의 판례집을 보지 않고도 다양한 문제를 대비**할 수 있도록 했습니다.

3. 최근 8개년 법원직 기출 전면 수록, 각종 국가고시에서 출제된 지문 중 출제 가능한 예상문제, 총 800여 페이지로 법원직 민법의 효과적 대비

본서는 2014년부터 2021년까지 최근 8개년 법원직 기출문제는 빠짐없이 소개하고, 가능한 한 설명도 상세하게 하여 반복출제에 대비할 수 있게 하였습니다. 아울러 아직 법원직에서 출제되지 않은 지문(판례) 중 **각종 국가고시에서 이미 출제된 지문들과 2021년 7월까지의 최신판례들을 엄선**하여 '출제예상' 문제로 구성하여 효과적인 학습이 가능하도록 하였습니다. 법원직 시험을 준비하는 수험생들은 특히 최근 3개년 기출은 유념해서 그 경향을 살필 필요가 있고, '출제예상' 지문들은 반복에 반복학습을 할 것을 권면드립니다.

아무쪼록 법원직 시험을 준비하는 수험생들에게 적지 않은 도움을 줄 수 있기를 간절히 기대하는 마음입니다. 앞으로도 『해커스법원직 윤동환, 공태용 민법의 맥 기출문제집』이 살아있는 수험서가 되도록 부족한 부분들은 꾸준히 보완해 나갈 예정입니다.

참고로 다양한 매체를 통해 하루에도 적지 않은 질문을 받고 있어 특히 강의 중인 경우 신속한 답변이 이루어지지 않아 수험생 여러분들이 많이 불편하실 것 같습니다. 따라서 즉답을 할 수 있는 출간(강의) 문의나 공부방법론 등은 제 개인 카톡(아이디 dhyoon21)을 활용하시고, 책이나 강의 내용에 대한 질문은 네이버 카페 "해커스 법원직"(https://cafe.naver.com/lawhackersteam)이나 개인 이메일(dhyoon21@hanmail.net)을 이용해 주시면 좋겠습니다.
수험생 여러분의 합격을 위해 최선을 다할 것을 약속드리고, 존경받는 공무원 되시기를 진심으로 기원합니다.

2021년 10월 연구실에서
윤동환, 공태용

차례

제3편 채권총론

제1장 채권법 서론 · 8

제2장 채권의 목적
제1절　총설　10
제2절　목적에 의한 채권의 종류　10

제3장 채권의 효력
제1절　채무불이행의 유형 및 요건　14
제2절　채무불이행의 효과　28
제3절　채권자치제　38

제4장 채권의 대외적 효력
제1절　책임재산의 보전　39

제5장 수인의 채권자 및 채무자
제1절　분할채권(채무)관계　74
제2절　불가분채권관계　74
제3절　연대채무　74
제4절　보증채무　81
제5절　연대보증　81
제6절　계속적 보증　81

제6장 채권양도와 채무인수
제1절　채권양도　89
제2절　채무인수　105

제7장 채권의 소멸
제1절　변제　113
제2절　대물변제　131
제3절　변제공탁　131
제4절　상계　138

제4편 채권각론

제1장 계약 총론 · 148

제2장 계약의 효력
제1절　동시이행의 항변권　150
제2절　위험부담　155

제3절　제3자를 위한 계약　159
제4절　계약의 해제(해지)　162

제3장 각종의 계약
제1절　증여　181
제2절　매매　184
제3절　교환　200
제4절　소비대차　200
제5절　사용대차　200
제6절　임대차　200
제7절　고용　226
제8절　도급　226
제9절　여행계약　236
제10절　현상광고　240
제11절　위임　240
제12절　임치　240
제13절　조합　243
제14절　종신정기금　250
제15절　화해　250

제4장 사무관리 · 252

제5장 부당이득 · 256

제6장 불법행위책임 · 270

제5편 친족상속법

제1장 친족법
제1절　총설　294
제2절　가족　296
제3절　혼인　296
제4절　부모와 자　320

제2장 상속법
제1절　상속　344
제2절　유언 및 유류분　372

제3편

채권총론

제1장 채권법 서론

제2장 채권의 목적

제3장 채권의 효력

제4장 채권의 대외적 효력

제5장 수인의 채권자 및 채무자

제6장 채권양도와 채무인수

제7장 채권의 소멸

제1장 채권법 서론

문1 A는 乙이 경영하는 여관 2층에 투숙하여 잠을 자던 중, 그 여관 1층에서 발생한 원인불명의 화재가 순식간에 2층으로 번져 질식사하게 되었다. A에겐 유일한 상속인인 직계비속 甲이 있었다 (단, 乙은 화재예방 및 화재발생 후 사후조치에 대해 경과실이 있었다고 가정한다). 이에 甲은 주위적으로 乙에 대하여 불법행위를 이유로 한 손해배상을 청구하고, 예비적으로 乙에 대하여 채무불이행을 이유로 한 손해배상을 청구하였다. 다음 중 틀린 것은? [기출변형]

① 통상의 임대차관계에 있어서 임대인은 임차인의 안전을 배려하여 주거나 도난을 방지하는 등의 보호의무를 부담하지 않는다.

② 예비적 청구에 있어 乙은 A의 안전을 배려하여야 할 보호의무를 부담하며, 이러한 의무는 숙박계약의 특수성을 고려한 신의칙상의 부수의무로서 이를 위반한 경우 불완전이행으로 인한 채무불이행책임을 부담한다. 다만, 乙은 그 채무불이행에 관하여 자기에게 과실이 없음을 주장·입증한다면 그 책임을 면할 수 있다.

③ 피해자인 A가 포기하였거나 면제했다고 볼 수 있는 특별한 사정이 없는 한 甲은 A의 위자료청구권을 상속받아 이를 청구할 수 있다.

④ 甲은 A의 사망으로 인하여 생긴 자신의 정신적 손해의 배상도 청구할 수 있는바, 이는 주위적 청구이든 예비적 청구이든 관계없이 인정된다.

해설 ① [○] "통상의 임대차관계에 있어서 임대인의 임차인에 대한 의무는 특별한 사정이 없는 한 단순히 임차인에게 임대목적물을 제공하여 임차인으로 하여금 이를 사용·수익하게 함에 그치는 것이고, 더 나아가 임차인의 안전을 배려하여 주거나 도난을 방지하는 등의 보호의무까지 부담한다고 볼 수 없다"(대판 1999.7.9. 99다10004)

② [○] "공중접객업인 숙박업을 경영하는 자가 투숙객과 체결하는 숙박계약은 일시 사용을 위한 임대차계약으로서 고객에게 위험이 없는 안전하고 편안한 객실 및 관련 시설을 제공함으로써 고객의 안전을 배려하여야 할 보호의무를 부담하며 이러한 의무는 숙박계약의 특수성을 고려하여 신의칙상 인정되는 부수적인 의무로서 숙박업자가 이를 위반하여 고객의 생명·신체를 침해하여 투숙객에게 손해를 입힌 경우 불완전이행으로 인한 채무불이행책임을 부담하고, 이 경우 피해자로서는 구체적 보호의무의 존재와 그 위반 사실을 주장·입증하여야 하며 숙박업자로서는 통상의 채무불이행에 있어서와 마찬가지로 그 채무불이행에 관하여 자기에게 과실이 없음을 주장·입증하지 못하는 한 그 책임을 면할 수는 없다"(대판 2000.11.24. 2000다38718,38725)

③ [○] "정신적 손해에 대한 배상(위자료)청구권은 피해자가 이를 포기하거나 면제했다고 볼 수 있는 특별한 사정이 없는 한 생전에 청구의 의사를 표시할 필요 없이 원칙적으로 상속되는 것이라고 해석함이 상당하다"(대판 1966.10.18. 66다1335)

④ [X] 乙은 제750조의 불법행위책임을 진다고 할 수 있으므로 甲은 피해자인 A의 직계비속으로서 정신적 고통에 관한 입증의 필요 없이 위자료를 청구할 수 있다(제752조). 그러나 判例는 채무불이행의 경우에 근친자의 위자료청구권을 인정하지 않는다. 즉 채무불이행으로 인한 유족의 위자료청구권 인정 여부와 관련하여 제752조의 유추적용을 부정한다(대판 2000.11.24. 2000다38718,38725).

[정답] ④

제2장 채권의 목적

제1절 ┃ 총설

제2절 ┃ 목적에 의한 채권의 종류

> **문1** 이자채권에 관한 다음 설명 중 가장 옳지 않은 것은? (다툼이 있는 경우 판례에 의하고, 전원
> 합의체 판결의 경우 다수의견에 의함) [20서기보]
>
> ① 원본채권이 양도된 경우 이미 변제기에 도달한 이자채권은 원본채권의 양도 당시
> 그 이자채권도 양도한다는 의사표시가 없는 한, 당연히 양도되지는 않는다.
> ② 1년 이내의 기간으로 정한 이자채권의 소멸시효기간은 3년이다. 이는 지급의 정기
> 가 1년 이내인 채권을 의미하고, 변제기가 1년 이내의 채권을 말하는 것이 아니므
> 로, 이자채권이라고 하더라도 1년 이내의 정기에 지급하기로 한 것이 아니라면 3년
> 의 단기소멸시효에 걸리는 것이 아니다.
> ③ 지료나 임료는 금전 기타 대체물의 사용대가가 아니므로 이자가 아니다. 또한 금전
> 채무 불이행에 대한 손해배상금을 지연이자라고도 하는데, 그 법적 성질은 이자가
> 아니라 손해배상금이다.
> ④ 하나의 금전채권의 원금 중 일부가 변제된 후 나머지 원금에 대하여 소멸시효가 완
> 성된 경우, 소멸시효 완성의 효력은 소멸시효가 완성된 원금 부분으로부터 그 완성
> 전에 발생한 이자 또는 지연손해금뿐만 아니라, 변제로 소멸한 원금 부분으로부터
> 그 변제 전에 발생한 이자 또는 지연손해금에도 미친다고 보아야 한다.

해설 ① [○] 원본채권이 양도되더라도 이미 변제기에 도달한 '지분적 이자채권'이 당연히 같이 양도되
는 것은 아니다(대판 1989.3.28, 88다카12803).

쟁점정리 기본적 이자채권이란 추상적 이율에 의한 이자채권을 말하고, 지분적 이자채권이란
기본적인 이자채권에 기해 매기마다 발생된, 일정액의 이자를 청구할 수 있는 권리를 말한다.
예컨대 100만원의 원금에 대하여 연 2할의 이율로 매월 이자를 지급하기로 약정하는 경우, ⊙
채무자는 연 2할의 이자를 지급해야 할 '기본적 이자채무'를 지고, ⓛ 이 채무의 이행으로써
변제기에 도래한 매월의 이자를 지급해야 하는 '지분적 이자채무'를 부담하게 된다.

(1) 기본적 이자채권 : 발생할 이자채권
  기본적 이자채권은 그 발생·소멸·처분에서 원본채권과 운명을 같이한다(부종성, 수반성 등).
  즉 원본채권이 없이는 발생할 수 없고, 원본채권이 소멸하면 같이 소멸하며, 원본채권의 양도
  등 처분은 기본적 이자채권의 처분을 수반하는 것을 원칙으로 한다.

(2) 지분적 이자채권 : 이미 발생한 이자채권

지분적 이자채권은 원본채권과 분리하여 양도할 수 있고, 원본채권과는 별도로 변제할 수 있으며, 또 (1년 이내의 기간으로 정한) 이자채권은 따로 3년의 시효(제163조 1호)에 걸리는 등 강한 독립성이 있다.

② [○] '1년 이내의 기간으로 정한 채권'이란 1년 이내의 정기로 지급되는 채권(정기급부 채권, 대표적으로 월차임채권)을 의미하는 것이지 변제기가 1년 이내인 채권을 말하는 것이 아니다. 따라서 이자채권이더라도 1년 이내의 정기로 지급하기로 한 것이 아니면 3년의 시효에 걸리지 않는다(대판 1996.9.20, 96다25302).

[비교판례] 1년 이내의 정기로 이자를 받기로 한 경우에도, 그 원본채무의 연체가 있는 경우의 그 지연배상금은 손해배상금이지 이자가 아니므로 본조의 적용이 없고 원본채권의 소멸시효기간과 같다고 보아야 한다(대판 1989.2.28, 88다카214).

③ [○] 이자채권은 이자의 지급을 목적으로 하는 채권으로 말한다. 여기서 '이자'란 금전 기타 대체물의 사용대가로 원본액과 사용기간에 비례하여 지급되는 금전 기타 대체물을 말한다. 한편, 종신정기금, 건설이자, 지료, 임료, 회사의 이익배당금 등은 일정한 비율로 산정되지만 금전의 사용대가가 아니므로 이자가 아니다. 그리고 금전채무불이행에 대한 손해배상금을 '지연이자'라고도 하는데, 그 법적 성질은 이자가 아니라 손해배상금이다.

④ [×] 주된 권리의 소멸시효가 완성한 때에는 종속된 권리에 그 효력이 미친다(제183조). 예컨대, 원본채권이 시효로 소멸하면 이자채권의 시효기간이 남아 있다고 하더라도 시효로 소멸한다는 점이다. 다만 判例는 하나의 금전채권의 원금 중 일부가 변제된 후 나머지 원금에 대하여 소멸시효가 완성된 경우, 소멸시효 완성의 효력은 소멸시효가 완성된 원금 부분으로부터 그 완성 전에 발생한 이자(또는 지연손해금)에는 미치나, 변제로 소멸한 원금 부분으로부터 그 변제 전에 발생한 이자(또는 지연손해금)에는 미치지 않는다고 한다(대판 2008.3.14, 2006다2940)

[정답] ④

문2 甲은 乙에게 乙이 생산한 참외 100상자를 주문하였고, 대금은 100만 원으로 정하였다. 甲과 乙은 품질이나 이행지에 관하여는 달리 약정을 하지 않았다. 乙은 丙에게 자신이 생산한 참외 중에서 100상자를 甲의 주소지로 운송해 줄 것을 부탁하였다. 이에 관한 설명 중 옳지 않은 것은?

[기출변형]

① 乙은 자신이 생산한 참외 중 중등품 100상자를 甲의 주소지에서 인도하여야 한다.

② 丙이 위 참외를 트럭에 싣고 甲의 주소지로 가던 중 丙의 과실 없이 사고를 당하여 참외가 모두 파손된 경우, 乙은 자신이 생산한 다른 참외가 있더라도 참외 100상자를 다시 인도할 필요가 없다.

③ 丙이 참외 100상자를 싣고 이행일시에 甲의 주소지에 도착하여 甲에게 적법한 이행제공을 하였으나 甲이 수령을 거절하는 바람에 丙이 되돌아 가다가 그의 과실 없이 교통사고를 당하여 참외가 멸실된 경우, 乙의 위 참외 인도채무는 소멸한다.

④ 위 ③의 경우에 乙은 甲에게 위 참외대금의 지급을 청구할 수 있다.

해 설 ① [○] **제375조(종류채권)** 「①항 채권의 목적을 종류로만 지정한 경우에 법률행위의 성질이나 당사자의 의사에 의하여 품질을 정할 수 없는 때에는 채무자는 중등품질의 물건으로 이행하여야 한다.」

☞ 종류채권은 특정물채권과 달리 목적물의 개성이 중시되지 않기 때문에, 종류물인지 여부(개성의 중시 여부)는 거래의 일반관념에 의하여 객관적으로 정해지는 것이 아니라, 당사자의 의사를 표준으로 하여 정하여 진다. 乙의 채무는 참외 100상자를 인도하는 것으로 사안에서 甲이 특정 참외 상자를 지정한 것으로 보이지 않으므로 불특정한 참외 100상자를 인도하면 족한 '종류채무'이다.

② [×] 乙이 참외 100상자를 다시 인도할 필요가 있는지 여부(조달의무)는 급부의 위험이 누구에게 있는지와 관련된 문제인바, 종류물의 특정으로 급부(물건)의 위험이 채권자 甲에게 이전한다. 따라서 특정된 물건이 그 후 어떤 사정으로 멸실한 경우에는, 채무자 乙은 다른 종류물로 다시 이행하여야 할 의무(조달의무)를 지지는 않으며 그 인도의무를 면한다.

사안의 경우 채권자 甲이 채무자 乙에게 지정권을 준 사정은 없기 때문에 채무자 乙의 '이행에 필요한 행위의 완료 여부'에 따라 특정여부가 결정된다(제375조 2항). 이는 변제장소와 관련한 채무의 종류에 따라 다른데, 사안과 같이 이행지에 관하여 달리 약정한 바가 없다면 채무변제는 채권자 甲의 현주소에서 하여야 한다. 즉, 지참채무가 원칙이다. 지참채무의 경우는 채권자의 주소에서 '현실의 제공'을 한 때(제460조 본문), 즉 목적물이 채권자의 주소에 도달하고 채권자가 언제든지 수령할 수 있는 상태에 놓여진 때에 특정된다.

따라서 위 지문에서와 같이 채권자 甲의 주소지에 도달하기 전, 즉 특정되기 전에 목적물이 모두 파손된 경우라면 채무자 乙은 여전히 조달의무를 지게 되고, 참외 100상자를 다시 인도해야 한다.

③ [○] 지문의 경우 채무자 乙이 채권자 甲에게 적법한 이행제공을 하였기 때문에 비록 甲이 수령을 거절하였다고 하더라도 제375조 2항의 '이행에 필요한 행위를 완료'했다고 봄이 타당하다. 그러므로 乙의 참외 100상자 인도채무는 특정되었다. 따라서 이 때 참외라는 급부(물건)의 위험은 채권자 甲에게 이전하고 채무자 乙은 이행기의 현상대로 물건을 인도하면 된다(제462조). 그런데, 사안에서 그 특정된 참외가 파손된 것이므로 乙의 의무는 급부불능이 되었고 이러한 급부위험은 채권자 甲이 부담하게 되므로 乙의 참외 인도채무는 소멸한다.

④ [○] 乙이 甲에게 위 참외대금의 지급을 청구하기 위해서는 소위 '채권자위험부담주의'인 제538조 1항의 법리가 적용되어야 한다. 지문 ③에서 채무자 乙은 채무의 내용에 좇은 이행의 제공을 하였으나 채권자 甲이 수령을 거절하였으므로 채권자지체가 성립한다(제400조). 따라서 지문 ③과 같이 **채권자지체 중 쌍방당사자의 책임 없는 사유로 멸실된 경우**(제538조 1항 2문) 채무자는 자신의 급부의무는 면하게 되나 채권자는 반대급부의 이행을 청구할 수 있다. 즉 채무자 乙은 급부의무를 면하게 되므로 위 참외 인도채무는 소멸하지만 채무자 乙은 채권자 甲에게 반대급부인 참외대금의 지급을 청구할 수 있다.

[정답] ②

제3장 채권의 효력

제1절 ┃ 채무불이행의 유형 및 요건

문1 다음 설명 중 가장 옳지 않은 것은? (다툼이 있는 경우 판례에 의함) [15서기보]

① 신원보증인의 채무는 피보증인의 불법행위로 인한 손해배상채무 그 자체가 아니고 신원보증계약에 기하여 발생한 채무로서 이행기의 정함이 없는 채무이므로 채권자로부터 이행청구를 받지 않으면 지체의 책임이 생기지 않는다.

② 채무자가 이행거절의 의사를 명백히 표시하여 최고 없이 계약의 해제나 손해배상을 청구할 수 있는 경우에, 채무자의 이행거절로 인한 채무불이행에서의 손해액 산정은 이행거절 당시의 급부목적물의 시가를 표준으로 해야 한다.

③ 변제공탁이 유효하려면 채무 전부에 대한 변제의 제공 및 채무 전액에 대한 공탁이 있음을 요하고 채무 전액이 아닌 일부에 대한 공탁은 그 부분에 관하여서도 효력이 생기지 않으나, 채권자가 공탁금을 채권의 일부에 충당한다는 유보의 의사표시를 하고 이를 수령한 때에는 그 공탁금은 채권의 일부의 변제에 충당된다.

④ 배우자 있는 부녀가 간통행위를 하고 이로 인하여 그 부녀가 배우자와 별거하거나 이혼하는 등으로 혼인관계를 파탄에 이르게 한 경우, 간통행위를 한 부녀는 그 자녀에 대하여도 불법행위책임을 부담한다.

해설 ① [○] 대판 2009.11.26, 2009다59671

제387조(종류채권) 「②항 채무이행의 기한이 없는 경우에는 채무자는 이행청구를 받은 때로부터 지체책임이 있다.」

② [○] "채무자가 이행거절의 의사를 명백히 표시하여 최고 없이 계약의 해제나 손해배상을 청구할 수 있는 경우에는 이행거절 당시의 급부목적물의 시가를 표준으로 해야 한다"(대판 2007.9.20, 2005다63337).

③ [○] "변제공탁이 유효하려면 채무 전부에 대한 변제의 제공 및 채무 전액에 대한 공탁이 있어야 하고 채무 전액이 아닌 일부에 대한 공탁은 그 부분에 관하여서도 효력이 생기지 않으나, 채권자가 공탁금을 채권의 일부에 충당한다는 유보의 의사표시를 하고 이를 수령한 때에는 그 공탁금은 채권의 일부의 변제에 충당되고, 그 경우 유보의 의사표시는 반드시 명시적으로 하여야 하는 것은 아니다"(대판 2014.8.20, 2014다30650).

④ [X] 부부 일방이 정조의무를 위반한 경우에, 이는 부정행위로서 이혼사유에 해당하고(제840조 1호), 그 일방은 상대방에 대하여 손해배상책임을 진다(제843조, 제806조). 그리고 부정행위의 상대방도 배우자 있음을 알면서 통정하였다면, 공동불법행위자로서 배상책임을 진다(제760조) (대판 2005.5.13. 2004다1899 ; 대판 2015.5.29. 2013므2441참고). 하지만 특별한 사정이 없는 한 정조의무를 위반한 부정행위자가 자녀들에 대해서도 불법행위책임을 지는 것은 아니다(대판 2005.5.13. 2004다1899).

[정답] ④

문2 다음 설명 중 가장 옳지 않은 것은? (다툼이 있는 경우 판례에 의함) [16서기보]

① 불법행위에 있어 위법행위 시점과 손해발생 시점 사이에 시간적 간격이 있는 경우에 손해발생 시점이 불법행위로 인한 손해배상청구권의 지연손해금의 기산일이 된다.

② 점유가 순차로 승계된 경우에 취득시효의 완성을 주장하는 자는 자기의 점유만을 주장하거나 또는 자기의 점유와 전 점유자의 점유를 아울러 주장할 수 있는 선택권이 있는 것이나, 다만 그러한 경우에도 그 점유의 개시시기를 전 점유자의 점유기간 중의 임의시점을 택하여 주장할 수는 없다.

③ 근저당권 등 담보권 설정의 당사자들이 그 목적이 된 토지 위에 차후 용익권이 설정되거나 건물 또는 공작물이 축조·설치되는 등으로써 그 목적물의 담보가치가 저감하는 것을 막는 것을 주요한 목적으로 하여 담보권과 아울러 지상권을 설정한 경우 담보권이 소멸하더라도 등기된 지상권은 그 존속기간까지 유지되고, 담보권과 함께 소멸하지 않는다.

④ 경개에 의하여 성립된 신채무의 불이행을 이유로 경개계약을 해제할 수는 없다.

해설 ① [O] 判例는 "가해행위와 이로 인한 현실적인 손해의 발생 사이에 시간적 간격이 있는 불법행위에 기한 손해배상채권의 경우, 불법행위로 인한 손해배상채무의 지연손해금의 기산일은 불법행위 성립일임이 원칙이고, 불법행위에 있어 위법행위 시점과 손해발생 시점 사이에 시간적 간격이 있는 경우에는 손해발생 시점이 기산일이 된다"(대판 2012.2.23. 2010다97426).

② [O] 점유가 순차 승계된 경우에 있어서는 ㉠ 취득시효의 완성을 주장하는 자는 자기의 점유만을 주장하거나(점유의 분리) 또는 ㉡ 자기의 점유와 전 점유자의 점유를 아울러 주장(점유의 병합)할 수 있는 선택권이 있으며(제199조), 전 점유자의 점유를 아울러 주장하는 경우에도 어느 단계의 점유자의 점유까지를 아울러 주장할 것인가도 이를 주장하는 사람에게 선택권이 있고, 다만 전 점유자의 점유를 아울러 주장하는 경우에는 그 점유의 개시 시기를 어느 점유자의 점유기간 중의 임의의 시점으로 선택할 수 없는 것인바, 이와 같은 법리는 반드시 소유자의 변동이 없는 경우에만 적용되는 것으로 볼 수 없다(대판 1998.4.10. 97다56822).

③ [×] ※ 담보지상권의 소멸

"근저당권 등 담보권 설정의 당사자들이 그 목적이 된 토지 위에 차후 용익권이 설정되거나 건물 또는 공작물이 축조·설치되는 등으로써 그 목적물의 담보가치가 저감하는 것을 막는 것을 주요한 목적으로 하여 채권자 앞으로 아울러 지상권을 설정하였다면, 그 피담보채권이 변제 등으로 만족을 얻어 소멸한 경우는 물론이고 시효소멸한 경우에도 그 지상권은 피담보채권에 부종하여 소멸한다"(대판 2011.4.14, 2011다6342).

④ [○] ※ 경개계약의 해제

"경개는 하나의 계약으로 구채무의 소멸과 신채무의 성립을 동시에 가져오는 것이어서, 일종의 처분행위에 속하고 따로 이행의 문제를 남기지 않기 때문에, 경개에 의하여 성립된 신채무의 불이행을 이유로 경개계약을 해제할 수는 없다. 단, 별도의 특약이 있거나, 당사자 간의 합의해제는 가능하다"(대판 2003.2.11, 2002다62333).

[정답] ③

문3 이행지체에 관한 다음 설명 중 가장 옳지 않은 것은? (다툼이 있는 경우 판례에 의함) [17서기보]

① 이혼으로 인한 재산분할청구권은 재산분할로서 금전의 지급을 명하는 판결이나 심판이 확정된 다음 날부터 이행지체책임을 진다.

② 이행기의 정함이 없는 채권을 양수한 채권양수인이 채무자를 상대로 그 이행을 구하는 소송 계속 중 채무자에 대한 채권양도통지가 이루어진 경우에는 채무자는 채권양도통지가 도달된 다음 날부터 이행지체의 책임을 진다.

③ 불확정기한이 있는 채권은 채무자가 기한도래를 안 때부터 소멸시효가 진행하나 이에 대한 이행지체책임은 기한이 도래한 때부터 발생한다.

④ 당사자가 불확정한 사실이 발생한 때를 이행기한으로 정한 경우에는 그 사실이 발생한 때는 물론 그 사실의 발생이 불가능하게 된 때에도 이행기한은 도래한 것으로 보아야 한다.

해설 ① [○] "이혼으로 인한 재산분할청구권(제839조의2·제843조)은 이혼이 성립한 때에 이혼을 한 당사자의 일방이 다른 일방에 대하여 재산분할을 청구할 수 있는 권리로서 협의 또는 심판에 의하여 비로소 그 구체적 내용이 정해지게 되므로, 당사자가 이혼이 성립하기 전에 이혼소송과 병합하여 재산분할의 청구를 하고 법원이 이혼과 동시에 재산분할로서 금전의 지급을 명하는 판결을 하는 경우, 그 금전채무에 관하여는 그 판결이 확정된 다음날(이혼성립 다음날이 아님)부터 이행지체책임(연 5%의 법정이율)을 지게 되고, 이러한 소는 장래의 이행을 청구하는 소에 해당하여 소송촉진 등에 관한 특례법 제3조 1항 단서에 의해 동법 소정의 법정이율은 적용되지 않는다"(대판 2014.9.4. 2012므1656).

② [○] **제387조(이행기와 이행지체)** 「②항 채무이행의 기한이 없는 경우에는 채무자는 이행청구를 받은 때로부터(구체적으로는 그 다음날부터) 지체책임이 있다.」

"지명채권이 양도된 경우 채무자에 대한 대항요건이 갖추어질 때까지 채권양수인은 채무자에게 대항할 수 없으므로, 이행기의 정함이 없는 채권을 양수한 채권양수인이 채무자를 상대로 그 이행을 구하는 소를 제기하고 소송 계속 중 채무자에 대한 채권양도통지가 이루어진 경우에는 특별한 사정이 없는 한 채무자는 채권양도통지가 도달된 다음 날부터(이행의 소를 제기한 때가 아님) 이행지체의 책임을 진다"(대판 2014.4.10. 2012다29557).

③ [×] 소멸시효는 '권리를 행사할 수 있는 때'로부터 진행한다(제166조 1항). 이 때 '권리를 행사할 수 있는 때'란 권리를 행사하는 데 있어 '법률상의 장애'가 없음을 말한다(이행기의 미도래·정지조건의 불성취 등).

'불확정기한부 채권'의 소멸시효는 기한이 객관적으로 도래한 때이며, 채권자가 기한의 도래를 알았는지 여부, 그에 대한 과실유무는 묻지 않는다. 한편, '불확정기한부 채무'는 채무자가 기한이 도래함을 안 때로부터(구체적으로는 그 다음날부터) 지체책임이 있다(제387조 1항 2문).

④ [○] "당사자가 불확정한 사실이 발생한 때를 이행기한으로 정한 경우에는 그 사실이 발생한 때는 물론 그 사실의 발생이 불가능하게 된 때에도 이행기한은 도래한 것으로 보아야 한다"(대판 2002.3.29, 2001다41766).

[정답] ③

문4 다음 설명 중 가장 옳지 않은 것은? (다툼이 있는 경우 판례에 의하고, 전원합의체 판결의 경우 다수의견에 의함)   [20서기보]

① 이미 부담하고 있는 채무의 변제에 관하여 일정한 사실이 부관으로 붙여진 경우 특별한 사정이 없는 한 그것은 불확정기한으로 보아야 한다.

② 당사자가 불확정한 사실이 발생한 때를 이행기한으로 정한 경우에는 그 사실이 발생한 때는 물론 그 사실이 불가능하게 된 때에도 이행기한은 도래한 것으로 보아야 한다.

③ 채무의 이행에 관하여 기한이 정하여져 있지 않은 경우에 채무자는 이행청구를 받은 때로부터 지체책임을 지지만, 불법행위로 인한 손해배상채무는 성립과 동시에 지체에 빠지며 최고가 필요 없다.

④ 당사자가 이혼 성립 후 법원에 재산분할을 청구한 경우 재산분할금에 대하여 이혼 성립일 다음날부터 지체책임이 발생한다.

해설 ① [○] 判例에 따르면 " ㉠ 부관이 붙은 법률행위에 있어서 부관에 표시된 사실이 발생하지 않으면 채무를 이행하지 아니하여도 된다고 보는 것이 상당한 경우에는 '조건'으로 보아야 하고,

ⓛ 표시된 사실이 발생한 때에는 물론이고 반대로 발생하지 아니하는 것이 확정된 때에도 그 채무를 이행하여야 한다고 보는 것이 상당한 경우에는 표시된 사실의 발생여부가 확정되는 것을 '불확정기한'으로 정한 것으로 보아야 한다. 따라서 이미 부담하고 있는 채무의 변제에 관하여 일정한 사실이 부관으로 붙여진 경우에는 특별한 사정이 없는 한 그것은 변제기를 유예한 것으로서 그 사실이 발생한 때 또는 발생하지 아니하는 것으로 확정된 때에 기한이 도래한다"(대판 2003.8.19, 2003다24215)고 한다.

② [○] 대판 2002.3.29, 2001다41766

③ [○] 채무이행의 기한이 없는 경우에는 채무자는 이행청구를 받은 때로부터(구체적으로는 그 다음날부터) 지체책임이 있다(제387조 2항). 그러나 기한의 정함이 없는 채무인 불법행위로 인한 손해배상채무는 그 성립과 동시에(그 당일부터) 또 채권자의 청구 없이도 당연히 이행지체가 된다는 것이 判例이다(대판 1975.5.27, 74다1393).

④ [×] "이혼으로 인한 재산분할청구권(제839조의2·제843조)은 이혼이 성립한 때에 이혼을 한 당사자의 일방이 다른 일방에 대하여 재산분할을 청구할 수 있는 권리로서 협의 또는 심판에 의하여 비로소 그 구체적 내용이 정해지게 되므로, 당사자가 이혼이 성립하기 전에 이혼소송과 병합하여 재산분할의 청구를 하고 법원이 이혼과 동시에 재산분할로서 금전의 지급을 명하는 판결을 하는 경우, 그 금전채무에 관하여는 그 판결이 확정된 다음날(이혼성립 다음날이 아님)부터 이행지체책임(연 5%의 법정이율)을 지게 되고, 이러한 소는 장래의 이행을 청구하는 소에 해당하여 소송촉진 등에 관한 특례법 제3조 1항 단서에 의해 동법 소정의 법정이율은 적용되지 않는다"(대판 2014.9.4, 2012므1656).

[정답] ④

문5 이행지체에 관한 다음 설명 중 가장 옳지 않은 것은? (다툼이 있는 경우 판례에 의하고, 전원합의체 판결의 경우 다수의견에 의함)
[21서기보]

① 정지조건부 기한이익상실의 특약을 한 경우에는 특별한 사정이 없는 한 그 특약에서 정한 기한이익 상실사유가 발생하였더라도 채권자의 이행청구가 없으면 채무자는 지체책임을 지지 않는다.

② 매수인이 잔대금 지급기일까지 그 대금을 지급하지 못하면 그 계약이 자동적으로 해제된다는 취지의 약정이 있더라도, 특별한 사정이 없는 한 매도인이 자신의 채무에 대한 이행의 제공을 하여 매수인으로 하여금 이행지체에 빠지게 하였을 때 비로소 자동적으로 계약이 해제된다.

③ 타인의 토지를 점유함으로 인한 부당이득반환채무는 이행의 기한이 없는 채무로서 이행청구를 받은 때로부터 지체책임이 있다.

④ 금전채무의 지연손해금채무는 금전채무의 이행지체로 인한 손해배상채무로서 이행기의 정함이 없는 채무에 해당하므로, 채무자는 확정된 지연손해금채무에 대하여 채권자로부터 이행청구를 받은 때로부터 지체책임을 부담하게 된다.

해설 ① [×] '정지조건부 기한이익 상실약정'을 하였을 경우에는 그 약정에 정한 기한이익 상실사유가 발생함과 동시에 이행기 도래의 효과가 발생하고, 채무자는 특별한 사정이 없는 한 그때부터 이행지체의 상태에 놓이게 된다(대판 1999.7.9, 99다15184).

비교판례 '형성권적 기한이익 상실 약정'의 경우 일정한 사유가 발생한 것만으로 곧바로 기한의 도래가 의제되지는 않고, 채권자가 기한이익 상실의 의사표시를 한 때 비로소 기한의 도래가 의제된다.

② [○] ※ 잔대금지급채무의 불이행을 조건으로 한 실권조항(동시이행관계이므로 이행제공해야 자동해제)
부동산 매매계약에 있어서 '매수인이 잔대금 지급기일까지 그 대금을 지급하지 못하면 그 계약이 자동적으로 해제된다'는 취지의 약정이 있더라도 특별한 사정이 없는 한 매수인의 잔대금 지급의무와 매도인의 소유권이전등기의무는 동시이행의 관계에 있으므로 매도인이 잔대금 지급기일에 소유권이전등기에 필요한 서류를 준비하여 매수인에게 알리는 등 이행의 제공을 하여 매수인으로 하여금 이행지체에 빠지게 하였을 때에 비로소 자동적으로 매매계약이 해제된다고 보아야 하고, 매수인이 그 약정 기한을 도과하였더라도 이행지체에 빠진 것이 아니라면 대금 미지급으로 계약이 자동해제된 것으로 볼 수 없다(대판 1998.6.12. 98다505).

비교판례 判例는 "매매계약에 있어서 매수인이 '중도금'을 약정한 일자에 지급하지 아니하면 그 계약을 무효로 한다고 하는 특약이 있는 경우 매수인이 약정한대로 중도금을 지급하지 아니하면(해제의 의사표시를 요하지 않고) 그 불이행 자체로써 계약은 그 일자에 자동적으로 해제된 것이라고 보아야 한다"(대판 1991.8.13, 91다13717)고 한다. 즉 중도금의 지급은 선이행의무이므로 그 불이행시 즉시 조건이 성취되어 해제의 효력이 발생한다.

③ [○] "타인의 토지를 점유함으로 인한 부당이득반환채무는 이행의 기한이 없는 채무로서 이행청구를 받은 때로부터 지체책임이 있다"(대판 2008.2.1, 2007다8914).
제387조(이행기와 이행지체) 「②항 채무이행의 기한이 없는 경우에는 채무자는 이행청구를 받은 때로부터(구체적으로는 그 다음날부터) 지체책임이 있다.」

④ [○] ※ 금전채무의 지연배상금채무에 대한 지체책임
"금전채무의 지연손해금채무는 금전채무의 이행지체로 인한 손해배상채무로서 이행기의 정함이 없는 채무에 해당하므로, 채무자는 확정된 지연손해금채무에 대하여 채권자로부터 이행청구를 받은 때(정확히는 이행청구를 받은 다음날)부터 지체책임을 부담하게 된다"(대판 2004.7.9, 2004다11582).
☞ 가령, 금전채무의 이행기가 1월 20일인데 이를 이행하지 않고 있던 중 채권자가 5월 1일에 이행청구를 하면 1월 20일부터 금전채무 원본의 지연이자가 발생하게 되고, 그 지연이자는 이행기의 정함이 없는 채무에 해당하므로 이행청구를 받은 날인 5월 1일(실제로는 그 이행의 청구를 받은 다음날인 5월 2일) 그 지연이자에 대한 지체책임을 다시 부담하게 된다.

[정답] ①

문6 금전채권의 이자 및 지연손해금에 관한 설명 중 옳지 않은 것은? (다툼이 있는 경우 판례에 의함)

① 금전소비대차에서 지연손해금에 관한 약정 없이 이자에 관한 약정만이 있는 경우 특별한 사정이 없는 한 금전반환채무의 이행지체로 인한 지연손해금도 그 약정이율에 의하기로 하였다고 보는 것이 당사자의 의사에 부합하지만, 그 약정이율이 법정이율보다 낮은 경우에는 법정이율에 의한 지연손해금을 청구할 수 있다.

② 계약 당사자 쌍방이 합의에 의하여 계약을 해제할 경우에는 당사자 사이에 별도의 약정이 없는 이상 합의해제로 인하여 반환할 금전에 그 받은 날로부터의 이자를 더하여 반환할 의무가 없다.

③ 손해배상의 예정액이 부당히 과다한 경우 법원은 이를 적당히 감액할 수 있으나, 금전채무불이행을 원인으로 한 손해배상에 관하여는 채권자는 손해의 증명을 요하지 아니하고 채무자는 과실 없음을 항변하지 못하므로, 금전채무의 이행지체에 대비한 지연손해금을 따로 약정하였더라도 이는 감액의 대상이 될 수 없다.

④ 금전채무 이행에 불확정한 기한이 있는 경우에 채무자가 그 기한이 도래함을 알지 못하였다면 이행지체로 인한 지연손해금 지급의무가 발생하지 않는다.

해설 ① [○] ※ 민법 제397조 1항 단서의 의미(약정이율에 의한 지연손해금이 인정되기 위한 요건)

금전채무에 대해서 약정이율(약정이자)을 정한 것이 있는 때에는 그 약정이율이 법령의 제한에 위반되지 않는 한 채무불이행시에 지연배상금 산정의 기준이 된다(제397조 1항 단서). 즉, "소비대차에서 '변제기 후의 이자약정이 없는 경우' 특별한 의사표시가 없는 한 변제기가 지난 후에도 당초의 '약정이자'를 지급하기로 한 것으로 보는 것이 '당사자의 의사'이므로"(대판 1981.9.8, 80다2649) 변제기가 경과하여 채무불이행이 성립한 이후에는 약정이자의 이율은 지연배상금(지연이자) 산정을 위한 이율로 적용된다.

다만, 判例에 따르면 이 단서규정은 약정이율이 법정이율 이상인 경우에만 적용되고, 약정이율이 법정이율보다 낮은 경우에는 그 본문으로 돌아가 법정이율에 의하여 지연손해금을 정할 것이다. 우선 금전채무에 관하여 아예 이자약정이 없어서 이자청구를 전혀 할 수 없는 경우에도 채무자의 이행지체로 인한 지연손해금은 법정이율에 의하여 청구할 수 있으므로, 이자를 조금이라도 청구할 수 있었던 경우에는 더욱이나 법정이율에 의한 지연손해금을 청구할 수 있다고 보는 것이 합리적이기 때문이다(대판 2009.12.24, 2009다85342).

② [○] ※ 합의해제의 효력

"합의해제 또는 해제계약이라 함은 해제권의 유무에 불구하고 계약 당사자 쌍방이 합의에 의하여 기존의 계약의 효력을 소멸시켜 당초부터 계약이 체결되지 않았던 것과 같은 상태로 복귀시킬 것을 내용으로 하는 새로운 계약으로서, 그 효력은 그 합의의 내용에 의하여 결정되고 여기에는 해제에 관한 민법 제548조 제2항의 규정은 적용되지 아니하므로, 당사자 사이에 약정이 없는 이상 합의해제로 인하여 반환할 금전에 그 받은 날로부터의 이자를 가하여야 할 의무가 있는 것은 아니다"(대판 1996.7.30. 95다16011).

③ [X] ※ 손해배상예정액의 감액

일반적으로 손해배상을 구하는 채권자가 손해의 발생 및 그 액을 증명하여야 하지만(제390조), 금전채무 불이행의 경우에 그 증명이 곤란할 뿐만 아니라 금전은 일정한 과실을 발생시키는 것이 보통이므로 **채권자가 손해의 발생과 손해액을 증명할 필요는 없다**(제397조 2항 전단). 일반적으로 채무자는 자신의 귀책사유에 기한 것이 아닌 채무불이행에 대하여 책임을 지지 않지만(제390조 단서), 금전채무의 채무자는 **채무불이행이 자신에게 책임 없는 사유로 인한 것임을 증명하더라도 책임을 면할 수 없다**(제397조 2항 후단).

한편, 손해배상의 예정액이 부당히 과다한 경우에는 법원은 '직권으로' 적당히 감액할 수 있는 바(제398조 2항)(대판 2002.12.24. 2000다54536), 이는 금전채무불이행에 대한 손해배상 예정의 경우에도 마찬가지라 할 것이다.

④ [○] ※ 불확정기한부 채무

불확정기한부 채무'는 채무자가 기한이 도래함을 안 때로부터(구체적으로는 그 다음날부터) 지체책임이 있다(제387조 1항 2문). 따라서 채무자가 그 기한이 도래함을 알지 못하였다면 이행지체로 인한 지연손해금 지급의무가 발생하지 않는다.

그러나 채권자의 최고가 있으면 채무자가 기한의 도래를 알지 못하더라도 그 최고를 받은 때로부터(구체적으로는 그 다음날부터) 지체책임이 있다고 할 것이다.

[정답] ③

문7 이행지체에 관한 설명 중 옳은 것은? (다툼이 있는 경우 판례에 의함) [기출변형]

① 이행기의 정함이 없는 채권을 양수받은 채권양수인이 채무자를 상대로 이행청구를 하면 그 다음 날부터 이행지체 책임이 발생하며, 이는 채무자에 대한 지명채권 양도의 통지가 이행청구 이후에 도달한 경우에도 동일하다.

② 乙이 甲에게 기존 매매대금 채무의 이행확보를 위해 약속어음을 발행한 경우 약정된 매매대금채무의 변제기가 도과하더라도 甲이 乙에게 위 약속어음을 반환하지 않는 이상 원칙적으로 이행지체가 발생하지 않는다.

③ 甲의 乙에 대한 매매대금채권의 지급을 금지하는 채권가압류 명령이 乙에게 송달되었다면 그 매매대금채권의 변제기가 도래하더라도 乙은 이행지체 책임을 면한다.

④ 특정물의 매매에 있어서 매수인의 대금지급채무가 이행지체에 빠졌다 하더라도 그 목적물의 인도가 이루어지지 아니하는 한 매도인은 매수인의 대금지급채무의 이행지체를 이유로 매매대금의 이자 상당액의 손해배상청구를 할 수 없다.

해설 ① [X] 채무이행의 기한이 없는 경우에는 채무자는 이행청구를 받은 때로부터(구체적으로는 그 다음날부터) 지체책임이 있다(제387조 2항). 그런데 지명채권의 양도는 양도인이 채무자에게 통지하거나 채무자가 승낙하지 아니하면 채무자 기타 제삼자에게 대항하지 못하므로(제451조 1항), 이행기의 정함이 없는 채권을 양수한 양수인으로부터 이행청구를 받은 채무자는 이로써 지체책임을 지지 않고, 그 후 채권양도통지가 도달되면 그 다음 날부터(이행의 소를 제기한 때가 아님) 이행지체의 책임을 진다. 즉, "지명채권이 양도된 경우 채무자에 대한 대항요건이 갖추어질 때까지 채권양수인은 채무자에게 대항할 수 없으므로, 이행기의 정함이 없는 채권을 양수한 채권양수인이 채무자를 상대로 그 이행을 구하는 소를 제기하고 소송 계속 중 채무자에 대한 채권양도통지가 이루어진 경우에는 특별한 사정이 없는 한 채무자는 채권양도통지가 도달된 다음 날부터(이행의 소를 제기한 때가 아님) 이행지체의 책임을 진다"(대판 2014.4.10. 2012다29557).

② [X] 쌍무계약에 의한 채무의 이행에서는 당사자 간에 동시이행의 항변권이 인정되고(제536조), 동시이행의 항변권을 가지는 채무자는 자신의 채무를 이행하지 않는 것이 정당한 것으로 인정되기 때문에, 비록 이행기에 이행을 하지 않더라도 이행지체가 되지 않는다(제390조 단서). 이러한 이행지체책임의 면책의 효력은 그 항변권을 행사·원용하지 않아도 발생한다(대판 2010.10.14. 2010다47438). 즉, 동시이행의 항변권이 존재하는 것만으로 아래의 이행지체 저지효가 발생하는데 이를 존재효 또는 당연효라고 한다. 그러나 예외적으로 동시이행관계에 있더라도 이행지체가 발생하는 경우가 있다. 判例는 원인채무의 변제와 어음이나 수표의 반환에 대해 동시이행관계를 인정하면서도 '당연효'를 인정하지 않고, 채무자가 동시이행의 항변권을 행사하여 원인채무의 지급을 거절하는 경우에만 지체책임을 면한다고 본다.

즉, 判例는 "채무이행을 확보하기 위해 어음을 교부한 경우 원인채무의 이행과 어음의 반환은 동시이행관계이나, 어음을 반환하지 않는 것은 원인채무의 지급을 거절할 수 있는 사유일 뿐이므로 원인채무의 이행기를 도과하면 원칙적으로 이행지체책임을 진다"(대판 1999.7.9. 98다47542,47559)고 하면서, "어음반환과 동시이행을 주장하는 경우에는 원인채무의 이행지체가 정당화될 수 있다"(대판 1993.11.9. 93다1203,1121)고 하여 항변권을 적극적으로 행사하여 그 지급을 거절하고 있는 것이 아닌 한 이행지체의 책임을 면할 수 없다고 본다.

왜냐하면 채무자의 원인채무와 채권자의 어음반환의무가 동시이행관계에 있는 이유는 양 채무가 대가적인 견련관계에 있어서가 아니라, 만일 채무자가 무조건 원인채무를 이행하여야 한다면 채무자는 이로써 어음소지인에게 대항할 수 없는 결과 이중변제의 위험에 빠지기 때문이다. 따라서 어음상 권리가 시효완성으로 소멸하여 채무자에게 이중지급의 위험이 없고 채무자가 다른 어음상 채무자에 대하여 권리를 행사할 수도 없는 경우에는 채권자의 원인채권 행사에 대하여 채무자에게 어음상환의 동시이행항변을 인정할 필요가 없으므로 결국 채무자의 동시이행항변권은 부인된다(대판 2010.7.29. 2009다69692).

③ [X] "ⅰ) 채권의 가압류는 제3채무자에 대하여 채무자에게 지급하는 것을 금지하는 데 그칠 뿐 채무 그 자체를 면하게 하는 것이 아니고, 가압류가 있다 하여도 그 채권의 이행기가 도래한 때에는 제3채무자는 그 지체책임을 면할 수 없다고 보아야 할 것이다. ⅱ) 이 경우 가압류에 불구하고 제3채무자가 채무자에게 변제를 한 때에는 나중에 채권자에게 이중으로 변제하여야 할 위험을 부담하게 되므로 제3채무자로서는 민법 제487조의 규정에 의하여 공탁을 함으로써(실무상 가압류의 경우는 현행 민사집행법상의 집행공탁으로 사실상 통일 ; 저자 주)이중변제의 위험에서 벗어나고 이행지체의 책임도 면할 수 있다고 보아야 할 것이다. 제3채무자가 이와 같이 채권의 가압류를 이유로 변제공탁을 한 때에는 그 가압류의 효력은 채무자의 공탁금출급청구권에 대하여 존속한다고 할 것이므로 그로 인하여 가압류 채권자에게 어떤 불이익이 있다고도 할 수 없다. ⅲ) 위의 법리는 부당이득반환채권이 가압류된 후에 제3채무자가 악의로 되어 그 받은 이익에 덧붙여 반환하여야 할 이자지급

책임을 면하기 위한 경우에도 마찬가지라 할 것이고, 또 채권자의 소재가 불명한 경우에도 채무자로서는 변제공탁을 하지 않는 한 그 이행지체의 책임 내지 부당이득에 대한 이자의 배상 책임을 면할 수 없음은 물론이다"(대판 1994.12.13, 전합93다951)

☞ 甲의 乙에 대한 매매대금채권의 지급을 금지하는 채권가압류 명령이 乙에게 송달되었다면 乙은 변제공탁을 하지 않는 한 그 매매대금채권의 변제기가 도래한 경우 이행지체 책임을 면할 수 없다.

④ [○] "특정물의 매매에 있어서 매수인의 대금지급채무가 이행지체에 빠졌다 하더라도 그 목적물이 매수인에게 인도될 때까지는 매수인은 매매대금의 이자를 지급할 필요가 없는 것이므로 (제587조), 그 목적물의 인도가 이루어지지 아니하는 한 매도인은 매수인의 대금지급의무 이행의 지체를 이유로 매매대금의 이자 상당액의 손해배상청구를 할 수 없다"(대판 1995.6.30. 95다14190)

[정답] ④

문8 이행지체에 관한 설명 중 옳은 것은? (다툼이 있는 경우에는 판례에 의함) [기출변형]

① 정지조건부 기한이익 상실의 특약이 있는 경우, 특별한 사정이 없는 한 그 특약에서 정한 기한이익 상실사유가 발생하였더라도 채권자의 이행청구가 없으면 채무자는 지체책임을 지지 않는다.

② 불법행위로 인한 손해배상의무는 기한의 정함이 없는 채무로서 채무자는 피해자의 이행청구를 받은 때로부터 지체책임이 있다.

③ 채무자는 확정된 지연손해금채무에 대하여 채권자의 이행청구를 받은 때로부터 지체책임을 부담하게 된다.

④ 토지거래허가를 전제로 하는 매매계약의 경우, 허가가 있기 전이라도 매도인이 소유권이전등기 소요서류의 이행제공을 하였다면 매수인은 계약내용에 따른 대금지급의무를 부담하므로 매수인이 그 의무를 이행하지 아니한 때에는 매도인은 계약을 해제할 수 있다.

해설 **제387조(이행기와 이행지체)** 「① 채무이행의 확정한 기한이 있는 경우에는 채무자는 기한이 도래한 때로부터 지체책임이 있다. 채무이행의 불확정한 기한이 있는 경우에는 채무자는 기한이 도래함을 안 때로부터 지체책임이 있다. ② 채무이행의 기한이 없는 경우에는 채무자는 이행청구를 받은 때로부터 지체책임이 있다.」

① [×] "채권자의 별도의 의사표시가 없더라도 바로 이행기가 도래한 것과 같은 효과를 발생케 하는 이른바 정지조건부 기한이익 상실의 특약을 하였을 경우에는 그 특약에 정한 기한의 이익 상실사유가 발생함과 동시에 기한의 이익을 상실케 하는 채권자의 의사표시가 없더라도 이행기 도래의 효과가 발생하고, 채무자는 특별한 사정이 없는 한 그 때부터 이행지체의 상태에 놓이게 된다"(대판 1999.7.9, 99다15184).

관련쟁점 형성권적 기한이익 상실 약정은 일정한 사유가 발생한 것만으로 곧바로 기한의 도래가 의제되지는 않고, 채권자가 기한이익 상실의 의사표시를 한 때 비로소 기한의 도래가 의제된다.

② [×] 불법행위로 인한 손해배상채무는 그 성립과 동시에(그 당일부터) 또 채권자의 청구 없이도 당연히 이행지체가 된다는 것이 判例이다(대판 1975.5.27, 74다1393).

비교판례 다만 위자료청구권에 대해서는 불법행위시부터 사실심 변론종결시까지 장기간이 경과하고 통화가치 등에 상당한 변동이 생긴 경우에는 예외적으로 사실심 변론종결일부터 지연손해금이 발생한다고 한다(대판 2011.1.27, 2010다6680 ; 대판 2011.7.21, 전합2011재다199).

비교판례 "타인의 토지를 점유함으로 인한 부당이득반환채무는 이행의 기한이 없는 채무로서 이행청구를 받은 때로부터 지체책임이 있다"(대판 2008.2.1, 2007다8914).

③ [○] "금전채무의 지연손해금채무는 금전채무의 이행지체로 인한 손해배상채무로서 이행기의 정함이 없는 채무에 해당하므로, 채무자는 확정된 지연손해금채무에 대하여 채권자로부터 이행청구를 받은 때부터 지체책임을 부담하게 된다"(대판 2004.7.9, 2004다11582)

④ [×] 토지거래허가받기 전의 유동적 무효상태에서는 채권적 효력도 전혀 발생하지 아니하여 계약의 이행청구를 할 수 없어 매수인의 대금지급의무나 매도인의 소유권이전등기의무가 없다(대판 1991.12.24, 전합90다12243). 따라서 허가를 받기 전의 상태에서 상대방의 거래계약상 채무불이행을 이유로 거래계약을 해제하거나 그로 인한 손해배상을 청구할 수도 없다(대판 1997.7.25, 97다4357).

관련판례 "국토이용관리법상의 토지거래허가를 전제로 하는 매매계약의 경우 허가가 있기 전에는 매수인에게 그 계약내용에 따른 대금의 지급의무가 없는 것이므로 설사 그 전에 매도인이 소유권이전등기 소요서류의 이행제공을 하였다고 하더라도 매수인이 이행지체에 빠지는 것이 아니고 허가가 난 다음 그 이행제공을 하면서 대금지급을 최고하고 매수인이 이에 응하지 아니한 경우에 비로소 이행지체에 빠져 매도인이 계약을 해제할 수 있다"(대판 1994.8.26. 94다23319).

[정답] ③

문9 이행지체책임과 관련한 다음 설명 중 틀린 것은? [기출변형]

① 추심명령의 경우 추심명령을 송달받은 때부터가 아니라, 추심명령이 발령된 후 압류채권자로부터 추심금청구를 받은 다음날부터 제3채무자가 압류채권자에게 압류된 채권액 상당에 관하여 지체책임을 진다.

② 불법행위로 인한 손해배상의무는 기한의 정함이 없는 채무이지만, 그 성립과 동시에(그 당일부터) 또 채권자의 청구 없이도 당연히 이행지체가 된다. 그러나 불법행위에 따른 위자료청구권과 관련하여 불법행위시부터 사실심 변론종결시까지 장기간이 경과하고 통화가치 등에 상당한 변동이 생긴 경우에는 사실심 변론종결일부터 지연손해금이 발생한다.

③ 도급계약에 있어서 이행보증계약에 기한 보증인의 보증금지급의무에 관하여 지급금지가처분결정이 있는 경우 지급거절의 권능이 발생하므로 보증인은 보증채권자에게 보증금 지급을 거절할 수 있다.

④ 기한을 정하지 않은 채무에 정지조건이 있는 경우, 정지조건이 객관적으로 성취되고 그 후에 채권자가 이행을 청구하면 바로 지체책임이 발생한다. 아울러 청구금액이 확정되지 아니하였다는 이유만으로 채무자가 지체책임을 면할 수는 없다.

해설 ① [○] "추심명령은 압류채권자에게 채무자의 제3채무자에 대한 채권을 추심할 권능을 수여함에 그치고, 제3채무자로 하여금 압류채권자에게 압류된 채권액 상당을 지급할 것을 명하거나 그 지급 기한을 정하는 것이 아니므로, 제3채무자가 압류채권자에게 압류된 채권액 상당에 관하여 지체책임을 지는 것은 집행법원으로부터 추심명령을 송달받은때부터가 아니라 추심명령이 발령된 후 압류채권자로부터 추심금 청구를 받은 다음날부터라고 하여야 한다"(대판 2012.10.25. 2010다47117).

② [○] 불법행위로 인한 손해배상채무는 그 성립과 동시에(그 당일부터) 또 채권자의 청구 없이도 당연히 이행지체가 된다는 것이 判例이다(대판 1975.5.27. 74다1393). 다만 위자료청구권에 대해서는 불법행위시부터 사실심 변론종결시까지 장기간이 경과하고 통화가치 등에 상당한 변동이 생긴 경우에는 예외적으로 사실심 변론종결일부터 지연손해금이 발생한다고 한다(대판 2011.1.27. 2010다6680 ; 대판 2011.7.21. 전합2011재다199).

③ [×] "이행보증계약에 기한 보증인의 보증금지급의무에 관하여 지급금지가처분결정이 있었다고 하더라도 그것으로써 보증인에게 그 지급을 거절할 수 있는 사유, 즉 지급거절의 권능이 발생한다고 할 수 없고, 보증금지급의무가 실제로 발생하여 그 이행기가 도래하면 보증인은 보증채권자에게 이를 이행하여야 하며, 이를 이행하지 아니하는 경우에는 지체책임 발생의 다른 요건이 갖추어지는 한 그 이행의 지체로 인한 손해배상 등 법적 책임을 져야 한다. 다만, 그는 보증금을 채권자의 수령불능을 이유로 변제공탁함으로써 자신의 보증금지급채무로부터 벗어날 수 있고, 그에 따라 위에서 본 바와 같은 지체책임도 면하게 된다"(대판 2010.2.25. 2009다22778). ☞ 이행기에 불이행을 정당화하는 사유(동시이행의 항변권, 채무자의 유치권)가 있다면 이행지체로 되지 않는다. 그러나 채권이 가압류(대판 1994.12.13. 전합93다951) 또는 가처분(대판 2010.2.25. 2009다22778)된 경우와 같이 채무의 이행을 금지하는 보전처분이 있는 경우에도 이행기가 도래하면 채무자는 이행하여야 하고, 그렇지 않으면 이행지체의 책임을 진다.

④ [○] ※ 기한을 정하지 않은 채무에 정지조건이 있는 경우 지체시기

"기한을 정하지 않은 채무에 정지조건이 있는 경우, 정지조건이 객관적으로 성취되고 그 후에 채권자가 이행을 청구하면 바로 지체책임이 발생한다. 조건과 기한은 하나의 법률행위에 독립적으로 작용하는 부관이므로, '조건의 성취'는 '기한이 없는 채무에서 이행기의 도래'와는 별개의 문제이기 때문이다. 그리고 청구금액이 확정되지 아니하였다는 이유만으로 채무자가 지체책임을 면할 수는 없다. 청구권은 이미 발생하였고 가액이 아직 확정되지 아니한 것일 뿐이므로, 지연손해금 발생의 전제가 되는 원본 채권이 부존재한다고 말할 수는 없기 때문이다. 불법행위로 인한 손해배상채무의 경우 불법행위가 발생한 시점에는 손해배상액을 확정할 수 없는 경우가 대부분이지만, 그 발생 시점부터 지체책임이 성립하는 점에 비추어도 그러하다"(대판 2018.7.20. 2015다207044).

관련조문 채무이행의 기한이 없는 경우에는 채무자는 이행청구를 받은 때로부터(구체적으로는 그 다음날부터) 지체책임이 있다(제387조 2항).

[정답] ③

문 10 이행불능에 관한 설명 중 옳지 않은 것은? (다툼이 있는 경우 판례에 의함) [기출변형]

① 부동산소유권이전등기의무자가 그 부동산에 관하여 가등기를 경료한 경우 그 가등기만으로는 소유권이전등기의무가 이행불능이 된다고 할 수 없으나, 제3자 앞으로 채무담보를 위하여 소유권이전등기를 경료한 경우 그 의무자가 위 채무를 변제할 자력이 없는 때에는 특단의 사정이 없는 한 그 소유권이전등기의무는 이행불능이 된다.

② 매매 목적 부동산에 관하여 제3자의 처분금지가처분의 등기가 기입되었다고 하더라도 그 가처분등기로 인하여 바로 계약이 이행불능으로 되는 것은 아니다.

③ 매매목적물이 화재로 인하여 소실됨으로써 매도인의 매매목적물에 대한 인도의무가 이행불능이 되었다면 매수인은 화재사고로 인해 매도인이 지급받게 되는 화재보험금에 대하여 대상청구권을 행사할 수 있고, 이때 매수인이 화재보험금에 대하여 행사할 대상청구권의 범위는 실제 지급하거나 지급하기로 약정한 매매대금 상당액의 한도로 제한된다.

④ 물권적 방해배제청구권의 행사로 등기말소를 구하는 소유자가 그 후 소유권을 상실함으로써 이제 등기말소를 청구할 수 없게 되었다면, 등기말소의무자에 대하여 그 권리의 이행불능을 이유로 「민법」 제390조상의 손해배상청구권을 행사할 수 없다.

해설 ① [○] ※ 소유권이전등기의무의 이행불능(가등기, 이전등기)

"부동산소유권이전등기 의무자가 그 부동산상에 가등기를 경료한 경우 가등기는 본등기의 순위보전의 효력을 가지는 것에 불과하고 또한 그 소유권이전등기 의무자의 처분권한이 상실되지도 아니하므로 그 가등기만으로는 소유권이전등기의무가 이행불능이 된다고 할 수 없다. 그러나 부동산소유권이전등기 의무자가 그 부동산에 관하여 제3자 앞으로 비록 채무담보를 위하여 소유권이전등기를 경료하였다고 할지라도 그 의무자가 채무를 변제할 자력이 없는 경우에는 특단의 사정이 없는 한 그 소유권이전등기의무는 이행불능이 된다"(대판 1991.7.26. 91다8104).

② [○] ※ 소유권이전등기의무의 이행불능(처분금지가처분 등기)

"소유권이전등기의무의 이행불능으로 인한 전보배상청구권의 소멸시효는 이전등기의무가 이행불능 상태에 돌아간 때로부터 진행된다고 할 것이고, 매매의 목적이 된 부동산에 관하여 제3자의 처분금지가처분의 등기가 기입되었다 할지라도, 이는 단지 그에 저촉되는 범위 내에서 가처분채권자에게 대항할 수 없는 효과가 있다는 것일 뿐 그것에 의하여 곧바로 부동산 위에 어떤 지배관계가 생겨서 채무자가 그 부동산을 임의로 타에 처분하는 행위 자체를 금지하는 것은 아니라 하겠으므로, 그 가처분등기로 인하여 바로 계약이 이행불능으로 되는 것은 아니고, 제3자 앞으로 소유권이전등기가 경료되는 등 사회거래의 통념에 비추어 계약의 이행이 극히 곤란한 사정이 발생하는 때에 비로소 이행불능으로 된다"(대판 2002.12.27, 2000다47361).

③ [×] ※ 대상청구권의 범위가 채권자가 급부불능으로 인하여 받은 손해의 한도로 제한되는지 여부

대법원은 매매의 목적물이 화재로 소실됨에 따른 화재보험금에 대해 매수인의 대상청구권을 인정하면서 화재보험금 전부에 대해 대상청구권을 행사할 수 있는 것이지 '매매대금 상당액의 한도 내로 그 범위가 제한된다고 할 수 없다'고 판시하여 무제한설에 가까운 입장(매수인의 손해는 화재로 소실될 당시의 목적물의 시가상당액이다)을 밝혔다(대판 2016.10.27. 2013다7769).

④ [○] ※ 물권적 청구권의 이행불능으로 인한 전보배상청구가 인정되는지 여부(소극)

"소유자가 자신의 소유권에 기하여 실체관계에 부합하지 아니하는 등기의 명의인을 상대로 그 등기말소나 진정명의회복 등을 청구하는 경우에, 그 권리는 물권적 청구권으로서의 방해배제청구권(제214조)의 성질을 가진다. 그러므로 소유자가 그 후에 소유권을 상실함으로써 이제 등기말소 등을 청구할 수 없게 되었다면, 이를 위와 같은 청구권의 실현이 객관적으로 불능이 되었다고 파악하여 등기말소 등 의무자에 대하여 그 권리의 이행불능을 이유로 민법 제390조상의 손해배상청구권을 가진다고 말할 수 없다. 위 법규정에서 정하는 채무불이행을 이유로 하는 손해배상청구권은 계약 또는 법률에 기하여 이미 성립하여 있는 채권관계에서 본래의 채권이 동일성을 유지하면서 그 내용이 확장되거나 변경된 것으로서 발생한다. 그러나 위와 같은 등기말소청구권 등의 물권적 청구권은 그 권리자인 소유자가 소유권을 상실하면 이제 그 발생의 기반이 아예 없게 되어 더 이상 그 존재 자체가 인정되지 아니하는 것이다. 이러한 법리는 선행소송에서 소유권보존등기의 말소등기청구가 확정되었다고 하더라도 그 청구권의 법적 성질이 채권적 청구권으로 바뀌지 아니하므로 마찬가지이다"(대판 2012.5.17, 전합2010다28604).

[정답] ③

문1 손해배상에 관한 다음 설명 중 가장 옳지 않은 것은? (다툼이 있는 경우 판례에 의하고, 전원합의체 판결의 경우 다수의견에 의함) [18서기보]

① 불법행위 등이 채권자 또는 피해자에게 손해를 생기게 하는 동시에 이익을 가져다 준 경우에는 공평의 관념상 그 이익은 당사자의 주장이 없더라도 공제할 수 있고, 손해배상책임의 원인행위와 그로 인하여 피해자가 얻은 새로운 이득 사이에 상당인과관계까지 요하는 것은 아니다.

② 의사가 설명의무를 위반한 채 수술 등을 하여 환자에게 중대한 결과가 발생한 경우에 환자 측에서 자기결정권을 행사할 수 없게 된 데 대한 위자료만이 아니라 그 결과로 인한 모든 손해의 배상을 청구하는 경우에는 그 중대한 결과와 의사의 설명의무 위반 내지 승낙 취득 과정에서의 잘못과 사이에 상당인과관계가 존재하여야 한다.

③ 공동불법행위 책임에서 법원이 피해자의 과실을 들어 과실상계를 할 때에는 피해자의 공동불법행위자 각인에 대한 과실비율이 서로 다르더라도 피해자의 과실을 공동불법행위자 각인에 대한 과실로 개별적으로 평가할 것이 아니고, 그들 전원에 대한 과실로서 전체적으로 평가하여야 한다.

④ 보전처분의 집행 후에 집행채권자가 본안소송에서 패소 확정되었다면 보전처분 집행으로 인하여 채무자가 입은 손해에 대하여는 특별한 반증이 없는 한 집행채권자에게 고의 또는 과실이 있다고 추정된다.

해설 ① [×] "채무불이행이나 불법행위 등이 채권자 또는 피해자에게 손해를 생기게 하는 동시에 이익을 가져다 준 경우에는 공평의 관념상 그 이익은 '당사자의 주장을 기다리지 아니하고' 손해를 산정함에 있어서 공제되어야만 하는 것이고, 이와 같이 손해배상액의 산정에 있어 손익상계가 허용되기 위해서는 손해배상책임의 원인이 되는 행위로 인하여 피해자가 새로운 이득을 얻었고, 그 이득과 손해배상책임의 원인인 행위 사이에 상당인과관계가 있어야 한다"(대판 2003.12.10. 2009다54706).

② [○] '설명의무 위반을 이유로 모든 손해를 청구하는 경우' 이때의 의사의 설명의무 위반은 환자의 생명·신체에 대한 구체적 치료과정에서 요구되는 의사의 주의의무 위반(업무상 과실)과 동일시할 정도의 것이어야 한다(대판 2004.10.28, 2002다45185). 즉 양자 간에 '상당인과관계'가 있어야 한다. 구체적으로 判例는 설명의무를 다하였다 하더라도 환자가 그 수술을 거부하였을 것으로 단정 지을 수 없는 경우에는 그러한 인과관계는 성립하지 않는다고 한다(대판 1995.2.10, 94다52402).

비교판례 '설명의무 위반을 이유로 위자료만 청구하는 경우' 환자측에서 '선택의 기회'를 잃고 '자기결정권'을 행사할 수 없게 된 데 대한 위자료만 청구하는 경우에는 의사의 설명 결여 내지 부족으로 선택의 기회를 상실하였다는 사실만을 증명함으로써 족하고, 설명을 받았더라면 사망 등의 결과는 생기지 않았을 것이라는 관계까지 증명할 필요는 없다(대판 2009.1.15. 2008다60162).

③ [○] 통상 공동불법행위의 경우 과실상계를 함에 있어서는 피해자에 대한 공동불법행위자 전원의 과실과 피해자의 공동불법행위자 전원에 대한 과실을 '전체적'으로 평가하여야 하고 공동불법행위자 간의 과실의 경중이나 구상권 행사의 가능 여부 등은 고려할 여지가 없다(대판 1991.5.10. 90다14423). 왜냐하면, 공동불법행위책임은 가해자 각 개인의 행위에 대하여 개별적으로 그로 인한 손해를 구하는 것이 아니라 그 가해자들이 공동으로 가한 불법행위에 대하여 그 책임을 추궁하는 것이기 때문이다(대판 2000.9.8. 99다48245).

④ [○] 대판 1992.9.25. 92다8453

[정답] ①

문2 손해배상액의 예정에 관한 설명 중 가장 옳지 않은 것은? [14서기보]

① 민법 제398조가 규정하는 손해배상의 예정의 목적은 손해의 발생사실과 손해액에 대한 입증곤란을 배제하고 분쟁을 사전에 방지하여 법률관계를 간이하게 해결하는 것에 있고 채무자에게 심리적으로 경고를 줌으로써 채무이행을 확보하려는 데에 있는 것은 아니므로, 채무자가 실제로 손해발생이 없다거나 손해액이 예정액보다 적다는 것을 입증하면 채무자는 그 예정액의 지급을 면하거나 감액을 청구할 수 있다.

② 채무불이행으로 인한 손해배상액이 예정되어 있는 경우 채권자는 채무불이행 사실만 증명하면 손해의 발생 및 그 액수를 증명하지 아니하고 예정배상액을 청구할 수 있으나, 반면 채무자는 채권자와 채무불이행에 있어 채무자의 귀책사유를 묻지 아니한다는 약정을 하지 아니한 이상 자신의 귀책사유가 없음을 주장·증명함으로써 위 예정배상액의 지급책임을 면할 수 있다.

③ 계약 당시 손해배상액을 예정한 경우에는 다른 특약이 없는 한 채무불이행으로 인하여 입은 통상손해는 물론 특별손해까지도 예정액에 포함되고 채권자의 손해가 예정액을 초과한다 하더라도 초과 부분을 따로 청구할 수 없다.

④ 위약벌의 약정은 채무의 이행을 확보하기 위하여 정해지는 것으로서 손해배상의 예정과는 그 내용이 다르므로 손해배상의 예정에 관한 민법 제398조 제2항을 유추적용하여 그 액을 감액할 수는 없다.

제398조(배상액의 예정) 「①항 당사자는 채무불이행에 관한 손해배상액을 예정할 수 있다. ②항 손해배상의 예정액이 부당히 과다한 경우에는 법원은 적당히 감액할 수 있다. ③항 손해배상액의 예정은 이행의 청구나 계약의 해제에 영향을 미치지 아니한다. ④항 위약금의 약정은 손해배상액의 예정으로 추정한다. ⑤항 당사자가 금전이 아닌 것으로써 손해의 배상에 충당할 것을 예정한 경우에도 전4항의 규정을 준용한다.」

① [X] 채권자는 실제로 발생한 손해액이 예정액보다 많다는 것을 입증하더라도 그의 증액을 청구하지 못하고, 채무자는 채권자의 실제손해가 예정액보다 적다는 것을 입증하더라도 감액을 요구하지 못한다(대판 2008.11.13. 2008다46906).

② [O] 대판 2010.2.25. 2009다83797

③ [O] 判例는 특약이 없는 한 예정배상액에는 통상손해와 특별손해가 모두 포함되는 것으로 본다(대판 1988.9.27, 86다카2375,2376).

④ [O] 위약벌은 당사자 사이에 의무이행을 확보하기 위하여 의무부담자에게 압력을 가하기 위한 수단으로 약정되는 '사적 제제(私的 制裁)'로서 채무불이행이 있으면 채무자는 손해의 유무를 묻지 않고 또 실제 손해가 있으면 위약벌 외에 이 손해도 배상하여야 한다는 점에서 손해배상액의 예정과 구별되는 것이다. 또 이 경우에는 배상액의 예정에 관한 규정이 적용되지 않고, 따라서 법원이 감액하지도 못한다(대판 2002.4.23, 2000다56973).
다만, 그 의무의 강제에 의하여 얻어지는 채권자의 이익에 비해 약정된 벌이 과도하게 무거울 때에는 그 일부 또는 전부가 공서양속에 반하여 무효로 된다(대판 2015.12.10. 2014다14511).

[정답] ①

문3 손해배상액의 예정에 관한 다음 설명 중 가장 옳지 않은 것은? (다툼이 있는 경우 판례에 의하고, 전원합의체 판결의 경우 다수의견에 의함)

[20서기보]

① 채무불이행으로 인한 손해배상액의 예정이 있는 경우에 채권자는 채무불이행 사실만 증명하면 손해의 발생 및 그 액을 증명하지 아니하고 예정배상액을 청구할 수 있다.

② 채무자는 채권자와 사이에 채무불이행에 있어 채무자의 귀책사유를 묻지 아니한다는 약정을 하지 아니한 이상 자신의 귀책사유가 없음을 주장·입증함으로써 예정배상액의 지급책임을 면할 수 있다.

③ 손해배상액의 예정이 부당하게 과다하면 법원은 이를 직권으로 감액할 수 있는데, 손해배상액이 부당하게 과다한지 여부는 '사실심 변론종결시'를 기준으로 판단한다.

④ 법원이 손해배상의 예정액이 부당하게 과다하다고 하여 감액을 하였다고 하더라도 손해배상액의 예정에 관한 약정 중 감액부분에 해당하는 부분이 처음부터 무효인 것은 아니다.

[해설] **제398조(배상액의 예정)**「①항 당사자는 채무불이행에 관한 손해배상액을 예정할 수 있다. ②항 손해배상의 예정액이 부당히 과다한 경우에는 법원은 적당히 감액할 수 있다. ③항 손해배상액의 예정은 이행의 청구나 계약의 해제에 영향을 미치지 아니한다. ④항 위약금의 약정은 손해배상액의 예정으로 추정한다. ⑤항 당사자가 금전이 아닌 것으로써 손해의 배상에 충당할 것을 예정한 경우에도 전4항의 규정을 준용한다.」

① [○] ② [○] 대판 2010.2.25. 2009다83797

③ [○] 과다 여부 및 감액의 범위에 관한 판단기준시기에 관해, 判例는 법원이 구체적으로 그 판단을 하는 때, 즉 사실심의 변론종결 당시를 기준으로 한다(대판 2000.12.8, 2000다35771).

④ [×] 법원이 손해배상의 예정액이 부당하게 과다하다고 하여 감액을 한 경우에 손해배상액의 예정에 관한 약정 중 감액에 해당하는 부분은 처음부터 무효라고 할 것이다(대판 2004.12.10, 2002다73852). 따라서 이미 급부한 부분은 반환청구가 가능하다.

[정답] ④

문4 손해배상과 관련한 다음 설명 중 옳은 것은? (다툼이 있는 경우에는 판례에 의함) [기출변형]

① 불법행위로 인하여 영업용 물건이 멸실되거나 일부 손괴되어, 이를 대체할 다른 물건을 마련하기 위하여 필요한 합리적인 기간 동안 그 물건을 이용하여 영업을 계속하지 못함으로 인한 손해는 특별손해이다.

② 진료계약상 채무불이행책임에서 정신적 손해는 통상손해이다.

③ 부동산 매도인이 매수인으로부터 매매대금을 약정된 기일에 지급받지 못한 결과 제3자로부터 부동산을 매수하고 그 잔대금을 지급하지 못하여 그 계약금을 몰수당하는 손해를 입었다면, 특별한 사정이 없는 한, 이로 인한 손해는 통상손해로서 배상의 대상이 된다.

④ 민법 제393조 제2항의 특별사정으로 인한 손해배상에 있어서 채무자가 그 사정을 알았거나 알 수 있었는지의 여부는 계약체결 당시를 기준으로 판단해야 한다.

[해설] ① [×] "불법행위로 영업용 물건이 멸실된 경우, 이를 대체할 다른 물건을 마련하기 위하여 필요한 합리적인 기간 동안 그 물건을 이용하여 영업을 계속하였더라면 얻을 수 있었던 이익, 즉 휴업손해는 그에 대한 증명이 가능한 한 통상의 손해로서 그 교환가치와는 별도로 배상하여야 한다"(대판 2004.3.18. 전합2001다82507).

② [○] ※ 진료계약상 채무불이행책임에서 정신적 손해를 통상손해로 볼 수 있는지 여부(적극)

"진료계약상 주의의무 위반으로 환자의 생명이나 신체에 불이익한 결과를 초래한 경우 일반적으로 채무불이행책임과 불법행위책임이 성립할 수 있다. 이와 같이 생명·신체가 침해된 경우 환자가 정신적 고통을 입을 수 있으므로, 진료계약의 당사자인 병원 등은 환자가 입은 정신적 고통에 대해서도 민법 제393조, 제763조, 제751조 제1항에 따라 손해를 배상해야 한다. 피고 병원이 이 사건에 적용해야 한다고 주장하는 대판 2004.11.12. 2002다53865 판결 등은 모두 채무불이행으로 침해된 법익이 생명·신체 기타 인격적 법익이 아닌 재산적 법익인 사안에 대한 것이다. 위와 같은 대법원 판결은 그러한 법익 침해로 계약당사자가 입은 정신적 고통은 재산적 손해에 대한 배상이 이루어지면 회복되고 그것만으로 회복될 수 없는 정신적 고통은 특별한 사정으로 인한 손해라는 것이므로 이 사건과 같이 채무불이행으로 생명·신체 등의 법익이 침해된 사안에 적용할 선례가 아니다"(대판 2018.11.15. 2016다244491).

비교판례 ※ 채무불이행으로 인한 비재산적 손해(특별손해)

㉠ "건물신축 도급계약에서 수급인이 신축한 건물에 하자가 있어 도급인이 받은 정신적 고통은 하자가 보수되거나 이에 갈음하여 손해배상이 이루어짐으로써 회복되는 것이 보통이고, 이것만으로는 회복될 수 없는 정신적 고통을 입었다는 특별한 사정이 있고 수급인이 이에 대한 예견가능성이 있는 때에 한해 위자료를 인정할 수 있다"(대판 1996.6.11. 95다12798). ㉡ 임대인의 채무불이행으로 인하여 임차인이 임차의 목적을 달성할 수 없는 경우(대판 1994.12.13. 93다59779), 위임계약에서 수임인의 채무불이행으로 인해 손해가 발생한 경우(대판 1996.12.10. 96다36289) 등도 그러하다.

③ [×] "매도인이 매수인으로부터 매매대금을 약정된 기일에 지급받지 못한 결과 제3자로부터 부동산을 매수하고 그 잔대금을 지급하지 못하여 그 계약금을 몰수당함으로써 손해를 입었다고 하더라도 이는 특별한 사정으로 인한 손해이므로 매수인이 이를 알았거나 알 수 있었던 경우에만 그 손해를 배상할 책임이 있다"(대판 1991.10.11. 91다25369).

④ [×] ※ 제393조 2항(특별손해)

(1) 특별한 사정에 대한 예견가능성

특별한 사정으로 인한 손해는 채무자가 그 사정을 알았거나 알 수 있었을 때에 한하여 배상의 책임이 있다(제393조 2항). 이 때 알았거나 알 수 있었던 것의 대상은 손해의 원인이 된 '특별한 사정'이지 '손해' 자체는 아니다. 특별손해에 따른 손해배상의 범위는 그 발생된 손해 전부가 아니라 그러한 특별한 사정하에서 통상 생기는 손해를 그 한도로 한다.

(2) 특별한 사정에 대한 예견가능성의 판단시기

"민법 제393조 제2항 소정의 특별사정으로 인한 손해배상에 있어서 채무자가 그 사정을 알았거나 알 수 있었는지의 여부를 가리는 시기는 계약체결당시가 아니라 채무의 이행기까지를 기준으로 판단하여야 한다"(대판 1985.9.10. 84다카1532).

[정답] ②

문5 손해배상에 관한 설명 중 옳지 않은 것은? (다툼이 있는 경우 판례에 의함)　　　　[기출변형]

① 채무자가 이행거절의 의사를 명백히 표시하여 채권자가 최고 없이 이행에 갈음하는 손해배상을 청구할 수 있는 경우, 그 손해액의 산정은 청구 당시의 급부목적물의 시가를 표준으로 해야 한다.

② 특별손해는 채무자가 특별한 사정을 알았거나 알 수 있었을 경우에 한하여 배상할 책임이 인정되는데, 특별한 사정에 대한 채무자의 예견가능성에 대한 증명책임은 채권자가 부담한다.

③ 계약 당시 당사자 사이에 손해배상액을 예정하는 내용의 약정이 있는 경우 특별한 사정이 없는 한 위 약정은 그 계약과 관련된 불법행위책임에 따른 손해까지 예정한 것이라고 볼 수 없다.

④ 피해자가 입은 손해 중 일부만을 청구하는 경우 법원이 과실상계를 함에 있어서는 손해의 전액에서 과실비율에 의한 감액을 하고 그 잔액이 청구액을 초과하지 않을 경우에는 그 잔액을 인용하고, 잔액이 청구액을 초과할 경우에는 청구의 전액을 인용하여야 한다.

[해설] ① [X] "채무자의 이행거절로 인한 채무불이행에서의 손해액 산정은, 채무자가 이행거절의 의사를 명백히 표시하여 최고 없이 계약의 해제나 손해배상을 청구할 수 있는 경우에는 이행거절 당시의 급부목적물의 시가를 표준으로 해야 한다"(대판 2007.9.20. 2005다63337).

② [○] 특별한 사정으로 인한 손해는 채무자가 그 사정을 알았거나 알 수 있었을 때에 한하여 배상의 책임이 있다(제393조 2항). 특별한 사정의 존재 및 채무자의 예견가능성에 대해서는 채권자가 증명책임이 있다(통설).

③ [○] "계약 당시 당사자 사이에 손해배상액을 예정하는 내용의 약정이 있는 경우에는 그것은 계약상의 채무불이행으로 인한 손해액에 관한 것이고 이를 그 계약과 관련된 불법행위상의 손해까지 예정한 것이라고는 볼 수 없다"(대판 1999.1.15, 98다48033).

④ [○] ※ 일부청구와 과실상계(외측설)
"일개의 손해배상청구권 중 일부가 소송상 청구되어 있는 경우에 과실상계를 함에 있어서는 (청구부분에 비례하여 과실상계비율을 정하지 않고) 손해의 전액에서 과실비율에 의한 감액을 하고 그 잔액이 청구액을 초과하지 않을 경우에는 그 잔액을 인용할 것이고 잔액이 청구액을 초과할 경우에는 청구의 전액을 인용하는 것으로 풀이하는 것이 일부청구를 하는 당사자의 통상적 의사라고 할 것이다"(대판 1976.6.22. 75다819 ; 대판 2008.12.24. 2008다51649 ; 대판 1991.1.25, 90다6491).

[정답] ①

문6 통상손해와 특별손해에 관한 다음 설명 중 옳지 않은 것은?

[기출변형]

① 매수인이 잔금지급을 지체한 경우, 계약을 해제하지 아니한 매도인이 지체된 기간 동안 입은 손해 중 그 미지급 잔금에 대한 법정이율에 따른 이자 상당의 금액은 통상손해이다.

② 불법행위로 인하여 영업용 물건이 멸실되거나 일부 손괴되어, 이를 대체할 다른 물건을 마련하기 위하여 필요한 합리적인 기간 동안 그 물건을 이용하여 영업을 계속하지 못함으로 인한 손해는 통상의 손해이다.

③ 건물을 신축할 목적으로 토지를 매수한 매수인이 설계비 또는 공사계약금을 지출하였다가 토지매매계약이 해제됨으로 말미암아 이를 회수하지 못하는 손해는 통상손해이다.

④ 매수인이 잔금지급을 지체한 경우, 지체된 기간 동안 매매대상토지의 개별공시지가가 급등하여 계약을 해제하지 아니한 매도인의 양도소득세 부담이 늘어났다면, 그 늘어난 부담은 특별한 사정에 의하여 발생한 손해에 해당한다.

해설 ① [○] ④ [○] "매수인의 잔금지급 지체로 인하여 계약을 해제하지 아니한 매도인이 지체된 기간 동안 입은 손해 중 그 미지급 잔금에 대한 법정이율에 따른 이자 상당의 금액은 통상손해라고 할 것이지만, 그 사이에 매매대상 토지의 개별공시지가가 급등하여 매도인의 양도소득세 부담이 늘었다고 하더라도 그 손해는 사회일반의 관념상 매매계약에서의 잔금지급의 이행지체의 경우 통상 발생하는 것으로 생각되는 범위의 통상손해라고 할 수는 없고, 이는 특별한 사정에 의하여 발생한 손해에 해당한다"(대판 2006.4.13. 2005다75897).

② [○] 물건멸실의 경우 시가 상당액, 즉 교환가치가 통상손해에 해당하는데, 그로 인한 사용이익(휴업손해)의 상실도 통상손해에 해당하는지 문제된다. 이와 관련하여 대법원 멸실과 훼손의 경우 모두 교환가치와는 별도로 휴업손해를 배상하여야 하는 것으로 견해를 바꾸었다.

"불법행위로 영업용 물건이 멸실된 경우, 이를 대체할 다른 물건을 마련하기 위하여 필요한 합리적인 기간 동안 그 물건을 이용하여 영업을 계속하였더라면 얻을 수 있었던 이익, 즉 휴업손해는 그에 대한 증명이 가능한 한 통상의 손해로서 그 교환가치와는 별도로 배상하여야 하고, 이는 영업용 물건이 일부 손괴된 경우, 수리를 위하여 필요한 합리적인 기간 동안의 휴업손해와 마찬가지라고 보아야 할 것이다"(대판 2004.3.18. 전합2001다82507).

참고판례 종전의 判例는 (불법행위의 사안이기는 하지만) 물건이 멸실되거나 훼손된 경우, 그 수리가 가능한지 여부에 따라 '휴업손해'에 대한 배상 여부를 달리 판단하여 왔다. 즉 i) 수리가 불가능할만큼 물건이 '멸실'되어 시가 상당의 손해배상을 구하는 경우, 그 손해액은 그 당시의 시가와 그에 대한 지연손해금이고, 장차 그 물건을 사용 수익할 수 있었을 이익은 그 시가인 교환가격에 포함되므로 따로 청구할 수 없다고 하였다(대판 1990.10.16. 90다카20210). 그러나 ii) 수리가 가능할만큼 물건이 '일부 훼손'된 경우에 그 수선에 소요되는 기간 중 소유자가 사용을 하지 못함에 따라 입은 손해는 통상의 손해에 해당한다고 하며(대판 1972.12.12. 72다1820), 다만 수리비가 과다하여 목적물의 시가를 상회한다면 형평의 원칙상 그 손해액은 멸실에 준하여 그 목적물의 교환가치 범위 내로 제한되어야 한다고 본다(대판 1994.10.14. 94다3964). 대법원은 전원합의체판결(위 전합2001다82507판결)로써 종전 위 ⅰ)의 判例를 변경하면서 멸실과 훼손의 경우 모두 교환가치와는 별도로 휴업손해를 배상하여야 하는 것으로 견해를 바꾸었다.

③ [×] "매매대금을 완불하지 않은 토지의 매수인이 그 토지 상에 건물을 신축하기 위하여 설계비 또는 공사계약금을 지출하였다가 계약이 해제됨으로 말미암아 이를 회수하지 못하는 손해를 입게 되었다 하더라도 이는 이례적인 사정에 속하는 것으로서, 설사 토지의 매도인이 매수인의 취득 목적을 알았다 하더라도 마찬가지라 할 것이므로, 토지의 매도인으로서는 소유권이전의무의 이행기까지 최소한 매수인이 설계계약 또는 공사도급계약을 체결하였다는 점을 알았거나 알 수 있었을 때에 한하여 그 배상책임을 부담한다"(대판 1996.2.13. 95다47619).

[정답] ③

문7 甲은 그 소유의 토지를 乙에게 매도하면서 매매대금채무의 불이행에 관하여 손해배상액의 예정을 하였다. 甲이 乙의 채무불이행을 이유로 그 예정된 손해배상액을 청구하는 경우에 관한 설명 중 옳은 것은? (다툼이 있는 경우에는 판례에 의함) [기출변형]

① 甲은 乙의 이행지체 및 손해발생사실을 증명하여야 하고, 손해액을 증명할 필요는 없다.

② 다른 약정이 없는 한 乙은 자신에게 귀책사유가 없다는 것을 주장·증명하더라도 예정배상액의 지급책임을 면할 수 없다.

③ 손해배상예정액이 부당하게 과다한지 여부는 손해배상예정의 약정시를 기준으로 판단하여야 한다.

④ 甲은 특약이 없는 한 통상의 손해뿐만 아니라 특별한 사정으로 인한 손해에 관하여도 예정된 배상액만을 청구할 수 있다.

[해설] ① [×] "채무불이행으로 인한 손해배상액이 예정되어 있는 경우에는 채권자는 채무불이행 사실만 증명하면 손해의 발생 및 그 액을 증명하지 아니하고 예정배상액을 청구할 수 있고, 채무자는 채권자와 채무불이행에 있어 채무자의 귀책사유를 묻지 아니한다는 약정을 하지 아니한 이상 자신의 귀책사유가 없음을 주장·입증함으로써 예정배상액의 지급책임을 면할 수 있다"(대판 2007.12.27. 2006다9408) ☞ 이행지체라는 '채무불이행사실'은 채권자 甲이 증명해야 하지만, '손배배상액을 미리 예정'하였으므로 채권자 甲이 손해발생 사실을 증명할 필요는 없다.

② [×] ① 지문 판례참고

③ [×] "손해배상의 예정액이 부당하게 과다한지의 여부 내지 그에 대한 적당한 감액의 범위를 판단하는 데 있어서는, 법원이 구체적으로 그 판단을 하는 때 즉, 사실심의 변론종결 당시를 기준으로 하여 그 사이에 발생한 위와 같은 모든 사정을 종합적으로 고려하여야 한다"(대판 1999.4.23. 98다45546)

④ [○] "계약 당시 손해배상액을 예정한 경우에는 다른 특약이 없는 한 채무불이행으로 인하여 입은 통상손해는 물론 특별손해까지도 예정액에 포함되고 채권자의 손해가 예정액을 초과한다 하더라도 초과부분을 따로 청구할 수 없다"(대판 1993.4.23. 92다41719)

[정답] ④

문8 위약금약정에 관한 설명 중 옳지 않은 것은? (다툼이 있는 경우에는 판례에 의함) [기출변형]

① 지체상금이 손해배상액의 예정으로 인정되어 이를 감액할 경우, 채권자의 과실이 인정되면 법원은 손해배상의 예정액의 감액에 앞서 이를 이유로 별도로 지체상금을 감액하여야 한다.

② 도급계약을 체결하면서 위약금약정을 한 경우, 도급계약이 취소되면 위약금약정도 그 효력을 잃는다.

③ 손해배상의 예정액이 부당히 과다하여 법원이 직권으로 감액한 경우, 감액된 부분은 처음부터 무효인 것으로 본다.

④ 위약벌로 인정되는 위약금이 부당히 과다하더라도 법원은 직권으로 감액할 수 없다.

해설 ① [✕] "지체상금이 손해배상의 예정으로 인정되어 이를 감액함에 있어서는 채무자가 계약을 위반한 경위 등 제반사정이 참작되므로 손해배상액의 감경에 앞서 채권자의 과실 등을 들어 따로 감경할 필요는 없다"(대판 2002.1.25, 99다57126).

② [○] 손해배상액의 예정이란 채무불이행의 경우에 채무자가 지급하여야 할 손해배상액을 당사자 사이의 계약으로 '미리' 정하여 두는 것을 말한다(제398조 1항). 이는 채무불이행을 정지조건으로 하는 '조건부계약'이며 기본채권관계에 '종된 계약'이다. 따라서 주된 계약이 무효이거나 취소되는 경우에는 손해배상액의 예정도 효력을 상실한다.

③ [○] 법원이 손해배상의 예정액이 부당하게 과다하다고 하여 감액을 한 경우에 손해배상액의 예정에 관한 약정 중 감액에 해당하는 부분은 처음부터 무효라고 할 것이다(대판 2004.12.10, 2002다73852). 따라서 이미 급부한 부분은 반환청구가 가능하다.

④ [○] 위약벌은 당사자 사이에 의무이행을 확보하기 위하여 의무부담자에게 압력을 가하기 위한 수단으로 약정되는 '사적 제제(私的 制裁)'로서 채무불이행이 있으면 채무자는 손해의 유무를 묻지 않고 또 실제 손해가 있으면 위약벌 외에 이 손해도 배상하여야 한다는 점에서 손해배상액의 예정과 구별되는 것이다. 또 이 경우에는 배상액의 예정에 관한 규정이 적용되지 않고, 따라서 **법원이 감액하지도 못한다**(대판 2002.4.23, 2000다56973). 다만, 그 의무의 강제에 의하여 얻어지는 채권자의 이익에 비해 약정된 벌이 과도하게 무거울 때에는 그 일부 또는 전부가 공서양속에 반하여 무효로 된다(대판 1993.3.23, 92다46905).

[정답] ①

문9 손해배상액의 예정 및 위약벌에 관한 설명 중 옳지 않은 것은?

[기출변형]

① 손해배상액의 예정이 있는 경우, 채무자는 실제로 손해발생이 없다거나 손해액이 예정배상액보다 적다는 것을 증명하더라도 이 점만으로 그 예정배상액의 지급을 면하거나 감액을 청구하지 못한다.

② 손해배상액의 예정이 있는 경우, 채무불이행으로 인한 손해의 발생 및 확대에 채권자에게도 과실이 있다면 「민법」 제398조 제2항에 따라 손해배상 예정액을 감액할 수는 있을지언정 채권자의 과실을 들어 과실상계를 할 수는 없다.

③ 위약벌이 약정된 경우 손해배상액의 예정에 관한 「민법」 제398조 제2항을 유추 적용하여 그 약정액을 감액할 수 없다.

④ 위약벌이 약정된 경우에도 강행규정인 「이자제한법」이 정한 최고이자율을 초과하는 부분은 무효이다.

해 설 ① [○] ※ 손해배상 예정액의 청구

채권자는 실제로 발생한 손해액이 예정액보다 많다는 것을 입증하더라도 그의 증액을 청구하지 못하고, 채무자는 채권자의 실제손해가 예정액보다 적다는 것을 입증하더라도 감액을 요구하지 못한다(대판 2008.11.13. 2008다46906). 그리고 判例는 특약이 없는 한 예정배상액에는 통상손해와 특별손해가 모두 포함되는 것으로 본다(대판 1988.9.27. 86다카2375,2376).

비교판례 判例는 예외적으로 도급에서 하자보수보증금은 특수한 손해배상액의 예정의 성질을 가진다고 보아 예정액을 초과하는 손해에 대하여 초과액 상당의 손해배상을 받을 수 있다는 입장이다(대판 2002.7.12. 2000다17810).

② [○] ※ 손해배상 예정액의 감액과 과실상계

判例는 "채무불이행으로 인한 손해의 발생 및 확대에 채권자에게도 과실이 있다고 하여도 제398조 2항에 따라 채권자의 과실을 비롯하여 채무자가 계약을 위반한 경위 등 제반사정을 참작하여 손해배상 예정액을 감액할 수는 있을지언정 채권자의 과실을 들어 과실상계를 할 수는 없다"고 한다(대판 2016.6.10. 2014다200763).

③ [○] ※ 손해배상액의 예정과 위약벌

위약벌은 당사자 사이에 의무이행을 확보하기 위하여 의무부담자에게 압력을 가하기 위한 수단으로 약정되는 '사적 제재(私的 制裁)'로서 채무불이행이 있으면 채무자는 손해의 유무를 묻지 않고 또 실제 손해가 있으면 위약벌 외에 이 손해도 배상하여야 한다는 점에서 손해배상액의 예정과 구별되는 것이다. 또 이 경우에는 배상액의 예정에 관한 규정이 적용되지 않고, 따라서 법원이 감액하지도 못한다(대판 2002.4.23. 2000다56973).

다만, 그 의무의 강제에 의하여 얻어지는 채권자의 이익에 비해 약정된 벌이 과도하게 무거울 때에는 그 일부 또는 전부가 공서양속에 반하여 무효로 된다(대판 2015.12.10. 2014다14511 : 계약이행의 대가인 58억 원의 3배 가까이 되는 146억 원을 위약벌로 정한 사안에서 제103조 위반으로 무효라고 판단한 사안).

비교판례 참고로 최근 判例 중에는 "위약금이 손해배상액의 예정과 위약벌의 성질을 함께 가지는 것으로 볼 수 있는 경우, 특별한 사정이 없는 한 제398조 제2항에 따라 위약금 전체 금액을 기준으로 감액을 할 수 있다"(대판 2018.10.12. 2016다257978)고 판시한 내용도 있다.

④ [×] ※ 위약벌과 이자제한법

"이자제한법의 최고이자율 제한에 관한 규정은 금전대차에 관한 계약상의 이자에 관하여 적용될 뿐, 계약을 위반한 사람을 제재하고 계약의 이행을 간접적으로 강제하기 위하여 정한 위약벌의 경우에는 적용될 수 없다"(대판 2017.11.29. 2016다259769).

[정답] ④

제3절 | 채권자지체

문1 다음 설명 중 옳지 않은 것은? (다툼이 있는 경우 판례에 의함) [기출변형]

① 채권자지체 중에는 채무자는 고의 또는 중대한 과실이 없으면 불이행으로 인한 모든 책임이 없다.
② 손해배상액의 예정은 이행의 청구나 계약의 해제에 영향을 미치지 아니한다.
③ 채권자가 그 채권의 목적인 물건 또는 권리의 가액전부를 손해배상으로 받은 때에는 채무자는 그 물건 또는 권리에 관하여 당연히 채권자를 대위한다.
④ 채권자지체 중이라도 채무자는 이자 있는 채권에 대하여는 이자를 지급할 의무가 있다.

해설 ① [○] **제401조(채권자지체와 채무자의 책임)** 「채권자지체 중에는 채무자는 고의 또는 중대한 과실이 없으면 불이행으로 인한 모든 책임이 없다.」

② [○] **제398조(배상액의 예정)** 「① 당사자는 채무불이행에 관한 손해배상액을 예정할 수 있다. ② 손해배상의 예정액이 부당히 과다한 경우에는 법원은 적당히 감액할 수 있다. ③ 손해배상액의 예정은 이행의 청구나 계약의 해제에 영향을 미치지 아니한다. ④ 위약금의 약정은 손해배상액의 예정으로 추정한다. ⑤ 당사자가 금전이 아닌 것으로써 손해의 배상에 충당할 것을 예정한 경우에도 전4항의 규정을 준용한다.」

③ [○] **제399조(손해배상자의 대위)** 「채권자가 그 채권의 목적인 물건 또는 권리의 가액전부를 손해배상으로 받은 때에는 채무자는 그 물건 또는 권리에 관하여 당연히 채권자를 대위한다.」

④ [×] **제402조(동전)** 「채권자지체 중에는 이자있는 채권이라도 채무자는 이자를 지급할 의무가 없다.」

[정답] ④

제4장 채권의 대외적 효력

제1절 | 책임재산의 보전

제1관 채권자대위권

문1 채권자대위권에 대한 다음 설명 중 가장 옳지 않은 것은? [14서기보]

① 저작권법이 보호하는 재산권의 침해가 발생하였으나 그 권리자가 스스로 저작권법 상의 침해정지청구권을 행사하지 않는 경우, 그 재산권의 독점적인 이용권자가 권 리자를 대위하여 위 침해정지청구권을 행사할 수 있다.

② 채권을 보전하기 위하여 대위행사가 필요한 경우는 실체법상 권리뿐만 아니라 소송 법상 권리에 대하여서도 대위가 허용되나, 종전 재심대상판결에 대하여 불복하여 종전 소송절차의 재개, 속행 및 재심판을 구하는 재심의 소 제기는 채권자대위권의 목적이 될 수 없다.

③ 채권자대위소송의 제3채무자는 원칙적으로 채무자가 채권자에 대하여 가지는 항변 으로 대항할 수 없지만, 채권자의 채무자에 대한 채권의 소멸시효가 완성된 경우에 는 소멸시효 완성의 항변을 원용할 수 있다.

④ 채권자가 채권자대위권의 법리에 의하여 채무자에 대한 채권을 보전하기 위하여 채 무자의 제3자에 대한 권리를 대위행사하기 위하여는 채무자에 대한 채권을 보전할 필요가 있어야 하고, 그러한 보전의 필요가 인정되지 아니하는 경우에는 소가 부적 법하므로 법원으로서는 이를 각하하여야 한다.

해설 ① [○] "저작권법이 보호하는 재산권의 침해가 발생하는 경우에도 그 권리자가 스스로 침해정지 청구권을 행사하지 아니하는 때에는 독점적인 이용권자로서는 이를 대위하여 행사하지 아니하 면 달리 자신의 권리를 보전할 방법이 없을 뿐만 아니라, 저작권법이 보호하는 이용허락의 대 상이 되는 권리들은 일신전속적인 권리도 아니어서 독점적인 이용권자는 자신의 권리를 보전 하기 위하여 필요한 범위 내에서 권리자를 대위하여 저작권법 제91조에 기한 침해정지청구권 을 행사할 수 있다"(대판 2007.1.25. 2005다11626).

② [○] 권리자 자신이 권리를 행사할 것인지 여부를 결정하여야 비로소 그 권리행사가 의미를 가 지게 되는 종류의 권리(행사상의 일신전속권[1])는 대위의 목적으로 되지 못한다(제404조 1항 단서).

---

1) 일신전속권에는 '귀속상의 일신전속권'(양도되거나 상속될 수 없는 권리)과 '행사상 일신전속권'(권리자 자신에 의해서만 행사될 수 있는 권리)의 두 가지가 있다.

☞ 실체법상의 권리를 주장하는 형식으로서의 소송상 권리(각종 소의 제기, 강제집행신청, 청구이의의 소, 제3자 이의의 소, 가압류·가처분명령의 취소신청 등)는 원칙적으로 대위행사 할 수 있으나, 채무자가 소를 제기하여 권리를 행사한 상태에서는 개별적 소송행위에 대한 권리(공격방어방법의 제출, 상소제기, **재심의 소제기**, 집행방법 또는 가압류결정에 대한 이의신청 등)는 **대위행사할 수 없다**(대판 2012.12.27. 2012다75239).

③ [×] 채권자가 채권자대위권을 행사하여 제3자에 대하여 하는 청구에 있어서, 제3채무자는 채무자가 채권자에 대하여 가지는 항변으로 대항할 수 없으며, 채권의 소멸시효가 완성된 경우 이를 원용할 수 있는 자는 원칙적으로 시효이익을 직접 받는 자뿐이고, 채권자대위소송의 제3채무자는 이를 행사할 수 없다(대판 2009.9.10. 2009다34160).

④ [○] 대판 2012.8.30. 2010다39918

채권자대위소송은 민법이 권리주체인 채무자와 병행하여 채권자에게 소송수행권을 부여한 결과 채무자를 대위하여 소송수행권을 가지는 '법정소송담당'의 한 예로 본다(통설, 判例). 이 견해에 의하면 소송물은 채무자의 권리(피대위권리)의 존부가 된다.
즉, 채권자대위권의 요건으로는 ⅰ) 피보전채권의 존재, ⅱ) 채권보전의 필요성, ⅲ) 채무자의 권리불행사, ⅳ) 피대위권리의 존재를 요구한다(제404조). 법정소송담당설에 의할 경우 ⅰ), ⅱ), ⅲ)은 당사자적격에 관계되는 소송요건사실로서 흠결시에는 부적법 각하, ⅳ)의 흠결의 경우는 본안판단으로서 청구기각판결을 하여야 한다고 한다.

[정답] ③

문 2 **채권자대위권에 관한 다음 설명 중 가장 옳지 않은 것은?** [15서기보]

① 소멸시효가 완성된 경우 채무자에 대한 일반 채권자는 채권자의 지위에서 독자적으로 소멸시효의 주장을 할 수는 없지만 자기의 채권을 보전하기 위하여 필요한 한도 내에서 채무자를 대위하여 소멸시효 주장을 할 수 있다.

② 채권자대위권 행사의 효과는 채무자에게 귀속되는 것이므로 채권자대위소송의 제기로 인한 소멸시효 중단의 효과 역시 채무자에게 생긴다.

③ 채권자대위권을 행사함에 있어서, 채권자가 채무자를 상대로 하여 그 보전되는 청구권에 기한 이행청구의 소를 제기하여 승소판결을 선고받고 그 판결이 확정되었다고 하더라도 제3채무자는 여전히 그 청구권의 존재를 다툴 수 있다.

④ 채권자대위권은 채무자의 제3채무자에 대한 권리를 행사하는 것이므로, 제3채무자는 채무자에 대해 가지는 모든 항변사유로써 채권자에게 대항할 수 있으나, 채권자는 채무자 자신이 주장할 수 있는 사유의 범위 내에서 주장할 수 있을 뿐, 자기와 제3채무자 사이의 독자적인 사정에 기한 사유를 주장할 수는 없다.

해설 ① [○] 判例는 '채무자에 대한 일반채권자'는 자기의 채권을 보전하기 위하여 필요한 한도 내에서 채무자를 대위하여 소멸시효 주장을 할 수 있을 뿐 채권자의 지위에서 독자적으로 (다른 채권자의 채무자에 대한 채권에 대해) 소멸시효의 완성을 주장할 수 없다고 한다(대판 1997.12.26, 97다22676).

② [○] 대법원은 채권자대위권 행사의 효과는 채무자에게 귀속되는 것이므로 채권자대위소송의 제기로 인한 소멸시효 중단의 효과 역시 채무자에게 생긴다는 이유를 들어 제170조의 적용을 긍정하고 있다(대판 2011.10.13, 2010다80930)

③ [✕] "채권자대위권을 재판상 행사하는 경우에 있어서도 채권자인 원고는 그 채권의 존재사실 및 보전의 필요성, 기한의 도래 등을 입증하면 족한 것이지, 채권의 발생원인 사실 또는 그 채권이 제3채무자인 피고에게 대항할 수 있는 채권이라는 사실까지 입증할 필요는 없으며, 따라서 채권자가 채무자를 상대로 하여 그 보전되는 청구권에 기한 이행청구의 소를 제기하여 승소판결이 확정되면 제3채무자는 그 청구권의 존재를 다툴 수 없다"(대판 2010.11.11, 2010다43597).

④ [○] ※ 채권자와 제3채무자 사이의 독자적인 사정에 기한 사유
원칙적으로 채권자는 채무자의 권리를 행사하는 것이므로 대위권 행사의 통지가 있기 전에 제3채무자는 채무자에 대하여 가지는 모든 항변(피대위권리에 대한 항변)으로 채권자에게 대항할 수 있다(대판 2009.5.28, 2009다4787).
그러나 채권자가 무효인 소유권이전등기청구권 가등기의 유용 합의에 따라 부동산 소유자인 채무자로부터 그 가등기 이전의 부기등기를 마친 제3채무자를 상대로 채무자를 대위하여 가등기의 말소를 구한 사안에서, 判例는 "채권자는 제3채무자에 대하여 채무자가 주장할 수 있는 범위 내에서 주장할 수 있을 뿐, 자기와 제3채무자 사이의 독자적인 사정에 기한 사유를 주장할 수는 없다"(대판 2009.5.28, 2009다4787)고 판시하여 채권자가 그 부기등기 전에 부동산을 가압류한 사실을 주장하는 것은 채무자가 아닌 채권자 자신이 제3채무자에 대하여 가지는 사유에 관한 것이어서 허용되지 않는다고 하였다.

[정답] ③

문 3 채권자대위권에 관한 다음 설명 중 가장 옳지 않은 것은? [16서기보]

① 피보전채권이 특정채권이라 하여 반드시 채권적 청구권의 보전을 위하여 채권자대위권이 인정되는 것은 아니며, 물권적 청구권을 위해서도 채권자대위권이 인정될 수 있다.

② 채권자대위권에서 보전되는 채권은 보전의 필요성이 인정되고 이행기가 도래한 것이면 족하고, 채무자에 대한 채권이 제3채무자에게까지 대항할 수 있는 것임을 요하지 않는다.

③ 가등기가 가등기담보 등에 관한 법률에 정한 담보가등기로서 강제집행을 통한 매각이 가능하다는 등의 특별한 사정이 없는 한, 이미 제3자 명의로 소유권이전청구권 보전의 가등기가 경료되어 있는 부동산은 채권자대위권의 행사를 위하여 적극재산을 산정함에 있어서 이를 제외하여야 한다.

④ 채무자가 채권자대위권행사의 통지를 받은 후에는 그 권리를 처분하여도 이로써 채권자에게 대항하지 못하는 것이므로, 채무자가 채권자대위권행사의 통지를 받은 후에 채무를 불이행함으로써 통지 전에 체결된 약정에 따라 매매계약이 자동적으로 해제된 경우에도, 제3채무자가 그 계약해제로써 대위권을 행사하는 채권자에게 대항할 수는 없다고 보아야 한다.

해설 ① [○] ※ 피보전채권의 존재
채권의 종류는 묻지 않으며, 금전채권 뿐만 아니라 특정채권도 인정되며, 채권적 청구권 뿐만 아니라 判例에 따르면 물권적 청구권도 포함된다(대판 2007.5.10, 2006다82700,82717).

② [○] "민법 제404조에서 규정하고 있는 채권자대위권은 채권자가 채무자에 대한 자기의 채권을 보전하기 위하여 필요한 경우에 채무자의 제3자에 대한 권리를 대위행사할 수 있는 권리를 말하는 것으로서, 이 때 보전되는 채권은 보전의 필요성이 인정되고 이행기가 도래한 것이면 족하고, 그 채권의 발생원인이 어떠하든 대위권을 행사함에는 아무런 방해가 되지 아니하며, 또한 채무자에 대한 채권이 제3채무자에게까지 대항할 수 있는 것임을 요하는 것도 아니다"(대판 2003.4.11, 2003다1250).

③ [○] ※ 채무자의 무자력 여부 판단시 고려요소 - 적극재산에 청구권보전의 가등기가 경료되어 있는 경우
"채권자대위의 요건으로서의 무자력이란 채무자의 변제자력이 없음을 뜻하는 것이고, 특히 임의변제를 기대할 수 없는 경우에는 강제집행을 통한 변제가 고려되어야 하므로, 소극재산이든 적극재산이든 위와 같은 목적에 부합할 수 있는 재산인지 여부가 변제자력 유무 판단의 중요한 고려요소가 되어야 한다. 따라서 채무자의 적극재산인 부동산에 이미 제3자 명의로 소유권이전청구권보전의 가등기가 경료되어 있는 경우에는, 위 가등기가 가등기담보 등에 관한 법률에 정한 담보가등기로서 강제집행을 통한 매각이 가능하다는 등의 특별한 사정이 없는 한, 위 부동산은 실질적으로 재산적 가치가 없어 적극재산을 산정함에 있어서 이를 제외하여야 한다"(대판 2009.2.26, 2008다76556).

④ [X] 채권자가 보존행위 이외의 권리를 행사한 때에는 채무자에게 이를 통지하여야 하고(제405조 1항), 채무자가 그 통지를 받은 후에는 그 권리를 '처분'하여도 채권자에게 대항하지 못한다(제405조 2항).

※ 금지되는 처분행위가 아닌 경우
"채무를 불이행함으로써 제3채무자로 하여금 채권의 발생원인이 된 기본계약을 해제하게 하거나 자동해제약정에 따라 그 기본계약이 실효되도록 한 경우도 제405조 제2항에서 말하는 '처분'에 해당한다고 할 수 없다"(대판 2012.5.17, 전합2011다87235).

비교판례 "채권자가 채무자를 대위하여 제3채무자의 부동산에 대한 처분금지가처분을 신청하여 처분금지가처분 결정을 받은 경우, 이는 그 부동산에 관한 소유권이전등기청구권을 보전하기 위한 것이므로 피보전권리인 소유권이전등기청구권을 행사한 것과 같이 볼 수 있어, 채무자가 그러한 채권자대위권의 행사 사실을 알게 된 이후에 그 부동산에 대한 매매계약을 합의해제함으로써 채권자대위권의 객체인 그 부동산의 소유권이전등기청구권을 소멸시켰다 하더라도 이로써 채권자에게 대항할 수 없다"(대판 1996.4.12, 95다54167)

[정답] ④

문4 甲은 乙에 대하여 1억 원의 대여금채권을, 乙은 丙에 대하여 1억 원의 매매대금채권을 각 보유하고 있던 중, 甲이 무자력인 乙에 대한 채권을 보전하기 위해 乙을 대위하여 丙에 대하여 매매대금청구소송을 제기하였는데, 乙은 대위소송 사실을 알고 있었다. 다음 설명 중 가장 옳은 것은? (다툼이 있는 경우 판례에 의함)　　　　　　　　　　　　　　　　　　　　[17서기보]

① 이후 乙이 丙으로부터 1억 원 매매대금채권을 변제받았더라도 丙은 甲에게 변제항변을 할 수 없다.

② 소송 중 乙의 丙에 대한 채권의 소멸시효가 이미 완성된 것으로 밝혀진 경우 丙은 소멸시효완성으로 甲에게 대항할 수 있다.

③ 甲의 대위소송의 판결의 효력은 乙에게 미치지 않는다.

④ 소송 중 丙이 乙의 채무불이행으로 인해 매매계약을 해제하였더라도 丙은 이로써 甲에게 대항할 수 없다.

해설 ① [×] 민법 제405조에 의하면 채권자가 채권자대위권에 기하여 채무자의 권리를 행사하고 그 사실을 채무자에게 통지한 경우에는 채무자가 그 권리를 처분하여도 이로써 채권자에게 대항하지 못한다고 규정되어 있는데, 이 경우 채권자가 채무자에게 그 사실을 통지하지 아니하였더라도 채무자가 자기의 채권이 채권자에 의하여 대위행사되고 있는 사실을 알고 있었다면 그 처분을 가지고 채권자에게 대항할 수 없다(대판 1993.4.27. 92다44350). 그러나 통지 등이 있는 경우에는 처분행위가 금지될 뿐 관리·보존행위까지 금지되는 것은 아니므로 통지 후에도 제3채무자의 변제(예컨대 채무자 명의로의 소유권이전등기)가 금지되는 것은 아니다(대판 1991.4.12, 90다9407).

☞ 따라서 甲이 乙을 대위하여 丙에 대하여 대위소송을 제기한 사실을 채무자 乙이 알게 된 이후에 乙이 丙으로부터 1억 원 매매대금채권을 변제받았더라도 이는 금지되는 처분행위에 해당하지 않으므로 제3채무자 丙은 甲에게 변제항변 할 수 있다.

② [○] 원칙적으로 제3채무자는 채무자에 대해 가지는 모든 항변사유로써 채권자에게 대항할 수 있다. 그러나 채무자가 채권자에 대해 가지는 항변을 제3채무자가 원용할 수는 없다(대판 2009.5.28. 2009다4787). 그러므로 피대위채권의 소멸시효가 완성된 경우 이는 제3채무자가 채무자에 대해 가지는 항변사유에 해당하므로, 제3채무자는 이를 이유로 대위소송을 제기한 채권자에게 대항할 수 있다.

☞ 따라서 甲의 대위소송 중 乙의 丙에 대한 채권, 즉 피대위채권의 소멸시효가 이미 완성된 것으로 밝혀진 경우 丙은 소멸시효완성으로 甲에게 대항할 수 있다.

③ [×] 判例는 채무자가 어떠한 사유로든 채권자대위소송이 제기된 사실을 알았다면 기판력은 채무자에게 미친다고 한다(대판 1975.5.13, 74다1664).

④ [×] 채무자가 채권자대위권 행사의 통지를 받은 후에 채무를 불이행함으로써 제3채무자로 하여금 채권의 발생원인이 된 기본계약을 해제하게 하거나 자동해제약정에 따라 그 기본계약이 실효되도록 한 경우도 제405조 제2항에서 말하는 '처분'에 해당한다고 할 수 없다(대판 2012.5.17, 전합2011다87235).

☞ 따라서 甲의 대위소송 중 제3채무자 丙이 乙의 채무불이행으로 인해 매매계약을 해제하였다면 丙은 이로써 채권자 甲에게 대항할 수 있다.

[정답] ②

문5 채권자인 甲이 채무자인 乙을 대위하여 제3채무자인 丙을 상대로 채권자대위소송을 제기한 경우 다음 설명 중 가장 옳은 것은? (다툼이 있는 경우 판례에 의하고, 전원합의체 판결의 경우 다수 의견에 의함)

[18서기보]

① 甲의 乙에 대한 피보전채권이 존재하지 않는다는 이유로 소 각하 판결이 확정된 경우에는 그 후 甲이 乙에게 다시 동일한 피보전채권을 청구원인으로 소송을 제기하는 경우 乙이 채권자대위소송이 제기된 사실을 알았던 경우에는 전소의 기판력이 미친다.

② 채권자대위소송의 제기로 甲의 乙에 대한 채권은 소멸시효가 중단되나, 乙의 丙에 대한 채권의 소멸시효는 중단되지 않는다.

③ 乙의 丙에 대한 채권이 존재하지 않는다는 이유로 甲의 청구가 기각되어 확정되었다면, 그 후 乙의 또 다른 채권자인 丁이 乙을 대위하여 丙을 상대로 채권자대위소송을 제기하는 경우 乙이 전소인 甲의 채권자대위소송 사실을 알았는지 여부와 무관하게 전소의 기판력이 丁이 제기한 후 소에는 미치지 않는다.

④ 丙은 乙이 甲에 대하여 가지는 항변권이나 형성권 등과 같이 권리자에 의한 행사를 필요로 하는 사유를 들어 甲의 乙에 대한 권리가 인정되는지 여부를 다툴 수 없지만, 甲의 乙에 대한 권리의 발생원인이 된 법률행위가 무효라거나 위 권리가 변제 등으로 소멸하였다는 등의 사실을 주장하여 甲의 乙에 대한 권리가 인정되는지 여부를 다투는 것은 가능하다.

해설 ① [×] ※ 대위소송에 의한 판결의 효력

判例는 채무자가 어떠한 사유로든 채권자대위소송이 제기된 사실을 알았다면 기판력은 채무자에게 미친다고 한다(대판 1975.5.13. 74다1664). 다만 이때 채무자에게도 기판력이 미친다는 의미는 채권자대위소송의 소송물인 피대위채권의 존부에 관하여 채무자에게도 기판력이 인정된다는 것이고, 채권자대위소송의 소송요건인 피보전채권의 존부에 관하여 당해 소송의 당사자가 아닌 채무자에게 기판력이 인정된다는 것은 아니다. 따라서 채권자가 채권자대위권을 행사하는 방법으로 제3채무자를 상대로 소송을 제기하였다가 채무자를 대위할 피보전채권이 인정되지 않는다는 이유로 소각하 판결을 받아 확정된 경우 그 판결의 기판력이 채권자가 채무자를 상대로 피보전채권의 이행을 구하는 소송에 미치는 것은 아니다(대판 2014.1.23. 2011다108095).

② [×] ※ 채권자대위권 행사의 효과 - 소멸시효의 중단

채권자가 채무자를 대위하여 피대위채권을 대위행사한 경우(제404조), 피대위채권이 시효중단됨은 물론이다. 그러나 甲의 乙에 대한 피보전채권의 소멸시효는 중단되지 않는다.

③ [×] 어느 채권자가 채권자대위권을 행사하는 방법으로 제3채무자를 상대로 소송을 제기하여 판결을 받은 경우, 어떠한 사유로든 채무자가 채권자대위소송이 제기된 사실을 알았을 경우에 한하여 그 판결의 효력이 채무자에게 미치므로, 이러한 경우에는 그 후 다른 채권자가 동일한 소송물(피대위채권)에 대하여 채권자대위권에 기한 소를 제기하면 전소의 기판력을 받게 된다(대판 1994.8.12. 93다52808).

☞ 따라서 乙의 丙에 대한 채권이 존재하지 않는다는 이유로 甲의 채권자대위 청구가 기각되어 확정된 경우, 그 후 乙의 또 다른 채권자인 丁이 乙을 대위하여 丙을 상대로 동일한 소송물에 관한 채권자대위소송을 제기하는 경우 채무자 乙이 전소인 甲의 채권자대위소송 사실을 알았다면 전소의 기판력은 丁이 제기한 후소에도 미친다.

④ [O] ※ 제3채무자의 채권자에 대한 항변권 - 피대위채권 [원칙적 불가, 예외적 허용]

원칙적으로 제3채무자는 채무자가 채권자에 대하여 가지는 항변(소멸시효의 완성의 주장, 취소권, 해제권 등 그 권리의 행사가 채무자의 의사에 달려있는 항변을 말한다)이나 형성권 등과 같이 권리자에 의한 행사를 필요로 하는 사유를 들어 채권자의 채무자에 대한 권리(피보전권리)가 인정되는지 여부를 다툴 수 없다(대판 2004.2.12. 2001다10151).

그러나 채권자의 채무자에 대한 권리의 발생원인이 된 법률행위가 무효라거나 위 권리가 변제 등으로 소멸하였다는 등의 사실을 주장하여 채권자의 채무자에 대한 권리가 인정되는지 여부를 다투는 것은 가능하고, 이 경우 법원은 제3채무자의 주장을 고려하여 채권자의 채무자에 대한 권리가 인정되는지 여부에 관하여 직권으로 심리·판단하여야 한다(대판 2015.9.10. 2013다55300).

[정답] ④

문6 채권자대위권에 관한 다음 설명 중 가장 옳지 않은 것은? (다툼이 있는 경우 판례에 의하고, 전원합의체 판결의 경우 다수의견에 의함) [21서기보]

① 채권자가 채권자대위권을 행사하여 제3자에 대하여 하는 청구에 있어서, 제3채무자는 채무자가 채권자에 대하여 가지는 항변으로 대항할 수 없고, 채권의 소멸시효가 완성된 경우 이를 원용할 수 있는 자는 원칙적으로는 시효이익을 직접 받는 자뿐이며, 채권자대위소송의 제3채무자는 이를 행사할 수 없다.

② 채권자대위소송에서 피보전채권이 인정되지 아니할 경우 당사자적격이 없게 되므로 그 대위소송은 부적법하여 각하된다.

③ 보전행위는 채권자의 피보전채권의 이행기가 도래하기 전이라도 법원의 허가 없이 대위할 수 있다.

④ 유류분권리자의 유류분반환청구권행사에 대한 확정적 의사 여부와 관계없이 유류분반환청구권도 채권자대위의 목적이 될 수 있다.

[해설] ① [O] ※ 소멸시효 완성을 주장할 수 있는 직접수익자에 해당하지 않는 경우

判例는 소멸시효의 완성을 원용할 수 있는 자는 권리의 소멸에 의하여 직접 이익을 받는 자에 한정된다고 한다(대판 1995.7.11. 95다12446).

'채권자대위권의 행사에서 제3채무자'는 채무자가 채권자에 대하여 가지는 항변으로 대항할 수 없을 뿐더러 시효이익을 직접 받는 자에도 해당하지 않는다는 이유로 채권자의 (피보전)채권이 시효로 소멸하였다고 주장할 수 없다고 한다(대판 1998.12.8. 97다31472). 다만 채무자가 이미 소멸

시효를 원용한 경우에는 피보전채권이 소멸하게 되므로 제3채무자가 그 '효과'를 원용하여 피보전채권의 부존재를 주장하는 것은 허용된다(대판 2008.1.31. 2007다64471).

② [○] 대판 2005.9.29. 2005다27188
채권자대위권의 요건으로는 ⅰ) 피보전채권의 존재, ⅱ) 채권보전의 필요성, ⅲ) 채무자의 권리불행사, ⅳ) 피대위권리의 존재를 요구한다(제404조). 법정소송담당설에 의할 경우 ⅰ), ⅱ), ⅲ)은 당사자적격에 관계되는 소송요건사실로서 흠결시에는 부적법 각하, ⅳ)의 흠결의 경우는 본안판단으로서 청구기각판결을 하여야 한다고 한다.

③ [○] ※ 피보전채권의 이행기 도래
채무자의 기한의 이익의 보호를 위해 원칙적으로 피보전채권의 이행기 도래가 요건이다. 그러나 채권의 이행기 전이라도 ⅰ) '법원의 허가'가 있거나(재판상 대위 : 제404조 2항 본문), ⅱ) 시효중단(채무자의 채권이 시효로 소멸하려 할 때)·보존등기와 같은 '보존행위'(제404조 2항 단서)의 경우에는 대위권을 행사할 수 있다. ☞ 즉, 보존행위는 법원의 허가 없이도 할 수 있다.

제404조(채권자대위권) 「②항 채권자는 그 채권의 기한이 도래하기 전에는 법원의 허가없이 전항의 권리를 행사하지 못한다. 그러나 보전행위는 그러하지 아니하다.」

④ [×] "유류분반환청구권은 그 행사 여부가 유류분권리자의 인격적 이익을 위하여 그의 자유로운 의사결정에 전적으로 맡겨진 권리로서 행사상의 일신전속성을 가진다고 보아야 하므로, 유류분권리자에게 그 권리행사의 확정적 의사가 있다고 인정되는 경우가 아니라면 채권자대위권의 목적이 될 수 없다"(대판 2010.5.27. 2009다93992).

[정답] ④

문7 채권자대위권에 관한 설명 중 옳지 않은 것은? (다툼이 있는 경우 판례에 의함) [기출변형]

① 비법인사단인 채무자가 제3채무자를 상대로 소를 제기하였으나 사원총회의 결의 없이 총유재산에 관한 소가 제기되었다는 이유로 각하판결을 선고받고 그 판결이 확정된 경우, 이는 채무자가 스스로 제3채무자에 대한 권리를 재판상 행사한 것으로 보아야 하므로, 그 후 비법인사단의 채권자가 제기한 채권자대위소송은 부적법하다.

② 이행인수계약에서 인수인이 그 인수한 채무를 이행하지 않는 경우 채권자는 인수인에 대하여 직접 자신에게 이행할 것을 청구할 수는 없지만, 채권자대위권에 의하여 채무자의 인수인에 대한 청구권을 대위행사할 수는 있다.

③ 채무자 소유의 부동산을 시효취득한 채권자의 사망 후 그 채권자의 공동상속인 중 1인이 채무자에 대한 소유권이전등기청구권을 피보전채권으로 하여 제3채무자를 상대로 채무자의 제3채무자에 대한 소유권이전등기의 말소등기청구권을 대위행사하는 경우, 그 공동상속인은 자신의 지분 범위 내에서만 채무자의 제3채무자에 대한 소유권이전등기의 말소등기청구권을 대위행사할 수 있다.

④ 채권자대위소송에서 피보전채권의 소멸시효가 완성되었다 하더라도 제3채무자는 원칙적으로 위 소멸시효 완성의 항변을 원용할 수 없다.

해설 ① [×] ※ 총유재산에 관한 소송

"비법인사단이 사원총회의 결의 없이 제기한 소는 소제기에 관한 특별수권(민법 제276조 1항)을 결하여 부적법하고, 그 경우 소제기에 관한 비법인사단의 의사결정이 있었다고 할 수 없다. 따라서 비법인사단 인 채무자 명의로 제3채무자를 상대로 한 소가 제기되었으나 사원총회의 결의 없이 총유재산에 관한 소가 제기되었다는 이유로 '각하판결'을 받고 그 판결이 확정된 경우에는 채무자가 스스로 제3채무자에 대한 권리를 행사한 것으로 볼 수 없다"(대판 2018.10.25. 2018다210539).

② [○] ※ 이행인수 약정이 체결된 경우 그에 기한 채무자의 인수인에 대한 청구권을 채권자가 대위행사 할 수 있는지 여부(적극)

"이행인수는 인수인이 채무자에 대하여 그 채무를 이행할 것을 약정하는 채무자와 인수인 간의 계약으로서, 인수인은 채무자와 사이에 채권자에게 채무를 이행할 의무를 부담하는 데 그치고 직접 채권자에 대하여 채무를 부담하는 것이 아니므로 채권자는 직접 인수인에게 채무를 이행할 것을 청구할 수 없으나, 채무자는 인수인이 그 채무를 이행하지 아니하는 경우 인수인에 대하여 채권자에게 이행할 것을 청구할 수 있고, 그에 관한 승소의 판결을 받은 때에는 금전채권의 집행에 관한 규정을 준용하여 강제집행을 할 수도 있다. 이러한 채무자의 인수인에 대한 청구권은 그 성질상 재산권의 일종으로서 일신전속적 권리라고 할 수는 없으므로, 채권자는 채권자대위권에 의하여 채무자의 인수인에 대한 청구권을 대위행사 할 수 있다"(대판 2009.6.11. 2008다75072).

③ [○] ※ 공동매수인 또는 공유자의 1인이 행사할 수 있는 채권자대위권의 범위(피보전채권의 범위)

甲이 乙의 丙에 대한 점유취득시효를 원인으로 한 소유권이전등기청구권 중 일부 지분을 상속받았다고 주장하면서 丁을 상대로 丙의 丁에 대한 소유권이전등기의 말소등기청구권을 대위하여 전부 말소를 구한 사안에서, 判例는 "甲의 상속지분을 넘는 부분에 관하여는 보전의 필요성이 없다는 점을 지적하거나 甲이 주장한 상속지분이 증거에 의하여 인정되는 상속지분과 일치하지 아니함에도 아무런 석명을 하지 아니한 채 甲이 주장하는 지분을 초과하는 부분에 관하여 보전의 필요성이 없다는 이유로 소를 각하한 원심판결에 석명의무를 다하지 아니하여 심리를 제대로 하지 않은 잘못이 있다"(대판 2014.10.27. 2013다25217)고 하였다.

④ [○] ※ 채권자대위권의 행사에서 제3채무자가 소멸시효 완성을 주장할 수 있는 직접수익자에 해당하는지 여부

'채권자대위권의 행사에서 제3채무자'는 채무자가 채권자에 대하여 가지는 항변으로 대항할 수 없을 뿐더러 시효이익을 직접 받을 자에도 해당하지 않는다는 이유로 채권자의 채권이 시효로 소멸하였다고 주장할 수 없다고 한다(대판 1998.12.8. 97다31472).

비교판례 다만 채무자가 이미 소멸시효를 원용한 경우에는 피보전채권이 소멸하게 되므로 제3채무자가 그 '효과'를 원용하여 피보전채권의 부존재를 주장하는 것은 허용된다(대판 2008.1.31. 2007다64471).

비교판례 한편, 사해행위취소소송의 상대방이 된 '사해행위의 수익자'는, 사해행위가 취소되면 사해행위에 의해 얻은 이익을 상실하고 사해행위취소권을 행사하는 채권자의 채권이 소멸하면 그와 같은 이익의 상실을 면하는 지위에 있으므로, 피보전채권의 소멸에 의해 직접 이익을 받는 자에 해당한다고 한다(대판 2007.11.29. 2007다54849).

[정답] ①

문8 다음 설명 중 옳지 않은 것을 모두 고른 것은? (다툼이 있는 경우 판례에 의함) [기출변형]

> ㄱ. 채무자가 채권자대위권 행사의 통지를 받은 후에는 채무자의 채무불이행을 이유로 제
> 3채무자가 매매계약을 해제하더라도, 제3채무자는 원칙적으로 계약해제로써 대위권을
> 행사하는 채권자에게 대항할 수 없다.
> ㄴ. 채권자대위권은 채무자의 제3채무자에 대한 권리를 행사하는 것이므로, 제3채무자는
> 채무자에 대해 가지는 모든 항변사유로 채권자에게 대항할 수 있으나, 채권자는 채무
> 자가 주장할 수 있는 사유의 범위 내에서 주장할 수 있을 뿐 자기와 제3채무자 사이
> 의 독자적인 사정에 기한 사유를 주장할 수는 없다.
> ㄷ. 유류분반환청구권은 그 행사 여부가 유류분권리자의 인격적 이익을 위하여 그의 자유
> 로운 의사결정에 전적으로 맡겨진 권리로서 행사상의 일신전속성을 가진다고 보아야
> 하므로, 유류분권리자에게 그 권리행사의 확정적 의사가 있다고 인정되는 경우가 아니
> 라면 채권자대위권의 목적이 될 수 없다.

① ㄱ ② ㄷ
③ ㄱ, ㄴ ④ ㄱ, ㄷ

해설 ㄱ. [×] **제405조(채권자대위권행사의 통지)** 「① 채권자가 전조 제1항의 규정에 의하여 보전행위 이외의 권리를 행사한 때에는 채무자에게 통지하여야 한다. ② 채무자가 전항의 통지를 받은 후에는 그 권리를 처분하여도 이로써 채권자에게 대항하지 못한다.」

"ⅰ) 채무자의 채무불이행 사실 자체만으로는 권리변동의 효력이 발생하지 않아 이를 채무자가 제3채무자에 대하여 가지는 채권을 소멸시키는 적극적인 행위로 파악할 수 없는 점, ⅱ) 법정해제는 채무자의 객관적 채무불이행에 대한 제3채무자의 정당한 법적 대응인 점 등을 고려할 때 채무자가 자신의 채무불이행을 이유로 매매계약이 해제되도록 한 것을 두고 민법 제405조 제2항에서 말하는 '처분'에 해당한다고 할 수 없다. 따라서 채무자가 채권자대위권행사의 통지를 받은 후에 채무를 불이행함으로써 통지 전에 체결된 약정에 따라 매매계약이 자동적으로 해제되거나, 채권자대위권행사의 통지를 받은 후에 채무자의 채무불이행을 이유로 제3채무자가 매매계약을 해제한 경우 제3채무자는 계약해제로써 대위권을 행사하는 채권자에게 대항할 수 있다. 다만 형식적으로는 채무자의 채무불이행을 이유로 한 계약해제인 것처럼 보이지만 실질적으로는 채무자와 제3채무자 사이의 합의에 따라 계약을 해제한 것으로 볼 수 있거나, 채무자와 제3채무자가 단지 대위채권자에게 대항할 수 있도록 채무자의 채무불이행을 이유로 하는 계약해제인 것처럼 외관을 갖춘 것이라는 등의 특별한 사정이 있는 경우에는 채무자가 피대위채권을 처분한 것으로 보아 제3채무자는 계약해제로써 대위권을 행사하는 채권자에게 대항할 수 없다"(대판 2012.5.17, 전합2011다87235).

비교판례 "채권자가 채무자를 대위하여 제3채무자의 부동산에 대한 처분금지가처분을 신청하여 처분금지가처분 결정을 받은 경우, 이는 그 부동산에 관한 소유권이전등기청구권을 보전하기 위한 것이므로 피보전권리인 소유권이전등기청구권을 행사한 것과 같이 볼 수 있어, 채무자가 그러한 채권자대위권의 행사 사실을 알게 된 이후에 그 부동산에 대한 매매계약을 '합의해제'함으로써 채권자대위권의 객체인 그 부동산의 소유권이전등기청구권을 소멸시켰다 하더라도 이로써 채권자에게 대항할 수 없다"(대판 1996.4.12, 95다54167).

ㄴ. [○] 채권자는 채무자의 권리를 행사하는 것이므로 제405조에 따른 대위권 행사의 통지가 있기 전에 제3채무자는 채무자에 대하여 가지는 모든 항변으로 채권자에게 대항할 수 있다. 그러나 채무자가 채권자에게 주장할 수 있는 사유(소멸시효의 완성의 주장, 취소권, 해제권 등 그 권리의 행사가 채무자의 의사에 달려있는 항변을 말한다. 그러나 피보전채권이 이미 변제 등으로 소멸하였다는 항변은 할 수 있다)를 주장할 수는 없다(대판 2004.2.12, 2001다10151). 또한 채권자는 제3채무자에 대하여 채무자가 주장할 수 있는 범위 내에서 주장할 수 있을 뿐, 자기와 제3채무자 사이의 독자적인 사정에 기한 사유를 주장할 수는 없다(대판 2009.5.28, 2009다4787).

[사실관계] 위 2009다4787판결은 채권자가 무효인 소유권이전등기청구권 가등기의 유용 합의에 따라 부동산 소유자인 채무자로부터 그 가등기 이전의 부기등기를 마친 제3채무자를 상대로 채무자를 대위하여 가등기의 말소를 구한 사안에서, 채권자가 그 부기등기 전에 부동산을 가압류한 사실을 주장하는 것은 채무자가 아닌 채권자 자신이 제3채무자에 대하여 가지는 사유에 관한 것이어서 허용되지 않는다고 한 사례이다.

ㄷ. [○] "유류분반환청구권은 그 행사 여부가 유류분권리자의 인격적 이익을 위하여 그의 자유로운 의사결정에 전적으로 맡겨진 권리로서 행사상의 일신전속성을 가진다고 보아야 하므로, 유류분권리자에게 그 권리행사의 확정적 의사가 있다고 인정되는 경우가 아니라면 채권자대위권의 목적이 될 수 없다"(대판 2010.5.27, 2009다93992).

[정답] ①

문9 채권자대위권에 관한 설명 중 옳은 것은? [기출변형]

① 이혼으로 인한 재산분할청구권은 재산권적 성질을 가진 것이므로, 이와 관련한 협의 또는 심판이 제기되기 전이라도 이를 보전하기 위하여 채권자대위권을 행사할 수 있다.

② 수임인이 가지는 「민법」 제688조 제2항 전단 소정의 대변제청구권은 통상의 금전채권과는 다른 목적을 갖는 것이므로, 수임인이 대변제청구권을 보전하기 위하여 채무자인 위임인의 채권을 대위행사하는 경우에는 채무자의 무자력을 요건으로 하지 아니한다.

③ 채무자가 채권자대위권 행사의 통지를 받은 후에는 피대위권리를 처분하여도 채권자에게 대항하지 못하므로, 채무자가 채무를 불이행함으로써 통지 전에 체결된 약정에 따라 피대위권리의 발생원인인 계약이 자동적으로 해제되었다고 하더라도 특별한 사정이 없는 한 제3채무자는 그 계약해제로써 대위권을 행사하는 채권자에게 대항할 수 없다.

④ 채권자대위권에서 보전되는 채권은 보전의 필요성이 인정되고 이행기가 도래한 것이면 되고, 채권의 발생원인이 어떠하든 대위권을 행사함에는 아무런 방해가 되지 아니하나, 적어도 채무자에 대한 채권이 제3채무자에게 대항할 수 있는 것이어야 한다.

해설 ① [×] ※ 채권자대위권 - 피보전채권의 존재

"이혼으로 인한 재산분할청구권은 협의 또는 심판에 의하여 그 구체적 내용이 형성되기까지는 그 범위 및 내용이 불명확·불확정하기 때문에 구체적으로 권리가 발생하였다고 할 수 없으므로 이를 보전하기 위하여 채권자대위권을 행사할 수 없다"(대판 1999.4.9, 98다58016). 그러나 채권자취소권은 입법적으로 가능하게 되었다(제839조의3 참조)

② [○] ※ 채권자대위권 - 채권보전의 필요성(채무자의 무자력)

피보전채권이 금전채권인 경우 원칙적으로 채무자가 무자력이어야 한다. 그러나 判例에 따르면 수임인이 가지는 제688조 2항 소정의 대변제청구권은 통상의 금전채권과는 다른 목적을 갖는 것이므로, 수임인이 이 대변제청구권을 보전하기 위하여 채무자인 위임인의 채권을 대위 행사하는 경우에는 채무자의 무자력을 요건으로 하지 않는다고 한다(대판 2002.1.25, 2001다52506).

③ [×] ※ 채권자대위권 행사사실이 통지된 후에 '채무자가 채무를 불이행하여 계약이 해제되도록 한 것'이 제405조 2항의 '처분'에 해당하는지 여부(소극)

"민법 제405조 제2항은 '채무자가 채권자대위권행사의 통지를 받은 후에는 그 권리를 처분하여도 이로써 채권자에게 대항하지 못한다'고 규정하고 있다. 위 조항의 취지는 채권자가 채무자에게 대위권 행사사실을 통지하거나 채무자가 채권자의 대위권 행사사실을 안 후에 채무자에게 대위의 목적인 권리의 양도나 포기 등 처분행위를 허용할 경우 채권자에 의한 대위권행사를 방해하는 것이 되므로 이를 금지하는 데에 있다. 그런데 채무자의 채무불이행 사실 자체만으로는 권리변동의 효력이 발생하지 않아 이를 채무자가 제3채무자에 대하여 가지는 채권을 소멸시키는 적극적인 행위로 파악할 수 없는 점, 더구나 법정해제는 채무자의 객관적 채무불이행에 대한 제3채무자의 정당한 법적 대응인 점, 채권이 압류·가압류된 경우에도 압류 또는 가압류된 채권의 발생원인이 된 기본계약의 해제가 인정되는 것과 균형을 이룰 필요가 있는 점 등을 고려할 때 채무자가 자신의 채무불이행을 이유로 매매계약이 해제되도록 한 것을 두고 민법 제405조 제2항에서 말하는 '처분'에 해당한다고 할 수 없다. 따라서 채무자가 채권자대위권행사의 통지를 받은 후에 채무를 불이행함으로써 통지 전에 체결된 약정에 따라 매매계약이 자동적으로 해제되거나, 채권자대위권행사의 통지를 받은 후에 채무자의 채무불이행을 이유로 제3채무자가 매매계약을 해제한 경우 제3채무자는 계약해제로써 대위권을 행사하는 채권자에게 대항할 수 있다. 다만 형식적으로는 채무자의 채무불이행을 이유로 한 계약해제인 것처럼 보이지만 실질적으로는 채무자와 제3채무자 사이의 합의에 따라 계약을 해제한 것으로 볼 수 있거나, 채무자와 제3채무자가 단지 대위채권자에게 대항할 수 있도록 채무자의 채무불이행을 이유로 하는 계약해제인 것처럼 외관을 갖춘 것이라는 등의 특별한 사정이 있는 경우에는 채무자가 피대위채권을 처분한 것으로 보아 제3채무자는 계약해제로써 대위권을 행사하는 채권자에게 대항할 수 없다"(대판 2012.5.17, 전합2011다87235).

④ [×] ※ 채권자대위권 - 피보전채권의 존재

피보전채권의 종류는 묻지 않으며, 금전채권 뿐만 아니라 특정채권도 인정되며, 채권적 청구권 뿐만 아니라 물권적 청구권도 포함된다(대판 2007.5.10, 2006다82700,82717). 또 피대위채권보다 먼저 성립되어 있을 필요도 없다. 그리고 제3채무자에게 대항할 수 있는 것이어야 하는 것도 아니다(대판 2000.6.9, 98다18155).

비교판례 다만, 채무자에게 대항할 수 없는 채권자는 채무자의 권리를 대위행사할 수 없다. 예컨대, "임대인의 동의 없는 임차권의 양도에서 양수인은 임대인에 대해 대항할 수 없으므로, 임차권의 양수인은 임대인의 권한을 대위행사할 수 없다"(대판 1985.2.8, 84다카188).

[정답] ②

문10 어느 부동산이 丙 → 乙 → 甲으로 차례로 매도되었는데(등기는 아직 丙에게 있다), 甲이 乙을 대위하여 丙소유의 부동산에 관하여 처분금지가처분을 하였다. 이에 관한 아래의 설명 중 틀린 것은? [기출변형]

① 乙에게 그 사실이 통지된 이후에 乙과 丙이 위 매매를 합의해제하였다. 그 후 甲은 乙을 대위하여 丙에게 위 부동산에 관한 소유권이전등기를 청구할 수 있다.

② 乙에게 그 사실이 통지된 이후에 乙은 채무를 불이행하여 丙과의 계약이 해제되도록 하였다. 그 후 甲은 乙을 대위하여 丙에게 위 부동산에 관한 소유권이전등기를 청구할 수 없다.

③ 乙에게 그 사실이 통지된 이후에 丙이 乙에게 위 부동산에 관한 소유권이전등기를 마쳐주었다. 丙은 이로써 甲에게 대항할 수 있다.

④ 만약 채권자 甲이 채무자 乙을 대위하여 제3채무자 丙에게 그 명의의 소유권이전등기의 말소절차를 직접 자기에게 이행할 것을 청구한 경우, 법원은 丙에 대하여 甲에게 직접 말소등기절차를 이행하도록 명할 수는 없다.

[해 설] ① [○] ※ 채권자대위권 행사사실이 통지된 후에 '채무자와 제3채무자가 합의해제한 것'이 제405조 2항의 '처분'에 해당하는지 여부(적극)

"채권자가 채무자를 대위하여 제3채무자의 부동산에 대한 처분금지가처분을 신청하여 처분금지가처분 결정을 받은 경우, 이는 그 부동산에 관한 소유권이전등기청구권을 보전하기 위한 것이므로 피보전권리인 소유권이전등기청구권을 행사한 것과 같이 볼 수 있어, 채무자가 그러한 채권자대위권의 행사 사실을 알게 된 이후에 그 부동산에 대한 매매계약을 합의해제함으로써 채권자대위권의 객체인 그 부동산의 소유권이전등기청구권을 소멸시켰다 하더라도 이로써 채권자에게 대항할 수 없다"(대판 1996.4.12, 95다54167).

※ 대위권 행사의 통지
채권자가 보존행위 이외의 권리를 행사한 때에는 채무자에게 이를 통지하여야 하고, 채무자가 그 통지를 받은 후에는 그 권리를 '처분'하여도 채권자에게 대항하지 못한다(제405조).

(1) 금지되는 처분행위
㉠ 여기서 말하는 금지되는 처분행위에는 '채권 자체'에 대한 처분행위[예컨대 채무자의 제3자에 대한 권리를 소멸시키는 행위(대판 1975.12.23, 73다1086), 제3자에 대한 채권을 양도하는 행위, 권리의 행사] 뿐만 아니라 ㉡ '채권 발생의 기초가 되는 법률관계에 대한 처분행위'[예컨대 채권발생원인이 된 기본계약의 합의해제(대판 1996.4.12, 95다54167)]도 포함된다.

(2) 금지되는 처분행위가 아닌 경우
한편 통지 등이 있는 경우에는 처분행위가 금지될 뿐 관리·보존행위까지 금지되는 것은 아니므로 통지 후에도 제3채무자의 변제(예컨대 채무자 명의로의 소유권이전등기)가 금지되는 것은 아니다(대판 1991.4.12, 90다9407).

② [○] ※ 채권자대위권 행사사실이 통지된 후에 '채무자가 채무를 불이행하여 계약이 해제되도록 한 것'이 제405조 2항의 '처분'에 해당하는지 여부(소극)

종래 判例는 乙에게 그 사실이 통지된 이후에 乙이 의도적으로 이행을 지체하여 丙과 乙과의 매매계약을 적법하게 해제한 경우에 제405조 2항에 의하여 丙은 甲에게 乙과의 위 매매가 해제되었다는 항변을 할 수 없다고 하였다(대판 2003.1.10, 2000다27343).

그러나 최근 전원합의체 판결로 위 판결을 변경하여 丙은 甲에게 乙과의 위 매매가 해제되었다는 항변을 할 수 있다고 한다. 즉, "ⅰ) 채무자의 채무불이행 사실 자체만으로는 권리변동의 효력이 발생하지 않아 이를 채무자가 제3채무자에 대하여 가지는 채권을 소멸시키는 적극적인 행위로 파악할 수 없는 점, ⅱ) 법정해제는 채무자의 객관적 채무불이행에 대한 제3채무자의 정당한 법적 대응인 점 등을 고려할 때 채무자가 자신의 채무불이행을 이유로 매매계약이 해제되도록 한 것을 두고 민법 제405조 제2항에서 말하는 '처분'에 해당한다고 할 수 없다. 따라서 채무자가 채권자대위권행사의 통지를 받은 후에 채무를 불이행함으로써 통지 전에 체결된 약정에 따라 매매계약이 자동적으로 해제되거나, 채권자대위권행사의 통지를 받은 후에 채무자의 채무불이행을 이유로 제3채무자가 매매계약을 해제한 경우 제3채무자는 계약해제로써 대위권을 행사하는 채권자에게 대항할 수 있다. 다만 형식적으로는 채무자의 채무불이행을 이유로 한 계약해제인 것처럼 보이지만 실질적으로는 채무자와 제3채무자 사이의 합의에 따라 계약을 해제한 것으로 볼 수 있거나, 채무자와 제3채무자가 단지 대위채권자에게 대항할 수 있도록 채무자의 채무불이행을 이유로 하는 계약해제인 것처럼 외관을 갖춘 것이라는 등의 특별한 사정이 있는 경우에는 채무자가 피대위채권을 처분한 것으로 보아 제3채무자는 계약해제로써 대위권을 행사하는 채권자에게 대항할 수 없다"(대판 2012.5.17, 전합2011다87235).

※ 주의할 것은 甲은 위 ①, ②의 어느 경우라도 제548조 1항 단서에 의해 보호되지는 않는다.[2]

③ [○] ※ 채권자대위권 행사사실이 통지된 후에 '채무자가 제3채무자의 채무이행을 수령한 것'이 제405조 2항의 '처분'에 해당하는지 여부(소극)

乙에게 그 사실이 통지된 이후에 丙이 乙에게 위 부동산에 관한 소유권이전등기를 마쳐주었다면, 判例에 따르면 제405조 2항에서 금지하는 '처분'에 '변제의 수령'은 포함되지 않기 때문에 이는 유효하다고 한다(대판 1991.4.12, 90다9407). 따라서 丙은 이로써 甲에게 대항할 수 있다.

④ [×] "채권자대위권을 행사함에 있어서 채권자가 제3채무자에 대하여 자기에게 직접 급부를 요구하여도 상관없는 것이고 자기에게 급부를 요구하여도 어차피 그 효과는 채무자에게 귀속되는 것이므로, 채권자대위권을 행사하여 채권자가 제3채무자에게 그 명의의 소유권보존등기나 소유권이전등기의 말소절차를 직접 자기에게 이행할 것을 청구하여 승소하였다고 하여도 그 효과는 원래의 소유자인 채무자에게 귀속되는 것이니, 법원이 채권자대위권을 행사하는 채권자에게 직접 말소등기 절차를 이행할 것을 명하였다고 하여 무슨 위법이 있다고 할 수 없다"(대판 1996.2.9. 95다27998).

[정답] ④

---

2) "민법 제548조 제1항 단서에서 규정하는 제3자라 함은 그 해제된 계약으로부터 생긴 법률적 효과를 기초로 하여 새로운 이해관계를 가졌을 뿐 아니라 등기·인도 등으로 완전한 권리를 취득한 자를 지칭하는 것이고, 계약상의 채권을 양도받은 양수인은 특별한 사정이 없는 이상 이에 포함되지 않는다"(대판 1996.4.12, 95다49882).

문11 채권자대위권의 행사에 관한 채권보전의 필요성에 관한 다음 설명 중 틀린 것은? [기출변형]

① A 소유의 부동산을 시효취득한 B의 공동상속인이 A에 대한 소유권이전등기청구권을 보전하기 위해 A의 C에 대한 소유권이전등기말소청구권을 대위행사하는 경우, 그 공동상속인은 자신의 지분 범위 내에서만 대위행사할 수 있고, 그 지분을 초과하는 부분에 대해서는 채무자를 대위할 보전의 필요성이 없다.

② 수임인 甲이 乙의 위임사무를 처리하는 과정에서 채무를 부담하였고, 이에 따라 甲이 乙에게 민법 제688조 2항에 따라 대변제청구권을 가지게 되었는데, 이 권리를 보전하기 위하여 乙의 채권을 대위행사하는 경우에는 乙의 무자력을 요하지 않는다.

③ 乙이 甲으로부터 신탁받은 부동산을 丙의 강박에 의하여 丙에게 증여하고 소유권이전등기를 마쳐준 뒤 丙이 다시 선의의 丁에게 이를 매도하고 소유권이전등기를 마쳐주자, 甲이 乙에 대한 손해배상청구권(명의신탁 해지로 인한 소유권이전등기청구권의 이행불능을 원인)을 보전하기 위하여 乙의 丙에 대한 손해배상청구권(강박 취소로 인한 소유권이전등기말소등기청구권의 이행불능을 원인)을 대위행사하는 경우 乙의 무자력이 요구되지 않는다.

④ 공유물분할청구권도 채권자대위권의 목적이 될 수 있다. 따라서 채권자가 자신의 '금전채권'을 보전하기 위하여 채무자를 대위하여 '부동산에 관한' 공유물분할청구권을 행사하는 것은, 책임재산의 보전의 필요성을 인정할 수 있어 이를 대위행사할 수 있다.

해설 ① [○] ※ 공유자의 1인이 행사할 수 있는 채권자대위권의 범위
"채무자 소유의 부동산을 시효취득한 채권자의 공동상속인이 채무자에 대한 소유권이전등기청구권을 피보전채권으로 하여 제3채무자를 상대로 채무자의 제3채무자에 대한 소유권이전등기의 말소등기청구권을 대위행사하는 경우, 공동상속인은 자신의 지분 범위 내에서만 채무자의 제3채무자에 대한 소유권이전등기의 말소등기청구권을 대위행사할 수 있고, **지분을 초과하는 부분에 관하여는 채무자를 대위할 보전의 필요성이 없다**"(대판 2014.10.27. 2013다25217).
☞ 判例는 채권자가 지분등기청구권만 가지고 있는 경우, 그 지분의 범위 내에서만 채무자의 제3자에 대한 등기청구권을 대위할 수 있다고 한다.

② [○] "수임인이 가지는 민법 제688조 2항 소정의 대변제청구권은 통상의 금전채권과는 다른 목적을 갖는 것이므로, 수임인이 이 대변제청구권을 보전하기 위하여 채무자인 위임인의 채권을 대위 행사하는 경우에는 채무자의 무자력을 요건으로 하지 않는다"(대판 2002.1.25. 2001다52506)

③ [○] "양 채권이 그 발생원인에 있어 직접적인 관련성이 있는 이상, 甲이 丙에 대하여 위 가액배상청구권을 대위행사함에 있어서 일반 금전채권의 경우와 같이 피대위자인 乙이 무자력임을 그 요건으로 하여야 한다고 볼 수 없다"(대판 2006.1.27. 2005다39013).

④ [×] ※ '금전채권자'가 채무자를 대위해서 '부동산에 관한' 공유물분할청구권을 행사할 수 있는지 여부 判例에 따르면 공유물분할청구권도 채권자대위권의 목적이 될 수 있으나, "채권자가 자신의 '금전채권'을 보전하기 위하여 채무자를 대위하여 '부동산에 관한' 공유물분할청구권을 행사하는 것은, 책임재산의 보전과 직접적인 관련이 없어 채권의 현실적 이행을 유효·적절하게 확보하기 위하여 필요하다고 보기 어렵고 채무자의 자유로운 재산관리행위에 대한 부당한 간섭이 되므로 보전의 필요성을 인정할 수 없다. 또한 특정 분할방법을 전제하고 있지 않은 공유물분할청구권의 성격 등에 비추어 볼 때 그 대위행사를 허용하면 여러 법적 문제들이 발생한다. 따라서 극히 예외적인 경우가 아니라면 금전채권자는 부동산에 관한 공유물분할청구권을 대위행사할 수 없다고 보아야 한다. 이는 채무자의 공유지분이 다른 공유자들의 공유지분과 함께 근저당권을 공동으로 담보하고 있고, 근저당권의 피담보채권이 채무자의 공유지분 가치를 초과하여 채무자의 공유지분만을 경매하면 남을 가망이 없어 민사집행법 제102조에 따라 경매절차가 취소될 수밖에 없는 반면, 공유물분할의 방법으로 공유부동산 전부를 경매하면 민법 제368조 제1항에 따라 각 공유지분의 경매대가에 비례해서 공동근저당권의 피담보채권을 분담하게 되어 채무자의 공유지분 경매대가에서 근저당권의 피담보채권 분담액을 변제하고 남을 가망이 있는 경우에도 마찬가지이다"(대판 2020.5.21. 전합2018다879 : 채무초과인 채무자의 책임재산으로 아파트의 공유지분이 있으나, 공유지분에 대한 강제집행이 근저당권 등 선순위 권리로 인하여 곤란하게 되자, 금전채권자인 원고가 채무자를 대위하여 아파트에 관한 공유물분할을 청구한 사안)[3]라고 한다.

[정답] ④

---

3) "이와 달리 공유물에 근저당권 등 선순위 권리가 있어 남을 가망이 없다는 이유로 민사집행법 제102조에 따라 공유지분에 대한 경매절차가 취소된 경우에는 공유자의 금전채권자는 자신의 채권을 보전하기 위하여 공유자의 공유물분할 청구권을 대위행사할 수 있다는 취지로 판단한 대판 2015.12.10. 2013다56297은 이 판결의 견해에 배치되는 범위에서 이를 변경하기로 한다"

문1 채권자대위권과 채권자취소권을 비교한 다음 설명 중 옳지 않은 것을 모두 고른 것은? (다툼이 있는 경우 판례에 의하고, 전원합의체 판결의 경우 다수의견에 의함) [20서기보]

ㄱ. 채권자대위권은 재판상 또는 재판 외에서 행사할 수 있으나, 채권자취소권은 반드시 소(訴) 제기의 방식으로만 행사할 수 있다.

ㄴ. 대위채권자의 피보전채권은 채무자의 제3채무자에 대한 권리보다 먼저 성립하였을 것을 요하지 않으나, 취소채권자의 피보전채권은 원칙적으로 채무자의 사해행위가 행하여지기 전에 발생된 것임을 요한다.

ㄷ. 채권자대위권은 소유권이전등기청구권과 같은 특정물채권을 피보전채권으로 삼을 수 없으나, 채권자취소권은 이와 같은 특정물채권을 피보전채권으로 삼을 수 있다.

ㄹ. 채권자대위소송에서 피보전채권이 인정되지 아니할 경우에는 청구를 기각하여야 하나, 채권자취소소송에서 피보전채권이 존재하지 않는 경우에는 소(訴)를 각하하여야 한다.

① ㄱ, ㄷ ② ㄷ, ㄹ
③ ㄱ, ㄴ ④ ㄴ, ㄹ

※ 채권자대위권과 채권자취소권의 비교

구분	채권자대위권	채권자취소권
기능	책임재산보전 외에 특정채권 보전	책임재산보전에만 충실
행사	재판외에서도 가능	재판상 행사해야
채무자의 무자력	무자력 요구(예외 있음)	무자력 요구
피보전채권의 이행기도래	이행기의 도래 필요(예외 있음)	이행기의 도래 불요
피보전채권의 성립시기	먼저 성립 불요	먼저 성립 필요(예외 있음)
특정채권보전을 위해 행사	가능	불가능
피보전채권이 담보로 보전되어 있는 경우	행사가능(보충성 불요)(다수설)	물적 담보는 부족분에 한하여 허용(통설, 判例)
채무자의 행위	권리불행사	사해행위
행사의 상대방	제3채무자	수익자나 전득자(채무자 X)
권리주체	채권자의 권리	채권자의 권리
행사의 효과	채무자에게 귀속	채무자에게 귀속하는 것 아님(상대적 무효설)
판결의 기판력	채무자에게 통지 또는 채무자가 안 경우 채무자에게 미침(判例)	채무자에게 미치지 않음
채권자의 직접수령	가능(判例)	가능(상대적 무효설에 의함)(判例)

해설 ㄱ. [○] ① 채권자대위권은 재판상 또는 재판외에서 행사할 수 있으나, ② 채권자취소권은 반드시 소제기의 방법으로만 행사할 수 있다(제406조).

ㄴ. [○] ① 채권자대위권의 피보전채권은 피대위채권보다 먼저 성립되어 있을 필요도 없다. 그러나 이러한 피보전채권은 그 범위 및 내용 등이 구체적으로 정해져야 한다(대판 1999.4.9. 98다58016). ② 채권자취소권의 피보전채권은 채권자대위권의 경우와는 달리 사해행위를 목적으로 하는 원인행위 이전에 발생되어 있어야 하는 것이 원칙이다(대판 1962.11.15. 62다634).

ㄷ. [×] ① 채권자대위권의 행사시 채권자의 채권은 금전채권이 아닌 것도 가능하나, ② 채권자취소권은 책임재산을 보전하기 위한 것이고 그 행사의 효과는 '모든 채권자의 이익을 위하여' 효력이 있으므로(제407조), 채권자취소권의 피보전채권은 원칙적으로 금전채권이어야 한다. 다만 "채권자취소권 행사는 채무 이행을 구하는 것이 아니라 총채권자를 위하여 채무자의 자력 감소를 방지하고, 일탈된 채무자의 책임재산을 회수하여 채권의 실효성을 확보하는 데 목적이 있으므로, 피보전채권이 사해행위 이전에 성립되어 있는 이상 그 액수나 범위가 구체적으로 확정되지 않은 경우라고 하더라도 채권자취소권의 피보전채권이 된다"(대판 2018.6.28. 2016다1045).

ㄹ. [×] ① 채권자대위소송에서 피보전채권이 인정되지 아니할 경우에는 제3자 법정소송담당자로서의 당사적격의 흠결을 이유로 '소를 각하'하여야 하나, ② 채권자취소권의 피보전채권이 흠결된 경우에는 채권자취소권이 발생하지 않은 것이 되어 원고의 청구는 이유 없게 된다. 따라서 법원은 원고의 '청구를 기각'하게 된다(대판 1993.2.12. 92다25151).

[정답] ②

문2 채권자취소권에 관한 설명 중 가장 옳지 않은 것은? (다툼이 있는 경우 판례에 의함) [14서기보]

① 사해행위의 취소는 법원에 소를 제기하는 방법으로 청구할 수도 있고 소송상의 공격방어방법으로 주장할 수도 있다.

② 사해행위 취소의 소는 채권자가 취소원인을 안 날로부터 1년, 법률행위가 있은 날로부터 5년 내에 제기하여야 한다.

③ 채권자가 채권자취소권을 행사하려면 사해행위로 인하여 이익을 받은 자나 전득한 자를 상대로 그 법률행위의 취소를 청구하는 소송을 제기하여야 되는 것으로서 채무자를 상대로 그 소송을 제기할 수는 없다.

④ 채권자가 사해행위의 취소로서 수익자를 상대로 채무자와의 법률행위의 취소를 구함과 아울러 전득자를 상대로도 전득행위의 취소를 구함에 있어서, 전득자의 악의를 판단함에 있어서는 단지 전득자가 전득행위 당시 채무자와 수익자 사이의 법률행위의 사해성을 인식하였는지 여부만이 문제가 될 뿐이지, 수익자와 전득자 사이의 전득행위가 다시 채권자를 해하는 행위로서 사해행위의 요건을 갖추어야하는 것은 아니다.

해설 ① [X] 사해행위 취소는 법원에 소를 제기하는 방법으로 청구할 수 있을 뿐 소송상의 공격방어방법으로 주장할 수는 없다(제406조)(대판 1998.3.13. 95다48599, 48605).

② [O] **제406조(채권자취소권)** 「②항 전항의 소는 채권자가 취소원인을 안 날로부터 1년, 법률행위 있은 날로부터 5년내에 제기하여야 한다.」

③ [O] ※ 채권자취소권 행사의 효과
채권자취소권의 행사는 '거래안전'의 영향이 크므로 취소권 행사의 효과는 수익자나 전득자로부터 일탈재산의 반환을 청구하는데 필요한 범위에서만, 즉 채권자와 그들에 대한 상대적 관계에서만 발생한다고 보는 상대적 무효설이 통설·判例의 견해로 타당하다. 이 견해에 따르면 악의인 수익자 혹은 전득자만이 피고가 되며, 채무자는 피고적격이 없다(대판 2004.8.30. 2004다21923).

④ [O] ※ 전득자의 사해의사
'전득자'를 상대로 채권자취소권을 행사하는 경우에는 수익자의 선·악에 상관없이 전득자가 전득행위 당시 채무자와 수익자 사이의 법률행위의 사해성을 인식하였는지 여부만이 문제가 될 뿐이지, 수익자와 전득자 사이의 전득행위가 다시 채권자를 해하는 행위로서 사해행위의 요건을 갖추어야 하는 것은 아니다(대판 2006.7.4. 2004다61280 ; 2012.8.17. 2010다87672).

[정답] ①

문3 채권자취소권의 제척기간에 관한 다음 설명 중 가장 옳지 않은 것은? [17서기보]

① 채권자취소권 행사에 있어서 제척기간의 기산점인 채권자가 '취소원인을 안 날'이라 함은 채권자가 채권자취소권의 요건을 안 날, 즉 채무자가 채권자를 해함을 알면서 사해행위를 하였다는 사실을 알게 된 날을 의미하므로 구체적인 사해행위의 존재를 알고 나아가 채무자에게 사해의 의사가 있었다는 사실까지 알 것을 요한다.

② 채권자가 수익자를 상대로 사해행위의 취소를 구하는 소를 제기하여 채무자와 수익자 사이의 법률행위를 취소하는 내용의 판결을 선고받아 확정되었더라도 채권자가 그 소송과는 별도로 전득자에 대하여 채권자취소권을 행사하여 원상회복을 구하기 위해서는 민법 제406조 제2항에 정한 제척기간 안에 전득자에 대한 관계에 있어서 채무자와 수익자 사이의 사해행위를 취소하는 청구를 하여야 한다.

③ 채무자가 자기의 유일한 재산인 부동산을 매각하여 소비하기 쉬운 금전으로 바꾸는 행위는 특별한 사정이 없는 한 채권자에 대하여 사해행위가 되어 채무자의 사해의 의사가 추정되므로 이처럼 채무자가 유일한 재산인 부동산을 처분하였다는 사실을 채권자가 알았다면 특별한 사정이 없는 한 채무자의 사해의사도 채권자가 알았다고 봄이 타당하다.

④ 채권자가 동일한 수익자를 상대로 사해행위의 취소와 원상회복을 청구함에 있어 사해행위의 취소만을 먼저 청구한 다음 원상회복을 나중에 청구할 수 있지만, 이 경우 사해행위 취소청구와 원상회복의 청구는 모두 민법 제406조 제2항에 정한 제척기간 안에 하여야 한다.

① [○] ※ 채권자가 취소 원인을 안 날의 의미

여기서 '취소원인을 안 날'이라 함은 단순히 채무자의 법률행위가 있었다는 사실을 아는 것만으로는 부족하고 그 법률행위가 채권자를 해하는 행위라는 것, 즉 그에 의하여 채권의 공동담보에 부족이 생기거나 이미 부족상태에 있는 공동담보가 한층 더 부족하게 되어 채권을 완전하게 만족시킬 수 없게 된다는 것까지 알아야 하며, 나아가 '채무자'에게 사해의 의사가 있었다는 사실까지 알 것을 요한다(대판 2003.7.11. 2003다19435).

② [○] ※ 사해행위 취소의 소와 원상회복청구의 소 - 피고가 다른 경우

'수익자'를 상대로 사해행위 취소의 소를 제기한 다음 기간이 지난 뒤에 '전득자'에 대하여 원상회복을 구하는 소를 추가한 경우, 수익자에 대한 소와 전득자에 대한 소는 별개이기 때문에 채권자는 기간 내에 전득자를 상대로 사해행위 취소를 구하는 소를 제기하였어야 한다. 결국 후자의 경우 전득자에 대하여는 취소를 구하는 소가 적법하게 제기되지 않기 때문에(기판력의 주관적 범위), 전득자에 대하여 원상회복을 구하는 소는 그 자체로 이유 없게 된다(대판 2005.6.9. 2004다17535).

③ [○] ※ 사해의사의 추정

구체적으로는 사해행위의 객관적 사실을 알았다고 하여 취소의 원인을 알았다고 추정할 수는 없으나(대판 2006.7.4. 2004다61280), 예를 들어 채무자가 유일한 재산인 부동산을 매각하여 소비하기 쉬운 금전으로 바꾸는 경우에는 채무자의 사해의사는 추정되므로, 채무자가 유일한 재산인 부동산을 매도한 경우 그러한 사실을 채권자가 알게 된 때에 채권자가 채무자에게 당해 부동산 외에는 별다른 재산이 없다는 사실을 알고 있었다면 그 때 채권자는 채무자가 채권자를 해함을 알면서 사해행위를 한 사실을 알게 되었다고 보아야 한다(대판 1999.4.9. 99다2515). 즉 채무자의 악의가 사실상 추정되는 경우에는 이에 대한 구체적인 인식은 필요 없다(대판 2000.9.29. 2000다3262).

④ [×] ※ 사해행위 취소의 소와 원상회복청구의 소 - 피고가 동일한 경우

채권자는 사해행위의 취소와 원상회복의 청구를 동시에 할 수도 있고(대판 1980.7.22. 80다795), 또는 사해행위의 취소만을 먼저 청구한 다음 원상회복을 나중에 청구할 수도 있으며, 이 경우 사해행위의 취소가 제406조 2항 소정의 기간 안에 제기되었다면 원상회복의 청구는 그 기간이 지난 뒤에도 할 수 있다(대판 2001.9.4. 2001다14108).

[정답] ④

문4 채권자취소권에 관한 다음 설명 중 가장 옳지 않은 것은? (다툼이 있는 경우 판례에 의하고, 전원합의체 판결의 경우 다수의견에 의함)

[18서기보]

① 점유취득시효 완성 후 부동산 소유자가 이를 처분한 경우, 점유자는 시효취득을 원인으로 한 소유권이전등기청구권을 피보전채권으로 하여서는 채권자취소권을 행사할 수 없다. 채권자취소권을 특정물에 대한 소유권이전등기청구권을 보전하기 위해 행사하는 것은 허용되지 않기 때문이다.

② 채무자의 법률행위가 통정허위표시인 경우에도 채권자취소권의 대상이 되고, 한편 채권자취소권의 대상으로 된 채무자의 법률행위라도 통정허위표시의 요건을 갖춘 경우에는 무효라고 할 것이다.

③ 채권자가 채권자취소권을 행사할 때에는 원칙적으로 자신의 채권액을 초과하여 취소권을 행사할 수는 없고, 이때 채권자의 채권액에는 사해행위의 취소를 명하는 판결이 확정될 때까지 발생한 이자나 지연손해금이 포함된다.

④ 채무자가 채권자를 해함을 알고 재산권을 목적으로 한 법률행위를 한 경우, 채권자는 사해행위의 취소를 법원에 소를 제기하는 방법으로 청구할 수 있을 뿐 소송상의 공격방어방법으로는 주장할 수 없다.

해 설 ① [○] ※ 채권자취소권의 피보전채권

"채권자취소권을 특정물에 대한 소유권이전등기청구권을 보전하기 위하여 행사하는 것은 허용되지 않으므로(제406조 참조), 부동산의 제1양수인은 자신의 '소유권이전등기청구권' 보전을 위하여 양도인과 제3자 사이에서 이루어진 이중양도행위에 대하여 채권자취소권을 행사할 수 없다"(대판 1999.4.27. 98다56690).

☞ 따라서 점유취득시효 완성 후 부동산 소유자가 이를 처분한 경우, 점유자는 시효취득을 원인으로 한 소유권이전등기청구권, 즉 특정물에 대한 소유권이전등기청구권을 피보전채권으로 하여서는 채권자취소권을 행사할 수 없다.

② [○] ※ 채권자를 해하는 법률행위(사해행위)

법률행위는 반드시 유효하여야만 하는 것은 아니다. 통정허위표시로서 무효인 법률행위도 채권자취소권의 대상이 될 수 있다(대판 1984.7.24. 84다카68). 한편 채권자취소권의 대상으로 된 채무자의 법률행위라도 통정허위표시의 요건을 갖춘 경우에는 무효라고 할 것이다(대판 1998.2.27. 97다50985).

③ [×] ※ 취소의 범위

취소의 범위는 취소권을 행사하는 채권자의 채권액을 표준으로 한다. 그 채권액은 사해행위 당시를 표준으로 한다. 다만 지연손해금 및 법정이자는 원본채권의 당연한 확장으로서 채권성립일부터 '사실심 변론종결일까지'(판결이 확정될 때까지 아님) 발생한 것도 피보전채권액에 포함된다(대판 2003.7.11. 2003다19572).

④ [○] 사해행위 취소는 법원에 소를 제기하는 방법으로 청구할 수 있을 뿐 소송상의 공격방어방법으로 주장할 수는 없다(제406조)(대판 1998.3.13. 95다48599, 48605).

[정답] ③

문5 사해행위취소에 관한 다음 설명 중 가장 옳지 않은 것은?

① 상속의 포기는 민법 제406조 제1항에서 정하는 "재산권에 관한 법률행위"에 해당하지 아니하여 사해행위취소의 대상이 되지 못한다. 그러나 채무자가 채무초과 상태에서 자신의 부동산에 주택임대차보호법 제8조에 따라 최우선변제권이 있는 임차권을 설정하여 준 행위는 사해행위취소의 대상이 될 수 있다.

② 사해행위인 매매예약에 기하여 수익자 앞으로 가등기를 마친 후 전득자 앞으로 가등기 이전의 부기등기를 마치고 나아가 가등기에 기한 본등기까지 마쳤다 하더라도, 위 부기등기는 사해행위인 매매예약에 기초한 수익자의 권리의 이전을 나타내는 것으로서 부기등기에 의하여 수익자로서의 지위가 소멸하지는 아니하며, 채권자는 수익자를 상대로 사해행위인 매매예약의 취소를 청구할 수 있다. 그리고 수익자의 원물반환의무인 가등기말소의무의 이행이 불가능하게 되는 경우 특별한 사정이 없는 한 수익자는 가등기 및 본등기에 의하여 발생된 채권자들의 공동담보 부족에 관하여 원상회복의무로서 가액을 배상할 의무를 진다.

③ 사해행위의 목적인 부동산에 수 개의 저당권이 설정되어 있다가 사해행위 후 그 중 일부의 저당권만이 말소된 경우에도 사해행위의 취소에 따른 원상회복은 가액배상의 방법에 의하여야 하고, 그 경우 배상하여야 할 가액은 사해행위 취소시인 사실심 변론종결시를 기준으로 그 부동산의 가액에서 말소된 저당권의 피담보채권액만을 공제하여 산정하여야 한다.

④ 채권자가 사해행위의 취소와 함께 수익자 또는 전득자로부터 책임재산의 회복을 명하는 사해행위취소의 판결을 받은 경우 취소의 효과는 채권자와 수익자 또는 전득자 사이에만 미치므로, 수익자 또는 전득자가 채권자에 대하여 사해행위의 취소로 인한 원상회복 의무를 부담하게 될 뿐, 채권자와 채무자 사이에서 취소로 인한 법률관계가 형성되거나 취소의 효력이 소급하여 채무자의 책임재산으로 복구되는 것은 아니다.

해설 ① [○] 채권자취소권의 요건으로서 ㉠ 객관적 요건으로는 i) (금전)채권이 사해행위 이전에 발생하여야 하고(피보전채권), ii) 채권자를 해하는 재산권을 목적으로 하는 법률행위가 있어야 하며(사해행위), ㉡ 주관적 요건으로는 채무자 및 수익자(또는 전득자)의 사해의사가 있어야 한다(제406조).

※ 사해행위 요건 - '재산권'을 목적으로 한 행위

判例는 "상속의 포기는 비록 포기자의 재산에 영향을 미치는 바가 없지 아니하나 상속인으로서의 지위 자체를 소멸하게 하는 행위로서 순전한 재산법적 행위와 같이 볼 것이 아니다. 오히려 상속의 포기는 1차적으로 피상속인 또는 후순위상속인을 포함하여 다른 상속인 등과의 인격적 관계를 전체적으로 판단하여 행하여지는 '인적 결단'으로서의 성질을 가진다"(대판 2011.6.9. 2011다29307)고 보아 상속의 포기는 사해행위취소의 대상이 되지 못한다고 한다.

※ 사해행위 요건 - 채권자를 해하는 법률행위

"주택임대차보호법 제8조의 소액보증금 최우선변제권은 임차목적 주택에 대하여 저당권에 의하여 담보된 채권, 조세 등에 우선하여 변제받을 수 있는 일종의 법정담보물권을 부여한 것이므로, 채무자가 채무초과상태에서 채무자 소유의 유일한 주택에 대하여 위 법조 소정의 임차권을 설정해 준 행위는 채무초과상태에서의 담보제공행위로서 채무자의 총재산의 감소를 초래하는 행위가 되는 것이고, 따라서 그 임차권설정행위는 사해행위취소의 대상이 된다"(대판 2005.5.13. 2003다50771).

② [○] 判例는 "채권자는 수익자를 상대로 사해행위인 매매예약의 취소를 청구할 수 있고, 부기등기의 결과 가등기 및 본등기에 대한 말소청구소송에서 수익자의 피고적격이 부정되더라도, 위 부기등기는 사해행위인 매매예약에 기초한 수익자의 권리의 이전을 나타내는 것으로서 부기등기에 의하여 수익자로서의 지위가 소멸하지는 아니하므로 수익자는 부기등기로 인한 가등기말소의무의 불능에 대한 원상회복으로서 가액배상을 할 의무를 진다"(대판 2015.5.21. 전합2012다952 : 가등기에 의한 권리의 양도인(수익자)은 가등기말소등기청구 소송의 상대방이 될 수 없고 본등기의 명의인도 아니므로 가액배상의무를 부담하지 않는다는 종전판결을 변경)고 한다.

[비교판례] 부기등기가 없는 사안에서는 수익자에게 가등기 및 본등기에 대한 말소청구소송의 피고적격이 인정되므로 가액배상이 이루어져야 하는 것이 아니다. 즉, "소유권이전등기청구권보전을 위한 가등기가 사해행위로서 이루어진 경우 그 매매예약을 취소하고 원상회복으로서 가등기를 말소하면 족한 것이고, 가등기 후에 저당권이 말소되었다거나 그 피담보채무가 일부 변제된 점 또는 그 가등기가 사실상 담보가등기라는 점 등은 그와 같은 원상회복의 방법에 아무런 영향을 주지 않는다"(대판 2003.7.11. 2003다19435).

③ [×] 사해행위의 목적인 부동산에 수개의 저당권이 설정되어 있다가 사해행위 후 그 중 일부 저당권만이 말소된 경우에도 사해행위의 취소에 따른 원상회복은 가액배상의 방법에 의할 수밖에 없을 것이고, 그 경우 배상하여야 할 가액은 사해행위 취소시인 '사실심 변론종결시'를 기준으로 하여 그 부동산의 가액에서 말소된 저당권의 피담보권액과 말소되지 아니한 저당권의 피담보채권액을 모두 공제하여 산정하여야 한다(대판 1998.2.13. 97다6711).

④ [○] 대판 2014.6.12. 2012다47548

[정답] ③

문6 채권자취소권에 관한 다음 설명 중 가장 옳지 않은 것은? (다툼이 있는 경우 판례에 의하고, 전원합의체 판결의 경우 다수의견에 의함) [21서기보]

① 점유취득시효 완성 후 부동산 소유자가 이를 처분한 경우 점유자는 시효취득을 원인으로 한 소유권이전등기청구권을 피보전채권으로 하여 채권자취소권을 행사할 수 있다.

② 채권자가 수익자를 상대로 사해행위취소의 소를 제기한 경우 수익자는 취소채권자의 채권이 시효로 소멸하였음을 주장할 수 있다.

③ 채무자가 채권자와 신용카드가입계약을 체결하고 신용카드를 발급받았으나 자신의 유일한 부동산을 매도한 후에 비로소 신용카드를 사용하기 시작하여 신용카드대금을 연체하게된 경우, 그 신용카드대금채권은 사해행위 이후에 발생한 채권에 불과하여 사해행위의 피보전채권이 될 수 없다.

④ 수익자를 상대로 한 사해행위 취소소송에서 승소하였더라도 전득자에 대하여 원상회복을 구하기 위해서는 민법 제406조 제2항에서 정한 기간 내에 별도로 전득자에 대하여 채권자취소권을 행사하여야 한다.

해설 ① [X] ※ 채권자취소권의 피보전채권
"채권자취소권을 특정물에 대한 소유권이전등기청구권을 보전하기 위하여 행사하는 것은 허용되지 않으므로(제406조), 부동산의 제1양수인은 자신의 '소유권이전등기청구권' 보전을 위하여 양도인과 제3자 사이에서 이루어진 이중양도행위에 대하여 채권자취소권을 행사할 수 없다"(대판 1999.4.27. 98다56690).
☞ 따라서 점유취득시효 완성 후 부동산 소유자가 이를 처분한 경우, 점유자는 시효취득을 원인으로 한 소유권이전등기청구권, 즉 특정물에 대한 소유권이전등기청구권을 피보전채권으로 하여서는 채권자취소권을 행사할 수 없다.

② [O] 소멸시효의 완성을 원용할 수 있는 자는 권리의 소멸에 의하여 직접 이익을 받는 자에 한정되고(대판 1995.7.11. 95다12446), 사해행위취소소송의 상대방이 된 '사해행위의 수익자'는, 사해행위가 취소되면 사해행위에 의해 얻은 이익을 상실하고 사해행위취소권을 행사하는 채권자의 채권이 소멸하면 그와 같은 이익의 상실을 면하는 지위에 있으므로, 피보전채권의 소멸에 의해 직접 이익을 받는 자에 해당한다(대판 2007.11.29. 2007다54849).
☞ 따라서 사해행위 취소소송에서 수익자는 취소채권자의 채권이 시효로 소멸하였음을 주장할 수 있다.

③ [O] ※ 피보전채권의 성립시기
채권자취소권의 피보전채권은 채권자대위권의 경우와는 달리 사해행위를 목적으로 하는 원인행위 이전에 발생되어 있어야 하는 것이 원칙이다(대판 1962.11.15, 62다634).
그러나 判例는 "ⅰ) 사해행위 당시에 이미 채권 성립에 기초가 되는 법률관계가 발생되어 있고, ⅱ) 가까운 장래에 그 법률관계에 기하여 채권이 성립되리라는 점에 대한 고도의 개연성이 있으며, ⅲ) 실제로 가까운 장래에 그 개연성이 현실화되어 채권이 성립된 경우에는 그 채권도 채권자취소권의 피보전채권이 될 수 있다"(대판 1999.11.12, 99다29916 등)고 한다.

이와 관련하여 관련하여 判例는 채무자가 채권자와 신용카드가입계약을 체결하고 신용카드를 발급받았으나 자신의 유일한 부동산을 매도한 후에 비로소 신용카드를 사용하기 시작하여 신용카드대금을 연체하게 된 사안에서는, 신용카드를 사용함으로써 비로소 채권이 성립하는 것이므로, 단순히 신용카드가입계약만으로 '채권성립의 기초가 되는 법률관계'에 해당하는 것으로는 보지 않았다. 그래서 위 신용카드대금채권은 사해행위 이후에 발생한 채권에 불과하여 사해행위의 피보전채권이 될 수 없다고 하였다(대판 2004.11.12. 2004다40955).

④ [○] 사해행위 취소의 소와 원상회복청구의 소 – 피고가 다른 경우

㉠ [피고가 동일한 경우] 채권자는 사해행위의 취소와 원상회복의 청구를 동시에 할 수도 있고(대판 1980.7.22, 80다795), 또는 사해행위의 취소만을 먼저 청구한 다음 원상회복을 나중에 청구할 수도 있으며, 이 경우 사해행위의 취소가 제406조 2항 소정의 기간 안에 제기되었다면 원상회복의 청구는 그 기간이 지난 뒤에도 할 수 있다(대판 2001.9.4, 2001다14108).

㉡ [피고가 다른 경우] 그러나 '수익자'를 상대로 사해행위 취소의 소를 제기한 다음 기간이 지난 뒤에 '전득자'에 대하여 원상회복을 구하는 소를 추가한 경우에는 그렇지 않다. 수익자에 대한 소와 전득자에 대한 소는 별개이기 때문에 채권자는 기간 내에 전득자를 상대로 사해행위 취소를 구하는 소를 제기하였어야 한다. 결국 후자의 경우 전득자에 대하여는 취소를 구하는 소가 적법하게 제기되지 않았기 때문에(기판력의 주관적 범위), 전득자에 대하여 원상회복을 구하는 소는 그 자체로 이유 없게 된다(대판 2005.6.9. 2004다17535).

[정답] ①

문7 채권자취소권에 관한 설명 중 옳은 것은? (다툼이 있는 경우 판례에 의함)　　[기출변형]

① 채권자취소권을 특정물에 대한 소유권이전등기청구권을 보전하기 위하여 행사하는 것은 허용되지 않으므로 부동산의 제1양수인은 자신의 소유권이전등기청구권 보전을 위하여 양도인과 제2양수인 사이에서 이루어진 이중양도행위에 대하여 채권자취소권을 행사할 수는 없으나, 양도인이 부동산을 제2양수인에게 이중양도하고 소유권이전등기를 마침으로써 제1양수인이 양도인에 대해 취득하는 손해배상채권은 채권자취소권의 피보전채권이 될 수 있다.

② 채권자취소권을 행사하기 위해서는 처분행위 당시 채권자를 해하는 것이기만 하면 되므로, 사실심 변론종결 당시에 채무자가 자력을 회복하여 채권자를 해하지 않게 된 경우에도 채권자취소권 행사가 가능하다.

③ 채권자가 채무자의 채권자취소권을 대위행사하는 경우 채권자가 취소원인을 안 지 1년이 지났다면, 채무자가 그 취소원인을 안 날로부터 1년, 법률행위가 있은 날로부터 5년 내라도 채권자취소의 소를 제기할 수 없다.

④ 채권자는 사해행위의 취소와 원상회복을 청구함에 있어 사해행위의 취소만을 먼저 청구한 다음 원상회복을 나중에 청구할 수 있으며, 이 경우 사해행위 취소 청구가 민법 제406조 제2항에 정하여진 기간 안에 제기되었다면 원상회복의 청구는 그 기간이 지난 뒤에도 할 수 있다.

해설 ① [×] 채권자취소권의 요건으로서 객관적 요건으로는 ⅰ) (금전)채권이 사해행위 이전에 발생하여야 하고(피보전채권), ⅱ) 채권자를 해하는 재산권을 목적으로 하는 법률행위가 있어야 하며(사해행위), 주관적 요건으로는 채무자 및 수익자(또는 전득자)의 사해의사가 있어야 한다(제406조). 부동산 이중매매를 사해행위로 보아 취소할 때에는 피보전채권의 인정여부와 발생시기가 문제된다. 채권자취소권은 책임재산을 보전하기 위한 것이고 그 행사의 효과는 '모든 채권자의 이익을 위하여'효력이 있으므로(제407조), 채권자취소권의 피보전채권은 원칙적으로 금전채권이어야 한다. 즉, 민법 제407조에 따라 '특정채권 자체'의 보전을 위한 경우에는 채권자취소권을 행사할 수 없다(통설). 判例도 "채권자취소권을 특정물에 대한 소유권이전등기청구권을 보전하기 위하여 행사하는 것은 허용되지 않으므로, 부동산의 제1양수인은 자신의 '소유권이전등기청구권' 보전을 위하여 양도인과 제3자 사이에서 이루어진 이중양도행위에 대하여 채권자취소권을 행사할 수 없다"(대판 1999.4.27, 98다56690)고 한다.

설사 '특정채권 자체'의 보전을 위한 채권자취소권 행사를 인정하더라도 발생시기가 문제된다. 判例는 "사해행위라고 주장하는 이 사건 부동산에 관한 매매 당시 아직 위 손해배상채권이 발생하지 아니하였고, 그 채권 성립에 관한 고도의 개연성 또한 없어 원고는 피고에 대한 '손해배상채권'을 피보전채권으로 하여 채권자취소권을 행사할 수 없다(대판 1999.4.27, 98다56690)고 판시하였다.

② [×] 채권자를 해한다 함은 채무자의 재산행위로 그의 일반재산이 감소하여 '채권의 공동담보에 부족'이 생기게 되는 것, 즉 채무초과상태에 이르거나 이미 이른 채무초과상태가 심화되어야 한다(즉, 채무자의 무자력). 채무자의 법률행위가 사해행위가 되는지는 처분행위 당시를 기준으로 판단하여야 한다[설령 재산처분행위가 정지조건부인 경우라 하더라도 특별한 사정이 없는 한 마찬가지이다(대판 2013.6.28, 2013다8564)]. 따라서 행위 당시에 무자력이 아닌 이상 후에 무자력으로 되었더라도 사해행위로 되는 것은 아니다. 한편 행위시에 무자력인 경우에도 채무자가 후에 자력을 회복한 때에는 취소권을 인정할 필요가 없으므로, 무자력은 사실심변론종결시까지 유지되어야 한다(이 경우 그러한 사정변경이 있다는 사실은 채권자취소소송의 상대방이 증명하여야 한다 ; 대판 2007.11.29, 2007다54849).

③ [×] "채권자취소권도 채권자가 채무자를 대위하여 행사하는 것이 가능하다고 할 것인바, 민법 제404조 소정의 채권자대위권은 채권자가 자신의 채권을 보전하기 위하여 채무자의 권리를 자신의 이름으로 행사할 수 있는 권리라 할 것이므로, 채권자가 채무자의 채권자취소권을 대위행사하는 경우, 제소기간은 대위의 목적으로 되는 권리의 채권자인 채무자를 기준으로 하여 그 준수 여부를 가려야 할 것이고(즉 대위권을 행사하는 채권자를 기준으로 할 것이 아니다), 따라서 채무자가 취소원인을 안 날로부터 1년, 법률행위가 있은 날로부터 5년 내라면 채권자는 채권자대위권의 행사로서 채권자취소의 소를 제기할 수 있다"(대판 2001.12.27, 2000다73049).

④ [○] 채권자는 사해행위의 취소와 원상회복의 청구를 동시에 할 수도 있고(대판 1980.7.22, 80다795), 또는 사해행위의 취소만을 먼저 청구한 다음 원상회복을 나중에 청구할 수도 있으며, 이 경우 사해행위의 취소가 제406조 2항 소정의 기간 안에 제기되었다면 원상회복의 청구는 그 기간이 지난 뒤에도 할 수 있다(대판 2001.9.4, 2001다14108).

비교판례 그러나 '수익자'를 상대로 사해행위 취소의 소를 제기한 다음 기간이 지난 뒤에 '전득자'에 대하여 원상회복을 구하는 소를 추가한 경우에는 그렇지 않다. 수익자에 대한 소와 전득자에 대한 소는 별개이기 때문에 채권자는 기간 내에 전득자를 상대로 사해행위 취소를 구하는 소를 제기하였어야 한다. 결국 후자의 경우 전득자에 대하여는 취소를 구하는 소가 적법하게 제기되지 않았기 때문에, 전득자에 대하여 원상회복을 구하는 소는 그 자체로 이유 없게 된다(대판

2005.6.9. 2004다17535 ; 매수인인 수익자가 소유권이전등기를 마친 다음 전득자 앞으로 매매예약에 기하여 가등기를 마쳐 준 사안). 이는 기존 전득자 명의의 등기가 말소된 후 다시 새로운 전득자 명의의 등기가 경료되어 새로운 전득자에 대한 관계에서 채무자와 수익자 사이의 사해행위를 취소하는 청구를 하는 경우에도 마찬가지이다(대판 2014.2.13. 2012다204013).

[정답] ④

문8 채권자취소권에 관한 설명 중 옳지 않은 것을 모두 고른 것은?

[기출변형]

ㄱ. 사해행위의 목적물인 부동산에 관하여 우선변제권 있는 임차인이 있는 경우에는 부동산 가액 중 임차보증금 해당 부분은 일반 채권자의 공동담보에 제공되었다고 볼 수 없으므로, 임대차계약의 체결시기와 상관없이 그 임차보증금 반환채권액은 가액반환의 범위에서 공제되어야 한다.

ㄴ. 채무자 소유의 유일한 재산인 부동산에 관한 매매예약완결권이 제척기간 경과가 임박하여 소멸할 예정인 상태에서, 채무자가 제척기간을 연장하기 위하여 새로 매매예약을 하는 행위는 기존에 부담하는 채무 외에 추가로 채무를 부담하는 것이 아니므로 사해행위에 해당하지 아니한다.

ㄷ. 채무초과상태에 있는 채무자가 상속을 포기하는 것은 사해행위취소의 대상이 되지 않고, 유증을 포기하는 것도 직접적으로 채무자의 일반재산을 감소시키지 아니하므로 사해행위취소의 대상이 되지 아니한다.

ㄹ. 신축건물의 도급인이 「민법」제666조가 정한 수급인의 저당권설정청구권의 행사에 따라 공사대금채무의 담보로 그 건물에 저당권을 설정하는 행위는 특별한 사정이 없는 한 사해행위에 해당하지 아니하고, 수급인으로부터 공사대금채권을 양수받은 자의 저당권설정청구에 의하여 신축건물의 도급인이 그 건물에 저당권을 설정하는 행위 역시 다른 특별한 사정이 없는 한 사해행위에 해당하지 아니한다.

① ㄱ
② ㄱ, ㄴ
③ ㄷ, ㄹ
④ ㄱ, ㄴ, ㄷ

해설 ㄱ. [X] ※ 부동산에 관한 사해행위 이후에 비로소 채무자가 부동산을 임대한 경우, 임차보증금을 가액반환의 범위에서 공제하여야 하는지 여부(소극)

"사해행위 이전에 임대차계약이 체결되었고 임차인에게 임차보증금에 대해 우선변제권이 있다면, 부동산 가액 중 임차보증금에 해당하는 부분이 일반 채권자의 공동담보에 제공되었다고 볼 수 없으므로 수익자가 반환할 부동산 가액에서 우선변제권 있는 임차보증금 반환채권액을 공제하여야 한다. 그러나 부동산에 관한 사해행위 이후에 비로소 채무자가 부동산을 임대한 경우에는 그 임차보증금을 가액반환의 범위에서 공제할 이유가 없다. 이러한 경우에는 부동산 가액 중 임차보증금에 해당하는 부분도 일반 채권자의 공동담보에 제공되어 있음이 분명하기 때문이다"(대판 2018.9.13. 2018다215756).

ㄴ. [X] ※ 제척기간 임박한 상태에서의 새로운 매매예약이 사해행위인지 여부(적극)
"채무자가 유일한 재산인 그 소유의 부동산에 관한 매매예약에 따른 예약완결권이 제척기간 경과가 임박하여 소멸할 예정인 상태에서 제척기간을 연장하기 위하여 새로 매매예약을 하는 행위는 채무자가 부담하지 않아도 될 채무를 새롭게 부담하게 되는 결과가 되므로 채권자취소권의 대상인 사해행위가 될 수 있다"(대판 2018.11.29. 2017다247190).

ㄷ. [○] ※ 상속포기의 사해행위취소(부정)
대법원은 "상속의 포기는 비록 포기자의 재산에 영향을 미치는 바가 없지 아니하나 상속인으로서의 지위 자체를 소멸하게 하는 행위로서 순전한 재산법적 행위와 같이 볼 것이 아니다. 오히려 상속의 포기는 1차적으로 피상속인 또는 후순위상속인을 포함하여 다른 상속인 등과의 인격적 관계를 전체적으로 판단하여 행하여지는 '인적 결단'으로서의 성질을 가진다"(대판 2011.6.9. 2011다29307)고 보아 상속의 포기는 사해행위취소의 대상이 되지 못한다고 한다.

※ 제1074조 유증 포기의 사해행위취소(부정)
"유증을 받을 자는 유언자의 사망 후에 언제든지 유증을 승인 또는 포기할 수 있고, 그 효력은 유언자가 사망한 때에 소급하여 발생하므로(민법 제1074조), 채무초과 상태에 있는 채무자라도 자유롭게 유증을 받을 것을 포기할 수 있다. 또한 채무자의 유증 포기가 직접적으로 채무자의 일반재산을 감소시켜 채무자의 재산을 유증 이전의 상태보다 악화시킨다고 볼 수도 없다. 따라서 유증을 받을 자가 이를 포기하는 것은 사해행위 취소의 대상이 되지 않는다고 보는 것이 옳다"(대판 2019.1.17. 2018다260855).

ㄹ. [○] ※ 수급인의 저당권설정청구권(제666조) 행사에 따라 도급인이 저당권을 설정하는 행위의 사해행위취소(부정)
"민법 제666조는 "부동산공사의 수급인은 보수에 관한 채권을 담보하기 위하여 그 부동산을 목적으로 한 저당권의 설정을 청구할 수 있다."라고 규정하고 있는바, 이는 부동산공사에서 그 목적물이 보통 수급인의 자재와 노력으로 완성되는 점을 감안하여 그 목적물의 소유권이 원시적으로 도급인에게 귀속되는 경우 수급인에게 목적물에 대한 저당권설정청구권을 부여함으로써 수급인이 사실상 목적물로부터 공사대금을 우선적으로 변제받을 수 있도록 하는 데 그 취지가 있고, 이러한 수급인의 지위가 목적물에 대하여 유치권을 행사하는 지위보다 더 강화되는 것은 아니어서 도급인의 일반 채권자들에게 부당하게 불리해지는 것도 아닌 점 등에 비추어, 신축건물의 도급인이 민법 제666조가 정한 수급인의 저당권설정청구권의 행사에 따라 공사대금채무의 담보로 그 건물에 저당권을 설정하는 행위는 특별한 사정이 없는 한 사해행위에 해당하지 아니한다.
민법 제666조에서 정한 수급인의 저당권설정청구권은 공사대금채권을 담보하기 위하여 인정되는 채권적 청구권으로서 공사대금채권에 부수하여 인정되는 권리이므로, 당사자 사이에 공사대금채권만을 양도하고 저당권설정청구권은 이와 함께 양도하지 않기로 약정하였다는 등의 특별한 사정이 없는 한, 공사대금채권이 양도되는 경우 저당권설정청구권도 이에 수반하여 함께 이전된다고 봄이 타당하다. 따라서 신축건물의 수급인으로부터 공사대금채권을 양수받은 자의 저당권설정청구에 의하여 신축건물의 도급인이 그 건물에 저당권을 설정하는 행위 역시 다른 특별한 사정이 없는 한 사해행위에 해당하지 아니한다"(대판 2018.11.29. 2015다19827).

[정답] ②

문9 다음 각 사례에서 빈칸을 알맞게 채운 것은? (다툼이 있는 경우 판례에 의함) [기출변형]

> ㄱ. 채무자 甲 소유의 X 토지(시가 4,000만 원)와 Y 토지(시가 6,000만 원)에 대해 피담보채권액 3,000만 원의 공동저당권이 설정되어 있는 상태에서 甲이 Y 토지를 매도하여 그에 따른 소유권이전등기를 마쳤다. 甲의 일반 채권자 乙(채권금액 1억 원)에 의해 Y 토지에 대한 매매계약이 사해행위로 취소되어 가액배상을 해야 하는 경우, X, Y 토지의 시가변동이 없다면 사해행위취소에 따른 가액배상 범위는 (A)이다.
>
> ㄴ. 채무자 丙과 물상보증인 丁이 공유하는 Z 토지(시가 1억 원, 丙 지분 2/5, 丁 지분 3/5)에 대해 피담보채권액 3,000만 원의 저당권이 설정되어 있는 상태에서 丙이 Z 토지의 지분을 매도하여 그에 따른 지분이전등기를 마쳤다. 丙의 일반 채권자 戊(채권금액 1억 원)에 의해 Z 토지에 관한 丙 소유 지분에 대한 매매계약이 사해행위로 취소되어 가액배상을 해야 하는 경우, 丁이 丙에 대하여 구상권을 행사할 수 없는 특별한 사정이 없고, Z 토지의 시가 변동이 없다면 사해행위취소에 따른 가액배상 범위는 (B)이다.

① A: 4,200만 원, B: 1,000만 원　　② A: 4,200만 원, B: 2,800만 원
③ A: 6,000만 원, B: 1,000만 원　　④ A: 6,000만 원, B: 2,800만 원

[해설] ㄱ. ※ 공동저당권이 설정된 채무자 소유의 수 개의 부동산 중 일부 부동산을 처분한 경우

判例는 "공동저당권이 설정되어 있는 수 개의 부동산 중 일부가 양도된 경우에 있어서의 그 피담보채권액은 특별한 사정이 없는 한 민법 제368조의 규정 취지에 비추어 공동저당권의 목적으로 된 각 부동산의 가액에 비례하여 공동저당권의 피담보채권액을 안분한 금액이라고 보아야 한다"(대판 2003.11.13. 2003다39989)고 한다.

☞ A : Y토지의 시가(6,000만원) - 피담보채권을 안분한 채권액(3,000만원×3/5) = 4,200만원

ㄴ. ※ 공동저당 부동산 중 일부가 채무자 아닌 제3자(물상보증인) 소유인 경우

判例는 "수 개의 부동산에 공동저당권이 설정되어 있는 경우 그 책임재산을 산정함에 있어 각 부동산이 부담하는 피담보채권액은 특별한 사정이 없는 한 민법 제368조의 규정 취지에 비추어 공동저당권의 목적으로 된 각 부동산의 가액에 비례하여 공동저당권의 피담보채권액을 안분한 금액이라고 보아야 한다. 그러나 그 수 개의 부동산 중 일부는 채무자의 소유이고 다른 일부는 물상보증인의 소유인 경우에는, 물상보증인이 민법 제481조, 제482조의 규정에 따른 변제자대위에 의하여 채무자 소유의 부동산에 대하여 저당권을 행사할 수 있는 지위에 있는 점 등을 고려할 때, 그 물상보증인이 채무자에 대하여 구상권을 행사할 수 없는 특별한 사정이 없는 한 채무자 소유의 부동산이 부담하는 피담보채권액은 채무자 소유 부동산의 가액을 한도로 한 공동저당권의 피담보채권액 전액이고, 물상보증인 소유의 부동산이 부담하는 피담보채권액은 공동저당권의 피담보채권액에서 위와 같은 채무자 소유의 부동산이 부담하는 피담보채권액을 제외한 나머지라고 봄이 상당하다. 이러한 법리는 하나의 공유부동산 중 일부 지분이 채무자의 소유이고, 다른 일부 지분이 물상보증인의 소유인 경우에도 마찬가지로 적용된다"(대판 2013.7.18. 전합2012다5643)고 한다.

☞ B : 丙지분의 가액(1억원×2/5) - 피담보채권전액(3,000만원) = 1,000만원

[정답] ①

문 10 채권자취소권에 관한 설명 중 옳은 것은? (다툼이 있는 경우 판례에 의함)

① 사해행위인 매매예약에 기하여 수익자 앞으로 가등기를 마친 다음 전득자 앞으로 가등기 이전의 부기등기 후 가등기에 기한 본등기까지 마쳤다면, 채권자는 더 이상 수익자를 상대로 사해행위인 매매예약의 취소를 청구할 수 없다.

② 무자력 상태의 채무자가 소송절차를 통해 수익자에게 자신의 책임재산을 이전하기로 하여, 수익자가 제기한 소송에서 자백하는 등의 방법으로 패소판결을 받아 확정시키고, 이에 따라 수익자 앞으로 그 책임재산에 대한 소유권이전등기가 마쳐진 경우에도, 이러한 채무자와 수익자 사이의 이전합의는 일반 채권자의 이익을 해하는 사해행위가 될 수 있다.

③ 채무자가 사해행위취소의 판결에 의하여 등기명의를 회복한 부동산을 제3자에게 처분하였다고 하더라도 위 판결을 받은 취소채권자는 등기 명의인을 상대로 등기의 말소를 청구할 수 있으나, 취소채권자를 제외하고 사해행위 당시의 채무자에 대한 일반 채권자는 등기 명의인을 상대로 등기의 말소를 청구할 수 없다.

④ 채권자가 어느 수익자에 대하여 사해행위취소 및 원상회복 청구를 하여 승소확정판결을 받았다면, 그에 기하여 재산이나 가액의 회복을 마치기 전이라도 그 채권자는 자신의 피보전채권에 기하여 다른 수익자에 대하여 별도로 사해행위취소 및 원상회복 청구를 할 수 없다.

해 설 ① [×] ※ 채권자취소권 – 원상회복의 방법

원상회복은 원칙적으로 그 목적물의 반환을 청구하여야 한다. 다만, ⅰ) 원물반환이 불가능하거나, ⅱ) 현저히 곤란한 경우에는 예외적으로 원물반환에 갈음하여 가액반환이 허용된다.

사해행위인 매매예약에 기하여 수익자 앞으로 가등기를 마친 후 전득자 앞으로 가등기 이전의 부기등기를 마치고 가등기에 기한 본등기까지 마친 경우 判例는 "채권자는 수익자를 상대로 사해행위인 매매예약의 취소를 청구할 수 있고, 부기등기의 결과 가등기 및 본등기에 대한 말소청구소송에서 수익자의 피고적격이 부정되더라도, 위 부기등기는 사해행위인 매매예약에 기초한 수익자의 권리의 이전을 나타내는 것으로서 부기등기에 의하여 수익자로서의 지위가 소멸하지는 아니하므로 수익자는 부기등기로 인한 가등기말소의무의 불능에 대한 원상회복으로서 **가액배상을 할 의무를 진다**"(대판 2015.5.21. 전합2012다952 : 가등기에 의한 권리의 양도인(수익자)은 가등기말소등기청구 소송의 상대방이 될 수 없고 본등기의 명의인도 아니므로 가액배상의무를 부담하지 않는다는 종전판결을 변경)고 한다.

비교판례 부기등기가 없는 사안에서는 수익자에게 가등기 및 본등기에 대한 말소청구소송의 피고적격이 인정되므로 가액배상이 이루어져야 하는 것이 아니다. 즉, "소유권이전등기청구권보전을 위한 가등기가 사해행위로서 이루어진 경우 그 매매예약을 취소하고 원상회복으로서 가등기를 말소하면 족한 것이고, 가등기 후에 저당권이 말소되었다거나 그 피담보채무가 일부 변제된 점 또는 그 가등기가 사실상 담보가등기라는 점 등은 그와 같은 원상회복의 방법에 아무런 영향을 주지 않는다"(대판 2003.7.11. 2003다19435).

② [○] ※ 채권자취소권 - 사해행위

"무자력 상태의 채무자가 '소송절차'를 통해 수익자에게 자신의 책임재산을 이전하기로 하여, 수익자가 제기한 소송에서 채무자가 자백하는 등의 방법으로 패소판결이 확정되고, 이에 따라 수익자 앞으로 책임재산에 대한 소유권이전등기 등이 마쳐진 경우, 채무자와 수익자 사이의 이전합의는 채무자의 일반채권자들을 해하는 사해행위가 될 수 있다. 이 때 사해행위취소로 인한 원상회복은 채무자와 수익자 사이의 위 '확정판결의 기판력'에 저촉되지 않는다"(대판 2017.4.7. 2016다204783)

③ [×] ※ 사해행위 취소로 그 등기명의를 회복한 부동산을 '채무자'가 제3자에게 처분한 경우

"사해행위의 취소는 채권자와 수익자의 관계에서 상대적으로 채무자와 수익자 사이의 법률행위를 무효로 하는 데에 그치고 채무자와 수익자 사이의 법률관계에는 영향을 미치지 아니하므로, 채무자와 수익자 사이의 부동산매매계약이 사해행위로 취소되고 그에 따른 원상회복으로 수익자 명의의 소유권이전등기가 말소되어 채무자의 등기명의가 회복되더라도, 그 부동산은 취소채권자나 민법 제407조에 따라 사해행위 취소와 원상회복의 효력을 받는 채권자와 수익자 사이에서 채무자의 책임재산으로 취급될 뿐, 채무자가 직접 그 부동산을 취득하여 권리자가 되는 것은 아니다. 따라서 채무자가 사해행위 취소로 그 등기명의를 회복한 부동산을 제3자에게 처분하더라도 이는 무권리자의 처분에 불과하여 효력이 없으므로, 채무자로부터 제3자에게 마쳐진 소유권이전등기나 이에 기초하여 순차로 마쳐진 소유권이전등기 등은 모두 원인무효의 등기로서 말소되어야 한다. 이 경우 취소채권자나 민법 제407조에 따라 사해행위 취소와 원상회복의 효력을 받는 채권자는 채무자의 책임재산으로 취급되는 그 부동산에 대한 강제집행을 위하여 위와 같은 원인무효 등기의 명의인을 상대로 그 등기의 말소를 청구할 수 있다"(대판 2017.3.9. 2015다217980).
☞ 취소채권자뿐만 아니라 사해행위 당시의 채무자에 대한 일반 채권자도 그 등기의 말소를 청구할 수 있다.

④ [×] ※ 사해행위 취소의 범위

"채권자가 어느 수익자(전득자를 포함한다)에 대하여 사해행위취소 및 원상회복청구를 하여 승소판결을 받아 그 판결이 확정되었다 하더라도 그에 기하여 재산이나 가액의 회복을 마치지 아니한 이상 채권자는 자신의 피보전채권에 기하여 다른 수익자에 대하여 별도로 사해행위취소 및 원상회복청구를 할 수 있고, 채권자가 여러 수익자들을 상대로 사해행위취소 및 원상회복청구의 소를 제기하여 여러 개의 소송이 계속중인 경우에는 각 소송에서 채권자의 청구에 따라 사해행위의 취소 및 원상회복을 명하는 판결을 선고하여야 하며, 수익자가 가액배상을 하여야 할 경우에도 다른 소송의 결과를 참작할 필요 없이 수익자가 반환하여야 할 가액 범위 내에서 채권자의 피보전채권 전액의 반환을 명하여야 한다"(대판 1975.2.25, 74다2114).

[참고판례] "그리고 이러한 법리는 이 사건에 있어서와 같이 채무자가 동시에 여러 부동산을 수인의 수익자들에게 처분한 결과 채무초과상태가 됨으로써 그와 같은 각각의 처분행위가 모두 사해행위로 되고, 채권자가 그 수익자들을 공동피고로 하여 사해행위취소 및 원상회복을 구하여 각 수익자들이 부담하는 원상회복의무의 대상이 되는 책임재산의 가액을 합산한 금액이 채권자의 피보전채권액을 초과하는 경우에도 마찬가지라고 할 것이다"(대판 1975.2.25, 74다2114).

[정답] ②

문11 다음 설명 중 틀린 것은? (다툼이 있는 경우에는 판례에 의함)

[기출변형]

① 채무자 甲이 乙에 대한 채권을 丙에게 양도하고 채권양도의 통지를 한 경우, 甲의 금전채권자 A에 의해 위 채권양도가 사해행위로서 적법하게 취소되더라도, '채권자 취소권의 상대효'로 인해 피대위권리가 없으므로 A는 乙을 상대로 甲을 대위하여 채무의 이행을 청구할 수 없다.

② 甲이 乙에 대한 채권을 보전하기 위하여 乙과 丙 사이에 체결된 X토지에 관한 매매계약을 사해행위로 취소하는 소를 제기하였다. 채권자취소소송의 승소판결에 따라 乙이 X토지의 등기명의를 회복한 후 이를 丁에게 매각하여 소유권이전등기를 마쳐준 경우, 甲은 丁을 상대로 소유권이전등기의 말소를 청구할 수 있다.

② 甲에 대하여 대여금채무를 부담하고 있는 乙이 그의 유일한 소유 재산인 부동산을 그의 아들인 丙에게 매도하고, 그 후 丙은 이를 다시 丁에게 매도한 후 각 소유권이전등기가 경료되었다. 甲이 丙 및 丁을 상대로 사해행위 취소 및 원상회복을 구하여 이들 명의의 각 소유권이전등기의 말소를 명하는 확정판결을 받았더라도, 乙에 대한 다른 채권자 戊는 위 판결에 기하여 乙을 대위하여 말소등기를 신청할 수는 없다. 다만 등기관이 위 등기신청을 받아들여 말소등기를 마쳐 버렸다면 그 말소등기를 무효의 등기라 할 수는 없다.

④ 공유자 전원으로부터 상가건물을 임차한 사람이 상가건물 임대차보호법에 따라 임차보증금에 관하여 우선변제를 받을 수 있는 권리를 가진 경우, 상가건물의 공유자 중 1인인 채무자(1/2 공유자)가 처분한 지분 중 일반채권자들의 공동담보에 제공되는 책임재산은 우선변제권이 있는 임차보증금 반환채권 중 1/2을 공제한 나머지 부분이다.

해 설 ① [○] "채무자의 수익자에 대한 채권양도가 사해행위 취소되는 경우, 수익자가 제3채무자에게서 아직 채권을 추심하지 아니한 때에는, 채권자는 사해행위취소에 따른 원상회복으로서 수익자가 제3채무자에게 채권양도가 취소되었다는 취지의 통지를 하도록 청구할 수 있다. 그런데 사해행위의 취소는 채권자와 수익자의 관계에서 상대적으로 채무자와 수익자 사이의 법률행위를 무효로 하는 데에 그치고, 채무자와 수익자 사이의 법률관계에는 영향을 미치지 아니한다. 따라서 채무자의 수익자에 대한 채권양도가 사해행위로 취소되고, 그에 따른 원상회복으로서 제3채무자에게 채권양도가 취소되었다는 취지의 통지가 이루어지더라도, 채권자와 수익자의 관계에서 채권이 채무자의 책임재산으로 취급될 뿐, 채무자가 직접 채권을 취득하여 권리자로 되는 것은 아니므로, 채권자는 채무자를 대위하여 제3채무자에게 채권에 관한 지급을 청구할 수 없다"(대판 2015.11.17. 2012다2743).

② [○] ※ 사해행위 취소로 그 등기명의를 회복한 부동산을 '채무자'가 제3자에게 처분한 경우

"채무자가 사해행위 취소로 그 등기명의를 회복한 부동산을 제3자에게 처분하더라도 이는 무권리자의 처분에 불과하여 효력이 없으므로, 채무자로부터 제3자에게 마쳐진 소유권이전등기나 이에 기초하여 순차로 마쳐진 소유권이전등기 등은 모두 원인무효의 등기로서 말소되어야 한다. 이 경우 취소채권자나 민법 제407조에 따라 사해행위 취소와 원상회복의 효력을 받는 채권자는 채무자의 책임재산으로 취급되는 그 부동산에 대한 강제집행을 위하여 위와 같은 원인무효 등기의 명의인을 상대로 그 등기의 말소를 청구할 수 있다고 보아야 한다"(대판 2017.3.9. 2015다217980)

③ [○] ※ 사해행위 취소로 인한 원상회복으로 소유권이전등기의 말소를 명하는 판결을 받았으나 말소등기를 마치지 않은 경우

"사해행위 취소의 효력은 채무자와 수익자의 법률관계에 영향을 미치지 아니하고, 사해행위 취소로 인한 원상회복 판결의 효력도 소송의 당사자인 채권자와 수익자 또는 전득자에게만 미칠 뿐 채무자나 다른 채권자에게 미치지 아니하므로, 어느 채권자가 수익자를 상대로 사해행위 취소 및 원상회복으로 소유권이전등기의 말소를 명하는 판결을 받았으나 말소등기를 마치지 아니한 상태라면 소송의 당사자가 아닌 다른 채권자는 위 판결에 기하여 채무자를 대위하여 말소등기를 신청할 수 없다. 그럼에도 불구하고 다른 채권자의 등기신청으로 말소등기가 마쳐졌다면 등기에는 절차상의 흠이 존재한다.

그러나 채권자가 사해행위 취소의 소를 제기하여 승소한 경우 취소의 효력은 민법 제407조에 따라 모든 채권자의 이익을 위하여 미치므로 수익자는 채무자의 다른 채권자에 대하여도 사해행위의 취소로 인한 소유권이전등기의 말소등기의무를 부담하는 점, 등기절차상의 흠을 이유로 말소된 소유권이전등기가 회복되더라도 다른 채권자가 사해행위취소판결에 따라 사해행위가 취소되었다는 사정을 들어 수익자를 상대로 다시 소유권이전등기의 말소를 청구하면 수익자는 말소등기를 해 줄 수밖에 없어서 결국 말소된 소유권이전등기가 회복되기 전의 상태로 돌아가는데 이와 같은 불필요한 절차를 거치게 할 필요가 없는 점 등에 비추어 보면, 사해행위 취소 및 원상회복으로 소유권이전등기의 말소를 명한 판결의 소송당사자가 아닌 다른 채권자가 위 판결에 기하여 채무자를 대위하여 마친 말소등기는 등기절차상의 흠에도 불구하고 실체관계에 부합하는 등기로서 유효하다"(대판 2015.11.17. 2013다84995).

④ [✕] "건물의 공유자가 공동으로 건물을 임대하고 임차보증금을 수령한 경우 특별한 사정이 없는 한 그 임대는 각자 공유지분을 임대한 것이 아니라 임대목적물을 다수의 당사자로서 공동으로 임대한 것이고 임차보증금 반환채무는 성질상 불가분채무에 해당한다. 임차인이 공유자 전원으로부터 상가건물을 임차하고 상가건물 임대차보호법 제3조 제1항에서 정한 대항요건을 갖추어 임차보증금에 관하여 우선변제를 받을 수 있는 권리를 가진 경우에, 상가건물의 공유자 중 1인인 채무자가 처분한 지분 중에 일반채권자들의 공동담보에 제공되는 책임재산은 우선변제권이 있는 임차보증금 반환채권 '전액'을 공제한 나머지 부분이다"(대판 2017.5.30. 2017다205073)

[정답] ④

문 12 채권자취소권에 관한 다음 설명 중 틀린 것은? (다툼이 있는 경우에 판례에 의함)

① 甲이 乙에 대한 채권을 보전하기 위하여 乙과 丙 사이에 체결된 X토지에 관한 매매계약을 사해행위로 취소하는 소를 제기하였다. 乙과 丙 사이의 매매계약 체결 전에 甲이 乙에 대해 불법행위에 기한 손해배상채권을 가지고 있었으나, 그 채권의 액수나 범위가 구체적으로 확정되지 않았다면 채권자취소권의 피보전채권이 될 수 없다.

② 채무자가 근저당권이 설정된 부동산을 처분하면서 매매대금으로 그 부동산에 대해서 다른 채권자에 우선하여 변제를 받을 수 있는 지위에 있는 근저당권자의 피담보채권액 중 일부를 변제하고 근저당권을 말소한 경우라면 특별한 사정이 없는 한 부동산 처분행위를 사해행위로 볼 수 없다.

③ 저당권이 설정되어 있는 부동산이 사해행위로 양도된 경우 부동산의 가액에서 저당권의 피담보채무액을 공제한 잔액의 한도에서 그 양도행위를 사해행위로 취소하고 가액의 배상을 구할 수 있다는 법리는 저당권설정행위 등이 사해행위로 인정되어 취소된 때에도 마찬가지로 적용된다.

④ 선순위담보권이 존재하는 상태에서 제3자에게 양도행위를 하는 경우 그 선순위 담보권을 설정한 원인행위가 사해행위로 인정될 경우에는 그 담보권의 피담보채무는 후행 양도행위가 사해행위에 해당하는지 여부를 판단함에 있어 공제대상인 피담보채무 금액에 포함되어서는 아니된다.

해설 ① [X] "채권자취소권 행사는 채무 이행을 구하는 것이 아니라 총채권자를 위하여 채무자의 자력감소를 방지하고, 일탈된 채무자의 책임재산을 회수하여 채권의 실효성을 확보하는 데 목적이 있으므로, 피보전채권이 사해행위 이전에 성립되어 있는 이상 그 액수나 범위가 구체적으로 확정되지 않은 경우라고 하더라도 채권자취소권의 피보전채권이 된다"(대판 2018.6.28. 2016다1045).

비교판례 "이혼으로 인한 재산분할청구권은 협의 또는 심판에 의하여 그 구체적 내용이 형성되기까지는 그 범위 및 내용이 불명확·불확정하기 때문에 구체적으로 권리가 발생하였다고 할 수 없으므로 이를 보전하기 위하여 채권자대위권을 행사할 수 없다"(대판 1999.4.9, 98다58016). 그러나 채권자취소권은 입법적으로 가능하게 되었다(제839조의3 참조)

② [O] "채무자가 양도한 부동산에 제3자의 채무를 담보하기 위한 근저당권이 설정되어 있는 경우 그 부동산에서 일반 채권자들의 공동담보로 되는 책임재산은 채권최고액을 한도로 실제 부담하고 있는 피담보채권액을 뺀 나머지 부분이다. 따라서 근저당권의 피담보채권액과 채권최고액이 모두 부동산 가격을 초과하는 때에는 일반 채권자들의 공동담보로 되는 책임재산이 없으므로 부동산의 양도가 사해행위에 해당하지 않는다. 채무자가 근저당권이 설정된 부동산을 처분하면서 매매대금으로 그 부동산에 대해서 다른 채권자에 우선하여 변제를 받을 수 있는 지위에 있는 근저당권자의 피담보채권액 중 일부를 변제하고 근저당권을 말소한 경우라면 특별한 사정이 없는 한 부동산 처분행위를 사해행위로 볼 수 없다"(대판 2018.4.24. 2017다287891)

③ [○] "저당권이 설정되어 있는 부동산이 사해행위로 양도된 경우에 사해행위는 부동산의 가액에서 저당권의 피담보채무액을 공제한 잔액의 범위 내에서만 성립한다고 보아야 하므로, 사해행위 후 변제 등에 의하여 저당권설정등기가 말소되었다면 부동산의 가액에서 저당권의 피담보채무액을 공제한 잔액의 한도에서 사해행위를 취소하고 그 가액의 배상을 구할 수 있을 뿐이다(대판 1998.2.13. 97다6711, 대판 2016.1.14. 2015다235353). 한편 사해행위의 취소는 취소소송의 당사자 사이에서 상대적으로 취소의 효력이 있는 것으로 당사자 이외의 제3자는 다른 특별한 사정이 없는 이상 취소로 인하여 그 법률관계에 영향을 받지 아니한다(대판 2009.6.11. 2008다7109). 저당권설정행위 등이 사해행위에 해당하여 채권자가 저당권설정자를 상대로 제기한 사해행위 취소소송에서 채권자의 청구를 인용하는 판결이 선고되었다고 하더라도 이러한 사해행위 취소판결의 효력은 해당 부동산의 소유권을 이전받은 자에게 미치지 아니하므로, 저당권이 설정되어 있는 부동산이 사해행위로 양도된 경우 부동산의 가액에서 저당권의 피담보채무액을 공제한 잔액의 한도에서 그 양도행위를 사해행위로 취소하고 가액의 배상을 구할 수 있다는 앞서 본 법리는 저당권설정행위 등이 사해행위로 인정되어 취소된 때에도 마찬가지로 적용된다고 할 것이다"(대판 2018.6.28. 2018다214319). ④번 판례랑 잘 비교할 것!

[판례해설] 채무자 甲소유의 X부동산에 관하여 乙명의의 근저당권이 설정되어 있었는데, 피고 丙이 甲으로부터 재산분할협의를 원인으로(사해행위) X부동산의 소유권을 취득한 다음 이를 丁에게 매도하였고, 이러한 매도과정에서 변제를 이유로 乙명의의 근저당권이 말소되었다. 그런데 이미 '甲의 다른 채권자 B'가 乙명의의 저당권설정행위가 사해행위에 해당한다고 주장하여 그 취소 및 가액배상을 청구하여 승소판결을 받았지만(判例에 따르면 저당권설정행위가 사해행위에 해당하는 경우 변제 등으로 저당권등기가 말소되더라도 그 취소 및 가액배상을 구할 수 있다) 위 승소판결의 효력은 '상대적'이므로 '甲의 채권자 A'가 채무자 甲과 피고 丙 사이의 재산분할협의를 사해행위로 삼아 그 취소를 구하는 이 사건에서는 乙의 저당권이 존재하는 것으로 보고 부동산 가액에서 그 저당권의 피담보채무액을 공제한 잔액의 한도에서 재산분할협의를 취소하고 가액배상을 명해야 한다고 본 것이다.

그러나 만약 사안에서 A가 乙명의의 저당권설정행위가 사해행위라고 주장하고 그것이 받아들여진다면 A가 甲과 丙 사이의 재산분할협의가 사해행위임을 이유로 취소할 때 乙명의의 피담보채무액을 공제해서는 안된다는 것이 아래 비교판례 대판 2013.5.9. 2011다75232의 입장이다.

④ [○] ※ 선순위담보권 설정이 사해행위인 경우

'선순위담보권'이 존재하는 상태에서 '후순위담보권 설정' 행위를 하는 경우, 선순위담보권 설정 자체가 사해행위로 되어 취소의 대상이 되는 때에는 그 후순위담보권 설정행위가 사해행위가 되는지를 판단함에 있어서는 선순위담보권의 피담보채권액을 담보물의 가액에서 공제할 것이 아니다(대판 2007.7.26. 2007다23081). 마찬가지 법리로 '선순위담보권'이 존재하는 상태에서 '제3자에게 양도' 행위를 하는 경우 그 선순위 담보권을 설정한 원인행위가 사해행위로 인정될 경우에는 그 담보권의 피담보채무는 '후행 양도행위'가 사해행위에 해당하는지 여부를 판단함에 있어 공제 대상인 피담보채무 금액에 포함되어서는 아니된다(대판 2013.5.9. 2011다75232).

[정답] ①

제5장 수인의 채권자 및 채무자

제1절 | 분할채권(채무)관계

제2절 | 불가분채권관계

제3절 | 연대채무

문1 다수당사자의 채권관계에 관한 설명 중 옳지 않은 것은? [기출변형]

① 급부의 내용이 가분인 금전채무가 공동상속된 경우, 이는 상속개시와 동시에 당연히 법정상속분에 따라 공동상속인에게 분할되어 귀속된다.

② 불가분채권자 중의 1인과 채무자 간에 경개나 면제가 있는 경우에 채무 전부의 이행을 받은 다른 채권자는 그 1인이 권리를 잃지 아니하였으면 그에게 분급할 이익을 채무자에게 상환하여야 한다.

③ 여러 사람이 공동으로 법률상 원인 없이 타인의 재산을 사용한 경우의 부당이득 반환채무는 특별한 사정이 없는 한 불가분채무이므로 각 채무자가 채무 전부를 이행할 의무가 있고, 1인의 채무이행으로 다른 채무자도 그 의무를 면하게 된다.

④ 하나의 계약으로 수인에게 연대채무가 발생한 경우 어느 연대채무자에 대한 법률행위의 무효나 취소의 원인은 다른 연대채무자의 채무에도 영향을 미친다.

[해설] ① [○] ※ 상속채무가 가분채무인 경우
"금전채무와 같이 급부의 내용이 가분인 채무가 공동상속된 경우, 이는 상속 개시와 동시에 당연히 법정상속분에 따라 공동상속인에게 분할되어 귀속되는 것이므로, 상속재산 분할의 대상이 될 여지가 없다"(대판 1997.6.24, 97다8809).

② [○] ※ 불가분채권의 1인에게 생긴 사유의 효력(상대적 효력있는 사유)
불가분채권의 경우 청구와 이행에 따른 효과 이외의 사유는 다른 채권자에게 그 효력이 없다(제410조 1항 후문). 다만 경개나 면제가 있는 경우에 채무전부의 이행을 받은 다른 채권자는 그 1인이 권리를 잃지 아니하였으면 그에게 분급할 이익을 채무자에게 상환하여야 한다(제410조 2항).

※ **불가분채권의 1인에게 생긴 사유의 효력(절대적 효력있는 사유)**

불가분채권의 각 채권자는 모든 채권자를 위하여 이행을 청구할 수 있고, 채무자는 모든 채권자를 위하여 각 채권자에게 이행할 수 있으므로(제409조 후문), 이 **청구와 이행**의 한도에서는 다른 채권자에게도 그 효력이 미친다(제410조 1항 전문). 즉 1인의 채권자의 청구에 의한 시효중단·이행지체의 효과나, 채무자가 1인의 채권자에 대해 한 변제·변제의 제공·채권자지체의 효과는 모두 다른 채권자에게도 발생한다.

③ [○] ※ **공동의 점유·사용으로 인한 부당이득 반환채무의 성질(불가분채무)**

"여러 사람이 공동으로 법률상 원인 없이 타인의 재산을 사용한 경우의 부당이득 반환채무는 특별한 사정이 없는 한 불가분적 이득의 반환으로서 불가분채무이고, 불가분채무는 각 채무자가 채무 전부를 이행할 의무가 있으며, 1인의 채무이행으로 다른 채무자도 그 의무를 면하게 된다"(대판 2001.12.11, 2000다13948).

④ [×] ※ **어느 연대채무자에 생긴 무효, 취소**

연대채무는 채무자의 수만큼 복수의 채무가 존재하는 것으로(복수성), 채무자간에 연대관계가 존재하지만 각자의 채무는 독립되어있다(독립성). 따라서 어느 연대채무자에 대한 법률행위의 무효나 취소의 원인은 다른 연대채무자의 채무에 영향을 미치지 아니한다(제415조).

[정답] ④

문2 다음 설명 중 옳지 않은 것은? (다툼이 있는 경우 판례에 의함) [기출변형]

① 채권자의 신청에 의한 경매개시결정에 따라 연대채무자 중 1인 소유의 부동산이 압류된 경우, 압류에 의한 시효중단의 효력은 다른 연대채무자에게 미치지 않는다.

② 부진정연대채무자 중 1인이 자신의 채권자에 대한 반대채권으로 상계를 한 경우, 그 상계로 인한 채무소멸의 효력은 소멸한 채무 전액에 관하여 다른 부진정연대채무자에 대하여도 미친다.

③ 공동불법행위자 중 1인의 손해배상채무가 시효로 소멸한 후 다른 공동불법행위자가 피해자에게 자기의 부담 부분을 넘는 손해를 배상한 경우, 손해를 배상한 공동불법행위자는 손해배상채무가 시효로 소멸한 다른 공동불법행위자에게는 구상권을 행사할 수 없다.

④ 부진정연대채무자 중 1인을 위하여 보증인이 된 자가 피보증인을 위하여 채무를 변제하였다면 다른 부진정연대채무자에 대하여 구상권을 행사할 수 있다.

해설 ① [○] **제416조(이행청구의 절대적 효력)** 「어느 연대채무자에 대한 이행청구는 다른 연대채무자에게도 효력이 있다.」

제423조(효력의 상대성의 원칙) 「전7조의 사항외에는 어느 연대채무자에 관한 사항은 다른 연대채무자에게 효력이 없다.」

☞ 이행청구 이외의 시효중단사유(압류·가압류·가처분 등)는 상대적 효력이 있을 뿐이다. 채권자가 연대채무자 1인의 소유 부동산에 대하여 경매신청을 한 경우에 이는 최고로서의 효력이 있다. 한편 이 최고는 다른 연대채무자에게도 효력이 있으므로(제416조), 채권자가 6개월 내에 '다른 연대채무자'를 상대로 재판상 청구 등을 한 때에는 그 '다른 연대채무자'에 대한 채권의 소멸시효가 중단되지만,[1] 이로 인하여 중단된 시효는 위 경매절차가 종료된 때가 아니라 재판이 확정된 때부터 새로 진행된다. 그리고 연대채무자 1인의 소유 부동산이 경매개시결정에 따라 압류된 경우, '다른 연대채무자'에게는 시효중단의 효력이 없다(제169조 참조)(대판 2001.8.21, 2001다22840).

② [○] 종래 判例의 기본적 입장은 상계의 상대적 효력만 인정하였으나, 최근 전원합의체 판결을 통해 "부진정연대채무자 중 1인이 자신의 채권자에 대한 반대채권으로 상계를 한 경우에도 채권은 변제, 대물변제, 또는 공탁이 행하여진 경우와 동일하게 현실적으로 만족을 얻어 그 목적을 달성하는 것이므로, 그 상계로 인한 채무소멸의 효력은 소멸한 채무 전액에 관하여 다른 부진정연대채무자에 대하여도 미친다고 보아야 한다. 이는 부진정연대채무자 중 1인이 채권자와 상계계약을 체결한 경우에도 마찬가지이다. 나아가 이러한 법리는 채권자가 상계 내지 상계계약이 이루어질 당시 다른 부진정연대채무자의 존재를 알았는지 여부에 의하여 좌우되지 아니한다"(대판 2010.9.16, 전합2008다97218)고 하여 상계의 절대적 효력을 인정하였다.

[비교판례] 그러나 부진정연대채무자 사이에는 고유한 의미의 부담부분이 존재하지 않으므로 이를 전제로 한 제418조 2항은 유추적용되지 않는다(대판 1994.5.27, 93다21521).

③ [×] "공동불법행위자 중 1인의 손해배상채무가 시효로 소멸한 후에 다른 공동불법행위자 1인이 피해자에게 자기의 부담 부분을 넘는 손해를 배상하였을 경우에도, 그 공동불법행위자는 다른 공동불법행위자에게 구상권을 행사할 수 있다"(대판 2010.12.23. 2010다52225).

[비교쟁점] **제421조(소멸시효의 절대적 효력)** 「어느 연대채무자에 대하여 소멸시효가 완성한 때에는 그 부담부분에 한하여 다른 연대채무자도 의무를 면한다.」

④ [○] "어느 부진정연대채무자를 위하여 보증인이 된 자가 채무를 이행한 경우에는 다른 부진정연대채무자에 대하여도 직접 구상권을 취득하게 되고, 그와 같은 구상권을 확보하기 위하여 채권자를 대위하여 채권자의 다른 부진정연대채무자에 대한 채권 및 그 담보에 관한 권리를 구상권의 범위 내에서 행사할 수 있다"(대판 2010.5.27, 2009다85861).

[정답] ③

---

1) [판례평석] 최고에 의한 시효중단의 효력도 모든 채무자에게 미치지만(제416조), 그 효력이 지속되기 위해서는 채무자 중 누군가에 대하여 제174조 소정의 요건이 갖추어져야 한다. 그런데 判例는 재판상 청구의 상대방에 대해서만 그 효력이 지속하는 듯한 판시를 하였지만(위 2001다22840판결), 그 재판상 청구 역시 이행청구로서 절대적 효력을 가지므로(제416조) 다른 채무자에 대해서도 효력이 지속된다고 할 것이다[지원림, 민법강의(12판), 4-277]

문3 다음 설명 중 옳지 않은 것은? (다툼이 있는 경우 판례에 의함)

[기출변형]

① 공동불법행위자는 채권자에 대한 관계에서 부진정연대책임을 지되, 공동불법행위자 중 1인이 전체 채무를 변제한 경우 특별한 사정이 없는 한 나머지 공동불법행위자 들이 부담하는 구상채무의 성질은 각자의 부담부분에 따른 분할채무이다.

② 보증인은 자신의 채권자에 대한 채권으로 채권자의 보증채권과 상계할 수 있을 뿐만 아니라, 주채무자의 채권자에 대한 채권으로도 상계할 수 있다.

③ 공동불법행위자는 자신의 부담부분 이상을 변제하여 공동의 면책을 얻게 하였을 때에 다른 공동불법행위자에 대하여 구상권을 행사할 수 있으나, 연대채무자는 자신의 부담부분 이상을 변제하지 않더라도 다른 연대채무자에 대하여 구상권을 행사할 수 있다.

④ 부진정연대채무자 중의 1인이 채권자에 대하여 한 상계는 절대적 효력이 있지만, 부진정연대채무자 중의 1인과 채권자 사이의 상계계약의 경우에는 절대적 효력이 인정되지 않는다.

해설 ① [○] 공동불법행위자 중 1인에 대하여 구상의무를 부담하는 다른 공동불법행위자가 수인인 경우에는 특별한 사정이 없는 이상 그들의 구상권자에 대한 채무는 각자의 부담 부분에 따른 '분할채무'로 본다(대판 2002.9.27, 2002다15917). 따라서 각자의 내부적 부담부분의 범위 내에서만 구상의무를 부담한다.

비교판례 다만 구상권자인 공동불법행위자측에 과실이 없는 경우(운전자에게 과실이 없는 경우에도 자배법상 운행자책임이 성립할 수 있다), 즉 내부적인 부담 부분이 전혀 없는 경우에는 이와 달리 그에 대한 수인의 구상의무 사이의 관계를 '부진정연대관계'로 봄이 상당하다고 한다(대판 2005.10.13, 2003다24147).

② [○] 보증인은 주채무자의 채권에 의한 상계로 채권자에게 대항할 수 있다(제434조). 즉 보증인은 주채무자의 상계권을 직접 행사할 수 있다. 이는 보증인을 보호하고 법률관계를 간편하게 처리하기 위하여 인정된 것으로서, 반대로 채권자가 주채무자에 대해 상계적상에 있는 채권을 가지고 있으면서 상계하지 않고 있는 때에는 보증인이 상계하거나 이를 이유로 보증채무의 이행을 거절할 수 있는 것은 아니다(대판 1987.5.12, 86다카1340).

③ [○] 공동보증인간의 구상권이나(제448조) 및 부진정연대채무자간의 구상권(대판 1997.12.12, 96다50896)에서는 '자기의 부담부분'을 넘어야 하지만, 주관적 공동관계가 존재하는 연대채무에서도 그렇게 볼 것은 아니다.

즉 判例는 "부진정연대채무의 관계에 있는 복수의 책임주체 내부관계에 있어서는 형평의 원칙상 일정한 부담부분이 있을 수 있으며, 그 부담부분은 각자의 고의 및 과실의 정도에 따라 정하여지는 것으로서, 부진정연대채무자 중 1인이 자기의 부담부분 이상을 변제하여 공동의 면책을 얻게 하였을 때에는 다른 부진정연대채무자에게 그 부담부분의 비율에 따라 구상권을 행사할 수 있다"(대판 2006.1.27, 2005다19378)고 판시하고 있다.

반면 연대채무의 경우 구상권이 성립하기 위해서는 공동면책이 있기만 하면 되고 그 범위가 출재를 한 연대채무자의 부담부분 이상일 필요가 없다(통설). 연대채무자 사이의 구상권 행사에 있어서

'부담부분'이란 연대채무자가 그 내부관계에서 출재를 분담하기로 한 비율을 말한다. 그 결과 최근 判例가 판시하는 바와 같이 "변제 기타 자기의 출재로 일부 공동면책되게 한 연대채무자는 역시 변제 기타 자기의 출재로 일부 공동면책되게 한 다른 연대채무자를 상대로 하여서도 자신의 공동면책액 중 다른 연대채무자의 분담비율에 해당하는 금액이 다른 연대채무자의 공동면책액 중 자신의 분담비율에 해당하는 금액을 초과한다면 그 범위에서 여전히 구상권을 행사할 수 있다고 보아야 한다"(대판 2013.11.14. 2013다46023). 예를 들어 A·B·C가 D에 대하여 300만 원의 연대채무를 부담하고 그들의 부담부분이 균등한 경우에, A가 D에게 60만 원을 변제하였다면 A는 B와 C에게 20만 원(=60만원×1/3)씩 구상할 수 있다. 그리고 만약 B도 30만 원을 변제하였으면 A는 B에게 10만 원[20만 원-10만원(=30만원×1/3)]을 구상할 수 있다.

④ [×] 종래 判例의 기본적 입장은 상계의 상대적 효력만 인정하였으나, 최근 전원합의체 판결은 "부진정연대채무자 중 1인이 자신의 채권자에 대한 반대채권으로 상계를 한 경우에도 채권은 변제, 대물변제, 또는 공탁이 행하여진 경우와 동일하게 현실적으로 만족을 얻어 그 목적을 달성하는 것이므로, 그 상계로 인한 채무소멸의 효력은 소멸한 채무 전액에 관하여 다른 부진정연대채무자에 대하여도 미친다고 보아야 한다. 이는 부진정연대채무자 중 1인이 채권자와 상계계약을 체결한 경우에도 마찬가지이다. 나아가 이러한 법리는 채권자가 상계 내지 상계계약이 이루어질 당시 다른 부진정연대채무자의 존재를 알았는지 여부에 의하여 좌우되지 아니한다"(대판 2010.9.16, 전합2008다97218)고 하여 상계의 절대적 효력을 인정하였다.

[정답] ④

문4 乙과 丙은 甲으로부터 9,000만 원을 차용하면서 연대하여 이를 변제하기로 甲과 약정하였다. 그들의 부담부분은 乙이 2/3, 丙이 1/3로 정해져 있었는데, 甲도 이를 알고 있었다. 한편 丁은 丙의 甲에 대한 위 연대채무를 보증하였다. 이에 관한 설명 중 틀린 것은? [기출변형]

① 乙이 甲의 위 채권과 상계할 수 있는 9,000만 원의 반대채권을 가지고 있음에도 이를 상계하지 않는 경우, 丙이 이 채권을 자동채권으로 상계하면 甲에 대한 乙과 丙의 연대채무는 전부 소멸한다.

② 甲이 乙에게만 최고 후 6월 내에 乙에게 재판상청구를 한 경우, 乙과 丙 모두에 대해 최고 당시부터 확정적으로 소멸시효가 중단된다.

③ 乙이 甲의 단독상속인으로 위 9,000만 원의 채권을 상속받은 경우에는 丙은 乙에게 3,000만 원의 채무를 부담하게 된다.

④ 乙의 부동산에 대하여 경매개시결정에 의해 그 부동산이 압류된 경우, 원칙적으로 다른 연대채무자 丙에 대한 시효의 진행이 중단되는 것은 아니다.

해설 ① [×] 상계할 채권이 있는 연대채무자가 상계하지 아니한 때에는 그 채무자의 부담부분에 한하여 다른 연대채무자가 상계할 수 있다(제418조 제2항). 따라서 丙은 乙의 부담부분 2/3(6,000만 원)에 한하여 상계할 수 있으므로 乙과 丙은 甲에 대하여 여전히 3,000만 원의 연대채무를 부담한다.

비교판례 부진정연대채무자 사이에는 고유한 의미의 부담부분이 존재하지 않으므로 이를 전제로 한 제418조 2항은 유추적용되지 않는다(대판 1994.5.27, 93다21521).

② [○] 어느 연대채무자 1인에 대한 이행청구는 다른 연대채무자에게도 효력이 있으므로(이행청구의 절대효, 제416조), 乙에 대한 최고시에 丙에 대하여도 잠정적으로 시효가 중단된다. 최고에 의한 시효중단은 최고 후 6월 내에 재판상 청구등을 하여야 확정적으로 시효가 중단되게 되는데 乙에 대한 재판상 청구는 丙에게도 효력이 있으므로(제416조) 결국 최고시부터 乙과 丙 모두에 대해 확정적으로 시효 중단의 효력이 미치게 된다.

③ [○] 어느 연대채무자와 채권자 간에 혼동이 있는 때에는 그 채무자의 부담부분에 한하여 다른 연대채무자도 의무를 면한다(제420조). 따라서 丙은 乙에게 3,000만 원의 채무를 부담하게 된다.

④ [○] 수인의 연대채무자 중 한 사람 소유의 부동산에 대한 경매개시결정에 따라 그 부동산이 압류된 경우, 그 연대채무자에 대한 소멸시효는 중단되지만(제168조 2호), 연대채무자 중 1인에 대한 압류에 의한 시효중단은 상대적 효력만 있을 뿐이므로(제423조), 다른 연대채무자들에 대한 소멸시효는 중단되지 않는다. 반면 '압류를 위한 경매신청'은 최고로서의 효력이 있고, 이 최고는 다른 연대채무자에게도 효력이 있으므로(제416조), 채권자가 6개월 내에 다른 연대채무자를 상대로 재판상 청구 등을 한 때(제174조)에는 그에 대해서도 소멸시효가 중단된다(연대채무자 1인의 소유 부동산이 경매개시결정에 따라 압류된 경우, 다른 연대채무자에게는 시효중단의 효력이 없다 ; 제169조)(대판 2001.8.21, 2001다22840).

[정답] ①

문5 甲과 乙이 丙의 부주의를 이용하여 고의로 공동불법행위를 저질러 丙에게 1억 원의 손해를 입혔다. 이 손해에 丙이 기여한 과실이 20%이며, 이에 가담하지 않은 丁이 甲의 사용자로서 사용자책임을 진다. 이에 관한 설명 중 옳지 않은 것을 모두 고른 것은? [기출변형]

ㄱ. 甲과 乙은 丙의 과실을 이유로 과실상계를 주장할 수 없고, 丁 역시 甲의 사용자로서 과실상계를 주장할 수 없다.

ㄴ. 丁이 丙에 대하여 대여금채권을 갖고 있는 경우, 丁은 불법행위에 가담하지 않았음을 이유로 고의의 불법행위채권을 수동채권으로 하는 상계 금지 규정인 「민법」 제496조의 적용을 배제하고 위 대여금채권을 자동채권으로 하여 丙의 丁에 대한 손해배상채권을 상계할 수 있다.

ㄷ. 丙의 甲에 대한 손해배상채권만 시효로 소멸한 후 乙이 丙에게 손해를 전부 배상하였다면, 乙은 甲을 상대로 구상권을 행사할 수 있다.

ㄹ. 丙이 甲을 상대로 손해배상청구의 소를 제기한 경우, 丙의 乙에 대한 손해배상채권도 소멸시효가 중단된다.

① ㄱ, ㄴ
② ㄱ, ㄹ
③ ㄴ, ㄷ
④ ㄱ, ㄴ, ㄹ

해설 ㄱ. [X] ※ 피용자의 고의의 불법행위로 인하여 사용자책임을 부담하는 사용자가 민법 제396조의 적용을 주장할 수 있는지 여부(적극)

"사용자가 피용자의 과실에 의한 불법행위로 인한 사용자책임을 부담하는 경우와 마찬가지로 피용자의 고의에 의한 불법행위로 인하여 사용자책임을 부담하는 경우에도 피해자에게 그 손해의 발생과 확대에 기여한 과실이 있다면 사용자책임의 범위를 정함에 있어서 이러한 피해자의 과실을 고려하여 그 책임을 제한할 수 있다"(대판 2002.12.26. 2000다56952).

ㄴ. [X] ※ 피용자의 고의의 불법행위로 인하여 사용자책임을 부담하는 사용자가 민법 제496조의 적용 배제를 주장할 수 있는지 여부(소극)

"민법 제756조에 의한 사용자의 손해배상책임은 피용자의 배상책임에 대한 대체적 책임이고, 같은 조 제1항에서 사용자가 피용자의 선임 및 그 사무감독에 상당한 주의를 한 때 또는 상당한 주의를 하여도 손해가 있을 경우에는 책임을 면할 수 있도록 규정함으로써 사용자책임에서 사용자의 과실은 직접의 가해행위가 아닌 피용자의 선임·감독에 관련된 것으로 해석되는 점에 비추어 볼 때, 피용자의 고의의 불법행위로 인하여 사용자책임이 성립하는 경우에 민법 제496조의 적용을 배제하여야 할 이유가 없으므로 사용자책임이 성립하는 경우 사용자는 자신의 고의의 불법행위가 아니라는 이유로 민법 제496조의 적용을 면할 수는 없다"(대판 2006.10.26. 2004다63019)

ㄷ. [O] ※ 손해배상청구권의 시효소멸과 공동불법행위자의 구상권

"공동불법행위자의 다른 공동불법행위자에 대한 구상권은 피해자의 다른 공동불법행위자에 대한 손해배상채권과는 그 발생 원인 및 성질을 달리하는 별개의 권리이고, 연대채무에 있어서 소멸시효의 절대적 효력에 관한 민법 제421조의 규정은 공동불법행위자 상호간의 부진정연대채무에 대하여는 그 적용이 없으므로, 공동불법행위자 중 1인의 손해배상채무가 시효로 소멸한 후에 다른 공동불법행위자 1인이 피해자에게 자기의 부담 부분을 넘는 손해를 배상하였을 경우에도, 그 공동불법행위자는 다른 공동불법행위자에게 구상권을 행사할 수 있다"(대판 1997.12.23. 97다42830).

ㄹ. [X] ※ 부진정연대채무에서 상대적 효력을 가지는 사유

제760조는 공동불법행위자는 연대하여 그 손해를 배상할 책임이 있다고 규정한다. 그런데 통설과 判例는 이 연대를 '부진정연대채무'로 본다(대판 1982.4.27. 80다2555). 그런데 부진정연대채무의 경우 광범위한 절대적 효력이 인정되는 연대채무와 달리 채권을 만족시키는 사유인 변제, 대물변제, 공탁, 상계에 있어서만 절대적 효력이 인정된다.

연대채무에서 절대적 효력이 있는 것, 즉 면제(제419조 참조, 대판 2006.1.27. 2005다19378), 소멸시효의 완성(제421조 참조, 대판 2010.12.23. 2010다52225), **소멸시효의 중단**(대판 2011.4.4. 2010다91866) 등은 부진정연대채무에서는 상대적 효력이 있을 뿐이다. 그리고 이러한 부진정연대채무자 상호 간의 상대적 효력 사유로는 다른 부진정연대채무자의 구상금청구에 대한 유효한 항변이 될 수 없다.

[정답] ④

제4절 | 보증채무

제5절 | 연대보증

제6절 | 계속적 보증

문1 연대보증채무 또는 보증채무에 대한 설명 중 가장 옳은 것은? [14서기보]

① 주채무에 대한 소멸시효가 완성되어 보증채무가 이미 소멸된 상태에서 보증인이 보증채무를 이행하거나 승인하였다면 원칙적으로 보증인은 주채무의 시효소멸을 이유로 보증채무의 소멸을 주장할 수 없다.

② 주채무자에 대한 시효중단의 효력을 보증인에 대하여도 인정한 민법 제440조는 시효중단 이후의 시효기간에도 적용되는 것으로 해석함이 상당하므로, 상사채무인 주채무가 확정판결에 의하여 그 소멸시효기간이 10년으로 연장되었다면 연대보증채무의 소멸시효기간 역시 10년으로 연장된다.

③ 보증인의 출연행위 당시 주채무가 성립되지 아니하였거나 타인의 면책행위로 이미 소멸되었거나 유효하게 존속하고 있다가 그 후 소급적으로 소멸한 경우에는 보증채무자의 주채무 변제는 비채변제가 되어 채권자와 사이에 부당이득반환의 문제를 남길 뿐이고 주채무자에 대한 구상권을 발생시키지 않는다.

④ 채권자가 고의나 과실로 담보를 상실 또는 감소되게 한 때에는 연대보증인은 민법 제485조에 따라 그 상실 또는 감소로 인하여 상환받을 수 없는 한도에서 면책주장을 할 수 있는데, 주채무자가 채권자에게 가등기담보권을 설정하기로 약정한 뒤 이를 이행하지 않고 있음에도 채권자가 그 약정에 기한 가등기설정등기 이행청구 등과 같은 조치를 취하지 아니하던 중 제3자가 당해 부동산을 압류 또는 가압류함으로써 가등기담보권자로서의 권리를 제대로 확보하지 못한 경우는 담보가 상실되거나 감소된 경우에 해당한다고 할 수 없다.

해설 ① [×] 보증인이 자신의 보증채무에 관하여 시효의 이익을 포기하고 나서 주채무의 시효소멸을 이유로 보증채무의 소멸을 주장할 수 있는가 하는 점에 관해 判例는 "주채무의 시효소멸에도 불구하고 보증채무를 이행하겠다는 의사를 표시한 경우 등과 같이 '부종성'을 부정하여야 할 다른 특별한 사정이 없는 한 보증인은 여전히 주채무의 시효소멸을 이유로 보증채무의 소멸을 주장할 수 있다고 보아야 한다"(대판 2012.7.12. 2010다51192).

② [×] ※ 주채무의 소멸시효기간 연장이 보증채무에 대하여도 미치는지 여부

判例는 연장부정설의 입장인바, 그 근거로는 "ⅰ) 판결의 확정으로 인해 소멸시효기간이 연장되는 효과는 판결의 당사자인 채권자와 주채무자 사이에 발생하는 효력에 관한 것이고, ⅱ) 보증채무가 주채무에 부종한다 하더라도 양자는 별개의 채무이고, 제440조의 의미는 '보증채무의 부종성'에 기인한 것이라기보다는 '채권자보호를 위한 특별규정'으로서, 보증인에 대한 별도의 시효중단조치가 불필요함을 의미하는 것일 뿐 중단된 이후의 시효기간까지도 당연히 보증인에게 효력이 미친다는 취지는 아니라는 것"을 들고 있다(대판 1986.11.25. 86다카1569).

③ [○] "보증채무자가 주채무를 소멸시키는 행위는 주채무의 존재를 전제로 하므로, 보증인의 출연행위 당시 주채무가 성립되지 아니하였거나 타인의 면책행위로 이미 소멸된 경우에는 비채변제가 되어 채권자와의 사이에 부당이득반환의 문제를 남길 뿐, 주채무자에 대한 구상권은 발생하지 않는다"(대판 2004.2.13. 2003다43858).

④ [×] 연대보증인은 피보증인의 채무를 변제할 정당한 이익이 있는 자로서 그 변제로 인하여 당연히 채권자를 대위할 법정대위권이 있는 것이므로, 다른 특단의 사정이 없는 한 채권자가 고의나 과실로 담보를 상실하게 하거나 감소되게 한 때에는 연대보증인의 대위권을 침해한 것이 되어 연대보증인은 민법 제485조에 따라 그 상실 또는 감소로 인하여 상환을 받을 수 없는 한도에서 면책주장을 할 수 있다. 주채무자가 채권자에게 가등기담보권을 설정하기로 약정한 뒤 이를 이행하지 않고 있음에도 채권자가 그 약정에 기하여 가등기가처분 명령신청, 가등기설정등기 이행청구 등과 같은 담보권자로서의 지위를 보전·실행·집행하기 위한 조치를 취하지 아니하다가 당해 부동산을 제3자가 압류 또는 가압류함으로써 가등기담보권자로서의 권리를 제대로 확보하지 못한 경우도 담보가 상실되거나 감소된 경우에 해당한다(대판 2009.10.29. 2009다60527).

[정답] ③

문2 보증채무에 관한 다음 설명 중 가장 옳지 않은 것은? (다툼이 있는 경우 판례에 의함) [15서기보]

① 주채무에 대한 소멸시효가 완성되어 보증채무가 소멸된 상태에서 보증인이 보증채무를 이행하거나 승인한 경우에는, 주채무자가 아닌 보증인의 위와 같은 행위에 의하여 주채무에 대한 소멸시효 이익 포기 효과가 발생되는 것은 아니지만, 보증인으로서는 더 이상 주채무의 시효소멸을 이유로 보증채무의 소멸을 주장할 수 없게 된다.

② 보증인이 주채무자에게 통지하지 아니하고 변제 기타 자기의 출재로 주채무를 소멸하게 한 경우에 주채무자가 채권자에게 대항할 수 있는 사유가 있었을 때에는 이 사유로 보증인에게 대항할 수 있고 그 대항사유가 상계인 때에는 상계로 소멸할 채권은 보증인에게 이전된다.

③ 보증채무의 연체이율에 관하여 특별한 약정이 있으면 그에 따르고 특별한 약정이 없으면 그 거래행위의 성질에 따라 상법 또는 민법에서 정한 법정이율에 따르는 것이지, 주채무에 관하여 약정된 연체이율이 당연히 보증채무에 적용되는 것은 아니다.

④ 채무가 특정되어 있는 확정채무에 대하여 보증한 보증인으로서는 자신의 동의 없이 피보증채무의 이행기를 연장해 주었는지의 여부에 상관없이 그 보증채무를 부담하는 것이 원칙이지만, 당사자 사이에 보증인의 동의를 얻어 피보증채무의 이행기가 연장된 경우에 한하여 피보증채무를 계속하여 보증하겠다는 취지의 특별한 약정이 있다면 그 약정에 따라야 한다.

해설 ① [X] 보증인이 자신의 보증채무에 관하여 시효의 이익을 포기하고 나서 주채무의 시효소멸을 이유로 보증채무의 소멸을 주장할 수 있는가 하는 점에 관해 判例는 "주채무의 시효소멸에도 불구하고 보증채무를 이행하겠다는 의사를 표시한 경우 등과 같이 '부종성'을 부정하여야 할 다른 특별한 사정이 없는 한 보증인은 여전히 주채무의 시효소멸을 이유로 보증채무의 소멸을 주장할 수 있다고 보아야 한다"(대판 2012.7.12. 2010다51192).

② [○] ※ 구상권의 제한(통지의무)
주채무자는 '수탁보증인'에 한하여 '사후통지'만 하면 된다(이는 주채무자가 위임인으로서 부담하는 신의칙상 부수의무에 해당한다). 그러나 보증인은 수탁·비수탁보증인을 불문하고 주채무자에 대해 사전·사후통지의무가 있다.

※ 보증인이 면책통지를 하지 않은 경우 - 사전통지의무

제445조(구상요건으로서의 통지) 「①항 보증인이 주채무자에게 통지하지 아니하고 변제 기타 자기의 출재로 주채무를 소멸하게 한 경우에 주채무자가 채권자에게 대항할 수 있는 사유가 있었을 때에는 이 사유로 보증인에게 대항할 수 있고 그 대항사유가 상계인 때에는 상계로 소멸할 채권은 보증인에게 이전된다.」

③ [○] "보증한도액을 정한 근보증에서, 보증채무는 주채무와는 별개의 채무이기 때문에 보증채무 자체의 이행지체로 인한 지연손해금은 보증한도액과는 별도로 부담하고, 이 경우 보증채무의 연체이율에 관하여 특별한 약정이 없는 경우라면 그 거래행위의 성질에 따라 상법 또는 민법에서 정한 법정이율에 따라야 하며, 주채무에 관하여 약정된 연체이율이 당연히 여기에 적용되는 것은 아니지만, 특별한 약정이 있다면 이에 따라야 한다"(대판 2000.4.11. 99다12123).

④ [○] ※ 주채무의 변제기 연장
'채무가 특정되어 있는 확정채무'에 대한 물상보증인이나 연대보증인은 그 채무의 이행기가 연장되고 그가 거기에 동의한 바 없더라도 물상보증인으로서의 책임이나 연대보증인으로서의 채무에 영향을 받지 않는다고 한다(대판 2002.6.14. 2002다14853). 그렇지만 당사자 사이에 '보증인의 동의'를 얻어 피보증채무의 이행기가 연장된 경우에 한하여 피보증채무를 계속하여 보증하겠다는 취지의 특별한 약정이 있다면 그 약정에 따라야 한다(대판 2007.6.14. 2005다9326 등). 그리고 '보증기간을 정한 경우'에는 주채무의 변제기가 연장되더라도 보증기간이 연장되는 것은 아니다(대판 2006.4.28. 2004다16976).

[정답] ①

문3 보증에 관한 다음 설명 중 가장 옳지 않은 것은? (다툼이 있는 경우 판례에 의하고, 전원합의체 판결의 경우 다수의견에 의함)

[21서기보]

① 보증인은 특별한 사정이 없는 한 채무자가 채무불이행으로 인하여 부담하여야 할 손해배상채무와 원상회복의무에 관하여도 보증책임을 진다.

② 채권자는 보증계약을 체결할 때 보증계약의 체결 여부 또는 그 내용에 영향을 미칠 수 있는 주채무자의 채무 관련 신용정보를 보유하고 있거나 알고 있는 경우에는 보증인에게 그 정보를 알려야 할 의무가 있다.

③ 보증인 보호를 위한 특별법 제7조 제1항에 따르면 보증기간의 약정이 없는 때에는 그 기간을 3년으로 보는데, 여기에서 말하는 보증기간은 특별한 사정이 없는 한 주채무의 발생기간이 아니라 보증채무의 존속기간을 의미한다.

④ 보증채무는 주채무에 대한 부종성 또는 수반성이 있어서 주채무자에 대한 채권이 이전되면 당사자 사이에 별도의 특약이 없는 한 보증인에 대한 채권도 함께 이전하고, 이 경우 채권양도의 대항요건도 주채권의 이전에 관하여 구비하면 족하고, 별도로 보증채권에 관하여 대항요건을 갖출 필요는 없다.

해 설 ① [○] ※ 원상회복의무와 손해배상의무에 관해서도 보증채무를 부담하는지 여부(적극)

계약해제의 효과에 관한 직접효과설을 이론적으로 관철하면 계약해제로 인한 원상회복의무 및 손해배상의무는 원래의 채무와 동일성이 없다고 보아야 하기 때문에 보증인이 이들 의무에 관하여는 보증책임을 지지 않는다고 해야 할 것이다(반면 청산관계설에 따르면 이들 의무는 원래채무의 변형으로서 원래의 채무와 동일성이 유지되기 때문에 보증인은 당연히 이들 의무에 관하여도 보증책임을 진다).

그러나 보증채무의 범위는 보증계약의 해석에 달려 있다고 할 것인바, 보증인의 통상적인 의사는 이들 의무에 관하여도 보증책임을 부담하겠다는 취지라고 봄이 상당하므로 해제의 효과에 관한 어느 학설에 의하더라도 이들 채무도 보증채무의 범위에 포함된다고 할 것이다(대판 1972.5.9. 71다1474). 특히 判例는 법정해제의 경우뿐만 아니라 합의해제의 경우에도 보증인에게 그 원상회복의무에 대한 보증채무를 긍정한다(대판 1967.9.16. 67다1482).

② [○] **제436조의2(채권자의 정보제공의무와 통지의무 등)** 「①항 채권자는 보증계약을 체결할 때 보증계약의 체결 여부 또는 그 내용에 영향을 미칠 수 있는 주채무자의 채무 관련 신용정보를 보유하고 있거나 알고 있는 경우에는 보증인에게 그 정보를 알려야 한다.」

③ [×] 보증인보호법 제7조 제1항의 취지는 보증채무의 범위를 특정하여 보증인을 보호하는 것이다. 따라서 이 규정에서 정한 '보증기간'은 특별한 사정이 없는 한 보증인이 보증책임을 부담하는 주채무의 발생기간이라고 해석함이 타당하고, 보증채무의 존속기간을 의미한다고 볼 수 없다(대판 2020.7.23. 2018다42231).

④ [○] 보증채무는 주채무에 대한 부종성 또는 수반성이 있어서 주채무자에 대한 채권이 이전되면 당사자 사이에 별도의 특약이 없는 한 보증인에 대한 채권도 함께 이전하고(그러나 이미 변제기가 도래한 지분적 이자채권과 같이 이미 독립성을 취득한 권리는 다른 의사표시가 없는 한 양수인에게 이전되지 않는다), 이 경우 채권양도의 대항요건도 주채권의 이전에 관하여 구비하면 족하고, 별도로 보증채권에 관하여 대항요건을 갖출 필요는 없다(대판 2002.9.10. 2002다21509).

[정답] ③

문4 보증채무에 관한 설명 중 옳지 않은 것은? (다툼이 있는 경우 판례에 의함) [기출변형]

① 보증채무에 대한 소멸시효가 중단되었더라도 이로써 주채무에 대한 소멸시효가 중단되는 것은 아니다.

② 주채무가 소멸시효 완성으로 소멸된 경우 보증채무도 그 자체의 시효중단에 불구하고 당연히 소멸된다.

③ 보증채무자는 보증채무 자체의 이행지체로 인한 지연손해금에 대하여는 보증한도액과 별도로 이를 부담한다.

④ 보증채무의 연체이율에 관하여 특별한 약정이 없으면 주채무에 관하여 약정된 연체이율이 적용된다.

해설 ① [○] ② [○] 주채무가 시효중단되면 보증채무도 당연히 시효중단되나(제440조), 보증채무에 대한 소멸시효가 중단되었다고 하더라도 이로써 주채무에 대한 소멸시효가 중단되는 것은 아니다. 다만, 주채무가 소멸시효 완성으로 소멸된 경우에는 연대보증채무도 그 채무 자체의 시효중단에 불구하고 부종성에 따라 당연히 소멸된다(대판 1994.1.11, 93다21477).

③ [○] ④ [×] 보증채무는 채권자와 보증인 사이의 보증계약에 의하여 성립하며, 주채무와는 별개의 독립한 채무이다. 따라서 보증채무에 관해 따로 위약금 기타 손해배상액을 예정할 수 있고(제429조 2항), 보증채무 자체의 이행지체로 인한 지연손해금은 보증한도액과는 별도로 부담하며 주채무에 관하여 약정된 연체이율이 당연히 여기에 적용되는 것은 아니다(대판 2003.6.13, 2001다29803).

[정답] ④

문5 보증채무에 관한 설명 중 옳지 않은 것은? (다툼이 있는 경우에는 판례에 의함) [기출변형]

① 보증의 효력발생요건으로서 「민법」 제428조의2 제1항 전문에서 정한 '보증인의 서명'에 타인이 보증인의 이름을 대신 쓰는 것은 해당하지 않지만, '보증인의 기명날인'은 타인이 이를 대행하는 방법으로 하여도 무방하다.

② 보증채무는 주채무와는 별개의 채무이기 때문에 보증채무 자체의 이행지체로 인한 지연손해금은 보증의 한도액과는 별도로 부담하여야 하고, 이때 보증채무의 연체이율에 관하여 특별한 약정이 없는 경우라면 거래행위의 성질에 따라 「상법」 또는 「민법」에서 정한 법정이율에 따라야 한다.

③ 보증인이 보증채무를 이행함에 따라 주채무자가 보증인에 대하여 부담하게 될 구상금채무를 연대보증하는 경우, 그 연대보증인은 특별한 사정이 없으면 주채무자와 같은 내용의 채무를 부담한다.

④ 물상보증의 경우에도 「보증인 보호를 위한 특별법」이 적용된다.

해설 ① [○] ※ 보증의 효력 발생 요건으로서 민법 제428조의2 제1항 전문에서 정한 '보증인의 기명날인'을 타인이 대행할 수 있는지 여부(적극)

"민법 제428조의2 제1항 전문은 "보증은 그 의사가 보증인의 기명날인 또는 서명이 있는 서면으로 표시되어야 효력이 발생한다."라고 규정하고 있는데, '보증인의 서명'은 원칙적으로 보증인이 직접 자신의 이름을 쓰는 것을 의미하므로 타인이 보증인의 이름을 대신 쓰는 것은 이에 해당하지 않지만, '보증인의 기명날인'은 타인이 이를 대행하는 방법으로 하여도 무방하다"(대판 2019.3.14. 2018다282473)

② [○] ※ 보증채무의 독립성

"보증채무는 주채무와는 별개의 채무이기 때문에 보증채무 자체의 이행지체로 인한 지연손해금은 보증한도액과는 별도로 부담하고, 이 경우 보증채무의 연체이율에 관하여 특별한 약정이 있으면 그에 따르고, 특별한 약정이 없는 경우라면 그 거래행위의 성질에 따라 상법 또는 민법에서 정한 법정이율에 따라야 할 것이고, 주채무에 관하여 약정된 연체이율이 당연히 여기에 적용되는 것은 아니다"(대판 2003.6.13. 2001다29803).

③ [○] ※ 주채무자가 부담할 보증인에 대한 구상금채무의 연대보증인이 주채무자와 같은 내용의 채무를 부담하는지 여부(원칙적 적극)

"보증인이 보증채무를 이행함에 따라 주채무자가 보증인에 대하여 부담하게 될 구상금채무를 연대 보증하는 경우, 연대보증인은 특별한 사정이 없으면 주채무자와 같은 내용의 채무를 부담한다"(대판 2014.3.27. 2012다6769)

④ [×] ※ 물상보증의 경우에도 보증인 보호를 위한 특별법이 적용되는지 여부(소극)

"보증인 보호를 위한 특별법(이하 '보증인보호법'이라 한다)의 목적 및 보증인보호법 제2조 제1호, 제2호의 문언에 비추어 볼 때, 보증인보호법은 민법 제429조 제1항에 따른 보증채무를 부담하는 경우에 적용될 뿐 타인의 채무에 대하여 담보물의 한도 내에서 책임을 지는 물상보증의 경우에는 적용되지 아니한다"(대판 2015.3.26. 2014다83142).

[정답] ④

문6 보증에 관한 다음 설명 중 옳은 것은?

① 보증은 그 의사가 보증인의 기명날인 또는 서명이 있는 서면, 또는 전자적 형태로 표시되어야 효력이 발생한다. 이 때 '보증인의 서명'에 타인이 보증인의 이름을 대신 쓰는 것은 해당하지 않지만, '보증인의 기명날인'은 타인이 이를 대행하는 방법으로 하여도 무방하다.

② 보증은 불확정한 다수의 채무에 대해서도 할 수 있고, 이 경우 보증하는 채무의 최고액이 특정되지 않더라도 효력이 있다.

③ 취소의 원인 있는 채무를 보증한 자가 보증계약당시에 그 원인 있음을 안 경우에 주채무의 불이행 또는 취소가 있는 때에는 주채무와 동일한 목적의 독립채무를 부담한 것으로 본다.

④ 채권자는 보증계약을 체결한 후에 주채무자가 원본, 이자, 위약금, 손해배상 또는 그 밖에 주채무에 종속한 채무를 3개월 이상 이행하지 아니하는 경우 지체 없이 보증인에게 그 사실을 알려야 한다.

해설 ① [×] 2016. 2. 4.부터 시행되고 있는 개정 민법의 내용이다.

제428조의2 (보증의 방식) 「①항 보증은 그 의사가 보증인의 기명날인 또는 서명이 있는 서면으로 표시되어야 효력이 발생한다. 다만, 보증의 의사가 전자적 형태로 표시된 경우에는 효력이 없다. ②항 보증채무를 보증인에게 불리하게 변경하는 경우에도 제1항과 같다. ③항 보증인이 보증채무를 이행한 경우에는 그 한도에서 제1항과 제2항에 따른 방식의 하자를 이유로 보증의 무효를 주장할 수 없다.」

"민법 제428조의2 제1항 전문은 "보증은 그 의사가 보증인의 기명날인 또는 서명이 있는 서면으로 표시되어야 효력이 발생한다."라고 규정하고 있는데, '보증인의 서명'은 원칙적으로 보증인이 직접 자신의 이름을 쓰는 것을 의미하므로 타인이 보증인의 이름을 대신 쓰는 것은 이에 해당하지 않지만, '보증인의 기명날인'은 타인이 이를 대행하는 방법으로 하여도 무방하다"(대판 2019.3.14. 2018다282473).

② [×] 2016. 2. 4.부터 시행되고 있는 개정 민법의 내용이다.

제428조의3 (근보증) 「①항 보증은 불확정한 다수의 채무에 대해서도 할 수 있다. 이 경우 보증하는 채무의 최고액을 서면으로 특정하여야 한다.

②항 제1항의 경우 채무의 최고액을 제428조의2 제1항에 따른 서면으로 특정하지 아니한 보증계약은 효력이 없다.」

③ [×] 개정 前 민법의 내용이다. 제436조는 삭제되었다.

④ [○] ※ 개정민법(2016.2.4.시행)

제428조의3 (근보증) 「①항 채권자는 보증계약을 체결할 때 보증계약의 체결 여부 또는 그 내용에 영향을 미칠 수 있는 주채무자의 채무 관련 신용정보를 보유하고 있거나 알고 있는 경우에는 보증인에게 그 정보를 알려야 한다. 보증계약을 갱신할 때에도 또한 같다.

②항 채권자는 보증계약을 체결한 후에 다음 각 호의 어느 하나에 해당하는 사유가 있는 경우에는 지체 없이 보증인에게 그 사실을 알려야 한다.

1. 주채무자가 원본, 이자, 위약금, 손해배상 또는 그 밖에 주채무에 종속한 채무를 3개월 이상 이행하지 아니하는 경우

2. 주채무자가 이행기에 이행할 수 없음을 미리 안 경우

3. 주채무자의 채무 관련 신용정보에 중대한 변화가 생겼음을 알게 된 경우

③항 채권자는 보증인의 청구가 있으면 주채무의 내용 및 그 이행 여부를 알려야 한다. ④항 채권자가 제1항부터 제3항까지의 규정에 따른 의무를 위반하여 보증인에게 손해를 입힌 경우에는 법원은 그 내용과 정도 등을 고려하여 보증채무를 감경하거나 면제할 수 있다.」

[정답] ④

제6장 채권양도와 채무인수

제1절 | 채권양도

문1 채권의 양도에 관한 다음 설명 중 가장 옳지 않은 것은? (다툼이 있는 경우 판례에 의함)

[15서기보]

① 채무자는 제3자가 채권자로부터 채권을 양수한 경우 채권양도금지 특약의 존재를 알고 있는 양수인이나 그 특약의 존재를 알지 못함에 중대한 과실이 있는 양수인에게 그 특약으로써 대항할 수 있다.

② 지명채권 양도의 대항요건으로서 채무자의 승낙은 채권양도의 사실을 채무자가 승인하는 의사를 표명하는 채무자의 행위이고, 채무자는 채권양도를 승낙함에 있어 조건을 붙여서 할 수는 없다.

③ 채권자취소권은 채무자가 채권자에 대한 책임재산을 감소시키는 행위를 한 경우에 이를 취소하고 원상회복을 하여 공동담보를 보전하는 권리이고, 채권양도의 경우 그 권리이전의 효과는 원칙적으로 당사자 사이의 양도계약의 체결과 동시에 발생하며 채무자에 대한 통지 등은 채무자를 보호하기 위한 대항요건일 뿐이므로, 채권양도행위가 사해행위에 해당하지 않는 경우에 양도통지가 따로 채권자 취소권 행사의 대상이 될 수는 없다.

④ 양도인이 채무자에게 채권양도를 통지한 때에는 아직 양도하지 아니하였거나 그 양도가 무효인 경우에도 선의인 채무자는 양수인에게 대항할 수 있는 사유로 양도인에게 대항할 수 있다.

해설 ① [○] ※ 제449조 2항 단서의 선의의 제3자 범위

제449조(채권의 양도성) 「②항 채권은 당사자가 반대의 의사를 표시한 경우에는 양도하지 못한다. 그러나 그 의사표시로써 선의의 제3자에게 대항하지 못한다.」

제449조 2항 단서의 선의의 제3자의 범위에 관하여 判例는 선의의 양수인이 보호받기 위해서는 선의이며, 중과실이 없어야 한다고 하며, 양수인의 악의 또는 중과실에 대한 증명책임은 채권양도금지특약으로 채권양수인에게 대항하려는 자(채무자)가 부담한다고 한다(대판 1999.12.28. 99다8834, 대판 2019.12.19. 전합2016다24284).

② [×] ※ 채무자의 승낙의 법적 성질

승낙은 채권양도의 사실을 알고 있음을 알리는 '관념의 통지'로 계약의 성립을 위한 승낙에서와 달리 채무자가 채권양도를 알았다거나 기껏해야 양해한다는 의미를 가질 뿐이다. 그리고 통지에서와 달리 이의를 유보할 수 있을 뿐만 아니라 조건을 붙여서 할 수도 있다(대판 2011.6.30. 2011다8614 등).

③ [○] 관념의 통지(채권양도의 통지, 시효중단 사유인 채무의 승인)나 의사의 통지(예컨대 이행의 최고)와 같은 준법률행위도 채권자취소의 대상이 될 수 있다. 다만 채권양도의 통지를 취소하는 경우 그 외에 채권양도행위 자체를 취소하여야 채권자취소권의 목적이 달성될 것이다. 이 때 채권양도행위가 사해행위에 해당하지 않는 경우에 양도통지가 따로 채권자취소권 행사의 대상이 될 수는 없다(대판 2012.8.30. 2011다32785,32792).

④ [○] **제452조(양도통지와 금반언)** 「①항 양도인이 채무자에게 채권양도를 통지한 때에는 아직 양도하지 아니하였거나 그 양도가 무효인 경우에도 선의인 채무자는 양수인에게 대항할 수 있는 사유로 양도인에게 대항할 수 있다.」

[정답] ②

문2 채권양도에 관한 다음 설명 중 가장 옳지 않은 것은? (다툼이 있는 경우 판례에 의함) [16서기보]

① 채권양도의 통지는 민사소송법상의 송달에 관한 규정에서 송달장소로 정하는 채무자의 주소·거소·영업소 또는 사무소 등에 해당하지 아니하는 장소에서라도 채무자가 사회통념상 그 통지의 내용을 알 수 있는 객관적 상태에 놓여졌다고 인정됨으로써 족하다.

② 채권양도의 통지나 승낙이 없는 동안에는 채무자가 채권양도에 관하여 알고 있다고 하더라도 양수인은 채무자에게 채권양도의 효력을 주장할 수 없다.

③ 채권양도의 통지는 채무자에 대하여 이루어져야 하나, 채권양도에 대한 승낙은 양도인과 양수인 어느 쪽에 하여도 무방하다.

④ 법률에 의하여 압류가 금지된 채권은 양도도 금지된다.

해설 ① [○] "채권양도의 통지는 채무자에게 도달됨으로써 효력이 발생하는 것이고, 여기서 도달은 보다 탄력적인 개념으로서 민사소송법상의 송달에서와 같은 엄격함은 요구되지 아니하므로 민사소송법상의 송달에 관한 규정에서 송달장소로 정하는 채무자의 주소·거소·영업소 또는 사무소 등에 해당하지 아니하는 장소에서라도 채무자가 사회통념상 그 통지의 내용을 알 수 있는 객관적 상태에 놓여졌다고 인정됨으로써 족하다"(대판 2010.4.15. 2010다57).

② [○] ※ 채무자에 대한 대항요건
제450조 (지명채권양도의 대항요건) 「①항 지명채권의 양도는 양도인이 채무자에게 통지하거나 채무자가 승낙하지 아니하면 채무자 기타 제3자에게 대항하지 못한다.」

지명채권의 양도는 양도인과 양수인 사이의 '채권양도계약'에 의해 성립한다. 따라서 채권양도에 관여하지 않는 채무자와 제3자는 채권양도의 사실을 알지 못하기 때문에 불측의 손해를 입는 경우가 있다. 이에 대한 보호방법으로 민법은 '대항요건주의'를 취하고 있는바, "채권양도는 처분행위로서 양도계약만으로써 채권 자체가 동일성을 유지하면서 양도인으로부터 양수인에게 바로 이전하지만"(대판 1999.4.15. 97도666), 이를 **채무자 또는 제3자에게 '대항'** 하기 위해서는 통지 또는 승낙을 요구한다(제450조).

☞ 따라서 채권양도의 '통지나 승낙'이 없는 동안에는 채무자가 채권양도에 관하여 알고 있다고 하더라도 양수인은 채무자에게 채권양도의 효력을 주장할 수 없다.

③ [○] ㉠ **채권양도통지는 '양도인'** 이 채무자에 대해 해야 하고, 양수인에 의한 통지는 그 효력이 생기지 않는다. 따라서 양수인은 양도인을 '대위'하여도 통지하지 못하나, 양도인으로부터 통지의 대리권을 수여받아 양수인이 '대리행위'로서 통지하는 것은 무방하다(대판 2004.2.14. 2003다43490). ㉡ 반면 **채무자의 승낙은 채무자가 양수인 또는 양도인** 어느 쪽에 대해 하더라도 무방하고(대판 1986.2.25. 85다카1529), 채무자의 대리인에 의하여도 가능하다(대판 2013.6.28. 2011다83110).

④ [×] 법률에 의해 양도가 금지되는 채권은 이를 압류하지 못하고, 압류(및 전부명령)하더라도 그것은 무효이다. 그러나 반대로 법률에서 압류가 금지되는 채권으로 정하였더라도(민사집행법 제246조), 그것이 채권자의 의사에 의해 스스로 처분(양도)하는 것까지 금지하는 것은 아니므로 그 양도는 유효하다(대판 1990.2.13. 88다카8132).

[정답] ④

문3 채권양도에 관한 다음 설명 중 가장 옳지 않은 것은? (다툼이 있는 경우 판례에 의함) [17서기보]

① 지명채권의 양도통지를 한 후 그 양도계약이 해제된 경우 양도인이 그 해제를 이유로 다시 원래의 채무자에 대하여 양도채권으로 대항하려면 양수인이 채무자에게 위와 같은 해제사실을 통지하여야 한다.

② 지명채권의 양도 당시 양도통지가 확정일자 없는 증서에 의하였으나 이후 그 증서에 확정일자를 얻었다면 그 이후부터는 제3자에 대한 대항력을 취득한다.

③ 양도금지 특약의 존재를 알지 못하고 채권을 양수한 경우 그 알지 못함에 중대한 과실이 있다면 양도에 의한 채권을 취득할 수 없다.

④ 당사자 사이에 양도금지의 특약이 있는 채권이라도 압류 및 전부명령에 의하여 이전할 수 있으나 양도금지의 특약이 있는 사실에 관하여 압류채권자가 선의라면 그 전부명령은 효력이 없다.

[해설] ① [○] 判例는 지명채권의 양도통지를 한 후 양도계약이 '해제'된 경우, 채권양도인이 해제를 이유로 다시 원래의 채무자에 대하여 양도채권으로 대항하려면, ⅰ) 채권양도인이 채권양수인의 동의를 받아 양도통지를 철회하거나(제452조 2항 참조 : 대판 1978.6.13. 78다468) ⅱ) **채권양수인이 채무자에게 위와 같은 해제 사실을 통지하여야** 한다고 한다(대판 1993.8.27. 93다17379).

② [○] 확정일자 없는 증서에 의한 양도통지 후에 그 증서에 확정일자를 얻은 경우, 그 일자 이후에는 제3자에 대한 대항력을 취득하고, 원본이 아닌 '사본'에 확정일자를 갖추었다 하더라도 대항력을 취득한다고 한다(대판 2006.9.14. 2005다45537).

③ [○] ※ 제449조 2항 단서의 선의의 제3자 범위

제449조(채권의 양도성) 「②항 채권은 당사자가 반대의 의사를 표시한 경우에는 양도하지 못한다. 그러나 그 의사표시로써 선의의 제3자에게 대항하지 못한다.」

제449조 2항 단서의 선의의 제3자의 범위에 관하여 判例는 선의의 양수인이 보호받기 위해서는 선의이며, 중과실이 없어야 한다고 하며, 양수인의 악의 또는 중과실에 대한 증명책임은 채권양도금지특약으로 채권양수인에게 대항하려는 자(채무자)가 부담한다고 한다(대판 1999.12.28. 99다8834, 대판 2019.12.19. 전합2016다24284).

④ [X] 피전부채권이 양도금지의 특약이 있는 채권이더라도 전부명령에 의하여 전부되는 데에는 지장이 없고, 양도금지의 특약이 있는 사실에 관하여 집행채권자가 선의인가 악의인가는 전부명령의 효력에 영향을 미치지 못하는 것이다(대판 2002.8.27. 2011다71699).

[정답] ④

문4 채권양도에 관한 다음 설명 중 가장 옳지 않은 것은? (다툼이 있는 경우 판례에 의하고, 전원합의체 판결의 경우 다수의견에 의함)

[18서기보]

① 대항요건을 갖추지 못한 채권양수인이 채무자를 상대로 재판상 청구를 하였다고 하더라도, 이를 소멸시효 중단 사유인 재판상 청구로 볼 수는 없다.

② 당사자의 의사표시에 의하여 채권양도가 금지된 경우, 채권양수인인 제3자가 악의이거나 채권양도 금지를 알지 못한 데에 중과실이 있는 경우 채무자는 위 채권양도 금지로써 그 제3자에 대하여 대항할 수 있다.

③ 채권양도행위가 사해행위에 해당하지 않는 경우에 양도통지가 따로 채권자취소권 행사 대상이 될 수는 없다.

④ 지명채권의 양도통지를 한 후 채권양도계약이 해제된 경우, 채권양수인이 채무자에게 위와 같은 해제 사실을 통지하면, 채권양도인은 해제를 이유로 다시 원래 채무자에 대하여 양도채권으로 대항할 수 있다.

[해설] ① [X] ※ 채권양도의 대항요건을 갖추지 못한 상태에서 채권양수인이 채무자를 상대로 소를 제기한 경우
判例는 "채권양도에 의하여 채권은 그 동일성을 잃지 않고 양도인으로부터 양수인에게 이전되며, 이러한 법리는 채권양도의 대항요건을 갖추지 못하였다고 하더라도 마찬가지인 점 등에서 비록 '대항요건을 갖추지 못하여' 채무자에게 대항하지 못한다고 하더라도 '채권의 양수인'이 채무자를 상대로 재판상의 청구를 하였다면 이는 소멸시효 중단사유인 재판상의 청구에 해당한다"(대판 2005.11.10. 2005다41818)고 한다.

② [○] ※ 제449조 2항 단서의 선의의 제3자 범위

제449조(채권의 양도성) 「②항 채권은 당사자가 반대의 의사를 표시한 경우에는 양도하지 못한다. 그러나 그 의사표시로써 선의의 제3자에게 대항하지 못한다.」

제449조 2항 단서의 선의의 제3자의 범위에 관하여 判例는 선의의 양수인이 보호받기 위해서는 선의이며, 중과실이 없어야 한다고 하며, 양수인의 악의 또는 중과실에 대한 증명책임은 채권양도금지특약으로 채권양수인에게 대항하려는 자(채무자)가 부담한다고 한다(대판 1999.12.28. 99다8834, 대판 2019.12.19. 전합2016다24284).

③ [○] 관념의 통지(채권양도의 통지, 시효중단 사유인 채무의 승인)나 의사의 통지(예컨대 이행의 최고)와 같은 준법률행위도 채권자취소의 대상이 될 수 있다. 다만 채권양도의 통지를 취소하는 경우 그 외에 채권양도행위 자체를 취소하여야 채권자취소권의 목적이 달성될 것이다. 이 때 채권양도행위가 사해행위에 해당하지 않는 경우에 양도통지가 따로 채권자취소권 행사의 대상이 될 수는 없다(대판 2012.8.30. 2011다32785,32792).

④ [○] 判例는 지명채권의 양도통지를 한 후 양도계약이 '해제'된 경우, 채권양도인이 해제를 이유로 다시 원래의 채무자에 대하여 양도채권으로 대항하려면, ⅰ) 채권양도인이 채권양수인의 동의를 받아 양도통지를 철회하거나(제452조 2항 참조 : 대판 1978.6.13. 78다468) ⅱ) 채권양수인이 채무자에게 위와 같은 해제 사실을 통지하여야 한다고 한다(대판 1993.8.27. 93다17379).

[정답] ①

문5 채권양도에 관한 다음 설명 중 가장 옳지 않은 것은? (다툼이 있는 경우 판례에 의하고, 전원합의체 판결의 경우 다수의견에 의함) [21서기보]

① 채무자가 채권양도 통지를 받은 당시 이미 상계할 수 있는 원인이 있었던 경우에는 아직 상계적상에 있지 않더라도 그 후 상계적상에 이르면 채무자는 양수인에 대하여 상계로 대항할 수 있다.

② 처분권한 없는 자가 지명채권을 양도한 경우 특별한 사정이 없는 한 채권양도로서 효력을 가질 수 없으므로 양수인은 채권을 취득하지 못한다.

③ 채권이 이중으로 양도된 경우 양수인 상호 간의 우열은 확정일자 있는 양도통지가 채무자에게 도달한 일시 또는 확정일자 있는 승낙의 일시의 선후에 의하여 결정하여야 한다.

④ 선순위 근저당권부채권을 양수한 채권자는 채권양도의 대항요건을 갖추지 아니하면 후순위 근저당권자에게 대항하지 못한다.

[해설] ① [○] 채무자가 채권양도 통지를 받은 경우 채무자는 그때까지 양도인에 대하여 생긴 사유로써 양수인에게 대항할 수 있고(제451조 2항), 당시 이미 상계할 수 있는 원인이 있었던 경우에는 아직 상계적상에 있지 않더라도 그 후에 상계적상에 이르면 채무자는 양수인에 대하여 상계로 대항할 수 있다"(대판 2019.6.27. 2017다222962)

② [○] 지명채권의 양도란 채권의 귀속주체가 법률행위에 의하여 변경되는 것으로서 이른바 '준물권행위 내지 처분행위'의 성질을 가지므로, 그것이 유효하기 위하여는 양도인이 그 채권을 처분할 수 있는 권한을 가지고 있어야 한다. 처분권한 없는 자가 지명채권을 양도한 경우 특별한 사정이 없는 한 채권양도로서 효력을 가질 수 없으므로 양수인은 그 채권을 취득하지 못한다(대판 2016.7.14. 2015다46119).

③ [○] 채권이 이중으로 양도된 경우 양수인 상호 간의 우열은 확정일자 있는 양도통지가 채무자에게 도달한 일시 또는 확정일자 있는 승낙의 일시의 선후에 의하여 결정하여야 하고, 확정일자 있는 증서에 의하지 아니한 통지나 승낙이 있는 채권양도의 양수인은 확정일자 있는 증서에 의한 통지나 승낙이 있는 채권양도의 양수인에게 대항할 수 없다(대판 2013.6.28. 2011다83110).

④ [×] ※ 제3자에 대한 대항요건(제450조 2항)에서 제3자의 범위
지명채권 양도의 통지나 승낙은 확정일자 있는 증서에 의하지 아니하면 채무자 이외의 제3자에게 대항하지 못한다(제450조 2항). 여기서 '제3자'는 채권의 이중양수인과 같이 그 채권에 관하여 양수인의 지위와 양립할 수 없는 법률상의 지위를 취득한 자를 말한다. 그러나 채권양도에 의해 간접적으로 영향을 받는데 지나지 않는 '채무자의 채권자'는 제3자에 해당하지 않으며, 이들에 대해서는 확정일자 있는 증서에 의하지 않더라도 대항할 수 있다. 判例도 "선순위의 근저당권부채권을 양수한 채권자보다 후순위의 근저당권자는 채권양도의 대항요건을 갖추지 아니한 경우 대항할 수 없는 제3자에 포함되지 않는다"고 한다(대판 2005.6.23. 2004다29279).
☞ 따라서 선순위 근저당권부채권 양수인이 후순위의 근저당권자보다 우선하여 양수채권의 변제를 받는 데 채권양도의 대항요건을 갖추지 아니한 것이 장애가 된다고 할 수도 없다.

[정답] ④

문6 채권양도에 관한 설명 중 옳지 않은 것은? (다툼이 있는 경우 판례에 의함) [기출변형]

① 임대인이 임차인으로부터 임대차보증금반환채권의 양도통지를 받은 후에는 임대인과 임차인 사이에 임대차계약의 갱신이나 계약기간 연장에 관하여 명시적 또는 묵시적 합의가 있더라도 그 합의의 효과는 위 보증금반환채권의 양수인에 대하여는 미칠 수 없다.

② 채권자가 그 채권을 제3자에게 양도하는 경우 주채무자에 대하여만 채권양도의 대항요건을 갖추었을 뿐, 보증인에 대하여는 채권양도의 대항요건을 갖추지 않았더라도, 특별한 사정이 없는 한 채권양수인은 보증인에 대하여 보증채무의 이행을 구할 수 있다.

③ 채권의 당사자는 채권양도금지의 특약으로써 선의의 제3자에게 대항하지 못하나 채권양도금지의 특약을 알지 못함에 중대한 과실이 있는 양수인은 위 선의의 제3자에 해당하지 않는다.

④ 양수인의 권리확보에 위험을 초래할 만한 사정을 조사하고 확인할 책임은 양수인에게 있는 것이 원칙이므로 양수인이 양도금지 특약의 존재를 알지 못하였음을 증명하여야 한다.

해 설 ① [○] ※ 임대차보증금반환채권의 양도와 통지의 효과

채권의 양도에 의해 양도인에 대한 채무자의 지위가 달라질 것은 아니므로, 채무자는 그 '통지를 받은 때까지' 양도인에 대하여 생긴 사유(채무의 불성립·무효·취소·동시이행의 항변·기한의 유예·채권의 소멸 등)로써 양수인에게 대항할 수 있다(제451조 2항).

다만, 대항사유 자체는 통지 뒤에 생겼더라도 그 '사유 발생의 기초가 되는 법률관계'가 통지 전에 이미 존재하였다면 이는 '계약 자체에 처음부터 내재하는 고유한 위험'이라고 볼 수 있으므로 그 대항사유로써 양수인에게 대항할 수 있다. 그러나 통지를 받은 후부터는 양수인만이 채권자로 되므로, '통지 이후'에 양도인에 대하여 생긴 사유로는 양수인에게 대항하지 못한다. 그래서 判例는 임차보증금반환채권의 양도 통지 후 임대차계약의 갱신이나 연장에 관한 합의는 양수인에게 그 효력이 없다고 한다(대판 1989.4.25, 88다카4253). 왜냐하면 임대차계약의 합의갱신 등은 채권양도 통지 후에 발생한 '새로운' 계약이라고 볼 수 있으므로, 계약 자체에 처음부터 내재하는 고유한 위험이라고 볼 수 없기 때문이다.

② [○] ※ 채권양도의 대항요건

"보증채무는 주채무에 대한 부종성 또는 수반성이 있어서 주채무자에 대한 채권이 이전되면 당사자 사이에 별도의 특약이 없는 한 보증인에 대한 채권도 함께 이전하고, 이 경우 채권양도의 대항요건도 주채권의 이전에 관하여 구비하면 족하고, 별도로 보증채권에 관하여 대항요건을 갖출 필요는 없다"(대판 2002.9.10, 2002다21509).

③ [○] ④ [×] ※ 제449조 2항 단서의 선의의 제3자의 범위

당사자, 즉 채권자와 채무자의 양도금지의 의사표시에 의하여 채권은 그 양도성을 상실한다. 그러나 양도금지의 특약은 선의의 제3자에게 대항할 수 없다(제449조 2항 단서).

제449조 2항 단서의 선의의 제3자의 범위에 관하여 判例는 선의의 양수인이 보호받기 위해서는 선의이며, 중과실이 없어야 한다고 하며, 양수인의 악의 또는 중과실에 대한 증명책임은 채권양도금지특약으로 채권양수인에게 대항하려는 자(채무자)가 부담한다고 한다(대판 1999.12.28, 99다8834).

[정답] ④

문7 채권양도에 관한 설명 중 옳지 않은 것은? (다툼이 있는 경우 판례에 의함)   [기출변형]

① 부동산 매매로 인한 소유권이전등기청구권을 제3자에게 양도하는 경우 매수인이 매도인에게 양도사실을 통지하는 것만으로는 매도인에 대한 대항력이 생기지 않으며 반드시 매도인의 동의나 승낙을 받아야 대항력이 생긴다.

② 당사자의 의사표시에 의한 채권양도금지 특약이 있는 경우 악의의 양수인으로부터 다시 선의로 양수한 전득자는 그 채권을 유효하게 취득하나, 선의의 양수인으로부터 다시 채권을 양수한 악의의 전득자는 그 채권을 유효하게 취득하지 못한다.

③ 전세금반환채권의 경우, 전세권이 존속하는 동안은 전세권을 존속시키기로 하면서 전세금반환채권만을 전세권과 분리하여 확정적으로 양도하는 것은 허용되지 않으며,

다만 전세권 존속 중에는 장래에 그 전세권이 소멸하는 경우에 전세금 반환채권이 발생하는 것을 조건으로 그 장래의 조건부 채권을 양도할 수 있다.

④ 채무자가 채권자에게 채무변제와 관련하여 다른 채권을 양도하는 것은 특단의 사정이 없는 한 채무변제를 위한 담보 또는 변제의 방법으로 양도되는 것으로 추정할 것이지 채무변제에 갈음한 것으로 볼 것은 아니어서, 그 경우 채권양도만 있으면 바로 원래의 채권이 소멸한다고 볼 수는 없고 채권자가 양도받은 채권을 변제받은 때에 비로소 그 범위 내에서 채무자가 면책된다.

해설 ① [○] "매매로 인한 소유권이전등기청구권은 특별한 사정이 없는 이상 그 권리의 성질상 양도가 제한되고 그 양도에 채무자의 승낙이나 동의를 요한다고 할 것이므로 통상의 채권양도와 달리 양도인의 채무자에 대한 통지만으로는 채무자에 대한 대항력이 생기지 않으며 반드시 채무자의 동의나 승낙을 받아야 대항력이 생긴다"(대판 2001.10.9. 2000다51216).

② [×] "민법 제449조 2항 단서는 채권양도금지 특약으로써 대항할 수 없는 자를 '선의의 제3자'라고만 규정하고 있어 채권자로부터 직접 양수한 자만을 가리키는 것으로 해석할 이유는 없으므로, 악의의 양수인으로부터 다시 선의로 양수한 전득자도 위 조항에서의 선의의 제3자에 해당한다. 또한 선의의 양수인을 보호하고자 하는 위 조항의 입법 취지에 비추어 볼 때, 이러한 선의의 양수인으로부터 다시 채권을 양수한 전득자는 그 선의·악의를 불문하고 채권을 유효하게 취득한다고 할 것이다"(엄폐물의 법칙 ; 대판 2015.4.9. 2012다118020).

③ [○] 전세권은 전세금을 지급하고 타인의 부동산을 그 용도에 따라 사용·수익하는 권리로서 전세금의 지급이 없으면 전세권은 성립하지 아니하는 등으로 전세금은 전세권과 분리될 수 없는 요소일 뿐 아니라, 전세권에 있어서는 그 설정행위에서 금지하지 아니하는 한 전세권자는 전세권 자체를 처분하여 전세금으로 지출한 자본을 회수할 수 있도록 되어 있으므로 전세권이 존속하는 동안은 전세권을 존속시키기로 하면서 전세금반환채권만을 전세권과 분리하여 확정적으로 양도하는 것은 허용되지 않는 것이며, 다만 전세권 존속 중에는 장래에 그 전세권이 소멸하는 경우에 전세금 반환채권이 발생하는 것을 조건으로 그 장래의 조건부 채권을 양도할 수 있을 뿐이라 할 것이다(대판 2002.8.23. 2001다69122).

④ [○] "채무자가 채권자에게 채무변제와 관련하여 다른 채권을 양도하는 것은 특단의 사정이 없는 한 채무변제를 위한 담보 또는 변제의 방법으로 양도되는 것으로 추정할 것이지 채무변제에 갈음한 것으로 볼 것은 아니어서, 그 경우 채권양도만 있으면 바로 원래의 채권이 소멸한다고 볼 수는 없고 채권자가 양도받은 채권을 변제받은 때에 비로소 그 범위 내에서 채무자가 면책된다 할 것이다(대판 1995.12.22. 95다16660).

비교판례 반면 채무변제에 '갈음하여' 다른 채권을 양도하기로 한 경우에는 특별한 사정이 없는 한 채권양도의 요건을 갖추어 대체급부가 이루어짐으로써 원래의 채무는 소멸하는 것이고 그 양수한 채권의 변제까지 이루어져야만 원래의 채무가 소멸한다고 할 것은 아니다. 이 경우 대체급부로서 채권을 양도한 양도인은 양도 당시 양도대상인 채권의 존재에 대해서는 담보책임을 지지만 당사자 사이에 별도의 약정이 있다는 등 특별한 사정이 없는 한 그 채무자의 변제자력까지 담보하는 것은 아니라 할 것이다"(대판 2013.5.9. 2012다40998)

[정답] ②

문8 채권양도에 관한 설명 중 옳은 것을 모두 고른 것은? (다툼이 있는 경우 판례에 의함) [기출변형]

> ㄱ. 주채무자에 대하여 채권양도통지 등 대항요건을 갖추었다면 연대보증인에 대하여 별도의 대항요건을 갖추지 않았더라도 양수인은 연대보증인에게 대항할 수 있다.
> ㄴ. 임대인이 임대차보증금반환채권의 양도통지를 받은 후에는 임대인과 임차인 사이에 임대차계약의 갱신이나 계약기간 연장에 관하여 명시적 또는 묵시적 합의가 있더라도 그 합의의 효과는 임대차보증금반환채권의 양수인에 대하여는 미칠 수 없다.
> ㄷ. 지명채권의 양도통지를 한 후 양도계약이 합의해제된 경우, 채권양도인이 해제를 이유로 다시 원래의 채무자에 대하여 양도채권으로 대항하려면, 채권양도인이 채권양수인의 동의를 받아 양도통지를 철회하거나 채권양수인이 채무자에게 위와 같은 해제 사실을 통지하여야 한다.

① ㄷ
② ㄱ, ㄴ
③ ㄱ, ㄷ
④ ㄱ, ㄴ, ㄷ

해설 ㄱ. [○] "보증채무는 주채무에 대한 부종성 또는 수반성이 있어서 주채무자에 대한 채권이 이전되면 당사자 사이에 별도의 특약이 없는 한 보증인에 대한 채권도 함께 이전하고, 이 경우 채권양도의 대항요건도 주채권의 이전에 관하여 구비하면 족하고, 별도로 보증채권에 관하여 대항요건을 갖출 필요는 없다"(대판 2002.9.10, 2002다21509).

ㄴ. [○] "임대인이 임대차보증금반환청구채권의 양도통지를 받은 후에는 임대인과 임차인 사이에 임대차계약의 갱신이나 계약기간 연장에 관하여 명시적 또는 묵시적 합의가 있더라도 그 합의의 효과는 보증금반환채권의 양수인에 대하여는 미칠 수 없다"(대판 1989.4.25, 88다카4253).

☞ 채권의 양도에 의해 양도인에 대한 채무자의 지위가 달라질 것은 아니므로, 채무자는 그 '통지를 받은 때까지' 양도인에 대하여 생긴 사유로서 양수인에게 대항할 수 있다(제451조 2항). 다만, 대항사유 자체(해제, 동시이행의 항변권, 상계적상)는 통지 뒤에 생겼더라도 그 '사유 발생의 기초가 되는 법률관계'가 통지 전에 이미 존재하였다면 이는 '계약 자체에 처음부터 내재하는 고유한 위험'이라고 볼 수 있으므로 그 대항사유로써 양수인에게 대항할 수 있다. 그러나 통지를 받은 후부터는 양수인만이 채권자로 되므로, '통지 이후'에 양도인에 대하여 생긴 사유로는 양수인에게 대항하지 못한다. 그래서 判例는 임차보증금반환채권의 양도 통지 후 임대차계약의 갱신이나 연장에 관한 합의는 양수인에게 그 효력이 없다고 한다(위 88다카4253판결). 왜냐하면 임대차계약의 합의갱신 등은 채권양도 통지 후에 발생한 '새로운' 계약이라고 볼 수 있으므로, 계약 자체에 처음부터 내재하는 고유한 위험이라고 볼 수 없기 때문이다.

ㄷ. [○] "지명채권의 양도통지를 한 후 그 양도계약이 해제된 경우에, 양도인이 그 해제를 이유로 다시 원래의 채무자에 대하여 양도채권으로 대항하려면 양수인이 채무자에게 위와 같은 해제사실을 통지하여야 한다"(대판 1993.8.27, 93다17379). "제452조 2항에 채권양도의 통지는 양수인의 동의가 없으면 철회하지 못한다고 규정되어 있으므로 채권양도인과 양수인과의 채권양도 계약이 해제되었고 채권양도인이 채무자에게 양도철회통지를 하였다고 하더라도 채무자는 이것을 채권양수인에게 대항할 수는 없다"(대판 1978.6.13, 78다468)

[정답] ④

문9 지명채권의 양도에 관한 설명 중 옳지 않은 것은? (다툼이 있는 경우 판례에 의함) [기출변형]

① 지명채권의 양도통지를 한 후 그 양도계약이 해제된 경우, 양도인이 그 해제를 이유로 다시 원래의 채무자에 대하여 양도채권으로 대항하려면 양수인이 채무자에게 위와 같은 해제사실을 통지하여야 한다.

② 선순위의 근저당권부채권을 양도하였으나 아직 대항요건을 갖추지 못한 경우, 후순위근저당권자는 대항요건을 갖추지 못하였음을 이유로 그 채권양도의 효력을 부인할 수 없다.

③ 확정일자 있는 채권양도 통지와 채권가압류결정 정본이 같은 날 도달되었는데 그 선후관계에 대하여 달리 증명이 없으면 동시에 도달된 것으로 추정한다.

④ 채무자가 채권발생의 원인인 계약을 해제할 수 있는 권리가 있는 상태에서 그 채권이 양도되고 양도인이 양도통지를 한 경우, 채무자는 계약의 해제로써 양수인에게 대항할 수 없다.

해설 ① [○] 判例는 지명채권의 양도통지를 한 후 양도계약이 '해제'된 경우, 채권양도인이 해제를 이유로 다시 원래의 채무자에 대하여 양도채권으로 대항하려면, ⅰ) 채권양도인이 채권양수인의 동의를 받아 양도통지를 철회하거나(제452조 2항 참조 : 대판 1978.6.13, 78다468) ⅱ) 채권양수인이 채무자에게 위와 같은 해제 사실을 통지하여야 한다고 한다(대판 1993.8.27, 93다17379)

[비교판례] 채권양도가 처음부터 무효인 경우에는 채권양도인이 채무자에 대한 관계에서 여전히 채권자이다(제450조의 대항요건은 적용되지 않는다). 따라서 채권양도인이 채권양수인의 동의를 얻어 철회(제452조 2항)하기 전에도 채무자는 채권양도의 무효를 이유로 채권양수인의 청구를 거절할 수 있다.

② [○] 제450조에서의 '제3자'는 그 채권에 관하여 양수인의 지위와 양립할 수 없는 법률상의 지위를 취득한 자를 말한다. 그러나 채권양도에 의해 간접적으로 영향을 받는데 지나지 않는 '채무자의 채권자'는 제3자에 해당하지 않으며, 이들에 대해서는 확정일자 있는 증서에 의하지 않더라도 대항할 수 있다는 것이 判例의 태도이다(대판 2005.6.23, 2004다29279)

"채권양도의 대항요건의 흠결의 경우 채권을 주장할 수 없는 채무자 이외의 제3자는 양도된 채권 자체에 관하여 양수인의 지위와 양립할 수 없는 법률상 지위를 취득한 자에 한하므로, 선순위의 근저당권부채권을 양수한 채권자보다 후순위의 근저당권자는 채권양도의 대항요건을 갖추지 아니한 경우 대항할 수 없는 제3자에 포함되지 않는다"(대판 2005.6.23, 2004다29279).

③ [○] 확정일자 있는 채권양도 통지와 채권가압류결정 정본이 같은 날 도달 한 경우, 두 개의 통지가 같은 날짜에 도달한 경우에는 동시도달로 추정된다(대판 1994.4.26, 전합 93다24223)

④ [×] 채권의 양도에 의해 양도인에 대한 채무자의 지위가 달라질 것은 아니므로, 채무자는 그 '통지를 받은 때까지' 양도인에 대하여 생긴 사유(채무의 불성립·무효·취소·동시이행의 항변·기한의 유예·채권의 소멸 등)로써 양수인에게 대항할 수 있다(제451조 2항). 다만, 대항사유 자체는 통지 뒤에 생겼더라도 그 '사유 발생의 기초가 되는 법률관계'가 통지 전에 이미 존재하였다면 이는 '계약 자체에 처음부터 내재하는 고유한 위험'이라고 볼 수 있으므로 그 대항사유로써 양수인에게 대항할 수 있다.

☞ 따라서 대금채권이 양도되어 양도통지를 받은 후에 채권양도의 기초가 되는 계약이 채권양도인의 채무불이행으로 해제된 경우 양도인의 채무불이행 및 그에 따른 채무자의 해제권 행사라는 사정이 양도 통지이후에 발생하였다 하더라도 채권양도의 기초가 되는 계약이 일방의 채무불이행으로 해제될 수 있다는 것은 계약 자체에 내재하는 고유한 위험이고, 그 해제권 발생의 기초가 되는 계약은 통지 전에 이미 성립하였기 때문에 이는 제451조 2항의 양도통지를 받기 전에 생긴 사유에 해당한다. 따라서 채무자는 해제로써 양수인에게 대항할 수 있으므로 채무자가 양수인에게 이미 지급한 급부가 있다면 원상회복으로 반환을 청구할 수 있다(대판 2003.1.24, 2000다22850 참고). 이 때 양수인은 해제에 따른 제548조 1항 단서의 제3자로서 보호받을 수 없다(대판 2003.1.24, 2000다22850 등)

[정답] ④

문10 甲은 2010. 2. 1. 乙에게 1억 원을 대여한 후 2010. 5. 3. 丙에게 위 대여금채권 전부를 양도하고, 같은 날 乙에게 확정일자 있는 내용증명우편으로 채권양도통지를 하여, 그 통지가 2010. 5. 6. 乙에게 도달하였다. 한편, 甲의 채권자인 丁은 2010. 4. 29. 위 대여금채권 전부에 대하여 압류명령을 받았고, 그 결정이 2010. 5. 6. 乙에게 도달하였다. 다음 설명 중 옳지 않은 것은? (다툼이 있는 경우에는 판례에 의함)   [기출변형]

① 丙과 丁 사이의 우열은 위 확정일자 있는 양도통지와 위 채권압류명령 중 어느 것이 乙에게 먼저 도달하였는지에 따라 결정하여야 한다.
② 위 확정일자 있는 양도통지가 위 채권압류명령보다 乙에게 먼저 도달하였더라도 위 채권압류명령이 무효로 되는 것은 아니다.
③ 위 채권양도통지와 위 채권압류명령 중 어느 것이 乙에게 먼저 도달하였는지 밝혀지지 아니한 경우, 丙은 아직 이행을 하지 않고 있는 乙에게 위 양수금채권 전부의 이행을 청구할 수 있다.
④ ③의 경우, 丙이 乙로부터 위 양수금 전부를 변제받았다면, 丁과의 사이에 각자의 채권액에 안분하여 내부적으로 정산할 의무를 부담한다.

해설 ① [○] ③ [○] ④ [○] 채권의 이중양도에 있어 동시도달로 추정되는 경우의 법률관계에 관한 중요판례의 태도이다.

"ⅰ) 채권이 이중으로 양도된 경우의 양수인 상호간의 우열은 통지 또는 승낙에 붙여진 확정일자의 선후에 의하여 결정할 것이 아니라, 채권양도에 대한 채무자의 인식, 즉 확정일자 있는 양도통지가 채무자에게 도달한 일시 또는 확정일자 있는 승낙의 일시의 선후에 의하여 결정하여야 할 것이고, 이러한 법리는 채권양수인과 동일 채권에 대하여 가압류명령을 집행한 자 사이의 우열을 결정하는 경우에 있어서도 마찬가지이므로, 확정일자 있는 채권양도 통지와 가압류결정 정본의 제3채무자(채권양도의 경우는 채무자)에 대한 도달의 선후에 의하여 그 우열을 결정하여야 한다(① 지문관련).

ii) 채권양도 통지, 가압류 또는 압류명령 등이 제3채무자에 동시에 송달되어 그들 상호간에 우열이 없는 경우에도 그 채권양수인, 가압류 또는 압류채권자는 모두 제3채무자에 대하여 완전한 대항력을 갖추었다고 할 것이므로, 그 전액에 대하여 채권양수금, 압류전부금 또는 추심금의 이행청구를 하고 적법하게 이를 변제받을 수 있고, 제3채무자로서는 이들 중 누구에게라도 그 채무 전액을 변제하면 다른 채권자에 대한 관계에서도 유효하게 면책되는 것이며, 만약 양수채권액과 가압류 또는 압류된 채권액의 합계액이 제3채무자에 대한 채권액을 초과할 때에는 그들 상호간에는 법률상의 지위가 대등하므로 공평의 원칙상 각 채권액에 안분하여 이를 내부적으로 다시 정산할 의무가 있다(③, ④ 지문관련).

iii) 채권양도의 통지와 가압류 또는 압류명령이 제3채무자에게 동시에 송달되었다고 인정되어 채무자가 채권양수인 및 추심명령이나 전부명령을 얻은 가압류 또는 압류채권자 중 한 사람이 제기한 급부소송에서 전액 패소한 이후에도 다른 채권자가 그 송달의 선후에 관하여 다시 문제를 제기하는 경우 기판력의 이론상 제3채무자는 이중지급의 위험이 있을 수 있으므로, 동시에 송달된 경우에도 제3채무자는 송달의 선후가 불명한 경우에 준하여 채권자를 알 수 없다는 이유로 변제공탁을 함으로써 법률관계의 불안으로부터 벗어날 수 있다"(대판 1994.4.26. 전합93다24223)(⑤ 지문관련).

② [×] 채권이 양도되고 대항력(확정일자)을 구비한 상태에서 그 양도된 채권을 양도인의 채권자들이 압류, 추심명령을 하게 되면 이미 채권은 양수인에게 이전되었으므로(피압류채권은 이미 존재하지 않는 것과 같다) 이러한 압류, 추심은 무효이다.

参고판례 "채권압류의 효력발생 전에 채무자가 그 채권을 처분한 경우에는 그보다 먼저 압류한 채권자가 있어 그 채권자에게는 대항할 수 없는 사정이 있더라도 그 처분 후에 집행에 참가하는 채권자에 대하여는 처분의 효력을 대항할 수 있는 것이므로, 채무자가 압류 또는 가압류의 대상인 채권을 양도하고 확정일자 있는 통지 등에 의한 채권양도의 대항요건을 갖추었다면, 그 후 채무자의 다른 채권자가 그 양도된 채권에 대하여 압류 또는 가압류를 하더라도 그 압류 또는 가압류 당시에 피압류채권은 이미 존재하지 않는 것과 같아 압류 또는 가압류로서의 효력이 없고, 따라서 그 다른 채권자는 압류 등에 따른 집행절차에 참여할 수 없다"(대판 2010.10.28. 2010다57213,57220)

[정답] ②

문11 채권양도에 관한 설명 중 옳지 않은 것은? (다툼이 있는 경우 판례에 의함) [기출변형]

① 동일한 채권에 관하여 확정일자 있는 채권양도 통지, 가압류 또는 압류명령 등이 제3채무자(채권양도의 경우는 채무자, 이하 이 문항에서는 같다)에게 동시에 송달되어 그들 상호간에 우열이 없는 경우, 양수채권액과 가압류 또는 압류된 채권액의 합계액이 제3채무자에 대한 채권액을 초과할 때에는 그들 상호간에는 법률상의 지위가 대등하므로 공평의 원칙상 제3채무자는 위 채권자들의 각 채권액에 안분하여 채무를 변제하여야 한다.

② 당사자 사이에 양도금지의 특약이 있는 채권이더라도 전부명령에 의하여 전부되는
데에는 지장이 없고, 전부채권자로부터 다시 그 채권을 양수한 자가 그 특약의 존
재를 알았다고 하더라도 채무자는 위 특약을 근거로 그 채권양도의 무효를 주장할
수 없다.

③ 채권양도에 관한 채무자의 승낙은 채무자가 채권양도 사실에 관한 인식을 표명하는
것으로서 이른바 관념의 통지에 해당하고, 대리인에 의하여도 위와 같은 승낙을 할
수 있다.

④ 채권양도의 통지는 그 양도인이 채권이 양도되었다는 사실을 채무자에게 알리는 행
위에 불과하므로, 그것만으로 도급계약에 관하여 「민법」 제667조 내지 제671조에
규정된 하자담보책임의 제척기간 준수에 필요한 권리의 행사에 해당한다고 할 수
없다.

해설 ① [×] ※ **확정일자 있는 통지가 동시에 도달한 경우의 법률관계**

각 양수인과 채무자 간의 법률관계에 대해 判例는 "제1·2 양수인 모두 채무자에 대해 완전한 대
항력을 갖추었으므로 양수인 각자는 채무자에게 그 채권 전액에 대해 이행청구를 하고 그 변
제를 받을 수 있다"(대판 1994.4.26. 전합93다24223)고 판시하여 **전액청구를 긍정**하였다. 다만, 다
른 채권자가 그 송달의 선후에 관하여 다시 문제를 제기하는 경우에는 제3채무자는 이중지급
의 위험이 있을 수 있으므로, 동시에 송달된 경우에도 제3채무자는 송달의 선후가 불명한 경
우에 준하여 채권자를 알 수 없다는 이유로 **변제공탁**(제487조 2문)을 할 수 있다고 보았다(대
판 1994.4.26. 전합93다24223).

한편, 양수인 간의 법률관계(전액청구설에 의하는 경우 양수인 간의 내부적인 정산의무의 유무)에 대
해서는 "확정일자 있는 통지가 동시에 도달한 경우에 양수채권액과 가압류 또는 압류된 채권
액의 합계액이 제3채무자에 대한 채권액을 **초과**할 때에는, 그들 상호 간에는 법률상의 지위가
대등하므로 공평의 원칙상 각 채권액에 안분하여 이를 내부적으로 다시 정산할 의무가 있다"
(대판 1994.4.26. 전합93다24223)고 하여 **양수채권액 안분설**의 입장이다.

☞ 따라서 **제3채무자는 누구에게든 전액을 지급할 수 있고, 지급받은 자는 내부적으로 정산의무
를 부담**한다.

② [○] ※ **전부명령과 양도금지 특약**

전부명령에 의하여 피전부채권은 동일성을 유지한 채로 집행채무자로부터 집행채권자에게 이
전되므로(민사집행법 제229조 3항), 제3채무자인 피고는 채권압류 전에 피전부채권자에 대하
여 가지고 있었던 항변사유를 가지고 전부채권자에게 대항할 수 있다.

그러나 피전부채권이 양도금지의 특약이 있는 채권이더라도 전부명령에 의하여 전부되는 데에
는 지장이 없고, 양도금지의 특약이 있는 사실에 관하여 집행채권자가 선의인가 악의인가는
전부명령의 효력에 영향을 미치지 못하는 것이므로, 제3채무자인 피고가 채무자와 사이에 피
전부채권에 관하여 양도금지의 특약을 체결하였고, 원고가 그 사실을 알고 있었다고 주장하더
라도 이는 유효한 항변이 될 수 없다. 나아가 전부채권자로부터 다시 그 채권을 양수한 자가
그 특약의 존재를 알았거나 중대한 과실로 알지 못하였다고 하더라도 제3채무자는 위 특약을
근거로 삼아 채권양도의 무효를 주장할 수 없다(대판 2003.12.11. 2001다3771).

③ [○] ※ 채권양도의 대항요건 - 채권자의 승낙

"민법 제451조 제1항 전문은 "채무자가 이의를 보류하지 아니하고 전조의 승낙을 한 때에는 양도인에게 대항할 수 있는 사유로써 양수인에게 대항하지 못한다."고 규정하고 있는데, 이는 채무자의 승낙이라는 사실에 공신력을 주어 양수인을 보호하고 거래의 안전을 꾀하기 위한 규정이다. 여기서 '승낙'이라 함은 채무자가 채권양도 사실에 관한 인식을 표명하는 것으로서 이른바 관념의 통지에 해당하고, 대리인에 의하여도 위와 같은 승낙을 할 수 있다"(대판 2013.6.28. 2011다83110).

④ [○] ※ 채권양도의 통지가 제척기간의 권리행사 방법에 대당하는지 여부(소극)

"채권양도의 통지는 양도인이 채권이 양도되었다는 사실을 채무자에게 알리는 것에 그치는 행위이므로, 그것만으로 제척기간 준수에 필요한 권리의 재판외 행사에 해당한다고 할 수 없다"(대판 2012.3.22, 전합2010다28840).

[정답] ①

문 12 채권의 압류 및 추심명령, 채권양도에 관한 설명 중 옳지 않은 것은?   [기출변형]

① 제3채무자가 압류채권자에게 압류된 채권액 상당에 관하여 지체책임을 지는 것은 추심명령이 발령된 후 압류채권자로부터 추심금청구를 받은 다음 날부터이다.

② 임대인이 임차인으로부터 임대차보증금반환채권의 양도통지를 받은 후에 임대인과 임차인 사이에 임대차 계약기간 연장에 관하여 합의가 있을 경우 그 합의의 효과는 그 채권의 양수인에 대하여도 미친다.

③ 채권에 대한 압류 후에 피압류채권이 제3자에게 양도된 경우 그 채권양도는 압류채무자에 대한 다른 채권자와의 관계에서 유효하다.

④ 금전채권에 대한 가압류가 있더라도 가압류채무자는 제3채무자를 상대로 그 이행을 구하는 소를 제기할 수 있고, 법원은 가압류가 되어 있음을 이유로 그 청구를 배척할 수 없다.

[해설] ① [○] "추심명령은 압류채권자에게 채무자의 제3채무자에 대한 채권을 추심할 권능을 수여함에 그치고, 제3채무자로 하여금 압류채권자에게 압류된 채권액 상당을 지급할 것을 명하거나 그 지급 기한을 정하는 것이 아니므로, 제3채무자가 압류채권자에게 압류된 채권액 상당에 관하여 지체책임을 지는 것은 집행법원으로부터 추심명령을 송달받은 때부터가 아니라, 추심명령이 발령된 후 압류채권자로부터 추심금 청구를 받은 다음날부터라고 할 것이다"(대판 2012.10.25. 2010다47117).

② [×] "임대인이 임대차보증금반환청구채권의 양도통지를 받은 후에는 임대인과 임차인 사이에 임대차계약의 갱신이나 계약기간 연장에 관하여 명시적 또는 묵시적 합의가 있더라도 그 합의의 효과는 보증금반환채권의 양수인에 대하여는 미칠 수 없다"(대판 1989.4.25. 88다카4253).

③ [○] "채권에 대한 압류의 처분금지의 효력은 절대적인 것이 아니고, 이에 저촉되는 채무자의 처분행위가 있어도 압류의 효력이 미치는 범위에서 압류채권자에게 대항할 수 없는 상대적 효력을 가지는 데 그치므로, 압류 후에 피압류채권이 제3자에게 양도된 경우 채권양도는 압류채무자의 다른 채권자 등에 대한 관계에서는 유효하다. 그리고 채권양도 행위가 사해행위로 인정되어 취소 판결이 확정된 경우에도 취소의 효과는 사해행위 이전에 이미 채권을 압류한 다른 채권자에게 는 미치지 아니한다"(대판 2015.5.14. 2014다12072).

④ [○] "일반적으로 채권에 대한 가압류가 있더라도 이는 가압류채무자가 제3채무자로부터 현실로 급부를 추심하는 것만을 금지하는 것이므로 가압류채무자는 제3채무자를 상대로 그 이행을 구하는 소송을 제기할 수 있고, 법원은 가압류가 되어 있음을 이유로 이를 배척할 수 없는 것이며, 채권양도는 구 채권자인 양도인과 신 채권자인 양수인 사이에 채권을 그 동일성을 유지하면서 전자로부터 후자에게로 이전시킬 것을 목적으로 하는 계약을 말한다 할 것이고, 채권양도에 의하여 채권은 그 동일성을 잃지 않고 양도인으로부터 양수인에게 이전된다 할 것이며, 가압류된 채권도 이를 양도하는 데 아무런 제한이 없으나, 다만 가압류된 채권을 양수받은 양수인은 그러한 가압류에 의하여 권리가 제한된 상태의 채권을 양수받는다고 보아야 할 것이다"(대판 2000.4.11. 99다23888)

[정답] ②

문13 채권양도에 관한 다음 설명 중 옳은 것은? (다툼이 있는 경우에는 판례에 의함)   [기출변형]

① 甲이 乙에 대한 매매대금채권을 丙에게 양도하고 이를 乙에게 통지하였는데, 그 후 乙이 丙에게 이행하였지만 甲이 乙에 대한 채무를 이행하지 않아 乙이 甲과의 매매계약을 해제한 경우, 乙은 채권양도의 통지 이후에 계약을 해제하였다면, 이로써 丙에게 대항할 수 없다.

② 채무자의 채권양도인에 대한 자동채권이 발생하는 기초가 되는 원인이 양도 전에 이미 성립하여 존재하고 자동채권이 수동채권인 양도채권과 동시이행의 관계에 있는 경우에는, '양도통지가 채무자에게 도달하여 채권양도의 대항요건이 갖추어진 후에 자동채권이 발생하였다고 하더라도' 채무자는 동시이행의 항변권을 주장할 수 있고, 따라서 그 채권에 의한 상계로 양수인에게 대항할 수 있다.

③ 채권의 귀속주체 변경을 내용으로 하는 '채권양도계약'과 채권양도의 의무발생을 내용으로 하는 '양도의무계약'은 법적으로 별개의 독립한 행위이고 채권양도계약에 대하여도 특별한 사정이 없는 한 그 원인이 되는 개별적 채권계약의 효과에 관한 민법상 임의규정이 적용된다.

④ 채권양도의 대항요건인 통지는 양도인이 직접 채무자에게 하여야 하므로, 양수인이 양도인의 사자 또는 대리인으로서 한 통지는 부적법하다.

해설 ① [×] ※ 제451조 2항

채권의 양도에 의해 양도인에 대한 채무자의 지위가 달라질 것은 아니므로, 채무자는 그 '통지를 받은 때까지' 양도인에 대하여 생긴 사유(채무의 불성립·무효· 취소·동시이행의 항변·기한의 유예·채권의 소멸 등)로써 양수인에게 대항할 수 있다(제451조 2항). 다만, 대항사유 자체는 통지 뒤에 생겼더라도 그 '사유 발생의 기초가 되는 법률관계'가 통지 전에 이미 존재하였다면 이는 '계약 자체에 처음부터 내재하는 고유한 위험'이라고 볼 수 있으므로 그 대항사유로써 양수인에게 대항할 수 있다.

※ 채권이 양도되어 양도통지를 받은 후에 채권양도의 기초가 되는 계약이 채권양도인의 채무불이행으로 해제된 경우

양도인의 채무불이행 및 그에 따른 채무자의 해제권 행사라는 사정이 양도 통지이후에 발생하였다 하더라도 채권양도의 기초가 되는 계약이 일방의 채무불이행으로 해제될 수 있다는 것은 계약 자체에 내재하는 고유한 위험이고, 그 해제권 발생의 기초가 되는 계약은 통지 전에 이미 성립하였기 때문에 이는 제451조 2항의 양도통지를 받기 전에 생긴 사유에 해당한다. 따라서 채무자 乙은 해제로써 양수인 丙에게 대항할 수 있으므로 乙은 丙에게 이미 지급한 급부를 원상회복으로 반환을 청구할 수 있다(대판 2003.1.24, 2000다22850 참고).

또한 해제에 의하여 소멸하는 채권 그 자체의 양수인 丙은 계약해제에 관한 제548조 제1항 단서의 제3자에 해당하지 않기 때문에 매수인 乙은 丙에게 대항할 수 있다. 즉 判例는 **채권의 양수인이 취득한 권리는 채권에 불과하고 대세적 효력을 갖는 권리가 아니어서** (대항요건을 갖추었더라도) 채권의 양수인은 제548조 1항 단서의 제3자에 해당하지 않는다고 한다(대판 2003.1.24, 2000다22850 ; 대판 2000.8.22, 2000다23433).

② [○] "채권양도에 의하여 채권은 그 동일성을 유지하면서 양수인에게 이전되고, 채무자는 양도통지를 받은 때까지 양도인에 대하여 생긴 사유로써 양수인에게 대항할 수 있다(민법 제451조 제2항). 따라서 채무자의 채권양도인에 대한 자동채권이 발생하는 기초가 되는 원인이 양도 전에 이미 성립하여 존재하고 자동채권이 수동채권인 양도채권과 동시이행의 관계에 있는 경우에는, 양도통지가 채무자에게 도달하여 채권양도의 대항요건이 갖추어진 후에 자동채권이 발생하였다고 하더라도 채무자는 동시이행의 항변권을 주장할 수 있고, 따라서 그 채권에 의한 상계로 양수인에게 대항할 수 있다"(대판 2015.4.9. 2014다80945).

③ [×] ※ 채권양도에서 독자성과 무인성 문제

"ⅰ) 처분행위(준물권행위)로서의 **'채권양도계약'**과 채권양도의 의무를 발생시키는 것을 내용으로 하는 **'양도의무계약'**은 실제거래에서는 한꺼번에 일체로 행하여지는 경우가 적지 않으나, 그 법적 파악에 있어서는 구별되어야 하는 별개의 독립한 행위이다. ⅱ) 그러므로 양도의무계약에 관한 민법상의 임의규정은 채권양도계약에는 적용되지 않는다. 즉 채권양도계약에 위임의 규정을 바로 적용하여 그에 의해 채권양도계약을 해지할 수는 없다. ⅲ) 원인행위인 위임을 해지한 경우, (그것은 채권양도계약에도 효력을 미쳐) 채권은 양도인에게 복귀한다. 이 경우 양수인은 위임계약의 해지로 인하여 양도인에 대하여 부담하는 원상회복의무의 한 내용으로 채무자에게 이를 통지할 의무를 부담한다"(대판 2011.3.24, 2010다100711).

④ [×] 통지는 '양도인'이 채무자에 대해 해야 하고, 양수인에 의한 통지는 그 효력이 생기지 않는다. 따라서 양수인은 양도인을 대위하여도 통지하지 못하나(제404조 참조), 양도인으로부터 통지의 대리권을 수여받아 양수인이 대리행위로서 통지하는 것은 무방하다(대판 1997.6.27. 95다40977).

[정답] ②

문1 채무의 인수에 관한 다음 설명 중 가장 옳지 않은 것은? [15서기보]

① 전(前)채무자의 채무에 대한 보증이나 제3자가 제공한 담보는 채무인수로 인하여 소멸하나, 보증인이나 제3자가 채무인수에 동의한 경우에는 그러하지 아니하다.

② 중첩적 채무인수에서 채무자와 인수인은 원칙적으로 주관적 공동관계가 있는 연대채무관계에 있고, 인수인이 채무자의 부탁을 받지 아니하여 주관적 공동관계가 없는 경우에는 부진정연대관계에 있다고 보아야 한다.

③ 민법 제454조는 제3자가 채무자와의 계약으로 채무를 인수하여 채무자의 채무를 면하게 하는 면책적 채무인수의 경우에 채권자의 승낙이 있어야 채권자에 대하여 그 효력이 생긴다고 규정하고 있으므로, 채권자의 승낙이 없는 경우에는 채무자와 인수인 사이에서 면책적 채무인수 약정을 하더라도 이행인수 등으로서의 효력밖에 갖지 못하며 채무자는 채무를 면하지 못한다.

④ 보증인이 채권자와의 사이에 주채무를 중첩적으로 인수하기로 약정하였다면 주채무자에 대한 관계에서 종전의 보증인의 지위를 상실하고 그 채무인수로 인하여 보증인과 주채무자 사이의 주채무에 관련된 구상관계도 달라진다.

[해설] ① [○] **제459조(채무인수와 보증, 담보의 소멸)** 「전채무자의 채무에 대한 보증이나 제3자가 제공한 담보는 채무인수로 인하여 소멸한다. 그러나 보증인이나 제3자가 채무인수에 동의한 경우에는 그러하지 아니하다.」
채무자의 변경으로 인해 채무자의 자력에 변화가 생김으로써 보증인이나 물상보증인에게 불이익이 발생할 우려가 있기 때문이다.

② [○] ※ 채무자의 채무와 중첩적 채무인수인의 채무와의 관계
判例는 "중첩적 채무인수에서 채무자의 부탁 없이 채권자와의 계약으로 채무를 인수하는 것은 매우 드문 일이므로 채무자와 인수인은 원칙적으로 주관적 공동관계가 있는 연대채무관계에 있고, 인수인이 채무자의 부탁을 받지 아니하여 주관적 공동관계가 없는 경우에는 부진정연대관계에 있는 것으로 보아야 한다"(대판 2009.8.20, 2009다32409)고 한다.

③ [○] 대판 2012.5.24. 2009다88303

④ [×] 채권자와 보증인 사이에 보증인이 주채무를 중첩적으로 인수하기로 약정하였다 하더라도 특별한 사정이 없는 한 보증인은 주채무자에 대한 관계에서는 종전의 보증인의 지위를 그대로 유지한다고 봄이 상당하므로, 채무인수로 인하여 보증인과 주채무자 사이의 주채무에 관련된 구상관계가 달라지는 것은 아니다(대판 2003.11.14. 2003다37730).

[정답] ④

문 2 채무인수에 관한 다음 설명 중 가장 옳지 않은 것은? (다툼이 있는 경우 판례에 의하고, 전원 합의체 판결의 경우 다수의견에 의함) [20서기보]

① 채무인수가 면책적인가 중첩적인가 하는 것은 채무인수계약에 나타난 당사자 의사의 해석에 관한 문제이나, 면책적인수인지, 중첩적 인수인지가 분명하지 아니한 때에는 중첩적으로 인수한 것으로 볼 것이다.

② 채무자와 인수인의 합의에 의한 중첩적 채무인수의 경우 채권자의 수익의 의사표시는 그 계약의 성립요건이나 효력발생요건이 아니라 채권자가 인수인에 대하여 채권을 취득하기 위한 요건이다.

③ 채무가 인수되는 경우에 구채무자의 채무에 관하여 제3자가 제공한 담보는 채무인수로 인하여 소멸하되, 다만 그 제3자가 채무인수에 동의한 경우에 한하여 소멸하지 아니하고 신채무자를 위하여 존속하게 된다.

④ 근저당권에 관하여 채무인수를 원인으로 채무자를 교체하는 변경등기(부기등기)가 마쳐진 경우 특별한 사정이 없는 한 그 근저당권은 당초 구채무자가 부담하고 있다가 신채무자가 인수하게 된 채무와 함께 그 후 신채무자(채무인수인)가 다른 원인으로 부담하게 된 새로운 채무를 담보한다.

해설 ① [○] ※ 면책적 채무인수와 병존적(중첩적) 채무인수의 구별
이는 당사자 의사해석의 문제이나, 명확하지 않은 경우에는 채권자 보호를 위해 원칙적으로 병존적(중첩적)인 것으로 해석해야 한다(대판 1988.5.24, 87다카3104).

② [○] ※ 중첩적 채무인수계약의 당사자
제539조(제3자를 위한 계약) 「②항 전항의 경우에 제3자의 권리는 그 제3자가 채무자에 대하여 계약의 이익을 받을 의사를 표시한 때에 생긴다.」

중첩적 채무인수는 채무자와 인수인 사이의 인수계약으로도 가능하며, 이 경우 제3자를 위한 계약이 된다. 따라서 채권자의 수익의 의사표시를 필요로 한다(제539조 2항). 채권자가 인수인에 대하여 청구 기타 채권자로서의 권리를 행사하면 그것이 곧 수익의 의사표시가 된다. 이 경우 채권자의 수익의 의사표시는 그 계약의 '성립요건이나 효력발생요건'이 아니라 채권자가 인수인에 대하여 채권을 취득하기 위한 요건이다(대판 2013.9.13. 2011다56033).

③ [○] **제459조(채무인수와 보증, 담보의 소멸)** 「전채무자의 채무에 대한 보증이나 제3자가 제공한 담보는 채무인수로 인하여 소멸한다. 그러나 보증인이나 제3자가 채무인수에 동의한 경우에는 그러하지 아니하다.」

④ [×] ※ 피담보채무 확정 전에 피담보채무를 인수한 경우
'기본계약상의 채무자의 지위'의 이전이 아니라 '개별 채무'만을 인수한 경우에는 인수한 기존의 채무만이 근저당에 의해 담보된다. 判例도 "물상보증인이 근저당권의 채무자의 계약상의 지위를 인수한 것이 아니라, 다만 그 채무만을 면책적으로 인수하고 이를 원인으로 하여 근저당권 변경의 부기등기가 경료된 경우, 특별한 사정이 없는 한 그 변경등기는 당초 채무자가 근저당권자에 대하여 부담하고 있던 것으로서 물상보증인이 인수한 채무만을 그 대상으로 하는 것이지, 그 후 채무를 인수한 물상보증인이 다른 원인으로 근저당권자에 대하여 부담하게 된 새로운 채무까지 담보하는 것으로 볼 수는 없다"(대판 2002.11.26, 2001다73022)고 하여 **결과적으로 면책적 채무인수시 종전의 근저당권은 확정된다**는 입장을 취하고 있다.

비교판례 ※ 피담보채무 확정 전에 계약상 채무자의 지위 이전

근저당의 피담보채무가 확정되기 전에는 근저당의 피담보채권을 발생시키는 기본계약상의 채무자의 지위를 변경(이전)하는 것도 가능하며, 이는 '계약인수'의 성질을 지니는 것이므로 기본계약의 당사자 및 인수인의 3면계약으로 가능하다. 이 경우 변경된 내용상의 채무(인수인이 부담하는 채무)만이 근저당으로 담보되고, 변경 전의 범위에 속하는 채권이나 채무자에 대한 채권은 그 근저당권에 의하여 담보되는 채무의 범위에서 제외된다(대판 1999.5.14., 97다15777,15784).

[정답] ④

문3 채무인수 등에 관한 설명 중 옳지 않은 것은? (다툼이 있는 경우 판례에 의함) [기출변형]

① 중첩적 채무인수는 채권자와 채무인수인과의 합의가 있는 이상 채무자의 의사에 반하여서도 이루어질 수 있다.

② 중첩적 채무인수에서 인수인이 채무자의 부탁으로 인수한 경우 채무자와 인수인은 원칙적으로 연대채무관계에 있다.

③ 채권자의 승낙에 의하여 면책적 채무인수의 효력이 생기는 경우, 채권자가 승낙을 거절하면 그 이후에는 채권자가 다시 승낙하여도 채무인수로서의 효력이 생기지 않는다.

④ 채무자와 인수인 사이의 면책적 채무인수약정에 대해 채권자의 승낙이 있는 경우, 채무자가 자신의 채무를 담보하기 위해 설정하였던 저당권은 원칙적으로 소멸한다.

해설 ① [○] "중첩적 채무인수는 채권자와 채무인수인과의 합의가 있는 이상 채무자의 의사에 반하여서도 이루어질 수 있다"(대판 1988.11.22. 87다카1836).

② [○] "중첩적 채무인수에서 채무자의 부탁 없이 채권자와의 계약으로 채무를 인수하는 것은 매우 드문 일이므로 채무자와 인수인은 원칙적으로 주관적 공동관계가 있는 연대채무관계에 있고, 인수인이 채무자의 부탁을 받지 아니하여 주관적 공동관계가 없는 경우에는 부진정연대관계에 있는 것으로 보아야 한다"(대판 2009.8.20. 2009다32409).

③ [○] "채권자의 승낙에 의하여 채무인수의 효력이 생기는 경우, 채권자가 승낙을 거절하면 그 이후에는 채권자가 다시 승낙하여도 채무인수로서의 효력이 생기지 않는다"(대판 1998.11.24. 98다33765).

④ [×] 채무자가 제공한 담보는 인수계약이 채권자와 인수인 사이에 체결된 경우에만 담보가 소멸하고, 그 밖의 경우에는 채무자인 담보제공자가 채무인수에 동의한 것으로 보아 담보는 존속한다고 보는 것이 통설이다(제459조 단서 유추적용). 참고로 유치권 등 법정담보물권은 피담보채무가 인수되더라도 존속한다.

[정답] ④

문4 丙은 乙의 甲에 대한 차용금반환채무를 인수하였다. 이에 관한 설명 중 옳지 않은 것은? (각 지문은 독립적이며, 다툼이 있는 경우 판례에 의함) [기출변형]

① 丙이 위 차용금반환채무를 면책적으로 인수한 경우, 丙은 乙이 甲에게 항변할 수 있었던 사유로 甲에게 대항할 수 없다.

② 乙과 丙 사이에 면책적 채무인수에 관한 약정이 있었던 경우, 乙 또는 丙은 상당한 기간을 정하여 이에 관한 승낙 여부의 확답을 甲에게 최고할 수 있고, 甲이 그 기간 내에 확답을 발송하지 않은 때에는 거절한 것으로 본다.

③ 乙과 丙 사이에 면책적 채무인수에 관한 약정이 있었던 경우, 甲이 승낙을 거절하였다면 그 이후에는 다시 승낙하여도 특별한 사정이 없는 한 甲에 대하여 면책적 채무인수로서의 효력이 생기지 않는다.

④ 丙이 乙의 부탁을 받아 甲과의 계약으로 위 차용금반환채무를 중첩적으로 인수한 경우, 丙이 甲에 대한 손해배상채권을 자동채권으로 하여 甲의 채권에 대하여 대등액에서 상계의 의사표시를 하였다면, 乙의 甲에 대한 채무도 상계에 의하여 소멸되었다고 보아야 한다.

해설 ① [×] ※ 면책적 채무인수 - 항변권의 이전
제458조(전채무자의 항변사유) 「인수인은 전채무자의 항변할 수 있는 사유로 채권자에게 대항할 수 있다.」

② [○] ※ 채무인수에서 채무자의 최고에 대한 채권자의 확답
제454조(채무자와의 계약에 의한 채무인수) 「① 제3자가 채무자와의 계약으로 채무를 인수한 경우에는 채권자의 승낙에 의하여 그 효력이 생긴다. ② 채권자의 승낙 또는 거절의 상대방은 채무자나 제3자이다.」
제455조(승낙여부의 최고) 「① 전조의 경우에 제3자나 채무자는 상당한 기간을 정하여 승낙여부의 확답을 채권자에게 최고할 수 있다. ② 채권자가 그 기간내에 확답을 발송하지 아니한 때에는 거절한 것으로 본다.」

③ [○] ※ 면책적 채무인수 - 채권자의 승낙거절
"채권자의 승낙에 의하여 채무인수의 효력이 생기는 경우, 채권자가 승낙을 거절하면 그 이후에는 채권자가 다시 승낙하여도 채무인수로서의 효력이 생기지 않는다"(대판 1998.11.24. 98다33765).

④ [○] ※ 중첩적 채무인수 - 상계의 절대효
중첩적 채무인수에서 채무자와 인수인은 원칙적으로 연대채무관계에 있고, 예외적으로 부진정연대관계에 있는 것으로 보는데(대판 2009.8.20. 2009다32409), 전자의 경우에는 제418조 1항에 의해, 후자의 경우는 判例(아래 참고판례 전합2008다97218 참조)에 의해 상계의 절대적 효력이 인정된다.

☞ 사안의 경우 丙이 乙의 부탁을 받아 채무를 중첩적으로 인수하였으므로 제418조 1항에 의하여 채무인수인 丙의 상계의 의사표시로 인해 다른 연대채무자인 원채무자 乙의 甲에 대한 채무도 상계에 의하여 소멸되었다고 보아야 한다. 만약 丙과 乙의 관계가 부진정연대채무의 관계에 있다고 보더라도 결과가 달라지지는 않는다.

참고판례 "중첩적 채무인수인이 채권자에 대한 손해배상채권을 자동채권으로 하여 채권자의 자신에 대한 그 채권에 대하여 대등액에서 상계의 의사표시를 하였다면, 연대채무자 1인이 한 상계의 절대적 효력을 규정하고 있는 제418조 제1항의 규정에 의하여, 다른 연대채무자인 원채무자의 채권자에 대한 채무도 상계에 의하여 소멸되었다고 보아야 한다"(대판 1997.4.22. 96다56443).

참고판례 "부진정연대채무자 중 1인이 자신의 채권자에 대한 반대채권으로 상계를 한 경우에도 채권은 변제, 대물변제, 또는 공탁이 행하여진 경우와 동일하게 현실적으로 만족을 얻어 그 목적을 달성하는 것이므로, 그 상계로 인한 채무소멸의 효력은 소멸한 채무 전액에 관하여 다른 부진정연대채무자에 대하여도 미친다고 보아야 한다. 이는 부진정연대채무자 중 1인이 채권자와 상계계약을 체결한 경우에도 마찬가지이다. 나아가 이러한 법리는 채권자가 상계 내지 상계계약이 이루어질 당시 다른 부진정연대채무자의 존재를 알았는지 여부에 의하여 좌우되지 아니한다"(대판 2010.9.16, 전합2008다97218).

[정답] ①

문5 이행인수에 관한 설명 중 옳은 것을 모두 고른 것은? [기출변형]

> ㄱ. 이행인수인은 채무자의 채무를 변제하는 등으로 채무자를 면책시킬 의무를 부담하므로, 채권자에 대한 관계에서 직접 이행의무를 부담하게 된다.
> ㄴ. 이행인수인은 채권자에게 채무를 이행하지 않을 경우 채무자에 대하여 채무불이행의 책임을 지게 되어 특별한 법적 불이익을 입게 될 지위에 있으므로, 「민법」 제481조에 의하여 법정대위를 할 수 있는 '변제할 정당한 이익이 있는 자'라고 할 수 있다.
> ㄷ. 부동산의 매수인이 매매목적물에 관한 근저당권의 피담보채무를 인수하는 한편 그 채무액을 매매대금에서 공제하기로 약정한 경우, 다른 특별한 약정이 없는 이상 이는 매도인을 면책시키는 채무인수가 아니라 이행인수로 보아야 하고, 매수인은 공제하고 남은 매매대금을 지급할 뿐만 아니라 인수한 피담보채무도 변제하여야 잔금지급의무를 다하였다고 할 것이다.
> ㄹ. 이행인수인이 채권자에 대하여 채무자의 채무를 승인하더라도 다른 특별한 사정이 없는 한 위 채무의 시효중단 사유가 되는 채무승인의 효력은 발생하지 않는다.

① ㄴ
② ㄱ, ㄷ
③ ㄴ, ㄷ
④ ㄴ, ㄹ

※ 이행인수

'이행인수'란 인수인이 채무자의 채무를 이행할 것을 약정하는 채무자와 인수인 사이의 계약을 말한다. 이는 채무자가 인수인에 대해 직접 권리를 취득하게 되는 채무인수와 구별되어야 한다.

ㄱ. [✕] "인수인은 채무자와의 관계에서 이행의무를 부담하며 채권자에게 직접 채무를 부담하지는 않는다. 따라서 채권자도 인수인에게 이행을 청구할 권리는 없다(인수인은 채권자에 대한 관계에서 채무자의 이행보조자로 다루어진다). 다만 채무자의 인수인에 대한 청구권은 그 성질상 재산권의 일종으로서 일신전속적 권리라고 할 수는 없으므로, 채권자는 '채권자대위권'에 의하여 채무자의 인수인에 대한 청구권을 대위행사할 수는 있다"(대판 2009.6.11, 2008다75072).

ㄴ. [○] "민법 제481조에 의하여 법정대위를 할 수 있는 '변제할 정당한 이익이 있는 자'라고 함은 변제함으로써 당연히 대위의 보호를 받아야 할 법률상의 이익을 가지는 자를 의미한다. 그런데 이행인수인이 채무자와의 이행인수약정에 따라 채권자에게 채무를 이행하기로 약정하였음에도 불구하고 이를 이행하지 아니하는 경우에는 채무자에 대하여 채무불이행의 책임을 지게 되어 특별한 법적 불이익을 입게 될 지위에 있다고 할 것이므로, 이행인수인은 그 변제를 할 정당한 이익이 있다고 할 것이다"(대결 2012.7.16, 2009마461).

ㄷ. [✕] "부동산의 매수인이 매매목적물에 관한 채무(피담보채무, 임대보증금반환채무 등)를 인수하는 한편 그 채무액을 매매대금에서 공제하기로 약정한 경우, 그 인수는 특별한 사정이 없는 한 매도인을 면책시키는 채무인수가 아니라 이행인수로 보아야 하고, 면책적 채무인수로 보기 위하여는 이에 대한 채권자의 승낙이 있어야 한다"(대판 1995.8.11, 94다58599). 그리고 이행인수로 해석되는 경우, "특별한 사정이 없는 한 매수인은 인수한 채무를 현실적으로 변제할 의무는 없고, 매수인이 매매대금에서 그 채무액을 공제한 나머지를 지급함으로써 잔금지급의무를 다한 것으로 보아야 하고, 또한 이 약정의 내용은 매도인과 매수인과의 계약으로 매수인이 매도인의 채무를 변제하기로 하는 것으로서 매수인은 제3자의 지위에서 매도인에 대하여만 그의 채무를 변제할 의무를 부담함에 그친다"고 한다(대판 2002.5.10, 2000다18578).

ㄹ. [○] "소멸시효 중단사유인 채무의 승인은 시효이익을 받을 당사자나 대리인만 할 수 있으므로 이행인수인이 채권자에 대하여 채무자의 채무를 승인하더라도 다른 특별한 사정이 없는 한 시효중단 사유가 되는 채무승인의 효력은 발생하지 않는다"(대판 2016.10.27, 2015다239744).

비교쟁점 면책적 채무인수는 시효중단사유 중 승인에 해당한다(제168조 3호). 따라서 소멸시효가 중단되고 채무인수일로부터 소멸시효가 새로이 진행된다.

[정답] ④

문6 다음 중 옳은 것을 모두 고른 것은?(다툼이 있는 경우 판례에 의한다) [기출변형]

> ㄱ. 면책적 채무인수는 민법 제341조에서 정한 구상권 취득의 요건인 '채무의 변제'에 해당하지 않는다. 따라서 채무인수의 대가로 기존 채무자가 물상보증인에게 어떤 급부를 하기로 약정하였다는 등의 사정이 없는 한 물상보증인이 기존 채무자의 채무를 면책적으로 인수하였다는 것만으로 물상보증인이 기존 채무자에 대하여 구상권 등의 권리를 가진다고 할 수는 없다.
>
> ㄴ. 수탁보증인의 사전구상권과 사후구상권은 종국적 목적과 사회적 효용을 같이하는 공통성을 가지고 있으나, 발생원인을 달리하고 법적 성질도 달리하는 별개의 독립된 권리이므로, 사후구상권이 발생한 이후에도 사전구상권은 소멸하지 아니하고 병존한다.
>
> ㄷ. 민법 제442조의 사전구상권에는 민법 제443조의 담보제공청구권이 항변권으로 부착되어 있는 만큼 이를 자동채권으로 하는 상계는 원칙적으로 허용될 수 없다.
>
> ㄹ. 제3채무자가 압류채무자에 대한 사전구상권을 가지고 있는 경우에 상계로써 압류채권자에게 대항하기 위해서는, 압류의 효력 발생 당시 사전구상권에 부착된 담보제공청구의 항변권이 소멸하여 사전구상권과 피압류채권이 상계적상에 있거나, 압류 당시 여전히 사전구상권에 담보제공청구의 항변권이 부착되어 있는 경우에는 제3채무자의 면책행위 등으로 인해 위 항변권을 소멸시켜 사전구상권을 통한 상계가 가능하게 된 때가 피압류채권의 변제기보다 먼저 도래하여야 한다.

① ㄱ, ㄹ   ② ㄱ, ㄷ

③ ㄴ, ㄷ   ④ ㄱ, ㄴ, ㄷ, ㄹ

해설 ㄱ. [○] ※ 물상보증인이 기존 채무자의 채무를 면책적으로 인수한 경우 물상보증인이 기존 채무자에 대하여 구상권 등의 권리를 가지는지 여부 등(원칙적 소극)

"타인의 채무를 담보하기 위하여 그 소유의 부동산에 저당권을 설정한 물상보증인이 타인의 채무를 변제하거나 저당권의 실행으로 저당물의 소유권을 잃은 때에는 채무자에 대하여 구상권을 취득한다(민법 제370조, 제341조). 그런데 구상권 취득의 요건인 '채무의 변제'라 함은 채무의 내용인 급부가 실현되고 이로써 채권이 그 목적을 달성하여 소멸하는 것을 의미하므로, 기존 채무가 동일성을 유지하면서 인수 당시의 상태로 종래의 채무자로부터 인수인에게 이전할 뿐 기존 채무를 소멸시키는 효력이 없는 면책적 채무인수는 설령 이로 인하여 기존 채무자가 채무를 면한다고 하더라도 이를 가리켜 채무가 변제된 경우에 해당한다고 할 수 없다. 따라서 채무인수의 대가로 기존 채무자가 물상보증인에게 어떤 급부를 하기로 약정하였다는 등의 사정이 없는 한 물상보증인이 기존 채무자의 채무를 면책적으로 인수하였다는 것만으로 물상보증인이 기존 채무자에 대하여 구상권 등의 권리를 가진다고 할 수 없다"(대판 2019.2.14. 2017다274703).

ㄴ. [○] "수탁보증인의 사전구상권과 사후구상권은 종국적 목적과 사회적 효용을 같이하는 공통성을 가지고 있으나, 사후구상권은 보증인이 채무자에 갈음하여 변제 등 자신의 출연으로 채무를 소멸시켰다고 하는 사실에 의하여 발생하는 것이고, 이에 대하여 사전구상권은 그 외의 민법 제442조

제1항 소정의 사유나 약정으로 정한 일정한 사실에 의하여 발생하는 등 발생원인을 달리하고 법적 성질도 달리하는 별개의 독립된 권리이므로, 사후구상권이 발생한 이후에도 사전구상권은 소멸하지 아니하고 병존하며, 다만 목적달성으로 일방이 소멸하면 타방도 소멸하는 관계에 있을 뿐이다"(대판 2019.2.14. 2017다274703).

ㄷ. [○] ※ 수탁보증인의 주채무자에 대한 사전구상권을 자동채권으로 하는 상계가 허용되는지 여부(소극)

"항변권이 붙어 있는 채권을 자동채권으로 하여 다른 채무(수동채권)와의 상계를 허용한다면 상계자 일방의 의사표시에 의하여 상대방의 항변권 행사의 기회를 상실시키는 결과가 되므로 그러한 상계는 허용될 수 없고, 특히 수탁보증인이 주채무자에 대하여 가지는 민법 제442조의 사전구상권에는 민법 제443조의 담보제공청구권이 항변권으로 부착되어 있는 만큼 이를 자동채권으로 하는 상계는 원칙적으로 허용될 수 없다"(대판 2019.2.14. 2017다274703).

ㄹ. [○] ※ 제3채무자가 압류채무자에 대한 사전구상권을 가지고 있는 경우에 상계로써 압류채권자에게 대항하기 위한 요건

"i) 채권압류명령을 받은 제3채무자가 압류채무자에 대한 반대채권을 가지고 있는 경우에 상계로써 압류채권자에게 대항하기 위하여는, 압류의 효력 발생 당시에 대립하는 양 채권이 상계적상에 있거나, 그 당시 반대채권(자동채권)의 변제기가 도래하지 아니한 경우에는 그것이 피압류채권(수동채권)의 변제기와 동시에 또는 그보다 먼저 도래하여야 한다. 이러한 법리는 채권압류명령을 받은 제3채무자이자 보증채무자인 사람이 압류 이후 보증채무를 변제함으로써 담보제공청구의 항변권을 소멸시킨 다음, 압류채무자에 대하여 압류 이전에 취득한 사전구상권으로 피압류채권과 상계하려는 경우에도 적용된다고 봄이 타당하다.

ii) 결국 제3채무자가 압류채무자에 대한 사전구상권을 가지고 있는 경우에 상계로써 압류채권자에게 대항하기 위해서는, 압류의 효력 발생 당시 사전구상권에 부착된 담보제공청구의 항변권이 소멸하여 사전구상권과 피압류채권이 상계적상에 있거나, 압류 당시 여전히 사전구상권에 담보제공청구의 항변권이 부착되어 있는 경우에는 제3채무자의 면책행위 등으로 인해 위 항변권을 소멸시켜 사전구상권을 통한 상계가 가능하게 된 때가 피압류채권의 변제기보다 먼저 도래하여야 한다"(대판 2019.2.14. 2017다274703).

[사실관계] 원고(甲)가 채무자(乙)의 피고(제3채무자 丙)에 대한 부당이득반환채권에 대하여 압류 및 추심명령을 받은 후 피고(丙)를 상대로 추심금을 청구한 사안(丙은 乙을 위해 물상보증도 하고 연대보증도 하였음 : 저자 주)에서, ① 피고(丙)가 채무자의 채무를 면책적으로 인수한 것만으로는 채무자에 대하여 구상권을 행사할 수 없고(丙은 물상보증인의 지위에서 구상권을 행사할 수 없음 : 저자 주), ② 이 사건 압류 및 추심명령 이후에 비로소 담보제공청구의 항변권이 일부 소멸한 이 사건 사전구상권으로 그 이전에 이미 변제기가 도래한 이 사건 부당이득반환채권과 상계하는 것은 허용되지 않는다(丙은 연대보증인의 지위에서 사전구상권을 자동채권으로하여 상계권을 행사할 수 없음 : 저자 주)는 이유로, 피고(丙)의 상계 주장을 배척하고 원고(甲)의 추심금 청구를 인용한 원심을 수긍한 사례

甲(압류채권자) → 乙(채무자)　　1. 丙의 ②채권의 취득시기 : 13.4.19
　(①부당이득반환채권) ↓ ↑ (②사전구상권)　2. 乙의 ①채권의 변제기 : 13.12.27
　　　　　丙(제3채무자)　　3. 甲의 압류시기 : 15.11.23. 丙에게 압류통지 도달
　　　　　　　　　　　　4. 丙의 변제시기 : 16.9.29(②채권에 붙은 항변권소멸)

丙이 ②채권으로 乙의 ①채권과 상계를 할 수 있었던 시점은 甲의 압류통지 이후이므로 甲의 권리를 침해하는 상계는 결국 허용되지 못한다.

[정답] ④

제7장 채권의 소멸

제1절 | 변제

문1 변제에 관한 다음 설명 중 가장 옳지 않은 것은? (다툼이 있는 경우 판례에 의하고, 전원합의체 판결의 경우 다수의견에 의함) [20서기보]

① 변제는 채무내용에 좇은 현실제공으로 이를 하여야 한다. 그러나 채권자가 미리 변제받기를 거절하거나 채무의 이행에 채권자의 행위를 요하는 경우에는 변제준비의 완료를 통지하고 그 수령을 최고하면 된다.

② 채무자가 채권자의 승낙을 얻어 본래의 채무이행에 갈음하여 다른 급여를 한 때에는 변제와 같은 효력이 있다.

③ 당사자의 특별한 의사표시가 없으면 변제기 전에는 채무자는 변제할 수 없다.

④ 채무의 성질이 제3자의 변제를 허용하지 않거나 당사자의 약정으로 제3자의 변제를 금지한 경우가 아니라면, 이해관계 있는 제3자는 채무자의 의사에 반해서도 변제할 수 있다.

해설 ① [○] **제460조(변제제공의 방법)** 「변제는 채무내용에 좇은 현실제공으로 이를 하여야 한다. 그러나 채권자가 미리 변제받기를 거절하거나 채무의 이행에 채권자의 행위를 요하는 경우에는 변제준비의 완료를 통지하고 그 수령을 최고하면 된다.」

② [○] **제466조(대물변제)** 「채무자가 채권자의 승낙을 얻어 본래의 채무이행에 갈음하여 다른 급여를 한 때에는 변제와 같은 효력이 있다.」

③ [×] **제468조(변제기전의 변제)** 「당사자의 특별한 의사표시가 없으면 변제기 전이라도 채무자는 변제할 수 있다. 그러나 상대방의 손해는 배상하여야 한다.」

④ [○] **제469조(제3자의 변제)** 「①항 채무의 변제는 제3자도 할 수 있다. 그러나 채무의 성질 또는 당사자의 의사표시로 제3자의 변제를 허용하지 아니하는 때에는 그러하지 아니하다. ②항 이해관계 없는 제3자는 채무자의 의사에 반하여 변제하지 못한다.」

[정답] ③

문2 변제에 관한 설명 중 가장 옳지 않은 것은? (다툼이 있는 경우 판례에 의함) [14서기보]

① 채무자가 채권자에게 채무변제와 관련하여 다른 채권을 양도하는 것은 특단의 사정이 없는 한 채무변제에 갈음한 것으로 볼 것이어서, 채권양도가 있으면 양도된 채권의 변제 여부와 무관하게 원래의 채권은 소멸한다.

② 변제자(채무자)와 변제수령자(채권자)는 변제로 소멸한 채무에 관한 보증인 등 이해관계 있는 제3자의 이익을 해하지 않는 이상 이미 급부를 마친 뒤에도 기존의 충당방법을 배제하고 제공된 급부를 어느 채무에 어떤 방법으로 다시 충당할 것인가를 약정할 수 있다.

③ 채무의 변제로 타인의 물건을 인도한 채무자는 다시 유효한 변제를 하지 아니하면 그 물건의 반환을 청구하지 못한다는 민법 제463조는 채무자만이 그 물건의 반환을 청구할 수 없다는 것에 불과할 뿐 채무자가 아닌 다른 권리자까지 그 물건의 반환을 청구할 수 없다는 취지는 아니다.

④ 양도할 능력이 없는 소유자가 채무의 변제로 물건을 인도한 경우에는 원칙적으로 그 변제가 취소된 때에도 다시 유효한 변제를 하지 아니하면 그 물건의 반환을 청구하지 못한다.

해설 ① [✕] 채무자가 채권자에게 채무변제와 '관련하여' 다른 채권을 양도하는 것은 특단의 사정이 없는 한 채무변제를 위한 담보 또는 변제의 방법으로 양도되는 것으로 추정할 것이지 **채무변제에 갈음한 것으로 볼 것은 아니어서**, 그 경우 채권양도만 있으면 바로 원래의 채권이 소멸한다고 볼 수는 없고 채권자가 양도받은 채권을 변제받은 때에 비로소 그 범위 내에서 채무자가 면책된다(대판 2013.5.9. 2012다40998).

비교판례 채무자가 채권자에게 채무변제에 '갈음하여' 다른 채권을 양도하기로 한 경우에는 특별한 사정이 없는 한 채권양도의 요건을 갖추어 대체급부가 이루어짐으로써 원래의 채무는 소멸하는 것이고 그 양수한 채권의 변제까지 이루어져야만 원래의 채무가 소멸한다고 할 것은 아니다(제579조 참조 ; 대판 2013.5.9. 2012다40998).

② [○] ※ 기존의 법정충당을 배제하고 다시 합의충당을 할 수 있는지 여부(원칙적 적극)
변제자(채무자)와 변제수령자(채권자)는 변제로 소멸한 채무에 관한 보증인 등 이해관계 있는 제3자의 이익을 해하지 않는 이상 이미 급부를 마친 뒤에도 기존의 충당방법을 배제하고 제공된 급부를 어느 채무에 어떤 방법으로 다시 충당할 것인가를 약정할 수 있다(대판 2013.9.12. 2012다118044).

③ [○] 대판 1993.6.8. 93다14998
제463조(변제로서의 타인의 물건의 양도) 「채무의 변제로 타인의 물건을 인도한 채무자는 다시 유효한 변제를 하지 아니하면 그 물건의 반환을 청구하지 못한다.」

④ [○] **제464조(양도능력없는 소유자의 물건인도)** 「양도할 능력없는 소유자가 채무의 변제로 물건을 인도한 경우에는 그 변제가 취소된 때에도 다시 유효한 변제를 하지 아니하면 그 물건의 반환을 청구하지 못한다.」

[정답] ①

문3 변제에 관한 다음 설명 중 가장 옳지 않은 것은? (다툼이 있는 경우 판례에 의함) [16서기보]

① 채권의 준점유자에 대한 변제는 변제자가 선의이며 과실 없는 때에 한하여 효력이 있다.

② 채무자는 채무 전부를 변제하였을 때뿐만 아니라 공탁, 면제 등으로 채무 전부가 소멸되었을 때도 채권증서의 반환을 청구할 수 있다.

③ 매수인이 계약의 이행에 비협조적인 태도를 취하면서 잔대금의 지급을 미루는 등 소유권이전등기 서류를 수령할 준비를 아니한 경우, 매도인이 법무사사무소에 소유권이전등기에 필요한 대부분의 서류를 작성하여 주었고 미비된 일부 서류들은 잔금 지급 시에 교부하기로 하였으며 이들 서류는 매도인이 언제라도 발급받아 교부할 수 있다면 매도인으로서는 비록 일부 미비된 서류가 있다 하더라도 소유권이전등기 의무에 대한 충분한 이행의 제공을 마친 것이다.

④ 변제자가 주채무자인 경우, 보증인이 있는 채무와 보증인이 없는 채무 사이에는 보증인이 있는 채무가 변제이익이 더 많으므로 보증인이 있는 채무부터 법정변제충당하여야 한다.

해설 ① [○] **제470조(채권의 준점유자에 대한 변제)** 「채권의 준점유자에 대한 변제는 변제자가 선의이며 과실없는 때에 한하여 효력이 있다.」

② [○] **제475조(채권증서반환청구권)** 「채권증서가 있는 경우에 변제자가 채무전부를 변제한 때에는 채권증서의 반환을 청구할 수 있다. 채권이 변제 이외의 사유로 전부 소멸한 때에도 같다.」
☞ 따라서 채권이 상계·경개·면제 등 변제 이외의 원인으로 소멸하는 경우에도 채권증서의 반환을 청구할 수 있다.

③ [○] 대판 2001.12.11. 2001다36511

④ [×] **제477조(법정변제충당)** 「당사자가 변제에 충당할 채무를 지정하지 아니한 때에는 다음 각호의 규정에 의한다. 1. 채무중에 이행기가 도래한 것과 도래하지 아니한 것이 있으면 이행기가 도래한 채무의 변제에 충당한다. 2. 채무전부의 이행기가 도래하였거나 도래하지 아니한 때에는 채무자에게 변제이익이 많은 채무의 변제에 충당한다.」

※ 주채무자의 수개의 채무 사이에 인적·물적 담보에 차이가 있는 경우
'주채무자가 변제할 때' 보증인이 있는 채무와 보증인이 없는 채무 사이에는 변제 이익의 차이가 없고, 마찬가지로 '주채무자가 변제할 때' 물상보증인이 제공한 물적 담보가 있는 채무와 그러한 담보가 없는 채무 사이에도 변제이익의 점에서 차이가 없다(대판 2014.4.30. 2013다8250). 왜냐하면 (물상)보증인이 있는 채무도 구상의무의 존재로 인해 결국 자기의 채무이기 때문이다.

[정답] ④

문4 변제의 충당에 관한 다음 설명 중 가장 옳지 않은 것은? (다툼이 있는 경우 판례에 의함)

[15서기보]

① 담보권실행 등을 위한 경매에 있어 배당금이 동일 담보권자의 수개의 피담보채권 전부를 소멸시키기에 부족한 경우 채권자와 채무자의 합의에 의한 변제충당은 허용되지 않는다.

② 채무자가 1개 또는 수개의 채무에 대한 원본 이외의 이자 및 비용채무의 전부를 소멸시키기에 충분하지 않은 급부를 한 경우에는 비용, 이자, 원본의 순서로 충당하여야 한다.

③ 변제자가 주채무자인 경우 보증인이 있는 채무와 보증인이 없는 채무 사이의 변제이익은 동일하다.

④ 변제자가 채무자인 경우 물상보증인이 제공한 물적 담보가 있는 채무보다 그러한 담보가 없는 채무가 변제이익이 크다.

해설 ① [○] 강제경매(대판 199.7.23, 90다18678) 또는 담보권실행경매(대판 1996.5.10, 95다55504)에서는 채권자, 채무자 외에 다수의 이해관계인이 있을 수 있기 때문에 획일적으로 가장 공평·타당한 충당방법인 제477조의 규정에 의한 법정변제충당의 방법에 따라 충당을 하여야 한다.

② [○] **제479조(비용, 이자, 원본에 대한 변제충당의 순서)** 「①항 채무자가 1개 또는 수개의 채무의 비용 및 이자를 지급할 경우에 변제자가 그 전부를 소멸하게 하지 못한 급여를 한 때에는 비용, 이자, 원본의 순서로 변제에 충당하여야 한다.」

③ [○] ④ [×] 주채무자가 변제할 때 보증인이 있는 채무와 보증인이 없는 채무 사이에는 변제 이익의 차이가 없고, 마찬가지로 '주채무자가 변제할 때' 물상보증인이 제공한 물적 담보가 있는 채무와 그러한 담보가 없는 채무 사이에도 변제이익의 점에서 차이가 없다(대판 2014.4.30. 2013다8250).

[정답] ④

문5 변제충당에 관한 다음 설명 중 가장 옳지 않은 것은? (다툼이 있는 경우 판례에 의하고, 전원합의체 판결의 경우 다수의견에 의함)

[18서기보]

① 법정변제충당의 경우 이행기가 도래한 채무와 도래하지 아니한 채무가 있으면 이행기가 도래한 채무의 변제에 충당하는데, 이행기의 도래 여부는 이행기의 유예가 있더라도 본래의 이행기를 기준으로 판단한다.

② 변제자가 주채무자인 경우 보증인이 없는 채무가 보증인이 있는 채무보다 변제이익이 더 많다고 볼 수 없다.

③ 지정변제충당에서 변제자의 지정이 없다면 변제받은 자가 그 당시 어느 채무를 지정하여 변제에 충당할 수 있지만, 변제자가 그 충당에 대하여 즉시 이의를 한 때에는 그러하지 아니하다.

④ 채무자의 변제가 모든 채무를 소멸시키기에 부족한 때에는 채권자가 적당하다고 인정하는 순서와 방법에 의하여 충당하기로 약정하였으면, 채권자는 별도의 의사표시를 하지 않고도 그 약정에 터 잡아 스스로 적당하다고 인정하는 순서와 방법에 좇아 변제충당을 할 수 있다.

[해설] ① [X] 채무 중에 이행기가 도래한 것과 도래하지 않은 것이 있으면 먼저 이행기가 도래한 채무의 변제에 충당한다(제477조 1호). 이행기 도래 여부는 이행기의 유예가 있는 채무에 대하여는 유예기까지 이행기가 도래하지 않은 것과 같게 보아야 한다(대판 1999.8.24. 99다22281,22298).

② [O] 대판 2014.4.30. 2013다8250

③ [O] **제476조(지정변제충당)** 「②항 변제자가 전항의 지정을 하지 아니할 때에는 변제받는 자는 그 당시 어느 채무를 지정하여 변제에 충당할 수 있다. 그러나 변제자가 그 충당에 대하여 즉시 이의를 한 때에는 그러하지 아니하다.」

④ [O] 채권자와 채무자의 '합의'로 변제가 채권자에 대한 모든 채무를 소멸시키기에 부족한 때에는 채권자가 적당하다고 인정하는 순서와 방법에 의하여 충당하기로 한 것이라면, 채권자가 그 약정에 터 잡아 스스로 적당하다고 인정하는 순서와 방법에 좇아 변제충당을 한 이상 변제자에 대한 의사표시와 관계없이 충당의 효력이 있다(대판 2012.4.13. 2010다1180).

[정답] ①

문**6** 변제자대위에 관한 다음 설명 중 가장 옳지 않은 것은? (다툼이 있는 경우 판례에 의하고, 전원합의체 판결의 경우 다수의견에 의함) [21서기보]

① 보증인이 채무를 변제한 후 채권자의 저당권 등기에 관하여 대위의 부기등기를 하지 않고 있는 동안 제3취득자가 목적부동산에 대하여 권리를 취득한 경우 보증인은 제3취득자에 대하여 채권자를 대위할 수 없다.

② 변제할 정당한 이익이 있는 자가 채무자를 위하여 채권 일부를 대위변제하였는데 채권자가 부동산에 대하여 저당권을 가지고 있는 경우, 채권자는 대위변제자에게 일부대위변제에 따른 저당권의 일부이전의 부기등기를 경료해주어야 할 의무가 있고, 이 경우 채권자는 일부 대위변제자에 대하여 우선변제권을 주장할 수 없다.

③ 구상권과 변제자대위권은 원본, 변제기, 이자, 지연손해금의 유무 등에 있어서 그 내용이 다른 별개의 권리이다.

④ 채권자가 고의나 과실로 담보를 상실하게 하거나 감소하게 하여 물상보증인의 대위 권을 침해한 경우, 물상보증인은 그 상실 또는 감소로 인하여 상환을 받을 수 없는 한도에서 면책 주장을 할 수 있다.

해설 ① [○] **제482조(변제자대위의 효과, 대위자간의 관계)** 「①항 민법 제480조, 제481조에 따라 채권자를 대위한 자는 자기의 권리에 의하여 구상할 수 있는 범위에서 채권과 그 담보에 관한 권리를 행사할 수 있다.」

보증인과 제3취득자 사이의 변제자대위에 관하여 민법 제482조 제2항 제1호는 "보증인은 미리 전세권이나 저당권의 등기에 그 대위를 부기하지 아니하면 전세물이나 저당물에 권리를 취득한 제3자에 대하여 채권자를 대위하지 못한다."라고 정하고 있다. 이 규정은 보증인의 변제로 저당권 등이 소멸한 것으로 믿고 목적부동산에 대하여 권리를 취득한 제3취득자를 예측하지 못한 손해로부터 보호하기 위한 것이다. 따라서 보증인이 채무를 변제한 후 저당권 등의 등기에 관하여 대위의 부기등기를 하지 않고 있는 동안 제3취득자가 목적부동산에 대하여 권리를 취득한 경우 보증인은 제3취득자에 대하여 채권자를 대위할 수 없다(대판 2020.10.15. 2019다222041).

비교판례 보증인이 '미리' 대위의 부기등기를 하여야 하는데 그 표준되는 시점이 문제되는바, 判例는 보증인이 변제하기 전이라면 제3자에게 불측의 손해를 가할 위험은 없으므로 '보증인의 변제 후 제3취득자의 등기 전'이라고 한다(대판 1990.11.9, 90다카10305). 따라서 제3취득자가 전세물이나 저당물의 권리를 취득한 후에 변제한 보증인은 대위의 부기등기 없이도 항상 제3자에게 대위할 수 있다.

② [×] **제483조(일부의 대위)** 「①항 채권의 일부에 대하여 대위변제가 있는 때에는 대위자는 그 변제한 가액에 비례하여 채권자와 함께 그 권리를 행사한다.」

☞ '변제한 가액에 비례하여 행사'의 의미와 관련하여 특히 경매대금이 잔존채무와 제3변제자의 구상채권을 전액 변제하기에 부족한 경우에 문제되는 바, 이에 대하여 判例는 대위변제제도는 구상권을 보호하려는 것뿐이므로 채권자를 해하면서까지 변제자를 보호할 필요가 없고, 그 일부대위의 효력이 채권자가 갖는 담보물권의 불가분성을 해칠 수도 없으므로 **채권자우선설**이의 입장이다(아래 판례 참고).

"변제할 정당한 이익이 있는 자가 채무자를 위하여 채권의 일부를 대위변제할 경우에 대위변제자는 변제한 가액의 범위내에서 종래 채권자가 가지고 있던 채권 및 담보에 관한 권리를 취득하게 되고 따라서 채권자가 부동산에 대하여 저당권을 가지고 있는 경우에는 **채권자는 대위변제자에게 일부 대위변제에 따른 저당권의 일부이전의 부기등기를 경료해 주어야 할 의무가 있다 할 것이나 이 경우에도 채권자는 일부 대위변제자에 대하여 우선변제권을 가지고 있다**"(대판 1988.9.27. 88다카1797).

③ [○] 변제자는 채무자에 대한 고유의 구상권과 대위에 의한 채권자의 채권, 두 개의 청구권을 가지게 된다. 따라서 '청구권의 경합'이 생기게 되며, 변제한 제3자가 그 중 어느 한 권리의 행사에 의하여 목적을 달성하면 다른 권리도 소멸한다.

구상권과 변제자대위권은 그 원본, 변제기, 이자, 지연손해금의 유무 등에 있어서 그 내용이 다른 별개의 권리이다. 따라서 가령 대위변제자와 채무자 사이에 구상금에 관한 지연손해금 약정이 있더라도 이 약정은 구상금을 청구하는 경우에 적용될 뿐, 변제자대위권을 행사하는 경우에는 적용될 수 없다(대판 2009.2.26. 2005다32418).

④ [○] **제485조(채권자의 담보상실, 감소행위와 법정대위자의 면책)** 「민법 제481조의 규정에 의하여 대위할 자가 있는 경우에 채권자의 고의나 과실로 담보가 상실되거나 감소된 때에는 대위할 자는 그 상실 또는 감소로 인하여 상환을 받을 수 없는 한도에서 그 책임을 면한다.」

이는 보증인 등 법정대위를 할 자가 있는 경우에 채권자에게 담보보존의무를 부담시킴으로써 대위할 자의 구상권과 대위에 대한 기대권을 보호하려는 것이다. 물상보증인은 근저당권의 피담보채무를 변제할 정당한 이익이 있는 자로서 변제로 채권자를 대위할 법정대위권이 있다. 채권자가 고의나 과실로 담보를 상실하게 하거나 감소하게 한 때에는 특별한 사정이 없는 한 물상보증인의 대위권을 침해하는 것이므로 물상보증인은 민법 제485조에 따라 상실 또는 감소로 인하여 상환을 받을 수 없는 한도에서 면책 주장을 할 수 있다. 여기서 물상보증인이 면책 주장을 할 수 있다는 것은 채무자가 부담하는 근저당권의 피담보채무 자체가 소멸한다는 뜻은 아니고 피담보채무에 관한 물상보증인의 책임이 소멸한다는 의미이다(대판 2017.10.31. 2015다65042).

[정답] ②

문7 채무의 변제에 관한 설명 중 옳지 않은 것은? [기출변형]

① 甲이 乙에 대하여 금전채무를 부담하고 乙이 丙에 대하여 동일한 금액의 채무를 부담하는 경우, 甲이 乙의 지시로 丙에게 직접 변제하였다면 후에 甲과 乙 사이의 계약이 해제되더라도 甲은 丙에 대하여 급부한 것을 부당이득으로 반환청구할 수 없다.

② 채권양도가 있었으나 아직 대항요건이 갖추어지지 아니하였다면 채무자가 채권양도 사실을 알고서 양도인에게 변제한 경우에도 양수인에 대하여 변제의 유효를 주장할 수 있다.

③ 채무자 甲이 乙에게 변제한 후 진정한 채권자가 丙으로 밝혀진 경우라도, 乙이 채권의 준점유자이고 甲이 선의·무과실로 변제하였다면, 甲은 乙에게 변제한 것의 반환을 청구할 수 없다.

④ 채권자 甲에 대한 乙의 채무를 제3자인 丙이 자신의 채무인 줄 알고 甲에게 변제한 경우에도 乙의 채무는 소멸하고, 丙은 원칙적으로 乙에 대하여 부당이득반환을 청구할 수 있다.

[해설] ① [○] 이른바 단축급부로서 법률상 원인없는 급부 수령이라고 할 수 없다.

[관련판례] "계약의 일방 당사자가 계약 상대방의 지시 등으로 급부과정을 단축하여 계약 상대방과 또 다른 계약관계를 맺고 있는 제3자에게 직접 급부한 경우, 그 급부로써 급부를 한 계약 당사자의 상대방에 대한 급부가 이루어질 뿐 아니라 그 상대방의 제3자에 대한 급부로도 이루어지는 것이므로 계약의 일방 당사자는 제3자를 상대로 법률상 원인 없이 급부를 수령하였다는 이유로 부당이득반환청구를 할 수 없다"(대판 2003.12.26. 2001다46730)

② [○] 채권양도 사실에 대해 채무자가 악의라는 점만으로 양수인이 대항요건을 갖춘 것은 아니고 (제450조 1항 참조), 채권양도 후 대항요건이 구비되기 전의 양도인은 채무자에 대한 관계에서는 여전히 채권자의 지위에 있으므로(대판 2009.2.12. 2008두20109), 채무자는 자신의 채무를 채권 양도인에게 변제해도 유효한 변제가 되고, 양도인에 대한 대항사유로서 양수인에게 대항할 수 있다(제451조 1항).

> 참고판례 "채무자가 채권양도 통지를 받기 전 채권자(의 대리인)에게 변제하였으면 이로서 위 채무는 채무 소멸한 것이다"(서울고법 1978.5.12. 77나462)

③ [○] 채권의 준점유자에 대한 변제는 변제자가 선의이며 과실 없는 때에 한하여 효력이 있다 (제470조). 이 경우 채무소멸의 효과는 절대적이어서, 채권자는 급부를 수령한 채권의 준점유자에 대하여 부당이득반환청구권(제748조 제2항) 또는 불법행위에 기한 손해배상청구권(제750조)을 가지는 반면, 변제자는 채권의 준점유자에 대하여 부당이득으로서 급부의 반환을 청구하지 못한다(절대적 효력설).

> 참고판례 "채권압류가 경합된 경우에 그 압류채권자 중의 한 사람이 전부명령을 얻은 경우 그 전부명령은 무효이지만 제3채무자가 선의·무과실로 그 전부 채권자에게 전부금을 변제하였다면 이는 채권의 준점유자에 대한 변제로서 유효하므로 제3채무자의 채무자에 대한 채무는 소멸되고 제3채무자는 압류채권자에 대하여 2중 변제의 의무를 부담하지 아니하며 전부채권자에 대하여 전부명령의 무효를 주장하여 부당이득반환청구도 할 수 없다"(대판 1980.9.30. 78다1292)

④ [×] 제745조(타인의 채무의 변제) 「① 채무자 아닌 자가 착오로 인하여 타인의 채무를 변제한 경우에 채권자가 선의로 증서를 훼멸하거나 담보를 포기하거나 시효로 인하여 그 채권을 잃은 때에는 변제자는 그 반환을 청구하지 못한다. ② 전항의 경우에 변제자는 채무자에 대하여 구상권을 행사할 수 있다.」

☞ 제3자가 타인의 채무를 자기의 채무로 잘못 알고 변제한 때에는 제3자 변제로서의 효력이 생기지 않으므로 급부한 것의 반환을 청구할 수 있는 것이 원칙이다. 그런데 채권자가 유효한 변제를 받은 것으로 믿어 증서를 훼멸하거나 담보를 포기하거나 시효로 채권을 잃은 때에도 부당이득의 반환을 인정하게 되면 선의의 채권자가 피해를 입는 점에서, 이 경우에는 제3자에게 채권자에 대한 부당이득반환청구를 허용하지 않지만(제745조 1항), 채무자에 대하여는 그의 채무를 면하게 한 점에서 구상권을 행사할 수 있다(제745조 2항).

따라서 사안에서 제3자 丙은 자신의 채무인 줄 알고 착오로 변제한 경우이므로 乙의 채무는 소멸하지 않고 그 결과 丙은 원칙적으로 甲에게 부당이득반환을 청구하여야 한다.

[정답] ④

문8 채권의 변제순위에 관한 설명 중 옳지 않은 것을 모두 고른 것은?

[기출변형]

ㄱ. 부동산에 대하여 가압류등기가 된 후 저당권이 설정되고 이후 강제경매 신청을 한 압류채권자가 있는 경우, 1차로 가압류채권자와 저당권자 및 압류채권자 사이에 채권액에 비례하여 평등배당을 한 후, 저당권자는 자신의 채권액을 전부 변제받을 수 있을 때까지 압류채권자가 받을 배당액으로부터 우선하여 배당받을 수 있다.

ㄴ. 동일한 주택에 대항요건을 갖추고 서로 일자를 달리하여 확정일자를 받은 여러 명의 임차인들이 「주택임대차보호법」에 의하여 보증금 중 일정액의 보호를 받는 소액임차인의 지위를 겸하는 경우, 임차인들은 그 주택에 관한 배당절차에서 먼저 소액임차인으로서 보호받는 일정액을 우선 배당받은 후 나머지 임차보증금채권액에 대하여는 채권액에 비례하여 평등배당을 받는다.

ㄷ. 동일한 채권에 대하여 확정일자 있는 채권양도의 통지와 채권압류 및 추심명령이 제3채무자에게 동시에 송달된 경우, 제3채무자는 채권양수인이나 압류채권자 중 누구에게라도 채무전액을 변제할 수 있다. 다만 제3채무자에 대한 채권액이 양수채권액과 압류채권액의 합계액보다 적은 경우에는 그들 사이에 각 채권액에 안분하여 이를 내부적으로 다시 정산해야 한다.

ㄹ. 동일한 채권에 대하여 확정일자 있는 채권양도의 통지와 채권가압류명령이 제3채무자에게 동시에 도달하여 제3채무자가 변제공탁을 하고 이후 배당이 되는 경우, 위 도달시점 이후 채권압류 및 추심명령을 받은 다른 채권자가 배당요구를 하더라도 채권양수인과 선행가압류채권자 사이에서만 채권액에 안분하여 배당하여야 한다.

① ㄱ   ② ㄴ

③ ㄱ, ㄷ   ④ ㄴ, ㄹ

해설 ㄱ. [○] "부동산에 대하여 가압류등기가 먼저 되고 나서 근저당권설정등기가 마쳐진 경우에 그 근저당권등기는 가압류에 의한 처분금지의 효력 때문에 그 집행보전의 목적을 달성하는 데 필요한 범위 안에서 가압류채권자에 대한 관계에서만 상대적으로 무효이다. 이 경우 가압류채권자와 근저당권자 및 근저당권설정등기 후 강제경매신청을 한 압류채권자 사이의 배당관계에 있어서, 근저당권자는 선순위 가압류채권자에 대하여는 우선변제권을 주장할 수 없으므로 1차로 채권액에 따른 안분비례에 의하여 평등배당을 받은 다음, 후순위 경매신청압류채권자에 대하여는 우선변제권이 인정되므로 경매신청압류채권자가 받을 배당액으로부터 자기의 채권액을 만족시킬 때까지 이를 흡수하여 배당받을 수 있다"(대결 1994.11.29. 94마417).

ㄴ. [×] "주택임대차보호법 제3조의2 제2항은 대항요건(주택인도와 주민등록전입신고)과 임대차계약증서상의 확정일자를 갖춘 주택임차인에게 부동산 담보권에 유사한 권리를 인정한다는 취지로서, 이에 따라 대항요건과 확정일자를 갖춘 임차인들 상호간에는 대항요건과 확정일자를 최종적으로 갖춘 순서대로 우선변제받을 순위를 정하게 되므로, 만일 대항요건과 확정일자를 갖춘

임차인들이 주택임대차보호법 제8조 제1항에 의하여 보증금 중 일정액의 보호를 받는 소액임차인의 지위를 겸하는 경우, 먼저 소액임차인으로서 보호받는 일정액을 우선 배당하고 난 후의 나머지 임차보증금채권액에 대하여는 대항요건과 확정일자를 갖춘 임차인으로서의 순위에 따라 배당을 하여야 하는 것이다" (대판 2007.11.15. 2007다45562)

ㄷ. [○] "채권양도 통지, 가압류 또는 압류명령 등이 제3채무자에 동시에 송달되어 그들 상호간에 우열이 없는 경우에도 그 채권양수인, 가압류 또는 압류채권자는 모두 제3채무자에 대하여 완전한 대항력을 갖추었다고 할 것이므로, 그 전액에 대하여 채권양수금, 압류전부금 또는 추심금의 이행청구를 하고 적법하게 이를 변제받을 수 있고, 제3채무자로서는 이들 중 누구에게라도 그 채무 전액을 변제하면 다른 채권자에 대한 관계에서도 유효하게 면책되는 것이며, 만약 양수채권액과 가압류 또는 압류된 채권액의 합계액이 제3채무자에 대한 채권액을 초과할 때에는 그들 상호간에는 법률상의 지위가 대등하므로 공평의 원칙상 각 채권액에 안분하여 이를 내부적으로 다시 정산할 의무가 있다"(대판 1994.4.26. 전합93다24223).

ㄹ. [○] "확정일자 있는 채권양도 통지와 채권가압류명령이 동시에 도달됨으로써 제3채무자가 변제공탁을 하고, 그 후에 다른 채권압류 또는 가압류가 이루어졌다 하더라도 채권양수인과 선행가압류채권자 사이에서만 채권액에 안분하여 배당하여야 한다"(대판 2004.9.3. 2003다22561).

[정답] ②

문9 채무자가 동일한 채권자에 대하여 같은 종류를 목적으로 하는 수개의 채무를 부담하는데 변제의 제공이 그 채무 전부를 소멸하게 하지 못하는 경우에 관한 설명 중 옳지 않은 것은? (다툼이 있는 경우에는 판례에 의함) [기출변형]

① 채무자의 변제가 채권자에 대한 모든 채무를 소멸시키기에 부족한 때에는 채권자가 적당하다고 인정하는 순서와 방법에 의하여 충당하기로 하는 약정이 있는 경우, 채무자가 변제를 하면서 위 약정과 달리 특정 채무의 변제에 우선적으로 충당한다고 지정하더라도, 그에 대하여 채권자가 명시적 또는 묵시적으로 동의하지 않는 한 그 지정은 효력이 없어 채무자가 지정한 채무가 변제되어 소멸하는 것은 아니다.

② 변제자의 지정이 없다면 변제받은 자가 그 당시 어느 채무를 지정하여 변제에 충당할 수 있지만, 변제자가 그 충당에 대하여 즉시 이의를 한 때에는 그러하지 아니하다.

③ 법정변제충당의 경우, 이행기가 도래한 채무와 도래하지 아니한 채무가 있으면 이행기가 도래한 채무의 변제에 충당하는데, 이행기의 도래 여부는 이행기의 유예가 있더라도 본래의 이행기를 기준으로 판단한다.

④ 변제자가 그 채무 전부를 소멸하게 하지 못한 급여를 한 때에는 특약이 없는 한 비용, 이자, 원본의 순서로 변제에 충당하여야 한다.

해설 ① [○] 변제충당이란 ⅰ) 동일한 채권자에 대하여 같은 종류를 목적으로 한 '수개의 채무'를 지는 경우(제476조 1항), 또는 ⅱ) 1개의 채무의 변제로서 수개의 급부를 해야 할 경우(제478조)에 변제의 제공이 그 채무 전부를 소멸하게 하지 못하는 때에, 그 중 어느 채무의 변제에 충당할 것인가를 정하는 것이다.
"채권자와 채무자의 합의로 채권자가 적당하다고 인정하는 순서와 방법에 의해 충당하기로 약정한 이상(이른바 합의충당), 채무자가 변제를 하면서 위 약정과 달리 특정 채무의 변제에 충당한다고 지정하더라도, 그에 대해 채권자가 동의하지 않는 한, 그 지정은 효력이 없어 채무자가 지정한 채무가 변제되어 소멸하는 것은 아니다"(대판 1999.11.26, 98다27517).

② [○] 변제자가 지정권을 행사하지 않은 때에는 2차적으로 '변제받는 자'가 그 당시(변제제공 수령 후 지체없이) 변제자에 대한 의사표시로써 변제의 충당을 할 수 있다(제476조 2항 본문 및 3항, 제478조). 그러나 변제자가 즉시 이의를 한 때에는 변제수령자의 지정은 효력을 잃고(제476조 2항 단서), 법정충당의 방법에 따라 변제충당이 이루어진다.

③ [✕] "법정변제충당의 순위를 정함에 있어서 변제의 유예가 있는 채무에 대하여는 유예기까지 변제기가 도래하지 않은 것과 같게 보아야 한다"(대판 1999.8.24. 99다22281,22298).

④ [○] 채무자가 1개 또는 수개의 채무의 비용 및 이자를 지급할 경우에 변제자가 그 전부를 소멸하게 하지 못한 급여를 한 때에는 (총)비용, (총)이자(지연이자도 포함된다), (총)원본의 순서로 변제에 충당하여야 한다(제479조 1항).

[정답] ③

문10 변제충당에 관한 설명 중 옳지 않은 것은? (다툼이 있는 경우 판례에 의함)   [기출변형]

① 변제자가 주채무자이고 연대보증약정이 있는 경우로서 다른 조건이 동일하다면, 연대보증기간 내의 채무와 연대보증기간 종료 후의 채무 사이의 변제이익은 같다.

② 변제자가 주채무자인 경우로서 다른 조건이 동일하다면, 물상보증인이 제공한 물적 담보가 있는 채무와 그러한 담보가 없는 채무 사이의 변제이익은 같다.

③ 변제자가 주채무자인 경우로서 다른 조건이 동일하다면, 제3자가 발행 또는 배서한 어음에 의하여 담보되는 채무가 그렇지 않은 채무보다 변제이익이 더 많다.

④ 주채무자 이외의 자가 변제자인 경우로서 다른 조건이 동일하다면, 변제자가 발행 또는 배서한 어음에 의하여 담보되는 채무가 그렇지 않은 채무보다 변제이익이 더 많다.

해설 제477조(법정변제충당) 「당사자가 변제에 충당할 채무를 지정하지 아니한 때에는 다음 각호의 규정에 의한다. 1. 채무중에 이행기가 도래한 것과 도래하지 아니한 것이 있으면 이행기가 도래한 채무의 변제에 충당한다. 2. 채무전부의 이행기가 도래하였거나 도래하지 아니한 때에는 채무자에게 변제이익이 많은 채무의 변제에 충당한다. 3. 채무자에게 변제이익이 같으면 이행기가 먼저 도래한 채무나 먼저 도래할 채무의 변제에 충당한다. 4. 전2호의 사항이 같은 때에는 그 채무액에 비례하여 각 채무의 변제에 충당한다.」

① [○] ② [○] '주채무자가 변제할 때' 보증인이 있는 채무와 보증인이 없는 채무 사이에는 변제 이익의 차이가 없다(왜냐하면 보증인이 있는 채무도 구상의무의 존재로 인해 결국 자기의 채무이기 때문이다). 마찬가지로 '변제자가 채무자인 경우' 물상보증인이 제공한 물적 담보가 있는 채무와 그러한 담보가 없는 채무 사이에도 변제이익의 점에서 차이가 없다(대판 2014.4.30. 2013다8250). 따라서 (주)채무자가 변제한 금원은 이행기가 먼저 도래한 채무부터 (법정변제)충당하여야 한다(제477조 3호 ; 대판 1999.8.24., 99다26481).

[비교판례] 그러나 변제자 자신의 채무(주채무)가 보증채무(연대보증채무를 포함한다)보다 변제이익이 더 많다(대판 2002.7.12, 99다68652).

③ [×] ④ [○] 주채무자 이외의 자가 변제자인 경우에는, 변제자가 발행 또는 배서한 어음에 의하여 담보되는 채무가 다른 채무보다 변제이익이 많다. 이에 대해 주채무자가 변제자인 경우에는, 담보로 제3자가 발행 또는 배서한 약속어음이 교부된 채무와 다른 채무 사이에 변제이익에서 차이가 없으나, 담보로 주채무자 자신이 발행 또는 배서한 어음으로 교부된 채무는 다른 채무보다 변제이익이 많다(대판 1999.8.24, 99다22281,22298).

[정답] ③

문11 변제충당에 관한 설명 중 옳지 않은 것은? (다툼이 있는 경우 판례에 의함) [기출변형]

① 담보권 실행을 위한 경매의 배당절차에서는 합의충당과 지정충당은 허용되지 않고 법정변제충당의 방법에 의하여야 한다.

② 변제자가 주채무자인 경우 보증인이 있는 채무와 보증인이 없는 채무 사이에는 변제이익의 차이가 없으나, 변제자가 채무자인 경우 물상보증인이 제공한 물적 담보가 있는 채무와 그러한 담보가 없는 채무 사이에는 물적 담보가 있는 채무의 변제이익이 더 많다.

③ 비용, 이자, 원본에 대한 변제충당에 있어 당사자 사이에 특별한 합의가 없는 한 비용, 이자, 원본의 순서로 충당하여야 하고 채무자는 물론 채권자라도 위 법정순서와 다르게 일방적으로 충당의 순서를 지정할 수는 없으나, 상대방의 이의제기가 없어 묵시적인 합의가 있다고 볼 경우에는 그러하지 아니하다.

④ 1,000만 원의 원금과 50만 원의 이자 및 비용을 변제할 채무자가 50만 원을 채권자에게 지급하면서 이를 원금에 충당할 것을 지정한다고 하더라도 원칙적으로 원금의 변제에 충당되지 않으며, 이로 인하여 채권자가 변제의 수령을 거절하더라도 채권자지체에 빠지지 않는다.

[해설] ① [○] "담보권의 실행 등을 위한 경매에 있어서 배당금이 동일 담보권자가 가지는 수개의 피담보채권의 전부를 소멸시키기에 부족한 경우, 채권자와 채무자 사이에 변제충당에 관한 합의가 있었다고 하더라도 그 합의에 의한 변제충당은 허용될 수 없고, 이 경우에는 획일적으로 가장 공평·타당한 충당방법인 민법 제477조의 규정에 의한 법정변제충당의 방법에 따라 충당을 하여야 한다"(대판 1996.5.10. 95다55504).

② [X] "변제자가 주채무자인 경우 보증인이 있는 채무와 보증인이 없는 채무 사이에 전자가 후자에 비하여 변제이익이 더 많다고 볼 근거는 전혀 없으므로 양자는 변제이익의 점에서 차이가 없다고 보아야 한다. 마찬가지로 변제자가 채무자인 경우 물상보증인이 제공한 물적 담보가 있는 채무와 그러한 담보가 없는 채무 사이에도 변제이익의 점에서 차이가 없다"(대판 2014.4.30. 2013다8250).

③ [O] "비용, 이자, 원본에 대한 변제충당에 있어서는 민법 제479조에 그 충당 순서가 법정되어 있고 지정 변제충당에 관한 같은 법 제476조는 준용되지 않으므로 당사자 사이에 특별한 합의가 없는 한 비용, 이자, 원본의 순서로 충당하여야 할 것이고, 채무자는 물론 채권자라고 할지라도 위 법정 순서와 다르게 일방적으로 충당의 순서를 지정할 수는 없다고 할 것이지만, 당사자의 일방적인 지정에 대하여 상대방이 지체없이 이의를 제기하지 아니함으로써 묵시적인 합의가 되었다고 보여지는 경우에는 그 법정충당의 순서와는 달리 충당의 순서를 인정할 수 있는 것이다"(대판 2002.5.10. 2002다12871).

④ [O] 채무자가 1개 또는 수개의 채무의 비용 및 이자를 지급할 경우에 변제자가 그 전부를 소멸하게 하지 못한 급여를 한 때에는 비용이나 이자가 이행기에 있는지 여부를 묻지 않고(대판 1967.10.6, 67다1587 참고), (총)비용, (총)이자(지연이자도 포함된다), (총)원본의 순서로 변제에 충당하여야 한다(제479조 1항).
따라서 변제자 일방의 지정충당이 있더라도 이는 인정되지 않고(대판 1990.11.9, 90다카7262), 그 지정은 민법 제479조 제1항에 반하여 채권자에 대하여 효력이 없으므로, 채권자는 그 수령을 거절할 수 있다(대판 2005.8.19. 2003다22042).

[정답] ②

문12 변제충당에 관한 설명 중 옳지 않은 것은?　　　　　　　　　　　　　[기출변형]

① 특별한 사정이 없는 한 변제자가 타인의 채무에 대한 보증인으로서 부담하는 보증채무(연대보증채무 포함)는 변제자 자신의 채무에 비하여, 연대채무는 단순채무에 비하여 각각 변제자에게 그 변제의 이익이 적다.

② 채권자와 채무자 사이에 미리 채권자가 적당하다고 인정하는 순서와 방법에 의하여 충당하기로 하는 내용의 변제충당에 관한 약정이 있다면, 변제수령권자인 채권자가 위 약정에 터 잡아 변제충당을 한 이상 변제자에 대한 의사표시와 관계없이 충당의 효력이 있다.

③ 비용, 이자, 원본에 대한 변제충당에 있어서는 당사자 사이에 특별한 합의가 없는 한 비용, 이자, 원본의 순서로 충당하여야 하고, 다만 채권자는 위 법정 순서와 다르게 일방적으로 충당의 순서를 지정할 수 있다.

④ 위 ③에도 불구하고 당사자의 일방적인 지정에 대하여 상대방이 지체 없이 이의를 제기하지 아니함으로써 묵시적인 합의가 되었다고 보이는 경우에는 그 법정충당의 순서와는 달리 충당의 순서를 인정할 수 있다.

해설 ① [○] ※ 주채무자가 보증채무 혹은 연대채무를 같이 부담하고 있는 경우
변제자가 타인의 채무에 대한 '보증인으로서 부담하는 보증채무'(연대보증채무도 포함)는 주채무에 부종하기 때문에 '변제자 자신의 채무'에 비하여 변제이익이 적고, '연대채무'는 '단순채무'에 비하여 채권자로부터 바로 전액청구를 받을 가능성이 낮기 때문에 변제이익이 적다(대판 1999.7.9. 98다55543 ; 대판 2002.7.12, 99다68652). 따라서 '변제자 자신의 주채무에 우선충당'되어야 한다.

② [○] ※ 합의충당(계약에 의한 충당)
채권자와 채무자의 '합의'로 변제가 채권자에 대한 모든 채무를 소멸시키기에 부족한 때에는 채권자가 적당하다고 인정하는 순서와 방법에 의하여 충당하기로 한 것이라면, 채권자가 그 약정에 터 잡아 스스로 적당하다고 인정하는 순서와 방법에 좇아 변제충당을 한 이상 변제자에 대한 의사표시와 관계없이 충당의 효력이 있다(대판 2012.4.13. 2010다1180).

③ [×] ④ [○] ※ 비용, 이자, 원본에 대한 변제충당에 있어서 충당의 순서 및 당사자 사이의 묵시적 합의에 의한 임의충당을 인정할 수 있는지 여부(적극)
"비용, 이자, 원본에 대한 변제충당에 있어서는 민법 제479조에 그 충당 순서가 법정되어 있고 지정 변제충당에 관한 같은 법 제476조는 준용되지 않으므로 당사자 사이에 특별한 합의가 없는 한 비용, 이자, 원본의 순서로 충당하여야 할 것이고, 채무자는 물론 채권자라고 할지라도 위 법정 순서와 다르게 일방적으로 충당의 순서를 지정할 수는 없다고 할 것이지만(③번 해설), 당사자의 일방적인 지정에 대하여 상대방이 지체없이 이의를 제기하지 아니함으로써 묵시적인 합의가 되었다고 보여지는 경우에는 그 법정충당의 순서와는 달리 충당의 순서를 인정할 수 있는 것이다(④번 해설)"(대판 2002.5.10, 2002다12871).

[정답] ③

문 13 다음 설명 중 옳은 것은? (다툼이 있는 경우 판례에 의함)   [기출변형]

① 채무의 일부 변제제공은 채무의 본지에 따른 이행의 제공이라 할 수 없어 이행제공의 효력이 발생할 수 없으나, 채무의 일부를 공탁한 경우에는 그 부분에 한해 원칙적으로 변제의 효력이 발생한다.

② 채무의 성질 또는 당사자의 의사표시로 변제장소를 정하지 아니한 때에는 특정물의 인도는 채권자의 현주소지에서 하여야 한다.

③ 채권의 준점유자에 대한 변제는 변제자가 선의이며 과실이 없는 경우에 한해 효력이 있는데, 만약 그 변제를 받은 자에게 변제수령의 권한이 인정된다면 채권의 준점유자에 대한 변제의 법리를 적용할 필요 없이 그에 대한 변제는 유효하다.

④ 변제받을 권한 없는 자에 대한 변제의 경우에도 채권자가 이익을 받은 한도에서 효력이 있는데, 여기에서 말하는 '채권자가 이익을 받은' 경우에는 변제의 수령자가 진정한 채권자에게 채무자의 변제로 받은 급부를 직접 전달한 경우는 포함되나, 무권한자의 변제수령을 채권자가 사후에 추인한 경우는 포함되지 않는다.

해설 ① [X] "채무의 일부 변제제공은 채무의 본지에 따른 이행의 제공이라 할 수 없고 이행제공의 효력이 발생할 수 없는 것이어서 그 채무의 일부를 공탁했다 하더라도 변제의 효력이 발생할 수 없다"(대판 1984.9.11. 84다카781)

② [X] 채무의 성질 또는 당사자의 의사표시로 변제장소를 정하지 아니한 때에는 특정물의 인도는 채권성립당시에 그 물건이 있던 장소에서 하여야 한다(제467조 1항). 채무의 성질 또는 당사자의 의사표시로 변제장소를 정하지 아니한 때에 채권자의 현주소에서 변제하여야 하는 경우는 특정물인도이외의 채무를 변제하는 경우이다(제467조 2항).

③ [O] "민법 제470조에서 정하는 '채권의 준점유자'는 진정한 채권자 등 변제수령의 권한이 있는 자 이외의 자로서 변제자의 입장에서 볼 때 일반의 거래관념상 채권을 행사할 정당한 권한을 가진 것으로 믿을 만한 외관을 가지는 사람을 말한다. 따라서 채무자가 채권의 준점유자에 대한 변제를 가리기 위해서는, 먼저 그 변제를 받은 자가 변제를 수령할 권한이 없는 자임이 전제가 되어야 하고, 만약 변제수령의 권한이 인정되면 채권의 준점유자에 대한 변제의 법리를 적용할 필요 없이 그에 대한 변제는 유효하다고 보아야 한다"(대판 2012.6.14. 2010다29034)

④ [X] "민법 제472조는 불필요한 연쇄적 부당이득반환의 법률관계가 형성되는 것을 피하기 위하여 변제받을 권한 없는 자에 대한 변제의 경우에도 그로 인하여 채권자가 이익을 받은 한도에서 효력이 있다고 규정하고 있다. 여기에서 '채권자가 이익을 받은' 경우란 변제수령자가 채권자에게 변제로 받은 급부를 전달한 경우는 물론이고, 그렇지 않더라도 무권한자의 변제수령을 채권자가 사후에 추인한 때와 같이 무권한자의 변제수령을 채권자의 이익으로 돌릴 만한 실질적 관련성이 인정되는 경우도 포함된다"(대판 2012.10.25. 2010다32214).

[정답] ③

문**14** 다음 기술 중 옳은 것은? (다툼이 있는 경우에는 판례에 의함)   [기출변형]

① 양도인의 제3채무자에 대한 채권이 압류된 후 채권의 발생원인인 계약의 당사자 지위를 이전하는 계약인수가 이루어진 경우, 제3채무자가 계약인수에 의하여 그와 양도인 사이의 계약관계가 소멸하였음을 내세워 압류채권자에 대항할 수 있다.

② 물상대위를 통해 우선변제를 받을 지위를 가진 후순위 담보권자는 채무자의 의사에 반하여는 유효한 변제를 할 수 없다.

③ 변제수령자가 변제로 받은 급부를 가지고 자신이나 제3자의 채권자에 대한 채무를 변제함으로써 채권자의 기존 채권을 소멸시킨 경우, 이는 제472조에서 말하는 '채권자가 이익을 받은' 때에 해당한다. 그러나 무권한자의 변제수령을 채권자가 사후에 추인하였다하더라도 이는 제472조에서 말하는 '채권자가 이익을 받은' 때에 해당하지 않는다.

④ 제3채무자가 착오로 압류채무자에게 지급한 돈을 압류채무자가 다시 압류채권자에게 지급한 경우, 제3채무자는 제472조를 근거로 피압류채권의 소멸을 주장할 수 있다.

해설 ① [X] ※ 채권에 대한 압류 및 추심명령 후 계약인수

"ⅰ) 채권의 압류는 제3채무자에 대하여 채무자에게 지급 금지를 명하는 것이므로 채무자는 채권을 소멸 또는 감소시키는 등의 행위를 할 수 없고 그와 같은 행위로 채권자에게 대항할 수 없는 것이지만, 채권의 발생원인인 법률관계에 대한 채무자의 처분까지도 구속하는 효력은 없다. ⅱ) 그런데 계약 당사자로서의 지위 승계를 목적으로 하는 계약인수의 경우에는 양도인이 계약관계에서 탈퇴하는 까닭에 양도인과 상대방 당사자 사이의 계약관계가 소멸하지만, 양도인이 계약관계에 기하여 가지던 권리의무가 동일성을 유지한 채 양수인에게 그대로 승계된다. 따라서 양도인의 제3채무자에 대한 채권이 압류된 후 채권의 발생원인인 계약의 당사자 지위를 이전하는 계약인수가 이루어진 경우 양수인은 압류에 의하여 권리가 제한된 상태의 채권을 이전받게 되므로, 제3채무자는 계약인수에 의하여 그와 양도인 사이의 계약관계가 소멸하였음을 내세워 압류채권자에 대항할 수 없다"(대판 2015.5.14. 2012다41359)

② [O] **제469조(제3자의 변제)** 「①항 채무의 변제는 제3자도 할 수 있다. 그러나 채무의 성질 또는 당사자의 의사표시로 제3자의 변제를 허용하지 아니하는 때에는 그러하지 아니하다. ②항 이해관계 없는 제3자는 채무자의 의사에 반하여 변제하지 못한다.」

※ 이해관계 없는 제3자가 채무자의 의사에 반하여 변제하는 경우(제469조 2항)

제469조 2항의 이해관계 있는 제3자란 변제를 하지 않으면 채권자로부터 집행을 받게 되거나 또는 채무자에 대한 자기의 권리를 잃게 되는 지위에 있기 때문에 변제함으로써 당연히 대위의 보호를 받아야 할 '법률상 이익'을 가지는 자를 말하고, 단지 사실상의 이해관계를 가진 자는 제외된다(물상대위를 통해 우선변제를 받을 지위를 가진 후순위 담보권자는 제469조 2항의 '이해관계 있는 제3자'가 아니다(아래 2008마109판결)].

당해 판결은 공동저당의 목적인 물상보증인 소유의 부동산에 후순위로 채권담보를 목적으로 소유권이전청구권 가등기가 설정되어 있는데 그 부동산에 대하여 먼저 경매가 실행되어 공동저당권자가 매각대금 전액을 배당받고 채무의 일부가 남은 사안에서, "물상보증인은 주채무자 소유의 부동산에 대한 채권자의 선순위근저당권을 '대위취득'(제481조, 제482조 1항)하고, 위 가등기권리자는 위 선순위근저당권에 대하여 '물상대위'(제370조, 제342조)함으로써 우선하여 변제를 받을 수 있다고 할 것이고, 위 가등기권리자가 주채무자 소유의 부동산에 대하여 직접 경매신청을 하기 위하여 위 채무 잔액을 변제하려고 한다는 취지의 주장은 채권자로부터 집행을 받게 되거나 또는 채무자에 대한 자기의 권리를 잃게 되는 지위에 있기 때문이 아닌 사실상의 이해관계에 지나지 않는다고 할 것이다"(대결 2009.5.28. 2008마109)라는 이유로, 즉 물상대위를 통하여 우선변제를 받을 수 있는 위 가등기권리자는 채무의 의사에 반하여 그 채무 잔액을 대위변제하거나 변제공탁할 수 있는 제469조 2항의 '이해관계 있는 제3자' 또는 제481조의 '변제할 정당한 이익이 있는 자'에 해당하지 않는다고 판단하였다.

③ [X] ※ 변제수령자-기타 권한 없는 자에 대한 변제(제472조)-

"민법 제472조는 불필요한 연쇄적 부당이득반환의 법률관계가 형성되는 것을 피하기 위하여 변제받을 권한 없는 자에 대한 변제의 경우에도 그로 인하여 채권자가 이익을 받은 한도에서 효력이 있다고 규정하고 있다. 여기에서 '채권자가 이익을 받은' 경우란 ㉠ 변제수령자가 채권자에게 변제로 받은 급부를 전달한 경우는 물론이고, 그렇지 않더라도 무권한자의 변제수령을 채권자가 사후에 추인한 때와 같이 무권한자의 변제수령을 채권자의 이익으로 돌릴 만한 실질적 관련성이 인정되는 경우도 포함되며(대판 2012.10.25. 2010다32214), ㉡ 변제수령자가 변제로 받은 급부를 가지고 채권자 자신에 대한 채무의 변제에 충당하거나 채권자의 제3자에 대한 채무를 대신 변제함으로써 채권자의 기존 채무를 소멸시키는 등 채권자에게 실질적인 이익이 생긴 경우를 포함하나, ㉢ 변제수령자가 변제로 받은 급부를 가지고 자신이나 제3자의 채권자에 대한 채무를

변제함으로써 채권자의 기존 채권을 소멸시킨 경우에는 채권자에게 실질적인 이익이 생겼다고 할 수 없으므로 민법 제472조에 의한 변제의 효력을 인정할 수 없다"(대판 2014.10.15. 2013다 17117).

④ [X] "민법 제472조는 불필요한 연쇄적 부당이득반환의 법률관계가 형성되는 것을 피하기 위하여 변제받을 권한 없는 자에 대한 변제의 경우에도 그로 인하여 채권자가 이익을 받은 한도에서 효력이 있다고 정하고 있다. 여기에서 '채권자가 이익을 받은' 경우란 변제수령자가 채권자에게 변제로 받은 급부를 전달한 경우는 물론이고, 변제수령자가 변제로 받은 급부를 가지고 채권자의 자신에 대한 채무의 변제에 충당하거나 채권자의 제3자에 대한 채무를 대신 변제함으로써 채권자의 기존 채무를 소멸시키는 등 채권자에게 실질적인 이익이 생긴 경우를 포함한다. 그러나 변제수령자가 변제로 받은 급부를 가지고 자신이나 제3자의 채권자에 대한 채무를 변제함으로써 채권자의 기존 채권을 소멸시킨 경우에는 채권자에게 실질적인 이익이 생겼다고 할 수 없으므로 민법 제472조에 의한 변제의 효력을 인정할 수 없다"(대판 2021.3.11. 2017다278729).

[정답] ②

문15 변제자대위에 관한 다음 설명 중 옳지 않은 것은? (다툼이 있는 경우에는 판례에 의함) [기출변형]

① 제482조 2항 1호의 '제3자'와 2호의 '제3취득자'에 후순위 근저당권자는 포함되지 않는다. 따라서 보증인은 미리 저당권의 등기에 그 대위를 부기하지 않고서도 저당물에 후순위 근저당권을 취득한 제3자에 대하여 채권자를 대위할 수 있다. 그리고 후순위 근저당권자는 보증인에 대하여 채권자를 대위할 수 있다.

② 甲은 乙에게 1억 원을 대여하면서 乙 소유인 X 토지에 관하여 근저당권을 설정받았다. 丙은 乙의 부탁을 받고 乙의 위 채무를 보증하였다. 변제기가 도래하였음에도 乙이 채무를 변제하지 않고 있다. 丙이 보증채무를 모두 변제하였다. 丙이 X 토지 상의 근저당권에 관하여 자신의 명의로 부기등기를 경료하지 않고 있는 사이에 乙은 다시 丁으로부터 금원을 차용하고 丁에게 제2순위 근저당권을 설정하여 주었다. X 토지가 경매되는 경우 丙이 변제사실을 증명하여 배당요구하면 丙은 丁보다 우선하여 배당받을 수 있다.

③ 어느 부진정연대채무자를 위하여 보증인이 된 자가 채무를 이행한 경우에는 다른 부진정연대채무자에 대하여도 직접 구상권을 취득하게 되고, 그와 같은 구상권을 확보하기 위하여 채권자를 대위하여 채권자의 다른 부진정연대채무자에 대한 채권 및 그 담보에 관한 권리를 구상권의 범위 내에서 행사할 수 있다.

④ 물상보증인과 채무자로부터 담보부동산을 취득한 제3자 상호 간에는 각 부동산의 가액에 비례하여 채권자를 대위할 수 있다.

해설 ① [○] ※ 제482조 2항 1호의 '제3자'와 2호의 '제3취득자'에 후순위 근저당권자가 포함되는지 여부(소극)

"민법 제482조 제2항 제1호와 제2호에서 보증인에게 대위권을 인정하면서도 제3취득자는 보증인에 대하여 채권자를 대위할 수 없다고 규정한 까닭은, 제3취득자는 등기부상 담보권의 부담이 있음을 알고 권리를 취득한 자로서 그 담보권의 실행으로 인하여 예기치 못한 손해를 입을 염려가 없고, 또한 저당부동산에 대하여 소유권, 지상권 또는 전세권을 취득한 제3자는 저당권자에게 그 부동산으로 담보된 채권을 변제하고 저당권의 소멸을 청구할 수 있으며(민법 제364조), 저당물의 제3취득자가 그 부동산의 보존, 개량을 위하여 필요비 또는 유익비를 지출한 때에는 저당물의 경매대가에서 우선상환을 받을 수 있도록(민법 제367조) 하는 등 그 이익을 보호하는 규정도 마련되어 있으므로, 변제자대위와 관련해서는 제3취득자보다는 보증인을 보호할 필요가 있기 때문이다. 그러나 i) 저당부동산에 대하여 후순위 근저당권을 취득한 제3자는 민법 제364조에서 정한 저당권소멸청구권을 행사할 수 있는 제3취득자에 해당하지 아니하고(대판 2006.1.26. 2005다17341), 달리 선순위 근저당권의 실행으로부터 그의 이익을 보호하는 규정이 없으므로 변제자대위와 관련해서 후순위 근저당권자보다 보증인을 더 보호할 이유가 없으며, ii) 나아가 선순위 근저당권의 피담보채무에 대하여 직접 보증책임을 지는 보증인과 달리 선순위 근저당권의 피담보채무에 대한 직접 변제책임을 지지 않는 후순위 근저당권자는 보증인에 대하여 채권자를 대위할 수 있다고 봄이 타당하므로, 민법 제482조 제2항 제2호의 제3취득자에 후순위 근저당권자는 포함되지 아니한다"

"민법 제482조 제2항 제2호의 제3취득자에 후순위 근저당권자가 포함되지 않음에도 같은 항 제1호의 제3자에는 후순위 근저당권자가 포함된다고 하면, 후순위 근저당권자는 보증인에 대하여 항상 채권자를 대위할 수 있지만 보증인은 후순위 근저당권자에 대하여 채권자를 대위하기 위해서는 미리 대위의 부기등기를 하여야만 하므로 보증인보다 후순위 근저당권자를 더 보호하는 결과가 되는데, 이러한 결과는 법정대위자인 보증인과 후순위 근저당권자 간의 이해관계를 공평하고 합리적으로 조절하기 위한 민법 제482조 제2항 제1호와 제2호의 입법 취지에 부합하지 않을뿐더러 후순위 근저당권자는 통상 자신의 이익을 위하여 선순위 근저당권의 담보가치를 초과하는 담보가치만을 파악하여 담보권을 취득한 자에 불과하므로 변제자대위와 관련해서 후순위 근저당권자를 보증인보다 더 보호할 이유도 없다. 이러한 사정들과 민법 제482조 제2항 제1호와 제2호가 상호작용하에 법정대위자 중 보증인과 제3취득자의 이해관계를 조절하는 규정인 점 등을 종합하여 보면, 보증인은 미리 저당권의 등기에 그 대위를 부기하지 않고서도 저당물에 후순위 근저당권을 취득한 제3자에 대하여 채권자를 대위할 수 있다고 할 것이므로 민법 제482조 제2항 제1호의 제3자에 후순위 근저당권자는 포함되지 않는다"(대판 2013.2.15. 2012다48855).

② [○] 문제 ①지문 해설 참고

변제자대위의 경우 채권 및 그 담보에 관한 권리는 법률상 대위자에게 당연히 이전된다(제482조 1항). 따라서 채권자의 저당권은 등기 없이도 대위자에게 당연히 이전된다. 사안에서 연대보증인 丙이 보증채무를 모두 변제하였으므로 법정대위에 의해 X토지상의 근저당권에 부기등기를 경료하지 않더라도 당연히 甲의 1순위 근저당권을 취득한다. 아울러 判例에 따르면 제482조 2항 제1호의 제3자에 후순위 근저당권자는 포함되지 않으므로 X토지가 경매되는 경우 丙이 변제사실을 증명하여 배당요구하면 丙은 2순위 근저당권자 丁보다 우선하여 배당받을 수 있다.

③ [○] 대판 2010.5.27. 2009다85861 판시내용

④ [×] ※ 물상보증인과 채무자로부터 담보목적물을 취득한 제3자와의 관계 : 법정대위자 상호간의 관계

"⑦ 물상보증인이 채무를 변제하거나 담보권의 실행으로 소유권을 잃은 때에는 보증채무를 이행한 보증인과 마찬가지로 채무자로부터 담보부동산을 취득한 제3자에 대하여 구상권의 범위

내에서 출재한 전액에 관하여 채권자를 대위할 수 있는 반면, ⓛ 채무자로부터 담보부동산을 취득한 제3자는 채무를 변제하거나 담보권의 실행으로 소유권을 잃더라도 물상보증인에 대하여 채권자를 대위할 수 없다"(대판 2014.12.18. 전합2011다50233).[1]

[판례해설] 만일 물상보증인의 지위를 보증인과 다르게 보아서 물상보증인과 채무자로부터 담보부동산을 취득한 제3자 상호 간에는 각 부동산의 가액에 비례하여 채권자를 대위할 수 있다고 한다면, 본래 채무자에 대하여 출재한 전액에 관하여 대위할 수 있었던 물상보증인은 채무자가 담보부동산의 소유권을 제3자에게 이전하였다는 우연한 사정으로 이제는 각 부동산의 가액에 비례하여서만 대위하게 되는 반면, 당초 채무 전액에 대한 담보권의 부담을 각오하고 채무자로부터 담보부동산을 취득한 제3자는 그 범위에서 뜻하지 않은 이득을 얻게 되어 부당하다(전합2011다50233판시내용).

* ☞ 제482조 2항의 해석의 기본틀은 채무자로부터의 제3취득자와 물상보증인으로부터의 제3취득자를 구별하여야 하고(제한설), 물상보증인은 원칙적으로 보증인과 동일하게 취급해야 한다는 점이다.

[정답] ④

제2절 ┃ 대물변제

제3절 ┃ 변제공탁

문1 민법상 변제공탁에 관한 다음 설명 중 가장 옳지 않은 것은? (다툼이 있는 경우 판례에 의하고, 전원합의체 판결의 경우 다수의견에 의함) [19서기보]

① 채권자가 공탁을 승인하거나 공탁소에 대하여 공탁물을 받기를 통고하거나 공탁유효의 판결이 확정되기까지는 변제자는 공탁물을 회수할 수 있다.

② 매수인이, 매도인을 대리하여 매매대금을 수령할 권한을 가진 자에게 잔대금 수령을 최고하고 그 자를 공탁물수령자로 지정하여 한 변제공탁도 다른 특별한 사정이 없는 한 매도인에 대한 잔대금 지급으로서의 효력이 있다.

③ 채권양도금지특약에 반하여 채권양도가 이루어졌다는 사정만으로는 민법 제487조 후단의 채권자 불확지를 원인으로 하여 변제공탁을 할 수 없는 것이 원칙이나, 그 경우에도 확정일자 있는 채권양도 통지와 채권가압류명령을 동시에 송달받은 제3채무자는 변제공탁을 할 수 있다.

④ 채무자가 채권자의 상대의무이행과 동시에 변제할 경우에는 채권자는 그 의무이행을 하지 아니하면 공탁물을 수령하지 못한다.

---

1) "이와 달리 담보부동산을 매수한 제3취득자는 물상보증인에 대하여 각 부동산의 가액에 비례하여 채권자를 대위할 수 있다고 한 대법원 1974. 12. 10. 선고 74다1419 판결은 이 판결의 견해에 배치되는 범위 내에서 이를 변경하기로 한다"

① [○] **제489조(공탁물의 회수)** 「①항 채권자가 공탁을 승인하거나 공탁소에 대하여 공탁물을 받기를 통고하거나 공탁유효의 판결이 확정되기까지는 변제자는 공탁물을 회수할 수 있다.」

② [○] 대판 2012.3.15. 2011다77849

③ [×] ※ 변제자가 과실 없이 채권자를 알 수 없는 경우(제487조 후단)
ⓐ 양도금지의 특약이 붙은 채권이 양도된 경우에 양수인의 악의 또는 중과실에 관한 증명책임은 채무자가 부담하지만(제449조 2항 단서 참조), 그러한 경우에도 채무자로서는 양수인의 선의 등의 여부를 알 수 없어 과연 채권이 적법하게 양도된 것인지에 관하여 의문이 제기될 여지가 충분히 있으므로 변제공탁을 할 수 있다고 한다(대판 2000.12.22. 2000다55904). ⓑ 확정일자 있는 채권양도 통지와 채권가압류명령이 제3채무자에게 동시에 도달된 경우에도 제3채무자는 송달의 선후가 불명한 경우에 준하여 채권자를 알 수 없다는 이유로 변제공탁을 할 수 있다(대판 2004.9.3. 2003다22561).

④ [○] **제491조(공탁물수령과 상대의무이행)** 「채무자가 채권자의 상대의무이행과 동시에 변제할 경우에는 채권자는 그 의무이행을 하지 아니하면 공탁물을 수령하지 못한다.」

[정답] ③

문2 변제공탁에 관한 다음 설명 중 틀린 것은? (다툼이 있는 경우 판례에 의함) [기출변형]

① 甲은 乙에 대하여 1억 원의 채무를 지고 있다. 이 경우 乙이 甲의 변제제공 전에 미리 변제의 수령을 거절한 경우, 甲은 구두제공 없이도 1억 원을 공탁하여 자신의 채무를 면할 수 있다.

② 공탁물 출급청구권과 공탁물 회수청구권은 서로 독립한 별개의 청구권이므로 설령 공탁물 출급청구권에 대한 압류 등이 있었다고 하더라도 이는 공탁물 회수청구권에 대하여 아무런 영향을 미치지 않는다.

③ 甲은 乙에 대하여 1억 원의 채무를 지고 있다. 甲의 채무를 담보하기 위하여 乙에게 양도담보권을 설정해주었고, 甲의 공탁으로 인하여 양도담보권이 소멸한 경우에도 甲은 공탁물을 회수할 수 있다.

④ 변제공탁은 제3자를 위한 계약의 성질을 가지므로, 채권자의 수익의 의사표시가 있는 때에 공탁의 효력이 생긴다.

---

① [○] "채권자의 태도로 보아 채무자가 설사 채무의 이행제공을 하였더라도 그 수령을 거절하였을 것이 명백한 경우에는 채무자는 이행의 제공을 하지 않고 바로 변제공탁할 수 있다"(대판 1994.8.26. 93다42276).

② [○] "변제공탁이 적법한 경우에는 채권자가 공탁물 출급청구를 하였는지 여부와는 관계없이 공탁을 한 때에 변제의 효력이 발생하나, 피공탁자를 포함한 제3자가 공탁자에 대하여 가지는 별도 채권의 집행권원으로써 공탁자의 공탁물 회수청구권에 대하여 압류 및 추심명령을 받아 그 집행으로 공탁물을 회수한 경우 채권소멸의 효력은 소급하여 없어진다. 나아가 부적법한

변제공탁으로 변제의 효력이 발생하지 않았다고 하더라도, 피공탁자는 이를 수락하여 공탁물 출급청구를 하는 대신 공탁자에 대한 다른 채권에 기하여 공탁자의 공탁물 회수청구권에 대하여 압류 및 추심명령을 받아 그 집행으로 공탁물을 회수할 수 있다. 한편 공탁물 출급청구권과 공탁물 회수청구권은 서로 독립한 별개의 청구권이므로 설령 공탁물 출급청구권에 대한 압류 등이 있었다고 하더라도 이는 공탁물 회수청구권에 대하여 아무런 영향을 미치지 않는다"(대결 2020.5.22. 2018마5697).

③ [○] **제489조(공탁물의 회수)** 「①항 채권자가 공탁을 승인하거나 공탁소에 대하여 공탁물을 받기를 통고하거나 공탁유효의 판결이 확정되기까지는 변제자는 공탁물을 회수할 수 있다. ②항 전항의 규정은 질권 또는 저당권이 공탁으로 인하여 소멸한 때에는 적용하지 아니한다.」

"민법 제489조의 규정은 가등기 및 본등기에 의하여 담보된 채무의 변제공탁으로 인하여 가등기담보권이나 양도담보권이 소멸하는 경우에도 변제자가 공탁물을 회수할 수 없다는 취지를 포함하는 것은 아니므로, 변제자의 채권자는 공탁금회수청구권을 압류 전부받아 변제공탁금을 회수할 수 있다"(대판 1982.7.27. 81다495).

☞ 즉, 判例는 제489조 2항을 좁게 해석하여 질권, 저당권 이외의 '가등기담보권', '양도담보권'이 소멸하는 경우에는 공탁물회수청구권을 인정하고 있다.

④ [X] "변제공탁은 공탁공무원의 수탁처분과 공탁물보관자의 공탁물수령으로 그 효력이 발생하여 채무소멸의 효과를 가져오는 것이고, 채권자에 대한 공탁통지나 채권자의 수익의 의사표시가 있는 때에 공탁의 효력이 생기는 것이 아니라 할 것이다"(대결 1972.5.15, 72마401).

[정답] ④

문3 채권의 소멸 사유에 관한 설명 중 옳은 것은? (다툼이 있는 경우 판례에 의함) [기출변형]

① 채무 전액이 아닌 일부에 대한 변제공탁은 그 부분에 관하여서도 효력이 생기지 않으나, 채권자가 공탁금을 채권의 일부에 충당한다는 유보의 의사표시를 하고 이를 수령한 때에는 그 공탁금은 채권의 일부의 변제에 충당되고, 그 경우 유보의 의사표시는 반드시 명시적으로 하여야 한다.

② 변제자(채무자)와 변제수령자(채권자)는 이해관계 있는 제3자의 이익을 해치지 아니하더라도 이미 급부를 마친 뒤에는 기존의 충당방법을 배제하고 제공된 급부를 어느 채무에 어떤 방법으로 다시 충당할 것인가를 약정할 수 없다.

③ 경개계약은 구채무를 소멸시키고 신채무를 성립시키는 처분행위이므로, 경개로 인한 신채무가 당사자가 알지 못한 사유로 인하여 성립되지 아니하더라도 구채무는 소멸된다.

④ 채권자와 채무자 사이에 미리 변제충당에 관한 약정이 있고, 그 약정내용이 변제가 채권자에 대한 모든 채무를 소멸시키기에 부족한 때에는 채권자가 적당하다고 인정하는 순서와 방법에 의하여 충당하기로 한 것이라면, 변제수령권자인 채권자가 그 약정에 따라 스스로 적당하다고 인정하는 순서와 방법에 좇아 변제충당을 한 이상 변제자에 대한 의사표시와 관계없이 그 충당의 효력이 있다.

해설 ① [×] ※ 일부공탁

"변제공탁이 유효하려면 채무 전부에 대한 변제의 제공 및 채무 전액에 대한 공탁이 있어야 하고, 채무 전액이 아닌 일부에 대한 공탁은 그 부족액이 아주 근소하다는 등의 특별한 사정이 있는 경우를 제외하고는 채권자가 이를 수락하지 않는 한 그 공탁 부분에 관하여서도 채무소멸의 효과가 발생하지 않는다"(대판 1998.10.13. 98다17046) 그러나 채권자가 공탁금을 채권의 일부에 충당한다는 유보의 의사표시를 하고 이를 수령한 때에는 그 공탁금은 채권의 일부의 변제에 충당되고, 그 경우 유보의 의사표시는 반드시 명시적으로 하여야 하는 것은 아니다(대판 2009.10.29, 2008다51359).

② [×] ※ 기존의 '법정충당'을 배제하고 다시 '합의충당' 할 수 있는지 여부(원칙적 적극)

"변제자(채무자)와 변제수령자(채권자)는 변제로 소멸한 채무에 관한 보증인 등 이해관계 있는 제 3자의 이익을 해하지 않는 이상 이미 급부를 마친 뒤에도 기존의 충당방법을 배제하고 제공된 급부를 어느 채무에 어떤 방법으로 다시 충당할 것인가를 약정할 수 있다"(대판 2013.9.12. 2012다118044).

③ [×] ※ 경개 - 구채무불소멸의 경우

"경개계약은 구채무를 소멸시키고 신채무를 성립시키는 처분행위로서 구채무의 소멸은 신채무의 성립에 의존하므로, 경개로 인한 신채무가 원인의 불법 또는 당사자가 알지 못한 사유로 인하여 성립하지 아니하거나 취소된 때에는 구채무는 소멸하지 않는 것이며(민법 제504조), 특히 경개계약에 조건이 붙어 있는 이른바 조건부 경개의 경우에는 구채무의 소멸과 신채무의 성립 자체가 그 조건의 성취 여부에 걸려 있게 된다"(대판 2007.11.15, 2005다31316).

④ [○] ※ 변제충당 - 합의충당(계약에 의한 충당)

"변제충당지정은 상대방에 대한 의사표시로써 하여야 하나, 채권자와 채무자 사이에 변제충당에 관한 약정이 있고, 그 약정내용이 변제가 채권자에 대한 모든 채무를 소멸시키기에 부족한 때에는 채권자가 적당하다고 인정하는 순서와 방법에 의하여 충당하기로 한 것이라면, 변제수령권자인 채권자가 위 약정에 터 잡아 스스로 적당하다고 인정하는 순서와 방법에 좇아 변제충당을 한 이상 변제자에 대한 의사표시와 관계없이 충당의 효력이 있다고 해석하는 것이 타당하다"(대판 2012.4.13. 2010다1180).

참고판례 민법은 계약에 의한 변제충당에 관해 정하고 있지는 않지만, 변제자와 변제수령자 사이의 계약에 의해 충당방법을 정하는 때에는 그 방법이 어떤 것이든 유효하다. 따라서 계약에 의한 충당은 제479조(비용·이자·원본에 대한 변제충당의 순서), 제476조(지정변제충당) 및 제477조(법정변제충당)에 우선하여 적용된다(대판 1999.11.26, 98다27517 등). 다만 경매에 의한 매각대금의 변제충당의 경우에는 합의충당이 제한된다(강제경매 : 대판 1991.7.23, 90다18678)(담보권 실행경매 : 대판 1996.5.10, 95다55504).

[정답] ④

문4 채권의 소멸에 관한 설명 중 옳은 것을 모두 고른 것은? [기출변형]

ㄱ. 채권자가 채무액의 일부를 대위변제한 자에게 고의 또는 과실로 그가 대위변제한 비율을 넘어 근저당권 전부를 이전해준 경우, 다른 보증인은 보증채무를 이행함으로써 채권자에 대한 법정대위권자로서 근저당권을 실행하여 배당받을 수 있었던 금액의 한도에서 보증책임을 면한다.

ㄴ. 무효인 채권압류 및 전부명령을 받은 자에 대한 변제라도 그 채권자가 피전부채권에 관하여 무권리자라는 사실을 변제자가 과실 없이 알지 못하고 변제한 때에는 그 변제는 채권의 준점유자에 대한 변제로서 유효하다.

ㄷ. 채무자가 채권자의 승낙을 얻어 본래의 채무이행에 갈음하여 부동산으로 대물변제를 하였으나 본래의 채무가 존재하지 않았던 경우, 당사자가 특별한 의사표시를 하지 않는 한 대물변제는 무효로서 부동산의 소유권이 이전되는 효과가 발생하지 않는다.

ㄹ. 매도인이나 수급인의 담보책임을 기초로 한 손해배상채권의 제척기간이 지났으나 제척기간이 지나기 전 상대방의 채권과 상계할 수 있었던 경우, 매수인이나 도급인은 '소멸시효완성된 채권에 의한 상계'를 규정한 「민법」 제495조를 유추적용하여 위 손해배상채권을 자동채권으로 상대방의 채권과 상계할 수 없다.

① ㄱ, ㄷ   ② ㄱ, ㄴ, ㄷ
③ ㄱ, ㄴ, ㄹ   ④ ㄴ, ㄷ, ㄹ

해설 ㄱ. [○] ※ 채권자의 담보상실, 감소행위와 법정대위자의 면책

"채권자가 일부 대위변제자에게 그가 대위변제한 비율을 넘어 근저당권 전부를 이전하여 준 경우, 결국 채권자는 근저당권의 피담보채무 중 일부를 대위변제한 다른 보증인이 법정대위권을 행사할 수 있는 채권의 담보를 고의로 상실되게 한 것이므로, 다른 보증인은 그의 보증채무를 이행함으로써 채권자에 대한 법정대위권자로서 근저당권을 실행하여 배당받을 수 있었던 금액의 한도에서 보증의 책임을 면한다"(대판 1996.12.6. 96다35774).

ㄴ. [○] ※ 무효인 전부명령을 받은 자에 대한 제3채무자의 변제가 채권의 준점유자에 대한 변제로서 효력을 발생하기 위한 요건

"무효인 채권압류 및 전부명령을 받은 자에 대한 변제라도 그 채권자가 피전부채권에 관하여 무권리자라는 사실을 알지 못하거나 과실 없이 그러한 사실을 알지 못하고 변제한 때에는 그 변제는 채권의 준점유자에 대한 변제로서 유효하다"(대판 1997.3.11. 96다44747).

ㄷ. [○] ※ 본래의 채무가 존재하지 않음이 밝혀진 경우 대물변제의 효력(무효)

대물변제는 본래의 채무이행에 갈음하여 다른 급여를 하는 것이므로, 기존의 채권이 존재하는 것을 전제로 한다. 채권이 존재하지 않거나 무효·취소된 경우에는 대물변제도 무효가 되며, 그 급부는 비채변제가 된다.

즉, "채무자가 채권자의 승낙을 얻어 본래의 채무이행에 갈음하여 부동산으로 대물변제를 하였으나 본래의 채무가 존재하지 않았던 경우에는, 당사자가 특별한 의사표시를 하지 않은 한 대물변제는 무효로서 부동산의 소유권이 이전되는 효과가 발생하지 않는다"(대판 1991.11.12. 91다9503).

ㄹ. [X] ※ 소멸시효완성된 채권에 의한 상계

소멸시효는 그 기산일에 소급하여 소멸한다(제167조). 따라서 소멸시효로 채무를 면하게 되는 자는 기산일 이후의 이자 등을 지급할 의무가 없다. 다만 시효로 소멸하는 채권이 그 소멸시효가 완성하기 전에 상계할 수 있었던 것이라면 채권자는 상계할 수 있다(제495조). 이는 (매도인이나 수급인의 담보책임을 기초로 한 손해배상채권의) 제척기간이 지났으나, 제척기간이 지나기 전 상대방의 채권과 상계할 수 있었던 경우에도 마찬가지이다

즉, "매도인의 담보책임을 기초로 한 매수인의 손해배상채권 또는 수급인의 담보책임을 기초로 한 도급인의 손해배상채권이 각각 상대방의 채권과 상계적상에 있는 경우에 당사자들은 채권·채무관계가 이미 정산되었거나 정산될 것으로 기대하는 것이 일반적이므로, 그 신뢰를 보호할 필요가 있다. 이러한 손해배상채권의 제척기간이 지난 경우에도 그 기간이 지나기 전에 상대방에 대한 채권·채무관계의 정산 소멸에 대한 신뢰를 보호할 필요성이 있다는 점은 소멸시효가 완성된 채권의 경우와 아무런 차이가 없다. 따라서 매도인이나 수급인의 담보책임을 기초로 한 손해배상채권의 제척기간이 지난 경우에도 제척기간이 지나기 전 상대방의 채권과 상계할 수 있었던 경우에는 매수인이나 도급인은 민법 제495조를 유추적용해서 위 손해배상채권을 자동채권으로 해서 상대방의 채권과 상계할 수 있다"(대판 2019.3.14. 2018다255648).

[정답] ②

문5 甲은 사채업자 乙로부터 1억 2,000만 원을 대출받았는데, 丙과 丁은 甲의 乙에 대한 채무를 연대보증하였고, 위 대출금채무에 대한 담보로 丁은 그 소유의 X 토지(시가 6,000만 원 상당)에, 戊는 그 소유의 Y 토지(시가 4,000만 원 상당)에 각 저당권을 설정하였다. 다음 설명 중 옳지 않은 것은? (각 지문은 독립적이고, 다툼이 있는 경우에는 판례에 의함) [기출변형]

① 丙은 甲의 의사에 반해서도 변제할 수 있다.

② 丁이 甲을 위하여 7,000만 원을 乙에게 변제한 후 乙이 나머지 5,000만 원을 회수하기 위하여 저당권을 실행하여 X가 5,000만 원에 매각되었다면, 乙은 매각대금 5,000만 원 전부를 배당받을 수 있다.

③ ②의 경우에 丁은 乙의 권리를 대위하여 丙에게 4,000만 원을 청구할 수 있다.

④ 乙이 丙의 보증채무를 면제해 주더라도 乙에 대한 戊의 책임에는 영향이 없다.

해설 ① [○] 丙은 연대보증인으로서 법률상 이해관계를 가지는 자이므로 주채무자 甲의 의사에 반해서도 변제할 수 있다(제469조 2항의 반대해석).

② [○] "변제할 정당한 이익이 있는 자가 채무자를 위하여 채권의 일부를 대위변제할 경우에 대위변제자는 변제한 가액의 범위 내에서 종래 채권자가 가지고 있던 채권 및 담보에 관한 권리를 취득하게 되고 따라서 채권자가 부동산에 대하여 저당권을 가지고 있는 경우에는 채권자는 대위변제자에게 일부 대위변제에 따른 저당권의 일부이전의 부기등기를 경료해 주어야 할 의무가 있으나 이 경우에도 채권자는 일부 대위변제자에 대하여 우선변제권을 가지고, 다만 일부 대위변제자와 채권자 사이에

변제의 순위에 관하여 따로 약정을 한 경우에는 그 약정에 따라 변제의 순위가 정해진다"(대판 2010.4.8. 2009다80460)

☞ 제483조 제1항은 "채권의 일부에 대하여 대위변제가 있는 때에는 대위자는 그 변제한 가액에 비례하여 채권자와 함께 그 권리를 행사한다"고 규정하고 있는바, '변제한 가액에 비례하여 행사'의 의미에 대해 통설과 判例(위 2009다80460판결)는 일부대위자는 채권자와 함께 그 권리를 행사할 뿐이고, 변제에 관해서는 채권자가 우선한다는 입장이다(채권자 우선설). 따라서 채권자 乙은 7천만 원을 변제받고 5천만 원의 채권이 남아있으므로 X부동산의 경매대가 5천만 원에서 전부 우선변제를 받게 된다.

③ [○] "민법 제482조 제2항 제4호, 제5호가 물상보증인 상호간에는 재산의 가액에 비례하여 부담 부분을 정하도록 하면서, 보증인과 물상보증인 상호간에는 보증인의 총 재산의 가액이나 자력 여부, 물상보증인이 담보로 제공한 재산의 가액 등을 일체 고려하지 아니한 채 형식적으로 인원수에 비례하여 평등하게 대위비율을 결정하도록 규정한 것은, 인적 무한책임을 부담하는 보증인과 물적 유한책임을 부담하는 물상보증인 사이에는 보증인 상호간이나 물상보증인 상호간과 같이 상호 이해조정을 위한 합리적인 기준을 정하는 것이 곤란하고, 당사자 간의 특약이 있다는 등의 특별한 사정이 없는 한 오히려 인원수에 따라 대위비율을 정하는 것이 공평하고 법률관계를 간명하게 처리할 수 있어 합리적이며 그것이 대위자의 통상의 의사 내지 기대에 부합하기 때문이다. 이러한 규정 취지는 동일한 채무에 대하여 보증인 또는 물상보증인이 여럿 있고, 이 중에서 보증인과 물상보증인의 지위를 겸하는 자가 포함되어 있는 경우에도 동일하게 참작되어야 하므로, 위와 같은 경우 민법 제482조 제2항 제4호, 제5호 전문에 의한 대위비율은 보증인과 물상보증인의 지위를 겸하는 자도 1인으로 보아 산정함이 상당하다"(대판 2010.6.10. 2007다61113,61120)

☞ ②의 경우에 丁이 7천만 원을 乙에게 변제한 후 乙이 저당권을 실행하여 丁소유 X토지가 5천만 원에 매각되어 乙이 매각대금 5천만 원 전부를 배당받았으므로 결국 丁이 1억 2천만원 전액을 변제한 결과가 된다. 이때 법정대위자 상호간의 관계가 문제되는데(제482조 2항 5호), 丁은 연대보증인과 물상보증인의 지위를 겸하고 있는 바, 대위비율을 정할 때 判例(위 2007다61113,61120판결)는 1인으로 취급하여 이중으로 대위를 당하지 않게 하고 있다. 따라서 1억 2천만 원 채무에 대한 丙, 丁, 戊의 내부적 부담은 1 : 1 : 1로서 각 4천만 원이 된다. 따라서 丁은 乙을 대위하여 4천만 원을 丙에게 청구할 수 있다.

④ [×] 변제할 정당한 이익이 있는 자는 변제로 당연히 채권자를 대위한다(제481조). 이 경우에 채권자가 고의나 과실로 '담보'가 상실되거나 감소된 때에는 대위할 자는 그 상실 또는 감소로 인하여 상환을 받을 수 없는 한도에서 그 책임을 면한다(제485조). "여기서의 '담보'라 함은 주된 채무를 담보하기 위한 인적 담보 또는 물적 담보를 말하며, 담보의 상실 또는 감소의 전형적 예는 채권자가 인적 담보인 보증인의 채무를 면제해 주거나 물적 담보인 담보물권을 포기하거나 순위를 불리하게 변경하거나 담보물을 훼손하거나 반환하는 행위 등을 들 수 있다"(대판 2000.12.12. 99다13669)

☞ 채권자가 인적담보인 보증인의 채무를 면제해 주는 경우는 담보의 상실 또는 감소에 해당한다(위 99다13669판결). 따라서 乙이 丙의 보증채무를 면제해 준 경우에 戊는 丙에게 상환을 받을 수 없는 한도에서 그 책임을 면하게 된다.

[정답] ④

문1 상계에 관한 다음 설명 중 가장 옳지 않은 것은? (다툼이 있는 경우 판례에 의함) [16서기보]

① 금전채권에 대한 압류 및 전부명령이 있고, 제3채무자의 압류채무자에 대한 자동채권이 수동채권인 피압류채권과 동시이행의 관계에 있는 경우에는, 압류명령이 제3채무자에게 송달되어 압류의 효력이 생긴 후에 자동채권이 발생하였다고 하더라도, 제3채무자는 그 자동채권에 의한 상계로 압류채권자에게 대항할 수 있다.

② 부진정연대채무자 중 1인이 자신의 채권자에 대한 반대채권으로 상계하더라도 그 상계의 효력이 다른 부진정연대 채무자에 대하여 미치지 아니한다.

③ 상계에 있어서 자동채권은 반드시 변제기에 있어야 하나, 수동채권은 반드시 변제기가 도래하여야 하는 것은 아니다.

④ 항변권이 붙어 있는 채권을 자동채권으로 하여 타의 채무와의 상계를 허용한다면 상계자 일방의 의사표시에 의하여 상대방의 항변권행사의 기회를 상실케 하는 결과가 되므로 이와 같은 상계는 그 성질상 허용될 수 없다.

해설 ① [○] **제489조(지급금지채권을 수동채권으로 하는 상계의 금지)** 「지급을 금지하는 명령을 받은 제3채무자는 그 후에 취득한 채권에 의한 상계로 그 명령을 신청한 채권자에게 대항하지 못한다.」

※ 지급금지채권을 자동채권으로 한 상계
금전채권에 대한 압류 및 전부명령이 있는 때에는 압류된 채권은 동일성을 유지한 채로 압류채무자로부터 압류채권자에게 이전되고, 제3채무자는 채권이 압류되기 전에 압류채무자에게 대항할 수 있는 사유로써 압류채권자에게 대항할 수 있는 것이므로, 제3채무자의 압류채무자에 대한 자동채권이 수동채권인 피압류채권과 동시이행의 관계에 있는 경우에는, 압류명령이 제3채무자에게 송달되어 압류의 효력이 생긴 후에 자동채권이 발생하였다고 하더라도 제3채무자는 동시이행의 항변권을 주장할 수 있다. 이 경우에 자동채권이 발생한 기초가 되는 원인은 수동채권이 압류되기 전에 이미 성립하여 존재하고 있었던 것이므로, 그 자동채권은 민법 제498조의 '지급을 금지하는 명령을 받은 제3채무자가 그 후에 취득한 채권'에 해당하지 않는다고 봄이 상당하고, 제3채무자는 그 자동채권에 의한 상계로 압류채권자에게 대항할 수 있다(대판 2010.3.25. 2007다35152).

② [×] ※ 부진정연대채무자 중 1인에게 생긴 사유의 효력 - 상계의 절대효
부진정연대채무자 중 1인이 자신의 채권자에 대한 반대채권으로 상계를 한 경우에도 채권은 변제, 대물변제, 또는 공탁이 행하여진 경우와 동일하게 현실적으로 만족을 얻어 그 목적을 달성하는 것이므로, 그 상계로 인한 채무소멸의 효력은 소멸한 채무 전액에 관하여 다른 부진정연대채무자에 대하여도 미친다고 보아야 한다. 이는 부진정연대채무자 중 1인이 채권자와 상계계약을 체결한 경우에도 마찬가지이다. 나아가 이러한 법리는 채권자가 상계 내지 상계계약이 이루어질 당시 다른 부진정연대채무자의 존재를 알았는지 여부에 의하여 좌우되지 아니한다"(대판 2010.9.16, 전합2008다97218).

③ [○] 자동채권은 반드시 이행기에 있어야 한다. 그렇지 않으면 상대방은 이유 없이 기한의 이익을 잃게 되기 때문이다. 그러나 수동채권은 채무자가 기한의 이익을 포기할 수 있으므로(제153조 2항), 이행기 도래 전이라도 이를 포기하고 상계할 수 있다.

④ [○] ※ 채무의 성질에 의한 상계 금지
부작위채무나 하는 채무는 현실적으로 이행을 하여야 채권의 목적을 달성할 수 있으므로 성질상 상계가 허용되지 않는다. 자동채권에 항변권이 붙어 있는 경우에도 마찬가지이다. 상계를 허용하면 상대방은 이유 없이 항변권을 상실하기 때문이다. 그러나 수동채권에 항변권이 붙어 있는 경우에는 채무자가 이를 포기하고 상계하는 것은 무방하다.

참고판례 i) 동시이행의 항변권이 붙어 있는 채권은 이를 '자동채권'으로 하여 상계하지 못한다. 이를 허용하면 상대방은 이유 없이 동시이행의 항변권을 잃기 때문이다(대판 2002.8.23. 2002다25242). ii) 항변권이 붙어 있는 채권을 자동채권으로 하여 다른 채무(수동채권)와의 상계를 허용한다면 상계자 일방의 의사표시에 의하여 상대방의 항변권 행사의 기회를 상실시키는 결과가 되므로 그러한 상계는 허용될 수 없고, 특히 수탁보증인이 주채무자에 대하여 가지는 민법 제442조의 사전구상권에는 민법 제443조의 담보제공청구권이 항변권으로 부착되어 있는 만큼 이를 자동채권으로 하는 상계는 원칙적으로 허용될 수 없다"(대판 2019.2.14. 2017다274703).

[정답] ②

문2 상계에 관한 다음 설명 중 가장 옳지 않은 것은? (다툼이 있는 경우 판례에 의함)   [17서기보]

① 보증인의 주채무자에 대한 사전구상채권을 자동채권으로 하는 민법상의 상계는 허용되지 않는다.
② 고의의 불법행위에 인한 손해배상채권에 대한 상계금지(민법 제496조)를 중과실의 불법행위에 인한 손해배상채권에까지 유추 또는 확장 적용할 수 없다.
③ 피용자의 고의의 불법행위로 인하여 사용자책임이 성립하는 경우 사용자는 자신의 고의의 불법행위가 아님을 이유로 민법 제496조의 적용을 면할 수 있다.
④ 당사자 쌍방의 채무가 서로 상계적상에 있다 하더라도 그 자체만으로 상계로 인한 채무 소멸의 효력이 생기는 것은 아니다.

해설 ① [○] **제443조(주채무자의 면책청구)** 「전조(제442조)의 규정에 의하여 주채무자가 보증인에게 배상하는 경우에 주채무자는 자기를 면책하게 하거나 자기에게 담보를 제공할 것을 보증인에게 청구할 수 있고 또는 배상할 금액을 공탁하거나 담보를 제공하거나 보증인을 면책하게 함으로써 그 배상의무를 면할 수 있다.」
☞ 수탁보증인이 주채무자에 대하여 가지는 민법 제442조의 사전구상권에는 민법 제443조의 담보제공청구권이 항변권으로 부착되어 있는 만큼 이를 자동채권으로 하는 상계는 원칙적으로 허용될 수 없다"(대판 2019.2.14. 2017다274703).

② [○] **제496조(불법행위채권을 수동채권으로 하는 상계의 금지)** 「채무가 고의의 불법행위로 인한 것인 때에는 그 채무자는 상계로 채권자에게 대항하지 못한다.」

☞ 判例는 본조를 중과실의 불법행위에 의한 손해배상채무에까지 유추 또는 확대적용할 필요성은 없다고 한다(대판 1994.8.12. 93다52808).

③ [×] 피용자의 고의의 불법행위로 인해 사용자책임이 성립하는 경우, 사용자는 자신의 고의의 불법행위가 아니라는 이유로 제496조의 적용을 면할 수는 없다(대판 2006.10.26. 2004다63019).

[비교판례] "피해자의 부주의를 이용하여 고의로 불법행위를 저지른 자(피용자)가 바로 그 피해자의 부주의를 이유로 자신의 책임을 감하여 달라고 주장하는 것은 허용될 수 없으나, 이는 그러한 사유가 있는 자에게 과실상계의 주장을 허용하는 것이 신의칙에 반하기 때문이므로, 불법행위자 중의 일부에게 그러한 사유가 있다고 하여 그러한 사유가 없는 다른 불법행위자(사용자)까지도 과실상계의 주장을 할 수 없다고 해석할 것은 아니다"(대판 2007.6.14. 2005다32999)

④ [○] ※ **상계의 방법 - 일방적 의사표시**

상계에는 의사표시가 필요하다(대판 2000.9.8. 99다6524). 상계적상이 존재하고 상계자가 상대방에게 상계의 의사표시를 하였을 때 상계의 효과가 발생한다. 따라서 상계는 단독행위이다(제492조 1항).

☞ 따라서 상계적상에 있다 하더라도 그 자체만으로 상계의 효력이 생기는 것이 아니다.

[정답] ③

문3 상계에 관한 다음 설명 중 가장 옳지 않은 것은? (다툼이 있는 경우 판례에 의하고, 전원합의체 판결의 경우 다수의견에 의함)

[18서기보]

① 부진정연대채무자 중 1인이 자신의 채권자에 대한 반대채권으로 상계를 한 경우에도 채권은 현실적으로 만족을 얻어 그 목적을 달성하는 것이므로, 그 상계로 인한 채무소멸의 효력은 소멸한 채무 전액에 관하여 다른 부진정연대채무자에 대하여도 미친다.

② 위 ①의 법리는 부진정연대채무자 중 1인이 채권자와 상계계약을 체결한 경우에도 마찬가지고, 채권자가 상계계약이 이루어질 당시 다른 부진정연대채무자의 존재를 알았는지 여부에 의하여 좌우되지 아니한다.

③ 고의의 불법행위로 인한 손해배상채권을 수동채권으로 하는 상계는 허용되지 않는 것이나, 그 자동채권이 동시에 행하여진 싸움에서 서로 상해를 가한 경우와 같이 동일한 사안에서 발생한 고의의 불법행위로 인한 손해배상채권인 경우에는 상계가 허용된다.

④ 상계의 의사표시는 일방적으로 철회할 수는 없는 것이지만, 상계의 의사표시 후에 상계자와 상대방이 상계가 없었던 것으로 하기로 한 약정은 제3자에게 손해를 미치지 않는 한 계약자유의 원칙상 유효하다.

해설 ① [○] ② [○] 대판 2010.9.16. 전합2008다97218

③ [×] **제496조(불법행위채권을 수동채권으로 하는 상계의 금지)** 「채무가 고의의 불법행위로 인한 것인 때에는 그 채무자는 상계로 채권자에게 대항하지 못한다.」

☞ 判例는 쌍방의 고의로 인한 손해배상청구권에도 상계금지가 적용되므로 상계할 수 없다고 한다(대판 1994.2.25. 93다38444).

④ [○] 대판 1995.6.16. 95다11146

[정답] ③

문4 상계에 관한 다음 설명 중 가장 옳은 것은?   [19서기보]

① 상계의 의사표시가 있는 경우, 채무는 상계적상시에 소급하여 대등액에서 소멸한 것으로 보게 되므로 상계에 의한 양 채권의 차액 계산 또는 상계충당은 상계적상의 시점을 기준으로 하게 된다. 따라서 그 시점 이전에 수동채권의 변제기가 이미 도래하여 지체가 발생한 경우에는 상계적상 시점까지의 수동채권의 약정이자 및 지연손해금을 계산한 다음 자동채권으로 그 약정이자 및 지연손해금을 먼저 소각하고 잔액을 가지고 원본을 소각하여야 한다. 한편 여러 개의 자동채권이 있고 수동채권의 원리금이 자동채권의 원리금 합계에 미치지 못하는 경우에는 우선 자동채권의 채권자가 상계의 대상이 되는 자동채권을 지정할 수 있고, 다음으로 자동채권의 채무자가 이를 지정할 수 있으며, 양 당사자가 모두 지정하지 아니한 때에는 법정변제충당의 방법으로 상계충당이 이루어지게 된다.

② 소송에서의 상계항변은 채권자인 원고의 금전채권이 인정되는 것을 전제로 채무자인 피고의 자동채권으로 상계하여 원고의 채권을 소멸시키겠다는 항변이다. 따라서 피고의 상계항변이 먼저 이루어지고 그 후 대여금채권의 소멸을 주장하는 소멸시효항변이 있었던 경우에, 채무자인 피고는 수동채권의 존재를 전제로 상계항변을 한 것이므로 이러한 상계항변에는 수동채권의 시효이익을 포기하려는 효과의사가 포함된 것으로 보아야 한다. 이는 1심에서 공격방어방법으로 상계항변이 먼저 이루어지고 그 후 항소심에서 소멸시효항변이 이루어진 경우에도 마찬가지이다.

③ 민법 제496조는 고의에 의한 불법행위 또는 보복적 불법행위의 발생을 방지하고 불법행위로 인한 피해자가 현실의 변제를 받을 수 있도록 하기 위해 불법행위채권을 수동채권으로 하는 상계를 금지하고 있다. 따라서 법이 보장하는 상계권은 이처럼 그의 채무가 고의의 불법행위에 기인하는 채무자에게는 적용이 없다. 그러나 부당이득의 원인이 고의의 불법행위에 기인함으로써 불법행위로 인한손 해배상채권과 부당이득반환채권이 모두 성립하여 양 채권이 경합하는 경우에 피해자가 부당이득반환채권만을 청구하고 불법행위로 인한 손해배상채권을 청구하지 아니하였다면 이러한 경우까지 민법 제496조를 유추적용하여야 하는 것은 아니다.

④ 물상보증인 소유의 부동산에 대한 후순위저당권자는 물상보증인이 대위취득한 채무자 소유의 부동산에 대한 선순위공동저당권에 대하여 물상대위를 할 수 있다. 이 경우에 만일 채무자가 물상보증인에 대한 반대채권을 가지고 있는 경우라면 채무자는 물상보증인의 구상금 채권과 상계를 주장하며 물상보증인 소유의 부동산에 대한 후순위저당권자에게 대항할 수 있다.

해설 ① [○] 대판 2013.2.28. 2012다94155

상계에 의해 당사자 쌍방의 채권은 그 대등액에서 소멸한다(제493조 2항). 상계자에게 상계적상에 있는 수동채권이 수개이고 자동채권으로 그 수개의 수동채권을 모두 소멸시킬 수 없는 경우에는 변제의 충당에 관한 규정이 준용된다(상계충당, 제499조).

② [×] 소송에서의 상계항변은 소송상의 공격방어방법으로 피고의 금전지급의무가 인정되는 경우 자동채권으로 상계를 한다는 예비적 항변의 성격을 갖는데, 따라서 상계항변이 먼저 이루어지고 그 후 대여금채권의 소멸을 주장하는 소멸시효항변이 있었던 경우에는, 상계항변 당시 채무자인 피고에게 수동채권인 대여금채권의 시효이익을 포기하려는 효과의사가 있었다고 단정할 수 없다. (대판 2013.2.28. 2011다21556 ; 2013.7.25. 2011다56187,56194). 그리고 항소심 재판이 속심적 구조인 것을 고려하면 제1심에서 공격방어방법으로 상계항변이 먼저 이루어지고 그 후 항소심에서 소멸시효항변이 이루어진 경우를 달리 볼 것은 아니다(대판 2017.7.11. 2014다32458).

③ [×] **제496조(불법행위채권을 수동채권으로 하는 상계의 금지)** 「채무가 고의의 불법행위로 인한 것인 때에는 그 채무자는 상계로 채권자에게 대항하지 못한다.」

☞ '부당이득'의 원인이 고의의 불법행위였다면 불법행위로 인한 손해배상채권을 청구하는 경우와 다를 바 없다 할 것이어서, 부당이득의 경우에도 제496조를 유추적용함이 타당하다고 한다(대판 2002.1.25. 2001다52506).

④ [×] 물상보증인 소유 부동산의 후순위저당권자가 물상대위를 하는 경우, "채무자는 물상보증인에 대한 반대채권이 있더라도 특별한 사정이 없는 한 물상보증인의 구상금 채권과 상계함으로써 물상보증인 소유의 부동산에 대한 후순위저당권자에게 대항할 수 없다. 채무자는 선순위공동저당권자가 물상보증인 소유의 부동산에 대해 먼저 경매를 신청한 경우에 비로소 상계할 것을 기대할 수 있는데, 이처럼 우연한 사정에 의하여 좌우되는 상계에 대한 기대가 물상보증인 소유의 부동산에 대한 후순위저당권자가 가지는 법적 지위에 우선할 수 없다"(대판 2017.4.26. 2014다221777,221784).

[정답] ①

문5 상계에 관한 설명 중 옳은 것은? (다툼이 있는 경우에는 판례에 의함)　　　[기출변형]

① 고의의 불법행위로 인한 손해배상채권을 자동채권으로 하는 상계는 허용되지 않는다.

② 피용자의 고의의 불법행위로 인하여 사용자책임이 성립하는 경우, 사용자는 피해자의 사용자에 대한 손해배상채권을 수동채권으로 하여 상계할 수 있다.

③ 채권의 일부양도가 이루어진 경우, 그 분할된 채권에 대하여 양도인에 대한 반대채권으로 상계하고자 하는 채무자는 양도인을 비롯한 각 분할채권자 중 어느 누구라도 상계의 상대방으로 지정하여 상계할 수 있다.

④ 상대방이 제3자에 대하여 가지는 채권을 수동채권으로 하여 상계할 수 있다.

[해설] ① [×] **제496조(불법행위채권을 수동채권으로 하는 상계의 금지)** 「채무가 고의의 불법행위로 인한 것인 때에는 그 채무자는 상계로 채권자에게 대항하지 못한다.」

☞ 제496조의 취지는 고의에 의한 불법행위의 발생을 방지함과 아울러 고의의 불법행위로 인한 피해자에게 현실의 변제를 받게 하려는 데 있다(대판 2002.1.25. 2001다5250). 따라서 피해자가 손해배상채권을 '자동채권'으로 하여 상계하는 것은 무방하다.

② [×] "민법 제756조에 의한 사용자의 손해배상책임은 피용자의 배상책임에 대한 대체적 책임이고, 같은 조 제1항에서 사용자가 피용자의 선임 및 그 사무감독에 상당한 주의를 한 때 또는 상당한 주의를 하여도 손해가 있을 경우에는 책임을 면할 수 있도록 규정함으로써 사용자책임에서 사용자의 과실은 직접의 가해행위가 아닌 피용자의 선임·감독에 관련된 것으로 해석되는 점에 비추어 볼 때, 피용자의 고의의 불법행위로 인하여 사용자책임이 성립하는 경우에 민법 제496조의 적용을 배제하여야 할 이유가 없으므로 사용자책임이 성립하는 경우 사용자는 자신의 고의의 불법행위가 아니라는 이유로 민법 제496조의 적용을 면할 수는 없다"(대판 2006.10.26. 2004다63019)

③ [○] "채권의 일부 양도가 이루어지면 특별한 사정이 없는 한 각 분할된 부분에 대하여 독립한 분할채권이 성립하므로 그 채권에 대하여 양도인에 대한 반대채권으로 상계하고자 하는 채무자로서는 양도인을 비롯한 각 분할채권자 중 어느 누구도 상계의 상대방으로 지정하여 상계할 수 있고, 그러한 채무자의 상계 의사표시를 수령한 분할채권자는 제3자에 대한 대항요건을 갖춘 양수인이라 하더라도 양도인 또는 다른 양수인에 귀속된 부분에 대하여 먼저 상계되어야 한다거나 각 분할채권액의 채권 총액에 대한 비율에 따라 상계되어야 한다는 이의를 할 수 없다"(대판 2002.2.8. 2000다50596).

[사실관계] 甲건설은 乙교회에 대해 공사잔대금채권 6억원이 있고, 乙은 위 공사의 하자로 인해 甲에 대해 1억원의 손해배상채권이 있는데, 甲은 乙에 대한 위 채권 중 3억원의 채권을 丙에게 양도하였다. 여기서 乙이 甲에 대한 1억원의 채권을 가지고 상계하는 경우, 먼저 甲에 대해 상계하여야 하는가? 또 丙에 대해 상계할 때에는 그 비율(즉, 3억원 × 1억/ 6억= 5,000만원)에 따라 상계할 수 있는가? 判例는 위와 같은 이유로 乙은 甲에 대한 1억원의 채권 전부를 丙이 乙에 대해 가지는 양수금채권(3억원)과 상계할 수 있는 것으로 보았다.

④ [×] "상계는 당사자 쌍방이 서로 같은 종류를 목적으로 한 채무를 부담한 경우에 서로 같은 종류의 급부를 현실로 이행하는 대신 어느 일방 당사자의 의사표시로 그 대등액에 관하여

채권과 채무를 동시에 소멸시키는 것이고, 이러한 상계제도의 취지는 서로 대립하는 두 당사자 사이의 채권·채무를 간이한 방법으로 원활하고 공평하게 처리하려는 데 있으므로, 수동채권으로 될 수 있는 채권은 상대방이 상계자에 대하여 가지는 채권이어야 하고, 상대방이 제3자에 대하여 가지는 채권과는 상계할 수 없다고 보아야 한다. 그렇지 않고 만약 상대방이 제3자에 대하여 가지는 채권을 수동채권으로 하여 상계할 수 있다고 한다면, 이는 상계의 당사자가 아닌 상대방과 제3자 사이의 채권채무관계에서 상대방이 제3자에게서 채무의 본지에 따른 현실급부를 받을 이익을 침해하게 될 뿐 아니라, 상대방의 채권자들 사이에서 상계자만 독점적인 만족을 얻게 되는 불합리한 결과를 초래하게 되므로, 상계의 담보적 기능과 관련하여 법적으로 보호받을 수 있는 당사자의 합리적 기대가 이러한 경우에까지 미친다고 볼 수는 없다"(대판 2011.4.28. 2010다101394).

[사실관계] 원고는 근저당권에 기한 임의경매절차에서 A소유의 아파트를 매각 받아 매각대금을 완납함으로써 그 소유권을 취득하였다. 피고는 원래 위 아파트의 '후순위' 임차인이었는데, 그 임차권이 매각으로 소멸하였음에도 임대인 A에 대한 유익비상환청구권에 기한 유치권을 주장하며 원고가 위 아파트의 소유권을 취득한 이후에도 위 아파트를 계속 점유·사용하였다. 이에 원고가 피고를 상대로 소유권에 기하여 위 아파트의 인도를 청구하자, 피고는 위 유치권 항변을 하였고, 이에 대하여 원고는 다시 피고에 대한 부당이득반환채권으로 피고의 A에 대한 유익비상환청구권과 상계한다고 재항변하였으나 받아들여지지 않았다.

[정답] ③

문6 상계에 관한 설명 중 옳은 것(○)과 옳지 않은 것(×)을 올바르게 조합한 것은? (각 지문은 독립적이며, 다툼이 있는 경우 판례에 의함)

[기출변형]

ㄱ. 제3채무자의 채무자에 대한 자동채권이 수동채권인 피압류채권과 동시이행의 관계에 있는 경우에는, 압류명령이 제3채무자에게 송달되어 압류의 효력이 생긴 후에 자동채권이 발생하였다고 하더라도, 제3채무자는 그 채권에 의한 상계로 압류채권자에게 대항할 수 있다.

ㄴ. 유치권이 인정되는 아파트를 경매로 매수한 자는 아파트 일부를 점유·사용하고 있는 유치권자에 대한 임료 상당의 부당이득금 반환채권을 자동채권으로 하여 유치권자가 종전 소유자에 대하여 가지는 유익비상환채권을 상계할 수 있다.

ㄷ. 주채무자가 수탁보증인에 대해 사전에 담보제공청구권 등의 항변권을 포기한 경우, 그 수탁보증인은 주채무자에 대하여 가지는 「민법」 제442조의 사전구상권을 자동채권으로 하여 주채무자가 수탁보증인에 대하여 가지는 채권과 상계할 수 있다.

ㄹ. 고의로 인한 불법행위나 중과실로 인한 불법행위 모두 피해자에게 현실의 변제를 받을 수 있도록 할 필요성은 동일하므로, 고의의 불법행위로 인한 손해배상채권에 대한 상계금지는 중과실의 불법행위로 인한 손해배상채권의 경우에도 적용할 수 있다.

① ㄱ(○), ㄴ(○), ㄷ(×), ㄹ(○) 　② ㄱ(○), ㄴ(×), ㄷ(○), ㄹ(×)
③ ㄱ(○), ㄴ(×), ㄷ(×), ㄹ(×) 　④ ㄱ(×), ㄴ(○), ㄷ(○), ㄹ(×)

해설 ㄱ. [○] ※ 지급금지채권(압류 또는 가압류된 채권)을 수동채권으로 하는 상계

지급을 금지하는 명령을 받은 제3채무자는 그 후에 취득한 채권에 의한 상계로 그 명령을 신청한 채권자에게 대항하지 못한다(제498조). 지급금지명령을 받은 채권이란 압류 또는 가압류를 당한 채권으로서, 본조는 압류의 효력을 유지하여 채무자의 재산으로부터 만족을 얻으려는 집행채권자를 보호하려는 데에 그 취지가 있다. 그러므로 압류 또는 가압류의 효력이 발생하기 전에 제3채무자가 채무자에 대해 채권을 가지고 있는 때에는 상계할 수 있다(제498조의 반대해석).

그러나 判例는 그 채권이 (가)압류의 효력발생[(가)압류 명령이 제3채무자에게 송달된 때] 이후에 발생한 것이더라도 그 기초가 되는 원인이 가압류 이전에 이미 성립하여 존재하고 있는 경우에는, 본조 소정의 '가압류 이후에 취득한 채권'에 해당하지 않아 상계할 수 있다고 한다(대판 2001.3.27, 2000다43819). 즉 동시이행관계에 있는 반대채권의 성립이 압류명령 송달 후라고 하더라도 이 경우에는 상계가 허용된다. 동시이행관계인 경우에는 처음부터 채권발생의 기초관계가 존재하고 있어 상계를 할 수 있다는 기대가 존재하는 것이므로 제3채무자의 이러한 상계에 대한 기대 또는 신뢰는 존중되어야 할 것이기 때문이다.

ㄴ. [×] ※ 상계 수동채권의 요건

"상계의 수동채권은 피상계자(채권자)가 상계자(채무자)에 대하여 가지는 채권이어야 하고, 피상계자가 제3자에 대하여 가지는 채권과는 상계할 수 없다고 보아야 한다. 그렇지 않고 만약 상대방이 제3자에 대하여 가지는 채권을 수동채권으로 하여 상계할 수 있다고 한다면, 이는 상계의 당사자가 아닌 상대방과 제3자 사이의 채권채무관계에서 상대방이 제3자에게서 채무의 본지에 따른 현실급부를 받을 이익을 침해하게 될 뿐 아니라, 상대방의 채권자들 사이에서 상계자만 독점적인 만족을 얻게 되는 불합리한 결과를 초래하게 되기 때문이다"(대판 2011.4.28. 2010다101394).

☞ 유치권이 인정되는 아파트를 경락·취득한 자(A)가 아파트 일부를 점유·사용하고 있는 유치권자(B)에 대한 임료 상당의 부당이득금 반환채권을 자동채권으로 하여, 유치권자(B)의 종전 소유자(C)에 대한 유익비상환권과 상계한다는 의사표시를 한 경우, 수동채권은 피상계자(B)가 제3자(C)에 대하여 가지는 채권이 되므로 이러한 상계는 허용되지 않는다.

ㄷ. [○] ※ 항변권이 부착된 자동채권에 의한 상계

"항변권이 붙어 있는 채권을 자동채권으로 하여 다른 채무(수동채권)와의 상계를 허용한다면 상계자 일방의 의사표시에 의하여 상대방의 항변권 행사의 기회를 상실시키는 결과가 되므로 그러한 상계는 허용될 수 없고, 특히 수탁보증인이 주채무자에 대하여 가지는 민법 제442조의 사전구상권에는 민법 제443조의 담보제공청구권이 항변권으로 부착되어 있는 만큼 이를 자동채권으로 하는 상계는 허용될 수 없다. 다만 민법 제443조는 임의규정으로서 주채무자가 사전에 담보제공청구권의 항변권을 포기한 경우에는 보증인은 사전구상권을 자동채권으로 하여 주채무자에 대한 채무와 상계할 수 있다"(대판 2004.5.28. 2001다81245).

ㄹ. [×] ※ 중과실에 의한 불법행위채권을 수동채권으로 하는 상계 가부

민법 제496조는 고의의 불법행위로 인한 손해배상채권에 대한 상계를 금지하고 있다. 이는 고의에 의한 불법행위의 발생을 방지함과 아울러 고의의 불법행위로 인한 피해자에게 현실의 변제를 받게 하려는 데 그 취지가 있다. 判例는 이 같은 입법취지나 적용결과에 비추어 볼 때, 민법 제496조를 중과실의 불법행위에 인한 손해배상채권에까지 유추 또는 확장적용하여야 할 필요성은 없다고 보았다(대판 1994.8.12. 93다52808).

[정답] ②

2022 해커스법원직
민법 기출문제집
윤동환, 공태용 민법의 맥

제4편

채권각론

제1장 계약 총론

제2장 계약의 효력

제3장 각종의 계약

제4장 사무관리

제5장 부당이득

제6장 불법행위책임

제1장 계약 총론

문1 계약에 관한 다음 설명 중 가장 옳지 않은 것은? (다툼이 있는 경우 판례에 의함) [17서기보]

① 교차청약에 의해 계약이 성립하는 경우에는 양청약이 상대방에게 도달한 때에 계약이 성립한다.

② 모든 무상계약의 채무자는 자기재산과 동일한 정도의 주의의무를 부담한다.

③ 승낙자가 청약에 대하여 조건을 붙여 승낙한 때에는 그 청약의 거절과 동시에 새로 청약한 것으로 본다.

④ 청약자의 의사표시나 관습에 의하여 승낙의 통지가 필요하지 아니한 경우에는 계약은 승낙의 의사표시로 인정되는 사실이 있는 때에 성립한다.

해설 ① [○] **제533조(교차청약)** 「당사자간에 동일한 내용의 청약이 상호교차된 경우에는 양청약이 상대방에게 도달한 때에 계약이 성립한다.」

② [×] **제695조(무상수치인의 주의의무)** 「보수없이 임치를 받은 자는 임치물을 자기재산과 동일한 주의로 보관하여야 한다.」

제681조(수임인의 선관의무) 「수임인은 위임의 본지에 따라 선량한 관리자의 주의로써 위임사무를 처리하여야 한다.」

☞ 즉, 수임인은 유상·무상을 불문하고 위임의 취지에 따라 선량한 관리자의 주의로써 위임사무를 처리할 의무를 부담한다. 따라서 모든 무상계약의 채무자가 자기재산과 동일한 정도의 주의의무를 부담하는 것은 아니다.

쟁점정리 채무자의 '과실'은 채무자 개인의 주관적인 능력을 기준으로 하는 것이 아니라, 그 채무의 이행과 관련하여 평균적인 채무자를 기준으로 한다. 이를 '추상적 과실'이라고 하는바, 민법상 '선량한 관리자의 주의'라고 표현하는 것이 그러하다. 반면 채무자 개인의 주관적인 능력을 기준으로 하는 것을 '구체적 과실'이라고 하는바, 민법상 '자기재산과 동일한 정도의 주의'라고 표현하는 것이 그러하다.

③ [○] **제534조(변경을 가한 승낙)** 「승낙자가 청약에 대하여 조건을 붙이거나 변경을 가하여 승낙한 때에는 그 청약의 거절과 동시에 새로 청약한 것으로 본다.」

④ [○] **제532조(의사실현에 의한 계약성립)** 「청약자의 의사표시나 관습에 의하여 승낙의 통지가 필요하지 아니한 경우에는 계약은 승낙의 의사표시로 인정되는 사실이 있는 때에 성립한다.」

구체적예 예컨대 서점에서 신간서적을 보내오면 그 중에서 필요한 책을 사기로 하고서 보내온 책에 이름을 적는 것, 청약한 목적물의 제작을 시작하는 것, 청약과 동시에 보내 온 물건을 소비하거나 사용하는 것, 유료주차장에 차를 주차시키는 것, 슈퍼마켓에서 물건을 바구니에 넣는 것, 버스나 택시에 승차하는 것 등은 대체로 이에 해당한다고 볼 수 있다.

[정답] ②

문2 계약의 성립과 내용에 관한 설명 중 틀린 것은? (다툼이 있는 경우에는 판례에 의함) [기출변형]

① 매매계약에서는 매매목적물과 대금이 반드시 계약체결 당시에 구체적으로 특정될 필요는 없으며, 이를 사후에라도 구체적으로 특정할 수 있는 방법과 기준이 정하여져 있으면 충분하다.

② 격지자간에서는 청약에 대한 승낙의 통지를 '발송'한 때 계약이 성립한다.

③ 청약이 그 효력을 발생한 때에는 청약자가 임의로 철회하지 못하므로, 근로자인 甲이 사용자인 乙에게 명예퇴직 신청을 한 경우 원칙적으로 甲은 명예퇴직 의사(근로계약의 해지청약)를 철회할 수 없다.

④ 매매계약이 매매대금에 관한 의사의 불합치로 성립하지 아니한 경우 민법 제535조를 유추적용하여 계약체결상의 과실에 따른 손해배상책임의 이행을 구할 수는 없다.

해설 ① [○] "매매는 당사자 일방이 재산권을 상대방에게 이전할 것을 약정하고 상대방이 대금을 지급할 것을 약정함으로써 효력이 발생하는 것이므로 매매계약은 매도인이 재산권을 이전하는 것과 매수인이 대가로서 대금을 지급하는 것에 관하여 쌍방당사자의 합의가 이루어짐으로써 성립하는 것이며, 그 경우 매매목적물과 대금은 반드시 계약체결 당시에 구체적으로 특정할 필요는 없고 이를 사후에라도 구체적으로 특정할 수 있는 방법과 기준이 정하여져 있으면 족하다"(대판 1993.6.8. 92다49447).

② [○] **제531조(격지자간의 계약성립시기)** 「격지자간의 계약은 승낙의 통지를 발송한 때에 성립한다.」

③ [✕] "명예퇴직은 근로자가 명예퇴직의 신청(청약)을 하면 사용자가 요건을 심사한 후 이를 승인(승낙)함으로써 합의에 의하여 근로관계를 종료시키는 것으로, 명예퇴직의 신청은 근로계약에 대한 합의해지의 청약에 불과하여 이에 대한 사용자의 승낙이 있어 근로계약이 합의해지되기 전에는 근로자가 임의로 그 청약의 의사표시를 철회할 수 있다"(대판 2003.4. 25, 2002다11458).

☞ 청약이 그 효력을 발생한 때에는 청약자가 임의로 철회하지 못하는데(제527조), 判例는 사직원제출이 '근로계약 해지의 청약으로 되는 때에는 일정한 요건 하에 이를 철회하는 것을 인정한다. 특히 명예퇴직의 신청은 근로관계의 합의해지의 청약이므로 그 합의가 성립하기 전에는 신청을 철회할 수 있다고 한다. 다만, 명예퇴직의 합의 후에는 신청을 철회할 수 없다고 하며(대판 2003.4.25, 2002다11458), 일방적인 사직의 의사표시는 '근로계약의 해지통고(단독행위)'로 보고 그 의사표시의 도달 후에는 철회를 허용하지 않는다고 한다(대판 1992.4.10, 91다43138). 이러한 判例의 전체적인 태도는 근로자(피용자)를 위한 특별한 배려로 타당하다고 판단된다.

④ [○] "계약이 의사의 불합치로 성립하지 아니한 경우 그로 인하여 손해를 입은 당사자가 상대방에게 부당이득반환청구 또는 불법행위로 인한 손해배상청구를 할 수 있는지는 별론으로 하고, 상대방이 계약이 성립되지 아니할 수 있다는 것을 알았거나 알 수 있었음을 이유로 민법 제535조를 유추적용하여 계약체결상의 과실로 인한 손해배상청구를 할 수는 없다"(대판 2017.11.14. 2015다10929)

[정답] ③

제2장 계약의 효력

제1절 | 동시이행의 항변권

문1 동시이행에 대한 다음 설명 중 가장 옳지 않은 것은? (다툼이 있는 경우 판례에 의함) [14서기보]

① 쌍무계약에서 쌍방의 채무가 동시이행관계에 있는 경우 일방의 채무의 이행기가 도래하더라도 상대방 채무의 이행제공이 있을 때까지는 그 채무를 이행하지 않아도 이행지체의 책임을 지지 않는 것이고, 이와 같은 효과는 이행지체의 책임이 없다고 주장하는 자가 반드시 동시이행의 항변권을 행사하여야만 발생하는 것은 아니다.

② 원인채무의 이행의무와 어음 반환의무가 상호 동시이행의 관계에 있는 경우, 원인채무의 채무자는 어음을 반환받을 때까지는 이행지체책임을 지지 않는다.

③ 임대차계약 종료 후에도 임차인이 동시이행의 항변권을 행사하여 임차건물을 계속 점유하여 온 것이라면, 임대인이 임차인에게 보증금반환의무를 이행하였다거나 현실적인 이행의 제공을 하여 임차인의 건물명도의무가 지체에 빠지는 등의 사유로 동시이행의 항변권을 상실하지 않는 이상, 임차인의 건물에 대한 점유는 불법점유라고 할 수 없으며, 따라서 임차인으로서는 이에 대한 손해배상의무도 없다.

④ 임대차관계가 종료된 후 임차인이 목적물을 임대인에게 반환하였으면 임대인은 보증금을 반환하여야 하고, 임차인으로부터 목적물의 인도를 받는 것과의 상환이행을 주장할 수 없다. 그리고 이는 종전의 임차인이 임대인으로부터 새로 목적물을 임차한 사람에게 그 목적물을 임대인의 동의 아래 직접 넘긴 경우에도 다를 바 없다.

해 설 ① [○] ※ 동시이행항변권의 존재효, 당연효 – 이행지체 저지효

"동시이행의 항변권을 가지는 채무자는 자신의 채무를 이행하지 않는 것이 정당한 것으로 인정되기 때문에, 비록 이행기에 이행을 하지 않더라도 이행지체가 되지 않는다(제390조 단서). 이행지체책임의 면책의 효력은 그 항변권을 행사·원용하지 않아도 발생한다"(대판 2010.10.14, 2010다 47438).

② [×] ※ 동시이행관계에 있더라도 이행지체가 발생하는 경우

채무이행을 확보하기 위해 어음을 교부한 경우 원인채무의 이행과 어음의 반환은 동시이행관계이나(대판 2010.7.29, 2009다69692), 어음을 반환하지 않는 것은 원인채무의 지급을 거절할 수 있는 사유일 뿐이므로 원인채무의 이행기를 도과하면 원칙적으로 이행지체책임을 진다(대판 1999.7.9, 98다 47542,47559). 단, 어음반환과 동시이행을 주장하는 경우에는 원인채무의 이행지체가 정당화될 수 있다(대판 1993.11.9, 93다1203,1121).

③ [○] "임대차계약의 종료에 의하여 발생된 임차인의 목적물반환의무와 임대인의 연체차임을 공제한 나머지 보증금의 반환의무는 동시이행의 관계에 있으므로, 임대차계약 종료 후에도 임차인이 동시이행의 항변권을 행사하여 임차건물을 계속 점유하여 온 것이라면, 임대인이 임차인에게 보증금반환의무를 이행하였다거나 현실적인 이행의 제공을 하여 임차인의 건물명도의무가 지체에 빠지는 등의 사유로 동시이행의 항변권을 상실하지 않는 이상, 임차인의 건물에 대한 점유는 불법점유라고 할 수 없으며, 따라서 임차인으로서는 이에 대한 손해배상의무도 없다"(대판 1998.5.29. 98다6497).

☞ 동시이행의 항변권에 기한 점유는 적법점유로 된다. 따라서 불법행위에 따른 손해배상책임을 지지 않는다(제750조). 그러나 동시이행 관계인 경우에도 부당이득은 성립할 수 있다(제741조). 왜냐하면 동시이행의 항변권은 이행지체책임을 면책시킬 뿐 부당이득반환의무까지 면하게 하는 효과는 없기 때문이다.

④ [○] "임대차관계가 종료된 후 임차인이 목적물을 임대인에게 반환하였으면 임대인은 보증금을 무조건으로 반환하여야 하고, 임차인으로부터 목적물의 인도를 받는 것과의 상환이행을 주장할 수 없다. 그리고 이는 종전의 임차인이 임대인으로부터 새로 목적물을 임차한 사람에게 그 목적물을 임대인의 동의 아래 직접 넘긴 경우에도 다를 바 없다. 그 경우 임차인의 그 행위는 임대인이 임차인으로부터 목적물을 인도받아 이를 새로운 임차인에게 다시 인도하는 것을 사실적인 실행의 면에서 간략하게 한 것으로서, 법적으로는 두 번의 인도가 행하여진 것으로 보아야 하므로, 역시 임대차관계 종료로 인한 임차인의 임대인에 대한 목적물반환의무는 이로써 제대로 이행되었다고 할 것이기 때문이다"(대판 2009.6.25. 2008다55634).

[정답] ②

문2 동시이행의 항변권에 관한 다음 설명 중 가장 옳지 않은 것은? (다툼이 있는 경우 판례에 의하고, 전원합의체 판결의 경우 다수의견에 의함) [19서기보]

① 쌍무계약의 무효로 인하여 각 당사자가 서로 취득한 것을 반환해야 할 경우 각 반환의무는 동시이행관계에 있다.

② 금전채권에 대한 압류 및 추심명령이 있는 경우에는 추심채무자는 제3채무자에 대하여 피압류채권에 기하여 그 동시이행을 구하는 항변권을 상실하게 된다.

③ 선이행의무자가 그 이행을 지체하는 동안에 상대방의 채무가 이행기에 달하게 되면, 선이행의무를 부담하는 채무자도 동시이행항변권을 행사할 수 있다.

④ 동시이행항변권이 붙은 채권을 자동채권으로 하는 상계는 원칙적으로 금지된다.

해설 ① [○] 계약이 무효 또는 취소된 경우에 당사자 상호 간의 부당이득반환의무(대판 1996.6.14. 95다54693)는 동시이행관계에 있다.

② [X] '전부명령'이 피압류채권을 집행채무자로부터 집행채권자에게로 이전시키는 것과는 달리 '추심명령'이 있게 되면 실체법상의 청구권은 집행채무자에게 있으면서 소송법상의 관리권만이 추심채권자에게 넘어가는 제3자 법정소송담당의 관계에 있게 된다. 즉, '추심명령'의 경우 채무자의 피압류채권에 대한 실체법상 채권자로서의 지위는 그대로 유지된다는 점을 주의하여야 한다. 따라서 채무자는 제3채무자에 대하여 피압류채권에 기하여 그 동시이행을 구하는 항변권을 상실하지 않는다(대판 2001.3.9. 2000다73490).

③ [○] "동시이행 항변권의 성립 여부는 이행청구가 행하여진 때를 표준으로 하면 족하므로, 매수인이 선이행하여야 할 중도금 지급을 하지 아니한 채 잔대금지급기일을 경과한 경우에는 매수인의 i) 중도금 및 ii) 이에 대한 지급일 다음날부터 잔대금지급일까지의 지연손해금과 iii) 잔대금의 지급채무는 매도인의 소유권이전등기의무와 '특별한 사정'이 없는 한 동시이행관계에 있다. 따라서 매수인은 잔금지급일 이후부터는 중도금을 지급하지 아니한 데 따른 이행지체의 책임을 부담하지 않는다"(대판 1991.3.27. 90다19930).

④ [○] 동시이행의 항변권이 붙어 있는 채권은 이를 '자동채권'으로 하여 상계하지 못한다. 이를 허용하면 상대방은 이유 없이 동시이행의 항변권을 잃기 때문이다(대판 2002.8.23. 2002다25242). 따라서 수동채권은 가능하다.

[정답] ②

문3 동시이행관계에 관한 설명 중 옳지 않은 것은? (별도의 특약은 없는 것으로 하고, 다툼이 있는 경우에는 판례에 의함)

[기출변형]

① 전세권이 소멸한 경우, 전세권자의 목적물 인도의무 및 전세권설정등기 말소의무와 전세권설정자의 전세금반환의무는 동시이행관계에 있다.

② 부동산매매계약상 매수인이 약정된 중도금지급기일인 2010. 4. 1. 중도금 1억 원의 지급을 지체한 후 계약이 해제되지 않은 상태에서 잔대금 2억 원의 지급기일인 2010. 10. 1. 매수인이 3억 원을 이행제공하였다면, 매수인은 매도인에게 소유권이전등기를 청구하기 위한 자신의 의무를 다 했다고 할 수 있다.

③ 근저당권설정등기가 마쳐진 부동산의 매매계약에 있어서, 매도인의 소유권이전의무 외에 근저당권설정등기 말소의무도 매수인의 잔대금지급의무와 동시이행관계에 있다.

④ 이자부 소비대차계약에서 채무자가 담보목적으로 채무자 소유의 부동산에 근저당권설정등기를 하였는데 변제기에 원리금을 갚지 아니하여 채권자로부터 대여금청구소송을 제기당한 경우, 채무자는 근저당권설정등기 말소등기와 동시에 원리금을 변제하겠다는 항변을 할 수 없다.

[해설] ※ 동시이행의 항변권이 성립하기 위해서는 i) 동일한 쌍무계약에 의한 대가적 채무가 존재할 것, ii) 적어도 상대방의 채무가 변제기에 있을 것, iii) 상대방이 이행 또는 이행의 제공을 하고 있지 않을 것이 필요하다(제536조). 설문은 i)의 요건과 관련한 질문이다.

① [○] **제317조(전세권의 소멸과 동시이행)** 「전세권이 소멸한 때에는 전세권설정자는 전세권자로부터 그 목적물의 인도 및 전세권설정등기의 말소등기에 필요한 서류의 교부를 받는 동시에 전세금을 반환하여야 한다.」

② [×] "매수인이 선이행하여야 할 중도금지급을 하지 아니한 채 잔대금지급일을 경과한 경우에는 매수인의 중도금 및 이에 대한 지급일 다음날부터 잔대금지급일까지의 지연손해금과 잔대금의 지급채무는 매도인의 소유권이전등기의무와 특별한 사정이 없는 한 동시이행관계에 있다"(대판 1991.3.27. 90다19930)

☞ 따라서 잔대금 지급기일 이후에 상대방의 이행이 없으면 그때부터 지체책임을 지지 않는 것일 뿐, 잔대금 지급기일까지 발생한 중도금지급에 관한 이행지체로서 지연손해금(2010. 4. 2 ~ 2010. 10. 1.)은 이행하여야한다.

③ [○] **제568(매매의 효력)** 「①항 매도인은 매수인에 대하여 매매의 목적이 된 권리를 이전하여야 하며 매수인은 매도인에게 그 대금을 지급하여야 한다. ②항 전항의 쌍방의무는 특별한 약정이나 관습이 없으면 동시에 이행하여야 한다.」

"특별한 사정이 없는 한 매도인은 완전한 권리의 이전이 필요하므로 근저당권설정등기 말소의무도 대금지급의무와 동시이행관계에 있다. 이 때 근저당권설정등기의 말소의무에 관한 이행제공은 그 근저당채무가 변제되었다는 것만으로는 부족하고 근저당권설정등기의 말소에 필요한 서류까지도 준비해야 한다"(대판 1979.11.13. 79다1562)

④ [○] "채무담보의 목적으로 경료된 채권자 명의의 소유권이전등기나 그 청구권보전의 가등기의 말소를 구하려면 먼저 채무를 변제하여야 하고 피담보채무의 변제와 교환적으로 말소를 구할 수는 없다"(대판 1984.9.11. 84다카781)

[정답] ②

문4 동시이행관계에 관한 설명 중 옳지 않은 것은? (다툼이 있는 경우 판례에 의함)　　　[기출변형]

① 「주택임대차보호법」상의 임차권등기명령에 의하여 임차권이 등기된 경우, 임대인의 임대차보증금반환의무와 임차인의 임차권등기말소의무는 동시이행관계에 있다.

② 근저당권설정등기가 되어 있는 부동산을 매매하는 경우, 특별한 사정이 없는 한 매도인의 근저당권말소 및 소유권이전등기의무와 매수인의 잔대금지급의무는 동시이행관계에 있다.

③ 수급인이 도급계약상의 의무를 제대로 이행하지 못하여 도급인의 신체 또는 재산에 손해가 발생한 경우, 하자확대손해로 인한 수급인의 손해배상채무와 도급인의 공사대금채무는 동시이행관계에 있다.

④ 계약이 해제된 경우 계약당사자가 부담하는 원상회복의무뿐만 아니라 손해배상의무도 함께 동시이행관계에 있다.

① [✕] ※ **임대인의 임대차보증금 반환의무와 임차인의 임차권등기 말소의무**

"주택임대차보호법 제3조의3 규정에 의한 임차권등기는 이미 임대차계약이 종료하였음에도 임대인이 그 보증금을 반환하지 않는 상태에서 경료되게 되므로, 이미 사실상 이행지체에 빠진 임대인의 임대차보증금의 반환의무와 그에 대응하는 임차인의 권리를 보전하기 위하여 새로이 경료하는 임차권등기에 대한 임차인의 말소의무를 동시이행관계에 있는 것으로 해석할 것은 아니고, 특히 위 임차권등기는 임차인으로 하여금 기왕의 대항력이나 우선변제권을 유지하도록 해 주는 담보적 기능만을 주목적으로 하는 점 등에 비추어 볼 때, 임대인의 임대차보증금의 반환의무가 임차인의 임차권등기 말소의무보다 먼저 이행되어야 할 의무이다"(대판 2005.6.9. 2005다4529).

비교쟁점 이와 달리 전세권설정자의 전세금반환의무와 전세권자의 전세권등기말소의무는 동시이행의 관계에 있다(제317조). 이와 동일하게 일반적인 임차권등기가 마쳐진 경우에도 임대인의 보증금반환의무와 임차인의 임차권등기말소의무는 동시이행의 관계에 있다.

② [○] ※ **근저당권이 설정되어 있는 부동산 매매**

"근저당권설정등기가 되어 있는 부동산을 매매하는 경우 매수인이 근저당권의 피담보채무를 인수하여 그 채무금 상당을 매매잔대금에서 공제하기로 하는 특약을 하는 등 특별한 사정이 없는 한 매도인의 근저당권말소 및 소유권이전등기의무와 매수인의 잔대금지급의무는 동시이행의 관계에 있는 것이다"(대판 1991.11.26. 91다23103).

③ [○] ※ **하자확대손해로 인한 수급인의 손해배상채무와 도급인의 공사대금채무**

민법 제667조(수급인의 담보책임) 「②항 도급인은 하자의 보수에 갈음하여 또는 보수와 함께 손해배상을 청구할 수 있다. ③항 전항의 경우에는 제536조의 규정을 준용한다.」

'하자로 인한 확대손해'는 제667조 2항의 하자담보책임에 따른 손해배상의 범위에 포함되지 않는다(대판 2004.8.20. 2001다70337참고). 따라서 확대손해에 대한 배상을 청구하기 위해서는 수급인의 귀책사유를 전제로 한 채무불이행책임을 원인으로 하여야 한다. 그리고 하자확대손해로 인한 수급인의 손해배상채무도 도급인의 공사대금채무와 동시이행관계에 있다(대판 2005.11.10. 2004다37676).

④ [○] ※ **계약해제로 인하여 발생하는 원상회복의무와 손해배상의무**

민법 제549조(원상회복의무와 동시이행) 「제536조의 규정은 전조(원상회복)의 경우에 준용한다.」

"계약이 해제되면 계약당사자는 상대방에 대하여 원상회복의무와 손해배상의무를 부담하는데, 이 때 계약당사자가 부담하는 원상회복의무뿐만 아니라 손해배상의무도 함께 동시이행의 관계에 있다"(대판 1996.7.26. 95다25138,25145).

[정답] ①

문1 다음 설명으로 옳지 않은 것은? (다툼이 있는 경우 판례에 의함) [기출변형]

① 乙은 계약의 교섭단계에서 계약이 확실하게 체결되리라는 정당한 기대 내지 신뢰를 부여하였다. 따라서 상대방 甲이 그 신뢰에 따라 행동하였음에도 상당한 이유 없이 계약의 체결을 거부하여 손해를 입혔다면 채무불이행책임을 부담한다.

② 매매 목적물이 경매절차에서 매각됨으로써 당사자 쌍방의 귀책사유 없이 매도인의 재산권이전의무가 이행불능이 된 경우, 매도인은 이미 지급받은 계약금을 반환하여야 하고, 매수인은 목적물을 점유·사용함으로써 취득한 임료 상당의 부당이득을 반환할 의무가 있다.

③ 민법 제538조 제1항 제2문 소정의 '채권자의 수령지체 중에 당사자 쌍방의 책임 없는 사유로 이행할 수 없게 된 때'에 해당하기 위해서는 채무자의 현실 제공이나 구두 제공이 필요하다.

④ B는 H에게 자신 소유의 X주택을 1억 5천만 원에 팔기로 하고 계약금과 중도금은 지급받았으나, 잔금 5천만 원은 H가 그 지급에 갈음하여 X주택에 관한 근저당권의 피담보채무인 B의 I은행에 대한 대출금채무의 '이행을 인수'하기로 하였다. 그러나 H가 대출금을 지급하지 못하자 I은행이 근저당권실행을 위한 경매를 신청하였고, J가 X주택을 8천만 원에 매수하여 매각대금을 납입하였다. 이 경우 B는 소유권이전의무를 면하고 계약금과 중도금을 반환할 필요가 없음을 물론, 나머지 매매대금을 청구할 수 있으나, 경매대금 8천만 원은 H에게 상환하여야 한다.

해설 ① [×] ※ 계약교섭의 부당파기로 인한 손해배상책임의 법적 근거(불법행위책임)

判例는 "ⅰ) 어느 일방이 교섭단계에서 계약이 확실하게 체결되리라는 정당한 기대 내지 신뢰를 부여하여 ⅱ) 상대방이 그 신뢰에 따라 행동하였음에도 ⅲ) 정당한 이유 없이 계약의 체결을 거부하여 손해를 입혔다면, 이는 신의성실의 원칙에 비추어 볼 때 '계약자유 원칙'의 한계를 넘는 '위법한 행위'로서 불법행위를 구성한다"(대판 2001.6.15. 99다40418 등)고 보아 불법행위책임으로 구성하고 있다.

② [○] ※ 쌍무계약에서 당사자 쌍방의 귀책사유 없이 채무가 이행불능되어 계약관계가 소멸한 경우 적용되는 법리(부당이득의 법리)

"민법 제537조는 채무자위험부담주의를 채택하고 있는바, 쌍무계약에서 당사자 쌍방의 귀책사유 없이 채무가 이행불능된 경우 채무자는 급부의무를 면함과 더불어 반대급부도 청구하지 못하므로, 쌍방 급부가 없었던 경우에는 계약관계는 소멸하고 이미 이행한 급부는 법률상 원인 없는 급부가 되어 부당이득의 법리에 따라 반환청구할 수 있다"(대판 2009.5.28, 2008다98655,98662).

③ [○] "민법 제538조 제1항 소정의 '채권자의 책임 있는 사유'라고 함은 채권자의 어떤 작위나 부작위가 채무자의 이행의 실현을 방해하고 그 작위나 부작위는 채권자가 이를 피할 수 있었다는 점에서 신의칙상 비난받을 수 있는 경우를 의미한다. 민법 제400조 소정의 채권자지체가 성립하기 위해서는 민법 제460조 소정의 채무자의 변제 제공이 있어야 하고, 변제 제공은 원칙적으로 현실 제공으로 하여야 하며 다만 채권자가 미리 변제받기를 거절하거나 채무의 이행에 채권자의 행위를 요하는 경우에는 구두의 제공으로 하더라도 무방하고, 채권자가 변제를 받지 아니할 의사가 확고한 경우(이른바, 채권자의 영구적 불수령)에는 구두의 제공을 한다는 것조차 무의미하므로 그러한 경우에는 구두의 제공조차 필요 없다고 할 것이지만, 그러한 구두의 제공조차 필요 없는 경우라고 하더라도, 이는 그로써 채무자가 채무불이행책임을 면한다는 것에 불과하고, 민법 제538조 제1항 제2문 소정의 '채권자의 수령지체 중에 당사자 쌍방의 책임 없는 사유로 이행할 수 없게 된 때'에 해당하기 위해서는 현실 제공이나 구두 제공이 필요하다"(대판 2004.3.12. 2001다79013).

④ [○] ※ 저당권실행의 경매로 '매도인'이 소유권을 상실한 경우 : 대가위험부담(제538조 1항 1문)
"매수인이 매매목적물에 관한 근저당권의 피담보채무에 관하여 그 이행을 인수한 경우, 채권자에 대한 관계에서는 매도인이 여전히 채무를 부담한다고 하더라도, 매도인과 매수인 사이에서는 매수인에게 위 피담보채무를 변제할 책임이 있다고 할 것이므로, 매수인이 그 변제를 게을리하여 근저당권이 실행됨으로써 매도인이 매매목적물에 관한 소유권을 상실하였다면, 특별한 사정이 없는 한, 이는 매수인에게 책임 있는 사유로 인하여 소유권이전등기의무가 이행불능으로 된 경우에 해당하고, 거기에 매도인의 과실이 있다고 할 수는 없다"(대판 2009.5.14. 2009다5193).
☞ 따라서 사안의 경우 H가 이행인수 약정을 이행하지 않아 저당권에 기한 경매가 실행되었으므로 H에게 이행불능에 대한 귀책사유가 있다. 따라서 H가 대가위험을 부담하게 되어 B는 소유권이전의무를 면하고 계약금과 중도금을 반환할 필요가 없음을 물론, 나머지 매매대금을 청구할 수 있게 된다(제538조 1항 1문). 다만 그 경매절차에서 B가 X주택 소유권이전의무를 면함으로써 얻은 이익인 경매대금 8,000만 원(왜냐하면 경매대금 8천만 원에서 먼저 근저당권자인 I은행에 5천만 원이 배당됨으로써 B는 I은행에 대한 5천만 원의 채무소멸의 이익을 얻고, 남은 3천만 원은 B에게 배당되는 결과 B가 3천만 원의 이익도 얻기 때문이다)은 H에게 상환되어야 한다(제538조 2항)(대판 2009.5.14. 2009다5193).

[정답] ①

문2 근로자 甲은 乙회사의 경영사정이 어려워지자 乙회사의 방침(지시)에 따라 일괄사직서를 제출했는데, 乙회사가 사직서를 수리하여 의원면직(依願免職)의 형식으로 근로계약이 종료하게 되었다. 이에 대한 설명 중 틀린 것은? (다툼이 있는 경우 판례에 의할 것)　　　[기출변형]

① 甲의 사직서 제출의 의사표시는 비진의표시이고, 乙은 이를 알았기 때문에 의원면직은 무효이다.

② 甲의 사직서 제출의 의사표시는 乙의 강박행위에 의한 것이기 때문에 의원면직은 취소할 수 있다.

③ 근로제공과 관련한 甲의 급부불능은 채권자 乙의 부당해고로 인한 것이므로 甲은 원칙적으로 부당해고가 없었더라면, 계속 근로하였을 경우의 임금 상당액의 지급을 청구할 수 있다.

④ 만약 ③이 인정된다고 하더라도 해고기간 중에 다른 직장에 취업하여 지급받은 임금(이른바 중간수입)은 이를 공제하여야 한다.

해설 ① [○] ※ 甲의 사직서 제출이 비진의표시인지 여부(적극)

"사용자가 사직의 의사 없는 근로자로 하여금 어쩔 수 없이 사직서를 작성 제출하게 한 후 이를 수리하는 이른바 의원면직의 형식을 취하여 근로계약관계를 종료시키는 경우에, 그 의사표시는 비진의표시 또는 허위표시에 해당하므로 무효이고, 그러한 사직서의 수리는 실질적으로 사용자의 일방적 의사에 의하여 근로계약관계를 종료시키는 해고에 해당한다"(대판 2001.1.19. 2000다51919 · 51926).

☞ 사안의 경우 乙회사의 방침(지시)에 따른 일괄사표이므로 甲의 사직서 제출은 비진의표시에 해당하고, 乙회사는 이를 안 것으로 판단되므로 이러한 사직서 제출은 무효이다(제107조 1항 단서). 아울러 甲의 사직서에 근거한 乙회사의 의원면직은 해고에 해당하며, 해고의 정당한 사유가 없는 한 이는 부당해고가 되어 해고무효로 된다(대판 1992.5.26. 92다3670 등). 따라서 甲의 의원면직의 무효주장은 타당하다.

② [×] ※ 甲의 사직서 제출이 강박에 의한 의사표시인지 여부(소극)

判例는 사용자의 '지시 내지 강요'에 의하여 근로자가 사직서를 낸 경우에 이와 같은 사정만으로는 그 사직의 의사표시를 강박에 의한 의사표시로까지 구성하지는 않는다.

③ [○] ④ [○] ※ 甲의 임금청구 가부(적극)

(1) 채권자위험부담주의(제538조 1항 전문)

근로제공과 관련한 甲의 급부불능은 채권자 乙의 부당해고로 인한 것이므로 제538조 1항 1문의 '채권자에게 책임 있는 사유'로 인한 불능이다. 따라서 甲은 원칙적으로 부당해고가 없었더라면, 계속 근로하였을 경우의 임금 상당액의 지급을 청구할 수 있다.

비교판례 그러나 사용자의 근로자에 대한 해고가 무효이더라도, 해고기간 중 근로자가 징역형을 선고받아 구속되어 있는 경우에는 근로자가 근로의 제공을 할 수 없는 처지였으므로 구속기간 동안의 임금을 청구할 수는 없다(대판 1995.1.24. 94다40987).

(2) 이익상환(제538조 2항)

다만, 해고기간 중에 다른 직장에 취업하여 지급받은 임금(이른바 중간수입)은 제538조 2항에 의해 이를 공제하여야 하지만, 근로자가 지급받을 수 있는 임금액 중 근로기준법 제38조 소정의 휴업수당의 범위 내의 금액은 중간수입으로 공제할 수 없고, 휴업수당을 초과하는 금액만을 중간수입으로 공제하여야 한다(대판 1993.11.9. 93다37915).

[정답] ②

문3 甲은 2010. 5. 1. 자신의 A 별장을 팔기로 乙과 계약을 체결하면서, 2010. 7. 1. 대금 수수와 동시에 소유권이전등기에 필요한 서류를 교부하기로 합의하였다. 이에 관한 설명 중 옳지 않은 것은?

[기출변형]

① 2010. 4. 20. 甲의 과실 없이 인근 야산의 산불로 A 별장이 소실된 경우, 그 사실에 대해 선의·무과실인 乙은 그 사실을 알 수 있었던 甲에 대하여 손해배상을 청구할 수 있다.

② 2010. 6. 1. 甲의 실화로 A 별장이 소실된 경우, 乙은 甲에 대한 최고 없이 계약을 해제할 수 있다.

③ 2010. 7. 1. 甲은 등기이전에 필요한 서류를 지참하였으나 乙이 정당한 사유 없이 약속장소에 나타나지 않았고, 그 다음날 甲의 과실 없이 인근 야산의 산불로 A 별장이 소실된 경우, 甲은 乙에게 대금지급을 청구할 수 없다.

④ 2010. 6. 10. 甲의 과실 없이 인근 야산의 산불로 A 별장이 소실된 경우, 甲은 乙에게 대금지급을 청구할 수 없다.

해설 ① [○] 목적이 불능한 계약을 체결할 때에 그 불능을 알았거나 알 수 있었을 자는 상대방이 그 계약의 유효를 믿었음으로 인하여 받은 손해를 배상하여야 한다. 그러나 그 배상액은 계약이 유효함으로 인하여 생길 이익액을 넘지 못한다. 이는 상대방이 그 불능을 알았거나 알 수 있었을 경우에는 적용하지 아니한다(제535조).

(1) 요 건(외, 원, 악, 손, 선)
민법은 계약이 원시적 불능으로 인하여 무효인 경우에는 계약체결상의 과실책임을 인정하고 있다(제535조). 그 요건으로는 ⅰ) 외견상 계약체결행위가 있었을 것, ⅱ) 계약의 목적이 원시적·객관적·전부 불능일 것, ⅲ) 계약체결 행위시 불능의 급부채무자의 악의·과실이 있었을 것(제535조의 악의나 과실의 대상은 불능 '원인'에 대한 악의나 과실이 아니라 불능 '사실'에 대한 것이다), ⅳ) 계약의 무효로 인하여 상대방이 손해를 입었을 것, ⅴ) 계약 체결시 상대방은 선의·무과실일 것을 요한다.

(2) 효 과
계약체결상의 과실책임이 성립하면 과실자는 "상대방이 그 계약의 유효를 믿었음으로 인하여 받은 손해"(제535조 1항 1문 후단) 즉 소위 신뢰이익의 손해를 배상해야 한다. 한편 이러한 신뢰이익 손해의 배상은 이행이익의 손해를 초과하지 못하는 바(제535조 1항 단서), 이행이익의 손해란 채무자가 채무를 이행하지 않았기 때문에 채권자가 입은 손해를 말한다.

② [○] 채무자에게 책임 있는 사유로 이행이 불능하게 된 때에는 채권자는 계약을 해제할 수 있다(제546조). 채무자에게 책임없는 사유로 이행이 불능하게 된 경우에는 채권자에게 유책사유가 있든 없든 위험부담의 문제(제537조·제538조)로 되며, 이행불능을 이유로 한 해제는 인정되지 않는다(대판 2002.4.26, 2000다50497).
해제권 발생의 요건은 채무불이행으로서의 이행불능의 성립으로 충분하고, 보통의 이행지체에서와 달리 최고는 필요하지 않다. 그리고 채무자의 채무가 상대방의 채무와 동시이행관계에 있다고 하더라도 그 이행의 제공을 할 필요도 없다(대판 2003.1.24, 2000다22850).

③ [✕] 쌍무계약의 당사자 일방의 채무가 채권자의 책임 있는 사유로 이행할 수 없게 된 때에는 채무자는 상대방의 이행을 청구할 수 있고, 채권자의 수령지체 중에 당사자 쌍방의 책임 없는 사유로 이행할 수 없게 된 때에도 같다(제538조 제1항). 따라서 채무자 甲은 A별장의 소유권이전의무를 면하고(급부위험의 채권자부담), 채권자 乙에게 매매대금지급을 청구할 수 있다(반대급부위험의 채권자부담).

④ [○] 쌍무계약의 당사자 일방의 채무가 당사자 쌍방의 책임 없는 사유로 이행할 수 없게 된 때에는 채무자는 상대방의 이행을 청구하지 못한다(제537조). 따라서 채무자 甲은 A별장의 소유권이전의무를 면하나(급부위험의 채권자부담), 채권자 乙에게 매매대금지급을 청구하지도 못한다(반대급부위험의 채무자부담).

[정답] ③

제3절 | 제3자를 위한 계약

문1 제3자를 위한 계약에 관한 설명 중 옳지 않은 것을 모두 고른 것은? (다툼이 있는 경우 판례에 의함)

[기출변형]

ㄱ. 매도인 甲과 매수인 乙이 토지거래허가구역 내 토지에 관한 매매계약을 체결하면서 매매대금을 丙에게 지급하기로 하는 제3자를 위한 계약을 체결하고 그 후 乙이 그 매매대금을 丙에게 지급하였는데, 토지거래허가를 받지 않아 유동적 무효였던 위 매매계약이 확정적으로 무효가 된 경우, 乙은 丙을 상대로 매매대금 상당액의 부당이득반환을 청구할 수 있다.

ㄴ. 제3자를 위한 계약의 체결 원인이 된 요약자와 제3자 사이의 법률관계의 효력은 요약자와 낙약자 사이의 법률관계의 성립이나 효력에 영향을 미친다.

ㄷ. 요약자의 채무불이행으로 인하여 낙약자가 계약을 해제한 경우에는 낙약자는 제3자에 대하여 계약의 해제로 인한 원상회복을 청구할 수 있다.

ㄹ. 낙약자는 요약자와 제3자 사이의 법률관계에 기한 항변으로 제3자에게 대항하지 못한다.

① ㄱ
② ㄴ, ㄷ
③ ㄴ, ㄹ
④ ㄱ, ㄴ, ㄷ

해설 ㄱ. [×] ※ 제3자를 위한 계약에서 기본관계가 무효인 경우 급부의 청산

"계약의 일방 당사자가 계약 상대방의 지시 등으로 급부과정을 단축하여 계약 상대방과 또 다른 계약관계를 맺고 있는 제3자에게 직접 급부한 경우, 그 급부로써 급부를 한 계약 당사자의 상대방에 대한 급부가 이루어질 뿐 아니라 그 상대방의 제3자에 대한 급부로도 이루어지는 것이므로 계약의 일방 당사자는 제3자를 상대로 법률상 원인 없이 급부를 수령하였다는 이유로 부당이득반환청구를 할 수 없다"(대판 2008.9.11, 2006다46278).

☞ 매도인 甲과 매수인 乙이 토지거래허가구역 내 토지의 지분에 관한 매매계약(기본관계)을 체결하면서 매매대금을 丙에게 지급하기로 하는 제3자를 위한 계약을 체결하고 그 후 매수인 乙이 그 매매대금을 丙에게 지급하였는데, 토지거래허가를 받지 않아 유동적 무효였던 위 매매계약이 확정적으로 무효가 된 경우, 그 계약관계의 청산은 요약자인 甲과 낙약자인 乙 사이에 이루어져야 하므로, 특별한 사정이 없는 한 乙은 丙에게 매매대금 상당액의 부당이득반환을 구할 수 없다.

참고판례 매수인이 지급한 계약금은 그 계약이 유동적 무효상태로 있는 한 이를 부당이득으로 반환을 구할 수 없고, 유동적 무효상태가 확정적으로 무효로 되었을 때 비로소 부당이득으로 그 반환을 구할 수 있다(대판 1993.7.27, 91다33766).

ㄴ. [×] ㄹ. [○] ※ 대가관계의 효력이 제3자를 위한 계약에 미치는 영향

요약자와 수익자의 관계를 '대가관계'라 한다. 제3자를 위한 계약의 체결 원인이 된 요약자와 제3자(수익자) 사이의 법률관계(이른바 대가관계)의 효력은 제3자를 위한 계약 자체는 물론 그에 기한 요약자와 낙약자 사이의 법률관계(이른바 기본관계)의 성립이나 효력에 영향을 미치지 아니한다(대판 2003.12.11, 2003다49771).

따라서 낙약자는 요약자와 제3자(수익자) 사이의 대가관계에 기한 항변으로 제3자(수익자)에게 대항하지 못하고, 요약자도 대가관계의 부존재나 효력 상실을 이유로 자신이 기본관계에 기하여 낙약자에게 부담하는 채무의 이행을 거부할 수 없다.

ㄷ. [×] ※ 제3자를 위한 계약에서 기본관계가 해제된 경우 급부 청산관계의 당사자

"제3자를 위한 계약관계에서 낙약자와 요약자 사이의 법률관계(이른바 기본관계)를 이루는 계약이 해제된 경우, 계약관계의 청산은 계약의 당사자인 낙약자와 요약자 사이에 이루어져야 하므로, 특별한 사정이 없는 한, 낙약자가 이미 제3자에게 급부한 것이 있더라도 낙약자는 계약해제에 기한 원상회복 또는 부당이득을 원인으로 제3자를 상대로 그 반환을 구할 수 없다"(대판 2005.7.22, 2005다7566,7573).

[정답] ④

문2 제3자를 위한 계약과 관련한 다음 설명 중 옳은 것은?   [기출변형]

① 요약자나 낙약자는 제3자를 위한 계약이 통정허위표시로서 무효라는 이유로 선의의 수익자에게 대항하지 못한다.

② 제3자를 위한 유상·쌍무계약의 경우, 요약자는 낙약자가 채무를 이행하지 않으면 제3자의 동의 없이도 계약을 해제할 수 있다.

③ 채무자(A)가 채권자(B)에게 부담하게 될 채무에 대해 C(보증인)가 이를 보증하기로 B와 보증계약을 체결하면서, A의 C에 대한 사전구상채무(바꾸어 말해 C가 A에 대해 가질 사전구상권)를 면제하기로 약정한 것은 제3자를 위한 계약에 준하는 것으로서 유효하다고 볼 수 없다.

④ 채무자와 인수인 사이의 계약으로 인수인이 변제 등에 의하여 채무를 소멸케 하여 채무자의 책임을 면하게 할 것을 약정하는 이행인수는 채권자가 인수인에 대한 채권을 취득하므로 제3자를 위한 계약이다.

해설 ① [×] 제3자를 위한 계약에 있어서 수익자는 계약의 당사자는 아니나 그가 취득하는 권리는 계약으로부터 직접 생기는 것이므로, 제3자의 보호규정(제107조 제2항·제108조 제2항·제109조 제2항·제110조 제3항·제548조 제1항 단서)상 보호받는 제3자는 아니다.

② [○] "제3자를 위한 유상·쌍무계약의 경우 특별한 사정이 없는 한 낙약자의 귀책사유로 인한 이행불능 또는 이행지체가 있을 때 요약자의 해제권이 허용되지 않는 독립된 권리를 제3자에게 부여하는 계약당사자의 의사라 볼 수 없고, 또한 요약자가 낙약자에게 반대급부 의무를 부담하고 있는 경우에 이러한 해제권을 허용치 아니함은 부당한 결과를 가져온다 할 것이므로 위와 같은 이행불능 또는 이행지체가 있을 때에는 요약자는 제3자의 동의 없이 계약당사자로서 계약을 해제할 수 있다"(대판 1970.2.24, 69다1410,1411)

③ [×] ※ 계약의 당사자가 제3자에 대하여 가진 채권에 관하여 그 채무를 면제하는 계약의 성질
요약자와 낙약자 간의 계약의 내용으로, 제3자에게 직접적으로 권리를 취득시키려는 제3자 약관이 포함되어 있어야 한다. 낙약자가 제3자에 대하여 가지는 채권에 관하여 채무를 면제하는 계약도 제3자를 위한 계약에 준하는 것으로 이에 의해 채무면제의 효과가 발생한다. 즉, 判例는 "계약의 당사자가 제3자에 대하여 가진 채권에 관하여 그 채무를 면제하는 계약도 제3자를 위한 계약에 준하는 것으로서 유효하다"(대판 2004.9.3, 2002다37405)고 하고, 위 설문에서 A가 수익의 의사표시를 함으로써 A의 사전구상채무는 채무면제의 효력이 생긴다고 한다.
☞ 생각건대, 채무면제는 단독행위이고 준물권행위에 속하는 것이지만 계약의 방식으로도 가능하고, 한편 채무면제의 계약이 성립한 경우 채무자는 채무를 면제받는 이익을 얻는 점에서, 제3자를 위한 계약에 준하는 것으로 처리하는 判例의 태도는 타당하다.

④ [×] 이행인수에서는 인수인이 채무자와의 관계에서 인수채무를 이행하여야 할 의무를 부담할 뿐 채권자에 대하여 직접 의무를 부담하는 것은 아니므로 이행인수는 제3자를 위한 계약이 아니다(대판 1997.10.24. 97다28698).

[정답] ②

문1 다음 설명 중 가장 옳지 않은 것은? (다툼이 있는 경우 판례에 의하고, 전원합의체 판결의 경우 다수의견에 의함)
[20서기보]

① 계약의 해제와 해제조건의 성취는 서로 법적 성격이 다르기는 하지만 그 효과는 같다.

② 계약의 합의해제의 효과는 합의된 내용에 따라 결정되고, 원칙적으로 해제에 관한 민법 제543조 이하의 규정은 적용되지 않는다.

③ 계약의 합의해제의 경우에도 제3자 보호에 관한 민법 제548조 제1항 단서의 규정은 적용된다.

④ 채무불이행을 이유로 계약을 해제하려면, 채무불이행은 주된 채무에 관한 것이어야 하고, 부수적 채무의 불이행은 원칙적으로 해제권을 발생시키지 않는다.

해설 ① [×] 해제의 효과에 관하여는 判例는 "우리의 법제가 물권행위의 독자성과 무인성을 인정하고 있지 않는 점과 제548조 1항 단서가 거래안전을 위한 특별규정이란 점을 생각할 때 계약이 해제되면 그 계약의 이행으로 변동이 생겼던 물권은 당연히 그 계약이 없었던 원상태로 복귀한다 할 것이다"(대판 1977.5.24, 75다1394)라고 판시하여 계약관계의 소급적 소멸로 이론구성하는 직접효과설의 입장이다.

그러나 해제조건부 법률행위는 조건이 성취된 때로부터 효력을 잃는다(제147조 2항). 이러한 조건성취의 효과는 원칙적으로 소급하지 않으나, 당사자가 조건성취의 효력을 그 성취 전에 소급하게 할 의사를 표시한 때에는 그 의사에 의한다(제147조 3항).

☞ 이처럼 계약의 해제와 해제조건의 성취는 법적 성격이 다르므로 그 효과도 동일하다고 볼 수 없다.

② [○] ※ 합의해제의 효력 – 당사자간 효력

합의해제의 경우 당초 계약의 효과가 소급적으로 소멸하며, 계약이므로 단독행위로서의 해제를 전제로 하는 민법 제543조 이하의 규정은 원칙적으로 적용되지 않는다(대판 1979.10.30, 79다1455). 따라서 1차적으로는 해제계약의 내용에 의해 효력이 정해지고, 그 합의에 특별한 약정이 없는 경우에는 부당이득반환규정(제741조 이하)에 의해 반환범위가 정해진다.

③ [○] ※ 합의해제의 효력 – 제3자에 대한 효력

계약의 효력은 원칙적으로 당사자 간에만 미치므로 완전한 권리를 취득한 제3자의 권리관계에는 영향을 미치지 못한다. 즉 제548조 1항 단서 규정은 합의해제의 경우에도 유추적용된다. 判例 역시 "계약의 합의해제에 있어서도 제548조의 계약해제의 경우와 같이 이로써 제3자의 권리를 해할 수 없으나, 그 대상부동산을 전득한 매수자라도 완전한 권리를 취득하지 못한 자는 위 제3자에 해당하지 아니한다"(대판 1991.4.12, 91다2601)고 판시하고 있다.

④ [○] 부수적 의무를 위반한 이행은 불완전이행이 되며, 이 때 손해배상청구는 가능하나 부수적 의무 불이행을 이유로 한 계약해제는 원칙적으로 허용되지 않는다(대결 1997.4.7, 97마575).

[정답] ①

문2 해제에 대한 다음 설명 중 가장 옳지 않은 것은? (다툼이 있는 경우 판례에 의함) [14서기보]

① 상속재산 분할협의는 공동상속인들 사이에 이루어지는 일종의 계약으로서, 공동상속인들은 이미 이루어진 상속재산 분할협의의 전부 또는 일부를 전원의 합의에 의하여 해제한 다음 다시 새로운 분할협의를 할 수 있다.

② 계약 후 당사자 쌍방의 계약 실현 의사의 결여 또는 포기가 쌍방 당사자의 표시행위에 나타난 의사의 내용에 의하여 객관적으로 일치하는 경우에는, 그 계약은 계약을 실현하지 아니할 당사자 쌍방의 의사가 일치됨으로써 묵시적으로 해지되었다고 해석함이 상당하다.

③ 채권자가 채무자에게 지급하여야 할 채무의 이행을 최고한 것을 부적법한 이행의 최고라고 할 수는 없다고 할지라도 그 이행을 지체하게 된 전후 사정, 그 이행에 관한 당사자의 태도, 소송의 경과 등 제반 사정에 비추어 보아 채무자가 최고기간 또는 상당한 기간 내에 이행하지 아니한 데에 정당한 사유가 있다고 여겨질 경우에는 신의칙상 그 최고기간 또는 상당한 기간 내에 이행 또는 이행의 제공이 없다는 이유로 해제권을 행사하는 것이 제한될 수 있다.

④ A의 적법한 대리인 B에 의하여 C와 계약이 체결되었는데 C가 계약상 채무불이행을 이유로 계약을 해제한 경우, B가 수령한 계약상 급부를 A가 현실적으로 인도받지 못하였다거나 계약상 채무불이행에 관하여 B에게 책임 있는 사유가 있다면 A가 아닌 B가 해제로 인한 원상회복의무를 부담한다.

해설 ① [○] 대판 2004.7.8. 2002다73203 = 합의해제

② [○] 계약이 '합의해지(해제)'되기 위하여는 일반적으로 계약이 성립하는 경우와 마찬가지로 계약의 청약과 승낙이라는 서로 대립하는 의사표시가 합치될 것을 그 요건으로 한다. 계약의 '합의해지(해제)'는 명시적인 경우뿐만 아니라 묵시적으로도 이루어질 수 있는데, 묵시적인 합의해지(해제)는 계약 후 당사자 쌍방의 계약 실현 의사의 결여 또는 포기가 쌍방 당사자의 표시행위에 나타난 의사의 내용에 의하여 객관적으로 일치하여 그 계약을 실현하지 아니할 당사자 쌍방의 의사가 일치되는 경우에 이를 인정할 수 있다(대판 2012.10.25. 2010다89050).

③ [○] **제544조 (이행지체와 해제)** 「당사자 일방이 그 채무를 이행하지 아니하는 때에는 상대방은 상당한 기간을 정하여 그 이행을 최고하고 그 기간 내에 이행하지 아니한 때에는 계약을 해제할 수 있다.」
최고기간이 지나도록 채무자가 이행을 하지 않으면 해제권이 발생하지만, 최고를 요하지 않는 경우에는 이행지체가 있으면 곧바로 해제권이 발생한다. 그러나 해제권이 발생할 뿐이고, 그에 의하여 당연히 계약이 해소되는 것은 아니므로, 해제권을 행사하기 전에 채무자가 이행 또는 이행제공을 하면(지체로 인하여 손해가 생긴 경우에는 그 손해도 아울러 배상하면서) 해제권은 소멸한다. 다만 '이행의 최고를 한 채무의 액수에 대해 불확정적인 부분인 부분이 있는 경우'와 같이 이행하지 않는 것에 정당한 사유가 있는 경우에는 '신의칙상' 해제권을 행사하는 것이 제한될 수 있다(대판 2013.6.27. 2013다14880).

④ [X] ※ 원상회복의 당사자

채무불이행을 이유로 계약이 상대방 당사자에 의하여 유효하게 해제되었다면, 해제로 인한 원상회복의무는 대리인이 아니라 계약의 당사자인 본인이 부담한다. 이는 본인이 대리인으로부터 그 수령한 급부를 현실적으로 인도받지 못하였다거나 해제의 원인이 된 계약상 채무의 불이행에 관하여 대리인에게 책임 있는 사유가 있다고 하여도 다른 특별한 사정이 없는 한 마찬가지이다 (대판 2011.8.18, 2011다30871).

☞ 따라서 본인인 A가 해제로 인한 원상회복의무를 부담한다.

[정답] ④

문3 계약의 해지, 해제에 관한 다음 설명 중 가장 옳지 않은 것은? [16서기보]

① 계약 해제의 의사표시는 그 효력이 발생한 이후에는 철회할 수 없음이 원칙이나, 해제의 의사표시에 관하여 무능력, 착오, 사기, 강박 등의 하자가 있는 경우 및 해제의 상대방의 승낙이 있는 경우에는 철회가 가능하다.

② 해제권자는 해제권을 행사하여 해제를 한 경우에는 채무불이행으로 인한 손해배상청구를 할 수 있지만, 합의해제를 한 경우 손해배상에 관하여 별도의 약정을 하거나 추후 청구할 수 있다고 하는 등의 특별한 사정이 없는 한 그러한 손해배상청구를 할 수 없다.

③ 자신 소유의 부동산을 매도하였다가 매매계약을 합의 해제한 매도인이 매수인에 대하여 가지는 원상회복청구권은 소멸시효의 대상이 되지 않는다.

④ 계약 해제에 따른 원상회복의무의 이행으로서 매매대금 기타 급부의 반환을 구하는 경우 과실상계가 적용된다.

[해설] ① [○] **제543조(해지, 해제권)** 「①항 계약 또는 법률의 규정에 의하여 당사자의 일방이나 쌍방이 해지 또는 해제의 권리가 있는 때에는 그 해지 또는 해제는 상대방에 대한 의사표시로 한다. ②항 전항의 의사표시는 철회하지 못한다.」

☞ 해제 의사표시의 철회를 제한하는 것은 계약 해제를 믿는 상대방을 보호하기 위한 것이므로 상대방이 승낙하면 철회할 수 있고, 해제도 의사표시이므로 제한능력, 의사표시의 착오 또는 사기, 강박을 이유로 취소할 수 있다.

② [○] **제551조(해지, 해제와 손해배상)** 「계약의 해지 또는 해제는 손해배상의 청구에 영향을 미치지 아니한다.」

☞ 제551조의 '법정해제'와 달리 '합의해제'시에 당사자 일방이 상대방에게 손해배상을 하기로 특약하거나 손해배상청구를 유보하는 의사표시를 하는 등 다른 사정이 없는 한 채무불이행으로 인한 손해배상을 청구할 수 없다(대판 1989.4.25, 86다카1147).

③ [○] 매매계약이 합의해제된 경우에도 매수인에게 이전되었던 소유권은 당연히 매도인에게 복귀하는 것이므로, 判例는 합의해제에 따른 매도인의 원상회복청구권은 소유권에 기한 물권적 청구권이며, 이는 소멸시효의 대상이 되지 않는다고 한다(대판 1982.7.27, 80다2968).

④ [×] "계약의 해제로 인한 원상회복청구권에 대하여 해제자가 해제의 원인이 된 채무불이행에 관하여 '원인'의 일부를 제공하였다는 등의 사유를 내세워 신의칙 또는 공평의 원칙에 기하여 일반적으로 손해배상에 있어서의 과실상계에 준하여 권리의 내용이 제한될 수 있다고 하는 것은 허용되어서는 아니된다"(대판 2014.3.13. 2013다34143).

[정답] ④

문4 해제의 효과 등에 관한 다음 설명 중 가장 옳지 않은 것은? [15서기보]

① 당사자 일방이 계약을 해제한 때에는 각 당사자는 상대방에 대하여 원상회복의무가 있고, 이 경우 반환할 금전에는 받은 날로부터 이자를 가산하여 지급하여야 하는데, 그 이자에 관하여 약정이율이 있는 경우에는 법정이율보다 낮더라도 약정이율이 우선 적용된다.

② 계약해제 시 반환할 금전에 가산할 이자에 관하여 당사자 사이에 약정이 있는 경우에는 특별한 사정이 없는 한 이행지체로 인한 지연손해금도 그 약정이율에 의하기로 하였다고 보는 것이 당사자의 의사에 부합하고, 이때 약정이율이 법정이율보다 낮더라도 약정이율이 우선 적용된다.

③ 계약이 해제되기 이전에 계약상의 채권을 양수하여 이를 피보전권리로 하여 처분금지가처분결정을 받은 경우 가처분채권자는 민법 제548조 제1항 단서 소정의 해제의 소급효가 미치지 아니하는 '제3자'가 아니다.

④ 계약의 일방 당사자가 계약상대방의 지시 등으로 급부과정을 단축하여 계약상대방과 또 다른 계약관계를 맺고 있는 제3자에게 직접 급부한 경우 계약의 일방 당사자는 제3자를 상대로 법률상 원인 없이 급부를 수령하였다는 이유로 부당이득반환청구를 할 수 없다.

해설 ① [○] **제548조(해제의 효과, 원상회복의무)** 「①항 당사자일방이 계약을 해제한 때에는 각당사자는 그 상대방에 대하여 원상회복의 의무가 있다. 그러나 제3자의 권리를 해하지 못한다. ②항 전항의 경우에 반환할 금전에는 그 받은 날로부터 이자를 가하여야 한다.」
계약이 해제된 경우 금전을 수령한 자는 그 '수령한 날'(해제한 날이 아님)부터 이자를 가산하여 반환하여야 한다(제548조 2항). 이는 수령한 금전으로부터 실제로 이자를 수취하였는가와 무관하게 인정된다.

즉, "당사자 일방이 계약을 해제한 때에는 각 당사자는 상대방에 대하여 원상회복의무가 있고, 이 경우 반환할 금전에는 받은 날로부터 이자를 가산하여 지급하여야 한다. 여기서 가산되는 이자는 원상회복의 범위에 속하는 것으로서 일종의 부당이득반환의 성질을 가지는 것이고 반환의무의 이행지체로 인한 지연손해금이 아니다. 따라서 당사자 사이에 그 이자에 관하여 특별한 약정이 있으면 그 약정이율이 우선 적용되고 약정이율이 없으면 민사 또는 상사 법정이율이 적용된다"(대판 2013.4.26. 2011다50509)

☞ 따라서 그 반환할 이자에 관하여 약정이율이 있는 경우에는 법정이율보다 낮더라도 약정이율이 우선 적용된다.

② [×] **제397조(금전채무불이행에 대한 특칙)** 「①항 금전채무불이행의 손해배상액은 법정이율에 의한다. 그러나 법령의 제한에 위반하지 아니한 약정이율이 있으면 그 이율에 의한다.」

"계약해제시 반환할 금전에 가산할 이자에 관하여 당사자 사이에 약정이 있는 경우에는 특별한 사정이 없는 한 이행지체로 인한 지연손해금도 그 약정이율에 의하기로 하였다고 보는 것이 당사자의 의사에 부합한다. 다만 그 약정이율이 법정이율보다 낮은 경우에는 약정이율에 의하지 아니하고 법정이율에 의한 지연손해금을 청구할 수 있다고 봄이 타당하다"(대판 2013.4.26. 2011다50509).

③ [○] **제548조(해제의 효과, 원상회복의무)** 「①항 당사자일방이 계약을 해제한 때에는 각당사자는 그 상대방에 대하여 원상회복의 의무가 있다. 그러나 제3자의 권리를 해하지 못한다.」

이때 제3자의 범위와 관련하여 判例는 "그 해제된 계약으로부터 생긴 법률효과를 기초로 하여 '해제 전'에 새로운 이해관계를 가졌을 뿐 아니라 등기·인도 등으로 완전한 권리를 취득한 자"를 말한다고 한다(대판 2002.10.11. 2002다33502).

한편 **채권의 양수인**이 취득한 권리는 채권에 불과하고 대세적 효력을 갖는 권리가 아니어서 (대항요건을 갖추었더라도) 채권의 양수인은 **제3자에 해당하지 않는다**고 한다(대판 2003.1.24. 2000다22850 ; 대판 2000.8.22. 2000다23433).

④ [○] ※ '금전'의 단축급부

"계약의 일방 당사자가 계약 상대의 지시 등으로 급부과정을 단축하여 계약 상대방과 또 다른 계약관계를 맺고 있는 제3자에게 직접 급부한 경우, 그 급부로써 급부를 한 계약 당사자의 상대방에 대한 급부가 이루어질 뿐 아니라 그 상대방의 제3자에 대한 급부로도 이루어지는 것이므로 계약의 일방 당사자는 제3자를 상대로 법률상 원인 없이 급부를 수령하였다는 이유로 부당이득반환청구를 할 수 없다"(대판 2008.9.11. 2006다46278)

[정답] ②

문5 해제, 해지에 관한 다음 설명 중 옳지 않은 것은 모두 몇 개인가? (다툼이 있는 경우 판례에 의하고, 전원합의체 판결의 경우 다수의견에 의함) [18서기보]

가. 쌍무계약에 있어서 계약당사자 일방은 상대방이 채무를 이행하지 아니할 의사를 명백히 표시한 경우에는 최고나 자기 채무의 이행제공 없이 그 계약을 적법하게 해제할 수 있으나, 그 이행거절의 의사표시가 적법하게 철회된 경우 상대방으로서는 자기 채무의 이행을 제공하고 상당한 기간을 정하여 이행을 최고한 후가 아니면 채무불이행을 이유로 계약을 해제할 수 없다.

나. 위임계약의 당사자 일방은 부득이한 사유 없이 상대방의 불리한 시기에 계약을 해지할 수 없다.

다. 민법 제548조 제1항은 "당사자 일방이 계약을 해제한 때에는 각 당사자는 그 상대방에 대하여 원상회복의 의무가 있다. 그러나 제3자의 권리를 해하지 못한다."라고 규정하고 있다. 계약이 해제된 경우 계약해제 이전에 해제로 인하여 소멸되는 채권을 양수한 제3자는 민법 제548조 제1항 단서의 '제3자'에 해당하지 않는다.

라. 채권 일부에 대하여 대위변제가 있는 때에는 대위자는 그 변제한 가액에 비례하여 채권자와 함께 그 권리를 행사하나, 채무불이행을 원인으로 하는 계약의 해지 또는 해제는 채권자만 할 수 있다.

마. 증여계약 후에 증여자의 재산상태가 현저히 변경되고 그 이행으로 인하여 생계에 중대한 영향을 미칠 경우에는 증여자는 증여를 해제할 수 있다.

바. 타인의 권리를 매매의 목적으로 한 경우 그 권리를 취득하여 매수인에게 이전하여야 할 매도인의 의무가 매도인의 귀책사유로 인하여 이행불능이 되었다면, 매수인이 매도인의 담보책임에 관한 민법 제570조 단서의 규정에 의해 손해배상을 청구할 수 없다 하더라도 채무불이행 일반의 규정(민법 제546조, 제390조)에 좇아서 계약을 해제하고 손해배상을 청구할 수 있다.

사. 민법 제668조 본문은 "도급인이 완성된 목적물의 하자로 인하여 계약의 목적을 달성할 수 없는 때에는 계약을 해제할 수 있다."라고 규정하고 있다. 위 조항에 따른 계약해제는 목적물을 인도받은 날(목적물의 인도를 요하지 않는 경우에는 일을 종료한 날)로부터 3년 내에 하여야 하는 것이 원칙이다.

① 1개　　　　　　　　　② 2개
③ 3개　　　　　　　　　④ 4개

[해설] 가. [○] 채무자가 자신의 채무를 이행하지 아니할 의사를 진지하고 종국적으로 밝힌 '이행거절'의 경우 채권자는 '신의칙상 자기 채무의 이행제공이나 최고 없이도' 계약을 해제할 수 있다(대판 2011.2.10. 2010다77385). 그러나 채무자가 이행제공을 하는 등 거절의사 '철회'의 표현을 적법하게 한 경우라면 채권자는 이행최고나 자기 채무의 이행제공 없이는 그 계약을 해제할 수 없다(대판 2003.2.26, 2000다40995).

나. [×] **제689조(위임의 상호해지의 자유)**「①항 위임계약은 각 당사자가 언제든지 해지할 수 있다. ②항 당사자 일방이 부득이한 사유없이 상대방의 불리한 시기에 계약을 해지한 때에는 그 손해를 배상하여야 한다.」

다. [○] **제548조(해제의 효과, 원상회복의무)**「①항 당사자일방이 계약을 해제한 때에는 각당사자는 그 상대방에 대하여 원상회복의 의무가 있다. 그러나 제3자의 권리를 해하지 못한다.」
이때 제3자의 범위와 관련하여 判例는 "그 해제된 계약으로부터 생긴 법률효과를 기초로 하여 '해제 전'에 새로운 이해관계를 가졌을 뿐 아니라 등기·인도 등으로 완전한 권리를 취득한 자"를 말한다고 한다(대판 2002.10.11, 2002다33502).
한편 **채권의 양수인**이 취득한 권리는 채권에 불과하고 대세적 효력을 갖는 권리가 아니어서 (대항요건을 갖추었더라도) 채권의 양수인은 **제3자에 해당하지 않는다**고 한다(대판 2003.1.24. 2000다22850 ; 대판 2000.8.22. 2000다23433).

라. [○] **제483조(일부의 대위)**「①항 채권의 일부에 대하여 대위변제가 있는 때에는 대위자는 그 변제한 가액에 비례하여 채권자와 함께 그 권리를 행사한다. ②항 전항의 경우에 채무불이행을 원인으로 하는 계약의 해지 또는 해제는 채권자만이 할 수 있고 채권자는 대위자에게 그 변제한 가액과 이자를 상환하여야 한다.」

마. [○] **제557조(증여자의 재산상태변경과 증여의 해제)**「증여계약 후에 증여자의 재산상태가 현저히 변경되고 그 이행으로 인하여 생계에 중대한 영향을 미칠 경우에는 증여자는 증여를 해제할 수 있다.」

바. [○] 타인권리매매에 따른 담보책임의 경우 '악의의 매수인'은 원칙적으로 손해배상청구권이 없다(제570조 단서). 다만 매도인의 귀책사유가 있는 경우 채무불이행(이행불능)을 이유로 손해배상청구는 할 수 있다(대판 1993.11.23, 93다37328).

사. [×] **제668조(동전-도급인의 해제권)**「도급인이 완성된 목적물의 하자로 인하여 계약의 목적을 달성할 수 없는 때에는 계약을 해제할 수 있다.」

제670조(담보책임의 존속기간)「①항 전3조의 규정에 의한 하자의 보수, 손해배상의 청구 및 계약의 해제는 목적물의 인도를 받은 날로부터 1년내에 하여야 한다. ②항 목적물의 인도를 요하지 아니하는 경우에는 전항의 기간은 일의 종료한 날로부터 기산한다.」

[정답] ②

문6 甲은 자신 소유의 X토지를 乙에게 매도하는 매매계약을 체결하고, 계약금과 중도금을 지급받은 뒤 X토지에 대한 소유권이전등기를 乙 명의로 경료해주었다. 그 후 乙이 잔금을 지급하기 전에 甲과 乙이 합의하여 위 매매계약을 해제하고자 할 경우, 다음 중 옳지 않은 것은? [기출변형]

① 甲이 해제권의 발생 여부에 관계없이 위 매매계약의 효력을 소멸시켜 당초부터 계약이 체결되지 않았던 것과 같은 상태로 복귀시킬 것을 내용으로 하는 새로운 청약을 하고 乙이 이에 승낙하면 위 매매계약은 해제된다.

② 甲과 乙이 위 매매계약을 해제하기로 합의한 경우, 특별한 약정이 없다면 甲이 乙에게 반환하여야 할 금전에 대하여는 乙로부터 지급받은 다음 날부터 이자를 가산하여 지급하여야 한다.

③ 甲과 乙이 위 매매계약을 해제하기로 합의하기 전에 乙로부터 X 토지를 매수한 丙은 자신의 명의로 소유권이전등기가 경료되었다면 보호될 수 있다.

④ 甲이 잔금지급 기일의 경과 후 계약해제를 주장하면서 이미 지급받은 계약금과 중도금의 반환으로 이를 공탁하고 乙이 아무런 이의 없이 그 공탁금을 수령한 경우에는 특단의 사정이 없는 한 합의해제된 것으로 본다.

해설 ① [○] 합의해제란 해제권유무와 무관하게 당사자의 합의로 이미 체결한 계약을 해소하여 원상으로 회복시키는 새로운 '계약'을 말한다. 이는 사적자치의 원칙상 당연히 인정되는바, 합의해제가 성립하기 위해서는 일반적인 계약의 성립요건과 마찬가지로 ⅰ) 종전 계약의 소멸을 내용으로 하는 청약과 승낙, ⅱ) 표시행위에 나타난 청약과 승낙의 내용이 서로 객관적으로 일치할 것이 필요하다(대판 1998.8.21, 98다17602).

② [✕] 합의해제에 따라 당초 계약의 효과가 소급적으로 소멸하며, 계약이므로 단독행위로서의 해제를 전제로 하는 민법 제543조 이하의 규정은 원칙적으로 적용되지 않는다(대판 1979.10.30, 79다1455). 따라서 **제548조 2항이 적용되지 않으므로, 특약이 없는 이상 합의해제로 인하여 반환할 금전에 그 받은 날로부터의 이자를 가하여야 할 의무가 없다**(대판 1996.7.30, 95다16011).

결국 합의해제에 따른 당사자간의 효력은 1차적으로 해제계약의 내용에 의해 정해지고, 그 합의에 특별한 약정이 없는 경우에는 부당이득반환규정(제741조 이하)에 의해 반환범위가 정해진다.

③ [○] 계약의 효력은 원칙적으로 당사자 간에만 미치므로 완전한 권리를 취득한 제3자의 권리관계에는 영향을 미치지 못한다. 즉 **제548조 1항 단서 규정은 합의해제의 경우에도 유추적용된다.** 判例 역시 "계약의 합의해제에 있어서도 민법 제548조의 계약해제의 경우와 같이 이로써 제3자의 권리를 해할 수 없으나, 그 대상부동산을 전득한 매수자라도 완전한 권리를 취득하지 못한 자는 위 제3자에 해당하지 아니한다"(대판 1991.4.12, 91다2601)고 판시하고 있다.

④ [○] "매도인이 잔대금 지급기일 경과 후 계약해제를 주장하여 이미 지급받은 계약금과 중도금을 반환하는 공탁을 하였을 때, 매수인이 아무런 이의없이 그 공탁금을 수령하였다면 위 매매계약은 특단의 사정이 없는 한 합의해제된 것으로 봄이 상당하다"(대판 1979.10.10, 79다1457).

[정답] ②

문7 계약의 해제에 관한 설명 중 옳지 않은 것은? (다툼이 있는 경우에는 판례에 의함)   [기출변형]

① 당사자 일방이 계약을 해제한 때에는 각 당사자는 그 상대방에 대하여 원상회복의 무가 있고, 반환할 금전에는 그 받은 날로부터 이자를 가하여야 한다.

② 甲이 乙에게 X 토지를 매도하였다가 대금을 지급받지 못하여 그 매매계약을 해제 한 경우, 乙로부터 X 토지 위에 신축된 건물을 매수한 丙은 위 계약해제로 권리를 침해당하지 않을 제3자에 해당하지 않는다.

③ 매도인이 매수인의 중도금 지급채무 불이행을 이유로 매매계약을 적법하게 해제한 경우라도 매수인은 착오를 이유로 한 취소권을 행사하여 위 매매계약 전체를 무효 로 돌릴 수 있다.

④ 매도인 丁과 매수인 戊 사이의 매매계약 체결 후 매매목적물의 시가 상승을 예상한 丁이 戊에게 금액 제시 없이 매매대금의 증액요청을 하였고, 이에 대하여 戊가 확답 하지 않은 상태에서 이행기 전 이행착수금지 특약이 없다는 이유로 중도금을 이행 기 전에 제공한 경우, 丁은 계약금의 배액을 공탁하여 해제권을 행사할 수 있다.

해설 ① [○] **제548조 (해제의 효과, 원상회복의무)** 「① 당사자 일방이 계약을 해제한 때에는 각 당사자는 그 상대방에 대하여 원상회복의 의무가 있다. 그러나 제3자의 권리를 해하지 못한다. ② 전항 의 경우에 반환할 금전에는 그 받은 날로부터 이자를 가하여야 한다.」

② [○] "계약당사자의 일방이 계약을 해제하여도 제3자의 권리를 침해할 수 없지만, 여기에서 그 제3자는 계약의 목적물에 관하여 권리를 취득하고 또 이를 가지고 계약당사자에게 대항할 수 있는 자를 말하므로, 토지를 매도하였다가 대금지급을 받지 못하여 그 매매계약을 해제한 경우에 있어 그 토지 위에 신축된 건물의 매수인은 위 계약해제로 권리를 침해당하지 않을 제3자에 해당하지 아니한 다"(대판 1991.5.28, 90다카16761).

관련쟁점 건축업자 A가 X토지를 매수하고 소유권이전등기를 받기 전에 토지소유자인 매도인 B의 승낙을 받아 그 X토지에 대규모로 견고하게 Y건물을 신축하고 이를 제3자 C에게 분양(양 도)하여 소유권이전등기를 해 준 상태에서 매도인 B가 건축업자 A의 채무불이행을 이유로 토 지매매계약을 적법하게 해제한 경우, ㉠ 건물의 양수인 C는 제548조 1항 단서의 제3자에 해당 하지 않으며(대판 1991.5.28, 90다카16761), ㉡ 관습법상 법정지상권을 취득하는 것도 아니다(대판 1988.6.28, 87다카12895). ㉢ 다만 토지소유자인 매도인 B가 건물양수인 C를 상대로 건물철거를 주장하는 것(제214조)은 신의칙에 반한다(대판 2003.4.11, 2003다2154). 그러나 만약 위 사안에서 X토지의 매수인 A가 B의 선이행으로 'X토지에 대한 소유권이전등기를 경료받은 후' Y건물을 신축하여 건물의 소유권만을 C에게 이전한 경우라면, C는 X토지에 관하여 관습법상 법정지 상권을 취득하기 때문에 나중에 토지 매매가 해제되는 경우에도 C는 제548조 1항 단서에 의 해 보호된다.

③ [○] "매도인이 매수인의 중도금 지급채무 불이행을 이유로 매매계약을 적법하게 해제한 후라도 매수인으로서는 상대방이 한 계약해제의 효과로서 발생하는 손해배상책임을 지거나 매매계약에 따른 계약금의 반환을 받을 수 없는 불이익을 면하기 위하여 착오를 이유로 한 취소권을 행사하 여 매매계약 전체를 무효로 돌리게 할 수 있다"(대판 1996.12.6, 95다24982).

☞ 왜냐하면 무효와 취소의 '이중효'의 이론적 측면뿐만 아니라 이를 인정할 경우 매수인으로서는 계약해제의 효과로서 발생하는 손해배상책임을 지는 불이익(제548조·제551조)을 피할 수 있는 실익도 있기 때문이다.

④ [X] "민법 제565조가 해제권 행사의 시기를 당사자의 일방이 이행에 착수할 때까지로 제한한 것은 당사자의 일방이 이미 이행에 착수한 때에는 그 당사자는 그에 필요한 비용을 지출하였을 것이고, 또 그 당사자는 계약이 이행될 것으로 기대하고 있는데 만일 이러한 단계에서 상대방으로부터 계약이 해제된다면 예측하지 못한 손해를 입게 될 우려가 있으므로 이를 방지하고자 함에 있고, 이행기의 약정이 있는 경우라 하더라도 당사자가 채무의 이행기 전에는 착수하지 아니하기로 하는 특약을 하는 등 '특별한 사정이 없는 한' 이행기 전에 이행에 착수할 수 있다"(대판 2006.2.10, 2004다11599).

☞ 여기서 **특별한 사정**이란 예컨대 중도금지급기일이 매도인을 위하여서도 기한의 이익이 있는 때를 말한다. 즉 判例(위 2004다11599판결)는 매매계약의 체결 이후 시가 상승이 예상되자 매도인이 구두로 구체적인 금액의 제시 없이 매매대금의 증액요청을 하였고, 매수인은 이에 대하여 확답하지 않은 상태에서 중도금을 이행기 전에 제공하였는데, 그 이후 매도인이 계약금의 배액을 공탁하여 해제권을 행사한 사안에서, 시가 상승만으로 매매계약의 기초적 사실관계가 변경되었다고 볼 수 없고, 이행기 전의 이행의 착수가 허용되어서는 안 될 만한 불가피한 사정이 있는 것도 아니므로 매도인은 위의 해제권을 행사할 수 없다고 하였다.

[비교판례] 그러나 다음의 경우에는 '특별한 사정'에 해당하여 이행기 전에 이행에 착수할 수 없다고 보았다. "토지거래허가를 전제로 하는 매매계약의 경우 허가가 있기 전에는 매수인이나 매도인에게 그 계약내용에 따른 대금의 지급이나 소유권이전등기 소요서류의 이행제공의 의무가 있다고 할 수 없을 뿐 아니라, 매도인이 민법 제565조에 의하여 계약금의 배액을 제공하고 계약을 해제하고자 하는 경우에 이 해약금의 제공이 적법하지 못하였다면 해제권을 보유하고 있는 기간 안에 적법한 제공을 한 때에 계약이 해제된다고 볼 것이고, 매도인이 매수인에게 계약을 해제하겠다는 의사표시를 하고 일정한 기한까지 해약금의 수령을 최고하였다면, 중도금 등 지급기일은 매도인을 위하여서도 기한의 이익이 있는 것이므로 매수인은 매도인의 의사에 반하여 이행할 수 없다"(대판 1997.6.27, 97다9369).

[정답] ④

문8 계약해제에 관한 설명 중 옳은 것은? (다툼이 있는 경우 판례에 의함) [기출변형]

① 甲이 그 소유건물을 乙에게 매각하는 계약을 체결하고, 乙은 그 건물 일부를 丙에게 분양하는 계약을 체결하였는데, 丙은 분양대금의 일부를 乙의 지시에 따라 甲에게 송금하였다. 乙이 甲에게 매매대금을 지급하지 못하여 丙이 건물을 분양받지 못하자 丙이 乙과의 분양계약을 해제한 경우, 丙은 직접 甲을 상대로 부당이득의 반환을 청구할 수 있다.

② 매매계약의 당사자 사이에 계약해제로 인한 원상회복의무로서 반환할 매매대금에 가산할 이자를 약정하였고 그 약정이율이 법정이율보다 낮은 경우, 위 매매대금 반환의무의 이행지체로 인한 지연손해금에 관하여도 위 약정이율이 적용되어야 한다.

③ 甲이 乙 주택조합을 대리한 丙과 조합가입계약을 체결하고 丙에게 조합원분담금 일부를 송금한 후에 甲이 이행불능을 근거로 조합가입계약을 유효하게 해제한 경우, 丙이 그 해제로 인한 원상회복의무를 부담한다.

④ 부동산 매매계약 해제시 매매대금 반환의무와 소유권이전등기말소의무가 동시이행관계에 있는지 여부에 관계없이 매도인은 매매대금을 받은 날로부터 법정이자를 가산하여 지급하여야 한다.

해설 ① [×] ※ 지시삼각관계(제3자를 위한 계약)에서의 반환청구권자

"계약의 일방당사자(丙)가 상대방(乙)의 지시 등으로 상대방과 또 다른 계약관계를 맺고 있는 제3자(甲)에게 직접 급부한 경우(이른바 삼각관계에서의 급부가 이루어진 경우), 그 급부로써 급부를 한 당사자(丙)의 상대방(乙)에 대한 급부가 이루어질 뿐 아니라 그 상대방(乙)의 제3자(甲)에 대한 급부도 이루어지는 것이므로 계약의 일방당사자(丙)는 제3자(甲)를 상대로 법률상 원인 없이 급부를 수령하였다는 이유로 부당이득반환청구를 할 수 없다. 이러한 경우에 계약의 일방당사자가 상대방에 대하여 급부를 한 원인관계인 법률관계에 무효 등의 흠이 있다는 이유로 제3자를 상대로 직접 부당이득반환청구를 할 수 있다고 보면 자기 책임하에 체결된 계약에 따른 위험부담을 제3자에게 전가하는 것이 되어 계약법의 원리에 반하는 결과를 초래할 뿐만 아니라 수익자인 제3자가 상대방에 대하여 가지는 항변권 등을 침해하게 되어 부당하기 때문이다. 이와 같이 삼각관계에서의 급부가 이루어진 경우에, 제3자가 급부를 수령함에 있어 계약의 일방당사자가 상대방에 대하여 급부를 한 원인관계인 법률관계에 무효 등의 흠이 있었다는 사실을 알고 있었다 할지라도 계약의 일방당사자는 제3자를 상대로 법률상 원인 없이 급부를 수령하였다는 이유로 부당이득반환청구를 할 수 없다"(대판 2008.9.11. 2006다46278).

② [×] "계약해제시 반환할 금전에 가산할 이자에 관하여 당사자 사이에 약정이 있는 경우에는 특별한 사정이 없는 한 이행지체로 인한 지연손해금도 그 약정이율에 의하기로 하였다고 보는 것이 당사자의 의사에 부합한다. 다만 그 **약정이율이 법정이율보다 낮은 경우에는 약정이율에 의하지 아니하고 법정이율에 의한 지연손해금을 청구할 수 있다고 봄이 타당하다"**(대판 2013.4.26. 2011다50509).

구체적 예 甲과 乙은 甲소유 X토지에 대한 매매계약을 1억 원에 체결한 바, 乙은 계약금 1천만 원과 중도금 4천만 원은 약속한 날짜에 제대로 지급하여 특약에 따라 중도금 지급기일부터 乙이 X토지를 사용하고 있었다. 그러나 甲의 X토지에 관한 등기서류 교부와 동시에 지급하기로 한 잔금 5천만 원에 대한 지급을 乙이 지체함으로써 甲은 적법하게 乙과의 매매계약을 이행지체를 이유로 해제하였다.

☞ 만약 위 사안에서 甲과 乙 사이에 계약해제시에 반환할 금전에 가산할 이자에 관하여 월 0.4%(연 4.8%)의 약정이율만이 있었다면, 乙이 X토지에 관한 원상회복(손해배상 포함)을 이행하며 甲에게 최고하는 경우 甲은 계약금 및 중도금의 원상회복에 대해 乙의 원상회복 전까지는 월 0.4%의 약정이율을, 원상회복 이후부터는 연 5%의 비율에 의한 지연이자를 지급해야 한다.

제397조(금전채무불이행에 대한 특칙) 「①항 금전채무불이행의 손해배상액은 법정이율에 의한다. 그러나 법령의 제한에 위반하지 아니한 약정이율이 있으면 그 이율에 의한다. ②항 전항의 손해배상에 관하여는 채권자는 손해의 증명을 요하지 아니하고 채무자는 과실없음을 항변하지 못한다.」

③ [×] "계약이 적법한 대리인에 의하여 체결된 경우에 대리인은 다른 특별한 사정이 없는 한 본인을 위하여 계약상 급부를 변제로서 수령할 권한도 가진다. 그리고 대리인이 그 권한에 기하여 계약상 급부를 수령한 경우에, 그 법률효과는 계약 자체에서와 마찬가지로 직접 본인에게 귀속되고 대리인에게 돌아가지 아니한다. 따라서 계약상 채무의 불이행을 이유로 계약이 상대방 당사자에 의하여 유효하게 해제되었다면, 해제로 인한 원상회복의무는 대리인이 아니라 계약의 당사자인 본인이 부담한다. 이는 본인이 대리인으로부터 그 수령한 급부를 현실적으로 인도받지 못하였다거나 해제의 원인이 된 계약상 채무의 불이행에 관하여 대리인에게 책임 있는 사유가 있다고 하여도 다른 특별한 사정이 없는 한 마찬가지라고 할 것이다"(대판 2011.8.18, 2011다30871).

☞ 따라서 지문에서 대리인 丙이 적법하게 대금을 수령한 이상(유권대리) 계약의 당사자인 본인 乙이 계약해제로 인한 원상회복의무를 부담한다.

④ [○] "제548조 제2항은 원상회복의 범위에 속하는 것이며 일종의 부당이득반환의 성질을 가지는 것이고 반환의무의 이행지체로 인한 것이 아니므로, 부동산 매매계약이 해제된 경우 매도인의 매매대금 반환의무와 매수인의 소유권이전등기말소등기 절차이행의무가 동시이행의 관계에 있는지 여부와는 관계없이 매도인이 반환하여야 할 매매대금에 대하여는 그 받은 날로부터 민법 소정의 법정이율인 연 5푼의 비율에 의한 법정이자를 부가하여 지급하여야 한다"(대판 2000.6.9, 2000다9123).

[정답] ④

문9 계약의 해제에 관한 설명 중 옳은 것은? (다툼이 있는 경우 판례에 의함) [기출변형]

① 매도인으로부터 매매 목적물의 소유권을 이전받은 매수인이 매도인의 계약해제 이전에 제3자에게 목적물을 처분하여 계약해제에 따른 원물반환이 불가능하게 된 경우, 매수인이 원상회복의무로서 반환하여야 하는 목적물의 가액은 특별한 사정이 없는 한 그 처분 당시의 대가 또는 그 시가 상당액이다.

② 당사자가 기존 계약의 효력을 소멸시켜 원상으로 회복시키기로 합의한 경우, 특별한 약정이 없는 한 위 합의해제로 인하여 반환할 금전에는 그 받은 날로부터 이자를 가하여야 한다.

③ 부동산 매매계약이 해제되기 전에 매수인과 매매예약을 체결하고 그에 기한 소유권이전청구권 보전을 위한 가등기를 마친 사람은 「민법」 제548조 제1항 단서에서 말하는 계약해제로 보호받는 '제3자'에 포함되지 않는다.

④ 해제자가 계약 해제의 원인이 된 채무불이행에 관하여 그 원인의 일부를 제공하였다면, 신의칙 또는 공평의 원칙에 기하여 일반적으로 손해배상에 있어서의 과실상계에 준하여 계약의 해제로 인한 원상회복청구권의 내용이 제한될 수 있다.

해설 ① [○] ※ 해제의 효과(원상회복의무 : 원칙적 원물반환, 예외적 가액반환)

"계약이 해제된 경우에 각 당사자는 민법 제548조에 따라 상대방에 대하여 원상회복의 의무를 지며, 원상회복의무로서 반환할 금전에는 그 받은 날부터 이자를 가산하여 지급하여야 한다. 이와 같이 계약해제의 효과로서 원상회복의무를 규정한 민법 제548조는 부당이득에 관한 특별 규정의 성격을 가진 것이므로, 그 이익 반환의 범위는 이익의 현존 여부나 선의, 악의에 불문하고 특단의 사유가 없는 한 받은 이익의 전부이다. 따라서 매도인으로부터 매매 목적물의 소유권을 이전받은 매수인이 매도인의 계약해제 이전에 제3자에게 목적물을 처분하여 계약해제에 따른 원물반환이 불가능하게 된 경우에 매수인은 원상회복의무로서 가액을 반환하여야 하며, 이때에 반환할 금액은 특별한 사정이 없는 한 그 처분 당시의 목적물의 대가 또는 그 시가 상당액과 처분으로 얻은 이익에 대하여 그 이득일부터의 법정이자를 가산한 금액이다"(대판 2013.12.12. 2013다14675).

② [×] ※ 계약의 합의해제(해제계약)에 대하여 민법 제548조 제2항이 적용되는지 여부(소극)

"합의해제 또는 해제계약이라 함은 해제권의 유무에 불구하고 계약 당사자 쌍방이 합의에 의하여 기존의 계약의 효력을 소멸시켜 당초부터 계약이 체결되지 않았던 것과 같은 상태로 복귀시킬 것을 내용으로 하는 새로운 계약으로서, 그 효력은 그 합의의 내용에 의하여 결정되고 여기에는 해제에 관한 민법 제548조 제2항의 규정은 적용되지 아니하므로, 당사자 사이에 약정이 없는 이상 합의해제로 인하여 반환할 금전에 그 받은 날로부터의 이자를 가하여야 할 의무가 있는 것은 아니다"(대판 1996.7.30. 95다16011).

③ [×] ※ 민법 제548조 제1항 단서에서 말하는 제3자에 가등기를 마친 사람도 포함되는지 여부(적극)

"민법 제548조 제1항 단서에서 말하는 제3자는 일반적으로 해제된 계약으로부터 생긴 법률효과를 기초로 하여 해제 전에 새로운 이해관계를 가졌을 뿐만 아니라 등기, 인도 등으로 권리를 취득한 사람을 말하는 것인바, 매수인과 매매예약을 체결한 후 그에 기한 소유권이전청구권 보전을 위한 가등기를 마친 사람도 위 조항 단서에서 말하는 제3자에 포함된다"(대판 2014.12.11. 2013다14569).

④ [×] ※ 과실상계의 적용가부(소극)

"계약의 해제로 인한 원상회복청구권에 대하여 해제자가 해제의 원인이 된 채무불이행에 관하여 '원인'의 일부를 제공하였다는 등의 사유를 내세워 신의칙 또는 공평의 원칙에 기하여 일반적으로 손해배상에 있어서의 과실상계에 준하여 권리의 내용이 제한될 수 있다고 하는 것은 허용되어서는 아니된다"(대판 2014.3.13. 2013다34143).

[정답] ①

문10 계약의 해제에 관한 설명 중 옳지 않은 것은? (다툼이 있는 경우에는 판례에 의함) [기출변형]

① 매도인이 원소유자에 대하여 가지는 소유권이전등기청구권에 대하여 가압류집행이 되어 있는 경우라도, 매수인은 원칙적으로 매도인의 소유권이전등기의무의 이행불능을 이유로 계약을 해제할 수 없다.

② 甲과 乙이 공동으로 丙으로부터 부동산을 매수한 경우, 甲이 단독으로 丙과의 매매계약을 해제할 수 있다는 당사자 간의 약정은 무효이다.

③ 甲이 乙과의 사이에 X 토지를 매매하는 계약을 체결한 후 乙에 대한 매매잔대금채권을 丙에게 양도한 경우, 위 매매계약이 해제되면 丙은 선의라도 乙에 대하여 위 양수금을 청구할 수 없고, 乙의 채권자 丁이 甲과 乙 사이의 매매계약에 기한 乙의 소유권이전등기청구권을 가압류하였다면, 그 후 甲이 乙의 대금지급의무 불이행을 이유로 매매계약을 해제하더라도 丁의 가압류권자로서의 지위는 보호받지 못한다.

④ 채권자가 계약이 이행되리라고 믿고 지출한 비용의 배상을 계약의 해제 또는 해지에 따른 손해배상으로 청구하는 경우에도 채권자가 계약의 이행으로 얻을 수 있는 이익이 인정되지 않는 경우라면, 채권자에게 배상해야 할 손해가 발생하였다고 볼 수 없으므로 당연히 지출비용의 배상을 청구할 수 없다.

[해설] ① [○] "채무의 이행이 불능이라는 것은 단순히 절대적·물리적으로 불능인 경우가 아니라 사회생활에 있어서의 경험법칙 또는 거래상의 관념에 비추어 볼 때 채권자가 채무자의 이행의 실현을 기대할 수 없는 경우를 말하는 것인바, 매매목적물에 대하여 가압류 또는 처분금지가처분 집행이 되어 있다고 하여 매매에 따른 소유권이전등기가 불가능한 것은 아니며, 이러한 법리는 가압류 또는 가처분 집행의 대상이 매매목적물 자체가 아니라 매도인이 매매목적물의 원소유자에 대하여 가지는 소유권이전등기청구권 또는 분양권인 경우에도 마찬가지이다"(대판 2006.6.16, 2005다39211). 즉 매매목적물에 대하여 가압류 집행이 되었다고 하여 매매에 따른 소유권이전등기가 불가능한 것이 아니므로, 이러한 경우 매수인으로서는 신의칙 등에 의해 대금지급채무의 이행을 거절할 수 있음은 별론으로 하고, 매매목적물이 가압류되었다는 사유만으로는 매도인의 계약위반을 이유로 매매계약을 해제할 수는 없다(대판 1999.6.11, 99다11045).

② [×] **제547조(해지, 해제권의 불가분성)** 「①항 당사자의 일방 또는 쌍방이 수인인 경우에는 계약의 해지나 해제는 그 전원으로부터 또는 전원에 대하여 하여야 한다. ②항 전항의 경우에 해지나 해제의 권리가 당사자1인에 대하여 소멸한 때에는 다른 당사자에 대하여도 소멸한다.」

매도인이 매수인들과 사이에서 민법 제547조 제1항의 적용을 배제하기로 하였다는 특별한 사정이 없는 한 매매계약을 해제함에 있어 매수인들 모두에 대하여 그 해제의 의사표시를 하여야 그 효력이 발생한다 할 것이다(대판 1994.11.18, 93다46209). 즉 해제권의 불가분성에 관한 민법 제547조의 규정은 실제상의 편의를 위해 인정된 것이지 그 성질상 불가분의 것은 아니고 또 공익상의 이유로 채용된 것도 아니므로, 당사자 사이의 특약으로 이를 배제할 수 있는 임의규정이다.

③ [○] "민법 제548조 제1항 단서에서 말하는 제3자란 일반적으로 그 해제된 계약으로부터 생긴 법률효과를 기초로 하여 해제 전에 새로운 이해관계를 가졌을 뿐 아니라 등기, 인도 등으로 완전한 권리를 취득한 자를 말하므로 계약상의 채권을 양수한 자(대판 2003.1.24, 2000다22850)나 그 채권 자체를 압류 또는 전부한 채권자는 여기서 말하는 제3자에 해당하지 아니한다"(대판 2000.4.11. 99다51685). 따라서 두 경우 다 보호받을 수 없는 제3자에 해당한다.

④ [○] "채무불이행을 이유로 계약을 해제하거나 해지하고 손해배상을 청구하는 경우에, 채권자는 채무가 이행되었더라면 얻었을 이익을 얻지 못하는 손해를 입은 것이므로 계약의 이행으로 얻을 이익, 즉 이행이익의 배상을 구하는 것이 원칙이다. 그러나 채권자는 그 대신에 계약이 이행되리라고 믿고 지출한 비용의 배상을 채무불이행으로 인한 손해라고 볼 수 있는 한도에서 청구할 수도 있다. 이러한 지출비용의 배상은 이행이익의 증명이 곤란한 경우에 그 증명을 용이하게 하기 위하여 인정되는데, 이 경우에도 채권자가 입은 손해, 즉 이행이익의 범위를 초과할 수는 없다고 보아야 한다(대판 2016.4.15. 2015다59115). 한편, 채권자가 계약의 이행으로 얻을 수 있는 이익이 인정되지 않는 경우라면, 채권자에게 배상해야 할 손해가 발생하였다고 볼 수 없으므로, 당연히 지출비용의 배상을 청구할 수 없다"(대판 2017.2.15. 2015다235766)

[정답] ②

문11 계약의 해제에 관한 설명 중 옳지 않은 것은? (다툼이 있는 경우에는 판례에 의함) [기출변형]

① 쌍무계약을 체결하면서 어느 기한까지 일방이 채무를 이행하지 아니하면 자동적으로 계약이 해제된다고 약정한 경우, 어느 일방이 채무를 이행하지 않으면 이행최고나 해제의사표시 없이 계약이 자동으로 해제되나, 당사자들이 계약이 유효함을 전제로 논의를 계속하면서 해제의 효과를 주장하지 않은 채 계약의 이행을 촉구하거나 상대방이 별다른 이의 없이 급부 중 일부를 수령하였다면, 당사자들 사이에 자동해제된 계약을 부활시키기로 하는 합의가 있었다고 보아야 한다.

② 원래의 계약에 있는 위약금이나 손해배상에 관한 약정은 그것이 계약 내용이나 당사자의 의사표시 등에 비추어 합의해제·해지의 경우에도 적용된다고 볼 만한 특별한 사정이 없는 한 합의해제·해지의 경우에까지 적용되지는 않는다.

③ 매매계약에서 매수인이 중도금을 약정일에 지급하지 않으면 계약을 무효로 한다는 특약을 하였더라도, 매수인이 약정한대로 중도금을 지급하지 않은 경우, 해제의 의사표시가 없으면 계약이 해제된 것이라고 볼 수 없다.

④ 매수인이 중도금지급채무를 불이행하여 매도인이 그 이행을 최고한 경우, 매도인의 최고가 약정된 중도금액보다 현저하게 과다하고, 매도인이 청구한 금액을 제공하지 않으면 그것을 수령하지 않을 것이라는 매도인의 의사가 분명하다면, 위와 같은 최고에 터잡은 매도인의 계약 해제는 효력이 없다.

[해 설] ① [○] "쌍무계약을 체결하면서 어느 기한까지 일방이 채무를 이행하지 아니하면 자동적으로 계약이 해제된다고 약정한 경우 어느 일방이 채무를 이행하지 아니하였다면 별도의 이행최고나 해제의 의사표시를 요하지 않고 그 불이행 자체로써 계약이 자동으로 해제된 것으로 보아야 한다. 그러나 당사자들이 계약이 여전히 유효함을 전제로 논의를 계속하면서 해제에 따른 법률효과를 주장하지 아니한 채 계약 내용에 따른 이행을 촉구하거나 온전한 채무의 이행을 받지 못한 상대방이 별다른 이의 없이 급부 중 일부를 수령하였다면, 특별한 사정이 없는 한 계약당사자들 사이에서는 자동해제 약정의 효력을 상실시키고 자동해제된 계약을 부활시키기로 하는 합의가 있었다고 봄이 상당하다. 이러한 경우 채무이행을 받지 못한 상대방은 새로운 이행의 최고 없이 바로 해제권을 행사할 수 없다"(대판 2019.6.27. 2019다216817)

② [○] "원래의 계약에 있는 위약금이나 손해배상에 관한 약정은 그것이 계약 내용이나 당사자의 의사표시 등에 비추어 합의해제·해지의 경우에도 적용된다고 볼 만한 특별한 사정이 없는 한 합의해제·해지의 경우에까지 적용되지는 않는다"(대판 2021.5.7. 2017다220416).

③ [×] ※ 중도금지급채무의 불이행을 조건으로 한 실권조항(선이행의무이므로 자동해제)
判例는 "매매계약에 있어서 매수인이 '중도금'을 약정한 일자에 지급하지 아니하면 그 계약을 무효로 한다고 하는 특약이 있는 경우 매수인이 약정한대로 중도금을 지급하지 아니하면(해제의 의사표시를 요하지 않고) 그 불이행 자체로써 계약은 그 일자에 자동적으로 해제된 것이라고 보아야 한다"(대판 1991.8.13. 91다13717)고 한다. 즉 중도금의 지급은 선이행의무이므로 그 불이행시 즉시 조건이 성취되어 해제의 효력이 발생한다. 따라서 "매도인이 그 후에 중도금의 지급을 최고하였다 하더라도, 이는 은혜적으로 한번 지급의무를 이행할 기회를 준 것에 지나지 아니한다"(대판 1980.2.12. 79다2035)고 한다.

[비교판례] ※ 잔대금지급채무의 불이행을 조건으로 한 실권조항(동시이행관계이므로 이행제공해야 자동해제 : 제한해석)
判例는 쌍방의 채무가 동시이행관계인 경우 이행의 제공을 하여 상대방을 이행지체에 빠뜨려야 자동해제가 된다고 한다(대판 1998.6.12. 98다505). 다만 동시이행의 경우에도 '불이행시 계약이 자동적으로 해제되는 것을 감수하겠다'는 등의 별도의 특약이 있는 때에는 특약에 따라 이행의 제공 없이도 자동해제될 수 있다고 한다(대판 1996.3.8. 95다55467).

④ [○] "채권자의 이행최고가 본래 이행하여야 할 채무액을 초과하는 경우에도 본래 급부하여야 할 수량과의 차이가 비교적 적거나 채권자가 급부의 수량을 잘못 알고 과다한 최고를 한 것으로서 과다하게 최고한 진의가 본래의 급부를 청구하는 취지라면, 그 최고는 본래 급부하여야 할 수량의 범위 내에서 유효하다고 할 것이나, 과다한 정도가 현저하고 채권자가 청구한 금액을 제공하지 않으면 그것을 수령하지 않을 것이라는 의사가 분명한 경우에는 그 최고는 부적법하고, 이러한 최고에 터잡은 계약해제는 그 효력이 없다"(대판 1994.5.10. 93다47615).

[정답] ③

문 12 다음 설명 중 옳지 않은 것은? (다툼이 있으면 判例에 의함)

① 매도인이 매매계약의 합의해제를 청약하였으나, 매수인이 그 청약에 대하여 조건을 붙이거나 변경을 가하여 승낙한 경우, 매도인과 매수인 사이의 매매계약이 합의해제된 것으로 볼 수 없다.

② 제3자를 위한 계약에서 수익자가 수익의 의사표시를 한 후에는 요약자와 낙약자는 일방의 채무불이행을 이유로 한 해제는 할 수 있으나, 합의해제는 할 수 없다.

③ 乙에 대한 X토지의 소유권이전등기의무를 부담하고 있던 甲은 乙과의 합의로 Y토지에 대한 이전등기의무를 부담하는 것으로 변경하는 경개계약을 체결하였다. 이후 甲이 Y부동산의 소유권이전등기의무를 이행하지 않는 경우 乙은 채무불이행을 이유로 경개계약을 해제할 수 있다.

④ 계약당사자 중 어느 일방에 대한 약정해제권의 유보 또는 위약벌에 관한 특약의 유무 등은 채무불이행으로 인한 법정해제권의 성립에 영향을 미치지 않는다.

해설 ① [○] 합의해제는 해제계약이므로 일반적인 계약의 성립요건과 마찬가지로 ⅰ) 종전 계약의 소멸을 내용으로 하는 청약과 승낙, ⅱ) 표시행위에 나타난 청약과 승낙의 내용이 서로 객관적으로 일치할 것이 필요하다(대판 1998.8.21, 98다17602). 따라서 계약당사자의 일방이 계약해제에 따른 원상회복 및 손해배상의 범위에 관한 조건을 제시한 경우 그 조건에 관한 합의까지 이루어져야 합의해제가 성립된다(대판 1996.2.27. 95다43044).
　제534조(변경을 가한 승낙) 「승낙자가 청약에 대하여 조건을 붙이거나 변경을 가하여 승낙한 때에는 그 청약의 거절과 동시에 새로 청약한 것으로 본다.」

② [○] **제539조(제3자를 위한 계약)** 「①항 계약에 의하여 당사자 일방이 제3자에게 이행할 것을 약정한 때에는 그 제3자는 채무자에게 직접 그 이행을 청구할 수 있다. ②항 전항의 경우에 제3자의 권리는 그 제3자가 채무자에 대하여 계약의 이익을 받을 의사를 표시한 때에 생긴다.」
　제541조(제3자의 권리의 확정) 「제539조의 규정에 의하여 제3자의 권리가 생긴 후에는 당사자는 이를 변경 또는 소멸시키지 못한다.」
　☞ 따라서 제3자를 위한 계약에서 수익자가 수익의 의사표시를 한 후에는 요약자와 낙약자는 일방의 채무불이행을 이유로 한 해제는 할 수 있으나, 합의해제는 할 수 없다(대판 1970.2.24. 69다1410,1411참고).

③ [×] "경개계약은 신채권을 성립시키고 구채권을 소멸시키는 처분행위로서 신채권이 성립되면 그 효과는 완결되고 경개계약 자체의 이행의 문제는 발생할 여지가 없으므로 경개에 의하여 성립된 신채무의 불이행을 이유로 경개계약을 해제할 수는 없다. 계약자유의 원칙상 경개계약의 성립 후에 그 계약을 합의해제하여 구채권을 부활시키는 것은 적어도 당사자 사이에서는 가능하다"(대판 2003.2.11. 2002다62333).

④ [○] "계약서에 명문으로 위약시의 법정해제권의 포기 또는 배제를 규정하지 않은 이상 계약당사자 중 어느 일방에 대한 약정해제권의 유보 또는 위약벌에 관한 특약의 유무 등은 채무불이행으로 인한 법정해제권의 성립에 아무런 영향을 미칠 수 없다"(대판 1990.3.27. 89다카14110).

[정답] ③

문13 甲이 자신 소유의 X 토지에 관하여 乙과 매매계약(이하 '위 매매계약'이라 한다)을 체결하고, 乙 명의로 소유권이전등기를 마쳐주었는데, 乙은 정당한 이유 없이 그 매매대금을 완제하지 않고 있다. 위 사례에 관한 설명 중 옳은 것은? [기출변형]

① 甲과 乙은 위 매매계약이 해제될 경우 원상회복의 방법으로 甲에게 소유권이전등기를 하여 주기로 약정하고, 乙 명의의 소유권이전등기 후 위 약정에 따른 청구권 보전을 위한 甲명의의 가등기를 경료한 상태에서 乙이 A에게 위 토지를 매도하고 소유권이전등기를 마쳐주었다. 그 후 甲과 乙 사이의 매매계약이 해제되어 그 가등기에 기한 본등기가 이루어지면 A 명의의 소유권이전등기는 말소되어야 한다.

② B가 乙에 대한 대여금채권을 청구채권으로 하여 X 토지를 가압류한 후 위 매매계약이 해제되었더라도 甲은 B에 대하여 해제의 소급효를 주장할 수 있다.

③ 만약 乙이 甲으로부터 소유권이전등기를 받지 아니한 상태에서 X 토지를 인도받아 그 지상에 단층주택(30㎡)을 신축하였고, 그 주택을 C가 매수하여 점유하고 있다면, 그 후 위 매매계약이 해제되었다 하더라도 甲은 C를 상대로 위 건물의 철거를 청구할 수 없다.

④ 위 매매계약이 해제된 후 해제에 의한 소유권이전등기가 말소되기 전에 乙이 위 해제 사실을 모르는 D에게 X 토지를 양도하고 소유권이전등기를 마쳐주었더라도, D는 해제 후에 이해관계를 맺은 자이므로 제3자로서 보호받을 수 없다.

해설 ① [○] ※ 제548조 1항 단서에 의한 A의 보호와 가등기에 기한 본등기를 한 甲보호의 충돌

"가등기는 본등기의 순위를 보전하는 효력이 있어 후일 가등기에 기한 본등기가 마쳐진 때에는, 본등기의 순위가 가등기한 때로 소급함으로써 가등기후 본등기 전에 이루어진 중간처분은 실효되는 것이므로 매매계약 해제시 원상회복 방법으로 매도인에게 소유권이전등기를 하기로 하는 약정에 따른 청구권을 보전하기 위한 가등기가 된 경우에도 그 가등기 후 본등기 전에 된 제3자 명의의 소유권이전등기는 후일 가등기에 기한 본등기가 마쳐지면 말소를 면할 수 없다"(대판 1982.11.23. 81다카1110)고 판시하여 가등기에 기한 본등기의 보호를 우선하고 있다.

② [X] "민법 제548조 제1항 단서에서 말하는 제3자란 일반적으로 그 해제된 계약으로부터 생긴 법률효과를 기초로 하여 해제 전에 새로운 이해관계를 가졌을 뿐 아니라 등기, 인도 등으로 완전한 권리를 취득한 자를 말하는 것인데, 해제된 매매계약에 의하여 채무자의 책임재산이 된 부동산을 가압류 집행한 가압류채권자도 원칙상 위 조항 단서에서 말하는 제3자에 포함된다"(대판 2005.1.14. 2003다33004).

비교판례 "제3채무자가 소유권이전등기청구권에 대한 압류명령에 위반하여 채무자에게 소유권이전등기를 경료한 후 채무자의 대금지급의무의 불이행을 이유로 매매계약을 해제한 경우, 해제의 소급효로 인하여 채무자의 제3채무자에 대한 소유권이전등기청구권이 소급적으로 소멸함에 따라 이에 터잡은 압류명령의 효력도 실효되는 이상 압류채권자는 처음부터 아무런 권리를 갖지 아니한 것과 마찬가지 상태가 되므로 제548조 1항 단서의 제3자에 해당하지 않는다"(대판 2000.1.14. 99다40937)

③ [✕] "계약당사자의 일방이 계약을 해제하여도 제3자의 권리를 침해할 수 없지만, 여기에서 그 제3자는 계약의 목적물에 관하여 권리를 취득하고 또 이를 가지고 계약당사자에게 대항할 수 있는 자를 말하므로, 토지를 매도하였다가 대금지급을 받지 못하여 그 매매계약을 해제한 경우에 있어 그 토지 위에 신축된 건물의 매수인은 위 계약해제로 권리를 침해당하지 않을 제3자에 해당하지 아니한다"(대판 1991.5.28, 90다카16761)

다만 C에게 X토지에 대한 이해관계, 즉 토지이용권인 관습법상의 법정지상권 등이 인정된다면 제3자에 해당될 여지가 있으나, 사안에서는 처분당시 토지와 건물이 동일인의 소유에 속하지 않으므로 관습법상 법정지상권이 성립되는 사안도 아니다. 만약 위 사안에서 X토지의 매수인 乙이 甲의 선이행으로 'X토지에 대한 소유권이전등기를 경료받은 후' 건물을 신축하여 건물의 소유권만을 C에게 이전한 경우라면, C는 X토지에 관하여 관습법상 법정지상권을 취득하기 때문에 나중에 토지 매매가 해제되는 경우에도 C는 제548조 1항 단서에 의해 보호된다.

④ [✕] ※ **제548조 1항 단서의 '제3자' 보호**

계약해제로 인한 원상회복의무는 제3자의 권리를 해하지 못한다(제548조 1항 단서). 이때 제3자의 범위와 관련하여 判例는 "그 해제된 계약으로부터 생긴 법률효과를 기초로 하여 '해제 전'에 새로운 이해관계를 가졌을 뿐 아니라 등기·인도 등으로 완전한 권리를 취득한 자"를 말한다고 한다(대판 2002.10.11. 2002다33502). 다만 判例는 '해제의 의사표시가 있은 후라도 그 등기 등을 말소하지 않은 동안' 새로운 권리를 취득하게 된 '선의'의 제3자도 포함된다고 한다(대판 1985.4.9. 84다카130,131). 이 경우 제3자가 악의라는 사실의 주장, 증명책임은 계약해제를 주장하는 자에게 있다고 한다(대판 2005.6.9. 2005다6341).

[정답] ①

제3장 각종의 계약

제1절 | 증여

> **문1** 증여에 관한 다음 설명 중 가장 옳은 것은? (다툼이 있는 경우 판례에 의함) [15서기보]
>
> ① 증여는 무상계약이므로 증여자가 증여의 목적인 물건의 하자를 알고 수증자에게 고지하지 아니한 때에도 그 하자에 대하여 책임을 지지 아니하나, 상대 부담있는 증여에 대하여는 그 부담의 한도에서 매도인과 같은 담보의 책임이 있다.
>
> ② 증여계약이 서면에 의하지 아니하였음을 이유로 한 해제에 대하여는 10년의 제척기간이 적용되지 아니한다.
>
> ③ 수증자가 증여자에 대하여 중대한 범죄행위를 한 경우에는 증여자는 증여계약을 해제하고, 이미 이행한 부분의 반환을 청구할 수 있다.
>
> ④ 증여자의 사망으로 인하여 효력이 생길 증여에 대하여는 유증에 관한 규정이 준용되므로 위 증여는 자필증서, 녹음, 공정증서, 비밀증서, 구수증서 중 하나의 방법에 의하여야 한다.

[해설] ① [×] **제559조(증여자의 담보책임)** 「① 증여자는 증여의 목적인 물건 또는 권리의 하자나 흠결에 대하여 책임을 지지 아니한다. 그러나 증여자가 그 하자나 흠결을 알고 수증자에게 고지하지 아니한 때에는 그러하지 아니하다. ② 상대 부담있는 증여(부담부 증여)에 대하여는 증여자는 그 부담의 한도에서 매도인과 같은 담보의 책임이 있다.」

② [○] ※ 서면에 의하지 않은 증여의 해제
증여계약의 특수한 해제는 민법 제543조 이하에서 규정한 본래 의미의 해제와는 달리 형성권의 제척기간(10년)의 적용을 받지 않는 '특수한 형태의 철회'로서, 10년이 경과한 후에 이루어졌다 하더라도 이행하기 전이라면 적법하다(대판 2009.9.24, 2009다37831).

③ [×] **제556조(수증자의 행위와 증여의 해제)** 「① 수증자가 증여자에 대하여 다음 각호의 사유가 있는 때에는 증여자는 그 증여를 해제할 수 있다.

1. 증여자 또는 그 배우자나 직계혈족에 대한 범죄행위가 있는 때
2. 증여자에 대하여 부양의무있는 경우에 이를 이행하지 아니하는 때」

제558조(해제와 이행완료부분) 「전3조의 규정에 의한 계약의 해제는 이미 이행한 부분에 대하여는 영향을 미치지 아니한다.」

④ [×] ※ 특수한 증여 - 사인증여
제1065조(유언의 보통방식) 「유언의 방식은 자필증서, 녹음, 공정증서, 비밀증서와 구수증서의 5종으로 한다.」

유증의 방식에 관한 민법 제1065조 내지 제1072조는 그것이 단독행위임을 전제로 하는 것이어서 계약인 사인증여에는 적용되지 않는다"(대판 1996.4.12, 94다37714,37721).

[정답] ②

문2 증여에 관한 설명 중 옳은 것은? (다툼이 있는 경우에는 판례에 의함)　　　[기출변형]

① 서면에 의하지 아니한 부동산 증여의 경우, 이를 인도하였다면 아직 소유권이전등기를 마치지 아니하였더라도 증여자는 계약을 해제할 수 없다.

② 증여계약이 성립한 당시에 서면이 작성되지 않았더라도, 그 후 위 계약이 존속하는 동안 서면을 작성한 경우에는 그때부터 서면에 의한 증여로서의 효력이 있으므로, 당사자가 임의로 그 계약을 해제할 수 없다.

③ 사인증여에 관하여는 유증에 관한 규정이 준용되므로, 포괄적 사인증여를 받은 자는 포괄적 유증을 받은 자와 마찬가지로 상속인과 동일한 권리의무가 있다.

④ 당사자 사이의 약정에 따라 부양의무를 부담하는 증여계약에서 수증자의 부양의무 불이행을 원인으로 하는 증여자의 해제권은 해제원인이 있음을 안 날로부터 6월을 경과한 때 소멸한다.

[해설] ① [×] **제555조(서면에 의하지 아니한 증여와 해제)** 「증여의 의사가 서면으로 표시되지 아니한 경우에는 각당사자는 이를 해제할 수 있다.」
제558조(해제와 이행완료부분) 「전3조의 규정에 의한 계약의 해제는 이미 이행한 부분에 대하여는 영향을 미치지 아니한다.」
"물권변동에 관하여 형식주의를 채택하고 있는 현행 민법의 해석으로서는 부동산 증여에 있어서 이행이 되었다고 함은 그 부동산의 인도만으로써는 부족하고 이에 대한 소유권이전등기절차까지 마친 것을 의미한다"(대판 1977.12.27, 77다834). "부동산의 증여에 있어서는 목적부동산을 인도받지 아니하여도 그에 대한 소유권이전등기절차를 마침으로써 그 이행이 종료되어 수증자는 그로써 확정적으로 그 소유권을 취득한다"(대판 1981.10.13, 81다649).

② [○] "민법 제555조 소정의 증여의 의사가 표시된 서면의 작성시기에 대하여는 법률상 아무런 제한이 없으므로 증여계약이 성립한 당시에는 서면이 작성되지 않았더라도 그후 계약이 존속하는 동안 서면을 작성한 때에는 그 때부터는 서면에 의한 증여로서 당사자가 임의로 이를 해제할 수 없게 된다"(대판 1989.5.9, 88다카2271).

③ [×] "ⅰ) 민법 제562조는 사인증여에 관하여는 유증에 관한 규정을 준용하도록 규정하고 있지만, 유증의 방식에 관한 민법 제1065조 내지 제1072조는 그것이 단독행위임을 전제로 하는 것이어서 계약인 사인증여에는 적용되지 아니한다. ⅱ) 민법 제562조가 사인증여에 관하여 유증에 관한 규정을 준용하도록 규정하고 있다고 하여, 이를 근거로 포괄적 유증을 받은 자는 상속인과 동일한 권리의무가 있다고 규정하고 있는 민법 제1078조가 포괄적 사인증여에도 준용된다고 해석하면 포괄적 사인증여에도 상속과 같은 효과가 발생하게 된다. 그러나 포괄적 사인증여는 낙성·불요식의 증여계약의 일종이고, 포괄적 유증은 엄격한 방식을 요하는 단독행위이며, 방식을 위배한 포괄적 유증은 대부분 포괄적 사인증여로 보여질 것인바, 포괄적 사인증여에 민법 제1078조가 준용된다면 양자의 효과는 같게 되므로, 결과적으로 포괄적 유증에 엄격한 방식을 요하는 요식행위로 규정한 조항들은 무의미하게 된다. 따라서 민법 제1078조가 포괄적 사인증여에 준용된다고 하는 것은 사인증여의 성질에 반하므로 준용되지 아니한다고 해석함이 상당하다"(대판 1996.4.12, 94다37714,37721).

④ [×] "부담부증여에 있어서는 쌍무계약에 관한 규정이 준용되어 부담의무 있는 상대방이 자신의 의무를 이행하지 아니할 때에는 비록 증여계약이 이행되어 있다 하더라도 그 계약을 해제할 수 있고, 민법 제556조 제1항 제2호에 규정되어 있는 '부양의무'라 함은 민법 제974조에 규정되어 있는 직계혈족 및 그 배우자 또는 생계를 같이하는 친족간의 부양의무를 가리키는 것으로서, 이 사건과 같이 위와 같은 친족간이 아닌 당사자 사이의 약정에 의한 부양의무는 이에 해당하지 아니하여 이 사건 부담부증여에는 민법 제556조 제2항이나 민법 제558조가 적용되지 않는다"(대판 1996.1.26, 95다43358)

[정답] ②

제4편

2022 해커스법원직 민법 기출문제집 윤동환, 공태용 민법의 맥

문3 甲은 그가 소유하고 있던 X 토지를 동생 乙에게 증여하고자 하였으나, 등기원인을 증여로 기재하면 증여세가 부과될 것을 염려하여 매매한 것으로 계약서를 작성하고 乙에게 매매를 등기원인으로 하여 소유권이전등기를 마쳐주었다. 그러한 사정을 모르는 丙은 乙로부터 X 토지를 매수하고 丙 앞으로 소유권이전등기를 마쳤다. 이에 관한 설명 중 옳은 것은? [기출변형]

① 甲과 乙 사이의 증여는 허위표시에 의한 것으로서 무효이다.

② 丙은 乙의 소유권이전등기의 등기원인이 실제와 다르게 기재된 것을 알았다고 하더라도 적법하게 소유권을 취득한다.

③ 乙이 그의 채권자를 위해 X 토지에 저당권을 설정하였는데 그 저당권설정계약이 허위표시에 의하여 이루어진 것이라면 甲은 X 토지의 소유권에 기하여 그 저당권설정등기의 말소를 청구할 수 있다.

④ 甲은 丙이 X 토지의 소유권이전등기를 마치기 전에 서면에 의하지 아니한 증여라는 이유로 위 증여계약을 해제하고 乙 명의의 소유권이전등기의 말소를 구할 수 있다.

해설 ① [X] 증여를 매매로 가장한 본 사안과 같이 가장행위 속에 실제로 다른 행위를 할 의사가 감추어진 경우에, 그 감추어진 행위를 은닉행위라고 한다. 이 사안에서는 숨겨져 있는 행위인 '증여'가 은닉행위가 될 것이다. 은닉행위의 효력에 대하여는 그 행위 자체에 관한 규정(즉 증여에 관한 규정)이 적용되어야 한다고 보는 것에 학설이 일치한다(자연적 해석). 따라서 가장행위인 매매가 무효이더라도, 은닉행위인 증여는 유효가 된다(대판 1991.9.10, 91다6160).

② [○] ③ [X] 위에서 살펴보았듯이 내면적 은닉행위인 증여는 유효하므로 부동산의 소유권은 乙에게 이전될 것이다. 따라서 丙이 乙의 소유권이전등기의 등기원인이 실제와 다르게 기재된 것을 알았다 하더라도 적법하게 乙로부터 부동산을 매수하고 소유권이전등기를 마친 이상 소유권을 취득할 수 있다. 마찬가지로 甲은 더 이상 X 토지의 소유권을 주장할 수 없으므로 乙이 X 토지에 허위표시에 의한 저당권설정계약을 맺었더라도 그 자신에게 X토지의 소유권 있음을 주장하여 그 저당권설정등기의 말소를 청구할 수 없다.

"부동산 등기는 현실의 권리 관계에 부합하는 한 그 권리취득의 경위나 방법 등이 사실과 다르다고 하더라도 그 등기의 효력에는 아무런 영향이 없는 것이므로 증여에 의하여 부동산을 취득하였지만 등기원인을 매매로 기재하였다고 하더라도 그 등기의 효력에는 아무런 하자가 없다"(대판 1980.7.22. 80다791).

④ [X] "서면에 의한 증여란 증여계약 당사자 간에 있어서 증여자가 자기의 재산을 상대방에게 준다는 증여의사가 문서를 통하여 확실히 알 수 있는 정도로 서면에 나타낸 증여를 말하는 것으로서 비록 서면 자체는 매매계약서, 매도증서로 되어 있어 매매를 가장하여 증여의 증서를 작성한 것이라고 하더라도 증여에 이른 경위를 아울러 고려할 때 그 서면이 바로 증여의사를 표시한 서면이라고 인정되면 이는 민법 제555조에서 말하는 서면에 해당한다"(대판 1991.9.10, 91다6160).
☞ 따라서 甲은 위 증여계약이 서면으로 표시되지 아니하였으므로 해제할 수 있다고 주장할 수 없다.

[정답] ②

제2절 | 매매

문1 계약금 등에 관한 다음 설명 중 가장 옳지 않은 것은? (다툼이 있는 경우 판례에 의함) [15서기보]

① 매도인이 매매계약의 이행에는 전혀 착수한 바가 없다 하더라도, 중도금을 지급한 매수인은 민법 제565조에 의하여 계약금을 포기하고 매매계약을 해제할 수 없다.

② 토지거래허가구역 내 토지에 관하여 매매계약을 체결하고 계약금만 주고받은 상태에서 당사자가 토지거래허가신청을 하고 이에 따라 관할관청으로부터 그 허가를 받았다 하더라도, 그러한 사정만으로는 민법 제565조에 의한 해제권의 행사가 부정되지 않는다.

③ 매도인이 매수인에 대하여 매매계약의 이행을 최고하고, 매매잔대금의 지급을 구하는 소송을 제기하였다면 이행에 착수한 것이 되므로 매수인은 민법 제565조에 의하여 계약금을 포기하고 매매계약을 해제할 수 없다.

④ 매매당사자 사이에 수수된 계약금에 대하여 매수인이 위약하였을 때에는 이를 무효로 하고 매도인이 위약하였을 때에는 그 배액을 상환할 뜻의 약정이 있는 경우에는 특별한 사정이 없는 한 그 계약금은 민법 제398조 제1항 소정의 손해배상액의 예정의 성질을 가질 뿐 아니라 민법 제565조 소정의 해약금의 성질도 가진다.

[해설] ① [○] **제565조(해약금)** 「①항 매매의 당사자 일방이 계약당시에 금전 기타 물건을 계약금, 보증금등의 명목으로 상대방에게 교부한 때에는 당사자간에 다른 약정이 없는 한 당사자의 일방이 이행에 착수할 때까지 교부자는 이를 포기하고 수령자는 그 배액을 상환하여 매매계약을 해제할 수 있다.」

아직 상대방은 이행에 착수하지 않았지만 스스로는 이미 이행에 착수한 당사자가 계약을 해제할 수 있는지와 관련하여 判例는 "제565조 1항의 '당사자의 일방'은, 매매 쌍방 중 어느 일방을 지칭하는 것이고 '상대방'으로 국한되지 않는다(대판 2000.2.11, 99다62074).

☞ 중도금을 지급한 매수인은 스스로 이미 이행에 착수한 '당사자'이므로 제565조 1항에 따른 매매계약을 해제할 수 없다.

② [○] ※ 이행의 착수 부정례

"허가구역으로 지정된 구역 안에 위치한 토지에 관하여 매매계약이 체결된 경우 당사자는 그 매매계약이 효력이 있는 것으로 완성될 수 있도록 서로 협력할 의무가 있지만, 이러한 의무는 그 매매계약의 효력으로서 발생하는 매도인의 재산권이전의무나 매수인의 대금지급의무와는 달리 신의칙상의 의무에 해당하는 것이어서 당사자 쌍방이 위 협력의무에 기초해 토지거래허가신청을 하고 이에 따라 관할관청으로부터 그 허가를 받았다 하더라도, 아직 그 단계에서는 당사자 쌍방 모두 매매계약의 효력으로서 발생하는 의무를 이행하였거나 이행에 착수하였다고 할 수 없고"(대판 2009.4.23, 2008다62427)

③ [×] ※ 이행의 착수 부정례

"매도인이 매수인에 대하여 매매계약의 이행을 최고하고 매매잔대금의 지급을 구하는 소를 제기한 것만으로는 이행에 착수하였다고 볼 수 없다"(대판 2008.10.23, 2007다72274,72281).

☞ 따라서 매수인은 민법 제565조에 의하여 계약금을 포기하고 매매계약을 해제할 수 있다.

④ [○] ※ 배상액의 예정으로서의 계약금

判例는 '위약시에는 교부자는 그것을 몰수당하고 교부받은 자는 그 배액을 상환한다'는 특약이 있는 경우, 判例는 "특별한 사정이 없는 한 그 계약금은 민법 제565조가 규정하는 해약금으로서의 성질과 아울러 제398조 1항의 손해배상액의 예정의 성질도 가진다"고 판시하였다(대판 1992.5.12, 91다2151).

[정답] ③

문2 매매계약의 계약금에 관한 다음 설명 중 가장 옳지 않은 것은? (다툼이 있는 경우 판례에 의하고, 전원합의체 판결의 경우 다수의견에 의함) [19서기보]

① 계약금계약은 금전 기타 유가물의 교부를 요건으로 하므로, 단지 계약금을 지급하기로 약정만 한 단계에서는 아직 계약금의 효력으로 계약을 해제할 수 있는 권리는 발생하지 않는다.

② 매매 당사자간에 계약금을 수수하고 계약해제권을 유보한 경우에 매도인이 계약금의 배액을 상환하고 계약을 해제하려면 계약해제 의사표시 이외에 계약금 배액의 이행의 제공이 있어야 하며, 상대방이 이를 수령하지 않는 경우에는 이를 공탁하여야 계약을 해제할 수 있다.

③ 계약금의 일부만이 지급된 경우 해약금의 기준이 되는 금원은 실제 교부받은 계약금이 아니라 약정 계약금이므로, 매도인이 약정한 계약금의 일부만을 지급받은 경우 지급받은 금원의 배액을 상환하는 것으로는 매매계약을 해제할 수 없다.

④ 매수인은 본인 또는 매도인이 이행에 착수할 때까지는 계약금을 포기하고 계약을 해제할 수 있는바, 이행에 착수한다는 것은 객관적으로 외부에서 인식할 수 있는 정도로 채무의 이행행위의 일부를 하거나 또는 이행을 하기 위하여 필요한 전제행위를 하는 경우를 말하는 것이다.

해설 ① [○] **제565조(해약금)** 「①항 매매의 당사자 일방이 계약당시에 금전 기타 물건을 계약금, 보증금등의 명목으로 상대방에게 교부한 때에는 당사자간에 다른 약정이 없는 한 당사자의 일방이 이행에 착수할 때까지 교부자는 이를 포기하고 수령자는 그 배액을 상환하여 매매계약을 해제할 수 있다.」

※ 계약금 지급약정만 한 단계에서 제565조 1항의 계약해제권 발생 여부
"계약금계약은 요물계약으로 금전 기타 유가물의 교부를 요건으로 하므로, 단지 계약금을 지급하기로 약정만 한 단계에서는 아직 계약금으로서의 효력, 즉 제565조 규정에 의해 계약해제를 할 수 있는 권리는 발생하지 않는다. 따라서 교부자가 계약금의 잔금 또는 전부를 지급하지 아니하는 한 계약금계약은 성립하지 아니하므로 당사자가 임의로 주계약을 해제할 수는 없다"(대판 2008.3.13, 2007다73611).

② [×] "매매당사자 간에 계약금을 수수하고 계약해제권을 유보한 경우에 매도인이 계약금의 배액을 상환하고 계약을 해제하려면 계약해제 의사표시 이외에 계약금 배액의 이행의 제공이 있으면 족하고 상대방이 이를 수령하지 아니한다 하여 이를 공탁하여야 유효한 것은 아니다"(대판 1992.5.12. 91다2151).

③ [○] 매도인 측이 계약을 임의로 해제하고자 한다면 계약금 전부를 받은 뒤 제565조 1항에 따라 계약금의 배액을 상환하고 계약을 해제할 수 있을 것이다. 아울러 "계약금의 일부만 지급된 경우 매도인(수령자)이 매매계약을 해제할 수 있다고 하더라도 해약금의 기준이 되는 금원은 '실제 교부받은 계약금'이 아니라 '약정 계약금'이다"(대판 2015.4.23. 2014다231378).

④ [○] ※ 이행에 착수할 때까지의 의미

이행에 착수한다는 것은 객관적으로 외부에서 인식할 수 있는 정도로 채무의 이행행위의 일부를 하거나 또는 이행을 하기 위하여 필요한 전제행위를 하는 경우를 말한다. 따라서 단순히 이행의 준비를 하는 것만으로는 부족하고, 그렇다고 반드시 계약내용에 들어맞는 이행제공의 정도에까지 이르러야 하는 것은 아니다(대판 2008.10.23. 2007다72274).

[정답] ②

문3 매매에 관한 다음 설명 중 가장 옳지 않은 것은? (다툼이 있는 경우 판례에 의함) [17서기보]

① 부동산매매계약에 있어서 실제면적이 계약면적에 미달하는 경우 그 부분의 원시적 불능을 이유로 민법 제535조 계약체결상의 과실에 따른 책임의 이행을 구할 수 있다.

② 매매목적물의 인도 전이라도 매수인이 매매대금을 완납한 때에는 그 이후의 과실수취권은 매수인에게 귀속된다.

③ 매매의 목적이 된 권리의 일부가 타인에게 속하게 되어 매도인이 그 권리를 취득하여 매수인에게 이전할 수 없게 된 경우 매도인이 매수인에 대하여 배상하여야 할 손해액은 원칙적으로 매도인이 매매의 목적이 된 권리의 일부를 취득하여 매수인에게 이전할 수 없게 된 때의 이행불능이 된 권리의 시가(이행이익 상당액)이다.

④ 매매당사자가 부동산의 면적에 관심을 별로 두지 않는 경우이거나 객관적인 수치에 상관하지 않고 외관상 확인되는 경계 또는 표지에 따라 매수하는 경우에는 수량을 지정한 매매라고 할 수 없다.

해설 ① [✕] ※ 부동산매매계약에 있어 실제면적이 계약면적에 미달된 경우(제535조 적용 부정)

"부동산매매계약에 있어서 실제면적이 계약면적에 미달하는 경우에는 ⅰ) 그 매매가 수량지정 매매에 해당할 때에 한하여 제574조, 제572조에 의한 대금감액청구권을 행사할 수 있고, ⅱ) 그 매매계약이 그 미달 부분만큼 일부무효임을 들어 이와 별도로 일반 부당이득반환청구를 하거나 그 부분의 원시적 불능을 이유로 제535조가 규정하는 계약체결상의 과실에 따른 책임의 이행을 구할 수 없다"(대판 2002.4.9, 99다47396).

② [○] **제587조(과실의 귀속, 대금의 이자)** 「매매계약 있은 후에도 인도하지 아니한 목적물로부터 생긴 과실은 매도인에게 속한다. 매수인은 목적물의 인도를 받은 날로부터 대금의 이자를 지급하여야 한다. 그러나 대금의 지급에 대하여 기한이 있는 때에는 그러하지 아니하다.」

☞ 매수인이 대금을 이미 완납한 경우에는 매도인이 인도를 지체하고 있어도 매수인이 과실을 수취한다(대판 1993.11.9, 93다28928). 그러므로 제587조는 대금을 지급받지 않고 부동산의 이전등기를 해 준 경우에 인도전이라면 여전히 매도인이 과실을 수취한다는 점에서 의미가 있다.

③ [○] "타인권리 매매의 매도인이 매수인에 대하여 배상하여야 할 손해액은 원칙적으로 매도인이 매매의 목적이 된 권리(의 일부)를 취득하여 매수인에게 이전할 수 없게 된 때의 이행불능이 된 권리의 시가, 즉 '이행이익 상당액'이라고 할 것이다"(대판 1993.1.19, 92다37727).

④ [○] "매매당사자가 부동산의 면적에 관심을 별로 두지 않는 경우이거나 객관적인 수치에 상관하지 않고, 외관상 확인되는 경계 또는 표지에 따라 매수하는 경우에는 수량을 지정한 매매라고 할 수 없지만 매수인이 일정한 면적이 있는 것으로 믿고 매도인도 그 면적이 있는 것을 명시적 또는 묵시적으로 표시하며, 계약당사자가 면적을 가격을 정하는 여러 요소 중 가장 중요한 요소로 파악하고, 그 객관적인 수치를 기준으로 가격을 정하는 경우라면 특정물이 일정한 수량을 가지고 있다는 데 주안을 두고, 대금도 그 수량을 기준으로 하여 정한 경우에 속한다"(대판 1996.4.9. 95다48780).

[참고판례] 부동산의 매매에서는 부동산등기부의 기재를 기준으로 부동산의 면적을 표시하지만, 이것은 통상 매매목적물의 특정을 위해 표시하는 데 지나지 않는 점에서 수량지정 매매로 보기는 어렵다(등기부상의 면적과 실제의 면적은 약간의 과부족이 있는 것이 보통이다). 그래서 밭이나 논처럼 평당 가격이 다름에도 이를 전체로 묶어 일률적으로 평당 가격을 정하고 이를 기준으로 매매대금을 정하는 것은, 매매대상 토지를 특정하고 그 대금을 결정하기 위한 방편에 지나지 않는 것으로서 수량지정매매에 해당하지 않는 것으로 본다(대판 1993.6.25, 92다56674).

[정답] ①

문4 매도인의 담보책임에 관한 다음 설명 중 가장 옳지 않은 것은? [19서기보]

① 매매계약 내용의 중요 부분에 착오가 있는 경우 매수인은 매도인의 하자담보책임이 성립하는지와 상관없이 착오를 이유로 그 매매계약을 취소할 수 있다.

② 민법 제571조 제1항은 "매도인이 계약 당시에 매매의 목적이 된 권리가 자기에게 속하지 아니함을 알지 못한 경우에 그 권리를 취득하여 매수인에게 이전할 수 없는 때에는 매도인은 손해를 배상하고 계약을 해제할 수 있다."라고 규정하고 있다. 위 조항은 선의의 매도인이 매매의 목적인 권리의 전부를 이전할 수 없는 경우에 적용될 뿐 매매의 목적인 권리의 일부를 이전할 수 없는 경우에는 적용되지 않는다.

③ 매매의 목적물에 하자가 있음을 이유로 한 매도인에 대한 하자담보에 기한 손해배상청구권에 대하여는 민법 제582조("전2조에 의한 권리는 매수인이 그 사실을 안 날로부터 6월내에 행사하여야 한다.")의 제척기간이 적용된다. 이는 법률관계의 조속한 안정을 도모하고자 하는 데에 취지가 있으므로, 위와 같은 손해배상청구권에 대하여는 별도로 소멸시효 규정이 적용되지는 않는다.

④ 타인 권리 매매에서 매도인의 의무가 그의 귀책사유로 이행불능 되었다면, 매수인이 계약당시 그 권리가 매도인에게 속하지 아니함을 안 경우로써 매도인의 담보책임에 관한 민법 제570조 단서의 규정에 의해 손해배상을 청구할 수 없다 하더라도, 채무불이행에 관한 일반 규정에 따라 계약을 해제하고 손해배상을 청구할 수 있다.

해설 ① [○] ※ 매도인의 하자담보책임과 착오취소와의 경합(적극)

"착오로 인한 취소 제도와 매도인의 하자담보책임 제도는 취지가 서로 다르고, 요건과 효과도 구별된다. 따라서 매매계약 내용의 중요 부분에 착오가 있는 경우 매수인은 매도인의 하자담보책임이 성립하는지와 상관없이 착오를 이유로 매매계약을 취소할 수 있다"(대판 2018.9.13. 2015다78703).

② [○] 대판 2004.12.9. 2002다33557

③ [X] 判例에 따르면 하자담보책임에 기한 매수인의 손해배상청구권은 매수인이 그 사실을 안 때부터 6월의 제척기간(제582조)에 걸리는 동시에 매수인이 매매의 '목적물을 인도받은 때'부터 10년의 소멸시효(제162조 1항)에도 걸린다고 한다(대판 2011.10.13. 2011다10266).

관련판례 "공익사업을 위한 토지 등의 취득 및 보상에 관한 법률에 따라 공공사업의 시행자가 토지를 협의취득하는 행위는 사법상의 법률행위로 일방 당사자의 채무불이행에 대하여 민법에 따른 손해배상 또는 하자담보책임을 물을 수 있다. 이 경우 매도인에 대한 하자담보에 기한 손해배상청구권에 대하여는 민법 제162조 제1항의 채권 소멸시효의 규정이 적용되고(상행위가 아니므로 상사시효가 적용되지 않음을 유의), 매수인이 매매의 목적물을 인도받은 때부터 소멸시효가 진행한다"(대판 2020.5.28. 2017다265389).

④ [○] ※ 매도인의 하자담보책임상 손해배상청구권 - 매수인의 선의 및 채무불이행책임과의 경합

제570조(동전-매도인의 담보책임) 「전조의 경우에 매도인이 그 권리를 취득하여 매수인에게 이전할 수 없는 때에는 매수인은 계약을 해제할 수 있다. 그러나 매수인이 계약당시 그 권리가 매도인에게 속하지 아니함을 안 때에는 손해배상을 청구하지 못한다.」

☞ 악의의 매수인은 원칙적으로 손해배상청구권이 없다(제570조 단서). 다만 매도인의 귀책사유가 있는 경우 채무불이행(이행불능)을 이유로 손해배상청구는 할 수 있다(대판 1993.11.23. 93다37328).

[정답] ③

문5 매매예약의 완결권에 관한 설명 중 옳은 것은? (다툼이 있는 경우 판례에 의함) [기출변형]

① 매매예약의 완결권은 형성권으로서 10년의 제척기간에 걸리며, 그 행사기간을 당사자가 계약으로 정할 수는 없다.

② 당사자가 제척기간의 기산점을 특별히 약정한 경우에는 그 제척기간은 약정한 때부터 10년의 기간이 경과하면 만료된다.

③ 예약완결권자에게 상대방이 최고했음에도 불구하고 예약완결권자가 확답을 하지 않았을 때에는 예약완결권은 행사된 것으로 본다.

④ 공동명의로 담보가등기를 마친 수인의 채권자가 각자의 지분별로 별개의 독립적인 매매예약완결권을 가지는 경우, 채권자 중 1인은 단독으로 자신의 지분에 관하여 「가등기담보 등에 관한 법률」이 정한 청산절차를 이행한 후 소유권이전의 본등기 절차이행청구를 할 수 있다.

※ 예약완결권

매매의 일방예약 또는 쌍방예약에 의하여 예약권리자가 상대방에 대하여 예약완결의 의사표시를 할 수 있는 권리를 '예약완결권'이라 한다. 예약완결권의 행사에 의하여 곧바로 본계약인 매매계약이 성립(제564조 1항)하므로 예약완결권은 '형성권'이다.

① [×] ③ [×] **제564조(매매의 일방예약)** 「①항 매매의 일방예약은 상대방이 매매를 완결할 의사를 표시하는 때에 매매의 효력이 생긴다. ②항 전항의 의사표시의 기간을 정하지 아니한 때에는 예약자는 상당한 기간을 정하여 매매완결여부의 확답을 상대방에게 최고할 수 있다. ③항 예약자가 전항의 기간내에 확답을 받지 못한 때에는 예약은 그 효력을 잃는다.」

"민법 제564조가 정하고 있는 매매의 일방예약에서 예약자의 상대방이 매매완결의 의사를 표시하여 매매의 효력을 생기게 하는 권리(이른바 예약완결권)는 일종의 형성권으로서 당사자 사이에 그 행사기간을 약정한 때에는 그 기간내에(제564조 2항의 반대 해석), 그러한 약정이 없는 때에는 예약이 성립한 때부터 10년 내에 이를 행사하여야 하고 위 기간을 도과한 때에는 상대방이 예약목적물인 부동산을 인도받은 경우라도 예약완결권은 제척기간의 경과로 인하여 소멸된다"(대판 1992.7.28. 91다44766)

② [×] "제척기간의 기산점은 특별한 사정이 없는 한 원칙적으로 권리가 발생한 때이고, 당사자 사이에 매매예약완결권을 행사할 수 있는 시기를 특별히 약정한 경우에도 그 제척기간은 당초 권리의 발생일로부터 10년 간의 기간이 경과되면 만료되는 것이지, 그 기간을 넘어서 그 약정에 따라 권리를 행사할 수 있는 때로부터 10년이 되는 날까지로 연장된다고 볼 수 없다"(대판 1995.11.10, 94다22682,22699).

④ [○] 최근 전원합의체 판결은 "甲이 乙에게 돈을 대여하면서 담보 목적으로 乙 소유의 부동산 지분에 관하여 乙의 다른 채권자 A와 공동명의로 매매예약을 체결하고 각자의 채권액 비율에 따라 지분을 특정하여 가등기를 마쳤다면 채권자가 각자의 지분별로 별개의 독립적인 매매예약완결권을 갖는 것으로 볼 수 있으므로, 甲이 단독으로 담보목적물 중 자신의 지분에 관하여 매매예약완결권을 행사할 수 있고, 이에 따라 단독으로 자신의 지분에 관하여 가등기에 기한 본등기절차의 이행을 구할 수 있다"(아래 전합2010다82530판결)고 한다.

관련쟁점 종래의 判例는 "복수의 채권자 甲과 A는 예약완결권을 준공유하는 관계에 있고 복수채권자가 매매예약 완결권을 행사하는 경우는 매매예약 완결권의 처분행위라 할 것이므로, 매매예약의 의사표시 자체는 복수채권자 전원이 행사하여야 하며, 채권자가 채무자에 대하여 예약이 완결된 매매목적물의 소유권이전의 본등기를 구하는 소는 필요적 공동소송으로서 복수채권자 전원이 제기하여야 할 것이다"라고 하였으나(대판 1984.6.12, 83다카2282), 변경된 判例에 따르면 "수인의 채권자가 각기 채권을 담보하기 위하여 채무자와 채무자 소유의 부동산에 관하여 수인의 채권자를 공동매수인으로 하는 1개의 매매예약을 체결하고 그에 따라 수인의 채권자 공동명의로 그 부동산에 가등기를 마친 경우, 수인의 채권자가 공동으로 매매예약완결권을 가지는 관계인지 아니면 채권자 각자의 지분별로 별개의 독립적인 매매예약완결권을 가지는 관계인지는 매매예약의 내용에 따라야 하고, 매매예약에서 그러한 내용을 명시적으로 정하지 않은 경우에는 수인의 채권자가 공동으로 매매예약을 체결하게 된 동기 및 경위, 매매예약에 의하여 달성하려는 담보의 목적, 담보 관련 권리를 공동 행사하려는 의사의 유무, 채권자별 구체적인 지분권의 표시 여부 및 지분권 비율과 피담보채권 비율의 일치 여부, 가등기담보권 설정의 관행 등을 종합적으로 고려하여 판단하여야 한다"(대판 2012.2.16, 전합2010다82530)고 한다.

[정답] ④

문6 매매목적물에 대한 과실수취권과 매매대금에 대한 이자, 지연손해금에 관한 설명 중 옳지 않은 것은? (별도의 특약은 없는 것으로 하고, 다툼이 있는 경우에는 판례에 의함) [기출변형]

① 매매목적물이 인도되지 않고 대금도 완제되지 아니한 경우, 매수인의 대금지급의무의 이행기가 지났더라도 매도인은 매매대금에 대한 지연손해금의 지급을 청구할 수 없다.

② 매매목적물이 인도되지 않고 대금도 완제되지 아니한 경우, 매도인의 인도의무의 이행기가 지났더라도 매수인은 인도의무지체로 인한 손해배상을 청구할 수 없다.

③ 매수인이 이행기에 대금을 완제하고도 매매목적물을 인도받지 못한 경우, 매도인은 매수인의 매매대금지급 시점 이후부터 매수인에게 그 대금에 대한 이자를 지급하여야 한다.

④ 매매계약이 취소된 경우, 선의의 매수인은 취소 이전에 인도받은 매매목적물로부터 수취한 과실을 반환할 필요가 없다.

[해설] ※ **제587조(과실의 귀속, 대금의 이자)** 「매매계약있은 후에도 인도하지 아니한 목적물로부터 생긴 과실은 매도인에게 속한다. 매수인은 목적물의 인도를 받은 날로부터 대금의 이자를 지급하여야 한다. 그러나 대금의 지급에 대하여 기한이 있는 때에는 그러하지 아니하다.」

☞ 제587조는 특히 부동산의 경우 의미가 있는바(동산매매의 경우에는 목적물의 인도가 곧 소유권이전의무의 이행을 의미), 당해 규정에 따르면 부동산 매매의 경우 매수인에게 소유권이전등기를 경료하였더라도 매수인에게 '인도'하기 전이라면 여전히 매도인이 과실을 수취할 수 있고, 반대로 매수인이 소유권이전등기를 받지 않았더라도 '인도'를 받으면 매수인에게 과실수취권이 넘어가게 된다. 즉 제587조는 목적물의 사용이익과 대금의 이자 사이의 등가성을 선언한 것으로 이해되고 있다.

① [○] ② [○] 매도인의 목적물 인도의무와 매수인의 대금지급의무는 동시이행관계에 있으므로 (제536조), 동시이행관계에서 서로 이행이 없을 경우에는 이행지체 책임이 발생하지 않으므로 매매대금 또는 목적물 인도와 관련해 손해배상을 청구할 수 없다.

[관련판례] 매수인이 매매대금을 완납하지 않은 상태에서는, 매도인이 인도의무를 지체하더라도 매수인은 매도인의 매매목적물의 인도의무의 이행지체를 이유로 손해배상을 청구할 수 없다(대판 2004.4.23, 2004다8210). 마찬가지로 매수인의 대금지급채무가 이행지체에 빠진 경우에도 매도인은 인도하기 전까지는 그 목적물에서 생기는 과실을 수취할 수 있고 목적물의 관리·보존의 비용도 자기가 부담하여야 하며, 그에 대응하여 매수인도 매매대금의 이자 상당액의 손해배상을 지급할 필요가 없다(대판 1981.5.26, 80다211).

③ [×] 매도인은 매매대금에 대한 이자가 아닌 목적물로부터 발생된 과실을 반환하여야 한다(제587조).

[관련판례] 매수인이 대금을 이미 완납한 경우에는 매도인이 인도를 지체하고 있어도 매수인이 과실을 수취한다(대판 1993.11.9, 93다28928). 그러므로 제587조는 대금을 지급받지 않고 부동산의 이전등기를 해 준 경우에 인도전이라면 여전히 매도인이 과실을 수취한다는 점에서 의미가 있다.

④ [○] "쌍무계약이 취소된 경우 선의의 매수인에게 제201조가 적용되어 과실취득권이 인정되는 이상 선의의 매도인에게도 제587조의 유추적용에 의하여 대금의 운용이익 내지 법정이자의 반환을 부정함이 형평에 맞다"(대판 1993.5.14, 92다45025).

☞ 점유부당이득론의 형식논리에 따르자면 선의의 매수인은 제201조 제1항이 적용되어 임료상당의 사용이익을 반환할 필요가 없으나, 선의의 매도인은 제748조 제1항이 적용되어 매매대금의 법정이자까지 반환해야된다(현존이익에는 과실이 포함되기 때문이다). 그러나 이와 같은 결론은 쌍무·유상계약에서의 당사자의 공평성에 문제가 있을 수 있다. 따라서 判例는(위 92다45025판결) 계약당사자 사이에 발생할 수 있는 불공평을 제거하기 위하여 제587조(계약법)의 유추적용을 인정하고 있다.

[정답] ③

문7 매도인의 담보책임에 관한 설명 중 옳은 것은? (다툼이 있는 경우 판례에 의함) [기출변형]

① 매매목적물의 하자로 인하여 확대손해가 발생하였다는 이유로 매도인에게 그 확대손해에 대한 배상책임을 지우기 위하여는 채무의 내용으로 된 하자 없는 목적물을 인도하지 못한 의무위반사실 외에 그러한 의무위반에 대한 매도인의 귀책사유는 요구되지 않는다.

② 매매목적물의 하자가 경미하여 수선 등의 방법으로도 계약의 목적을 달성하는 데 별다른 지장이 없고, 매도인에게 하자 없는 물건의 급부의무를 지우면 다른 구제방법에 비하여 매도인에게 현저한 불이익이 발생되는 경우라도 공평의 원칙상 매수인의 완전물급부청구권의 행사를 제한할 수 없다.

③ 매매의 목적이 된 권리가 타인에게 속하여 매도인이 그 권리를 취득하여 매수인에게 이전할 수 없게 된 경우, 그 권리가 타인에게 속함을 알지 못한 매수인이 매도인에게 배상을 청구할 수 있는 손해에는 매수인이 얻을 수 있었던 이익의 상실은 포함되지 않는다.

④ 평형별 세대당 건물 및 공유대지가 일정한 면적을 가지고 있다는 데 주안을 두고 대금을 그 면적을 기준으로 정한 아파트 분양계약에서 분양자가 공유대지 면적의 일부를 이전할 수 없게 되었고, 그 일부 이행불능이 분양계약 체결 당시 존재한 사유에 의한 경우, 수분양자는 분양자에게 부족한 면적비율에 따라 대금감액을 청구할 수 있다.

해설 ① [X] 判例는 하자담보책임으로 인한 확대손해는 채무불이행책임으로 다루고 있다.

"매매목적물의 하자로 인하여 확대손해 내지 2차 손해가 발생하였다는 이유로 매도인에게 그 확대손해에 대한 배상책임을 지우기 위하여는 채무의 내용으로 된 하자 없는 목적물을 인도하지 못한 의무위반사실 외에 그러한 의무위반에 대하여 매도인에게 귀책사유가 인정될 수 있어야만 한다"(대판 1997.5.7, 96다39455)

② [X] 불특정물매매에서 매수인은 계약의 해제나 손해배상을 청구할 수 있으나, 계약의 해제 또는 손해배상의 청구를 하지 아니하고 하자없는 물건을 청구할 수 있다(제581조 2항). 다만, 判例에 따르면 "매매목적물의 하자가 경미하여 수선 등의 방법으로도 계약의 목적을 달성하는 데 별다른 지장이 없는 반면 매도인에게 하자 없는 물건의 급부의무를 지우면 다른 구제방법에 비하여 지나치게 큰 불이익이 매도인에게 발생되는 경우와 같이 하자담보의무의 이행이 오히려 공평의 원칙에 반하는 경우에는, 완전물급부청구권의 행사를 제한함이 타당하다"(대판 2014.5.16, 2012다72582)고 판시하였다.

③ [X] 타인권리매매의 경우 매도인이 그 권리를 취득하여 매수인에게 이전할 수 없을 때, 判例는 "매도인이 매수인에 대하여 배상하여야 할 손해액은 원칙적으로 매도인이 매매의 목적이 된 권리(의 일부)를 취득하여 매수인에게 이전할 수 없게 된 때의 이행불능이 된 권리의 시가, 즉 이행이익 상당액"(대판 1993.1.19, 92다37727)이라고 판시하였다.

☞ 채무자가 채무를 이행하였더라면 채권자가 얻었을 이익을 이행이익 또는 적극적 이익이라고 하는데, '채무불이행'으로 채권자가 이러한 이익을 얻지 못한 손해를 이행이익의 손해라고 한다(이행이익의 손해=이행이 있었더라면 존재하였을 채권자의 상태-현재의 상태). 예컨대 매수인이 얻을 수 있었던 이익의 상실도 이에 포함된다. 가령 A가 B로부터 매수한 부동산을 2,000만 원의 전매이익을 얻고 팔 수 있었다면, 2,000만 원이 이행이익이다. 따라서 만일 매도인 B가 매매계약상의 의무를 이행하지 않았기 때문에 매수인 A가 2,000만 원의 전매이익을 얻지 못하였다면, A는 B에게 2,000만 원의 이행이익의 손해의 배상을 청구할 수 있다.

④ [O] "목적물이 일정한 면적(수량)을 가지고 있다는 데 주안을 두고 대금도 면적을 기준으로 하여 정하여지는 아파트분양계약은 이른바 수량을 지정한 매매라 할 것이다"(대판 2002.11.8, 99다58136)라고 하여, 아파트 분양시 공유대지면적을 지정한 아파트 분양계약을 수량지정매매로 보아 공유대지면적을 부족하게 이전해 준 경우 민법 제574조에 의한 대금감액청구권을 인정하였다.

[정답] ④

문8 담보책임과 관련한 다음 설명 중 틀린 것은? (다툼이 있는 경우 판례에 의함) [기출변형]

① 낙찰인이 강제경매절차를 통하여 부동산을 낙찰받아 대금을 납부하고 그 앞으로 소유권이전등기까지 마쳤으나, 그 후 위 강제집행의 채무명의가 된 약속어음공정증서가 위조된 것이어서 무효라는 이유로, 그 소유권이전등기의 말소를 명하는 판결이 확정됨으로써 경매 부동산에 대한 소유권을 취득하지 못하게 된 경우 낙찰인은 경매채권자에게 민법 제578조 제2항에 의한 담보책임을 물을 수 없다.

② 변제기에 도달하지 아니한 채권의 매도인이 채무자의 자력을 담보한 때에는 변제기의 자력을 담보한 것으로 추정한다.

③ 임대차계약에 기한 임차권을 목적물로 하는 매매계약에서 매도인이 임대인의 임대차계약상의 의무이행을 담보한다는 약정을 하지 아니하였더라도, 매매계약 당시 임대차 목적물에 이미 설정되어 있던 근저당권이 매매계약 이후에 실행되어 임대차 목적물이 매각됨으로써 임대인의 목적물을 사용·수익하게 할 의무가 이행불능으로 되었다면, 임차권의 매도인에게 민법 제576조(저당권, 전세권의 행사와 매도인의 담보책임)에 따른 담보책임이 있다.

④ 평형별 세대당 건물 및 공유대지가 일정한 면적을 가지고 있다는 데 주안을 두고 대금을 그 면적을 기준으로 정한 아파트 분양계약에서 분양자가 공유대지 면적의 일부를 이전할 수 없게 되었고, 그 일부 이행불능이 분양계약 체결 당시 존재한 사유에 의한 경우, 수분양자는 분양자에게 부족한 면적비율에 따라 대금감액을 청구할 수 있다.

[해설] ① [○] **제578조(경매와 매도인의 담보책임)** 「①항 경매의 경우에는 경락인은 전8조의 규정에 의하여 채무자에게 계약의 해제 또는 대금감액의 청구를 할 수 있다. ②항 전항의 경우에 채무자가 자력이 없는 때에는 경락인은 대금의 배당을 받은 채권자에 대하여 그 대금전부나 일부의 반환을 청구할 수 있다. ③항 전2항의 경우에 채무자가 물건 또는 권리의 흠결을 알고 고지하지 아니하거나 채권자가 이를 알고 경매를 청구한 때에는 경락인은 그 흠결을 안 채무자나 채권자에 대하여 손해배상을 청구할 수 있다.」

"경락인이 강제경매절차를 통하여 부동산을 경락받아 대금을 납부하고 그 앞으로 소유권이전등기까지 마쳤으나, 그 후 위 강제집행의 채무명의가 된 약속어음공정증서가 위조된 것이어서 무효라는 이유로 그 소유권이전등기의 말소를 명하는 판결이 확정됨으로써 경매 부동산에 대한 소유권을 취득하지 못하게 된 경우(집행권원 자체가 무효인 경우에는 그에 터 잡은 매각허가결정 또한 무효이다), 경락인은 경매 채권자에게 경매 대금 중 그가 배당받은 금액에 대하여 일반 부당이득의 법리에 따라 반환을 청구할 수 있을 뿐, 민법 제578조 제2항에 의한 담보책임을 물을 수는 없다"(대판 1991.10.11, 91다21640)

쟁점정리 ※ 경매에 있어서의 담보책임

여기서의 경매는 국가기관이 법률에 의해 행하는 '공경매'만을 의미한다(사경매는 일반 매매이므로 매매의 담보책임의 문제이다). 그리고 경매의 담보책임은 경매절차 자체는 유효해야 한다. 즉 경매절차 자체가 무효여서 소유권을 취득하지 못한다면, 경락받은 자는 제578조의 담보책임이 아니라 배당채권자에 대하여 부당이득반환청구권을 행사할 수 있을 뿐이다. 이러한 경우로 집행권이 위조된 것이어서 무효인 경우(위 91다21640판결) 또는 불성립하거나 부존재하는 저당권에 기하여 경매절차가 개시된 경우를 들 수 있다.

반면 저당권설정자의 의사에 기하여 저당권이 설정된 경우, 즉 그의 소유에 속하지 않은 부동산에 저당권이 설정된 경우 또는 집행권원에 기한 강제집행에서 집행목적물이 집행채무자의 소유에 속하지 않은 경우에(다만 아래 비교판례의 예외를 주의할 것), 진정한 소유자의 추탈에 의하여 소유권을 취득하지 못한 경매절차상의 매수인은 배당채권자에 대하여 부당이득반환청구권을 행사할 수 없고, 집행채무자에 대하여 제578조에 기한 담보책임을 물을 수 있을 뿐임이 원칙이다.

비교판례 다만 判例는 일정한 경우에 예외를 인정한다. 즉 "경락인이 강제경매절차를 통하여 동산을 경락받아 대금을 완납하고 그 앞으로 소유권이전등기까지 마쳤으나, 그 후 강제경매절차의 기초가 된 채무자 명의의 소유권이전등기가 원인무효의 등기이어서 경매 부동산에 대한 소유권을 취득하지 못하게 된 경우, 이와 같은 강제경매는 무효라고 할 것이므로 경락인은 경매채권자에게 경매대금 중 그가 배당받은 금액에 대하여 일반 부당이득의 법리에 따라 반환을 청구할 수 있고, 민법 제578조 제1항, 제2항에 따른 경매의 채무자나 채권자의 담보책임은 인정될 여지가 없다"(대판 2004.6.24, 2003다59259)고 한다. 그러나 이에 대하여는 채무자 소유 아닌 부동산에 대한 강제경매도 유효하고, 다만 채무자는 타인 권리의 매매(경매)로 인한 담보책임을 진다고 보아야 한다는 비판이 있다.

② [○] 제579조(채권매매와 매도인의 담보책임) 「①항 채권의 매도인이 채무자의 자력을 담보한 때에는 매매계약당시의 자력을 담보한 것으로 추정한다. ②항 변제기에 도달하지 아니한 채권의 매도인이 채무자의 자력을 담보한 때에는 변제기의 자력을 담보한 것으로 추정한다.」

③ [×] 제576조(저당권, 전세권의 행사와 매도인의 담보책임) 「①항 매매의 목적이 된 부동산에 설정된 저당권 또는 전세권의 행사로 인하여 매수인이 그 소유권을 취득할 수 없거나 취득한 소유권을 잃은 때에는 매수인은 계약을 해제할 수 있다. ②항 전항의 경우에 매수인의 출재로 그 소유권을 보존한 때에는 매도인에 대하여 그 상환을 청구할 수 있다. ③항 전2항의 경우에 매수인이 손해를 받은 때에는 그 배상을 청구할 수 있다.」

※ 임차권(임차보증금반환청구권을 포함)을 매도하거나 교환한 후 선순위저당권이 실행된 경우

"임대차계약에 기한 임차권(임대차보증금반환청구권을 포함한다)을 그 목적물로 한 매매계약이 성립한 경우, 매도인이 임대인의 임대차계약상의 의무이행을 담보한다는 특별한 약정을 하지 아니한 이상, 임차권 매매계약 당시 임대차 목적물에 이미 설정되어 있던 근저당권이 임차권 매매계약 이후에 실행되어 낙찰인이 임대차 목적물의 소유권을 취득함으로써 임대인의 목적물을 사용·수익하게 할 의무가 이행불능으로 되었다거나, 임대인의 무자력으로 인하여 임대차보증금반환의무가 사실상 이행되지 않고 있다고 하더라도, 임차권 매도인에게 민법 제576조에 따른 담보책임이 있다고 할 수 없고, 이러한 법리는 임차권을 교환계약의 목적물로 한 경우에도 마찬가지이다"(대판 2007.4.26, 2005다34018,34025).

④ [○] **제574조(수량부족, 일부멸실의 경우와 매도인의 담보책임)** 「전2조의 규정(계약해제권, 손해배상청구권, 대금감액청구권)은 수량을 지정한 매매의 목적물이 부족되는 경우와 매매목적물의 일부가 계약당시에 이미 멸실된 경우에 매수인이 그 부족 또는 멸실을 알지 못한 때에 준용한다.」

"목적물이 일정한 면적(수량)을 가지고 있다는 데 주안을 두고 대금도 면적을 기준으로 하여 정하여지는 아파트분양계약은 이른바 수량을 지정한 매매라 할 것이다"(대판 2002.11.8, 99다58136)라고 하여, 아파트 분양시 공유대지면적을 지정한 아파트 분양계약을 수량지정매매로 보아 공유대지면적을 부족하게 이전해 준 경우 민법 제574조에 의한 대금감액청구권을 인정하였다.

[쟁점정리] ※ 수량을 지정한 매매(제574조)

'수량을 지정한 매매'란, 당사자가 매매의 목적인 특정물이 일정한 수량을 가지고 있다는 데 주안을 두고 대금도 그 수량을 기준으로 정한 경우를 말한다. 그러나 부동산의 매매에서는 부동산등기부의 기재를 기준으로 부동산의 면적을 표시하지만, 이것은 통상 매매목적물의 특정을 위해 표시하는 데 지나지 않는 점에서 수량지정 매매로 보기는 어렵다(등기부상의 면적과 실제의 면적은 약간의 과부족이 있는 것이 보통이다). 그래서 밭이나 논처럼 평당 가격이 다름에도 이를 전체로 묶어 일률적으로 평당 가격을 정하고 이를 기준으로 매매대금을 정하는 것은, 매매대상 토지를 특정하고 그 대금을 결정하기 위한 방편에 지나지 않는 것으로서 수량지정매매에 해당하지 않는 것으로 본다(대판 1993.6.25, 92다56674). 그러나 일정한 면적을 중요한 요소로 파악하고 이를 기준으로 가격을 정한 경우에는, 비록 매매계약서에 평당가격을 기재하지 않았다고 하더라도 수량지정 매매로 본다(대판 1996.4.9, 95다48780).

[정답] ③

문9 매매와 관련한 다음 설명 중 틀린 것은? (다툼이 있는 경우 판례에 의함) [기출변형]

① 매매계약이 무효로 되는 경우 매도인이 악의의 수익자인 경우에는 매도인이 반환할 매매대금에 대하여 민법이 정한 법정이자를 붙여 반환하여야 하고, 매도인의 매매대금반환의무와 매수인의 소유권이전등기 말소의무가 동시이행관계에 있는 경우에도 그러하다.

② 건축을 목적으로 매매된 토지에 대하여 건축허가를 받을 수 없어 건축이 불가능한 경우, 위와 같은 법률적 제한 내지 장애 역시 매매목적물의 하자에 해당한다 할 것이나, 다만 위와 같은 하자의 존부는 매매계약 성립시를 기준으로 판단하여야 한다.

③ 甲이 乙 주식회사로부터 자동차를 매수하여 인도받은 지 5일 만에 계기판의 속도계가 작동하지 않는 하자가 발생하였으나, 계기판 모듈의 교체로 큰 비용을 들이지 않고서도 손쉽게 치유될 수 있는 하자라면 甲은 乙 회사 등을 상대로 담보책임의 내용으로 신차 교환을 청구할 수 없다.

④ 타인권리의 매매계약이 해제된 경우 매수인이 진정한 소유자와 사이에 사용수익에 관한 정산을 한 경우에도 매도인에 대하여는 원상회복의무로서 사용수익의 반환의무를 부담한다.

[해설] ① [○] "계약무효의 경우 각 당사자가 상대방에 대하여 부담하는 반환의무는 성질상 부당이득반환의무로서 악의의 수익자는 그 받은 이익에 법정이자를 붙여 반환하여야 하므로(민법 제748조 제2항), 매매계약이 무효로 되는 때에는 매도인이 악의의 수익자인 경우 특별한 사정이 없는 한 매도인은 반환할 매매대금에 대하여 민법이 정한 연 5%의 법정이율에 의한 이자를 붙여 반환하여야 한다. 그리고 위와 같은 법정이자의 지급은 부당이득반환의 성질을 가지는 것이지 반환의무의 이행지체로 인한 손해배상이 아니므로, 매도인의 매매대금 반환의무와 매수인의 소유권이전등기 말소등기절차 이행의무가 동시이행의 관계에 있는지 여부와는 관계가 없다"(대판 2017.3. 9. 2016다47478)

[비교판례] ※ 선의의 매도인의 부당이득반환 범위
선의의 매도인은 제748조 1항이 적용되어 매매대금의 법정이자까지 반환해야된다(현존이익에는 과실이 포함되기 때문이다). 그러나 이와 같은 결론은 쌍무·유상계약에서의 당사자의 공평성에 문제가 있을 수 있다. 따라서 判例는 "쌍무계약이 취소된 경우 선의의 매수인에게 제201조가 적용되어 과실취득권이 인정되는 이상 선의의 매도인에게도 제587조의 유추적용에 의하여 대금의 운용이익 내지 법정이자의 반환을 부정함이 형평에 맞다"(대판 1993.5.14, 92다45025)고 판시하여 계약당사자 사이에 발생할 수 있는 불공평을 제거하기 위하여 제587조(계약법)의 유추적용을 인정하고 있다.

② [○] ※ 법률상 장애
매매목적물이 법률상의 제한으로 말미암아 사용가치가 떨어지게 된 경우(예컨대 벌채목적으로 매수한 토지가 보안림 구역이어서 벌채하지 못하게 된 경우)의 성격에 대해 학설이 대립하는데, 이는 특히 경매에 있어서 제575조 1항을 적용하여 담보책임을 물을 것인가의 문제로 귀결된다. 그 외에도 담보책임을 묻기 위한 요건으로 매수인의 선의 이외에 무과실까지 요구되는지와(제575조는 선의, 제580조는 선의·무과실), 권리행사기간(제575조는 1년, 제580조는 6개월)이 달라진다.
이에 대해 判例는 건축목적으로 매매된 토지에 대하여 건축허가를 받을 수 없어 건축이 불능한 경우, 이와 같은 법률적 제한 내지 장애 역시 목적물(물건)의 하자에 해당한다고 보아 제580조를 적용하였다(대판 2000.1.18, 98다18506).

※ 하자판단의 기준시
判例는 "하자의 존부는 매매계약 성립 당시를 기준으로 판단하여야 한다"(대판 2000.1.18, 98다18506 ; 특정물매매 사안)고 판시한 바 있다. 따라서 계약 성립 이후에 하자가 발생한 경우에는 채무불이행책임 또는 위험부담의 법리가 적용된다고 한다(대결 1979.7.24, 78마248).

③ [○] ※ 제581조에 따른 완전물급부청구권의 제한
불특정물매매에서 매수인은 계약의 해제나 손해배상을 청구할 수 있으나, 계약의 해제 또는 손해배상의 청구를 하지 아니하고 하자없는 물건을 청구할 수 있다(제581조 2항). 다만 최근 判例에 따르면 "매매목적물의 하자가 경미하여 수선 등의 방법으로도 계약의 목적을 달성하는 데 별다른 지장이 없는 반면 매도인에게 하자 없는 물건의 급부의무를 지우면 다른 구제방법에 비하여 지나치게 큰 불이익이 매도인에게 발생되는 경우와 같이 하자담보의무의 이행이 오히려 공평의 원칙에 반하는 경우에는, 완전물급부청구권의 행사를 제한함이 타당하다"(대판 2014.5.16. 2012다72582)고 한다.

[사실관계] 甲이 乙 주식회사로부터 자동차를 매수하여 인도받은 지 5일 만에 계기판의 속도계가 작동하지 않는 하자가 발생하였음을 이유로 乙 회사 등을 상대로 신차 교환을 구한 사안에서, 위 하자는 계기판 모듈의 교체로 큰 비용을 들이지 않고서도 손쉽게 치유될 수 있는 하자로서 하자수리에 의하더라도 신차구입이라는 매매계약의 목적을 달성하는 데에 별다른 지장이

없고, 하자보수로 자동차의 가치하락에 영향을 줄 가능성이 희박한 반면, 매도인인 乙 회사에 하자 없는 신차의 급부의무를 부담하게 하면 다른 구제방법에 비하여 乙 회사에 지나치게 큰 불이익이 발생되어서 오히려 공평의 원칙에 반하게 되어 매수인의 완전물급부청구권의 행사를 제한함이 타당하므로, 甲의 완전물급부청구권 행사가 허용되지 않는다고 한 사례이다.

④ [×] "타인의 권리의 매매의 경우에 매도인이 그 권리를 취득하여 매수인에게 이전할 수 없는 때에는 매수인은 계약을 해제할 수 있다(민법 제570조). 이러한 해제의 효과에 관하여 특별한 규정은 없지만 일반적인 해제와 달리 해석할 이유가 없다. 따라서 위 규정에 따라 매매계약이 해제되는 경우에, 매도인은 매수인에게 매매대금과 그 받은 날부터의 이자를 반환할 의무를 부담하고, 매수인 역시 특별한 사정이 없는 한 매도인에게 목적물을 반환할 의무는 물론이고 목적물을 사용하였으면 그 사용이익을 반환할 의무도 부담한다(제548조 2항 유추). 그리고 이러한 결론은 매도인이 목적물의 사용권한을 취득하지 못하여 매수인으로부터 반환받은 사용이익을 궁극적으로 정당한 권리자에게 반환하여야 할 입장이라 하더라도 마찬가지이다(대판 1993.4. 9. 92다25946). 다만, 매수인이 진정한 권리자인 타인에게 직접 목적물 또는 사용이익을 반환하는 등의 특별한 사정이 있는 경우에는(이 경우에는 제201조 적용 : 필자주) 매수인은 적어도 그 반환 등의 한도에서는 매도인에게 목적물 및 사용이익을 반환할 의무를 부담하지 않는다고 할 것이다"(대판 2017.5.31. 2016다240)

[정답] ④

문10 甲은 2010. 7. 20. 乙에게 X 토지를 매도하는 매매예약을 하면서 예약완결권은 乙이 2011. 7. 20.부터 행사하기로 하고, 예약 당일 예약금을 지급받으면서 乙 명의의 가등기를 마쳐주었다. 이에 관한 설명 중 옳은 것은? [기출변형]

① 乙은 2011. 7. 20.부터 10년 내에 매매예약 완결권을 행사하여야 하고, 그 기간이 경과하면 매매예약 완결권은 소멸한다.

② 만약 위 사안과 달리 甲과 乙이 예약완결권의 기산점에 대한 합의 없이 2040. 7. 20.까지 행사할 수 있도록 약정한 경우라도, 예약완결권은 2020. 7. 20. 10년의 제척기간 도과로 소멸한다.

③ 甲이 2013. 3. 10. 乙에게 X 토지에 관한 乙의 권리를 인정한다는 내용의 각서를 써 주었더라도 이로써 乙의 매매예약 완결권 행사기간은 중단되지 않는다.

④ 乙은 2011. 8. 20. 예약완결권을 丙에게 양도하려고 한다. 이 때 甲은 丙과의 채권양도 합의와 가등기의 이전등기(부기등기)를 통해 예약완결권을 丙에게 이전할 수 없다.

해설 ① [×] ※ 예약완결권의 행사기간

예약완결권의 행사기간을 당사자가 약정한 경우에는 그에 따른다(제564조 2항의 반대 해석). 그러나 예약완결권의 행사기간을 당사자가 약정하지 않은 경우에 判例는 "예약완결권은 예약이 성립한 때로부터 '10년' 내에 행사하지 않으면 '제척기간'의 경과로 소멸한다"(대판 1995.11.10, 94다22682,22699)고 한다.

☞ 위 사안에서 甲과 乙이 특별히 매매예약 완결권의 행사기간을 약정하였다는 사정이 없으므로 이 예약완결권은 10년의 제척기간에 걸릴 것이다.

※ 예약완결권의 제척기간의 기산점

문제는 제척기간의 기산점이 언제가 될 것인지의 여부이다. 判例는 "제척기간의 기산점은 특별한 사정이 없는 한 원칙적으로 권리가 발생한 때이고, 당사자 사이에 매매예약완결권을 행사할 수 있는 시기를 특별히 약정한 경우에도 그 제척기간은 당초 권리의 발생일로부터 10년 간의 기간이 경과되면 만료되는 것이지, 그 기간을 넘어서 그 약정에 따라 권리를 행사할 수 있는 때로부터 10년이 되는 날까지로 연장된다고 볼 수 없다"(대판 1995.11.10, 94다22682,22699)라고 판시하고 있다.

☞ 따라서 判例의 입장에 따를 때 甲과 乙이 2011. 7. 20.부터 매매예약완결권을 행사하기로 약정하였다 하더라도 위 매매예약완결권의 제척기간 기산점은 매매예약 성립일인 2010. 7. 20.이 될 것이다.

② [×] [판결요지] 민법 제564조가 정하고 있는 매매의 일방예약에서 예약자의 상대방이 매매예약 완결의 의사표시를 하여 매매의 효력을 생기게 하는 권리, 즉 매매예약의 완결권은 일종의 형성권으로서 당사자 사이에 행사기간을 약정한 때에는 그 기간 내에, 약정이 없는 때에는 예약이 성립한 때로부터 10년 내에 이를 행사하여야 하고, 그 기간을 지난 때에는 예약 완결권은 제척기간의 경과로 인하여 소멸한다. 한편 당사자 사이에 약정하는 예약 완결권의 행사기간에 특별한 제한은 없다.

[판결이유] "앞서 본 법리에 비추어 살펴보면, 원고와 피고가 예약완결권의 행사기간을 2032. 4. 25. 까지 행사하기로 약정하였으므로 약정한 2032. 4. 25. 이 지나야 그 예약완결권이 제척기간의 경과로 인하여 소멸한다고 할 것이어서, 이 사건 가등기 예약 완결권의 소멸을 이유로 무효라고 할 수는 없다. 그런데도 원심은 그 판시와 같은 이유를 들어 이와 달리 판단하였으니, 이러한 원심판단에는 예약완결권의 행사기간에 관한 약정이 있는 경우의 제척기간에 관한 법리를 오해함으로써 판결에 영향을 미친 잘못이 있다"(대판 2017.1.25. 2016다42077)

③ [○] 제척기간에 있어서는 소멸시효와 같이 기간의 중단이 있을 수 없고(대판 2000.8.18. 99므1855 ; 대판 2003.01.10. 2000다26425 등) 이렇게 보더라도 신의성실의 원칙에 반하는 것이라고 할 수 없다는 것이 判例의 입장이다(대판 2002.11.22. 2001다13952).

☞ 그러므로 위 사안과 같이 甲이 乙의 권리를 인정한다는 내용의 각서를 써 주었다고 하더라도 매매예약 완결권의 행사기간은 중단되지 않는다.

④ [×] ※ 예약완결권의 양도성

예약완결권도 재산권이므로 채권양도의 일반규정에 따라 양도당사자간의 합의만으로 양도할 수 있고, 예약의무자의 승낙은 요하지 아니한다고 보는 것이 타당하다(통설, 제450조).

※ 가등기의 부기등기의 허용성

判例는 "가등기는 원래 순위를 확보하는 데에 그 목적이 있으나 순위보전의 대상이 되는 물권변동의 청구권은 i) 그 성질상 양도될 수 있는 재산권일 뿐만 아니라, ii) 가등기로 인하여 그 권리가 공시되어 결과적으로 공시방법까지 마련된 셈이므로" 이를 인정할 수 있다고 판시하였다(대판 1998.11.19, 전합98다24105). 즉 가등기상의 권리를 양도한 경우에는 양도인과 양수인의 공동신청으로 그 가등기상의 권리의 이전등기를 가등기에 대한 부기등기의 형식으로 경료할 수 있다고 하였다.

☞ 사안에서 乙이 가진 예약완결권은 당사자인 乙과 丙의 양도합의와 가등기의 이전등기(부기등기)를 통해 양도 가능하고, 예약상 권리자인 乙의 통지나 예약상 의무자인 甲의 승낙에 의해 양수인 丙은 의무자 甲에게 대항할 수 있다(제450조 1항).

[정답] ③

제3절 | 교환

제4절 | 소비대차

제5절 | 사용대차

제6절 | 임대차

문1 임대차에 관한 다음 규정 중 그 규정에 위반하여 임차인에게 불리하게 약정하더라도 그 약정의 효력이 인정되는 것은? (다툼이 있는 경우 판례에 의함) [14서기보]

① 민법 제626조(임차인의 비용상환청구권)
② 민법 제627조(임차물의 일부 멸실 등과 감액청구, 해지권)
③ 민법 제628조(차임증감청구권)
④ 민법 제635조(기간의 약정 없는 임대차의 해지통고)

해설 ① [○] 비용상환청구권에 관한 규정은 임의규정이므로 당사자 사이의 특약으로 임대인의 비용상환의무를 면제하거나 제한할 수 있다(통설, 判例). 따라서 각종 유익비 또는 필요비의 상환청구권을 미리 포기하기로 한 특약은 유효하고 이 경우 임차인은 유치권을 주장을 할 수 없다(대판 1975.4.22. 73다2010).

② [×] ③ [×] ④ [×] **제652조(강행규정)** 「제627조(일부멸실 등과 감액청구, 해지권), 제628조(차임증감청구권), 제631조(전차인의 권리의 확정), 제635조(기간의 약정 없는 임대차의 해지통고), 제638조(해지통고의 전차인에 대한 통지), 제640조(차임연체와 해지), 제641조(동전-차임연체와 해지), 제643조 내지 제647조(임차인의 갱신청구권·매수청구권, 전차인의 임대청구권·매수청구권, 지상권목적 토지의 임차인의 임대청구권·매수청구권, 임차인의 부속물매수청구권, 전차인의 부속물매수청구권)의 규정에 위반하는 약정으로 임차인이나 전차인에게 불리한 것은 그 효력이 없다.」

[정답] ①

문2 주택임대차보호법 및 상가건물 임대차보호법이 적용되지 않는 민법상 임대차에 관한 다음 설명 중 가장 옳지 않은 것은? [18서기보]

① 건물 소유를 목적으로 하는 토지임차인이 그 지상건물을 등기하기 전에 제3자가 그 토지에 관하여 물권 취득의 등기를 한 때에는, 임차인이 그 지상건물을 등기하더라도 그 제3자에 대하여는 임대차의 효력을 주장할 수 없다.

② 민법 제643조가 정하는 건물 소유를 목적으로 하는 토지임대차에서 임차인이 가지는 지상물매수청구권과 관련하여, 종전 토지 임차인으로부터 그 소유인 미등기 무허가건물을 매수하여 점유하고 있는 토지 임차인도 특별한 사정이 없는 한 임대인에 대하여 지상물매수청구권을 행사할 수 있다.

③ 임차인이 파산선고를 받은 경우 임대차기간의 약정이 있는 때에도 임대인은 임대차의 해지통고를 할 수 있고, 임차인에게 계약해지로 인한 손해배상도 청구할 수 있다.

④ 임차인이 임대차계약에 의하여 건물을 적법하게 점유하고 있으면서 비용을 지출한 경우 임대인에 대하여 민법 제626조 제2항에 의한 임대차계약상 유익비상환청구를 할 수 있을 뿐, 낙찰에 의하여 소유권을 취득한 자에 대하여 이와는 별도로 민법 제203조 제2항에 의한 유익비상환청구를 할 수는 없다.

해설 ① [O] **제622조(건물등기있는 차지권의 대항력)** 「①항 건물의 소유를 목적으로 한 토지임대차는 이를 등기하지 아니한 경우에도 임차인이 그 지상건물을 등기한 때에는 제3자에 대하여 임대차의 효력이 생긴다.」

민법 제622조 제1항은 건물을 소유하는 토지임차인의 보호를 위하여 건물의 등기로써 토지임대차등기에 갈음하는 효력을 부여하는 것일 뿐이므로, 임차인이 그 지상건물을 등기하기 전에 제3자가 그 토지에 관하여 물권취득의 등기를 한 때에는 임차인이 그 지상건물을 등기하더라도 그 제3자에 대하여 임대차의 효력이 생기지 않는다(대판 2003.2.28, 2000다65082).

② [O] ※ 지상물매수청구권자

지상물매수청구권은 지상물소유자에 한하여 행사할 수 있다(대판 1993.7.27, 93다6386). 다만 건물 소유를 목적으로 하는 '토지 임대인의 동의를 얻어' 토지임차인으로부터 임차권을 양수한 자가 토지 위에 종전 임차인이 신축한 미등기 무허가 건물을 매수한 때에도, 그 점유 중인 건물에 대해 '법률상 또는 사실상의 처분권'을 갖고 있으므로 이러한 토지임차권 양수인은 임대인에게 그 건물의 매수를 청구할 수 있다(대판 2013.11.28. 2013다48364).

③ [X] **제637조(임차인의 파산과 해지통고)** 「①항 임차인이 파산선고를 받은 경우에는 임대차기간의 약정이 있는 때에도 임대인 또는 파산관재인은 제635조의 규정에 의하여 계약해지의 통고를 할 수 있다. ②항 전항의 경우에 각 당사자는 상대방에 대하여 계약해지로 인하여 생긴 손해의 배상을 청구하지 못한다.」

④ [○] ※ 제203조의 적용범위

判例에 따르면 "점유자가 유익비를 지출할 당시 계약관계 등 적법한 점유의 권원을 가진 경우에 그 지출비용의 상환에 관하여는 그 계약관계를 규율하는 법조항(예를 들면 전세권에 관한 제310조, 유치권에 기한 325조, 임대차에 관한 제626조)이나 법리 등이 적용되는 것이어서, 점유자는 그 계약관계 등의 상대방에 대하여 해당 법조항이나 법리에 따른 비용상환청구권을 행사할 수 있을 뿐 계약관계 등의 상대방이 아닌 점유회복 당시의 소유자에 대하여 제203조 2항에 따른 지출비용의 상환을 구할 수는 없다"(대판 2003.7.25, 2001다64752)고 한다.

☞ 따라서 임차인은 낙찰인에게 제203조 2항에 의한 유익비의 상환을 청구할 수 없고, 다만 임대인에게 제626조 2항에 의하여 유익비의 상환을 청구할 수 있으므로 이를 피담보채권으로 하여 낙찰인에게 유치권을 주장할 수 있다.

[정답] ③

문3 임대차에 관한 다음 설명 중 가장 옳지 않은 것은? (다툼이 있는 경우 판례에 의함) [15서기보]

① 종전 임차인으로부터 미등기 무허가건물을 매수하여 점유하고 있는 임차인은 특별한 사정이 없는 한 비록 소유자로서의 등기명의가 없어 소유권을 취득하지 못하였다 하더라도 임대인에 대하여 지상물매수청구권을 행사할 수 있다.

② 민법 제638조 제1항에 의하면 임대차계약이 해지의 통고로 인하여 종료된 경우에 그 임대물이 적법하게 전대되었을 때에는 임대인은 전차인에 대하여 그 사유를 통지하지 아니하면 해지로써 전차인에게 대항하지 못하는데, 이는 민법 제640조에 터 잡아 임차인의 차임연체액이 2기의 차임액에 달함에 따라 임대인이 임대차계약을 해지하는 경우에도 마찬가지이다.

③ 임대인이 임차인을 상대로 차임연체로 인한 임대차계약의 해지를 원인으로 임대차 목적물인 부동산의 인도 및 연체차임의 지급을 구하는 소송비용은, 임차인이 부담할 원상복구비용 및 차임지급의무 불이행으로 인한 것이어서 임대차관계에서 발생하는 임차인의 채무에 해당하므로, 이를 반환할 임대차보증금에서 당연히 공제할 수 있다.

④ 임대인과 임차인이 임대차계약을 체결하면서 임대차보증금을 전세금으로 하는 전세권설정등기를 경료한 경우 임대차보증금은 전세금의 성질을 겸하게 되므로, 당사자 사이에 다른 약정이 없는 한 임대차보증금 반환의무는 민법 제317조(전세권의 소멸과 동시이행)에 따라 전세권설정등기의 말소의무와도 동시이행관계에 있다.

해 설 ① [○] ※ 지상물매수청구권자

지상물매수청구권은 지상물소유자에 한하여 행사할 수 있다(대판 1993.7.27, 93다6386). 다만 건물 소유를 목적으로 하는 '토지 임대인의 동의를 얻어' 토지임차인으로부터 임차권을 양수한 자가 토지 위에 종전 임차인이 신축한 미등기 무허가 건물을 매수한 때에도, 그 점유 중인 건물에 대해 '법률상 또는 사실상의 처분권'을 갖고 있으므로 이러한 토지임차권 양수인은 임대인에게 그 건물의 매수를 청구할 수 있다(대판 2013.11.28. 2013다48364).

② [×] ※ 임차물의 전대 – 해지통고의 통지

"민법 제638조 제1항, 제2항 및 제635조 제2항에 의하면 임대차계약이 해지 통고로 인하여 종료된 경우에 그 임대물이 적법하게 전대되었을 때에는 임대인은 전차인에 대하여 그 사유를 통지하지 아니하면 해지로써 전차인에게 대항하지 못하고, 전차인이 통지를 받은 때에는 토지, 건물 기타 공작물에 대하여는 임대인이 해지를 통고한 경우에는 6월, 임차인이 해지를 통고한 경우에는 1월, 동산에 대하여는 5일이 경과하면 해지의 효력이 생긴다고 할 것이지만 민법 제640조에 터 잡아 임차인의 차임연체액이 2기의 차임액에 달함에 따라 임대인이 임대차계약을 해지하는 경우에는 전차인에 대하여 그 사유를 통지하지 않더라도 해지로써 전차인에게 대항할 수 있고, 해지의 의사표시가 임차인에게 도달하는 즉시 임대차관계는 해지로 종료된다"(대판 2012.10.11. 2012다55860).

③ [○] ※ 보증금의 담보적 효력

차임·손해배상금·소송비용(대판 2012.9.27. 2012다49490) 등 임차인이 '임차목적물을 인도할 때까지' 임대인에 대하여 부담하는 임대차에 관한 모든 채무를 담보한다.

☞ 따라서 소송비용은 반환할 임대차보증금에서 당연히 공제할 수 있다.

④ [○] ※ 전세권자로서의 지위와 임차인으로서의 지위를 함께 가지는 경우

대판 2011.3.24. 2010다95062

[정답] ②

문4 임대차에 관한 다음 설명 중 가장 옳지 않은 것은? (다툼이 있는 경우 판례에 의함) [16서기보]

① 임대차보증금이 수수된 임대차계약에서 차임채권에 관하여 압류 및 추심명령이 있었다 하여도 그 임대차계약이 종료되어 목적물이 반환될 때까지 추심되지 아니한 채 잔존하는 차임채권 상당액은 임대차보증금에서 당연히 공제된다.

② 임차인이 연체한 차임액이 2기의 차임액에 달한다는 이유로 임대인이 임대차계약을 해지하는 경우에는 계약 일반의 해지의 경우와는 달리 임대인의 최고 절차는 필요가 없다.

③ 임대차목적물인 부동산을 신소유자에게 매도한 임대인은 임대차계약상 임대인의 지위를 신소유자와의 계약만으로써 신소유자에게 양도할 수 있으나, 이 경우 임차인은 공평의 원칙, 신의성실의 원칙에 따라 이의를 제기함으로써 승계되는 임대차관계의 구속을 면할 수 있고, 임대인과의 임대차관계도 해지할 수 있다.

④ 임대인이 임대할 권한이 없음에도 임차인과 임대차계약을 체결한 경우, 그 임대차계약은 유효하게 성립하였다고 볼 수 없다.

해설 ① [○] 대판 2004.12.23, 2004다56554

임차보증금이 전부명령에 의해 타인에게 이전된 때에도 임차인의 임대차상의 채무가 공제된다. 임차인의 채무는 보증금에서 공제되는 것이 처음부터 예정되어 있었기 때문이다(대판 1988.1.19, 87다카1315). 마찬가지로 차임채권에 관하여 압류 및 추심명령이 있는 경우에도 임대차종료시까지 추심되지 않은 차임은 보증금에서 당연히 공제된다(대판 2004.12.23, 2004다56554 : 압류추심명령이 피고 임차인에게 송달된 이후에 발생한 차임은 공제하지 못한다는 피고의 항변이 배척된 사례).

② [○] ※ 차임연체와 임대인의 해지

제640조(차임연체와 해지) 「건물 기타 공작물의 임대차에는 임차인의 차임연체액이 2기의 차임액에 달하는 때에는 임대인은 계약을 해지할 수 있다.」

☞ 차임지급의 연체는 연속될 것을 요하지 않으며, 임대인이 상당한 기간을 정하여 이를 최고할 필요도 없다(대판 1962.10.11, 62다496). 본조는 강행규정이다(제652조).

③ [○] ※ 임차인의 승계거부권(이의권)

判例는 임대인이 임차보증금 5억 원의 임대차를 양도한 사안에서, "임대차계약에 있어 임대인의 지위는 임대인과 신 소유자와의 계약만으로써 그 지위의 양도를 할 수 있다 할 것이나, 이 경우에 임차인이 원하지 아니하면 임대차의 승계를 임차인에게 강요할 수는 없는 것이어서 스스로 임대차를 종료시킬 수 있어야 한다는 '공평의 원칙 및 신의성실의 원칙'에 따라 임차인이 곧 이의를 제기함으로써 승계되는 임대차관계의 구속을 면할 수 있고, 임대인과의 임대차관계도 해지할 수 있다고 보아야 한다"(대결 1998.9.2, 98마100)고 판시하고 있다.

④ [×] "임대차는 당사자 일방이 상대방에게 목적물을 사용·수익하게 할 것을 약정하고 상대방이 이에 대하여 차임을 지급할 것을 약정함으로써 성립하는 것으로서 임대인이 그 목적물에 대한 소유권 기타 이를 임대할 권한이 있을 것을 성립요건으로 하고 있지 아니하므로, 임대차계약이 성립된 후 그 존속기간 중에 임대인이 임대차 목적물에 대한 소유권을 상실한 사실 그 자체만으로 바로 임대차에 직접적인 영향을 미친다고 볼 수는 없다"(대판 1996.3.8, 95다15087).

☞ 임대인이 그 목적물에 대한 소유권 기타 이를 임대할 권한이 없더라도 임대차계약은 유효하게 성립한다.

[정답] ④

문5 임대차에 관한 다음 설명 중 가장 옳지 않은 것은? (다툼이 있는 경우 판례에 의하고, 전원합의체 판결의 경우 다수의견에 의함) [19서기보]

① 임대인은 임대차계약이 존속 중이라도 임대차보증금반환채무에 관한 기한의 이익을 포기하고 임차인의 임대차보증금반환채권을 수동채권으로 하여 상계할 수 있다.

② 상가건물 임대차보호법 제3조는 '대항력 등'이라는 표제로 제1항에서 대항력의 요건을 정하고, 제2항에서 "임차건물의 양수인(그 밖에 임대할 권리를 승계한 자를 포함한다)은 임대인의 지위를 승계한 것으로 본다."라고 정하고 있다. 위 조항에 따라 임차건물 양수인이 임대인 지위를 승계하더라도, 임차건물 소유권이 이전되기 전에 이미 발생한 연체차임이나 관리비 등은 별도의 채권양도절차가 없는 한 원칙적으로 양수인에게 이전되지 않는다. 따라서 임차건물 양수인이 건물 소유권을 취득한 후 임대차관계가 종료되어 임차인에게 임대차보증금을 반환해야 하는 경우에도 임대인 지위를 승계하기 전까지 발생한 연체차임이나 관리비 등은 특별한 사정이 없는 한 임대차보증금에서 공제되지 않는다.

③ 임차인이 임대인 소유 건물 일부를 임차하여 사용·수익하던 중 임차 건물 부분에서 원인 불명의 화재가 발생하여 임차 건물 부분이 아닌 건물 부분(이하 '임차 외 건물부분'이라고 한다)까지 불에 타 그로 인해 임대인에게 재산상 손해가 발생한 경우, 임대인이 임차 외 건물 부분에 발생한 손해에 대하여 임차인을 상대로 채무불이행을 원인으로 하는 손해배상을 구하려면, 임차인이 보존·관리의무를 위반하여 화재가 발생한 원인을 제공하는 등 화재발생과 관련된 임차인의 계약상 의무 위반이 있었다는 등의 사정을 임대인이 주장·증명하여야 한다.

④ 임차인이 임대인에게 임차보증금 일부만을 지급하고 주택임대차보호법 제3조 제1항에서 정한 대항요건과 임대차계약서에 확정일자를 갖춘 다음 나머지 보증금을 나중에 지급하였다고 하더라도, 특별한 사정이 없는 한 대항요건과 확정일자를 갖춘 때를 기준으로 임차보증금 전액에 대해서 후순위권리자나 그 밖의 채권자보다 우선하여 변제를 받을 권리를 갖는다.

해설 ① [○] ※ 임대인의 보증반환채무에 대한 기한의 이익포기

"임대인의 임대차보증금반환채무는 장래에 실현되거나 도래할 것이 확실한 임대차계약의 종료시점에 이행기에 도달하는 것이 원칙이나, 임대인은 임대차계약 존속 중 기한의 이익을 포기하고 임대차보증금반환채권을 수동채권으로 하여 상계할 수 있고, 임대차 존속 중 임대인이 상계의 의사표시를 한 경우 임대차보증금반환채무에 관한 '기한의 이익'을 포기한 것으로 볼 수 있다"(대판 2017.3.15. 2015다252501).

② [×] " i) 대항력을 갖춘 임차인이 있는 상가건물의 양수인이 임대인의 지위를 승계하면(계약인수), 양수인은 임차인에게 임대보증금반환의무를 부담하고 임차인은 양수인에게 차임지급의무를 부담한다. 그러나 임차건물의 소유권이 이전되기 전에 '이미 발생한 연체 차임이나 관리비' 등은

별도의 채권양도절차가 없는 한 원칙적으로 양수인에게 이전되지 않고 구임대인만이 임차인에게 청구할 수 있다.

ⅱ) 그러나 임차건물의 양수인이 건물 소유권을 취득한 후 임대차관계가 종료되어 임차인에게 임대차보증금을 반환해야 하는 경우에 임대인의 지위를 승계하기 전까지 발생한 연체차임이나 관리비 등이 있으면 이는 특별한 사정이 없는 한 (그에 관해 채권양도의 요건을 갖추지 않았다 하더라도 : 저자 주) 임대차보증금에서 당연히 공제된다. 일반적으로 임차건물의 양도 시에 연체차임이나 관리비 등이 남아있더라도 나중에 임대차관계가 종료되는 경우 임대차보증금에서 이를 공제하겠다는 것이 당사자들의 의사나 거래관념에 부합하기 때문이다(대판 2017.3.22. 2016다218874).

[비교판례] '계약인수에서 이미 발생한 채무의 승계'와 관련하여 判例는 "계약당사자 중 일방이 상대방 및 제3자와 3면 계약을 체결하거나 상대방의 승낙을 얻어 계약상 당사자로서의 지위를 포괄적으로 제3자에게 이전하는 경우 이를 양수한 제3자는 양도인의 계약상 지위를 승계함으로써 종래 계약에서 이미 발생한 채권·채무도 모두 이전받게 된다"(대판 2011.6.23. 전합2007다63089)고 한다.

③ [○] ※ 임차물 멸실의 경우 손해배상 증명책임 – 임차 외 건물부분 화재 시 임대인에게 증명책임 있음
임차 건물 부분에서 화재가 발생하여 임차 건물 부분이 아닌 건물 부분(이하 '임차 외 건물 부분'이라 한다)까지 불에 타 그로 인해 임대인에게 재산상 손해가 발생한 경우에는 '임차 외 건물 부분이 구조상 불가분의 일체를 이루는 관계에 있는 부분이라 하더라도', 그 부분에 발생한 손해에 대하여 임대인이 임차인을 상대로 채무불이행을 원인으로 하는 배상을 구하려면, ⅰ) 임차인이 보존·관리의무를 위반하여 화재가 발생한 원인을 제공하는 등 화재 발생과 관련된 '임차인의 계약상 의무 위반'이 있었고, ⅱ) 그러한 의무 위반과 임차 외 건물 부분의 손해 사이에 '상당인과관계'가 있으며, ⅲ) 임차 외 건물 부분의 손해가 의무 위반에 따라 민법 제393조에 의하여 배상하여야 할 '손해의 범위 내'에 있다는 점에 대하여 '임대인'이 주장·증명하여야 한다(대판 2017.5.18. 전합2012다86895,86901).[1]

④ [○] ※ 주택임대차보호법 상의 특칙 – 계약당시 임차인의 보증금 완납 불필요
주택임대차보호법상 계약 당시 임차보증금이 전액 지급되어 있을 것을 요구하지는 않는다. 따라서 임차인이 임대인에게 임차보증금의 일부만을 지급하고 주택임대차보호법 제3조 제1항에서 정한 대항요건과 임대차계약증서상의 확정일자를 갖춘 다음 나머지 보증금을 나중에 지급하였다고 하더라도 대항요건과 확정일자를 갖춘 때를 기준으로 임차보증금 전액에 대해서 후순위권리자나 기타 채권자보다 우선변제권을 갖는다(대판 2017.8.29. 2017다212194).

[정답] ②

---

1) [종래판례] "이와 달리 위와 같은 임대인의 주장·증명이 없는 경우에도 임차인이 임차 건물의 보존에 관하여 선량한 관리자의 주의의무를 다하였음을 증명하지 못하는 이상 '임차 외 건물 부분에 대해서까지 채무불이행에 따른 손해배상책임을 지게 된다'고 판단한 종래의 대법원판결들은 이 판결의 견해에 배치되는 범위 내에서 이를 모두 변경하기로 한다"

임대차에 관한 다음 설명 중 가장 옳지 않은 것은? (다툼이 있는 경우 판례에 의하고, 전원합의체 판결의 경우 다수의견에 의함) [20서기보]

① 임차인의 임차목적물 반환의무는 임대차계약의 종료에 의하여 발생하나, 임대인의 권리금 회수 방해로 인한 손해배상의무는 상가건물 임대차보호법에서 정한 권리금 회수기회 보호의무 위반을 원인으로 하고 있으므로 양 채무는 동일한 법률요건이 아닌 별개의 원인에 기하여 발생한 것일 뿐 아니라 공평의 관점에서 보더라도 그 사이에 이행상 견련관계를 인정하기 어려워 동시이행관계에 있다고 할 수 없다.

② 기존 임차인과 새로운 임차인 및 임대인 사이에 임대차계약상의 지위 양도 등 권리의무의 포괄적 양도에 관한 계약이 확정일자 있는 증서에 의하여 체결되거나, 임대차보증금 반환채권의 양도에 대한 통지·승낙이 확정일자 있는 증서에 의하여 이루어지는 등의 절차를 거치지 아니하는 한, 기존의 임대차계약에 따른 임대차보증금 반환채권에 대하여 채권가압류명령 등을 받은 채권자 등 임대차보증금 반환채권에 관하여 양수인의 지위와 양립할 수 없는 법률상의 지위를 취득한 제3자에 대하여는 임대차계약상의 지위 양도 등 권리의무의 포괄적 양도에 포함된 임대차보증금 반환채권의 양도로써 대항할 수 없다.

③ 채권자가 채무자 소유의 주택에 관하여 채무자와 임대차계약을 체결하고 전입신고를 마친 다음 그곳에 거주하였더라도, 임대차계약의 주된 목적이 주택을 사용·수익하려는 것이 아니라 소액임차인으로 보호받아 선순위 담보권자에 우선하여 채권을 회수하려는 것에 주된 목적이 있었던 경우에는, 그러한 임차인을 주택임대차보호법상 소액임차인으로 보호할 수 없다. 반면, 실제 임대차계약의 주된 목적이 주택을 사용·수익하려는 것이라면 처음 임대차계약을 체결할 당시에는 보증금액이 많아 주택임대차보호법상 소액임차인에 해당하지 않았지만 그 후 새로운 임대차계약에 의하여 보증금을 감액하여 소액임차인에 해당하게 되었다면 특별한 사정이 없는 한 그러한 임차인은 같은 법상 소액임차인으로 보호받을 수 있다.

④ 임대차계약이 임차인의 채무불이행으로 인하여 해지되었다고 하더라도 임차인의 민법 제646조에 의한 부속물매수청구권에는 영향이 없다. 또한 대항력 없는 임대차에서 임차목적물의 소유권이전이 이루어진 경우, 매매계약 체결 이전에 임차인이 전 소유자와의 관계에서 임차목적물을 수선하여 발생한 유익비는 이미 그로 인한 가치증가가 매매대금 결정에 반영되었을 것이므로 특별한 사정이 없는 한 전 소유자에게 비용상환청구를 하여야 할 것이지 신소유자가 이를 상환할 의무는 없다.

해설 ① [○] ※ 임대차계약 종료에 따른 임차인의 임차목적물 반환의무와 임대인의 권리금 회수 방해로 인한 손해배상의무가 동시이행관계에 있는지 여부(소극)

동시이행의 항변권 제도의 취지에서 볼 때 당사자가 부담하는 각 채무가 쌍무계약에서 고유의 대가관계에 있는 채무가 아니더라도, 양 채무가 동일한 법률요건으로부터 생겨서 대가적 의미가 있거나 공평의 관점에서 보아 견련적으로 이행시킴이 마땅한 경우에는 동시이행의 항변권을 인정할 수 있다. 임차인의 임차목적물 반환의무는 임대차계약의 종료에 의하여 발생하나, 임대인의 권리금 회수 방해로 인한 손해배상의무는 상가건물 임대차보호법에서 정한 권리금 회수기회 보호의무 위반을 원인으로 하고 있으므로 양 채무는 동일한 법률요건이 아닌 별개의 원인에 기하여 발생한 것일 뿐 아니라 공평의 관점에서 보더라도 그 사이에 이행상 견련관계를 인정하기 어렵다(대판 2019.7.10. 2018다242727).

참고 ※ 상가건물 임대차보호법 규정에 따른 임차인의 권리금 회수 보호

2018년 개정 상가건물 임대차보호법에 따르면 임대인은 임대차기간이 끝나기 6개월 전부터 임대차 종료 시까지 일정행위(1호 내지 4호)를 함으로서 권리금 계약에 따라 임차인이 주선한 신규임차인이 되려는 자로부터 권리금을 지급받는 것을 방해하여서는 아니 된다고 규정하여 임차인의 권리금 회수 기회를 보호하고 있다(동법 제10조의4 1항, 3항).

② [○] "임대차보증금 반환채권을 양도하는 경우에 확정일자 있는 증서로 이를 채무자에게 통지하거나 채무자가 확정일자 있는 증서로 이를 승낙하지 아니한 이상 양도로써 채무자 이외의 제3자에게 대항할 수 없으며(민법 제450조 참조), 이러한 법리는 임대차계약상의 지위를 양도하는 등 임대차계약상의 권리의무를 포괄적으로 양도하는 경우에 권리의무의 내용을 이루고 있는 임대차보증금 반환채권의 양도 부분에 관하여도 마찬가지로 적용된다. 따라서 위 경우에 기존 임차인과 새로운 임차인 및 임대인 사이에 임대차계약상의 지위 양도 등 권리의무의 포괄적 양도에 관한 계약이 확정일자 있는 증서에 의하여 체결되거나, 임대차보증금 반환채권의 양도에 대한 통지·승낙이 확정일자 있는 증서에 의하여 이루어지는 등의 절차를 거치지 아니하는 한, 기존의 임대차계약에 따른 임대차보증금 반환채권에 대하여 채권가압류명령, 채권압류 및 추심명령 등을 받은 채권자 등 임대차보증금 반환채권에 관하여 양수인의 지위와 양립할 수 없는 법률상의 지위를 취득한 제3자에 대하여는 임대차계약상의 지위 양도 등 권리의무의 포괄적 양도에 포함된 임대차보증금 반환채권의 양도로써 대항할 수 없다"(대판 2017.1.25. 2014다52933)

③ [○] ※ 소액보증금의 최우선변제권 요건

ⅰ) 실제 임대차계약의 주된 목적이 주택을 사용수익하려는 것에 있는 것이 아니고, 실제적으로는 소액임차인으로 보호받아 선순위 담보권자에 우선하여 채권을 회수하려는 것에 주된 목적이 있었던 경우에는 주택임대차보호법상 소액임차인으로 보호할 수 없다(대판 2001.5.8. 2001다14733).

ⅱ) 반면 실제 임대차계약의 주된 목적이 주택을 사용·수익하려는 것인 이상, 처음 임대차계약을 체결할 당시에는 보증금액이 많아 주택임대차보호법상 소액임차인에 해당하지 않았지만 그 후 새로운 임대차계약에 의하여 정당하게 보증금을 감액하여 소액임차인에 해당하게 되었다면, 그 임대차계약이 통정허위표시에 의한 계약이어서 무효라는 등의 특별한 사정이 없는 한 그러한 임차인은 같은 법상 소액임차인으로 보호받을 수 있다"(대판 2008.5.15. 2007다23203).

④ [×] ※ 채무불이행으로 인한 해지로 임대차가 종료된 경우 부속물매수청구권 인정 여부

ⅰ) 임대차계약이 임차인의 채무불이행으로 인하여 해지된 경우에는 임차인은 민법 제646조에 의한 부속물매수청구권이 없다(대판 1990.1.23. 88다카7245).

ⅱ) 대항력 없는 임대차에서 임차목적물의 소유권이전이 이루어진 경우, 매매계약 체결 이전에 임차인이 임차목적물을 수선하여 발생한 유익비는 그로 인한 가치증가가 매매대금결정에 반영되었다고

할 것이므로, 특별한 사정이 없는 한 전소유자와의 관계에서 지출한 유익비는 전소유자에게 비용상환
청구를 하여야 할 것이지 신소유자가 이를 상환할 의무는 없다(대판 206.5.11. 2005다52719).

[정답] ④

문7 甲과 乙은 甲 소유의 건물 중 1층에 대하여 임대차계약을 체결하였으나 乙이 임차하여 점유하고
있던 건물 1층에서 발생한 화재로 건물 1층뿐만 아니라 甲이 점유하고 있던 건물 2층도 전소되
었다. 이에 관한 설명 중 옳은 것(○)과 옳지 않은 것(×)을 올바르게 조합한 것은? [기출변형]

> ㄱ. 건물 1층에서 발생한 화재가 甲이 지배, 관리하는 영역에 존재하는 하자로 인하여 발
> 생한 것으로 추단된다면, 특별한 사정이 없는 한 甲은 화재로 인한 목적물 반환의무
> 의 이행불능으로 인한 손해배상책임을 乙에게 물을 수 없다.
> ㄴ. 건물 1층에서 발생한 화재가 그 발생 원인이 불분명한 경우라면 乙은 원칙적으로 화
> 재로 인한 임대목적물 반환의무의 이행불능에 따른 손해배상책임을 지지 않는다.
> ㄷ. 건물 1층과 구조상 불가분의 일체를 이루고 있는 건물 2층에서 발생한 재산상 손해에
> 대하여 乙에게 채무불이행에 기한 손해배상을 청구하는 경우, 甲은 화재 발생과 관련
> 된 乙의 계약상 의무 위반이 있었다는 사실을 주장·증명하여야 한다.

① ㄱ(○), ㄴ(○), ㄷ(×) ② ㄱ(○), ㄴ(×), ㄷ(○)
③ ㄱ(×), ㄴ(×), ㄷ(×) ④ ㄱ(×), ㄴ(×), ㄷ(○)

[해설] ㄱ. [○] ※ 임대인의 지배관리 영역 내의 화재(임대인에게 증명책임이 있는 경우)
"임대인은 목적물을 임차인에게 인도하고 임대차계약 존속 중에 그 사용, 수익에 필요한 상태
를 유지하게 할 의무를 부담하므로(제623조), 임대차계약 존속 중에 발생한 화재가 임대인이 지배·관
리하는 영역에 존재하는 하자로 인하여 발생한 것으로 추단된다면, 그 하자를 보수·제거하는 것은
임대차 목적물을 사용·수익하기에 필요한 상태로 유지하여야 하는 임대인의 의무에 속하며,
임차인이 하자를 미리 알았거나 알 수 있었다는 등의 특별한 사정이 없는 한, 임대인은 화재로 인한 목적
물 반환의무의 이행불능 등에 관한 손해배상책임을 임차인에게 물을 수 없다(대판 2017.5.18. 전합2012다
86895,86901). 이러한 법리는 임대인이 훼손된 임대차 목적물에 관하여 수선의무를 부담하더라
도 동일하게 적용된다(대판 2019.4.11. 2018다291347).

ㄴ. [×] ※ 임차건물이 발생원인이 불명인 화재로 소훼된 경우(임차인에게 증명책임이 있는 경우)
임차인은 임차건물의 보존에 관하여 선량한 관리자의 주의의무를 다하여야 하고(제374조),
임차인의 임차물반환채무가 이행불능이 된 경우, 임차인이 그 이행불능으로 인한 손해배상
책임을 면하려면 그 이행불능이 임차인의 귀책사유로 말미암은 것이 아님을 입증할 책임이
있다(대판 2006.1.13. 2005다51013,51020). 따라서 임차건물이 화재로 소훼된 경우에 있어서 그 화
재의 발생원인이 불명인 때에도 임차인이 그 책임을 면하려면 그 임차건물의 보존에 관하여 선량한 관리
자의 주의의무를 다하였음을 입증하여야 한다(대판 2001.1.19. 2000다57351).

ㄷ. [○] ※ 임차 외 건물부분의 화재(임대인에게 증명책임이 있는 경우)

"임차 건물 부분에서 화재가 발생하여 임차 건물 부분이 아닌 건물 부분(이하 '임차 외 건물 부분'이라 한다)까지 불에 타 그로 인해 임대인에게 재산상 손해가 발생한 경우에는 '임차 외 건물 부분이 구조상 불가분의 일체를 이루는 관계에 있는 부분이라 하더라도', 그 부분에 발생한 손해에 대하여 임대인이 임차인을 상대로 채무불이행을 원인으로 하는 배상을 구하려면, ⅰ) 임차인이 보존·관리의무를 위반하여 화재가 발생한 원인을 제공하는 등 화재 발생과 관련된 '임차인의 계약상 의무 위반'이 있었고, ⅱ) 그러한 의무 위반과 임차 외 건물 부분의 손해 사이에 '상당인과관계'가 있으며, ⅲ) 임차 외 건물 부분의 손해가 의무 위반에 따라 민법 제393조에 의하여 배상하여야 할 '손해의 범위 내'에 있다는 점에 대하여 '임대인'이 주장·증명하여야 한다"(대판 2017.5.18. 전합2012다86895,86901).

[정답] ②

문8 임대차에 관한 설명 중 옳은 것은? (다툼이 있는 경우 판례에 의함) [기출변형]

① 토지의 매수인이 매매목적물에 관한 임대차보증금 반환채무를 인수하는 한편 그 채무액을 매매대금에서 공제하기로 약정한 경우, 그 인수는 특별한 사정이 없는 한 매도인을 면책시키는 면책적 채무인수로 보아야 한다.

② 보증금이 수수된 임대차계약에서 임대차가 종료되어 목적물을 반환할 때까지 연체한 차임액이 위 보증금에서 전액 공제된 경우, 임차인은 임대차 종료 전에 차임채권을 양수한 자의 양수금청구에 대해 연체된 차임액이 보증금에서 공제되었음을 주장하여 양수금지급을 거절할 수 없다.

③ 임대인이 목적물을 사용·수익하게 할 의무를 불이행하여 목적물의 사용·수익에 부분적으로 지장이 생긴 경우뿐 아니라 임대인이 수선의무를 이행함으로써 목적물의 사용·수익에 지장이 생긴 경우에도 임차인은 그 지장의 한도 내에서 차임의 지급을 거절할 수 있다.

④ 「주택임대차보호법」상 대항력을 갖춘 임차인의 임대차보증금반환채권이 가압류된 상태에서 임대주택이 양도된 경우, 양수인이 채권가압류의 제3채무자의 지위를 승계하는 것은 아니므로 가압류권자는 임대주택의 양수인이 아니라 양도인에 대하여 위 가압류의 효력을 주장하여야 한다.

[해설] ① [×] "부동산의 매수인이 매매목적물에 관한 임대차보증금 반환채무 등을 인수하는 한편 그 채무액을 매매대금에서 공제하기로 약정한 경우, 그 인수는 특별한 사정이 없는 이상 매도인을 면책시키는 면책적 채무인수가 아니라 이행인수로 보아야 하고, 면책적 채무인수로 보기 위해서는 이에 대한 채권자 즉, 임차인의 승낙이 있어야 한다"(대판 2015.5.29. 2012다84370).

② [×] "부동산 임대차에서 수수된 보증금은 차임채무, 목적물의 멸실·훼손 등으로 인한 손해배상채무 등 임대차에 따른 임차인의 모든 채무를 담보하는 것으로서 피담보채무 상당액은 임대차관계의 종료 후 목적물이 반환될 때에 특별한 사정이 없는 한 별도의 의사표시 없이 보증금에서 당연히 공제되므로, 보증금이 수수된 임대차계약에서 차임채권이 양도되었다고 하더라도, 임차인은 임대차계약이 종료되어 목적물을 반환할 때까지 연체한 차임 상당액을 보증금에서 공제할 것을 주장할 수 있다"(대판 2015.3.26. 2013다77225)

③ [○] 임대차에서 목적물을 사용·수익하게 할 임대인의 의무와 임차인의 차임 지급의무는 상호 대가관계에 있으므로, 임대인이 수선의무를 이행하지 않아 임차인이 목적물을 전혀 사용할 수 없을 경우에는 임차인은 차임 전부의 지급을 거절할 수 있으나, '목적물의 사용·수익이 부분적으로 지장이 있는 경우에는 그 한도 내에서 차임의 지급을 거절할 수 있을 뿐' 그 전부의 지급을 거절할 수는 없다(대판 1997.4.25, 96다44778). 이는 임대인이 수선의무를 이행함으로써 목적물의 사용·수익에 지장이 초래된 경우에도 마찬가지이다(대판 2015.2.26. 2014다65724). 민법 제627조 소정의 '일부멸실에 따른 차임의 감액청구'는 같은 취지에 속하는 것이다.

④ [×] ※ 보증금반환채권이 가압류된 후 임차건물의 양수인
"ⅰ) 임대주택의 양도로 임대인의 지위가 일체로 양수인에게 이전된다면 채권가압류의 제3채무자의 지위도 임대인의 지위와 함께 이전된다고 볼 수밖에 없다는 점과 ⅱ) 만약 이를 부정하면 가압류권자는 장차 본집행절차에서 주택의 매각대금으로부터 우선변제를 받을 수 있는 권리를 상실하는 중대한 불이익을 입게 된다는 점 등에서 양수인은 채권가압류의 제3채무자의 지위도 승계하고, 가압류권자 또한 임대주택의 양도인이 아니라 양수인에 대하여만 위 가압류의 효력을 주장할 수 있다고 보아야 한다"(대판 2013.1.17. 전합2011다49523).

[정답] ③

문9 건물 소유를 목적으로 하는 토지 임대차에서 임차인의 지상물매수청구권에 관한 설명 중 옳지 않은 것은? (다툼이 있는 경우 판례에 의함) [기출변형]

① 종전 토지 임차인으로부터 미등기 무허가건물을 매수하여 점유하고 있는 현재의 토지 임차인은 소유자로서의 등기명의가 없더라도 특별한 사정이 없는 한 임대인에 대하여 지상물매수청구권을 행사할 수 있다.

② 토지 임차인의 지상물매수청구권은 임대차기간이 만료된 경우에만 인정되고, 기간의 정함이 없는 임대차에서 임대인에 의한 해지통고에 의하여 그 임차권이 소멸된 경우에는 인정되지 않는다.

③ 토지 소유자가 아닌 제3자가 임대차계약의 당사자로서 토지를 임대한 경우, 토지 소유자가 임대인의 지위를 승계하였다는 등의 특별한 사정이 없는 한, 임대인이 아닌 토지 소유자가 직접 지상물매수청구권의 상대방이 될 수는 없다.

④ 임차인 소유 건물이 임대차 대상 토지 외에 임차인 또는 제3자 소유의 토지 위에 걸쳐서 건립되어 있는 경우, 임차지에 서 있는 건물 부분 중 구분소유의 객체가 될 수 있는 부분에 한하여 임차인은 지상물매수청구를 할 수 있다.

해설 ① [○] ※ 지상물매수청구권자

지상물매수청구권은 지상물소유자에 한하여 행사할 수 있다(대판 1993.7.27, 93다6386). 다만 건물 소유를 목적으로 하는 '토지 임대인의 동의를 얻어' 토지임차인으로부터 임차권을 양수한 자가 토지 위에 임차인이 신축한 미등기 무허가 건물을 매수한 때에도, 그 점유 중인 건물에 대해 '법률상 또는 사실상의 처분권'을 갖고 있으므로 이러한 토지임차권 양수인은 임대인에게 그 건물의 매수를 청구할 수 있다(대판 2013.11.28. 2013다48364).

② [×] ※ 지상물매수청구권의 발생요건 - 토지임대차계약의 종료

일정한 목적의 토지임대차에서 존속기간이 만료한 경우에 지상시설이 현존한 때에는 토지임차인은 1차로 임대인을 상대로 계약의 갱신을 청구할 수 있고, 임대인이 이를 거절한 때에는 2차로 상당한 가액으로 지상시설의 매수를 청구할 수 있다(제643조, 제283조). 그런데 기간의 약정 없는 토지임대차계약에 대해 임대인이 해지통고를 한 경우(제635조), 이때에는 임대인이 미리 계약의 갱신을 거절한 것으로 볼 수 있으므로, 임차인은 계약의 갱신을 청구할 필요 없이 곧바로 지상물의 매수를 청구할 수 있다(대판 1995.2.3, 94다51178,51185).

③ [○] ※ 지상물매수청구의 상대방

"토지 소유자가 아닌 제3자가 토지 임대행위를 한 경우에는 ㉠ 제3자가 토지 소유자를 적법하게 대리하거나 토지 소유자가 제3의 무권대리행위를 추인하는 등으로 임대차계약의 효과가 토지 소유자에게 귀속되었다면 토지 소유자가 임대인으로서 지상물매수청구권의 상대방이 된다. ㉡ 그러나 '제3자가 임대차계약의 당사자로서 토지를 임대'하였다면, 토지 소유자가 임대인의 지위를 승계하였다는 등의 특별한 사정이 없는 한 임대인이 아닌 토지 소유자가 직접 지상물매수청구권의 상대방이 될 수는 없다"(대판 2017.4.26. 2014다72449,72456)

④ [○] ※ 지상물매수청구권의 발생요건 - 임차인이 지상물을 건축하여 현존하고 있는 사실

"건물 소유를 목적으로 하는 토지임대차에 있어서 임차인 소유 건물이 임대인이 임대한 토지 외에 임차인 또는 제3자 소유의 토지 위에 걸쳐서 건립되어 있는 경우에는, 임차지 상에 서 있는 건물 부분 중 구분소유의 객체가 될 수 있는 부분에 한하여 임차인에게 매수청구가 허용된다"(대판 1996.3.21, 전합93다42634).

[정답] ②

문10 임대차에 관한 설명 중 옳은 것을 모두 고른 것은? (다툼이 있는 경우에는 판례에 의함) [기출변형]

> ㄱ. 주택임대차보호법 제3조의3에 의한 임차권등기가 경료되어 있을 경우, 임대인의 임대차보증금 반환의무는 임차인의 임차권등기 말소의무보다 먼저 이행되어야 한다.
>
> ㄴ. 임대차가 종료된 경우, 임대목적물이 임대인의 소유가 아니더라도 특별한 사정이 없는 한 임차인은 임대인에게 그 부동산을 인도하고 임대차 종료일까지의 연체차임을 지급할 의무가 있음은 물론, 인도 완료일까지 그 부동산을 점유·사용함에 따른 차임 상당의 부당이득금을 반환할 의무도 있다.
>
> ㄷ. 채권양수인이 주택임대차보호법상의 우선변제권을 행사할 수 있는 주택임차인으로부터 임차보증금반환채권을 양수하였더라도 임차권과 분리된 임차보증금반환채권만을 양수하였다면, 그 채권양수인은 위 법상의 우선변제권을 행사할 수 있는 임차인에 해당한다고 볼 수 없다.
>
> ㄹ. 특별한 사정이 없는 한 임대차가 종료되었더라도 목적물이 반환되지 않았다면 임차인은 임대차보증금이 있음을 이유로 임대인에 대하여 연체차임의 지급을 거절할 수 없다.

① ㄱ, ㄴ, ㄹ

② ㄱ, ㄴ, ㄷ, ㄹ

③ ㄱ, ㄷ, ㄹ

④ ㄴ, ㄷ

[해설] ㄱ. [○] "주택임대차보호법 제3조의3 규정에 의한 임차권등기는 이미 임대차계약이 종료하였음에도 임대인이 그 보증금을 반환하지 않는 상태에서 경료되게 되므로, 이미 사실상 이행지체에 빠진 임대인의 임대차보증금의 반환의무와 그에 대응하는 임차인의 권리를 보전하기 위하여 새로이 경료하는 임차권등기에 대한 임차인의 말소의무를 동시이행관계에 있는 것으로 해석할 것은 아니고, 특히 위 임차권등기는 임차인으로 하여금 기왕의 대항력이나 우선변제권을 유지하도록 해 주는 담보적 기능만을 주목적으로 하는 점 등에 비추어 볼 때, 임대인의 임대차보증금의 반환의무가 임차인의 임차권등기 말소의무보다 먼저 이행되어야 할 의무이다"(대판 2005.6.9, 2005다4529).

[관련쟁점] 이와 달리 전세권설정자의 전세금반환의무와 전세권자의 전세권등기말소의무는 동시이행의 관계에 있다(제317조). 이와 동일하게 일반적인 임차권등기가 마쳐진 경우에도 임대인의 보증금반환의무와 임차인의 임차권등기말소의무는 동시이행의 관계에 있다.

ㄴ. [○] 임대차가 기간만료 등에 의해 종료한 경우 소유자가 임차인에게 목적물의 반환이나 그 사용에 따른 부당이득반환을 청구하는 등의 사정이 있는 경우가 아니면 임차인은 소유권이 없는 임대인에게 목적물 반환의무를 부담하며, 나아가 연체차임과 임대차 종료 이후의 명도시까지의 차임 상당의 부당이득반환의무도 부담한다(대판 2001.6.29, 2000다68290).

ㄷ. [○] 주택임대차의 '대항력'과 임대차계약증서상의 '확정일자'를 갖춘 임차인은 민사집행법에 의한 경매 또는 국세징수법에 의한 공매시 임차주택(대지를 포함)의 환가대금에서 후순위권리자나 기타 채권자보다 우선하여 보증금을 변제받을 권리가 있다(동법 제3조의2 2항).

"주택임대차보호법의 입법목적과 주택임차인의 임차보증금반환채권에 우선변제권을 인정한 제도의 취지에 비추어 볼 때, 임차권과 분리된 임차보증금반환채권만을 양수한 채권양수인은 동법 소정의 우선변제권을 행사할 수 있는 임차인에 해당한다고 볼 수 없다. 따라서 그 채권양수인은 임차주택에 대한 경매절차에서 주택임대차보호법상의 임차보증금 우선변제권자의 지위에서 배당요구를 할 수 없다. 다만, 채권양수인이 일반 금전채권자로서의 요건을 갖추어 배당요구를 할 수는 있다(대판 2010.5.27. 2010다10276).

ㄹ. [○] 차임 등을 보증금에서 공제할 수 있는지 여부

(1) 임차목적물 반환 전

① 충당 여부는 임대인의 자유이므로 보증금으로 연체차임 등에 충당하지 않고 차임을 청구할 수도 있다(대판 2005.5.12. 2005다459,466). 즉, 임대차계약 종료 전에는 연체차임이 공제 등의 별도의 의사표시 없이 임대차보증금에서 당연히 공제되는 것은 아니다(대판 2013.2.28. 2011다49608,49615). ② 그리고 특별한 사정이 없는 한 임대차계약이 종료되었다 하더라도 목적물이 명도되지 않았다면 임차인은 임대차보증금이 있음을 이유로 연체차임의 지급을 거절할 수 없다(대판 2007.8.23. 2007다21856,21863).

(2) 임차목적물 반환시

임대차보증금은 임대차계약이 종료된 후 임차인이 목적물을 인도할 때까지 발생하는 차임 및 기타 임차인의 채무를 담보하는 것으로서 그 피담보채무액은 임대차관계의 종료 후 목적물이 반환될 때에 특별한 사정이 없는 한 별도의 의사표시 없이 임대차보증금에서 당연히 공제된다(대판 2007.8.23. 2007다21856,21863).

[정답] ②

문11 「주택임대차보호법」에 관한 설명 중 옳지 않은 것은? (다툼이 있는 경우에는 판례에 의함)

[기출변형]

① 「주택임대차보호법」은 임대주택의 소유자가 아니더라도 그 주택에 관하여 적법하게 임대차계약을 체결할 수 있는 권한을 가진 임대인과 체결한 임대차계약에 적용된다.

② 임차인이 임차주택에 대하여 보증금반환 청구소송의 확정판결이나 그 밖에 이에 준하는 집행권원에 따라서 경매를 신청하는 경우에는 반대의무의 이행이나 이행의 제공을 집행개시의 요건으로 하지 아니한다.

③ 임차인이 임대차계약을 체결한 주된 목적이 주택을 사용·수익하려는 것에 있는 것이 아니고, 소액임차인으로 보호받아 선순위 담보권자에 우선하여 채권을 회수하려는 것에 있는 경우에는 「주택임대차보호법」상 소액임차인으로 보호받을 수 없다.

④ 임대인의 임대차보증금 반환의무와 임차인의 임차권등기 말소의무는 동시이행관계에 있다.

해설 ① [○] "주택임대차보호법이 적용되는 임대차는 반드시 임차인과 주택 소유자인 임대인 사이에 임대차계약이 체결된 경우에 한정되는 것은 아니고, 주택 소유자는 아니더라도 주택에 관하여 적법하게 임대차 계약을 체결할 수 있는 권한을 가진 임대인과 임대차계약이 체결된 경우도 포함된다"(대판 2012.7.26. 2012다45689).

② [○] **주택임대차보호법 제3조의2 (보증금의 회수)** 「①항 임차인이 임차주택에 대하여 보증금반환청구소송의 확정판결이나 그 밖에 이에 준하는 집행권원에 따라서 경매를 신청하는 경우에는 집행개시 요건에 관한 민사집행법 제41조에도 불구하고 반대의무의 이행이나 이행의 제공을 집행개시의 요건으로 하지 아니한다.」

③ [○] "주택임대차보호법의 입법목적은 주거용건물에 관하여 민법에 대한 특례를 규정함으로써 국민의 주거생활의 안정을 보장하려는 것이고(동법 제1조), 주택임대차보호법 제8조 제1항에서 임차인이 보증금 중 일정액을 다른 담보물권자보다 우선하여 변제받을 수 있도록 한 것은, 소액임차인의 경우 그 임차보증금이 비록 소액이라고 하더라도 그에게는 큰 재산이므로 적어도 소액임차인의 경우에는 다른 담보권자의 지위를 해하게 되더라도 그 보증금의 회수를 보장하는 것이 타당하다는 사회보장적 고려에서 나온 것으로서 민법의 일반규정에 대한 예외규정인바, 그러한 입법목적과 제도의 취지 등을 고려할 때, 채권자가 채무자 소유의 주택에 관하여 채무자와 임대차계약을 체결하고 전입신고를 마친 다음 그곳에 거주하였다고 하더라도 실제 임대차계약의 주된 목적이 주택을 사용수익하려는 것에 있는 것이 아니고, 실제적으로는 소액임차인으로 보호받아 선순위 담보권자에 우선하여 채권을 회수하려는 것에 주된 목적이 있었던 경우에는 그러한 임차인을 주택임대차보호법상 소액임차인으로 보호할 수 없다"(대판 2001.5.8. 2001다14733).

참고판례 "실제 임대차계약의 주된 목적이 주택을 사용·수익하려는 것인 이상, 처음 임대차계약을 체결할 당시에는 보증금액이 많아 주택임대차보호법상 소액임차인에 해당하지 않았지만 그 후 새로운 임대차계약에 의하여 정당하게 보증금을 감액하여 소액임차인에 해당하게 되었다면, 그 임대차계약이 통정허위표시에 의한 계약이어서 무효라는 등의 특별한 사정이 없는 한 그러한 임차인은 같은 법상 소액임차인으로 보호받을 수 있다"(대판 2008.5.15, 2007다23203).

④ [×] "주택임대차보호법 제3조의3 규정에 의한 임차권등기는 이미 임대차계약이 종료하였음에도 임대인이 그 보증금을 반환하지 않는 상태에서 경료되게 되므로, 이미 사실상 이행지체에 빠진 임대인의 임대차보증금의 반환의무와 그에 대응하는 임차인의 권리를 보전하기 위하여 새로이 경료하는 임차권등기에 대한 임차인의 말소의무를 동시이행관계에 있는 것으로 해석할 것은 아니고, 특히 위 임차권등기는 임차인으로 하여금 기왕의 대항력이나 우선변제권을 유지하도록 해 주는 담보적 기능만을 주목적으로 하는 점 등에 비추어 볼 때, 임대인의 임대차보증금의 반환의무가 임차인의 임차권등기 말소의무보다 먼저 이행되어야 할 의무이다"(대판 2005.6.9, 2005다4529).

관련쟁점 이와 달리 전세권설정자의 전세금반환의무와 전세권자의 전세권등기말소의무는 동시이행의 관계에 있다(제317조). 이와 동일하게 일반적인 임차권등기가 마쳐진 경우에도 임대인의 보증금반환의무와 임차인의 임차권등기말소의무는 동시이행의 관계에 있다.

[정답] ④

문 12 임대차와 관련한 다음 설명 중 틀린 것은? (다툼이 있는 경우 판례에 의함) [기출변형]

① 보증금반환채무를 면책적으로 인수하게 되므로, 채권가압류의 제3채무자의 지위까지 승계한다.

② 우선변제권 있는 임차인이 집행권원을 얻어 스스로 경매신청을 한 경우, 배당요구 종기까지 별도로 배당요구를 하거나 우선변제권 소명자료를 제출하지 않아도 후순위권리자나 일반채권자보다 우선하여 배당받을 수 있다.

③ 임대차계약이 임대인의 수선의무 지체로 해지된 경우에는 임대차의 종료당시 반환된 임차건물이 화재로 인하여 훼손되었음을 이유로 손해배상을 구하는 임대인이 임대건물 보존에 관하여 선량한 관리자의 주의의무를 다하였음을 증명하여야 한다.

④ 임차권등기명령에 따른 임차권등기에 임대차보증금 반환채권에 대한 시효중단의 효력이 인정되지는 않는다.

[해설] ① [○] 최근 判例는 전원합의체 판결을 통해 "ⅰ) 임대주택의 양도로 임대인의 지위가 일체로 양수인에게 이전된다면 채권가압류의 제3채무자의 지위도 임대인의 지위와 함께 이전된다고 볼 수밖에 없다는 점과 ⅱ) 만약 이를 부정하면 가압류권자는 장차 본집행절차에서 주택의 매각대금으로부터 우선변제를 받을 수 있는 권리를 상실하는 중대한 불이익을 입게 된다는 점 등에서 양수인은 채권가압류의 제3채무자의 지위도 승계하고, 가압류권자 또한 임대주택의 양도인이 아니라 양수인에 대하여만 위 가압류의 효력을 주장할 수 있다고 보아야 한다"고 판시하였다(대판 2013.1.17. 전합2011다49523).

☞ 승계를 인정하면 경매에 의하여 소유권을 취득한 양수인은 예상하지 못한 손해를 입을 수도 있으나(전합판결의 반대의견), 이는 민법상 다른 구제수단들(제470조)을 통해 해결가능하다. 그러나 승계를 부정하면 가압류가 효력을 상실하게 되어 가압류권자가 피해를 입게 되므로 이를 긍정하는 判例의 다수의견이 타당하다.

[쟁점정리] ※ 임대차관계의 승계

주택 임대차보호법은 임차주택의 양수인 기타 임대할 권리를 승계한 자(상속·경매 등으로 임차물의 소유권을 취득한 자)는 '임대인의 지위'를 승계한 것으로 본다(동법 제3조 4항, 상가건물 임대차보호법 제3조 2항도 동일). 이 경우 임대차에 종된 계약인 보증금계약 등도 임대차관계에 수반하여 이전되어(제100조 2항 유추적용), 그 결과 判例에 따르면 양수인이 임대차보증금반환채무를 면책적으로 인수하고, 양도인은 임대차관계에서 탈퇴하여 임차인에 대한 임대차보증금 반환채무를 면하게 된다고 한다(대판 1987.3.10. 86다카1114). 동법 제3조 4항은 대항력을 갖춘 일반적인 임차권을 취득한 양수인에게도 유추적용될 수 있다(통설).

② [○] "주택임대차보호법상의 대항력과 우선변제권을 모두 가지고 있는 임차인이 보증금을 반환받기 위하여 보증금반환청구 소송의 확정판결 등 집행권원을 얻어 임차주택에 대하여 스스로 강제경매를 신청하였다면 특별한 사정이 없는 한 대항력과 우선변제권 중 우선변제권을 선택하여 행사한 것으로 보아야 하고, 이 경우 우선변제권을 인정받기 위하여 배당요구의 종기까지 별도로 배당요구를 하여야 하는 것은 아니다. 그리고 이와 같이 우선변제권이 있는 임차인이 집행권원을 얻어 스스로

강제경매를 신청하는 방법으로 우선변제권을 행사하고, 그 경매절차에서 집행관의 현황조사 등을 통하여 경매신청채권자인 임차인의 우선변제권이 확인되고 그러한 내용이 현황조사보고 서, 매각물건명세서 등에 기재된 상태에서 경매절차가 진행되어 매각이 이루어졌다면, 특별한 사정이 없는 한 경매신청채권자인 임차인은 배당절차에서 후순위권리자나 일반채권자보다 우선하여 배당받을 수 있다고 보아야 할 것이다"(대판 2013.11.14. 2013다27831).

③ [×] "임차인의 임대차 목적물 반환의무가 이행불능이 된 경우 임차인이 그 이행불능으로 인한 손해배상책임을 면하려면 그 이행불능이 임차인의 귀책사유로 말미암은 것이 아님을 입증할 책임이 있고, 임차건물이 화재로 소훼된 경우에 있어서 그 화재의 발생원인이 불명인 때에도 임차인이 그 책임을 면하려면 그 임차건물의 보존에 관하여 선량한 관리자의 주의의무를 다하였음을 입증하여야 하는 것이며, 이러한 법리는 임대차의 종료 당시 임차목적물 반환채무가 이행불능 상태는 아니지만 반환된 임차건물이 화재로 인하여 훼손되었음을 이유로 손해배상을 구하는 경우에도 동일하게 적용되고, 나아가 그 임대차계약이 임대인의 수선의무 지체로 해지된 경우라도 마찬가지다"(대판 2010.4.29. 2009다96984)

[쟁점정리] ※ 임차물 멸실의 경우 손해배상

㉠ 임차인은 임차건물의 보존에 관하여 선량한 관리자의 주의의무를 다하여야 하고, 임차인의 임차물반환채무가 이행불능이 된 경우, 임차인이 그 이행불능으로 인한 손해배상책임을 면하려면 그 이행불능이 임차인의 귀책사유로 말미암은 것이 아님을 입증할 책임이 있다(대판 2006.1.13. 2005다51013,51020). 따라서 임차건물이 화재로 소훼된 경우에 있어서 그 화재의 발생원인이 불명인 때에도 임차인이 그 책임을 면하려면 그 임차건물의 보존에 관하여 선량한 관리자의 주의의무를 다하였음을 입증하여야 하며(대판 2001.1.19. 2000다57351), 이러한 법리는 임대차의 종료 당시 임차목적물 반환채무가 이행불능 상태는 아니지만 반환된 임차건물이 화재로 인하여 훼손되었음을 이유로 손해배상을 구하는 경우에도 동일하게 적용되고, 나아가 그 임대차계약이 임대인의 수선의무 지체로 해지된 경우라도 마찬가지다(대판 2010.4.29. 2009다96984).

㉡ 그러나 임차건물이 '임대인의 지배관리 영역 내'에 있는 부분의 화재로 소훼된 경우 임차인의 선관주의의무의 위반을 임대인이 입증하여야 임차인에게 손해배상책임을 지울 수 있다(대판 2006.2.10. 2005다65623).

④ [○] "주택임대차보호법 제3조의3에서 정한 임차권등기명령에 따른 임차권등기는 특정 목적물에 대한 구체적 집행행위나 보전처분의 실행을 내용으로 하는 압류 또는 가압류, 가처분과 달리 어디까지나 주택임차인이 주택임대차보호법에 따른 대항력이나 우선변제권을 취득하거나 이미 취득한 대항력이나 우선변제권을 유지하도록 해 주는 담보적 기능을 주목적으로 한다. 비록 주택임대차보호법이 임차권등기명령의 신청에 대한 재판절차와 임차권등기명령의 집행 등에 관하여 민사집행법상 가압류에 관한 절차규정을 일부 준용하고 있지만 이는 일방 당사자의 신청에 따라 법원이 심리·결정한 다음 그 등기를 촉탁하는 일련의 절차가 서로 비슷한 데서 비롯된 것일 뿐 이를 이유로 임차권등기명령에 따른 임차권등기가 본래의 담보적 기능을 넘어서 채무자의 일반재산에 대한 강제집행을 보전하기 위한 처분의 성질을 가진다고 볼 수는 없다. 그렇다면 임차권등기명령에 따른 임차권등기에는 민법 제168조 제2호에서 정하는 소멸시효 중단사유인 압류 또는 가압류, 가처분에 준하는 효력이 있다고 볼 수 없다"(대판 2019.5.16. 2017다226629).

[정답] ③

문 13 X 대지는 A의 소유인데, 甲이 자신 소유의 Y 건물의 소유를 목적으로 X 대지를 임차한 후 X 대지상에 Y 건물을 신축하여 그 소유권보존등기를 하였다. 한편 乙은 甲에 대한 채권자 겸 위 Y 건물에 대한 근저당권자인데, 근저당권실행을 위한 경매를 청구하여 B가 Y 건물을 경락받고 그 소유권이전등기를 하였다. 다음 중 틀린 것은? [기출변형]

① 甲은 대항력 있는 임차권을 취득하였다.

② B는 대항력 있는 임차권을 양수받았다.

③ B는 대항력 있는 임차권의 양수인으로 임대인 A에게 대항할 수 있다.

④ 만약 A가 B에게 위 건물의 철거 및 대지의 인도를 청구한다면, 설령 ③이 부정된다고 하여도 B는 임차인의 변경이 당사자 간의 신뢰관계를 파괴하는 임대인에 대한 배신행위가 아니라고 인정되는 특별한 사정이 있음을 증명하여 A의 청구를 배척할 수 있다.

해설 ① [○] ※ 甲이 대항력 있는 임차권을 취득하였는지 여부(적극)

건물의 소유를 목적으로 한 토지임대차는 이를 등기하지 아니한 경우에도 임차인이 그 지상건물을 등기한 때에는 제3자에 대하여 임대차의 효력이 생긴다(제622조 1항).

② [○] ※ B가 임차권을 양수받았는지 여부(적극)

"건물의 소유를 목적으로 하여 토지를 임차한 사람이 그 토지 위에 소유하는 건물에 저당권을 설정한 때에는 민법 제358조 본문에 따라서 저당권의 효력이 건물뿐만 아니라 건물의 소유를 목적으로 한 토지의 임차권에도 미친다고 보아야 할 것이므로, 건물에 대한 저당권이 실행되어 경락인이 건물의 소유권을 취득한 때에는 특별한 다른 사정이 없는 한 건물의 소유를 목적으로 한 토지의 임차권도 건물의 소유권과 함께 경락인에게 이전된다(대판 1993.4.13. 92다24950).

③ [✕] ※ B가 대항력 있는 임차권의 양수인으로 임대인에게 대항할 수 있는지 여부(소극)

"위의 경우에도 민법 제629조가 적용되기 때문에 토지의 임대인에 대한 관계에서는 그의 동의가 없는 한 경락인은 그 임차권의 취득을 대항할 수 없다고 할 것인바, 민법 제622조 제1항은 건물의 소유를 목적으로 한 토지임대차는 이를 등기하지 아니한 경우에도 임차인이 그 지상건물을 등기한 때에는 토지에 관하여 권리를 취득한 제3자에 대하여 임대차의 효력을 주장할 수 있음을 규정한 취지임에 불과할 뿐, 건물의 소유권과 함께 건물의 소유를 목적으로 한 토지의 임차권을 취득한 사람이 토지의 임대인에 대한 관계에서 그의 동의가 없이도 임차권의 취득을 대항할 수 있는 것까지 규정한 것이라고는 볼 수 없다"(대판 1993.4.13. 92다24950).

④ [○] ※ 제629조 2항의 제한(소위 '배신행위론')

"임차인의 변경이 당사자의 개인적인 신뢰를 기초로 하는 계속적 법률관계인 임대차를 더 이상 지속시키기 어려울 정도로 당사자 간의 신뢰관계를 파괴하는 임대인에 대한 배신행위가 아니라고 인정되는 특별한 사정이 있는 때에는 임대인은 자신의 동의 없이 임차권이 이전되었다는 것만을 이유로 민법 제629조 제2항에 따라서 임대차계약을 해지할 수 없고, 그와 같은 특별한 사정이 있는 때에 한하여 경락인은 임대인의 동의가 없더라도 임차권의 이전을 임대인에게 대항할 수 있는바, 특별한 사정이 있는 점은 경락인이 주장·입증하여야 한다"(대판 1993.4.13. 92다24950)고 한다.

☞ 따라서 경락인 B가 이와 같은 입증을 한다면 A의 청구를 배척할 수 있다.

[정답] ③

문14 임대차에 관한 다음 설명 중 틀린 것은? (다툼이 있는 경우 판례에 의함) [기출변형]

① 임대인의 필요비상환의무는 특별한 사정이 없는 한 임차인의 차임지급의무와 서로 대응하는 관계에 있으므로, 임차인은 지출한 필요비 금액의 한도에서 차임의 지급을 거절할 수 있다. 따라서 연체차임에서 필요비 지출을 공제한 금액이 2기에 달하지 않는다면 임대인은 제640조에 따라 해지할 수 없다.

② 甲 주식회사가 점포를 임차하여 커피전문점 영업에 필요한 시설 설치공사를 하고 프랜차이즈 커피전문점을 운영하였고, 乙이 이전 임차인 甲으로부터 위 커피전문점 영업을 양수하고 丙 주식회사로부터 점포를 임차하여 커피전문점을 운영하였는데, 임대차 종료 시 乙이 인테리어시설 등을 철거하지 않자 丙 회사가 비용을 들여 철거하였다면, 丙 회사가 비용을 들여 철거한 시설물은 乙의 전 임차인이 甲이 설치한 것이므로, 丙 회사가 乙에게 반환할 보증금에서 丙 회사가 지출한 시설물 철거비용을 공제할 수는 없다.

③ 임대차계약 존속 중에 발생한 훼손이 임대인이 지배·관리하는 영역에 존재하는 하자로 발생한 것으로 추단된다면, 하자를 보수·제거하는 것은 임대차 목적물을 사용·수익하기에 필요한 상태로 유지하여야 하는 임대인의 의무에 속하고, 임차인이 하자를 미리 알았거나 알 수 있었다는 등의 특별한 사정이 없는 한, 임대인은 훼손으로 인한 목적물 반환의무의 불이행에 따른 손해배상책임을 임차인에게 물을 수 없고, 이러한 법리는 임대인이 훼손된 임대차 목적물에 관하여 수선의무를 부담하더라도 동일하게 적용된다.

④ 임대인의 임차목적물의 사용·수익상태 유지의무는 임대인 자신에게 귀책사유가 있어 하자가 발생한 경우는 물론, 자신에게 귀책사유가 없이 하자가 발생한 경우에도 면해지지 아니한다. 이는 임대인이 그와 같은 하자 발생 사실을 몰랐다거나 반대로 임차인이 이를 알거나 알 수 있었다고 하더라도 마찬가지이다.

해설 ① [○] ※ 임차인의 필요비 지출시 지출한 금액의 한도에서 차임의 지급을 거절할 수 있는지 여부(적극)

"임대차는 타인의 물건을 빌려 사용·수익하고 그 대가로 차임을 지급하기로 하는 계약이다(제618조). 임대차계약에서 임대인은 목적물을 계약존속 중 사용·수익에 필요한 상태를 유지하게 할 의무를 부담한다(제623조). 임대인이 목적물을 사용·수익하게 할 의무는 임차인의 차임지급의무와 서로 대응하는 관계에 있으므로, 임대인이 이러한 의무를 불이행하여 목적물의 사용·수익에 지장이 있으면 임차인은 지장이 있는 한도에서 차임의 지급을 거절할 수 있다. 임차인이 임차물의 보존에 관한 필요비를 지출한 때에는 임대인에게 상환을 청구할 수 있다(제626조 1항). 여기에서 '필요비'란 임차인이 임차물의 보존을 위하여 지출한 비용을 말한다. 임대차계약에서 임대인은 목적물을 계약존속 중 사용·수익에 필요한 상태를 유지하게 할 의무를 부담하고, 이러한 의무와 관련한 임차물의 보존을 위한 비용도 임대인이 부담해야 하므로,

임차인이 필요비를 지출하면, 임대인은 이를 상환할 의무가 있다. 임대인의 필요비상환의무는 특별한 사정이 없는 한 임차인의 차임지급의무와 서로 대응하는 관계에 있으므로, 임차인은 지출한 필요비 금액의 한도에서 차임의 지급을 거절할 수 있다"(대판 2019.11.14. 2016다227694).

② [×] "임차인이 임대인에게 임차목적물을 반환하는 때에는 원상회복의무가 있다(민법 제654조, 제615조). 임차인이 임차목적물을 수리하거나 변경한 때에는 원칙적으로 수리·변경 부분을 철거하여 임대 당시의 상태로 사용할 수 있도록 해야 한다. 다만 원상회복의무의 내용과 범위는 임대차계약의 체결 경위와 내용, 임대 당시 목적물의 상태, 임차인이 수리하거나 변경한 내용 등을 고려하여 구체적·개별적으로 정해야 한다"(대판 2019.8.30. 2017다268142).

[사실관계] 甲 주식회사가 점포를 임차하여 커피전문점 영업에 필요한 시설 설치공사를 하고 프랜차이즈 커피전문점을 운영하였고, 乙이 이전 임차인으로부터 위 커피전문점 영업을 양수하고 丙 주식회사로부터 점포를 임차하여 커피전문점을 운영하였는데, 임대차 종료 시 乙이 인테리어시설 등을 철거하지 않자 丙 회사가 비용을 들여 철거하고 반환할 보증금에서 시설물 철거비용을 공제한 사안에서, 임대차계약서에 임대차 종료시 乙의 원상회복의무를 정하고 있으므로 丙 회사가 철거한 시설물이 점포에 부합되었다고 할지라도 임대차계약의 해석상 乙이 원상회복의무를 부담하지 않는다고 보기 어렵고, 丙 회사가 철거한 시설은 프랜차이즈 커피전문점의 운영을 위해 설치된 것으로서 점포를 그 밖의 용도로 사용할 경우에는 불필요한 시설이고, 乙이 비용상환청구권을 포기하였다고 해서 丙 회사가 위와 같이 한정된 목적으로만 사용할 수 있는 시설의 원상회복의무를 면제해 주었다고 보기 어려우므로, 丙 회사가 비용을 들여 철거한 시설물이 乙의 전 임차인이 설치한 것이라고 해도 乙이 철거하여 원상회복할 의무가 있다고 보아 丙 회사가 乙에게 반환할 보증금에서 丙 회사가 지출한 시설물 철거비용이 공제되어야 한다고 판단한 원심판결을 수긍한 사례.

③ [○] ※ 임대차가 종료한 경우 임차인이 반환할 임대차 목적물이 훼손되었음을 이유로 임대인이 임차인의 목적물 반환의무 불이행에 따른 손해배상을 구하는 경우 증명책임

"임차인은 선량한 관리자의 주의를 다하여 임대차 목적물을 보존하고, 임대차가 종료하면 임대차 목적물을 원상에 회복하여 반환할 의무를 부담한다(민법 제374조, 제654조, 제615조 참조). 채무자가 채무의 내용에 따른 이행을 하지 않은 때에는 채권자는 손해배상을 청구할 수 있고, 다만 채무자가 고의나 과실 없이 이행할 수 없게 되었다는 점을 증명한 때에는 책임을 지지 않는다(민법 제390조 참조).

임대차가 종료한 경우 임차인이 반환할 임대차 목적물이 훼손되었음을 이유로 임대인이 임차인의 목적물 반환의무 불이행에 따른 손해배상을 구하는 경우에, 임차인은 불이행이 자기가 책임질 수 없는 사유로 발생한 것이라는 증명을 다하지 못하면 목적물 반환의무의 불이행에 따른 손해를 배상할 책임을 지고, 훼손의 구체적인 발생 원인이 밝혀지지 않은 때에도 마찬가지이다. 다만, 임대차계약 존속 중에 발생한 훼손이 임대인이 지배·관리하는 영역에 존재하는 하자로 발생한 것으로 추단된다면, 하자를 보수·제거하는 것은 임대차 목적물을 사용·수익하기에 필요한 상태로 유지하여야 하는 임대인의 의무에 속하고, 임차인이 하자를 미리 알았거나 알 수 있었다는 등의 특별한 사정이 없는 한, 임대인은 훼손으로 인한 목적물 반환의무의 불이행에 따른 손해배상책임을 임차인에게 물을 수 없다(대판 2017.5.18. 전합2012다86895, 86901판결 등 참조). 이러한 법리는 임대인이 훼손된 임대차 목적물에 관하여 수선의무를 부담하더라도 동일하게 적용된다"(대판 2019.4.11. 2018다291347).

④ [○] "임대인은 임차인이 목적물을 사용·수익할 수 있도록 목적물을 임차인에게 인도하여야 한다(민법 제623조 전단). 임차인이 계약에 의해 정해진 목적에 따라 사용·수익하는 데 하자가 있는 목적물인 경우 임대인은 하자를 제거한 다음 임차인에게 하자 없는 목적물을 인도할 의무가 있다. 임대인이 임차인에게 그와 같은 하자를 제거하지 아니하고 목적물을 인도하였다면

사후에라도 위 하자를 제거하여 임차인이 목적물을 사용·수익하는 데 아무런 장해가 없도록 해야만 한다. 임대인의 임차목적물의 사용·수익상태 유지의무는 임대인 자신에게 귀책사유가 있어 하자가 발생한 경우는 물론, 자신에게 귀책사유가 없이 하자가 발생한 경우에도 면해지지 아니한다. 또한 임대인이 그와 같은 하자 발생 사실을 몰랐다거나 반대로 임차인이 이를 알거나 알 수 있었다고 하더라도 마찬가지이다"(대판 2021.4.29 2021다202309).

[정답] ②

문15 임대차에 관한 설명 중 옳지 않은 것은? (다툼이 있으면 판례에 의함) [기출변형]

① 「주택임대차보호법」상 대항력을 갖춘 임차인이 임대차보증금반환채권에 질권을 설정하고 임대인이 그 질권 설정을 승낙한 후 임대주택이 양도된 경우에는 임대인은 임대차관계에서 탈퇴하고 임차인에 대한 임대차보증금반환채무를 면하게 된다. 이 경우 양수인의 법률상 당연승계 규정을 기초로 하여 질권의 제3채무자 지위도 양수인이 승계한다.

② 대항력을 갖춘 임차인이 임대인으로부터 임차목적물을 매수하면서 그와 동시에 임대차계약을 해지하고 매매대금채권과 보증금반환채권을 상계하기로 합의한 경우에는 임대차보증금반환채권의 질권자는 임대인을 상대로 임차보증금의 반환을 청구할 수 없다.

③ 임차인이 임대인의 동의를 얻어 임차물을 전대한 경우, 전차인은 전대차계약상의 차임을 감액하는 것으로 변경된 전대차계약의 내용을 임대인에게 주장할 수 있고, 그 경우 임대차종료 후 전차인이 임대인에게 반환하여야 할 차임 상당 부당이득액을 산정함에 있어서도, 부당이득 당시의 실제 차임액수를 심리하여 이를 기준으로 삼지 아니하고 약정 차임을 기준으로 삼는 경우라면, 변경된 차임을 기준으로 하여야 한다.

④ 임차인이 임대인의 동의를 얻어 임차물을 전대한 경우, 전차인은 전대차계약상의 차임지급시기 전에 전대인에게 차임을 지급한 사정을 들어 임대인에게 대항하지 못하지만, 차임지급시기 이후에 지급한 차임으로는 임대인에게 대항할 수 있고, 전대차계약상의 차임지급시기 전에 전대인에게 지급한 차임이라도, 임대인의 차임청구 전에 차임지급시기가 도래한 경우에는 그 지급으로 임대인에게 대항할 수 있다.

해설 ① [○] "구 주택임대차보호법(2013. 8. 13. 법률 제12043호로 개정되기 전의 것, 이하 '구 주택임대차법'이라고 한다) 제3조 제3항은 같은 조 제1항이 정한 대항요건을 갖춘 임대차의 목적이 된 임대주택의 양수인은 임대인의 지위를 승계한 것으로 본다고 규정하고 있다. 이는 법률상의 당연승계 규정으로 보아야 하므로, 임대주택이 양도된 경우에 양수인은 주택의 소유권과 결합하여 임대인의 임대차계약상 권리·의무 일체를 그대로 승계한다. 그 결과 양수인이 임대차보증금반환채무를 면책적으로 인수하고, 양도인은 임대차관계에서 탈퇴하여 임차인에 대한 임대차보증금반환채무를 면하게 된다. 이는 임차인이 임대차보증금반환채권에 질권을 설정하고 임대인이 그 질권 설정을 승낙한 후에 임대주택이 양도된 경우에도 마찬가지라고 보아야 한다. 따라서 이 경우에도 임대인은 구 주택임대차법 제3조 제3항에 의해 임대차관계에서 탈퇴하고 임차인에 대한 임대차보증금반환채무를 면하게 된다"(대판 2018.6.19. 2018다201610).

② [×] "i) 구 주택임대차보호법(2013. 8. 13. 법률 제12043호로 개정되기 전의 것, 이하 같다) 제3조 제1항에 따라 대항력을 갖춘 임차인이 있는 경우 같은 조 제3항에 따라 임차주택의 양수인은 임대인의 지위를 승계한 것으로 본다. 그 결과 임차주택의 양수인은 임대차보증금반환채무를 면책적으로 인수하고, 양도인은 임대차관계에서 탈퇴하여 임차인에 대한 임대차보증금반환채무를 면하게 된다. 그러나 임차주택의 양수인에게 대항할 수 있는 임차권자라도 스스로 임대차관계의 승계를 원하지 아니할 때에는 승계되는 임대차관계의 구속을 면할 수 있다고 보아야 하므로, 임대차기간의 만료 전에 임대인과 합의에 의하여 임대차계약을 해지하고 임대인으로부터 임대차보증금을 반환받을 수 있으며, 이러한 경우 임차주택의 양수인은 임대인의 지위를 승계하지 아니한다.

ii) 타인에 대한 채무의 담보로 제3채무자에 대한 채권에 대하여 권리질권을 설정한 경우 질권설정자는 질권자의 동의 없이 질권의 목적된 권리를 소멸하게 하거나 질권자의 이익을 해하는 변경을 할 수 없다(민법 제352조). 이는 질권자가 질권의 목적인 채권의 교환가치에 대하여 가지는 배타적 지배권능을 보호하기 위한 것이다. 따라서 질권설정자가 제3채무자에게 질권설정의 사실을 통지하거나 제3채무자가 이를 승낙한 때에는 제3채무자가 질권자의 동의 없이 질권의 목적인 채무를 변제하더라도 이로써 질권자에게 대항할 수 없고, 질권자는 민법 제353조 제2항에 따라 여전히 제3채무자에 대하여 직접 채무의 변제를 청구할 수 있다. 제3채무자가 질권자의 동의 없이 질권설정자와 상계합의를 함으로써 질권의 목적인 채무를 소멸하게 한 경우에도 마찬가지로 질권자에게 대항할 수 없고, 질권자는 여전히 제3채무자에 대하여 직접 채무의 변제를 청구할 수 있다"(대판 2018.12.27. 2016다265689).

쟁점정리 ※ 임차물의 양도와 임차보증금반환채권에 설정된 질권의 관계

① 2018다201610 판결과 ② 2016다265689 판결은 모두 주택임대차보호법상 대항력을 갖춘 임차인이 임차보증금반환채권에 질권을 설정한 후 임대인이 임차목적물을 양도한 경우이다. 그러나 ① 2018다201610 판결은 양수인에게 임대인의 지위가 인정되므로 질권자가 양수인을 상대로 임차보증금의 반환을 청구할 수 있다는 취지이고, ② 2016다265689 판결은 대항력을 갖춘 임차인이 임대인으로부터 임차목적물을 매수하면서 그와 동시에 임대차계약을 해지하고 매매대금채권과 보증금반환채권을 상계하기로 합의하였으므로 임차인이 임대인의 지위를 승계하는 것이 아니며, 이때 매매대금과 임차보증금을 상계하기로 한 임차인과 임대인의 합의는 제352조에 반하므로 임대차보증금반환채권의 질권자는 여전히 임대인을 상대로 임차보증금의 반환을 청구할 수 있다는 취지다.

③ [○] ④ [○] "i) 임차인이 임대인의 동의를 얻어 임차물을 전대한 경우, 임대인과 임차인 사이의 종전 임대차계약은 계속 유지되고(민법 제630조 제2항), 임차인과 전차인 사이에는 별개의 새로운 전대차계약이 성립한다. 한편 임대인과 전차인 사이에는 직접적인 법률관계가 형성되지 않지만, 임대인의 보호를 위하여 전차인이 임대인에 대하여 직접 의무를 부담한다(민법 제630조

제1항). 이 경우 전차인은 전대차계약으로 전대인에 대하여 부담하는 의무 이상으로 임대인에게 의무를 지지 않고 동시에 임대차계약으로 임차인이 임대인에 대하여 부담하는 의무 이상으로 임대인에게 의무를 지지 않는다.

ii) 전대인과 전차인은 계약자유의 원칙에 따라 전대차계약의 내용을 변경할 수 있다. 그로 인하여 민법 제630조 제1항에 따라 전차인이 임대인에 대하여 직접 부담하는 의무의 범위가 변경되더라도, 전대차계약의 내용 변경이 전대차에 동의한 임대인 보호를 목적으로 한 민법 제630조 제1항의 취지에 반하여 이루어진 것이라고 볼 특별한 사정이 없는 한 전차인은 변경된 전대차계약의 내용을 임대인에게 주장할 수 있다. 전대인과 전차인이 전대차계약상의 차임을 감액한 경우도 마찬가지이다. 또한 그 경우, 임대차종료 후 전차인이 임대인에게 반환하여야 할 차임 상당 부당이득액을 산정함에 있어서도, 부당이득 당시의 실제 차임액수를 심리하여 이를 기준으로 삼지 아니하고 약정 차임을 기준으로 삼는 경우라면, 전차인이 임대인에 대하여 직접 의무를 부담하는 차임인 변경된 차임을 기준으로 할 것이지, 변경 전 전대차계약상의 차임을 기준으로 할 것은 아니다.

iii) 전차인은 전대차계약상의 차임지급시기 전에 전대인에게 차임을 지급한 사정을 들어 임대인에게 대항하지 못하지만, 차임지급시기 이후에 지급한 차임으로는 임대인에게 대항할 수 있고, 전대차계약상의 차임지급시기 전에 전대인에게 지급한 차임이라도, 임대인의 차임청구 전에 차임지급시기가 도래한 경우에는 그 지급으로 임대인에게 대항할 수 있다"(대판 2018.7.11. 2018다200518).

[정답] ②

문 16 임대차와 관련한 다음 설명 중 틀린 것은? (다툼이 있는 경우 판례에 의함) [기출변형]

① 주택임대차보호법 제3조 제1항에 의한 대항력을 갖춘 주택임차인이 임대인의 동의를 얻어 적법하게 임차권을 양도하거나 전대한 경우, 양수인이나 전차인에게 점유가 승계되고 전입신고가 이루어졌다면 임차권 양수인은 원래의 임차인이 가지는 우선변제권을 행사할 수 있고, 전차인은 원래의 임차인이 가지는 우선변제권을 대위행사할 수 있다.

② 甲은 자기 토지에 주택을 신축하고, 아직 보존등기를 하기 전에 그 주택의 일부를 乙에게 임대해 주었다(乙은 미등기 다세대주택의 소액임차인). 이에 乙은 그 주택에 입주하여 전입신고를 하고 임대차계약서에 확정일자를 받았다. 그 후 이 미등기주택의 대지에 대해 甲의 채권자 A가 근저당권을 설정받았다. 그 후 이 근저당권에 기한 경매절차에서 대지의 환가대금에 대해 乙이 우선변제를 받을 수 있다. 그러나 만약 토지에 대한 A의 저당권설정 후에 비로소 주택이 신축된 경우라면 그러하지 않다.

③ 최선순위 전세권자로서의 지위와 주택임대차보호법상 대항력을 갖춘 임차인으로서
의 지위를 함께 가지고 있는 사람이 전세권자로서 배당요구를 하여 전세권이 매각
으로 소멸된 경우, 변제받지 못한 나머지 보증금에 기하여 대항력을 행사할 수는
없다.

④ 주택임대차보호법상 임차인으로서의 지위와 전세권자로서의 지위를 함께 가지고
있는 자가 그 중 임차인으로서의 지위에 기하여 경매법원에 배당요구를 하였다면
배당요구를 하지 아니한 전세권에 관하여는 배당요구가 있는 것으로 볼 수 없다.

해설 ① [○] ※ 주택임차권의 양수인이나 전차인이 주택임대차보호법에 의한 우선변제권을 갖는지 여부
"주택임대차보호법 제3조 제1항에 의한 대항력을 갖춘 주택임차인이 임대인의 동의를 얻어 적
법하게 임차권을 양도하거나 전대한 경우, 양수인이나 전차인에게 점유가 승계되고 전입신고
가 이루어졌다면 원래의 임차인이 갖는 임차권의 대항력은 소멸되지 아니하고 동일성을 유지
한 채로 존속한다고 보아야 한다. 이러한 경우 임차권 양수인은 원래의 임차인이 가지는 우선
변제권을 행사할 수 있고, 전차인은 원래의 임차인이 가지는 우선변제권을 대위 행사할 수 있
다"(대판 2010.6.10. 2009다101275).

② [○] ※ 대지에 대한 저당권설정 당시 이미 그 지상건물(미등기주택)이 존재한 경우 미등기주택 '대지'의
환가대금에 대한 소액임차인의 우선변제권 인정여부(적극)
"대항요건 및 확정일자를 갖춘 임차인과 소액임차인에게 우선변제권을 인정한 같은 법 제3조
의2 및 제8조가 미등기 주택을 달리 취급하는 특별한 규정을 두고 있지 아니하므로, 위에서
본 대항요건 및 확정일자를 갖춘 임차인과 소액임차인의 임차주택 대지에 대한 우선변제권에 관한 법리
는 임차주택이 미등기인 경우에도 그대로 적용된다고 보아야 할 것이다. 다만, 소액임차인의 우선변
제권에 관한 같은 법 제8조 제1항이 그 후문에서 '이 경우 임차인은 주택에 대한 경매신청의
등기 전에' 대항요건을 갖추어야 한다고 규정하고 있으나, 이는 소액보증금을 배당받을 목적으
로 배당절차에 임박하여 가장 임차인을 급조하는 등의 폐단을 방지하기 위하여 소액임차인의
대항요건의 구비시기를 제한하는 취지이지, 반드시 임차주택과 대지를 함께 경매하여 임차주
택 자체에 경매신청의 등기가 되어야 한다거나 임차주택에 경매신청의 등기가 가능한 경우로
제한하는 취지는 아니라 할 것이다. '대지'에 대한 경매신청의 등기 전에 위 대항요건을 갖추도록 하
면 입법 취지를 충분히 달성할 수 있으므로, 위 규정이 미등기 주택의 경우에 소액임차인의 대지에
관한 우선변제권을 배제하는 규정에 해당한다고 볼 수 없다"(대판 2007.6.21. 전합2004다26133).

※ 대지에 대한 저당권설정 후에 비로소 그 지상건물(미등기주택)이 신축된 경우 미등기주택 '대지'의 환가대
금에 대한 소액임차인의 우선변제권 인정여부(소극)
"주택임대차보호법 제3조의2 제2항 및 제8조 제3항의 각 규정과 같은 법의 입법 취지 및 통상
적으로 건물의 임대차에는 당연히 그 부지 부분의 이용을 수반하는 것인 점 등을 종합하여 보
면, 대지에 관한 저당권의 실행으로 경매가 진행된 경우에도 그 지상 건물의 소액임차인은 대
지의 환가대금 중에서 소액보증금을 우선변제받을 수 있다고 할 것이나, 이와 같은 법리는 대
지에 관한 저당권 설정 당시에 이미 그 지상 건물이 존재하는 경우에만 적용될 수 있는 것이
고, 저당권 설정 후에 비로소 건물이 신축된 경우에까지 공시방법이 불완전한 소액임차인에게 우선변제
권을 인정한다면 저당권자가 예측할 수 없는 손해를 입게 되는 범위가 지나치게 확대되어 부당하므로,

이러한 경우에는 소액임차인은 대지의 환가대금에 대하여 우선변제를 받을 수 없다"(대판 2010.6.10, 2009다101275).

③ [×] ※ 주택임대차보호법상 대항력을 갖춘 임차인으로서의 지위와 전세권자로서의 지위를 함께 가지는 경우

"주택에 관하여 최선순위로 전세권설정등기를 마치고 등기부상 새로운 이해관계인이 없는 상태에서 전세권설정계약과 동일성이 인정되는 임대차계약을 체결하여 주택임대차보호법상 대항요건을 갖추었다면, 전세권자로서의 지위와 주택임대차보호법상 대항력을 갖춘 임차인으로서의 지위를 함께 가지게 된다. 이러한 경우 최선순위 전세권자로서 배당요구를 하여 전세권이 매각으로 소멸되었다 하더라도 변제받지 못한 나머지 보증금에 기하여 대항력을 행사할 수 있고, 그 범위 내에서 임차주택의 매수인은 임대인의 지위를 승계한 것으로 보아야 한다"(대결 2010.7.26, 2010마900).

④ [○] "민사집행법 제91조 제3항은 '전세권은 저당권·압류채권·가압류채권에 대항할 수 없는 경우에는 매각으로 소멸된다'라고 규정하고, 같은 조 제4항은 '제3항의 경우 외의 전세권은 매수인이 인수한다. 다만, 전세권자가 배당요구를 하면 매각으로 소멸된다'라고 규정하고 있고, 이는 저당권 등에 대항할 수 없는 전세권과 달리 최선순위의 전세권은 오로지 전세권자의 배당요구에 의하여만 소멸되고, 전세권자가 배당요구를 하지 않는 한 매수인에게 인수되며, 반대로 배당요구를 하면 존속기간에 상관없이 소멸한다는 취지라고 할 것인 점, 주택임차인이 그 지위를 강화하고자 별도로 전세권설정등기를 마치더라도 주택임대차보호법상 임차인으로서 우선변제를 받을 수 있는 권리와 전세권자로서 우선변제를 받을 수 있는 권리는 근거규정 및 성립요건을 달리하는 별개의 권리라고 할 것인 점 등에 비추어 보면, 주택임대차보호법상 임차인으로서의 지위와 전세권자로서의 지위를 함께 가지고 있는 자가 그 중 임차인으로서의 지위에 기하여 경매법원에 배당요구를 하였다면 배당요구를 하지 아니한 전세권에 관하여는 배당요구가 있는 것으로 볼 수 없다"(대판 2010.6.24. 2009다40790)

[정답] ③

문1 다음 설명 중 가장 옳지 않은 것은? (다툼이 있는 경우 판례에 의함) [14서기보]

① 수급인의 하자담보책임은 법이 특별히 인정한 무과실책임으로서 여기에 민법 제396조의 과실상계 규정이 준용될 수는 없으므로 하자발생 및 그 확대에 가공한 도급인의 잘못을 참작할 수 없다.

② 보증인은 특별한 사정이 없는 한 채무자가 채무불이행으로 인하여 부담하여야 할 손해배상채무와 원상회복의무에 관하여도 보증책임을 지므로, 민간공사 도급계약에서 수급인의 보증인은 특별한 사정이 없다면 선급금 반환의무에 대하여도 보증책임을 진다.

③ 선급금을 지급한 후 계약이 해제 또는 해지되는 등의 사유로 수급인이 도중에 선급금을 반환하여야 할 사유가 발생하였다면, 특별한 사정이 없는 한 별도의 상계 의사표시 없이도 그 때까지의 기성고에 해당하는 공사대금 중 미지급액은 선급금으로 충당되고 도급인은 나머지 공사대금이 있는 경우 그 금액에 한하여 지급할 의무를 부담한다.

④ 수급인이 완공기한 내에 공사를 완성하지 못한 채 공사를 중단하고 계약이 해제된 결과 완공이 지연된 경우에 있어서 지체상금은 약정 준공일 다음날부터 발생한다.

해설 ① [×] "수급인의 하자담보책임은 법이 특별히 인정한 무과실책임으로서 여기에 민법 제396조의 과실상계 규정이 준용될 수는 없다 하더라도 담보책임이 민법의 지도이념인 공평의 원칙에 입각한 것인 이상 하자발생 및 그 확대에 가공한 도급인의 잘못을 참작할 수 있다"(대판 2004.8.20. 2001다70337).

② [○] 대판 2012.5.24. 2011다109586

③ [○] "공사도급계약에 있어서 수수되는 이른바 선급금은 구체적인 기성고와 관련하여 지급된 공사대금이 아니라 전체 공사와 관련하여 지급된 공사대금이고, 이러한 점에 비추어 선급금을 지급한 후 계약이 해제 또는 해지되는 등의 사유로 수급인이 도중에 선급금을 반환하여야 할 사유가 발생하였다면, 특별한 사정이 없는 한 별도의 상계 의사표시 없이도 그때까지의 기성고에 해당하는 공사대금 중 미지급액은 선급금으로 충당되고 도급인은 나머지 공사대금이 있는 경우 그 금액에 한하여 지급할 의무를 부담하게 되나, 이때 선급금의 충당 대상이 되는 기성공사대금의 내역을 어떻게 정할 것인지는 도급계약 당사자의 약정에 따라야 한다. 그리고 그와 같이 정산하고 남은 선급금을 공사의 수급인이 도급인에게 반환하여야 할 채무는 선급금 그 자체와는 성질을 달리하는 것이다"(대판 2010.7.8. 2010다9597).

④ [○] ※ 건축도급계약이 수급인의 채무불이행으로 인하여 중도에 해제된 경우의 효과

"수급인이 완공기한 내에 공사를 완성하지 못한 채 공사를 중단하고 계약이 해제된 결과 완공이 지연된 경우에 있어서 지체상금은 '약정 준공일 다음날'부터 발생하되 그 종기는 수급인이 공사를 중단하거나 기타 해제사유가 있어 도급인이 공사도급계약을 해제할 수 있었을 때(실제로 해제한 때가 아님)부터 도급인이 다른 업자에게 맡겨서 공사를 완성할 수 있었던 시점까지이고, 수급인이 책임질 수 없는 사유로 인하여 공사가 지연된 경우에는 그 기간만큼 공제되어야 한다"(대판 2010.1.28. 2009다41137,41144).

[정답] ①

문2 도급에 관한 다음 설명 중 가장 옳은 것은? (다툼이 있는 경우 판례에 의하고, 전원합의체 판결의 경우 다수의견에 의함) [20서기보]

① 수급인이 일을 완성하기 전에 도급인은 민법 제673조에 의하여 수급인이 입은 손해를 배상하고 계약을 해제할 수 있는데, 이 경우 특별한 사정이 없는 한 수급인에게 과실이 있는 경우 도급인은 과실상계를 주장할 수 있다.

② 수급인이 공사를 완성하지 못한 채 공사도급계약이 해제되어 기성고에 따른 공사비를 정산하여야 할 경우에 그 공사비는 다른 특별한 사정이 없는 한 당사자 사이에 약정된 총공사비를 기준으로 하여 그 금액 중 수급인이 공사를 중단할 당시의 기성고 비율에 의한 금액이다.

③ 도급계약에 있어 지체상금의 약정을 한 경우, 도급인이 수급인에 대하여 약정한 선급금의 지급을 지체하였다고 하더라도 선급금 지급을 지체한 기간만큼 수급인이 지급하여야 하는 지체상금의 발생기간에서 공제되어야 하는 것은 아니다.

④ 도급인과 수급인 사이에 도급인이 수급인에게 지급하여야할 공사대금의 범위 내에서 수급인의 근로자에 대한 노임이나 수급인의 거래처에 대한 공사에 필요한 물품대금을 직접 지급하기로 약정한 경우에도, 도급인은 그 노임이나 물품대금을 직접 지급하기 전이라면 노무가 제공되거나 물품이 납품되었다고 하여 수급인에게 공사대금의 지급을 거부할 수는 없다.

해설 ① [×] **제673조(완성전의 도급인의 해제권)** 「수급인이 일을 완성하기 전에는 도급인은 손해를 배상하고 계약을 해제할 수 있다.」

"민법 제673조에서 도급인으로 하여금 자유로운 해제권을 행사할 수 있도록 하는 대신 수급인이 입은 손해를 배상하도록 규정하고 있는 것은 도급인의 일방적인 의사에 기한 도급계약 해제를 인정하는 대신, 도급인의 일방적인 계약해제로 인하여 수급인이 입게 될 손해, 즉 수급인이 이미 지출한 비용과 일을 완성하였더라면 얻었을 이익을 합한 금액을 전부 배상하게 하는 것이라 할 것이므로, 위 규정에 의하여 도급계약을 해제한 이상은 특별한 사정이 없는 한 도급인은 수급인에 대한 손해배상에 있어서 과실상계나 손해배상예정액 감액을 주장할 수는 없다"(대판 2002.5.10. 2000다37296).

② [○] 수급인은 해제한 때의 상태 그대로 그 건물을 도급인에게 인도하고 도급인은 그 건물의 완성도 등을 참작하여 인도받은 건물에 상당한 보수를 지급하여야 할 의무가 있다. 이 때 '상당한 보수'는 당사자 사이에 약정한 총 공사비를 기준으로 하여 그 금액에서 수급인이 공사를 중단할 당시의 '공사기성고 비율에 의한 금액'이 되는 것이지 수급인이 실제로 지출한 비용을 기준으로 할 것은 아니다(대판 1986.9.9, 85다카175 ; 1992.3.31, 91다42630).

③ [×] "수급인이 납품기한 내에 납품을 완료하지 못하면 지연된 일수에 비례하여 계약금액에 일정 비율을 적용하여 산정한 지체상금을 도급인에게 지급하기로 약정한 경우, 수급인이 책임질 수 없는 사유로 의무 이행이 지연되었다면 해당 기간만큼은 지체상금의 발생기간에서 공제되어야 한다. 그리고 도급계약의 보수 일부를 선급하기로 하는 특약이 있는 경우, 수급인은 그 제공이 있을 때까지 일의 착수를 거절할 수 있고 이로 말미암아 일의 완성이 지연되더라도 채무불이행책임을 지지 않으므로, 도급인이 수급인에 대하여 약정한 선급금의 지급을 지체하였다는 사정은 일의 완성이 지연된 데 대하여 수급인이 책임질 수 없는 사유에 해당한다. 따라서 도급인이 선급금 지급을 지체한 기간만큼은 수급인이 지급하여야 하는 지체상금의 발생기간에서 공제되어야 한다"(대판 2016.12.15. 2014다14429).

④ [×] ⅰ) 전부명령에 의하여 피전부 채권은 동일성을 유지한 채로 집행채무자로부터 집행채권자에게 이전되고 제3채무자는 채권압류전에 피전부채권자에 대하여 가지고 있었던 항변사유로서 전부채권자에게 대항할 수 있다 할 것이므로 공사도급계약시 수급인의 종업원들에 대한 노임체불로 공사가 지연되는 경우 도급인이 그 노임을 수급인에게 지급할 공사대금중에서 종업원들에게 직접 지급하기로 약정하였다면 도급인은 체불노임상당의 공사 대금에 대하여는 수급인에게 그 지급을 거부할 수 있고 따라서 전부채권자에 대해서도 위와 같은 항변사유를 가지고 대항할 수 있다(대판 1984.8.14. 84다카545).
ⅱ) 제3채무자(공사도급인) 甲과 집행채무자(공사수급인) 乙 사이에 甲의 乙에 대한 공사금채무의 범위 내에서 공사에 필요한 물품의 납품대금을 乙 대신 납품업자인 丙에게 직접 지급하기로 합의하고 이에 따른 납품이 이루어진 경우 甲은 그 물품대금을 지급하기 전이라 해도 위 합의를 이유로 공사금의 지급을 거절할 수 있다고 할 것이고, 그 납품이 집행채권자 丁의 신청에 의한 乙의 甲에 대한 위 공사금채권에 관한 전부명령의 송달전에 이루어진 경우 甲이 그 대금을 지급하기 전이라도 전부채권자인 丁에게 대항할 수 있다(대판 1990.4.27. 89다카2049).

[정답] ②

문3 도급에 관한 다음 설명 중 가장 옳은 것은? (다툼이 있는 경우 판례에 의하고, 전원합의체 판결의 경우 다수의견에 의함) [21서기보]

① 도급계약에서 일의 완성 여부에 관한 주장·증명책임은 일의 결과에 대한 보수지급 의무를 부담하는 도급인이 부담한다.

② 수급인이 공사를 완성하지 못하여 완공기한을 넘겨 도급계약이 해제된 경우, 그 지체상금 발생의 시기는 완공기한일부터이고, 종기는 수급인이 공사를 중단하거나 기타 해제사유가 있어 도급인이 이를 해제할 수 있었을 때를 기준으로 하여 도급인이 다른 업자에게 의뢰하여 같은 건물을 완공할 수 있었던 시점이다.

③ 공사도급계약상 도급인의 지체상금채권과 수급인의 공사대금채권은 특별한 사정이 없는 한 동시이행의 관계에 있다고 할 수 없다.

④ 완성된 건물의 경우에도 그 하자로 인하여 계약의 목적을 달성할 수 없는 때에는 계약을 해제할 수 있다.

해설 ① [×] 제작물공급계약에서 일이 완성되었다고 하려면 당초 예정된 최후의 공정까지 일단 종료하였다는 점만으로는 부족하고 목적물의 주요구조 부분이 약정된 대로 시공되어 사회통념상 일반적으로 요구되는 성능을 갖추고 있어야 한다(대판 2006.10.13, 2004다21862). 이에 대한 주장·증명책임은 일의 결과에 대한 보수의 지급을 청구하는 수급인에게 있다(同 判例).

② [×] ※ 건축도급계약이 수급인의 채무불이행으로 인하여 중도에 해제된 경우의 효과
수급인이 완공기한 내에 공사를 완성하지 못한 채 공사를 중단하고 계약이 해제된 결과 완공이 지연된 경우에 있어서 지체상금은 약정 준공일 다음날부터 발생하되 그 종기는 수급인이 공사를 중단하거나 기타 해제사유가 있어 도급인이 공사도급계약을 해제할 수 있었을 때(실제로 해제한 때가 아님)부터 도급인이 다른 업자에게 맡겨서 공사를 완성할 수 있었던 시점까지이고, 수급인이 책임질 수 없는 사유로 인하여 공사가 지연된 경우에는 그 기간만큼 공제되어야 한다(대판 2010.1.28. 2009다41137,41144).

③ [○] 동시이행은 원칙적으로 동일한 쌍무계약에서 발생한 의무에서 인정되고, 본래의 계약상의 의무가 아니라 별도의 특약에 의한 의무는 원칙적으로 동시이행이 아니다. 가령 "공사도급계약상 도급인의 지체상금채권과 수급인의 공사대금채권은 특별한 사정이 없는 한 동시이행의 관계에 있다고 할 수 없다"(대판 2015.8.27. 2013다81224,81231).

④ [×] **제668조(동전-도급인의 해제권)** 「도급인이 완성된 목적물의 하자로 인하여 계약의 목적을 달성할 수 없는 때에는 계약을 해제할 수 있다. 그러나 건물 기타 토지의 공작물에 대하여는 그러하지 아니하다.」

[정답] ③

문4 甲은 乙로부터 건물신축공사를 도급받아 X 건물을 완공하였다. 이에 관한 설명 중 옳은 것을 모두 고른 것은? (각 지문은 독립적이며, 다툼이 있는 경우 판례에 의함) [기출변형]

> ㄱ. 甲 자신이 직접 X 건물을 완공해야 하는 것은 아니므로, 특별한 사정이 없는 한, 이행대행자 丙을 사용하였더라도 乙에 대한 채무불이행은 아니다.
>
> ㄴ. 甲이 전적으로 자신의 재료와 노력으로 X 건물을 신축한 경우에는 甲과 乙 사이에 乙 명의로 건축허가를 받아 소유권보존등기를 하기로 하는 등 X 건물의 소유권을 乙에게 귀속시키기로 하는 합의가 있었더라도 그 소유권은 甲에게 있다.
>
> ㄷ. 乙이 민법 제666조에서 정한 甲의 저당권설정청구권의 행사에 따라 공사대금채무의 담보로 X 건물에 저당권을 설정하는 행위는 특별한 사정이 없는 한 사해행위에 해당하지 않는다.

① ㄱ, ㄴ
② ㄴ, ㄷ
③ ㄱ, ㄷ
④ ㄱ, ㄴ, ㄷ

해설 ㄱ. [○] "도급계약은 일의 완성이라는 결과를 목적으로 하는 것이므로, 당사자 사이에 특약이 있거나 일의 성질상 수급인 자신이 하지 않으면 채무의 본지에 따른 이행이 될 수 없다는 등의 특별한 사정이 없는 한 반드시 수급인 자신이 직접 일을 완성하여야 하는 것은 아니고, 이행보조자 또는 이행대행자를 사용하더라도 관계없다"(대판 2002.4.12, 2001다82545,82552).
　☞ 따라서 수급인 甲이 이행대행자 丙을 사용하였더라도 도급인 乙에 대한 채무불이행은 아니다.
　비교쟁점 **제682조(복임권의 제한)** 「①항 수임인은 위임인의 승낙이나 부득이한 사유없이 제삼자로 하여금 자기에 갈음하여 위임사무를 처리하게 하지 못한다.」

ㄴ. [×] 도급계약에서 완성된 물건의 소유권 귀속에 관한 특약이 있는 경우 약정에서 정한 바에 의하고 특약은 묵시적으로도 가능하다. 判例도 **도급인명으로 건축허가를 받고 또 그 명으로 건물에 대한 소유권보존등기를 하기로 한 경우**(대판 1997.5.30, 97다8601) 완성된 건축물의 소유권을 원시적으로 도급인에게 귀속시키기로 하는 '묵시적 합의'가 있는 것으로 본다.
　☞ 따라서 수급인 甲이 전적으로 자신의 재료와 노력으로 X건물을 신축한 경우 원칙적으로는 甲에게 X건물의 소유권이 귀속되는 것이나, 수급인 甲과 도급인 乙 사이에 乙 명의로 건축허가를 받아 소유권보존등기를 하기로 하는 등 X건물의 소유권을 乙에게 귀속시키기로 하는 합의가 있었다면 그 소유권은 乙에게 있다.

ㄷ. [○] "수급인이 사실상 목적물로부터 공사대금을 우선적으로 변제받을 수 있도록 하기 위해 수급인의 저당권설정청구권을 규정한 제666조의 취지상, 그리고 이러한 수급인의 지위가 목적물에 대하여 유치권을 행사하는 지위보다 더 강화되는 것은 아니어서 도급인의 일반 채권자들에게 부당하게 불리해지는 것도 아닌 점 등에 비추어, 신축건물의 도급인이 제666조가 정한 수급인의 저당권설정청구권의 행사에 따라 공사대금채무의 담보로 그 건물에 저당권을 설정하는 행위는 특별한 사정이 없는 한 사해행위에 해당하지 아니한다"(대판 2008.3.27. 2007다78616,78623).

☞ 수급인의 저당권설정청구권(제666조) 행사에 따라 도급인이 저당권을 설정하는 행위는 사해행위에 해당하지 않는다.

[정답] ③

문5 다음 설명 중 옳지 않은 것은? (다툼이 있는 경우 판례에 의함) [기출변형]

① 상가임대차기간 중 어느 때라도 차임이 3기분에 달하도록 연체된 사실이 있다면 임차인과의 계약관계 연장을 받아들여야 할 만큼의 신뢰가 깨어졌으므로 임대인은 계약갱신 요구를 거절할 수 있고, 반드시 임차인이 계약갱신요구권을 행사할 당시에 3기분에 이르는 차임이 연체되어 있어야 하는 것은 아니다.

② 도급계약의 당사자들이 '수급인이 공급한 목적물을 도급인이 검사하여 합격하면, 도급인은 수급인에게 보수를 지급한다.'고 정한 경우 도급인의 수급인에 대한 보수지급의무와 동시이행관계에 있는 수급인의 목적물 인도의무를 확인한 것에 불과하고 '검사 합격'은 법률행위의 효력 발생을 좌우하는 조건이 아니라 보수지급시기에 관한 불확정기한이다. 따라서 수급인이 도급계약에서 정한 일을 완성한 다음 검사에 합격한 때 또는 검사 합격이 불가능한 것으로 확정된 때 보수지급청구권의 기한이 도래한다.

③ 도급인은 하자보수비용을 민법 제667조 제2항에 따라 하자담보책임으로 인한 손해배상으로 청구할 수도 있고, 수급인에게 귀책성이 있다면 민법 제390조에 따라 채무불이행으로 인한 손해배상으로 청구할 수도 있다. 따라서 도급계약에서 완성된 목적물에 하자가 있는 경우 하자보수보증기간이 지난 경우에도 채무불이행에 의한 손해배상책임은 인정된다.

④ 민법 제669조 본문은 완성된 목적물의 하자가 도급인이 제공한 재료의 성질 또는 도급인의 지시에 기인한 때에는 수급인의 하자담보책임에 관한 규정이 적용되지 않는다고 정하고 있다. 이 규정은 수급인의 하자담보책임 뿐만 아니라 민법 제390조에 따른 채무불이행책임에도 적용된다.

해설 ① [○] "상가건물 임대차보호법(이하 '상가임대차법'이라고 한다) 제10조의8은 임대인이 차임연체를 이유로 계약을 해지할 수 있는 요건을 '차임연체액이 3기의 차임액에 달하는 때'라고 규정하였다. 반면 임대인이 임대차기간 만료를 앞두고 임차인의 계약갱신요구를 거부할 수 있는 사유에 관해서는 '3기의 차임액에 해당하는 금액에 이르도록 차임을 연체한 사실이 있는 경우'라고 문언을 달리하여 규정하고 있다(상가임대차법 제10조 제1항 제1호). 그 취지는, 임대차계약 관계는 당사자 사이의 신뢰를 기초로 하므로, 종전 임대차기간에 차임을 3기분에 달하도록 연체한 사실이 있는 경우에까지 임차인의 일방적 의사에 의하여 계약관계가 연장되는 것을 허용하지 아니한다는 것이다. 위 규정들의 문언과 취지에 비추어 보면, 임대차기간 중 어느 때라도 차임이 3기분에 달하도록 연체된 사실이 있다면 임차인과의 계약관계 연장을 받아들여야 할 만큼의 신뢰가 깨어졌으므로 임대인은 계약갱신 요구를 거절할 수 있고, 반드시 임차인이 계약갱신요구권을 행사할 당시에 3기분에 이르는 차임이 연체되어 있어야 하는 것은 아니다"(대판 2021.5.13. 2020다255429).

② [○] "민법 제665조 제1항은 도급계약에서 보수는 완성된 목적물의 인도와 동시에 지급해야 한다고 정하고 있다. 이때 목적물의 인도는 단순한 점유의 이전만을 의미하는 것이 아니라 도급인이 목적물을 검사한 후 목적물이 계약 내용대로 완성되었음을 명시적 또는 묵시적으로 시인하는 것까지 포함하는 의미이다. 도급계약의 당사자들이 '수급인이 공급한 목적물을 도급인이 검사하여 합격하면, 도급인은 수급인에게 보수를 지급한다.'고 정한 경우 도급인의 수급인에 대한 보수지급의무와 동시이행관계에 있는 수급인의 목적물 인도의무를 확인한 것에 불과하고 '검사 합격'은 법률행위의 효력 발생을 좌우하는 조건이 아니라 보수지급시기에 관한 불확정기한이다. 따라서 수급인이 도급계약에서 정한 일을 완성한 다음 검사에 합격한 때 또는 검사 합격이 불가능한 것으로 확정된 때 보수지급청구권의 기한이 도래한다"(대판 2019.9.10. 2017다272486,272493).

③ [○] **제670조(담보책임의 존속기간)** 「①항 전3조의 규정에 의한 하자의 보수, 손해배상의 청구 및 계약의 해제는 목적물의 인도를 받은 날로부터 1년내에 하여야 한다. ②항 목적물의 인도를 요하지 아니하는 경우에는 전항의 기간은 일의 종료한 날로부터 기산한다.」

"도급계약에 따라 완성된 목적물에 하자가 있는 경우, 수급인의 하자담보책임과 채무불이행책임은 별개의 권원에 의하여 경합적으로 인정된다. 목적물의 하자를 보수하기 위한 비용은 수급인의 하자담보책임과 채무불이행책임에서 말하는 손해에 해당한다. 따라서 도급인은 하자보수비용을 민법 제667조 제2항에 따라 하자담보책임으로 인한 손해배상으로 청구할 수도 있고, 민법 제390조에 따라 채무불이행으로 인한 손해배상으로 청구할 수도 있다. 하자보수를 갈음하는 손해배상에 관해서는 민법 제667조 제2항에 따른 하자담보책임만이 성립하고 민법 제390조에 따른 채무불이행책임이 성립하지 않는다고 볼 이유가 없다"(대판 2020.6.11. 2020다201156).

④ [×] "도급계약에 따라 완성된 목적물에 하자가 있는 경우, 수급인의 하자담보책임과 채무불이행책임은 별개의 권원에 의하여 경합적으로 인정된다(대판 2004.8.20. 2001다70337 등 참조). 민법 제669조 본문은 완성된 목적물의 하자가 도급인이 제공한 재료의 성질 또는 도급인의 지시에 기인한 때에는 수급인의 하자담보책임에 관한 규정이 적용되지 않는다고 정하고 있다. 그러나 이 규정은 수급인의 하자담보책임이 아니라 **민법 제390조에 따른 채무불이행책임에는 적용되지 않는다**"(대판 2020.1.30. 2019다268252).

[정답] ④

문6 도급계약에 관한 다음 설명 중 옳지 않은 것은? (다툼이 있는 경우 판례에 의함) [기출변형]

① 건축업자가 타인의 대지를 매수하여 대금을 전혀 지급하지 아니한 채 그 지상에 자기의 노력과 비용으로 건물을 건축하였다면, 채무담보를 위하여 그 건축허가 명의를 대지소유자로 하는 경우에도 건축업자는 완성 건물의 소유권을 원시적으로 취득하고, 대지소유자 명의로 건물에 대한 소유권보존등기를 마침으로써 담보목적의 범위 안에서 대지소유자에게 건물의 소유권이 이전된다.

② 건물신축공사에 관한 도급계약에서 수급인이 자기의 노력과 출재로 건물을 완성하여 그 소유권이 수급인에게 귀속된 경우에는 수급인으로부터 건물신축공사 중 일부를 도급받은 하수급인도 수급인에 대하여 민법 제666조에 따른 저당권설정청구권을 가진다. 이 때 저당권설정청구권의 소멸시효는 3년의 소멸시효에 해당한다.

③ 수급인이 공사를 완공하지 못한 채 공사도급계약이 해제되어 기성고에 따른 공사비를 정산하여야 할 경우, 기성고 비율은 수급인이 공사를 중단할 당시를 기준으로 이미 완성된 부분에 들어간 공사비와 미시공부분을 완성하는데 들어갈 공사비를 합친 전체 공사비 가운데 완성된 부분에 들어간 비율을 산정하여 확정하여야 한다.

④ 수급인 乙이 도급인 甲의 지시가 부적당함을 알면서 甲에게 고지하지 아니한 경우, 甲의 지시에 기인한 완성된 건물에 중대한 하자가 있어 보수가 불가능하고 다시 건축할 수밖에 없는 경우에도, 도급인 甲은 수급인 乙에게 건물을 철거하고 다시 건축하는 데 드는 비용 상당액을 하자로 인한 손해배상으로 청구할 수 없다.

해설 ① [○] ※ 도급계약 없이 편의상 타인명의로 건축허가를 받은 경우

"ⅰ) 건축허가는 행정관청이 건축행정상 목적을 수행하기 위하여 수허가자에게 일반적으로 행정관청의 허가 없이는 건축행위를 하여서는 안된다는 상대적 금지를 관계 법규에 적합한 일정한 경우에 해제하여 줌으로써 일정한 건축행위를 하여도 좋다는 자유를 회복시켜 주는 행정처분일 뿐 수허가자에게 어떤 새로운 권리나 능력을 부여하는 것이 아니고, 건축허가서는 허가된 건물에 관한 실체적 권리의 득실변경의 공시방법이 아니며 추정력도 없으므로 건축허가서에 건축주로 기재된 자가 건물의 소유권을 취득하는 것은 아니므로, 자기 비용과 노력으로 건물을 신축한 자는 그 건축허가가 타인의 명의로 된 여부에 관계없이 그 소유권을 원시취득한다. ⅱ) 건축업자가 타인의 대지를 매수하여 그 대금을 지급하지 아니한 채 그 위에 자기의 노력과 재료를 들여 건물을 건축하면서 건축허가 명의를 대지소유자로 한 경우에는, 부동산등기법 제131조의 규정에 의하여 특별한 사정이 없는 한 건축허가명의인 앞으로 소유권보존등기를 할 수밖에 없는 점에 비추어 볼 때, 그 목적이 대지대금 채무를 담보하기 위한 경우가 일반적이라 할 것이고, 이 경우 완성된 건물의 소유권은 일단 이를 건축한 채무자가 원시적으로 취득한 후 채권자 명의로 소유권보존등기를 마침으로써 담보 목적의 범위 내에서 위 채권자에게 그 소유권이 이전된다고 보아야 한다"(대판 2002.4.26, 2000다16350)

② [○] ※ 건물신축공사의 하수급인이 수급인에 대하여 민법 제666조 저당권설정청구권을 가지는지 여부 (원칙적 적극)

"부동산에 관한 공사도급의 경우에 수급인의 노력과 출재로 완성된 목적물의 소유권은 원칙적으로 수급인에게 귀속되지만 도급인과 수급인 사이의 특약에 의하여 달리 정하거나 기타 특별한 사정이 있으면 도급인이 원시취득하게 되므로, 민법 제666조는 그러한 경우에 수급인에게 목적물에 대한 저당권설정청구권을 부여함으로써 수급인이 목적물로부터 공사대금을 사실상 우선적으로 변제받을 수 있도록 하고 있다. 이에 비추어, 건물신축공사에 관한 도급계약에서 수급인이 자기의 노력과 출재로 건물을 완성하여 그 소유권이 수급인에게 귀속된 경우에는 수급인으로부터 건물신축공사 중 일부를 도급받은 하수급인도 수급인에 대하여 민법 제666조에 따른 저당권설정청구권(이하 '저당권설정청구권'이라고 한다)을 가진다고 할 것이다"(대판 2016.10.27. 2014다211978)

※ 민법 제666조 저당권설정청구권의 소멸시효기간

"한편 도급받은 공사의 공사대금채권은 민법 제163조 제3호에 따라 3년의 단기소멸시효가 적용되고, 그 공사에 부수되는 채권도 마찬가지라고 할 것인데(대판 2009.11.12. 2008다41451 판결), 저당권설정청구권은 공사대금채권을 담보하기 위하여 저당권설정등기절차의 이행을 구하는 채권적 청구권으로서 공사에 부수되는 채권에 해당하므로 그 소멸시효기간 역시 3년이라고 보아야 한다"(대판 2016.10.27. 2014다211978)

③ [○] "건축공사도급계약이 중도해제된 경우 도급인이 지급하여야 할 보수는 특별한 사정이 없는 한 당사자 사이에 약정한 총 공사비에 기성고 비율을 적용한 금액이지 수급인이 실제로 지출한 비용을 기준으로 할 것은 아니다. 기성고 비율은 공사대금 지급의무가 발생한 시점, 즉 수급인이 공사를 중단할 당시를 기준으로 이미 완성된 부분에 들어간 공사비에다 미시공 부분을 완성하는 데 들어갈 공사비를 합친 전체 공사비 가운데 완성된 부분에 들어간 비용이 차지하는 비율을 산정하여 확정하여야 한다. 그러나 공사 기성고 비율과 대금에 관하여 분쟁이 있는 경우에 당사자들이 공사규모, 기성고 등을 참작하여 약정으로 비율과 대금을 정산할 수 있다"(대판 2017. 1.12. 2014다11574,11581)

④ [×] "도급인의 지시에 따라 건축공사를 하는 수급인이 지시가 부적당함을 알면서도 이를 도급인에게 고지하지 아니한 경우에는, 완성된 건물의 하자가 도급인의 지시에 기인한 것이더라도 하자담보책임을 면할 수 없다(제669조 참조). 도급계약에서 완성된 목적물에 하자가 있는 경우에 도급인은 수급인에게 하자의 보수나 하자의 보수에 갈음한 손해배상을 청구할 수 있다(제667조 1항, 2항 참조). 이때 하자가 중요한 경우에는 비록 보수에 과다한 비용이 필요하더라도 보수에 갈음하는 비용, 즉 실제로 보수에 필요한 비용이 모두 손해배상에 포함된다(제667조 1항 단서 참조). 나아가 완성된 건물 기타 토지의 공작물(이하 '건물 등'이라 한다)에 중대한 하자가 있고 이로 인하여 건물 등이 무너질 위험성이 있어서 보수가 불가능하고 다시 건축할 수밖에 없는 경우에는, 특별한 사정이 없는 한 건물 등을 철거하고 다시 건축하는 데 드는 비용 상당액을 하자로 인한 손해배상으로 청구할 수 있다"(대판 2016.8.18. 2014다31691)

[정답] ④

문7 토지소유자 甲은 10층 건물을 지어 달라는 계약을 건축업자 乙과 체결하면서 이에 소요되는 건축자재 일체는 乙이 조달하고 총 공사비 10억 원에 공사대금은 기성고(旣成高) 비율에 따라 지급하기로 약정하였다. 이에 乙이 건물을 완성하였으나 건물에 심한 균열이 생겼을 경우, 다음 중 틀린 것은? (다툼이 있는 경우 판례에 의할 것) [기출변형]

① 수급인이 자기의 노력과 출재로 완성한 건물의 소유권은 도급인과 수급인 사이의 특약에 의하여 달리 정하거나 기타 특별한 사정이 없는 한 수급인에게 귀속된다.

② 乙이 건물의 소유권을 취득한다면 공사대금채권을 위해 건물을 유치할 권리가 없다.

③ 甲은 乙에게 건물의 균열에 대하여 보수를 청구할 수 있고, 보수에 갈음하여 손해배상을 청구할 수도 있다.

④ 甲이 하자의 보수에 갈음하여 손해배상을 청구한 경우 도급인의 손해배상채권과 동시이행관계에 있는 수급인의 공사대금채권은 공사잔대금채권 중 위 손해배상채권액과 동액의 금원뿐만 아니라 그 나머지 공사잔대금채권도 위 손해배상채권과 동시이행관계에 있다.

[해설] ① [○] ※ 신축건물의 소유권 귀속(원칙적 수급인 귀속설)

判例는 '특약이 없는 한' 자기의 노력과 재료를 들여 건물을 건축한 사람은 그 건물의 소유권을 원시적으로 취득한다(대판 1990.2.13. 89다카11401)고 보아 수급인이 재료의 전부 또는 주요부분을 제공하는 제작물 공급계약의 경우에는 수급인에게 소유권이 귀속한다고 본다. 다만 判例는 특약의 범위를 넓게 인정하여 구체적인 사안에서는 도급인이 신축 건물의 소유권을 원시취득한다고 판단한 경우가 적지 않다.

② [○] ※ 보수지급청구권의 확보를 위한 유치권 인정여부(원칙적 적극)

수급인의 보수채권은 도급목적물과 견련성이 있는 것이므로 보수채권을 위한 유치권이 인정된다. 다만 유치권은 타물권이므로 완성물의 소유권이 도급인에게 귀속하는 경우에 수급인은 보수채권을 피담보채권으로 하여 완성물에 관하여 유치권을 행사할 수 있다(대판 1995.9.15. 95다16202). 따라서 완성물의 소유권이 수급인 乙에게 귀속된다면 공사대금채권을 위해 건물을 유치할 권리가 없다.

③ [○] ※ 수급인의 담보책임(하자보수청구권 및 손해배상청구권)

수급인 乙의 하자담보책임이 성립하기 위해서는 ⅰ) 완성된 목적물 또는 완성 전의 성취된 부분에 하자가 있을 것(제667조), ⅱ) 하자가 도급인의 재료·지시에 기인한 경우가 아닐 것(제669조), ⅲ) 면제특약이 없을 것(제672조)의 요건이 충족되어야 한다.

☞ 사안의 경우 위 요건을 모두 충족하므로 乙은 하자담보책임을 진다. 甲은 상당한 기간을 정하여 건물의 균열에 대한 보수를 청구할 수 있고(제667조 1항 본문), 보수에 갈음하여 손해배상을 청구할 수도 있고 또는 보수를 하더라도 전보하지 못한 손해가 있으면 그 손해의 배상도 아울러 청구할 수 있다(제667조 2항).

④ [×] ※ 손해배상청구권과 동시이행

도급인의 손해배상청구와 수급인의 보수청구 사이에는 동시이행의 항변권이 준용되며(제667조 3항), 이 경우 채무이행을 제공할 때까지 그 '손해배상의 액에 상응하는 보수의 액'에 관하여만 자기의 채무이행을 거절할 수 있을 뿐, 그 나머지 액의 보수에 관하여는 지급을 거절할 수 없다 (대판 1996.6.11. 95다12798).

비교판례 ※ 하자보수청구권과 동시이행

수급인은 하자 없이 일을 완성하여야 할 의무가 있고, 동시이행의 항변권이 미치는 범위를 사실상 하자보수비용에 한정한다면 발생한 하자에 대하여 손해배상을 구하지 않고 하자보수를 구한 도급인의 이익이 박탈되는 결과가 될 수 있기 때문에 도급인은 하자의 보수를 받을 때까지 수급인에게 '보수 전부'의 지급을 거절할 수 있다고 보아야 한다. 다만 대법원은 "미지급 공사대금에 비해 하자보수비 등이 매우 적은 편이고 하자보수공사가 완성되어도 공사대금이 지급될지 여부가 불확실한 경우, 도급인이 하자보수청구권을 행사하여 동시이행의 항변을 할 수 있는 기성공사대금의 범위는 하자 및 손해에 상응하는 금액으로 한정하는 것이 공평과 신의칙에 부합한다" (대판 2001.9.18. 2001다9304)고 판시한 바 있다.

[정답] ④

제9절 l 여행계약

문1 여행계약에 관한 다음 설명 중 가장 옳지 않은 것은? (다툼이 있는 경우 판례에 의하고, 전원합의체 판결의 경우 다수의견에 의함)

[21서기보]

① 여행자는 여행을 시작하기 전에는 언제든지 계약을 해제할 수 있으나, 상대방에게 발생한 손해를 배상하여야 한다.

② 부득이한 사유가 있는 경우에는 각 당사자는 계약을 해지할 수 있으나, 그 사유가 당사자 한쪽의 과실로 인하여 생긴 경우에는 상대방에게 손해를 배상하여야 한다.

③ 여행자는 약정한 시기에 대금을 지급하여야 하나, 그 시기의 약정이 없으면 여행 시작 전에 지급하여야 한다.

④ 여행에 하자가 있는 경우에는 여행자는 여행주최자에게 하자의 시정 또는 대금의 감액을 청구할 수 있으나, 그 시정에 지나치게 많은 비용이 들거나 그 밖에 시정을 합리적으로 기대할 수 없는 경우에는 시정을 청구할 수 없다.

해설 ① [○] **제674조의3(여행 개시 전의 계약 해제)** 「여행자는 여행을 시작하기 전에는 언제든지 계약을 해제할 수 있다. 다만, 여행자는 상대방에게 발생한 손해를 배상하여야 한다.

② [O] **제674조의4(부득이한 사유로 인한 계약 해지)** 「①항 부득이한 사유가 있는 경우에는 각 당사자는 계약을 해지할 수 있다. 다만, 그 사유가 당사자 한쪽의 과실로 인하여 생긴 경우에는 상대방에게 손해를 배상하여야 한다.」

③ [X] **제674조의5(대금의 지급시기)** 「여행자는 약정한 시기에 대금을 지급하여야 하며, 그 시기의 약정이 없으면 관습에 따르고, 관습이 없으면 여행의 종료 후 지체 없이 지급하여야 한다.」

④ [O] **제674조의6(여행주최자의 담보책임)** 「①항 여행에 하자가 있는 경우에는 여행자는 여행주최자에게 하자의 시정 또는 대금의 감액을 청구할 수 있다. 다만, 그 시정에 지나치게 많은 비용이 들거나 그 밖에 시정을 합리적으로 기대할 수 없는 경우에는 시정을 청구할 수 없다.」

[정답] ③

문2 다음은 여행계약에 관한 내용이다. 틀린 것을 모두 고르면? [기출변형]

ㄱ. 여행계약의 당사자는 여행을 시작하기 전에는 언제든지 여행계약을 해제할 수 있다. 다만 상대방에게 발생한 손해를 배상하여야 한다.

ㄴ. 부득이한 사유가 있는 경우에는 여행계약의 당사자는 과실유무와 상관없이 계약을 해지할 수 있다. 다만 과실에 의한 경우에는 상대방에게 손해를 배상해야 한다. 여행자의 과실로 인하여 계약이 해지된 경우에도 원래의 계약이 귀환운송을 포함하는 경우에는 여행주최자는 여행자를 귀환운송할 의무가 있다.

ㄷ. 여행자는 약정한 시기에 대금을 지급하여야 하며, 그 시기의 약정이 없으면 대금의 지급은 관습에 따르고, 관습이 없으면 여행이 시작된 후 지체 없이 대금을 지급하여야 한다.

ㄹ. 여행에 하자가 있는 경우 여행주최자는 여행자에 대해 담보책임을 지나, 당사자는 특약으로 하자의 시정에 많은 비용이 들지 않는 경우에도 여행주최자의 하자시정에 관한 담보책임을 배제할 수 있다.

ㅁ. 여행자는 여행에 하자가 있는 경우에는 여행주최자에게 하자 시정 또는 대금 감액을 청구할 수 있고, 여행에 중대한 하자가 있는 경우에 시정이 이루어지지 아니하거나 계약의 내용에 따른 이행을 기대할 수 없는 경우에는 계약을 해지할 수 있다. 계약이 해지된 경우에는 여행주최자는 대금청구권을 상실한다.

ㅂ. 여행주최자의 담보책임에 따른 여행자의 권리는 여행 기간 중에도 행사할 수 있으며, 하자가 발생한 날로부터 6개월 내에 행사하여야 한다.

① ㄴ, ㄷ, ㄹ
② ㄱ, ㄷ, ㄹ, ㅂ
③ ㄱ, ㄹ, ㅁ, ㅂ
④ ㄱ, ㅁ

※ 여행계약

(1) 의 의

여행계약은 당사자 한쪽이 상대방에게 운송, 숙박, 관광 또는 그 밖의 여행 관련 용역을 결합하여 제공하기로 약정하고 상대방이 그 대금을 지급하기로 약정함으로써 효력이 생긴다(제674조의 2). 생활 속에 대중화·보편화되어 계속적으로 증가하는 추세인 여행과 관련하여 여러 가지 법적 문제가 발생하고 있으나, 과거 이를 직접 규율하는 법령이 없어 여행자 보호에 취약한 부분이 있어 이를 보완하기 위하여 여행계약의 의의, 해제·해지, 담보책임에 관한 사항을 정하는 등 여행계약에 관한 기본적인 사항을 민법에서 규정하고 있다(2016년 2월 4일 부터 시행).

(2) (편면적) 강행규정성

그 동안 여행계약은 여행업자가 마련한 여행약관에 의해 체결되어 왔는데, 개정민법은 여행계약의 효력으로서 여행 개시 전의 계약 해제에 관한 규정(제674조의3), 부득이한 사유로 인한 계약 해지에 관한 규정(제674조의4), 여행주최자의 담보책임에 관한 규정(제674조의6~8)을 위반하는 약정으로서 여행자에게 불리한 것은 효력이 없는 것으로 하였다(제674조의9).

ㄱ. [×] **제674조의3(여행 개시 전의 계약 해제)** 「여행자는 여행을 시작하기 전에는 언제든지 계약을 해제할 수 있다. 다만, 여행자는 상대방에게 발생한 손해를 배상하여야 한다.」

※ 여행 개시 전의 계약 해제

'여행자'는 여행을 시작하기 전에는 언제든지 계약을 해제할 수 있다(제674조의3 본문). 여행계약은 체결된 이후 상당한 기간 또는 장기간이 경과한 후에 여행이 개시되는 경우가 많아 그 기간동안 여행계약을 이행할 수 없는 사정이 발생할 가능성이 많기 때문이다. 다만 여행자는 상대방에게 발생한 손해를 배상하여야 한다(제674조의3 단서). 사전해제권은 다른 약정이 없는 한 여행주최자에게는 인정되지 않는다.

ㄴ. [○] **제674조의4(부득이한 사유로 인한 계약 해지)** 「①항 부득이한 사유가 있는 경우에는 각 당사자는 계약을 해지할 수 있다. 다만, 그 사유가 당사자 한쪽의 과실로 인하여 생긴 경우에는 상대방에게 손해를 배상하여야 한다.
②항 제1항에 따라 계약이 해지된 경우에도 계약상 귀환운송(歸還運送) 의무가 있는 여행주최자는 여행자를 귀환운송할 의무가 있다. ③항 제1항의 해지로 인하여 발생하는 추가 비용은 그 해지 사유가 어느 당사자의 사정에 속하는 경우에는 그 당사자가 부담하고, 누구의 사정에도 속하지 아니하는 경우에는 각 당사자가 절반씩 부담한다.」

※ 부득이한 사유로 인한 계약해지

부득이한 사유가 있는 경우에는 각 당사자는 계약을 해지할 수 있다(제674조의4 1항 본문). 여기서 부득이한 사유라 하면 당사자의 부모 사망과 같은 가정사정, 질병, 천재지변 등을 말하는데, 그 사유가 당사자의 귀책사유에 의한 것이라도 상관없다. 다만 그 사유가 당사자 한쪽의 과실로 인하여 생긴 경우에는 상대방에게 손해를 배상하여야 한다(제674조의4 1항 단서).

계약이 해지되면 여행주최자는 원칙적으로 귀환운송의무가 없으나, 원래의 계약이 귀환운송을 포함하는 경우에는 여행주최자는 여행자를 귀환운송할 의무가 있다(제674조의4 2항). 이때 귀환에 따르는 추가비용은 그 해지 사유가 어느 당사자의 사정에 속하는 경우, 그 당사자가 부당하고, 누구의 사정에도 속하지 아니하는 경우에는 각 당사자가 절반씩 부담한다(제674조의4 3항).

ㄷ. [×] **제674조의5(대금의 지급시기)** 「여행자는 약정한 시기에 대금을 지급하여야 하며, 그 시기의 약정이 없으면 관습에 따르고, 관습이 없으면 **여행의 종료 후 지체 없이** 지급하여야 한다.」
☞ 여행계약이 도급과 유사한 점에서 도급에서의 보수 지급시기와 그 내용을 같이 한 것이다(제665조 2항 참조).

ㄹ. [×] ㅁ. [○] ㅂ. [×] **제674조의6 (여행주최자의 담보책임 ; ⓔ변 해설)** 「①항 여행에 하자가 있는 경우에는 여행자는 여행주최자에게 하자의 시정 또는 대금의 감액을 청구할 수 있다. 다만, 그 시정에 지나치게 많은 비용이 들거나 그 밖에 시정을 합리적으로 기대할 수 없는 경우에는 시정을 청구할 수 없다.」

제674조의7(여행주최자의 담보책임과 여행자의 해지권 ; ⓜ변 해설) 「①항 여행자는 여행에 중대한 하자가 있는 경우에 그 시정이 이루어지지 아니하거나 계약의 내용에 따른 이행을 기대할 수 없는 경우에는 계약을 해지할 수 있다. ②항 계약이 해지된 경우에는 여행주최자는 대금청구권을 상실한다. 다만, 여행자가 실행된 여행으로 이익을 얻은 경우에는 그 이익을 여행주최자에게 상환하여야 한다. ③항 여행주최자는 계약의 해지로 인하여 필요하게 된 조치를 할 의무를 지며, 계약상 귀환운송 의무가 있으면 여행자를 귀환운송하여야 한다. 이 경우 상당한 이유가 있는 때에는 여행주최자는 여행자에게 그 비용의 일부를 청구할 수 있다.」

제674조의8(담보책임의 존속기간 ; ⓗ변 해설) 「제674조의6과 제674조의7에 따른 권리는 여행 기간 중에도 행사할 수 있으며, 계약에서 정한 여행 종료일부터 6개월 내에 행사하여야 한다.」

☞ 즉, 기산점은 계약으로 정한 '여행 종료일'이다. 여행기간 중간에 계약이 해지된 경우에도 여행자가 언제나 즉시 출발지로 귀환하는 것이 아니고, 또 여행자가 일정한 목적지로 이동하는 경우 필요한 조치를 취하기까지는 시간이 필요하기 때문이다.

제674조의9 (강행규정) 「제674조의3, 제674조의4 또는 제674조의6부터 제674조의8까지의 규정을 위반하는 약정으로서 여행자에게 불리한 것은 효력이 없다.」

[정답] ②

문1 다음 설명 중 옳은 것은? (다툼이 있는 경우 판례에 의함) [기출변형]

① 금융실명제 아래에서는 원칙적으로 예금명의자를 예금계약상의 채권자로 보아야 하지만, 특별한 사정으로 예금의 출연자와 금융기관 사이에 예금명의인이 아닌 출연자에게 예금반환채권을 귀속시키기로 하는 묵시적 약정이 있는 경우에는 그 출연자를 예금주로 하는 금융거래계약이 성립한다.

② 수취인의 예금구좌에 계좌이체를 한 때에는, 송금의뢰인과 수취인 사이에 계좌이체의 원인인 법률관계가 존재하는지 여부에 관계없이 수취인과 수취은행 사이에는 계좌이체금액 상당의 예금계약이 성립하고, 수취인이 '수취은행'에 대하여 위 금액 상당의 예금채권을 취득한다. 따라서 착오송금(이체)의 경우 송금의뢰인은 '수취은행'에 대하여 위 금액 상당의 부당이득반환청구권을 가지게 되고, 수취은행이 수취인에 대한 대출채권 등을 자동채권으로 하여 수취인의 계좌에 입금된 금원 상당의 예금채권과 상계하는 것은 특별한 사정이 없는 한 유효하다.

③ 소송위임계약과 관련하여 위임사무 처리 도중 '수임인의 귀책사유'로 계약이 종료된 경우에는, 위임인에게 수임인이 계약종료 당시까지 이행한 사무처리 부분에 관하여 사무처리비용을 지급할 의무가 없다.

④ 당사자 일방이 부득이한 사유없이 상대방의 불리한 시기에 위임계약을 해지한 때에는 그 손해를 배상하여야 하는바, 수임인이 사무처리를 완료하기 전에 위임계약을 해지한 것은 원칙적으로 위임인에게 불리한 시기에 해지한 것이라고 볼 수 없다.

해설 ① [×] ※ 타인명의 예금계약과 예금주의 결정

예금계약의 당사자가 누가 되는지는 법률행위의 해석의 문제이다.

금융실명거래 및 비밀보장에 관한 법률 제3조 1항 : 금융기관은 거래자의 실지명의에 의하여 금융거래를 하여야 한다.

(1) 원칙

금융기관으로서는 특별한 사정이 없는 한 주민등록증을 통하여 실명확인을 한 예금명의자를 거래자로 보아 그와 예금계약을 체결할 의도라고 보아야 한다고 해석하여 **명의자**를 예금계약의 당사자로 본다(대판 1996.4.23, 95다55986). 그리고 예금명의자 본인이 금융기관에 출석하여 예금계약을 체결한 경우뿐 아니라 예금명의자의 위임에 의하여 자금 출연자 등의 제3자가 대리인으로서 예금계약을 체결한 경우에도 마찬가지로 예금명의자가 예금계약의 당사자로 된다고 한다(대판 2009.3.19, 전합2008다45828).

(2) 예 외

다만 출연자와 금융기관 사이에 예금명의인이 아닌 출연자에게 예금반환채권을 귀속시키기로 하는 특약이 있는 경우에는 출연자를 예금계약의 당사자로 본다. ㉠ 그러한 특약에 대해 종전 判例는 명시적 약정 외에 묵시적 약정으로도 가능하다고 보았으나(대판 1998.11.13, 97다53359), ㉡ 근래에는 이를 변경하여 예금명의자가 아닌 출연자 등을 예금계약의 당사자라고 볼 수 있으려면 예금명의자의 예금반환청구권을 배제하고 출연자 등과 예금계약을 체결하여 출연자 등에게 예금반환청구권을 귀속시키겠다는 명확한 의사의 합치가 있는 극히 예외적인 경우로 제한되어야 한다고 하며, 이러한 법리는 부부인 경우라도 마찬가지라고 하면서 甲이 실질적으로 자신이 마련한 금전을 배우자인 乙을 대리하여 금융기관과 乙의 실명확인 절차를 거쳐 乙명의로 A은행과 예금계약을 체결한 경우 실질적인 출연자가 甲이고 거래인감도 甲의 것이며 비밀번호의 등록·관리를 甲이 하였다는 등의 사정이 있더라도 그것만으로 예금명의자 乙이 아닌 출연자 甲을 예금계약의 당사자로 하기로 하는 A은행과 甲 간의 약정이 체결되었다고 볼 수는 없다고 판단하였다 (대판 2009.3.19, 전합2008다45828).

☞ 금융실명제하에서 예금계약의 당사자확정에 관해 예외적으로 출연자 등을 예금계약의 당사자로 해석하는 범위를 넓히는 것은 동법의 취지에 어긋나는 것이라는 점에서, 극히 예외적인 경우로 제한 해석하는 변경된 判例의 태도는 타당하다.

② [×] ※ 착오송금·이체의 경우(계좌이체에서 원인관계의 흠결과 부당이득의 성립범위)

(1) 수취인의 예금채권 취득 여부(적극)

수취인의 예금구좌에 계좌이체를 한 때에는, 송금의뢰인과 수취인 사이에 계좌이체의 원인인 법률관계가 존재하는지 여부에 관계없이 수취인과 수취은행 사이에는 계좌이체금액 상당의 예금계약이 성립하고, 수취인이 수취은행에 대하여 위 금액 상당의 예금채권을 취득한다(대판 2007.11.29, 2007다51239).

(2) 송금의뢰인의 수취은행에 대한 부당이득반환청구 가부(소극)

이때 송금의뢰인은 수취인에 대하여 위 금액 상당의 부당이득반환청구권을 가지게 되지만, 수취은행은 이익을 얻은 것이 없으므로 수취은행에 대하여는 부당이득반환청구권을 취득하지 아니한다(대판 2007.11.29, 2007다51239).

(3) 수취은행이 수취인에 대한 대출금반환채권으로 상계가 가능한지 여부(원칙적 유효, 예외적 권리남용)

"ⅰ) 수취은행은 원칙적으로 수취인의 계좌에 입금된 금원이 송금의뢰인의 착오로 자금이체의 원인관계 없이 입금된 것인지 여부에 관하여 조사할 의무가 없으며, 수취은행이 수취인에 대한 대출채권 등을 자동채권으로 하여 수취인의 계좌에 입금된 금원 상당의 예금채권과 상계하는 것은 신의칙 위반이나 권리남용에 해당한다는 등의 특별한 사정이 없는 한 유효하다. ⅱ) 다만 송금의뢰인이 착오송금임을 이유로 거래은행을 통하여 혹은 수취은행에 직접 송금액의 반환을 요청하고 수취인도 송금의뢰인의 착오송금에 의하여 수취인의 계좌에 금원이 입금된 사실을 인정하고 수취은행에 그 반환을 승낙하고 있는 경우, 수취은행이 수취인에 대한 대출채권 등을 자동채권으로 하여 수취인의 계좌에 착오로 입금된 금원 상당의 예금채권과 상계하는 것은, 수취은행이 선의인 상태에서 수취인의 예금채권을 담보로 대출을 하여 그 자동채권을 취득한 것이라거나 그 예금채권이 이미 제3자에 의하여 압류되었다는 등의 특별한 사정이 없는 한, 공공성을 지닌 자금이체시스템의 운영자가 그 이용자인 송금의뢰인의 실수를 기화로 그의 희생하에 당초 기대하지 않았던 채권회수의 이익을 취하는 행위로서 상계제도의 목적이나 기능을 일탈하고 법적으로 보호받을 만한 가치가 없으므로,

송금의뢰인에 대한 관계에서 신의칙에 반하거나 상계에 관한 권리를 남용하는 것이다"(대판 2010.5.27, 2007다66088).

③ [X] ※ 변호사가 소송위임계약을 체결하고 소송을 수행하다 위임계약이 중도해지되자 소송관련비용 및 약정한 성공보수를 청구한 사건

"소송위임계약과 관련하여 위임사무 처리 도중에 수임인의 귀책사유로 신뢰관계가 훼손되어 더 이상 소송위임사무를 처리하지 못하게 됨에 따라 계약이 종료되었다 하더라도, 위임인은, 수임인이 계약종료 당시까지 이행한 사무처리 부분에 관해서 수임인이 처리한 사무의 정도와 난이도, 사무처리를 위하여 수임인이 기울인 노력의 정도, 처리된 사무에 대하여 가지는 위임인의 이익 등 여러 사정을 참작하여 상당하다고 인정되는 보수 금액 및 상당하다고 인정되는 사무처리비용을 지급할 의무가 있다"(대판 2019.8.14. 2016다200538)

[참고] 위임은 원칙적으로 무상계약이지만 특약이 있으면 위임인은 보수지급 의무를 지고 (제686조 1항), 유상의 위임에 있어서 수임인의 보수청구권은 위임사무를 완료한 후에 발생하는 것이 원칙이나, 기간으로 보수를 정한 때에는 그 기간이 경과한 후에 이를 청구할 수 있다 (제686조 2항). 그러나 수임인의 귀책사유 없이 위임이 이행 중 종료한 경우에도 위임인은 이미 행해진 이행의 비율에 따라서 보수를 지급하여야 한다(제686조 3항).

④ [O] **제689조(위임의 상호해지의 자유)** 「①항 위임계약은 각 당사자가 언제든지 해지할 수 있다. ②항 당사자 일방이 부득이한 사유없이 상대방의 불리한 시기에 계약을 해지한 때에는 그 손해를 배상하여야 한다.」

"민법상의 위임계약은 유상계약이든 무상계약이든 당사자 쌍방의 특별한 대인적 신뢰관계를 기초로 하는 위임계약의 본질상 각 당사자는 언제든지 해지할 수 있고 그로 말미암아 상대방이 손해를 입는 일이 있어도 그것을 배상할 의무를 부담하지 않는 것이 원칙이며, 다만 상대방이 불리한 시기에 해지한 때에는 해지가 부득이한 사유에 의한 것이 아닌 한 그로 인한 손해를 배상하여야 하나, 배상의 범위는 위임이 해지되었다는 사실로부터 생기는 손해가 아니라 적당한 시기에 해지되었더라면 입지 아니하였을 손해에 한한다. 그리고 수임인이 위임받은 사무를 처리하던 중 사무처리를 완료하지 못한 상태에서 위임계약을 해지함으로써 위임인이 사무처리의 완료에 따른 성과를 이전받거나 이익을 얻지 못하게 되더라도, 별도로 특약을 하는 등 특별한 사정이 없는 한 위임계약에서는 시기를 불문하고 사무처리 완료 전에 계약이 해지되면 당연히 위임인이 사무처리의 완료에 따른 성과를 이전받거나 이익을 얻지 못하는 것으로 계약 당시에 예정되어 있으므로, 수임인이 사무처리를 완료하기 전에 위임계약을 해지한 것만으로 위임인에게 불리한 시기에 해지한 것이라고 볼 수는 없다"(대판 2015.12.23. 2012다71411).

[정답] ④

문1 조합에 관한 다음 설명 중 가장 옳지 않은 것은? (다툼이 있는 경우 판례에 의함) [15서기보]

① 민법상 조합의 성질을 가지는 건설공동수급체는 구성원인 조합원이 그 출자의무를 불이행하더라도 그 조합원을 제명할 수 있을 뿐, 그 조합원에 대하여 이익분배 자체를 거부하거나 그 조합원에 대한 출자금채권으로 그 조합원의 이익분배청구권과 상계할 수는 없다.

② 조합원 중 1인의 채권자가 그 조합원 개인을 집행채무자로 하여 조합의 채권에 대하여 강제집행하는 경우, 다른 조합원으로서는 제3자이의의 소를 제기하여 그 강제집행의 불허를 구할 수 있다.

③ 조합체가 합유등기를 하지 아니하고 그 대신 조합원 1인의 명의로 소유권이전등기를 하였다면 이는 조합체가 그 조합원에게 명의신탁한 것으로 보아야 한다.

④ 2인 조합에서 조합원 1인이 탈퇴하면 조합관계는 종료되지만 특별한 사정이 없는 한 조합이 해산되지 아니하고, 조합원의 합유에 속하였던 재산은 남은 조합원의 단독소유에 속하게 되어 기존의 공동사업은 청산절차를 거치지 않고 잔존자가 계속 유지할 수 있다.

해설 ① [X] ※ 출자의무를 불이행한 조합원의 이익분배청구권

"건설공동수급체는 기본적으로 민법상 조합의 성질을 가지는 것인데, 건설공동수급체의 구성원인 조합원이 그 출자의무를 불이행하였더라도 그 조합원을 조합에서 제명하지 않는 한 건설공동수급체는 조합원에 대한 출자금채권과 그 연체이자채권, 그 밖의 손해배상채권으로 조합원의 이익분배청구권과 직접 상계할 수 있을 뿐이고, 조합계약에서 출자의무의 이행과 이익분배를 직접 연계시키는 특약을 두지 않는 한 출자의무의 불이행을 이유로 이익분배 자체를 거부할 수는 없다"(대판 2006.8.25. 2005다16959).

② [O] "조합의 채권은 조합원 전원에게 합유적으로 귀속하는 것이어서, 조합원 중 1인이 임의로 조합의 채무자에 대하여 출자지분의 비율에 따른 급부를 청구할 수 없는 것이므로, 조합원 중 1인의 채권자가 그 조합원 개인을 집행채무자로 하여 조합의 채권에 대하여 강제집행하는 경우, 다른 조합원으로서는 보존행위로서 제3자이의의 소를 제기하여 그 강제집행의 불허를 구할 수 있다"(대판 1997.8.26. 97다4401).

☞ 조합원 개인에 대한 채권자가 조합재산에 대해 집행하는 것은 채무자의 재산이 아닌 재산을 집행하는 것이므로 허용되지 않는다.

비교 조합원 개인에 대한 채권자는 조합원 개인에 대한 집행권원을 얻어 조합원 개인재산에 대해 압류 및 집행할 수 있는데, 이 경우 조합재산에 대해서는 그 조합원의 합유지분에 대해서만 압류할 수 있다. 조합원의 합유지분에 대한 압류가 있는 경우에는 그 지분에 기한 장래의 이익배당 및 지분을 반환받을 권리에 대해서만 효력을 가질 뿐이다(제714조).

③ [○] "조합체가 합유등기를 하지 아니하고 그 대신 조합원 1인의 명의로 소유권이전등기를 하였다면 이는 조합체가 그 조합원에게 명의신탁한 것(조합원들 명의로 각 지분에 관하여 공유등기를 하였다면 이는 그 조합체가 조합원들에게 각 지분에 관하여 명의신탁한 것)으로 보아야 한다(이는 부동산 실권리자명의 등기에 관합 법률에 위반되어 무효이다)(대판 2006.4.13. 2003다25256)."

④ [○] ※ 2인 조합에서 1인이 탈퇴한 경우
2인 조합에서 조합원 1인이 탈퇴하면 조합관계는 종료되지만 특별한 사정이 없는 한 조합이 해산되지 아니하고, 조합원의 합유에 속하였던 재산은 남은 조합원의 단독소유에 해당하게 되어 기존의 공동사업은 청산절차를 거치지 않고 잔존자가 계속 유지할 수 있다(대판 2006.3.9. 2004다49693).

[정답] ①

문2 조합에 관한 다음 설명 중 가장 옳지 않은 것은? (다툼이 있는 경우 판례에 의하고, 전원합의체 판결의 경우 다수의견에 의함) [21서기보]

① 영리사업을 목적으로 하면서 당사자 중의 일부만이 이익을 분배받고 다른 자는 전혀 이익분배를 받지 않는 경우에는 조합관계라고 할 수 없다.

② 조합원은 다른 조합원 전원의 동의가 있으면 그 지분을 처분할 수 있으나 조합의 목적과 단체성에 비추어 조합원으로서의 자격과 분리하여 그 지분권만을 처분할 수는 없다고 할 것이므로, 조합원이 지분을 양도하면 그로써 조합원의 지위를 상실하게 된다.

③ 2인 조합에서 조합원 1인이 탈퇴하면 조합관계는 종료되지만 특별한 사정이 없는 한 조합이 해산되지 아니하고, 조합원의 합유에 속하였던 재산은 남은 조합원의 단독소유에 속하게 되어 기존의 공동사업은 청산절차를 거치지 않고 잔존자가 계속 유지할 수 있다.

④ 조합의 청산에 관한 민법의 규정은 제3자 보호를 위한 강행규정으로서 당사자가 이와 다른 내용의 특약을 한 경우 그 특약은 효력이 없다.

해설 ① [○] "이른바 '내적조합'이라는 일종의 특수한 조합으로 보기 위하여는 당사자의 내부관계에서는 조합관계가 있어야 할 것이고, 내부적인 조합관계가 있다고 하려면 서로 출자하여 공동사업을 경영할 것을 약정하여야 하며, 영리사업을 목적으로 하면서 당사자 중의 일부만이 이익을 분배받고 다른 자는 전혀 이익분배를 받지 않는 경우에는 조합관계(동업관계)라고 할 수 없다"(대판 2000.7.7. 98다44666).

② [○] **제273조(합유지분의 처분과 합유물의 분할금지)** 「①항 합유자는 전원의 동의없이 합유물에 대한 지분을 처분하지 못한다.」

"조합원은 다른 조합원 전원의 동의가 있으면 그 지분을 처분할 수 있으나 조합의 목적과 단체성에 비추어 조합원으로서의 자격과 분리하여 그 지분권만을 처분할 수는 없으므로, 조합원이 지분을 양도하면 그로써 조합원의 지위를 상실하게 되며, 이와 같은 조합원 지위의 변동은 조합지분의 양도양수에 관한 약정으로서 바로 효력이 생긴다(대판 2009.3.12. 2006다28454).

③ [○] ※ 2인 조합에서 1인이 탈퇴한 경우
"2인 조합에서 조합원 1인이 탈퇴하면 조합관계는 종료되지만 특별한 사정이 없는 한 조합이 해산되지 아니하고, 조합원의 합유에 속하였던 재산은 남은 조합원의 단독소유에 해당하게 되어 기존의 공동사업은 청산절차를 거치지 않고 잔존자가 계속 유지할 수 있다"(대판 2006.3.9. 2004다49693).

④ [×] "민법의 조합의 해산사유와 청산에 관한 규정은 그와 내용을 달리하는 당사자의 특약까지 배제하는 강행규정이 아니므로 당사자가 민법의 조합의 해산사유와 청산에 관한 규정과 다른 내용의 특약을 한 경우, 그 특약은 유효하다"(대판 1985.2.26. 84다카1921).

[정답] ④

문3 甲, 乙, 丙은 각각 1억 원씩 출자하여 A사업체를 운영하는 「민법」상 조합계약을 체결하였다. 아래 사항들에 대해 조합계약에서 별도의 특약이 없음을 전제로 할 때, 이에 관한 설명 중 옳지 않은 것은? (각 지문은 독립적이며, 다툼이 있는 경우 판례에 의함) [기출변형]

① A사업체가 구입한 부동산에 대하여 甲, 乙, 丙의 명의로 각 지분에 관하여 공유등기를 하였다면 A사업체가 甲, 乙, 丙에게 각 지분에 대하여 명의신탁한 것으로 보아야 한다.

② A사업체에 업무집행자를 두지 않은 경우, 甲과 乙이 A사업체의 명의로 B회사와 매매계약을 체결하였더라도 그 매매계약은 A사업체에 효력이 발생한다.

③ 조합계약으로 업무집행자를 정하지 아니한 경우에는 甲과 乙의 찬성으로 甲을 업무집행자로 선임할 수 있다.

④ 甲이 사망한 경우, 甲은 조합을 당연히 탈퇴한 것으로 되고 조합원의 지위가 甲의 상속인에게 승계된다.

[해 설] ① [○] ※ 조합이 조합원명의로 공유등기를 한 경우(각 지분에 대한 명의신탁)
"동업 목적의 조합체가 부동산을 조합재산으로 취득하였으나 합유등기가 아닌 조합원들 명의로 공유등기를 하였다면 그 공유등기는 조합체가 조합원들에게 각 지분에 관하여 명의신탁한 것에 불과하므로 부동산 실권리자명의 등기에 관한 법률 제4조 제2항 본문이 적용되어 명의수탁자인 조합원들 명의의 소유권이전등기는 무효이다"(대판 2002.6.14. 2000다30622).

[참고판례] ※ 조합이 조합원 1인의 명의로 등기를 한 경우(그 조합원에 대한 명의신탁)
"매수인들이 상호 출자하여 공동사업을 경영할 것을 목적으로 하는 조합이 조합재산으로서 부동산의 소유권을 취득하였다면 민법 제271조 제1항의 규정에 의하여 당연히 그 조합체의 합유물이

되고, 다만 그 조합체가 합유등기를 하지 아니하고 그 대신 조합원 1인의 명의로 소유권이전등기를 하였다면 이는 조합체가 그 조합원에게 명의신탁한 것으로 보아야 한다"(대판 2006.4.13. 2003다25256).

② [○] **제706조(사무집행의 방법)** 「② 조합의 업무집행은 조합원의 과반수로써 결정한다. 업무집행자수인인 때에는 그 과반수로써 결정한다.」

☞ 甲과 乙이 찬성하면 조합원 甲, 乙, 丙 중 과반수의 결정이 되므로 지문에서의 매매계약은 A사업체에 효력이 발생한다.

③ [○] **제706조(사무집행의 방법)** 「① 조합계약으로 업무집행자를 정하지 아니한 경우에는 조합원의 3분의 2이상의 찬성으로써 이를 선임한다.」

☞ A사업체에는 업무집행자가 없고, 甲과 乙이 찬성하면 조합원 甲, 乙, 丙 중 3분의 2이상이 되므로, 甲과 乙은 甲을 업무집행자로 선임할 수 있다.

④ [×] ※ 조합원의 사망

조합체인 경우 특별한 약정이 없으면 사망한 조합원은 조합에서 당연탈퇴되고(제717조 1호), 조합원의 지위는 일신전속적인 권리의무관계로서 상속인에게 상속되지 않는다(대판 1981.7.28. 81다145)

[참고판례] 종중이 그 소유의 부동산을 여러 명의 종중원에게 명의신탁하면서 그 중 1인이 임의로 지분을 처분하는 것을 막기 위하여 그들의 합유로 등기하는 경우 判例는 "부동산의 합유자 중 일부가 사망한 경우 합유자 사이에 특별한 약정이 없는 한 사망한 합유자의 상속인은 합유자로서의 지위를 승계하는 것이 아니므로 해당 부동산은 잔존 합유자가 2인 이상일 경우에는 잔존 합유자의 합유로 귀속되고 잔존 합유자가 1인인 경우에는 잔존 합유자의 단독소유로 귀속된다"(대판 1994.2.25, 93다39225)는 입장이다.

[정답] ④

문4 조합과 관련한 다음 설명 중 틀린 것은? (다툼이 있는 경우 판례에 의함) [기출변형]

① 5인이 출자하여 성립한 조합에서 甲·乙·丙 3인이 업무집행자로 선임되었다. 조합의 활동 중에 자금이 부족하게 되자 甲과 乙은 丙과의 상의 없이 조합원 丁이 출자하였던 부동산을 매각하기로 하고, 구매자를 찾아 나서 A와 매매계약을 체결하고 이전등기를 완료하였다. 사안에서 甲·乙·丙 3인의 업무집행자 중 甲과 乙이 부동산을 매각하고 이전등기를 완료한 행위는 유효하다.

② 조합으로부터 부동산을 매수하여 잔대금채무를 지고 있는 자가 조합원 중 1인에 대하여 개인채권을 가지고 있는 경우, 그 채권과 조합과의 매매계약으로 인한 잔대금채무를 서로 대등액에서 상계할 수 있다.

③ 2인 조합에서 조합원 1인이 탈퇴하면 조합관계는 종료되지만 특별한 사정이 없는 한 조합이 해산되지 아니하고, 조합원의 합유에 속하였던 재산은 남은 조합원의 단독소유에 해당하게 되어 기존의 공동사업은 청산절차를 거치지 않고 잔존자가 계속 유지할 수 있다.

④ 조합의 목적달성으로 인하여 조합이 해산되었으나 조합의 잔무로서 처리할 일이 없고 다만 잔여재산의 분배만이 남아 있을 때에는, 따로 청산절차를 밟을 필요 없이 각 조합원은 자신의 잔여재산의 분배비율의 범위 내에서 그 분배비율을 초과하여 잔여재산을 보유하고 있는 조합원에 대하여 바로 잔여재산의 분배를 청구할 수 있다.

[해설] ① [○] ※ 조합재산의 처분방법

(1) 문제점

부동산을 매각하는 것은 합유재산을 처분하는 행위인 한편, 이는 조합의 업무집행으로서 통상사무가 아닌 '특별한 사무'에 해당한다. 그런데 제272조 본문에 따르면 합유재산을 처분함에는 합유자 전원(전조합원)의 동의가 있어야 하는 반면, 제706조 2항에 따르면 조합의 특별사무집행은 업무집행조합원이 없으면 전조합원의 과반수로써, 있으면 업무집행조합원의 과반수로써 결정할 수 있다. 이처럼 특별한 사무의 경우 내부적으로 어떠한 요건을 갖추어야 하는지에 대해서 제272조 본문과 제706조 2항이 서로 충돌하고 있는 바, 이를 어떻게 해석할 것인지가 문제된다.

(2) 판례

최근 대법원은 명시적으로 "합유물 가운데서도 조합재산의 경우 그 처분·변경에 관한 행위는 조합의 특별사무에 해당하는 업무집행으로서, 이에 대하여는 특별한 사정이 없는 한 민법 제706조 제2항이 민법 제272조에 우선하여 적용되므로, 조합재산의 처분·변경은 업무집행자가 없는 경우에는 조합원의 과반수로 결정하고, 업무집행자가 수인 있는 경우에는 그 업무집행자의 과반수로써 결정하며, 업무집행자가 1인만 있는 경우에는 그 업무집행자가 단독으로 결정한다"(대판 2010.4.29, 2007다18911)고 판시한 바 있다.

다만 "조합의 업무집행 방법에 관한 업무집행에 관하여 조합원 전원의 동의를 요하도록 하는 등 그 내용을 달리 정할 수 있고, 그와 같은 약정이 있는 경우에는 조합의 업무집행은 조합원 전원의 동의가 있는 때에만 유효하다"고 판시하여 조합계약에 조합의 업무집행방법에 관하여 다른 약정이 있으면 그에 따르도록 하고 있다(대판 2000.10.10, 2000다28506,28513).

☞ 따라서 甲·乙·丙 3인의 업무집행자 중 甲과 乙이 부동산을 매각하고 이전등기를 완료한 행위는 유효하다.

② [×] ※ 조합채무자가 그 채무를 조합원 중 1인에 대한 개인 채권과 상계할 수 있는지 여부(소극)

"조합에 대한 채무자는 그 채무와 조합원에 대한 채권으로 상계할 수는 없는 것이므로(민법 제715조), 조합으로부터 부동산을 매수하여 잔대금 채무를 지고 있는 자가 조합원 중의 1인에 대하여 개인 채권을 가지고 있다고 하더라도 그 채권과 조합과의 매매계약으로 인한 잔대금 채무를 서로 대등액에서 상계할 수는 없다"(대판 1998.3.13. 97다6919).

③ 대판 2006.3.9, 2004다49693판시내용

④ [○] ※ 조합이 해산되어 그 잔무로서 잔여재산의 분배만이 남아 있는 경우, 청산절차를 거치지 아니하고 바로 잔여재산의 분배를 청구할 수 있는지 여부(적극) 및 이 경우 잔여재산 분배청구권의 행사 방법

"조합의 목적 달성으로 인하여 조합이 해산되었으나 조합의 잔무로서 처리할 일이 없고 다만 잔여재산의 분배만이 남아 있을 때에는 따로 청산절차를 밟을 필요가 없이 각 조합원은 자신의 잔여재산의 분배비율의 범위 내에서 그 분배비율을 초과하여 잔여재산을 보유하고 있는 조합원에 대하여 바로 잔여재산의 분배를 청구할 수 있고, 이 경우의 잔여재산 분배청구권은 조합원 상호간의 내부관계에서 발생하는 것으로서 각 조합원이 분배비율을 초과하여 잔여재산을 보유하고 있는 조합원을 상대로 개별적으로 행사하면 족한 것이지 반드시 조합원들이 공동으로 행사하거나 조합원 전원을 상대로 행사하여야 하는 것은 아니다"(대판 2000.4.21. 99다35713).

[정답] ②

문5 甲·乙·丙 세 사람은 각자 재산을 출연하여 자동차정비업소를 공동으로 경영하기로 하는 조합을 결성하였다. 업무집행자인 甲이 丁으로부터 조합운영자금 6,000만 원을 차용하였다. 丁은 甲에 대하여 조합 채권과는 별도로 개인적으로 1억 원의 대여금채권을 가지고 있다. 그런데 甲은 조합에 대한 지분 이외에는 다른 재산이 없다. 다음 설명 중 틀린 것은? [기출변형]

① 조합운영자금 6,000만 원은 조합의 채무로서 조합의 채권자 丁은 채권 전액에 관하여 전 조합원을 상대로 하여 조합재산을 집행할 수 있고, 각 조합원이 분담하는 금액에 관하여 각 조합원의 개인재산을 집행할 수도 있다.

② 조합원 甲에 대한 채권자 丁은 甲에 대한 집행권원을 얻어 甲의 개인재산에 대해 압류 및 집행할 수 있는데, 이 경우 甲의 합유지분에 대해서 압류할 수 있다. 甲의 합유지분에 대한 압류가 있는 경우에는 그 지분에 기한 장래의 이익배당 및 지분을 반환받을 권리에 대해서만 효력을 가질 뿐이다.

③ 만약 丁이 甲의 합유지분을 압류하였다면 특별한 사유가 있지 않은 한, 채권자대위권에 의하여 채무자 甲의 조합 탈퇴의 의사표시를 대위행사함으로써 지분환급청구권을 대위행사할 수 있다.

④ 丁은 甲에 대한 1억 원의 대여금채권을 이유로 조합재산에 대해서도 강제집행할 수 있다.

해설 ① [○] ※ 조합채무에 대한 책임 일반

조합의 채무도 전 조합원에게 합유적으로 귀속되며(준합유), 조합재산으로 그에 대하여 책임을 진다. 다른 한편 조합채무는 각 조합원의 채무이기도 하므로, 각 조합원은 손실분담의 비율로 각자의 개인재산으로 책임을 진다. 따라서 사안에서 조합운영자금 6,000만 원은 조합의 채무로서 조합의 채권자 丁은 채권 전액에 관하여 전 조합원을 상대로 하여 조합재산을 집행할 수 있고, 각 조합원이 분담하는 금액에 관하여 각 조합원의 개인재산을 집행할 수도 있다. 구체적으로는 다음과 같다.

(1) 조합채권자 丁의 조합재산에 대한 강제집행

조합의 채권자 丁은 채권 전액에 관하여 조합재산으로부터 변제를 청구할 수 있고 조합재산에 대해 강제집행할 수 있다. 다만 조합채권자 丁이 조합재산에 대해 강제집행을 하기 위해서는 조합원 전원에 대한 집행권원이 필요하므로 조합원 전원을 상대로 채권 전액에 대한 이행의 소를 제기하여 판결을 받는 등의 집행권원을 얻어야 한다.

(2) 조합채권자 丁의 조합원 개인재산에 강제집행

조합채권자 丁은 조합원 전원에 대한 집행권원을 가지고 조합원 개인의 재산에 대해서도 강제집행을 할 수 있다(통설). 다만 이 경우에는 그 조합원이 부담하는 책임액의 범위 내에서만 집행할 수 있다고 해석한다. 왜냐하면 조합의 채무에 대해서는 조합원은 원칙적으로 '분할채무'를 지는 것으로 보기 때문이다(대판 1985.11.12, 85다카1499). 이 때 조합채무의 부담비율에 대해서는 조합원은 손실부담의 비율(원칙적으로 지분의 비율)에 따라 책임을 지는 것이 원칙이며, 채권자가 부담비율을 알지 못하는 경우 균등하게 부담한다(제712조).

그러나 사안에서 명확하지는 않으나 조합채무(조합운영자금 6,000만원의 차용)가 특히 조합원 전원을 위하여 상행위가 되는 행위로 인하여 부담하게 된 것이라면 그 채무에 관하여 상법 제57조 1항을 적용하여 조합원들의 '연대채무'를 인정할 것이다(대판 1992.11.27, 92다30405).

② [○] ③ [○] ④ [×] ※ 丁의 甲에 대한 1억 원의 대여금채권 회수방법

(1) 甲의 합유지분에 대한 권리행사

1) 甲의 합유지분에 대한 압류 가부(②번 해설)

조합원 개인에 대한 채권자는 조합원 개인에 대한 집행권원을 얻어 조합원 개인재산에 대해 압류 및 집행할 수 있는데, 이 경우 조합재산에 대해서는 그 조합원의 합유지분에 대해서만 압류할 수 있다. 조합원의 합유지분에 대한 압류가 있는 경우에는 그 지분에 기한 장래의 이익배당 및 지분을 반환받을 권리에 대해서만 효력을 가질 뿐이다(제714조).

2) 甲의 조합탈퇴권의 대위행사 가부(③번 해설)

민법상 조합원은 조합의 존속기간이 정해져 있는 경우 등을 제외하고는 원칙적으로 언제든지 조합에서 탈퇴할 수 있고(제716조), 조합원이 탈퇴하면 그 당시의 조합재산 상태에 따라 다른 조합원과 사이에 지분의 계산을 하여 **지분환급청구권**을 가지게 된다(제719조). 이와 관련하여 최근 判例에 따르면 조합원이 조합을 탈퇴할 권리는 그 성질상 조합계약의 해지권으로서 그의 일반재산을 구성하는 재산권의 일종이라 할 것이고 일신전속적 권리라고는 할 수 없다고 한다. 따라서 만약 丁이 甲의 합유지분을 압류하였다면 특별한 사유가 있지 않은 한, 채권자대위권에 의하여 채무자 甲의 조합 탈퇴의 의사표시를 대위행사함으로써 지분환급청구권을 대위행사할 수 있다(제404조 ; 대결 2007.11.30, 2005마1130).

(2) 조합재산에 대한 강제집행 가부(④번 해설)

조합원 개인에 대한 채권자가 조합재산에 대해 집행하는 것은 채무자의 재산이 아닌 재산을 집행하는 것이므로 허용되지 않는다고 보는 것이 타당하다. 判例도 "민법상 조합의 채권은 조합원 전원에게 합유적으로 귀속하는 것이어서 특별한 사정이 없는 한 조합원 중 1인에 대한 채권으로써 그 조합원 개인을 집행채무자로 하여 조합의 채권에 대하여 강제집행을 할 수 없다"(대판 2001.2.23, 2000다68924)고 판시하고 있다. 따라서 丁은 甲에 대한 1억 원의 대여금채권을 이유로 조합재산에 대해 강제집행할 수는 없다.

[정답] ④

제15절 | 화해

문 1 화해계약과 관련한 다음 설명 중 옳은 것은? (다툼이 있는 경우 판례에 의함) [기출변형]

① 민법상 화해계약에 있어서 분쟁의 전제 또는 기초가 된 사항에 대하여 착오를 일으킨 경우에는 계약을 취소할 수 없다.

② 의사의 치료행위 직후 환자가 사망하여 의사의 치료행위상의 과실이 있었음을 전제로 의사가 환자의 유족에게 거액의 손해배상금을 지급하기로 합의하였으나 그 후 환자의 사망원인의 의사의 치료행위와는 전혀 무관한 것으로 밝혀진 경우, 착오를 이유로 화해계약을 취소할 수 있다.

③ 화해계약이 사기로 인하여 이루어진 경우, 화해당사자의 자격 또는 화해의 목적인 분쟁에 관하여 착오를 일으킨 경우에 한하여 취소할 수 있다.

④ 채권액이 900만 원임에도 불구하고 채권자가 700만 원으로 오인하여 '채권액이 500만 원이라고 주장하는 채무자'와 채권을 600만 원으로 하는 화해계약을 한 경우에는 그 후에 채권액에 대한 착오를 이유로 취소할 수 있다.

[해 설] ① [×] ② [○] ※ 착오를 이유로 한 화해계약의 취소

화해는 당사자가 사실에 반한다는 것을 감수하면서 서로 양보하여 분쟁을 종료시키는 데에 목적을 두는 계약이므로, 화해의 목적인 '**분쟁사항**'이 사실과 다르더라도 착오를 이유로 취소하는 것은 허용되지 않는다(제733조 본문). 따라서 '분쟁 이외의 사항'에 착오가 있는 때에는, 착오를 이유로 화해계약을 취소할 수 있다(제733조 단서). 여기서 '분쟁 이외의 사항'이라 함은 분쟁의 대상이 아니라 그 분쟁의 전제 또는 기초가 된 사항으로서, 쌍방 당사자 사이에 다툼이 없어 양보의 대상이 되지 않았던 사실을 말한다(대판 1997.4.11, 95다48414 ; ①.번 지문).

[구체적 예] i) "교통사고에 가해자의 과실이 경합되어 있는데도 오로지 피해자의 과실로 인하여 발생한 것으로 착각하고 치료비를 포함한 합의금으로 실제 입은 손해액보다 훨씬 적은 금원인 700만 원만을 받고 일체의 손해배상청구권을 포기하기로 한 경우, 그 사고가 피해자의 전적인 과실로 발생하였다는 사실은 쌍방 당사자 사이에 다툼이 없어 양보의 대상이 되지 않았던 사실로서 화해의 목적인 분쟁의 대상이 아니라 그 분쟁의 전제가 되는 사항에 해당하는 것이므로, 피해자측은 착오를 이유로 화해계약을 취소할 수 있다"(대판 1997.4.11, 95다48414). ii) "환자가 의료과실로 사망한 것으로 잘못 알고 의사와 환자유족 사이에 의사가 일정의 손해배상금을 지급하고 유족은 민·형사상의 책임을 묻지 않기로 화해가 이루어졌으나, 그 후 부검결과 사인이 치료행위와는 무관한 것으로 판명된 경우, 위의 사인에 관한 착오는 화해의 목적인 손해배상의 액수, 민·형사건의 처리문제 등에 관한 것이 아니고 다툼의 대상도 아니며, 상호 양보의 내용으로 된 바도 없는 그 전제 내지 기초에 관한 착오이므로, 이를 이유로 위 화해계약을 취소할 수 있다"(대판 2001.10.12, 2001다49326 ; ②번 지문).

③ [X] 화해계약도 법률행위로서의 계약이므로, 법률행위의 무효·취소에 관한 규정과 해제에 관한 규정이 적용된다. 判例도 "화해계약이 사기로 인하여 이루어진 경우에는, 화해의 목적인 분쟁에 관한 사항에 착오가 있더라도 민법 제110조에 따라 이를 취소할 수 있다"(대판 2008.9.11, 2008다15278)고 한다.

④ [X] "화해계약이 성립되면 특별한 사정이 없는 한 그 창설적 효력에 의하여 종전의 법률관계를 바탕으로 한 권리의무관계는 말소되는 것으로서 계약당사자간에는 종전의 법률관계가 어떠하였느냐를 묻지 않고 화해계약에 의하여 새로운 법률관계가 생기는 것이고, 화해계약의 의사표시에 착오가 있더라도 이것이 당사자의 자격이나 화해의 목적인 분쟁 이외의 사항에 관한 것이 아니고 분쟁의 대상인 법률관계 자체에 관한 것인 때에는 이를 취소할 수 없다"(대판 1989.9.12, 88다카10050)

[정답] ②

문1 사무관리에 대한 다음 설명 중 가장 옳지 않은 것은? (다툼이 있는 경우 판례에 의함) [14서기보]

① 의무 없이 타인의 사무를 처리한 자는 그 타인에 대하여 민법상 사무관리 규정에 따라 비용상환 등을 청구할 수 있으나, 제3자와의 약정에 따라 타인의 사무를 처리한 경우에는 의무 없이 타인의 사무를 처리한 것이 아니므로 이는 원칙적으로 그 타인과의 관계에서는 사무관리가 된다고 볼 수 없다.

② 사무관리가 성립하기 위하여는 우선 그 사무가 타인의 사무이고 타인을 위하여 사무를 처리하는 의사, 즉 관리의 사실상의 이익을 타인에게 귀속시키려는 의사가 있어야 하며, 나아가 그 사무의 처리가 본인에게 불리하거나 본인의 의사에 반한다는 것이 명백하지 아니할 것을 요한다. 여기에서 '타인을 위하여 사무를 처리하는 의사'는 관리자 자신의 이익을 위한 의사와 병존할 수 있고, 반드시 외부적으로 표시될 필요가 없으며, 사무를 관리할 당시에 확정되어 있을 필요가 없다.

③ 의무 없이 타인을 위하여 사무를 관리한 자는 타인에 대하여 민법상 사무관리 규정에 따라 비용상환 등을 청구할 수 있는 외에 사무관리에 의하여 결과적으로 사실상 이익을 얻은 다른 제3자에 대하여 직접 부당이득반환을 청구할 수는 없다.

④ 관리자가 처리한 사무의 내용이 관리자와 제3자 사이에 체결된 계약상의 급부와 그 성질이 동일하다고 하더라도 관리자가 위 계약상 약정된 급부를 모두 이행한 후 본인과의 사이에 별도의 계약이 체결될 것을 기대하고 사무를 처리한 경우, 사무관리 의사가 있다고 볼 수 없다.

해설 ① [○] 사무관리가 성립하기 위해서는 ⅰ) 타인의 사무를 관리하여야 하고 ⅱ) 관리에 관한 법률상 또는 계약상의 의무가 없어야 하며 ⅲ) 타인을 위하여 처리한다는 사무관리 의사가 있어야 하고(대판 1995.9.15, 94다59943), ⅳ) 본인에게 불리하거나 본인의 의사에 반하는 것이 명백하지 않을 것을 요건으로 한다(제734조, 제737조 단서).

"의무 없이 타인의 사무를 처리한 자는 그 타인에 대하여 민법상 사무관리 규정에 따라 비용상환 등을 청구할 수 있으나, '제3자와의 약정'에 따라 타인의 사무를 처리한 경우에는 의무 없이 타인의 사무를 처리한 것이 아니므로 이는 원칙적으로 그 타인과의 관계에서는 사무관리가 된다고 볼 수 없다"(대판 2013.9.26. 2012다43539)

구체적 예 예컨대 B가 A와의 위임계약에 따라 C의 집을 수선한 경우, B는 C에 대해서는 직접 그러한 의무를 부담하지 않는다고 하더라도 A와의 위임계약에 의해 수선할 의무를 지는 것이므로, 이때는 B와 C 사이에 사무관리는 성립하지 않는다. 그러나 A가 C의 집을 수선할 의무가 없는 경우에는, A와 C 사이에 사무관리가 성립한다.

② [○] ※ 사무관리 요건 - (타인을 위하여) 사무관리 의사가 있을 것

사무관리가 성립하기 위해서는 관리자에게 '타인을 위하여' 하는 관리의사가 있어야 한다(대판 1994.12.22, 94다1072). 이것은 관리의 사실상의 이익을 타인에게 귀속시키려는 (자연적)의사를 말한다. 여기에서 '타인을 위하여 사무를 처리하는 의사'는 관리자 자신의 이익을 위한 의사와 병존할 수 있고, 반드시 외부적으로 표시될 필요가 없으며, 사무를 관리할 당시에 확정되어 있을 필요가 없다(대판 2013.8.22. 2013다30882).

③ [○] ※ 사무관리와 전용물소권

"전용물소권은 부정되는바, 이러한 법리는 그 급부가 사무관리에 의하여 이루어진 경우에도 마찬가지이다. 따라서 의무 없이 타인을 위하여 사무를 관리한 자는 타인에 대하여 민법상 사무관리 규정에 따라 비용상환 등을 청구할 수 있는 외에 사무관리에 의하여 결과적으로 사실상 이익을 얻은 다른 제3자에 대하여 직접 부당이득반환을 청구할 수는 없다"(대판 2013.6.27. 2011다17106).

> [참 고] '전용물소권'이란 계약상의 급부가 계약의 상대방에 대해서뿐만 아니라 제3자의 이익이 된 경우에 급부를 행한 계약당사자가 그 제3자에 대해서 부당이득의 반환을 청구하는 권리이다. 예를 들어 수급인 丙이 임차인 甲과의 도급계약에 따라 임차물을 수선한 경우, 丙이 소유권자인 임대인 乙이 현재 그 이익을 누리고 있음을 이유로 乙에게 직접 수리대금 상당의 부당이득반환청구(전용물소권)를 할 수 있는지 문제된다. 특히 계약의 상대방이 무자력인 경우에 논의의 실익이 있다.

④ [×] ※ 사무관리 요건 - 관리에 관한 법률상 또는 계약상의 의무가 없을 것

대한주택공사(제3자)는 A에게 도급공사를 주면서 공사로 인한 쓰레기 등의 처리업무도 맡기고, 또한 법령의 규정에 따라 폐기물 처리업체 B(관리자)와 위 건설현장에서 발생한 건설폐기물 처리 용역계약을 체결하였는데, B가 계약물량을 초과하는 폐기물이 발생한 것에 대해 A의 요청을 받고 이를 처리한 경우(A와 B 사이의 계약은 성립하지 않는 것으로 봄) 判例는 "관리자 B가 처리한 사무의 내용이 B(관리자)와 대한주택공사(제3자) 사이에 체결된 계약의 급부와 그 성질이 동일하다고 하더라도, 관리자가 위 계약상 약정된 급부를 모두 이행한 후 본인과의 사이에 별도의 계약이 체결될 것을 기대하고 사무를 처리하였다면 그 사무는 위 약정된 의무의 범위를 벗어나 이루어진 것으로서 법률상 의무 없이 사무를 처리한 것이며, 이 경우 타인을 위하여 사무를 처리하는 의사가 있다"(대판 2010.1.14, 2007다55477).

☞ 따라서 그 초과부분의 처리업무는 A의 사무에 속하고 B는 의무 없이 이를 처리한 것이므로 그 부분에 대해 A와의 관계에서 사무관리가 성립한다.

[정답] ④

문2 사무관리에 관한 다음 설명 중 가장 옳지 않은 것은? (다툼이 있는 경우 판례에 의하고, 전원 합의체 판결의 경우 다수의견에 의함) [20서기보]

① 타인의 사무가 국가의 사무인 경우, 원칙적으로 사인이 처리한 국가의 사무가 사인이 국가를 대신하여 처리할 수 있는 성질의 것이고, 사무 처리의 긴급성 등 국가의 사무에 대한 사인의 개입이 정당화되는 경우에 한하여 사무관리가 성립한다.

② 관리자가 타인의 생명, 신체, 명예 또는 재산에 대한 급박한 위해를 면하게 하기 위하여 그 사무를 관리한 때에는 고의나 중대한 과실이 없으면 이로 인한 손해를 배상할 책임이 없다.

③ 제3자와의 약정에 따라 타인의 사무를 처리한 경우에도 원칙적으로 그 타인과의 관계에서는 사무관리가 성립한다.

④ 사무관리가 성립하기 위하여는 우선 그 사무가 타인의 사무이고, 타인을 위하여 사무를 처리하는 의사가 있어야 하는데, 이러한 의사는 반드시 외부적으로 표시될 필요가 없고, 사무를 관리할 당시에 확정되어 있을 필요가 없다.

해설 ① [○] ※ 사인(私人)이 의무 없이 국가의 사무를 처리한 경우
타인의 사무가 국가의 사무인 경우, 원칙적으로 사인이 법령상의 근거 없이 국가의 사무를 수행할 수 없다는 점을 고려하면, 사인이 처리한 국가의 사무가 사인이 국가를 대신하여 처리할 수 있는 성질의 것으로서, 사무 처리의 긴급성 등 국가의 사무에 대한 사인의 개입이 정당화 되는 경우에 한하여 사무관리가 성립하고, 사인은 그 범위 내에서 국가에 대하여 국가의 사무를 처리하면서 지출된 비용상환을 청구할 수 있다(제739조 1항)(대판 2014.12.11. 2012다15602).

② [○] **제735조(긴급사무관리)** 「관리자가 타인의 생명, 신체, 명예 또는 재산에 대한 급박한 위해를 면하게 하기 위하여 그 사무를 관리한 때에는 고의나 중대한 과실이 없으면 이로 인한 손해를 배상할 책임이 없다.」

③ [×] ※ 사무관리 요건 - 본인 및 제3자에 대한 관계에서도 의무가 없을 것
의무 없이 타인의 사무를 처리한 자는 그 타인에 대하여 민법상 사무관리 규정에 따라 비용상환 등을 청구할 수 있으나, '제3자와의 약정'에 따라 타인의 사무를 처리한 경우에는 의무 없이 타인의 사무를 처리한 것이 아니므로 이는 원칙적으로 그 타인과의 관계에서는 사무관리가 된다고 볼 수 없다(대판 2013.9.26. 2012다43539).

④ [○] ※ 사무관리 요건 - (타인을 위하여) 사무관리 의사가 있을 것
사무관리가 성립하기 위해서는 관리자에게 '타인을 위하여' 하는 관리의사가 있어야 한다(대판 1994.12.22. 94다1072). 이것은 관리의 사실상의 이익을 타인에게 귀속시키려는 (자연적)의사를 말한다. 여기에서 '타인을 위하여 사무를 처리하는 의사'는 관리자 자신의 이익을 위한 의사와 병존할 수 있고, 반드시 외부적으로 표시될 필요가 없으며, 사무를 관리할 당시에 확정되어 있을 필요가 없다(대판 2013.8.22. 2013다30882).

[정답] ③

문3 甲은 이웃에 사는 乙이 해외여행을 간 사이에 폭우가 내려 乙의 담장이 무너지려는 것을 보고 건축업자인 丙과 위 담장이 무너지지 않도록 보강공사 도급계약을 체결하였고, 丙은 위 보강공사를 완료하였다. 이에 관한 설명 중 옳지 않은 것은? [기출변형]

① 丙과 乙 사이에는 계약관계가 존재하지 않으므로 丙은 乙을 상대로 위 담장의 보강공사로 인하여 증가한 이득액에 대하여 부당이득반환청구를 할 수 있다.

② 丙은 甲에게 도급계약에 기하여 위 공사비의 지급을 청구할 수 있다.

③ 甲과 乙 사이에 사무관리가 성립하는 경우에는 甲은 乙을 상대로 丙에게 지급한 공사비를 비용으로 청구할 수 있다.

④ 甲과 乙 사이에 사무관리가 성립하는 경우에는 甲은 乙에게 丙에 대한 위 도급계약상의 채무를 자기에 갈음하여 변제할 것을 청구할 수 있다.

[해 설] ① [X] ② [○] ※ 전용물소권의 부정

"계약상의 급부가 계약의 상대방뿐만 아니라 제3자의 이익으로 된 경우에 급부를 한 계약당사자가 계약 상대방에 대하여 계약상의 반대급부를 청구할 수 있는 이외에 그 제3자에 대하여 직접 부당이득반환청구를 할 수 있다고 보면, ⅰ) 자기 책임 하에 체결된 계약에 따른 위험부담을 제3자에게 전가시키는 것이 되어 계약법의 기본원리에 반하는 결과를 초래할 뿐만 아니라, ⅱ) 채권자인 계약당사자가 채무자인 계약 상대방의 일반채권자에 비하여 우대 받는 결과가 되어 일반채권자의 이익을 해치게 되고, ⅲ) 수익자인 제3자가 계약 상대방에 대하여 가지는 항변권 등을 침해하게 되어 부당하므로, 위와 같은 경우 계약상의 급부를 한 계약당사자는 이익의 귀속 주체인 제3자에 대하여 직접 부당이득반환을 청구할 수는 없다"(대판 2002.8.23, 99다66564,66571).

☞ 사안의 경우, 丙이 보강공사를 한 것은 甲과의 도급계약에 따른 것이었다. 만일, 丙이 담장의 소유권자인 乙을 상대로, 乙이 현재 그 보강공사에 따른 이익을 누리고 있음을 이유로 하여 공사대금 상당액을 부당이득으로 청구할 수 있다고 본다면, 계약상의 채권을 실현하기 위하여 부당이득반환청구권을 전용하는 것이 되는데, 이는 부당이득규정의 보충성에 비추어 부당하다. 결국, 丙은 甲에게 도급계약에 따른 공사대금을 청구할 수 있을 뿐이다.

③ [○] ※ 사무관리 효과로서 본인의 비용상환의무

사무관리가 성립하는 경우, 관리자가 본인을 위하여 비용을 지출한 때에는 본인에게 일정한 비용상환의무가 있다. 즉, 관리자가 필요비 또는 유익비를 지출한 때, 본인은 자신의 의사에 반하지 않는 경우에는 필요비 또는 유익비의 '전액'을 '본인의 이득 여하와는 관계없이' 상환해야 하고(제739조 1항), 자신의 의사에 반하는 경우에는 '현존이익'의 한도에서 비용상환의무를 진다(제739조 3항).

④ [○] ※ 사무관리 효과로서 대변제청구권

관리자가 본인을 위하여 필요 또는 유익한 채무를 부담한 때에는, 본인에게 자기에 갈음하여 이를 변제하게 할 수 있고 그 채무가 변제기에 있지 아니한 때에는 상당한 담보를 제공하게 할 수 있다(제739조 2항, 제688조 2항)

[정답] ①

제5장 부당이득

문1 부당이득에 관한 다음 설명 중 가장 옳지 않은 것은? (다툼이 있는 경우 판례에 의함) [16서기보]

① 소멸시효의 완성으로 채권이 소멸한 경우 그 채무자가 채무를 면하게 된 것은 법률상 원인없는 이득이라고 할 수 없으므로 그 채무자가 부당이득 한 것이라고 할 수 없다.

② 임대차가 종료한 이후 임차인이 동시이행항변권에 기하여 임차목적물을 명도하지 아니하고 이를 계속 점유하고 있었으나 그 점유부분을 사용·수익하지 않았다면, 임차인이 이를 점유한다는 사실만으로 차임상당의 이득을 얻은 것이라고 볼 수 없다.

③ 부당이득 반환의무를 인정하기 위해서는 그 반환의무자의 고의 또는 과실이 인정되어야 한다.

④ 부당이득으로 취득한 금전은 그 소비 여부를 불문하고 현존하는 것으로 추정된다.

해설 ① [○] ※ 소멸시효완성으로 인한 권리소멸과 부당이득(소극)

"계약상의 채무를 채무자가 이행하지 않았다고 하더라도 채권자는 여전히 해당 계약에서 정한 채권을 보유하고 있으므로, 특별한 사정이 없는 한 채무자가 채무를 이행하지 않고 있다고 하여 채무자가 **법률상 원인 없이** 이득을 얻었다고 할 수는 없고, 설령 채권이 시효로 소멸하게 되었다 하더라도 달리 볼 수 없다"(대판 2018.2.28. 2016다45779).

② [○] 동시이행항변권이나 유치권과 같이 인도거절권능이 있는 때에는, 당해 목적물을 단순히 점유하는 한도에서는 그에 대하여 법률상 원인이 있는 것이 된다. 그러나 이러한 점유권능을 넘어선 부분의 이익은 '법률상 원인'이 없는 것으로서 반환되어야 한다. 즉 이러한 인도거절권능은 점유를 정당화시켜줄 뿐 점유에 따른 사용이익의 보유를 정당화시켜주지는 않으므로 점유·사용에 따른 부당이득은 성립한다. 다만, 判例는 "법률상 원인 없이 이득하였음을 이유로 하는 부당이득 반환에 있어서 이득이라 함은, '실질적인 이익'을 가리키는 것이므로 **법률상 원인 없이 건물을 점유하고 있더라도 이를 사용·수익하지 못하였다면 실질적인 이익을 얻었다고 볼 수 없다**"(대판 1992.4.14. 91다45202,45219)고 판시하고 있다(실질적 이득론).

③ [×] 부당이득이 성립하기 위해서는 ⅰ) 법률상 원인없이, ⅱ) 타인의 재산 또는 노무로 인하여 이익을 얻고, ⅲ) 그러한 이익으로 인하여 타인에게 손해를 가하고, ⅳ) 이익과 손해 사이에 인과관계가 있을 것을 요한다(제741조).

☞ 반환의무자의 고의 또는 과실은 그 요건이 아니다.

④ [○] "법률상 원인 없이 타인의 재산 또는 노무로 인하여 이익을 얻고 그로 인하여 타인에게 손해를 가한 경우, 그 취득한 것이 금전상의 이득인 때에는 그 금전은 이를 취득한 자가 소비하였는가의 여부를 불문하고 현존하는 것으로 추정된다"(대판 1996.12.10. 96다32881).

[정답] ③

문2 부당이득에 관한 다음 설명 중 가장 옳지 않은 것은? (다툼이 있는 경우 판례에 의함) [17서기보]

① 부당이득제도는 이득자의 재산상 이득이 법률상 원인을 결여하는 경우에 공평·정의의 이념에 근거하여 이득자에게 그 반환의무를 부담시키는 것이다.

② 부당이득반환시 수익자가 반환해야 할 이득의 범위는 손실자가 입은 손해의 범위에 한정된다.

③ 채무자가 횡령한 금전으로 자신의 채권자에 대한 채무를 변제하는 경우 채권자가 그 변제를 수령함에 있어 단순히 과실이 있는 경우에는 그 변제는 유효하다.

④ 부당이득한 재산에 수익자의 행위가 개입되어 얻어진 이른바 운용이익의 경우 반환해야 할 이득의 범위에 포함되지 않는다.

[해설] ① [○] 대판 2003.6.13. 2003다8862

② [○] 대판 2008.1.18. 2005다34711
손실액이 이득액보다 적을 경우에는 손실액의 한도에서만 이득액을 반환할 의무가 있다(대판 1968.7.24, 68다905). 즉 이득의 범위 내에서 그리고 상대방의 손실의 범위 내에서(양자 가운데 적은 쪽을 기준) 반환하면 된다(부당이득이 손해배상과 다른 점이다).

③ [○] ※ 횡령한 돈에 의한 변제
"채무자가 횡령한 금전으로 자신의 채권자에 대한 채무를 변제하는 경우 채권자가 그 변제를 수령함에 있어 악의 또는 중대한 과실이 있는 경우에는 채권자의 금전 취득은 피해자에 대한 관계에 있어서 법률상 원인을 결여한 것으로 봄이 상당하나, 채권자가 그 변제를 수령함에 있어 단순히 과실이 있는 경우에는 그 변제는 유효하고 채권자의 금전 취득이 피해자에 대한 관계에 있어서 법률상 원인을 결여한 것이라고 할 수 없다"(대판 2003.6.13, 2003다8862).

[구체적 예] 甲이 A소유의 돈을 횡령하여 자신의 채권자 B에게 변제한 경우 A가 직접 B를 상대로 甲으로부터 받은 (甲이 횡령한) 금액에 대해 부당이득의 반환을 청구할 수 있는지 문제된다. 위 判例에 따르면 채권자 B의 금전 취득이 피해자 A에 대한 관계에서 부당이득으로 되기 위하여 채권자 B의 악의·중과실이 필요하다고 보았다.

④ [×] ※ 선의수익자의 반환범위
"부당이득한 재산에 수익자의 행위가 개입되어 얻어진 이른바 '운용이익'의 경우, 그것이 사회통념상 수익자의 행위가 개입되지 아니하였더라도 부당이득된 재산으로부터 손실자가 통상 취득하였으리라고 생각되는 범위 내에서는 반환해야 할 이득의 범위에 포함된다"(대판 2008.1.18. 2005다34711).

[정답] ④

문3 부당이득에 관한 다음 설명 중 가장 옳은 것은?

[18서기보]

① 여러 사람이 공동으로 법률상 원인 없이 타인의 재산을 사용한 경우 부당이득의 반환채무는 특별한 사정이 없는 한 불가분적 이득의 반환으로서 불가분채무이고, 불가분채무는 각 채무자가 채무 전부를 이행할 의무가 있으며, 1인의 채무이행으로 다른 채무자도 그 의무를 면하게 된다.

② 수익자가 이익을 받은 후 법률상 원인 없음을 안 때에는 그때부터 악의의 수익자로서 이익반환의 책임이 있으므로, 선의의 수익자가 패소한 때에는 패소 판결이 확정된 때부터 악의의 수익자로 본다.

③ 채무자 아닌 자가 착오로 타인의 채무를 변제한 경우에 채권자가 선의로 증서를 훼멸하거나 담보를 포기하거나 시효로 인하여 그 채권을 잃은 때에는 변제자는 그 반환을 청구하지 못하고, 채무자에 대하여 구상권도 행사할 수 없다.

④ 매매계약이 무효로 되는 때에 매도인이 악의의 수익자인 경우 특별한 사정이 없는 한 그 매도인은 부당이득으로 반환할 매매대금에 대하여 법정이자를 붙여 반환하여야 하지만, 매도인의 매매대금 반환의무와 매수인의 소유권이전등기 말소등기절차 이행의무가 동시이행의 관계에 있는 경우에는 동시이행항변권을 행사하여 매수인의 의무이행 전까지는 이자 채무를 면할 수 있다.

해설 ① [○] "수인이 공동으로 법률상 원인 없이 타인의 재산을 사용한 경우의 부당이득반환채무는 불가분적 이득의 상환으로서 불가분채무이며 불가분채무는 각 채무자가 채무 전부를 이행할 의무가 있으며, 1인의 채무이행으로 다른 채무자도 그 의무를 면하게 된다"(대판 2001.12.11, 2000다13948).

② [×] **제749조(수익자의 악의인정)** 「①항 수익자가 이익을 받은 후 법률상 원인없음을 안 때에는 그때부터 악의의 수익자로서 이익반환의 책임이 있다. ②항 선의의 수익자가 패소한 때에는 그 소를 제기한 때부터 악의의 수익자로 본다.」

③ [×] **제745조(타인의 채무의 변제)** 「①항 채무자 아닌 자가 착오로 인하여 타인의 채무를 변제한 경우에 채권자가 선의로 증서를 훼멸하거나 담보를 포기하거나 시효로 인하여 그 채권을 잃은 때에는 변제자는 그 반환을 청구하지 못한다. ②항 전항의 경우에 변제자는 채무자에 대하여 구상권을 행사할 수 있다.」

④ [×] ※ 동시이행관계인 경우 부당이득의 성립
"매매계약이 무효로 되는 때에는 매도인이 악의의 수익자인 경우 특별한 사정이 없는 한 매도인은 반환할 매매대금에 대하여 민법이 정한 연 5%의 법정이율에 의한 이자를 붙여 반환하여야 한다(제748조 2항). 그리고 위와 같은 법정이자의 지급은 부당이득반환의 성질을 가지는 것이지 반환의무의 이행지체로 인한 손해배상이 아니므로, 매도인의 매매대금 반환의무와 매수인의 소유권이전등기 말소등기절차 이행의무가 동시이행의 관계에 있는지 여부와는 관계가 없다"(대판 2017.3.9. 2016다47478).

[정답] ①

문4 부당이득에 관한 다음 설명 중 가장 옳지 않은 것은? (다툼이 있는 경우 판례에 의하고, 전원합의체 판결의 경우 다수의견에 의함) [21서기보]

① 계약상의 급부가 계약 상대방뿐만 아니라 제3자에게도 이익이 되는 경우, 급부를 한 계약 당사자가 그 제3자에 대하여 직접 부당이득반환을 청구할 수 없다.

② 계약해제의 효과인 원상회복의무를 규정한 민법 제548조 제1항 본문은 부당이득에 관한 특칙이므로, 그 이익 반환의 범위는 이익의 현존 여부나 선의·악의를 불문하고 특단의 사유가 없는 한 받은 이익의 전부이다.

③ 임대차계약 종료 후에 임차인이 동시이행의 항변권을 행사하여 임차건물을 계속 점유하여 사용·수익한 경우, 그로 인한 이득을 부당이득이라 할 수 없다.

④ 법률행위가 사기에 의한 것으로서 취소되는 경우, 그 법률행위가 동시에 불법행위를 구성하는 때에는 취소의 효과로 생기는 부당이득반환청구권과 불법행위로 인한 손해배상청구권은 경합하여 병존한다.

해설 ① [○] ※ 전용물소권

判例는 "계약상의 급부가 계약의 상대방뿐만 아니라 제3자의 이익으로 된 경우에 급부를 한 계약당사자가 계약 상대방에 대하여 계약상의 반대급부를 청구할 수 있는 이외에 그 제3자에 대하여 직접 부당이득반환청구를 할 수 있다고 보면, ⅰ) 자기 책임 하에 체결된 계약에 따른 위험부담을 제3자에게 전가시키는 것이 되어 계약법의 기본원리에 반하는 결과를 초래할 뿐만 아니라, ⅱ) 채권자인 계약당사자가 채무자인 계약 상대방의 일반채권자에 비하여 우대 받는 결과가 되어 일반채권자의 이익을 해치게 되고, ⅲ) 수익자인 제3자가 계약 상대방에 대하여 가지는 항변권 등을 침해하게 되어 부당하므로, 위와 같은 경우 계약상의 급부를 한 계약당사자는 이익의 귀속 주체인 제3자에 대하여 직접 부당이득반환을 청구할 수는 없다"(대판 2002.8.23, 99다66564,66571)고 판시하여 **전용물소권을 부정하는** 입장이다.

참고 '전용물소권'이란 계약상의 급부가 계약의 상대방에 대해서뿐만 아니라 제3자의 이익이 된 경우에 급부를 행한 계약당사자가 그 제3자에 대해서 부당이득의 반환을 청구하는 권리이다. 예를 들어 수급인 丙이 임차인 甲과의 도급계약에 따라 임차물을 수선한 경우, 丙이 소유권자인 임대인 乙이 현재 그 이익을 누리고 있음을 이유로 乙에게 직접 수리대금 상당의 부당이득반환청구(轉用物訴權)를 할 수 있는지 문제된다. 특히 계약의 상대방이 무자력인 경우에 논의의 실익이 있다.

② [○] "계약 해제의 효과로서 원상회복의무를 규정하는 제548조 제1항 본문은 부당이득에 관한 특별규정의 성격을 가지는 것으로서, 그 이익 반환의 범위는 이익의 현존 여부나 청구인의 선의·악의를 불문하고 특단의 사유가 없는 한 받은 이익의 전부이다"(대판 2014.3.13. 2013다34143).

③ [✕] "ⅰ) 임대차계약의 종료에 의하여 발생된 임차인의 임차목적물 반환의무와 임대인의 연체 차임을 공제한 나머지 보증금의 반환의무는 동시이행의 관계에 있는 것이므로, 임대차계약 종료 후에도 임차인이 동시이행의 항변권을 행사하여 임차건물을 계속 점유하여 온 것이라면 임차인의 그 건물에 대한 점유는 불법점유라고 할 수는 없으나, 그로 인하여 이득이 있다면 이는 부당이득으로서 반환하여야 하는 것은 당연하다. ⅱ) 법률상 원인 없이 이득하였음을 이유로 하는 부당이득반환에

있어서 이득이라 함은, '실질적인 이익'을 가리키는 것이므로 법률상 원인 없이 건물을 점유하고 있더라도 이를 사용·수익하지 못하였다면 실질적인 이익을 얻었다고 볼 수 없다"(대판 1992.4.14, 91다45202,45219).

④ [○] ※ 불법행위와 부당이득의 경합
"법률행위가 사기에 의한 것으로서 취소되는 경우에 그 법률행위가 동시에 불법행위를 구성하는 때에는 취소의 효과로 생기는 부당이득반환청구권과 불법행위로 인한 손해배상청구권은 경합하여 병존하는 것이므로, 채권자는 어느 것이라도 선택하여 행사할 수 있지만 중첩적으로 행사할 수는 없다"(대판 1993.4.27, 92다56087).

[정답] ③

문5 다음 중 부당이득에 관한 판례의 입장과 다른 것은?   [기출변형]

① 매도인에게 소유권이 유보된 채 매수인에게 인도된 건축자재가, 매매대금이 모두 지급되지 않은 상태에서 매수인과 제3자 사이에 체결된 도급계약의 이행에 따라 제3자 소유의 신축건물에 부합된 경우, 매도인은 제3자가 소유권 유보에 관하여 과실 없이 알지 못하였더라도 그에게 부당이득의 반환을 청구할 수 있다.

② 부동산에 대한 취득시효가 완성되면, 점유자가 그 명의로 소유권이전등기를 마치지 아니하여 아직 소유권을 취득하지 못하였다고 하더라도, 소유자는 점유자에 대하여 점유로 인한 부당이득반환청구를 할 수 없다.

③ 타인 소유의 토지 위에 권원 없이 건물을 소유하고 있는 자는 그 건물을 실제로 사용, 수익하고 있지 아니하더라도 특별한 사정이 없는 한 법률상 원인 없이 타인의 재산으로 인하여 토지의 차임에 상당하는 이익을 얻고 이로 인하여 타인에게 동일한 금액 상당의 손해를 주고 있다고 보아야 한다.

④ 채무자가 횡령한 금전으로 자신의 채권자에 대한 채무를 변제하는 경우, 채권자가 그 변제를 수령함에 있어 악의 또는 중대한 과실이 있다면 채권자의 금전 취득은 피해자에 대한 관계에 있어서 법률상 원인을 결여한 것으로 된다.

해설 ① [×] "민법 제261조의 보상청구가 인정되기 위해서는 민법 제261조 자체의 요건만이 아니라, 부당이득 법리에 따른 판단에 의하여 부당이득의 요건이 모두 충족되었음이 인정되어야 한다. 매도인에게 소유권이 유보된 자재가 제3자와 매수인 사이에 이루어진 도급계약의 이행으로 제3자 소유 건물의 건축에 사용되어 부합된 경우 보상청구를 거부할 법률상 원인이 있다고 할 수 없지만, 제3자가 도급계약에 의하여 제공된 자재의 소유권이 유보된 사실에 관하여 과실 없이 알지 못한 경우라면 선의취득의 경우와 마찬가지로 제3자가 그 자재의 귀속으로 인한 이익을 보유할 수 있는 법률상 원인이 있다고 봄이 상당하므로, 매도인으로서는 그에 관한 보상청구를 할 수 없다"(대판 2009.9.24, 2009다15602).

② [○] "부동산에 대한 취득시효가 완성되면 점유자는 소유명의자에 대하여 취득시효완성을 원인으로 한 소유권이전등기절차의 이행을 청구할 수 있고 소유명의자는 이에 응할 의무가 있으므로 점유자가 그 명의로 소유권이전등기를 경료하지 아니하여 아직 소유권을 취득하지 못하였다고 하더라도 소유명의자는 점유자에 대하여 점유로 인한 부당이득반환청구를 할 수 없다"(대판 1993.5.25. 92다51280).

③ [○] 타인소유의 '토지'를 법률상 원인 없이 점유하고 있는 경우

判例는 "타인 소유의 토지 위에 권한 없이 건물을 소유하고 있는 자는 그 자체로써 특별한 사정이 없는 한 법률상 원인 없이 타인의 재산으로 인하여 토지의 차임에 상당하는 이익을 얻고 이로 인하여 타인에게 동액 상당의 손해를 주고 있다고 보아야 한다"(대판 1998.5.8. 98다2389)고 판시하고 있다. 따라서 건물을 사용·수익하지 않더라도 '부지'에 관한 부당이득은 성립한다. 그리고 최근 判例에 따르면 이는 건물의 소유자가 미등기건물의 원시취득자로서 그 건물에 관하여 '사실상의 처분권을 보유하게 된 양수인'이 따로 존재하는 경우에도 다르지 아니하다고 한다(대판 2011.7.14, 2009다76522). 즉 미등기건물의 원시취득자가 토지의 차임에 상당하는 부당이득을 얻고 있는 것이 된다.

[비교판례] 타인소유의 '건물'을 법률상 원인 없이 점유하고 있는 경우 判例는 "법률상 원인 없이 이득하였음을 이유로 하는 부당이득반환에 있어서 이득이라 함은, '실질적인 이익'을 가리키는 것이므로 법률상 원인 없이 건물을 점유하고 있더라도 이를 사용·수익하지 못하였다면 실질적인 이익을 얻었다고 볼 수 없다"(대판 1992.4.14, 91다45202,45219)고 판시하고 있다.

④ [○] "부당이득제도는 이득자의 재산상 이득이 법률상 원인을 결여하는 경우에 공평·정의의 이념에 근거하여 이득자에게 그 반환의무를 부담시키는 것인바, 채무자가 피해자로부터 횡령한 금전을 그대로 채권자에 대한 채무변제에 사용하는 경우 피해자의 손실과 채권자의 이득 사이에 인과관계가 있음이 명백하고, 한편 채무자가 횡령한 금전으로 자신의 채권자에 대한 채무를 변제하는 경우 채권자가 그 변제를 수령함에 있어 악의 또는 중대한 과실이 있는 경우에는 채권자의 금전 취득은 피해자에 대한 관계에 있어서 법률상 원인을 결여한 것으로 봄이 상당하나, 채권자가 그 변제를 수령함에 있어 단순히 과실이 있는 경우에는 그 변제는 유효하고 채권자의 금전 취득이 피해자에 대한 관계에 있어서 법률상 원인을 결여한 것이라고 할 수 없다"(대판 2003.6.13. 2003다8862).

☞ 예를 들어 甲이 A소유의 돈을 횡령하여 자신의 채권자 B에게 변제한 경우 A가 직접 B를 상대로 甲으로부터 받은 (甲이 횡령한) 금액에 대해 부당이득의 반환을 청구할 수 있는지 문제되는바, 判例는 채무자(甲)가 피해자(A)로부터 횡령한 금전을 채권자(B)에 대한 채무변제에 사용한 경우, 채권자의 금전 취득이 피해자에 대한 관계에서 부당이득으로 되기 위하여 채권자의 악의·중과실이 필요하다고 보았다.

[정답] ①

문6 부당이득에 관한 설명 중 옳지 않은 것은? (다툼이 있는 경우에는 판례에 의함) [기출변형]

① 타인의 소유물을 권원 없이 점유함으로써 얻은 사용이익을 반환하는 경우, 악의의 수익자는 받은 이익에 이자를 붙여 반환하여야 하며, 위 이자의 이행지체로 인한 지연손해금도 지급하여야 한다.

② 수익자가 이익을 받은 후 법률상 원인없음을 안 때에는 그 때부터 악의의 수익자로서 이익반환의 책임이 있다.

③ 법률행위의 내용 자체는 반사회질서적인 것이 아니라고 하여도 법률행위 과정에서 표시되거나 상대방에게 알려진 법률행위의 동기가 반사회질서적인 경우에는 불법원인급여에 있어서의 불법원인에 해당한다.

④ 불법원인급여 후 급부를 이행받은 자가 급부의 원인행위와 별도의 약정으로 급부 그 자체 또는 그에 갈음한 대가물을 반환하기로 특약하는 것은 무효이다.

해설 ① [○] 判例에 따르면 악의의 점유자의 반환에 관한 제201조 2항은 제748조 2항의 특칙이 아니어서 악의의 점유자는 제201조 2항에 따라 과실을 반환하는 외에 다시 제748조 2항을 적용하여 i) 임료 상당의 부당이익(사용이익) 및 ii) 그에 따른 법정이자와 iii) 위 부당이득 및 이자액에 대한 지연이자도 지급해야 한다고 한다(아래 2001다61869판결).

관련판례 "타인 소유물을 권원 없이 점유함으로써 얻은 사용이익을 반환하는 경우 민법은 선의 점유자를 보호하기 위하여 제201조 1항을 두어 선의 점유자에게 과실수취권을 인정함에 대하여, 이러한 보호의 필요성이 없는 악의 점유자에 관하여는 제201조 2항을 두어 과실수취권이 인정되지 않는다는 취지를 규정하는 것으로 해석되는바, 따라서 악의 수익자가 반환하여야 할 범위는 제748조 2항에 따라 정하여지는 결과 그는 받은 이익에 이자를 붙여 반환하여야 한다. 위 조문에서 규정하는 이자는 당해 침해행위가 없었더라면 원고가 위 임료로부터 통상 얻었을 법정이자 상당액을 말하는 것이므로, 악의 수익자는 위 이자의 이행지체로 인한 지연손해금도 지급하여야 할 것이다"(대판 2003.11.4, 2001다61869).

② [○] **제749조(수익자의 악의)** 「①항 수익자가 이익을 받은 후 법률상 원인 없음을 안 때에는 그 때부터 악의의 수익자로서 이익반환의 책임이 있다. ②항 선의의 수익자가 패소한 때에는 그 소를 제기한 때부터 악의의 수익자로 본다.」

③ [○] "제103조에 의하여 무효로 되는 '법률행위'는 ㉠ 법률행위의 내용이 선량한 풍속 기타 사회질서에 위반되는 경우뿐만 아니라, ㉡ 그 내용 자체는 반사회질서적인 것이 아니라고 하여도 i) 법률적으로 이를 강제하거나, ii) 법률행위에 반사회질서적인 조건 또는 iii) 금전적인 대가가 결부됨으로써 반사회질서적 성질을 띠게 되는 경우 및 iv) 표시되거나 상대방에게 알려진 법률행위의 동기가 반사회질서적인 경우를 포함한다"(대판 2001.2.9, 99다38613).

④ [×] 判例는 종래에 급여물을 그대로 반환하기로 한 경우이든(대판 1995.7.14, 94다51994), 급여물이 아닌 다른 물품의 지급을 받기로 한 경우이든(대판 1964.7.21, 64다389) 반환약정은 모두 불법원인급여의 반환을 구하는 범주에 속하는 것으로서 무효라고 하였다. 그런데 최근에는 "반환약정 자체가 사회질서에 반하여 무효가 되지 않는 한 유효하다¬고 할 것이고, 무효여부는 반환약성 그

자체의 목적뿐만 아니라 당초의 불법원인급여가 이루어진 경우, 쌍방당사자의 불법성의 정도, 반환약정의 체결과정 등 제103조 위반 여부를 판단하기 위한 제반요소를 종합적으로 고려하여 결정해야 한다"고 한다(대판 2010.5.27, 2009다1258).

비교판례 불법원인급여의 수령자가 임의로 급여된 물건이나 이에 갈음하여 다른 물건을 급여자에게 반환하는 것(임의반환)은 선량한 풍속 기타 사회질서에 위배되는 것은 아니다(대판 1964.10.27, 64다798,799). 제746조는 불법원인급여자의 반환청구를 법률상 보호하지 않겠다는 것일 뿐이지 수령자의 급부 보유가 정당하다는 것은 아니기 때문이다.

[정답] ④

문7 불법원인급여에 관한 설명 중 옳은 것(○)과 옳지 않은 것(×)을 올바르게 조합한 것은? (다툼이 있는 경우 판례에 의함)   [기출변형]

> ㄱ. 도박자금 채무의 담보를 위하여 근저당권설정등기를 마친 경우, 근저당권설정자는 근저당권설정등기의 말소를 청구할 수 있다.
> ㄴ. 불법의 원인으로 소유권을 이전한 경우에 급여자는 부당이득을 이유로 하여 그 반환을 청구할 수는 없으나 특별한 사정이 없는 한 소유권에 기한 반환청구는 가능하다.
> ㄷ. 급여자와 수익자의 불법성을 비교하여 수익자의 불법성이 급여자의 그것에 비하여 현저히 큰 경우에는 급여자는 수익자에 대하여 이익의 반환을 청구할 수 있다.
> ㄹ. 불법원인급여가 성립한 경우, 수익자가 그 불법의 원인에 가공하였다면 특별한 사정이 없는 한 급여자는 수익자의 불법행위를 이유로 그 재산의 급여로 말미암아 발생한 자신의 손해의 배상을 구할 수 있다.

① ㄱ(×), ㄴ(×), ㄷ(○), ㄹ(×)   ② ㄱ(×), ㄴ(○), ㄷ(×), ㄹ(○)
③ ㄱ(○), ㄴ(×), ㄷ(○), ㄹ(×)   ④ ㄱ(○), ㄴ(×), ㄷ(×), ㄹ(○)

해설 ㄱ. [○] 불법원인급여에 해당하기 위해서는 ⅰ) '불법'한 ⅱ) '원인'에 기하여 ⅲ) '급여(종국적인 급부)'가 있을 것을 요한다(제746조). 여기서의 급부는 급부자의 자발적 의사에 의한 재산적 가치 있는 출연을 의미한다. 그리고 급부는 '종국적'인 것이어야 한다. 따라서 급부대상이 부동산인 경우에는 등기가 있어야 하고 동산인 경우에는 인도가 있어야 한다.

判例도 급부의 수령자가 이를 실현하려면 국가의 협력 내지 법의 보호를 기다려야 하는 경우는 제746조의 급부가 아니라고 보았다. 즉 '도박채무의 담보로 부동산에 근저당권을 설정'한 경우, 수령자가 그 이익을 얻으려면 경매신청을 하여야 하는 별도의 조치를 요하는 점에서 그 급부는 종국적인 것이 아니어서 말소를 청구할 수 있다고 한다(대판 1995.8.11, 94다54108). 다만 '도박채무의 양도담보조로 이전해 준 소유권이전등기'는 제746조의 불법원인급여에 해당하여 그 말소를 청구할 수 없다고 하였다(대판 1989.9.29, 89다카5994).

ㄴ. [X] 判例는 제746조는 사회적 타당성 없는 행위를 한 사람이 스스로 불법한 행위를 주장하여 복구하려는 것을 그 형식여하에 불구하고 인정하지 않겠다는 이상을 표현한 것이라고 하여 소유권에 기한 물권적 반환청구권을 부정하였고, 그 '반사적 효과'로서 급여한 물건의 소유권은 급여를 받은 상대방에게 귀속하게 된다고 한다(대판 1979.11.13, 전합79다483).

ㄷ. [○] 불법원인급여에 해당하는 경우에는 급부자는 수익자가 얻은 이익의 반환을 청구하지 못한다(제746조 본문). 그러나 불법원인이 수익자에게만 있는 경우에는 예외적으로 급부한 것의 반환을 청구할 수 있다(제746조 단서). 제104조의 불공정한 법률행위가 이에 해당한다. 判例는 "선량한 풍속 기타 사회질서에 위반하여 무효인 부분의 이자 약정을 원인으로 차주가 대주에게 임의로 지급한 이자의 반환을 청구할 수 있는지 여부와 관련하여 대주의 불법성이 차주의 불법성 보다 크다"(대판 2007.2.15, 전합2004다50426)고 하여, 불법성비교론에 따라 반환을 인정한다. 즉, 수익자의 불법성이 급여자의 불법성보다 현저히 크다면 신의칙에 따라 제746조 본문의 적용을 배제하고, 급여자의 반환청구를 허용하여야 한다는 입장이다. 이러한 判例에 따르면 제746조의 엄격성은 다소 완화된다.

ㄹ. [X] "불법의 원인으로 재산을 급여한 사람은 상대방 수령자가 그 '불법의 원인'에 가공하였다고 하더라도 상대방에게만 불법의 원인이 있거나 그의 불법성이 급여자의 불법성보다 현저히 크다고 평가되는 등으로 제반 사정에 비추어 급여자의 손해배상청구를 인정하지 아니하는 것이 오히려 사회상규에 명백히 반한다고 평가될 수 있는 특별한 사정이 없는 한 상대방의 불법행위를 이유로 그 재산의 급여로 말미암아 발생한 자신의 손해를 배상할 것을 주장할 수 없다고 할 것이다. 그와 같은 경우에 급여자의 위와 같은 손해배상청구를 인용한다면, 이는 급여자는 결국 자신이 행한 급부 자체 또는 그 경제적 동일물을 환수하는 것과 다름없는 결과가 되어, 민법 제746조에서 실정법적으로 구체화된 앞에서 본 바와 같은 법이념에 반하게 되는 것이다"(대판 2013.8.22. 2013다35412).

[정답] ③

문8 부당이득에 관한 다음 설명 중 옳은 것은? (다툼이 있는 경우 판례에 의할 것)   [기출변형]

① '대물변제 약정 등에 의하여 매매와 같이' 부동산의 소유권을 이전받게 되는 사람이 이미 부동산을 점유·사용하고 있는 경우 매도인은 매수인에 대하여 매수인의 점유·사용을 법률상 원인이 없는 이익이라고 하여 부당이득반환청구를 할 수 있다.

② 물건의 소유자가 '선의의 점유자'를 상대로 소유권에 기한 물건의 반환과 아울러 권원 없는 사용으로 얻은 이익의 반환을 청구하면서 물건의 반환 청구가 인용될 것을 전제로 하여 그에 관한 소송이 계속된 때 이후의 기간에 대한 사용이익의 반환을 제748조 2항에 따라 청구하는 것은 허용되지 않는다.

③ 저당권자가 물상대위권의 행사에 나아가지 아니하여 우선변제권을 상실한 경우, 다른 채권자가 그 보상금 또는 이에 관한 변제공탁금으로부터 이득을 얻었다면 저당권자는 부당이득반환을 청구할 수 있다.

④ 공무원이 직무수행 중 경과실에 따른 불법행위로 타인에게 손해를 입힌 경우에, 공무원이 피해자에게 손해를 배상하였다면 이는 민법 제469조의 '제3자의 변제' 또는 민법 제744조의 '도의관념에 적합한 비채변제'에 해당하여, 공무원은 출연 없이 채무를 면하게 된 국가에 대해 국가의 피해자에 대한 손해배상책임의 범위 내에서 공무원이 변제한 금액에 대해 구상권을 취득한다.

해설 ① [○] ※ 제744조(도의관념에 적합한 비채변제)가 적용된다고 본 사례

"공무원이 직무수행 중 불법행위로 타인에게 손해를 입힌 경우에 국가 등이 국가배상책임을 부담하는 외에 공무원 개인도 고의 또는 중과실이 있는 경우에는 불법행위로 인한 손해배상책임을 지고, 공무원에게 경과실이 있을 뿐인 경우에는 공무원 개인은 손해배상책임을 부담하지 아니한다(대판 1996.2.15. 95다38677). 이처럼 경과실이 있는 공무원이 피해자에게 손해를 배상하였다면 그것은 채무자 아닌 사람이 타인의 채무를 변제한 경우에 해당하고, 이는 민법 제469조의 '제3자의 변제' 또는 민법 제744조의 '도의관념에 적합한 비채변제'에 해당하여 피해자는 공무원에 대하여 이를 반환할 의무가 없다. 이 경우 공무원은 출연 없이 채무를 면하게 된 국가에 대해 국가의 피해자에 대한 손해배상책임의 범위 내에서 공무원이 변제한 금액에 대해 구상권을 취득한다"(대판 2014.8.20. 2012다54478).

② [×] ※ 부당이득반환청구와 수익자의 악의 의제

"선의의 점유자는 점유물의 과실을 취득하고(제201조 제1항), 점유자는 선의로 점유한 것으로 추정되지만(제197조 제1항), 선의의 점유자라도 본권에 관한 소에서 패소한 때에는 그 소가 제기된 때부터 악의의 점유자로 본다(제197조 제2항). 같은 취지에서 선의의 수익자가 패소한 때에는 그 소를 제기한 때부터 악의의 수익자로 간주되고(제749조 제2항), 악의의 수익자는 그 받은 이익에 이자를 붙여 반환하고 손해가 있으면 이를 배상하여야 한다(제748조 제2항). 여기에서 '패소한 때'란 점유자 또는 수익자가 종국판결에 의하여 패소 확정되는 것을 뜻하지만, 이는 악의의 점유자 또는 수익자로 보는 효과가 그때 발생한다는 것뿐이고 점유자 등의 패소판결이 확정되기 전에는 이를 전제로 하는 청구를 하지 못한다는 의미가 아니다. 그러므로 소유자가 점유자 등을 상대로 물건의 반환과 아울러 권원 없는 사용으로 얻은 이익의 반환을 청구하면서 물건의 반환 청구가 인용될 것을 전제로 하여 그에 관한 소송이 계속된 때 이후의 기간에 대한 사용이익의 반환을 청구하는 것은 허용된다"(대판 2016.7.29. 2016다220044).

③ [×] "민법 제370조, 제342조 단서가 저당권자는 물상대위권을 행사하기 위하여 저당권설정자가 받을 금전 기타 물건의 지급 또는 인도 전에 압류하여야 한다고 규정한 것은 물상대위의 목적인 채권의 특정성을 유지하여 그 효력을 보전함과 동시에 제3자에게 불측의 손해를 입히지 않으려는 데에 그 취지가 있다. 따라서 저당목적물의 변형물인 금전 기타 물건에 대하여 이미 제3자가 압류하여 그 금전 또는 물건이 특정된 이상 저당권자가 스스로 이를 압류하지 않고서도 물상대위권을 행사하여 일반 채권자보다 우선변제를 받을 수 있으나, 그 행사방법은 민사집행법 제273조에 의하여 담보권의 존재를 증명하는 서류를 집행법원에 제출하여 채권압류 및 전부명령을 신청하는 것이거나 민사집행법 제247조 제1항에 의하여 배당요구를 하는 것이므로, 이러한 물상대위권의 행사에 나아가지 아니한 채 단지 수용대상토지에 대하여 담보물권의 등기가 된 것만으로는 그 보상금으로부터 우선변제를 받을 수 없다. 그렇다면 저당권자가 물상대위권의 행사에 나아가지 아니하여 우선변제권을 상실한 이상, 다른 채권자가 그 보상금 또는 이에 관한 변제공탁금으로부터 이득을 얻었다고 하더라도 저당권자는 이를 부당이득으로서 반환청구할 수 없다"(대판 2010.10.28. 2010다46756)

④ [X] "토지의 매수인이 아직 소유권이전등기를 마치지 않았더라도 매매계약의 이행으로 토지를 인도받은 때에는 매매계약의 효력으로서 이를 점유·사용할 권리가 있으므로, 매도인이 매수인에 대하여 그 점유·사용을 법률상 원인이 없는 이익이라고 하여 부당이득반환청구를 할 수는 없다. 이러한 법리는 대물변제 약정 등에 의하여 매매와 같이 부동산의 소유권을 이전받게 되는 사람이 이미 부동산을 점유·사용하고 있는 경우에도 마찬가지로 적용된다"(대판 2016.7.7. 2014다2662)

[정답] ①

문9 부당이득에 관한 설명 중 옳은 것은? (다툼이 있는 경우 判例에 의함)   [기출변형]

① 급부부당이득의 경우, 법률상 원인이 없다는 점에 대한 증명책임의 소재는 부당이득반환을 주장하는 자에게 있고, 침해부당이득의 경우, 이익을 보유할 정당한 권원이 있다는 점에 관한 증명책임의 소재는 부당이득반환 청구의 상대방에게 있다.

② 임대인은 임차권의 양도담보권자를 상대로 차임 상당 부당이득반환청구를 할 수 있다.

③ 수급인이 건물의 공유자 중 1인과 도급계약을 체결하여 이에 관한 수리를 완료한 경우 도급인이 아닌 다른 공유자에 대하여 직접 부당이득반환청구를 할 수 있다.

④ 상계계약에서 한쪽 당사자의 채권이 불성립 또는 무효이어서 채무면제가 무효가 되면 상대방의 채무면제도 당연히 무효가 되고 이때 상대방의 채권이 유효하게 존재하였던 경우, 채무자가 채무를 이행하지 않았다고 하여 법률상 원인 없이 채무를 면하는 이익을 얻었다고 볼 수는 없으나, 상대방의 채권도 불성립 또는 무효이어서 존재하지 않았던 경우라면, 채무자가 채무를 면하는 이익을 얻었다고 볼 수 있다.

해설 ① [○] ※ 급부부당이득의 경우, 법률상 원인이 없다는 점에 대한 증명책임의 소재(=부당이득반환을 주장하는 자) / 침해부당이득의 경우, 이익을 보유할 정당한 권원이 있다는 점에 관한 증명책임의 소재(=부당이득반환 청구의 상대방)

"민법 제741조는 "법률상 원인 없이 타인의 재산 또는 노무로 인하여 이익을 얻고 이로 인하여 타인에게 손해를 가한 자는 그 이익을 반환하여야 한다."라고 정하고 있다. 당사자 일방이 자신의 의사에 따라 일정한 급부를 한 다음 급부가 법률상 원인 없음을 이유로 반환을 청구하는 이른바 급부부당이득의 경우에는 법률상 원인이 없다는 점에 대한 증명책임은 부당이득반환을 주장하는 사람에게 있다. 이 경우 부당이득의 반환을 구하는 자는 급부행위의 원인이 된 사실의 존재와 함께 그 사유가 무효, 취소, 해제 등으로 소멸되어 법률상 원인이 없게 되었음을 주장·증명하여야 하고, 급부행위의 원인이 될 만한 사유가 처음부터 없었음을 이유로 하는 이른바 착오 송금과 같은 경우에는 착오로 송금하였다는 점 등을 주장·증명하여야 한다. 이는 타인의 재산권 등을 침해하여 이익을 얻었음을 이유로 부당이득반환을 구하는 이른바 **침해부당이득의**

경우에는 부당이득반환 청구의 상대방이 이익을 보유할 정당한 권원이 있다는 점을 증명할 책임이 있는 것과 구별된다"(대판 2018.1.24. 2017다37324)

② [×] ※ 임차목적물의 양도담보권자를 상대로 임대인이 차임 상당 부당이득반환청구를 할 수 있는지 여부 (소극)

"담보권자가 담보제공자 아닌 제3자 소유의 토지를 담보물로 이용하였다고 하더라도 현실적인 점유를 수반하지 아니하는 가치권의 이용만으로써는 담보권자에게 어떠한 현실적인 이익이 있었다고 할 수도 없고 또 이로 인하여 제3자의 현실적인 점유가 방해되었다고도 할 수 없다. 따라서 채무자인 임차인이 채권자인 피고를 위하여 이 사건 임대차 목적물에 관한 임차권 등을 양도담보로 제공하기로 한 경우 이 사건 임대차 목적물을 점유하면서 사용·수익한 사람은 임차인이고, 피고는 양도담보권자의 지위에 있을 뿐 이 사건 임대차 목적물을 직접적으로 사용하지 않았으므로 이러한 현실적인 점유를 수반하지 아니하는 가치권의 이용만으로써는 양도담보권자에 불과한 피고에게 어떠한 현실적인 이익이 있었다고 할 수도 없으며, 이로 인하여 임대인인 원고에게 손해가 발생하였다고 볼 수도 없다"(대판 2018.7.12. 2018다223269).

③ [×] ※ 전용물소권 인정여부(소극)

"계약상의 급부가 계약의 상대방뿐만 아니라 제3자의 이익으로 된 경우에 급부를 한 계약당사자가 계약 상대방에 대하여 계약상의 반대급부를 청구할 수 있는 이외에 그 제3자에 대하여 직접 부당이득반환청구를 할 수 있다고 보면, ⅰ) 자기 책임 하에 체결된 계약에 따른 위험부담을 제3자에게 전가시키는 것이 되어 계약법의 기본원리에 반하는 결과를 초래할 뿐만 아니라, ⅱ) 채권자인 계약당사자가 채무자인 계약 상대방의 일반채권자에 비하여 우대 받는 결과가 되어 일반채권자의 이익을 해치게 되고, ⅲ) 수익자인 제3자가 계약 상대방에 대하여 가지는 항변권 등을 침해하게 되어 부당하므로, 위와 같은 경우 계약상의 급부를 한 계약당사자는 이익의 귀속 주체인 제3자에 대하여 직접 부당이득반환을 청구할 수는 없다"(대판 2002.8.23. 99다66564·66571)고 판시하여 **전용물소권을 부정**하는 입장에 있다.

[사실관계] 수급인이 건물의 공유자 중 1인과 도급계약을 체결하여 수리를 완료한 경우 도급인이 아닌 다른 공유자에 대하여는 직접 부당이득반환청구를 할 수 없다고 본 사안이다.

④ [×] ※ 상계계약에서 한쪽당사자의 채권이 불성립 또는 무효인 경우와 양쪽 당사자의 채권이 모두 불성립 또는 무효인 경우의 부당이득

"부당이득이 성립하기 위한 요건인 '이익'을 얻은 방법에는 제한이 없다. 가령 채무를 면하는 경우와 같이 어떠한 사실의 발생으로 당연히 발생하였을 손실을 보지 않는 것도 이익에 해당한다. 상계계약은 당사자 사이에 서로 대립하는 채권이 유효하게 존재하는 것을 전제로 서로 채무를 대등액 또는 대등의 평가액에 관하여 면제시키는 것을 내용으로 하는 계약이다. 두 채권의 소멸은 서로 인과관계가 있으므로 한쪽 당사자의 채권이 불성립 또는 무효이어서 그 면제가 무효가 되면 상대방의 채무면제도 당연히 무효가 된다. 이때 상대방의 채권이 유효하게 존재하였던 경우라면, 그 채권은 여전히 존재하는 것이 되므로 채무자는 그 채무를 이행할 의무를 부담한다. 채무자가 이를 이행하지 않았다고 하더라도 그가 법률상 원인 없이 채무를 면하는 이익을 얻었다고 볼 수 없다. 그리고 상대방의 채권도 불성립 또는 무효이어서 존재하지 않았던 경우라면, 채무자는 부존재하는 채무에 관하여 무효인 채무면제를 받은 것에 지나지 않으므로 채무를 이행할 의무도 없고 채무를 면하는 이익을 얻은 것도 아니다"(대판 2017.12.5. 2017다225978, 225985).

[정답] ①

문 10 불법원인급여와 관련한 다음 설명 중 틀린 것은? (다툼이 있는 경우 판례에 의함) [기출변형]

① 불법의 원인으로 재산을 급여한 사람이 불법의 원인에 가공한 상대방 수령자에 대하여 '부당이득'이나 '물권적 청구권'은 행사할 수 없어도 원칙적으로 '불법행위'를 이유로 손해배상은 청구할 수 있다.

② 불법원인급여 후 급부를 이행받은 자가 별도의 약정으로 급부 그 자체 또는 그에 갈음한 대가물을 반환하기로 하는 특약은 원칙적으로 유효하다.

③ 부동산 실권리자명의 등기에 관한 법률에 의하여 무효인 명의신탁약정에 기하여 타인 명의의 등기가 마쳐졌다는 이유만으로 그것이 당연히 불법원인급여에 해당한다고 볼 수 없다.

④ 도박자금을 제공함으로 인하여 발생한 채권의 담보로 부동산에 관하여 근저당권설정등기가 경료되었을 뿐이라면 위 근저당권설정등기로 근저당권자가 받을 이익은 민법 제746조에서 말하는 이익에는 해당하지 아니하므로, 그 부동산의 소유자는 위 등기의 말소를 청구할 수 있다.

해설 ① [X] ※ 불법원인 급여자의 상대방에 대한 불법행위에 기한 손해배상청구 가부(소극)

判例는 "불법원인 급여자의 불법행위에 기한 손해배상청구를 인용한다면, 이는 결국 자신이 행한 급부 자체 또는 그 경제적 동일물을 환수하는 것과 다름없는 결과가 되어, **제746조에서 구체화된 법이념에 반하게 되는 것**"이라고 하여 불법행위에 기한 손해배상청구권을 부정한다(대판 2013.8.22. 2013다35412 ; 그러나 예외적으로 반환청구가 허용되는 바와 같이 불법성이 상대방에게만 있거나 그의 불법성이 급여자의 불법성보다 현저히 크다고 평가되는 경우에는 이를 긍정하고 있다).

② [O] "불법원인급여 후 급부를 이행받은 자가 급부의 원인행위와 별도의 약정으로 급부 그 자체 또는 그에 갈음한 대가물의 반환을 특약하는 것은 불법원인급여를 한 자가 그 부당이득의 반환을 청구하는 경우와는 달리 그 반환약정 자체가 사회질서에 반하여 무효가 되지 않는 한 유효하다. 여기서 반환약정 자체의 무효 여부는 반환약정 그 자체의 목적뿐만 아니라 당초의 불법원인급여가 이루어진 경위, 쌍방당사자의 불법성의 정도, 반환약정의 체결과정 등 민법 제103조 위반 여부를 판단하기 위한 제반 요소를 종합적으로 고려하여 결정하여야 하고, 한편 반환약정이 사회질서에 반하여 무효라는 점은 수익자가 이를 입증하여야 한다"(대판 2010.5.27, 2009다12580).

③ [O] "부동산실명법이 규정하는 명의신탁약정은 그 자체로 선량한 풍속 기타 사회질서에 위반하는 경우에 해당한다고 단정할 수 없을 뿐만 아니라, 위 법률은 원칙적으로 명의신탁약정과 그 등기에 기한 물권변동만을 무효로 하고 명의신탁자가 다른 법률관계에 기하여 등기회복 등의 권리행사를 하는 것까지 금지하지는 않는 대신, 명의신탁자에 대하여 행정적 제재나 형벌을 부과함으로써 사적자치 및 재산권보장의 본질을 침해하지 않도록 규정하고 있으므로, 위 법률이 비록 부동산등기제도를 악용한 투기·탈세·탈법행위 등 반사회적 행위를 방지하는 것 등을 목적으로 제정되었다고 하더라도, 무효인 명의신탁약정에 기하여 타인 명의의 등기가 마쳐졌다는 이유만으로 그것이 당연히 불법원인급여에 해당한다고 볼 수 없다"(대판 2003.11.27, 2003다41722).

쟁점정리 ※ 불법원인 급여에서 '불법'의 의미

判例는 "제746조의 불법원인은 설사 法律(강행규정)의 금지함에 위반한 경우라 할지라도 그것이 선량한 풍속 기타 사회질서에 위반하지 않는 경우에는 이에 해당하지 않는다"고 판시하여 동일개념설의 입장이다(대판 1983.11.22, 83다430).

④ [○] ※ 불법원인 급여에서 '급여(급부)'의 의미

여기서의 급부는 급부자의 자발적 의사에 의한 재산적 가치 있는 출연을 의미한다. 그리고 급부는 '종국적'인 것이어야 한다. 따라서 급부대상이 부동산인 경우에는 등기가 있어야 하고 동산인 경우에는 인도가 있어야 한다. 判例도 급부의 수령자가 이를 실현하려면 국가의 협력 내지 법의 보호를 기다려야 하는 경우는 제746조의 급부가 아니라고 보았다.

즉 '도박채무의 담보로 부동산에 근저당권을 설정'한 경우, 수령자가 그 이익을 얻으려면 경매신청을 하여야 하는 별도의 조치를 요하는 점에서 그 급부는 종국적인 것이 아니어서 말소를 청구할 수 있다고 한다(대판 1995.8.11, 94다54108). 다만 '도박채무의 양도담보로 이전해 준 소유권이전등기'는 제746조의 불법원인급여에 해당하여 그 말소를 청구할 수 없다고 하였다(대판 1989.9.29, 89다카5994).

☞ 근저당권의 경우에는 그 실행을 위해 경매절차 등 국가의 협력이 필요하다는 점에서 사적실행이 가능한 양도담보와는 그 사정이 다르므로, 判例의 결론은 구체적 타당성이 있다고 생각된다.

[정답] ①

제6장 불법행위책임

문1 불법행위에 관한 다음 설명 중 가장 옳지 않은 것은? (다툼이 있는 경우 판례에 의하고, 전원합의체 판결의 경우 다수의견에 의함) [20서기보]

① 자동차의 주요 골격 부위가 파손되는 등의 사유로 중대한 손상이 있는 사고가 발생한 경우에는, 기술적으로 가능한 수리를 마치더라도 특별한 사정이 없는 한 원상회복이 안되는 수리 불가능한 부분이 남는다고 보는 것이 경험칙에 부합하고, 그로 인한 자동차 가격 하락의 손해는 통상의 손해에 해당한다.

② 불법행위에 기한 손해배상채권에서 민법 제766조 제2항의 소멸시효의 기산점이 되는 '불법행위를 한 날'이란 가해행위가 있었던 날이 아니라 현실적으로 손해의 결과가 발생한 날을 의미하나, 그 손해의 결과발생이 현실적인 것으로 되었다면 그 소멸시효는 피해자가 손해의 결과발생을 알았거나 예상할 수 있는지 여부에 관계없이 가해행위로 인한 손해가 현실적인 것으로 되었다고 볼 수 있는 때부터 진행한다.

③ 제3자의 채권침해 당시 채무자가 가지고 있던 다액의 채무로 인하여 제3자의 채권침해가 없었더라도 채권자가 채무자로부터 일정액 이상으로 채권을 회수할 가능성이 없었다고 인정될 경우에는 위 일정액을 초과하는 손해와 제3자의 채권침해로 인한 불법행위 사이에는 상당인과관계를 인정할 수 없다.

④ 사용자가 피용자의 과실에 의한 불법행위로 인한 사용자책임을 부담하는 경우와 달리, 피용자의 고의에 의한 불법행위로 인하여 사용자책임을 부담하는 경우에는 피해자에게 과실이 있다고 하여 그 책임을 제한할 수 없다.

해설 ① [○] "i) 불법행위로 인하여 물건이 훼손되었을 때 통상의 손해액은 수리가 가능한 경우에는 수리비, 수리가 불가능한 경우에는 교환가치의 감소액이 되고, 수리를 한 후에도 일부 수리가 불가능한 부분이 남아있는 경우에는 수리비 외에 수리불능으로 인한 교환가치의 감소액도 통상의 손해에 해당한다. ii) 자동차의 주요 골격 부위가 파손되는 등의 사유로 중대한 손상이 있는 사고가 발생한 경우에는, 기술적으로 가능한 수리를 마치더라도 특별한 사정이 없는 한 원상회복이 안 되는 수리 불가능한 부분이 남는다고 보는 것이 경험칙에 부합하고, 그로 인한 자동차 가격 하락의 손해는 통상의 손해에 해당한다고 보아야 한다"(대판 2017.5.17. 2016다248806).

② [○] ※ 손해배상청구권의 소멸시효 - 10년의 장기소멸시효
제766조(손해배상청구권의 소멸시효) 「①항 불법행위로 인한 손해배상의 청구권은 피해자나 그 법정대리인이 그 손해 및 가해자를 안 날로부터 3년간 이를 행사하지 아니하면 시효로 인하여 소멸한다. ②항 불법행위를 한 날로부터 10년을 경과한 때에도 전항과 같다.」

判例는 이를 (제척기간이 아닌) 소멸시효기간으로 본다(대판 1996.12.19. 전합94다22927).

이 때 '불법행위를 한 날'은 가해행위가 있었던 날이 아니라 현실적으로 손해의 결과가 발생한 날을 의미한다. 한편 손해의 결과발생이 현실적인 것으로 되었다면, 피해자가 손해의 결과발생을 알았거나 예상할 수 있는가 여부에 관계없이, 가해행위로 인한 손해가 현실적인 것으로 되었다고 볼 수 있는 때로부터 소멸시효는 진행한다(대판 2005.5.13. 2004다71881).

③ [○] ※ 제3자의 채권침해에 대한 구제 - 손해액의 산정

"제3자의 채권침해 당시 채무자가 가지고 있던 다액의 채무로 인하여 제3자의 채권침해가 없었더라도 채권자가 채무자로부터 일정액 이상으로 채권을 회수할 가능성이 없었다고 인정될 경우에는 위 일정액을 초과하는 손해와 제3자의 채권침해로 인한 불법행위 사이에는 상당인과관계를 인정할 수 없다. 이때의 채권회수 가능성은 불법행위시를 기준으로 채무자의 책임재산과 채무자가 부담하는 채무의 액수를 비교하는 방법으로 판단할 수 있고, 불법행위 당시에 이미 이행기가 도래한 채무는 채권자가 종국적으로 권리를 행사하지 아니할 것으로 볼 만한 특별한 사정이 없는 한 비교대상이 되는 채무자 부담의 채무에 포함되며, 더 나아가 비교대상 채무에 해당하기 위하여 불법행위 당시 채무자의 재산에 대한 압류나 가압류가 되어 있을 것을 요하는 것은 아니다"(대판 2019.5.10. 2017다239311).

④ [×] "사용자가 피용자의 과실에 의한 불법행위로 인한 사용자책임을 부담하는 경우와 마찬가지로 피용자의 고의에 의한 불법행위로 인하여 사용자책임을 부담하는 경우에도 피해자에게 그 손해의 발생과 확대에 기여한 과실이 있다면 사용자책임의 범위를 정함에 있어서 이러한 피해자의 과실을 고려하여 그 책임을 제한할 수 있다"(대판 2002.12.26. 2000다56952).

[비교판례] 피용자의 고의의 불법행위로 인해 사용자책임이 성립하는 경우, 사용자는 자신의 고의의 불법행위가 아니라는 이유로 제496조(채무가 고의의 불법행위로 인한 것인 때에는 그 채무자는 상계로 채권자에게 대항하지 못한다)의 적용을 면할 수는 없다(대판 2006.10.26, 2004다63019)

[정답] ④

문2 **사용자책임에 관한 다음 설명 중 가장 옳지 않은 것은? (다툼이 있는 경우 판례에 의하고, 전원합의체 판결의 경우 다수의견에 의함)** [18서기보]

① 민법 제756조의 사용자와 피용자의 관계는 반드시 유효한 고용관계가 있는 경우에 한하는 것이 아니고, 사실상 어떤 사람이 다른 사람을 위하여 그 지휘·감독 아래 그 의사에 따라 사업을 집행하는 관계에 있을 때에도 사용자, 피용자 관계가 있다고 할 수 있다.

② 피용자가 퇴직한 뒤에도 사용자의 실질적인 지휘·감독 아래에 있었다고 볼 수 있는 특별한 사정이 있는 경우라면 그의 행위에 대하여 종전의 사용자에게 사용자책임을 물을 수 있다.

③ 사용자책임이 인정되는 경우 사용자와 피용자는 부진정연대책임을 지는데, 이때 연대채무에 있어서 소멸시효의 절대적 효력에 관한 민법 제421조의 규정은 부진정연대채무에 대하여는 그 적용이 없다.

④ 동업관계에 있는 자들이 공동으로 처리하여야 할 업무를 동업자 중 1인에게 맡겨 처리하도록 한 경우, 다른 동업자는 기본적으로 그 업무집행자의 동업자로서 동등한 지위에 있으므로, 업무집행과정에서 발생한 사고에 대하여는 사용자책임이 성립하지 않는다.

해설 ① [○] ※ 사용자책임 요건 – 사용관계의 존재

'사용관계'란 고용계약에 기초한 고용관계나 근로계약관계보다 넓은 개념으로서(대판 1979.7.10, 79다644), 반드시 유효한 고용관계에 한하지 않고 사실상 어떤 사람이 다른 사람을 위하여 그 지휘·감독 아래 그 의사에 따라 사무를 집행하는 관계에 있으면 족하다(대판 2003.12.26, 2003다49542).

② [○] "피용자가 퇴직한 뒤에는 퇴직에도 불구하고 사용자의 실질적인 지휘·감독 아래에 있었다고 볼 수 있는 특별한 사정이 없다면 그의 행위에 대하여 원칙적으로 종전의 사용자에게 사용자책임을 물을 수 없다"(대판 2001.9.4. 2000다26128).

☞ 반대 해석상 피용자가 퇴직한 뒤에도 사용자의 실질적인 지휘·감독 아래에 있었다고 볼 수 있는 특별한 사정이 있는 경우라면 그의 행위에 대하여 종전의 사용자에게 사용자책임을 물을 수 있다.

③ [○] 대판 1997.12.23. 97다42830

제421조(소멸시효의 절대적 효력) 「어느 연대채무자에 대하여 소멸시효가 완성한 때에는 그 부담부분에 한하여 다른 연대채무자도 의무를 면한다.」

☞ 연대채무에서 절대적 효력이 있는 것, 즉 면제(제419조 참조, 대판 2006.1.27. 2005다19378)·소멸시효의 완성(제421조 참조, 대판 2010.12.23. 2010다52225)·소멸시효의 중단(대판 2011.4.4. 2010다91866) 등은 부진정연대채무에서는 상대적 효력이 있을 뿐이다.

④ [×] ※ 사용관계의 구체적 경우 – 동업관계

대법원은 "동업관계에 있는 자들이 공동으로 처리하여야 할 업무를 동업자 중 1인에게 그 업무집행을 위임하여 그로 하여금 처리하도록 한 경우, 다른 동업자는 그 업무집행자의 동업자인 동시에 사용자의 지위에 있다 할 것이므로, 업무집행 과정에서 발생한 사고에 대하여 사용자로서의 **손해배상책임이 있다**"(대판 1998.4.28. 97다55164)고 하여 사용자책임 법리에 의하여 다른 조합원의 손해배상책임을 인정하고 있다. 이 경우 각 조합원의 손해배상채무는 부진정연대채무 관계에 있다.

[정답] ④

문3 다음 설명 중 가장 옳지 않은 것은? (다툼이 있는 경우 판례에 의함)

① 피용자의 불법행위가 외관상 사무집행의 범위 내에 속하는 것으로 보이는 경우에도 피용자의 행위가 사용자나 사용자에 갈음하여 그 사무를 감독하는 자의 사무집행행위에 해당하지 않음을 피해자 자신이 알았거나 또는 중대한 과실로 알지 못한 경우에는 사용자 또는 사용자에 갈음하여 그 사무를 감독하는 자에 대하여 사용자책임을 물을 수 없다.

② 수인이 공동하여 타인에게 손해를 가하는 민법 제760조의 공동불법행위의 경우에는 행위자 상호 간의 공모는 물론 공동의 인식을 필요로 하지 아니하고 객관적으로 그 공동행위가 관련 공동되어 있기만 하면 되며, 그 관련 공동성 있는 행위에 의하여 손해가 발생함으로써 공동불법행위가 성립한다.

③ 사람의 품성, 덕행, 명성, 신용 등의 인격적 가치에 관하여 사회로부터 받는 객관적인 평가인 명예를 위법하게 침해당한 자는 민법 제751조에 따른 손해배상 또는 민법 제764조에 따른 명예회복을 위한 처분을 구할 수 있을 뿐이고, 그 외에 인격권으로서 명예권에 기초하여 가해자에 하여 현재 이루어지고 있는 침해행위를 배제하거나 장래에 생길 침해를 예방하기 위하여 침해행위의 금지를 구하는 것은 허용될 수 없다.

④ 민법 제760조 제3항은 불법행위의 방조자를 공동행위자로 보아 방조자에게 공동불법행위의 책임을 담시키고 있는데, 손해의 전보를 목적으로 하여 과실을 원칙적으로 고의와 동일시하는 민사법의 영역에서는 과실에 의한 방조도 가능하다.

해설 ① [○] 제756조의 사용자 책임이 성립하기 위해서는 ⅰ) 피용자의 가해행위가 불법행위의 일반적 성립요건을 갖출 것, ⅱ) 타인을 사용하여 어느 사무에 종사하게 할 것(사용관계의 존재), ⅲ) 피용자가 사무집행에 관하여 제3자에게 손해를 주었을 것(가해행위의 사무집행관련성), ⅳ) 사용자의 선임·감독상의 주의의무 결여가 있을 것이 필요하다(불, 사, 사).

※ 사용자책임 요건 – 가해행위의 사무집행관련성
"피용자의 불법행위가 외관상 사무집행의 범위 내에 속하는 것으로 보이는 경우에도 거래상대방이 피용자의 행위가 실질적으로 사무집행에 해당하지 않음을 '알았거나' '중과실'로 알지 못한 경우에는 사용자책임을 물을 수 없다"(대판 2003.1.10, 2000다34426).

② [○] ※ 공동불법행위책임 요건 – 행위의 공동성
判例는 "공동불법행위자 상호 간에 의사의 공동이나 공동의 인식이 필요하지 아니하고 '객관적으로 각 행위에 관련공동성'이 있으면 족하다"(대판 2006.1.26, 2005다47014 등)고 하거나, "공동불법행위가 성립하려면 행위자 사이에 의사의 공통이나 행위공동의 인식이 필요한 것은 아니지만 객관적으로 보아 피해자에 대한 권리침해가 공동으로 행하여지고 그 행위가 손해발생에 대하여 '공통의 원인'이 되었다고 인정되는 경우라야 한다"(대판 1989.5.23, 87다카2723)고 판시함으로써 객관적 공동설의 입장을 취하고 있다.

③ [×] 명예는 생명, 신체와 함께 매우 중대한 보호법익이고 인격권으로서의 명예권은 물권의 경우와 마찬가지로 배타성을 가지는 권리라고 할 것이므로, 사람의 품성, 덕행, 명성, 신용 등의 인격적 가치에 관하여 사회로부터 받는 객관적인 평가인 명예를 위법하게 침해당한 자는 손해배상(민법 제751조) 또는 명예회복을 위한 처분(민법 제764조)을 구할 수 있는 이외에 인격권으로서 명예권에 기초하여 가해자에 대하여 현재 이루어지고 있는 침해행위를 배제하거나 장래에 생길 침해를 예방하기 위하여 침해행위의 금지를 구할 수도 있다(대판 2013.3.28. 2010다60950).
"명예(인격권)는 그 성질상 일단 침해된 후의 구제수단(손해배상이나 명예회복처분)만으로는 그 침해의 완전한 회복이 어렵고 손해전보의 실효성을 기대하기 어려우므로, 사전(예방적)구제수단으로 '침해행위의 정지·방지' 등의 청구권도 인정"된다고 한다(대판 1996.4.12, 93다40614).

④ [○] ※ 과실에 의한 방조
"민법 제760조 제3항은 불법행위의 방조자를 공동행위자로 보아 방조자에게 공동불법행위의 책임을 부담시키고 있는바, 방조는 불법행위를 용이하게 하는 직접, 간접의 모든 행위를 가리키는 것으로서 작위에 의한 경우뿐만 아니라 작위의무 있는 사람이 그것을 방지하여야 할 제반 조치를 취하지 아니하는 부작위로 인하여 불법행위자의 실행행위를 용이하게 하는 경우도 포함하며, 손해의 전보를 목적으로 하여 과실을 원칙적으로 고의와 동일시하는 민사법의 영역에서는 과실에 의한 방조도 가능하다"(대판 2014.3.27. 2013다91597).

[정답] ③

문4 불법행위에 관한 다음 설명 중 가장 옳지 않은 것은? (다툼이 있는 경우 판례에 의함) [16서기보]

① 피고소인이 고소인이 고소한 피의사실로 기소되어 무죄의 확정판결을 받았다고 하더라도, 그 고소 내용이 터무니없는 허위사실이 아니라 사실에 기초하여 그 정황을 다소 과장한 것에 불과하다면, 불법행위를 구성하지 않는다.
② 공동 아닌 수인의 행위 중 어느 자의 행위가 그 손해를 가한 것인지를 알 수 없는 때에는 각각의 행위와 손해 발생 사이의 인과관계는 법률상 추정된다.
③ 민법상의 공동불법행위에 있어서 과실에 의한 방조는 성립하지 않는다.
④ 방조자도 공동행위자로서 행위자와 연대하여 손해를 배상할 책임이 있다.

해설 ① [○] "피고소인이 고소인이 고소한 피의사실로 기소되어 무죄의 확정판결을 받았다고 하더라도 그 고소가 권리의 남용이라고 인정될 수 있는 정도의 고의 또는 중대한 과실에 의한 것이 아닌 이상, 고소인의 행위가 불법행위를 구성한다고 볼 수는 없는 것이다"(대판 2006.4.28. 2005다29481).

② [○] ※ 가해자 불명의 공동불법행위
제760조(공동불법행위자의 책임) 「①항 수인이 공동의 불법행위로 타인에게 손해를 가한 때에는 연대하여 그 손해를 배상할 책임이 있다. ②항 공동 아닌 수인의 행위 중 어느 자의 행위가 그 손해를 가한 것인지를 알 수 없는 때에도 전항과 같다.」

"제760조 2항은 여러 사람의 행위가 경합하여 손해가 생긴 경우 중 동조 1항에서 말하는 공동의 불법행위로 보기에 부족할 때, 입증책임을 덜어줌으로써 피해자를 보호하려는 입법정책상의 고려에 따라 각각의 행위와 손해 발생 사이의 인과관계를 법률상 추정한 것이므로, 이러한 경우 개별 행위자가 자기의 행위와 손해 발생 사이에 인과관계가 존재하지 아니함을 증명하면 면책되고, 손해의 일부가 자신의 행위에서 비롯된 것이 아님을 증명하면 배상책임이 그 범위로 감축된다"(대판 2008.4.10. 2007다76306).

③ [✕] ④ [○] **제760조(공동불법행위자의 책임)** 「③항 교사자나 방조자는 공동행위자로 본다.」
"민법 제760조 제3항은 불법행위의 방조자를 공동행위자로 보아 방조자에게 공동불법행위의 책임을 부담시키고 있는바, 방조는 불법행위를 용이하게 하는 직접, 간접의 모든 행위를 가리키는 것으로서 작위에 의한 경우뿐만 아니라 작위의무 있는 사람이 그것을 방지하여야 할 제반 조치를 취하지 아니하는 부작위로 인하여 불법행위자의 실행행위를 용이하게 하는 경우도 포함하며, 손해의 전보를 목적으로 하여 과실을 원칙적으로 고의와 동일시하는 민사법의 영역에서는 과실에 의한 방조도 가능하다. 그런데 이 경우의 과실의 내용은 불법행위에 도움을 주지 말아야 할 주의의무가 있음을 전제로 하여 그 의무를 위반하는 것을 말하고, 방조자에게 공동불법행위자로서 책임을 지우기 위하여는 방조행위와 피해자의 손해 발생 사이에 상당인과관계가 있어야 한다. 그리고 상당인과관계가 있는지 여부는 과실에 의한 방조가 피해 발생에 끼친 영향, 피해자의 신뢰 형성에 기여한 정도, 피해자 스스로 쉽게 피해 방지를 할 수 있었는지 등을 종합적으로 고려하여 판단하여야 한다"(대판 2014.3.27. 2013다91597).

[정답] ③

문5 불법행위에 관한 다음 설명 중 가장 옳지 **않은** 것은? (다툼이 있는 경우 판례에 의함) [17서기보]

① 타인의 토지가 아닌 자신의 토지에 토양오염을 유발시킨 자는 그 토지의 매수인에 대해 채무불이행으로 인한 손해배상책임 및 하자담보책임을 부담할 수는 있으나, 자신과 직접적인 거래관계가 없는 그 토지의 전전 매수인에 대해 불법행위책임을 부담하는 것은 아니다.

② 민법상 공동불법행위는 객관적으로 관련공동성이 있는 수인의 행위로 타인에게 손해를 가하면 성립하고, 행위자상호간에 공모는 물론 의사의 공통이나 공동의 인식을 필요로 하는 것이 아니다.

③ 채무자가 양도되는 채권의 성립이나 소멸에 영향을 미치는 사정에 관하여 양수인에게 알려야 할 신의칙상 주의의무가 있다고 볼 만한 특별한 사정이 없는 한 채무자가 그러한 사정을 알리지 아니하였다고 하여 불법행위가 성립한다고 볼 수 없다.

④ 제3자가 부부의 일방과 부정행위를 함으로써 혼인의 본질에 해당하는 부부공동생활을 침해하거나 그 유지를 방해하고 그에 대한 배우자로서의 권리를 침해하여 배우자에게 정신적 고통을 가하는 행위는 원칙적으로 불법행위를 구성하며, 이때 부부의 일방과 제3자가 부담하는 불법행위책임은 공동불법행위책임으로서 부진정연대채무 관계에 있다.

해설 ① [×] ※ 토지 소유자가 폐기물을 불법으로 매립한 경우 토지를 전전 취득한 현재의 소유자에게 불법행위
책임으로 '폐기물처리비용' 상당의 손해배상책임을 지는지 여부(적극)

토양이 오염되고 폐기물이 매립된 토지의 매수인이 그 정화·처리비용을 실제 지출하거나 지
출하게 된 것을 제750조가 규정하는 '손해'로 평가할 수 있는지 여부는 그 토지의 거래 상대방
과 사이에서 논의될 수 있을 뿐이라는 判例의 반대견해도 있으나, 다수의견은 "특별한 사정이
없는 한 이는 거래의 상대방 및 토지를 전전 취득한 현재의 토지 소유자에 대한 위법행위로서 불법행위
가 성립할 수 있고, 위법행위로 인하여 오염토양 정화비용 또는 폐기물 처리비용의 지출이라는
손해의 결과가 현실적으로 발생하였으므로, 토양오염을 유발하거나 폐기물을 매립한 종전 토지 소유
자는 오염토양 정화비용 또는 폐기물 처리비용 상당의 손해에 대하여 불법행위자로서 손해배상책임을 진
다"(대판 2016.5.19. 전합2009다66549)고 판시한 바 있다.

② [○] ※ 공동불법행위책임 요건 - 행위의 공동성

判例는 "공동불법행위자 상호 간에 의사의 공동이나 공동의 인식이 필요하지 아니하고 '객관적
으로 각 행위에 관련공동성'이 있으면 족하다"(대판 2006.1.26. 2005다47014 등)고 하거나, "공동불법
행위가 성립하려면 행위자 사이에 의사의 공통이나 행위공동의 인식이 필요한 것은 아니지만
객관적으로 보아 피해자에 대한 권리침해가 공동으로 행하여지고 그 행위가 손해발생에 대하
여 '공통의 원인'이 되었다고 인정되는 경우라야 한다"(대판 1989.5.23. 87다카2723)고 판시함으로
써 객관적 공동설의 입장을 취하고 있다.

③ [○] "채권양도를 승낙한 채무자가 양수인에게 채권의 성립이나 소멸에 영향을 주는 사정에 관
하여 고지할 신의칙상 주의의무를 부담하는 것은 아니다. 따라서 채무자는 양수인에게 불법행
위책임을 부담하지 않는다"(대판 2015.12.24. 2014다49241).

④ [○] "제3자가 부부의 일방과 부정행위를 함으로써 혼인의 본질에 해당하는 부부공동생활을 침
해하거나 유지를 방해하고 그에 대한 배우자로서의 권리를 침해하여 배우자에게 정신적 고통
을 가하는 행위는 원칙적으로 불법행위를 구성한다. 그리고 부부의 일방과 제3자가 부담하는
불법행위책임은 공동불법행위책임으로서 부진정연대채무 관계에 있다"(대판 2015.5.29. 2013므
2441).

[정답] ①

문6   불법행위에 관한 다음 설명 중 가장 옳지 않은 것은? (다툼이 있는 경우 판례에 의하고, 전원
     합의체 판결의 경우 다수의견에 의함)   [21서기보]

① 민법 제758조 제1항의 '공작물의 설치·보존상의 하자'란 공작물이 그 용도에 따
  라 통상 갖추어야 할 안전성을 갖추지 못한 상태에 있음을 말하고, 그 안전성의 구
  비 여부는 공작물의 위험성에 비례하여 사회통념상 일반적으로 요구되는 정도로 위
  험방지조치를 다하였는지 여부를 기준으로 판단하여야 한다.

② 미성년자가 책임능력이 있어 그 스스로 불법행위책임을 지는 경우에도 그 손해가
  당해 미성년자의 감독의무자의 의무위반과 상당인과관계가 있으면 감독의무자는 일
  반불법행위자로서 손해배상책임이 있다.

③ 민법 제760조 제3항은 불법행위의 방조자를 공동행위자로 보아 방조자에게 공동불법행위의 책임을 부담시키고 있는데, 여기서 방조는 부작위에 의한 방조는 포함하지만, 과실에 의한 방조는 포함되지 않는다.

④ 사업주가 직장 내 성희롱 피해근로자를 가까이에서 도와준 동료 근로자에게 불리한 조치를 한 경우에 그 조치의 내용이 부당하고 그로 말미암아 성희롱 피해근로자에게 정신적 고통을 입혔다면, 피해근로자는 불리한 조치의 직접 상대방이 아니더라도 사업주에게 민법 제750조에 따라 불법행위책임을 물을 수 있다.

[해설] ① [○] **제758조(공작물등의 점유자, 소유자의 책임)** 「①항 공작물의 설치 또는 보존의 하자로 인하여 타인에게 손해를 가한 때에는 공작물점유자가 손해를 배상할 책임이 있다. 그러나 점유자가 손해의 방지에 필요한 주의를 해태하지 아니한 때에는 그 소유자가 손해를 배상할 책임이 있다.」

※ 설치·보존상의 하자 기준

공작물의 설치·보존상의 하자라 함은, 공작물이 현실적으로 설치되어 사용되고 있는 상황에서 그 공작물에 통상 요구되는 '안전성을 결여한 것'을 말한다(대판 1992.10.27, 92다21050). 判例는 이를 토대로 하자의 기준에 관해 안전성의 구비 여부는 그 공작물의 설치·보존자가 그 공작물의 위험성에 비례하여 사회통념상 요구되는 정도의 방호조치의무를 다하였는지를 기준으로 삼아야 한다고 한다(대판 1997.10.10, 97다27022).

② [○] **제755조(감독자의 책임)** 「①항 다른 자에게 손해를 가한 사람이 제753조 또는 제754조에 따라 책임이 없는 경우에는 그를 감독할 법정의무가 있는 자가 그 손해를 배상할 책임이 있다. 다만, 감독의무를 게을리하지 아니한 경우에는 그러하지 아니하다.」

※ 감독의무자의 손해배상책임의 법적 근거

判例는 94년 전원합의체판결을 통하여 견해를 통일하여 "ⅰ) 제755조는 미성년자가 책임능력이 없는 때에 한해 감독의무자가 보충적으로 책임을 지는 것을 규율하는 규정이며 ⅱ) 따라서 책임능력 있는 미성년자의 감독의무자의 과실과 발생된 손해가 상당인과관계에 있으면 감독의무자는 제750조에 의한 일반불법행위책임을 지지만, 이때에는 피해자가 친권자의 과실과 손해발생과의 상당인과관계를 모두 입증하여야만 한다고 판시하고 있다(대판 1994.2.28, 전합93다13605).

③ [×] ※ 과실에 의한 방조

"민법 제760조 제3항은 불법행위의 방조자를 공동행위자로 보아 방조자에게 공동불법행위의 책임을 부담시키고 있는바, 방조는 불법행위를 용이하게 하는 직접, 간접의 모든 행위를 가리키는 것으로서 작위에 의한 경우뿐만 아니라 작위의무 있는 사람이 그것을 방지하여야 할 제반 조치를 취하지 아니하는 부작위로 인하여 불법행위자의 실행행위를 용이하게 하는 경우도 포함하며, 손해의 전보를 목적으로 하여 과실을 원칙적으로 고의와 동일시하는 민사법의 영역에서는 과실에 의한 방조도 가능하다"(대판 2014.3.27. 2013다91597).

④ [○] "사업주가 피해근로자 등을 가까이에서 도와준 동료 근로자에게 불리한 조치를 한 경우에 그 조치의 내용이 부당하고 그로 말미암아 피해근로자 등에게 정신적 고통을 입혔다면, 피해근로자 등은 불리한 조치의 직접 상대방이 아니더라도 사업주에게 민법 제750조에 따라 불법행위책임을 물을 수 있다. 사업주는 직장 내 성희롱 발생 시 남녀고용평등법령에 따라 신속하고 적절한

근로환경 개선책을 실시하고, 피해근로자 등이 후속 피해를 입지 않도록 적정한 근로여건을 조성하여 근로자의 인격을 존중하고 보호할 의무가 있다. 그런데도 사업주가 피해근로자 등을 도와준 동료 근로자에게 부당한 징계처분 등을 하였다면, 특별한 사정이 없는 한 사업주가 피해근로자 등에 대한 보호의무를 위반한 것으로 볼 수 있다"(대판 2017.12.22. 2016다202947).

[정답] ③

문7 다음 설명 중 가장 옳지 않은 것은? (다툼이 있는 경우 판례에 의함)　　　[14서기보]

① 의사의 환자에 대한 설명의무가 수술 시에만 한하지 않고, 검사, 진단, 치료 등 진료의 모든 단계에서 각각 발생한다.

② 설명의무 위반으로 인하여 지급할 의무가 있는 위자료에는, 설명의무 위반이 인정되지 않은 부분과 관련된 자기결정권상실에 따른 정신적 고통을 위자하는 금액 또는 중대한 결과의 발생 자체에 따른 정신적 고통을 위자하는 금액 등은 포함되지 아니한다고 보아야 한다.

③ 시술하고자 하는 미용성형 수술이 의뢰인이 원하는 구체적 결과를 모두 구현할 수 있는 것이 아니고 그 일부만을 구현할 수 있는 것이라면 그와 같은 내용 등을 상세히 설명하여 의뢰인으로 하여금 그 성형술을 시술받을 것인지를 선택할 수 있도록 할 의무가 있다.

④ 의사의 설명의무 위반을 이유로 환자에게 발생한 중대한 결과로 인한 모든 손해의 배상을 청구하는 경우에는, 설명의무위반과 중대한 결과 사이에 조건적 인과관계가 있으면 충분하고 상당인과관계까지 존재하여야 하는 것은 아니다.

[해설] ① [○] ② [○] "의사의 환자에 대한 설명의무가 수술 시에만 한하지 않고, 검사, 진단, 치료 등 진료의 모든 단계에서 각각 발생한다 하더라도, 설명의무 위반에 대하여 의사에게 위자료 등의 지급의무를 부담시키는 것은 의사가 환자에게 제대로 설명하지 아니한 채 수술 등을 시행하여 환자에게 예기치 못한 중대한 결과가 발생하였을 경우에 의사가 그 행위에 앞서 환자에게 질병의 증상, 치료나 진단방법의 내용 및 필요성과 그로 인하여 발생이 예상되는 위험성 등을 설명하여 주었더라면 환자가 스스로 자기결정권을 행사하여 그 의료행위를 받을 것인지를 선택함으로써 중대한 결과의 발생을 회피할 수 있었음에도 불구하고 의사가 설명을 하지 아니하여 그 기회를 상실하게 된 데에 따른 정신적 고통을 위자하는 것이므로, 설명의무 위반으로 인하여 지급할 의무가 있는 위자료에는, 설명의무 위반이 인정되지 않은 부분과 관련된 자기결정권 상실에 따른 정신적 고통을 위자하는 금액 또는 중대한 결과의 발생 자체에 따른 정신적 고통을 위자하는 금액 등은 포함되지 아니한다고 보아야 한다. 그리고 의료행위로 인하여 환자에게 나쁜 결과가 발생하였는데 의사의 진료상 과실은 인정되지 않고 설명의무 위반만 인정되는 경우, 설명의무 위반에 대한 위자료의 명목 아래 사실상 재산적 손해의 전보를 꾀하여서는 아니 된다"(대판 2013.4.26. 2011다29666).

참고 의사는 환자에게 수술 등 인체에 위험을 가하는 의료행위를 함에 있어 그에 대한 '승낙을 얻기 위한 전제'로서, 환자나 그 보호자에게 ㉠ 질병의 종류(증상), ㉡ 내용 및 치료방법과 ㉢ 그에 수반되는 부작용·위험성 등 환자의 치료에 관계되는 중요한 사항을 설명해 줄 의무가 있는데, 이는 '환자의 자기결정권'의 보장을 위해 인정된다.

③ [○] "미용성형술은 외모상의 개인적인 심미적 만족감을 얻거나 증대할 목적에서 이루어지는 것으로서 질병 치료 목적의 다른 의료행위에 비하여 긴급성이나 불가피성이 매우 약한 특성이 있으므로 이에 관한 시술 등을 의뢰받은 의사로서는 의뢰인 자신의 외모에 대한 불만감과 의뢰인이 원하는 구체적 결과에 관하여 충분히 경청한 다음 전문적 지식에 입각하여 의뢰인이 원하는 구체적 결과를 실현시킬 수 있는 시술법 등을 신중히 선택하여 권유하여야 하고, 당해 시술의 필요성, 난이도, 시술 방법, 당해 시술에 의하여 환자의 외모가 어느 정도 변화하는지, 발생이 예상되는 위험, 부작용 등에 관하여 의뢰인의 성별, 연령, 직업, 미용성형 시술의 경험 여부 등을 참조하여 의뢰인이 충분히 이해할 수 있도록 상세한 설명을 함으로써 의뢰인이 필요성이나 위험성을 충분히 비교해 보고 시술을 받을 것인지를 선택할 수 있도록 할 의무가 있다. 특히 의사로서는 시술하고자 하는 미용성형 수술이 의뢰인이 원하는 구체적 결과를 모두 구현할 수 있는 것이 아니고 일부만을 구현할 수 있는 것이라면 그와 같은 내용 등을 상세히 설명하여 의뢰인에게 성형술을 시술받을 것인지를 선택할 수 있도록 할 의무가 있다"(대판 2013.6.13. 2012다94865).

④ [×] ※ 설명의무 위반을 이유로 중대한 결과로 인한 모든 손해를 청구하는 경우

이때의 의사의 설명의무 위반은 환자의 생명·신체에 대한 구체적 치료과정에서 요구되는 의사의 주의의무 위반(업무상 과실)과 동일시할 정도의 것이어야 한다(대판 2004.10.28. 2002다45185). 즉, 설명의무위반과 중대한 결과 사이에 '조건적 인과관계'가 있는 것으로 충분하지 않고 '상당인과관계'까지 존재해야 한다. 구체적으로 判例는 설명의무를 다하였다 하더라도 환자가 그 수술을 거부하였을 것으로 단정 지을 수 없는 경우에는 그러한 인과관계는 성립하지 않는다고 한다(대판 1995.2.10. 94다52402).

비교판례 ※ 설명의무 위반을 이유로 위자료만 청구하는 경우

환자측에서 '선택의 기회'를 잃고 '자기결정권'을 행사할 수 없게 된 데 대한 위자료만 청구하는 경우에는 의사의 설명 결여 내지 부족으로 선택의 기회를 상실하였다는 사실만을 증명함으로써 족하고, 설명을 받았더라면 사망 등의 결과는 생기지 않았을 것이라는 관계까지 증명할 필요는 없다(대판 2009.1.15. 2008다60162 등).

[정답] ④

문8 불법행위에 관한 설명 중 옳지 않은 것은? (다툼이 있는 경우에는 판례에 의함) [기출변형]

① 사용자가 피용자와 제3자의 책임비율에 의하여 정해진 피용자의 부담부분을 초과하여 피해자에게 손해를 배상한 경우, 사용자는 제3자에 대하여도 구상권을 행사할 수 있으나 그 구상의 범위는 제3자의 부담부분에 국한된다.

② 2인 이상의 공동불법행위로 인하여 호의동승한 사람이 피해를 입은 경우, 동승자가 입은 손해에 대한 배상액을 산정할 때에는 먼저 호의동승으로 인한 감액비율을 참작하여 공동불법행위자들이 동승자에 대하여 배상하여야 할 수액을 정하여야 한다.

③ 일반적으로 타인의 불법행위 등에 의하여 재산권이 침해된 경우에 재산적 손해의 배상만으로 회복할 수 없는 정신적 손해가 발생하였다면, 가해자가 그러한 사정을 알았을 경우에 한하여 그 손해에 대한 위자료를 청구할 수 있다.

④ 사람이 갖는 명예에 관한 권리의 침해에 대하여는 사전 예방적 구제수단으로 침해행위의 정지·방지 등의 금지 청구권이 인정될 수 있다.

해설 ① [○] "피용자와 제3자가 공동불법행위로 피해자에게 손해를 가하여 그 손해배상채무를 부담하는 경우에 피용자와 제3자는 공동불법행위자로서 서로 부진정연대관계에 있고, 한편 사용자의 손해배상책임은 피용자의 배상책임에 대한 대체적 책임이어서 사용자도 제3자와 부진정연대관계에 있다고 보아야 하므로, 사용자가 피용자와 제3자의 책임비율에 의하여 정해진 피용자의 부담부분을 초과하여 피해자에게 손해를 배상한 경우에는 사용자는 제3자에 대하여도 구상권을 행사할 수 있으며, 그 구상의 범위는 제3자의 부담부분에 국한된다고 보는 것이 타당하다"(대판 1992.6.23. 전합91다33070).

② [○] ※ 공동불법행위에 있어 호의동승으로 인한 책임제한이 미치는 범위

사실관계 A가 운전하던 차량과 B가 운전하던 차량이 두 운전자의 공동과실로 사고가 발생하였고, 그로 인해 B가 운전하던 차량에 타고 있던 C가 사망하였다. 이 때 B와 C는 연인 사이였고 두 사람은 벚꽃구경을 가던 길이었다. 이에 동승차량의 운행목적, 피해자와의 인적 관계, 동승경위 등에 비추어 볼 때 C의 사망에 대해 동승차량 운전자 B에게 전적인 책임을 지우는 것은 신의칙이나 형평의 원칙상 불합리하므로 '호의동승으로 인한 책임제한'을 인정할 수 있는데, 이러한 책임제한이 다른 공동불법행위자인 A에게도 미치는지가 문제되었다. 이에 원심은 호의동승에 의한 책임제한은 인적, 내부적 관계에 기한 것인 만큼 상대적 효력만을 인정하여 부정하였으나 대법원은 아래와 같은 이유로 긍정하였다.

☞ "2인 이상의 공동불법행위로 인하여 호의동승한 사람이 피해를 입은 경우, 공동불법행위자 상호간의 내부관계에서는 일정한 부담부분이 있으나 피해자에 대한 관계에서는 부진정연대책임을 지므로, 동승자가 입은 손해에 대한 배상액을 산정함에 있어서는 먼저 호의동승으로 인한 감액 비율을 참작하여 공동불법행위자들이 동승자에 대하여 배상하여야 할 수액을 정하여야 한다. 그리고 그 당연한 귀결로서 위와 같은 책임제한은 동승 차량 운전자인 B 뿐만 아니라 상대방 차량 운전자인 A와 그 보험자에게도 적용된다"(대판 2014.3.27. 2012다87263).

③ [×] 제393조(손해배상의 범위) 「①항 채무불이행으로 인한 손해배상은 통상의 손해를 그 한도로 한다. ②항 특별한 사정으로 인한 손해는 채무자가 그 사정을 알았거나 알 수 있었을 때에 한하여 배상의 책임이 있다.」

제763조(준용규정) 「제393조, 제394조, 제396조, 제399조의 규정은 불법행위로 인한 손해배상에 준용한다.」

"일반적으로 타인의 불법행위에 의하여 재산권이 침해된 경우에는 그 재산적 손해의 배상에 의하여 정신적 고통도 회복된다고 보아야 할 것이므로, 재산적 손해의 배상에 의하여 회복할 수 없는 정신적 손해가 발생하였다면 이는 특별한 사정으로 인한 손해로서 가해자가 그러한 사정을 알았거나 알 수 있었을 경우에 한하여 그 손해에 대한 위자료를 인정할 수 있다"(대판 1988.3.22. 87다카1096).

④ [○] "명예(인격권)는 그 성질상 일단 침해된 후의 구제수단(손해배상이나 명예회복처분)만으로는 그 침해의 완전한 회복이 어렵고 손해전보의 실효성을 기대하기 어려우므로, 사전(예방적)구제수단으로 '침해행위의 정지·방지' 등의 청구권도 인정된다"(대판 1996.4.12, 93다40614).

[정답] ③

문9 사용자책임에 관한 설명 중 옳은 것을 모두 고른 것은? (다툼이 있는 경우 판례에 의함) [기출변형]

> ㄱ. 명의를 대여받은 사람이 업무수행을 함에 있어 고의 또는 과실로 다른 사람에게 손해를 끼쳤고 객관적으로 보아 명의대여자가 명의를 대여받은 사람을 지휘·감독할 지위에 있었다면, 명의대여자는 사용자로서 그 손해를 배상할 책임이 있다.
> ㄴ. 도급인이 수급인에 대하여 특정한 행위를 지휘하는 이른바 노무도급의 경우에는 수급인의 불법행위에 대하여 비록 도급인이라고 하더라도 사용자로서의 배상책임이 있다.
> ㄷ. 사용자가 피용자의 고의에 의한 불법행위로 인하여 사용자책임을 부담하는 경우에 피해자에게 그 손해의 발생과 확대에 기여한 과실이 있더라도 사용자책임의 범위를 정함에 있어서 이러한 피해자의 과실을 고려하여 그 책임을 제한할 수는 없다.

① ㄱ, ㄴ
② ㄴ
③ ㄱ, ㄴ, ㄷ
④ ㄱ, ㄷ

[해설] ㄱ. [○] ※ 사용자책임 - 명의대여자

명의를 대여하여 타인으로 하여금 영업을 하게 한 경우에는, '실제적으로 지휘·감독하였느냐'의 여부에 관계없이 당위적 측면에서 '객관적·규범적으로 보아 지휘·감독해야 할 지위에 있었느냐'에 따라 '명의대여자'에 대해서도 사용자책임이 인정된다(대판 2001.8.21, 2001다3658)

ㄴ. [○] ※ 사용자책임 - 노무도급

독립적인 지위에서 일의 완성의무를 지는 수급인은 원칙적으로 제756조의 피용자라고 할 수 없다. 다만 도급인이 수급인의 일의 진행 및 방법에 관하여 구체적인 지휘감독권을 보유한 경우에는 도급인과 수급인의 관계는 실질적으로 사용자 및 피용자의 관계와 다를 바 없으므로, 수급인이 고용한 제3자의 불법행위로 인한 손해에 대하여 도급인은 제756조에 의한 사용자책임을 면할 수 없다(대판 1987.10.28, 87다카1185). 따라서 도급인이 수급인에 대하여 특정한 행위를 지휘하거나 특정한 사업을 도급시키는 경우와 같은 이른바 노무도급의 경우에는, 비록 도급인이라 하더라도 사용자로서의 배상책임이 있다(대판 2005.11.10, 2004다37676).

ㄷ. [×] ※ 사용자책임 - 과실상계

"사용자가 피용자의 과실에 의한 불법행위로 인한 사용자책임을 부담하는 경우와 마찬가지로 피용자의 고의에 의한 불법행위로 인하여 사용자책임을 부담하는 경우에도 피해자에게 그 손해의 발생과 확대에 기여한 과실이 있다면 사용자책임의 범위를 정함에 있어서 이러한 피해자의 과실을 고려하여 그 책임을 제한할 수 있다"(대판 2002.12.26. 2000다56952).

비교판례 ※ 사용자책임 - 상계
피용자의 고의의 불법행위로 인해 사용자책임이 성립하는 경우, 사용자는 자신의 고의의 불법행위가 아니라는 이유로 제496조(불법행위채권을 수동채권으로 하는 상계의 금지)의 적용을 면할 수는 없다(대판 2006.10.26, 2004다63019).

[정답] ①

문**10** 공동불법행위에 관한 설명 중 옳지 않은 것은? (다툼이 있는 경우 판례에 의함) [기출변형]

① 공동불법행위자 중에 피해자의 부주의를 이용하여 고의로 불법행위를 행한 자가 있는 경우에는 모든 불법행위자가 과실상계의 주장을 할 수 없다.

② 피해자가 공동불법행위자 중의 일부만을 상대로 손해배상을 청구하는 경우, 과실상계를 함에 있어 피해자에 대한 공동불법행위자 전원의 과실과 피해자의 공동불법행위자 전원에 대한 과실을 전체적으로 평가하여야 하고, 공동불법행위자 간의 과실의 경중이나 구상권행사의 가능 여부 등은 고려할 필요가 없다.

③ 공동불법행위자 중 1인에 대하여 구상의무를 부담하는 다른 공동불법행위자가 수인(數人)인 경우, 구상권자인 공동불법행위자가 과실이 없어 내부적인 부담 부분이 전혀 없다면 그에 대한 수인(數人)의 구상의무 사이의 관계는 부진정연대관계이다.

④ 공동불법행위자 중 1인의 손해배상채무가 시효로 소멸한 후에 다른 공동불법행위자 1인이 피해자에게 자기의 부담 부분을 넘는 손해를 배상하였을 경우, 그 공동불법행위자는 손해배상채무가 시효로 소멸한 다른 공동불법행위자에게 구상권을 행사할 수 있다.

해설 ① [×] ※ 과실상계 : 개별적 평가설(예외)
判例는 "피해자의 부주의를 이용하여 고의로 불법행위를 저지른 자가 바로 그 피해자의 부주의를 이유로 자신의 책임을 감하여 달라고 주장하는 것은 허용될 수 없으나, 이는 그러한 사유가 있는 자에게 과실상계의 주장을 허용하는 것이 신의칙에 반하기 때문이므로, 불법행위자 중의 일부에게 그러한 사유가 있다고 하여 그러한 사유가 없는 다른 불법행위자까지도 과실상계의 주장을 할 수 없다고 해석할 것은 아니다"(대판 2007.6.14, 2005다32999)

② [○] ※ 과실상계 : 전체적 평가설(원칙)
"통상 공동불법행위의 경우 과실상계를 함에 있어서는 피해자에 대한 공동불법행위자 전원의 과실과 피해자의 공동불법행위자 전원에 대한 과실을 '전체적'으로 평가하여야 하고 공동불법행위자 간의 과실의 경중이나 구상권 행사의 가능 여부 등은 고려할 여지가 없다"(대판 1991.5.10, 90다14423)

③ [○] ※ 수인의 구상의무자간 상호관계(원칙적 분할채무, 예외적 부진정연대채무)

  ㉠ [원칙적 분할채무] 공동불법행위자 중 1인에 대하여 구상의무를 부담하는 다른 공동불법행위자가 수인인 경우에는 특별한 사정이 없는 이상 그들의 구상권자에 대한 채무는 각자의 부담부분에 따른 '분할채무'로 본다(대판 2002.9.27, 2002다15917). 따라서 각자의 내부적 부담부분의 범위 내에서만 구상의무를 부담한다. ㉡ [예외적 부진정연대채무] 그러나 구상권자인 공동불법행위자측에 과실이 없는 경우(운전자에게 과실이 없는 경우에도 자배법상 운행자책임이 성립할 수 있다), 즉 내부적인 부담 부분이 전혀 없는 경우에는 이와 달리 그에 대한 수인의 구상의무 사이의 관계를 '부진정연대관계'로 봄이 상당하다고 한다(대판 2005.10.13, 2003다24147).

④ [○] "공동불법행위자의 다른 공동불법행위자에 대한 구상권은 피해자의 다른 공동불법행위자에 대한 손해배상채권과는 그 발생 원인 및 성질을 달리하는 별개의 권리이고, 연대채무에 있어서 소멸시효의 절대적 효력에 관한 민법 제421조의 규정은 공동불법행위자 상호간의 부진정연대채무에 대하여는 그 적용이 없으므로, 공동불법행위자 중 1인의 손해배상채무가 시효로 소멸한 후에 다른 공동불법행위자 1인이 피해자에게 자기의 부담 부분을 넘는 손해를 배상하였을 경우에도, 그 공동불법행위자는 다른 공동불법행위자에게 구상권을 행사할 수 있다"(대판 1997.12.23. 97다42830).

[정답] ①

문11 甲과 乙이 과실에 의한 공동불법행위로 丙에게 손해를 가하였는데, 丙이 입은 손해액은 3,000만 원이다. 甲과 乙의 부담부분의 비율은 2:1이고, 甲과 乙에 대한 丙의 과실비율은 20%이며, 丁은 甲의 사용자로서 사용자책임을 부담한다. 다음 설명 중 옳지 않은 것은?　[기출변형]

① 甲이 丙에 대한 1,000만 원의 대여금채권으로 丙의 손해배상채권과 상계하였다면, 乙도 그 한도에서 손해배상책임을 면한다.

② 丙의 甲에 대한 소송에서 丙의 과실이 일정한 비율로 인정되었다면, 별소로 제기된 丙의 乙에 대한 소송에서 법원은 丙의 과실비율을 달리 인정할 수 없다.

③ 丙에게 2,400만 원을 변제한 丁은 乙에 대하여 800만 원을 구상할 수 있다.

④ 丙에게 1,200만 원을 변제한 丁은 乙에 대하여 구상할 수 없다.

해설 ① [○] 종래 判例의 기본적 입장은 상계의 상대적 효력만 인정하였으나, 최근 전원합의체 판결을 통해 "부진정연대채무자 중 1인이 자신의 채권자에 대한 반대채권으로 상계를 한 경우에도 채권은 변제, 대물변제, 또는 공탁이 행하여진 경우와 동일하게 현실적으로 만족을 얻어 그 목적을 달성하는 것이므로, 그 상계로 인한 채무소멸의 효력은 소멸한 채무 전액에 관하여 다른 부진정연대채무자에 대하여도 미친다고 보아야 한다. 이는 부진정연대채무자 중 1인이 채권자와 상계계약을 체결한 경우에도 마찬가지이다. 나아가 이러한 법리는 채권자가 상계 내지 상계계약이 이루어질 당시 다른 부진정연대채무자의 존재를 알았는지 여부에 의하여 좌우되지 아니한다"(대판 2010.9.16, 전합2008다97218)고 하여 상계의 절대적 효력을 인정하였다.

[비교판례] 그러나 부진정연대채무자 사이에는 고유한 의미의 부담부분이 존재하지 않으므로 이를 전제로 한 제418조 2항은 유추적용되지 않는다(대판 1994.5.27, 93다21521).

② [×] "피해자가 공동불법행위자들을 모두 피고로 삼아 한꺼번에 손해배상청구의 소를 제기한 경우와 달리 **공동불법행위자별로 별개의 소를 제기하여 소송을 진행하는 경우**에는 각 소송에서 제출된 증거가 서로 다르고 이에 따라 교통사고의 경위와 피해자의 손해액산정의 기초가 되는 사실이 달리 인정됨으로 인하여 과실상계비율과 손해액도 서로 달리 인정될 수 있는 것이므로, 피해자가 공동불법행위자들 중 일부를 상대로 한 전소에서 승소한 금액을 전부 지급받았다고 하더라도 그 금액이 나머지 공동불법행위자에 대한 후소에서 산정된 손해액에 미치지 못한다면 후소의 피고는 그 차액을 피해자에게 지급할 의무가 있다"(대판 2001.2.9. 2000다60227)

③ [○] ④ [○] "피용자와 제3자가 공동불법행위로 피해자에게 손해를 가하여 그 손해배상채무를 부담하는 경우에 피용자와 제3자는 공동불법행위자로서 서로 부진정연대관계에 있고, 한편 사용자의 손해배상책임은 피용자의 배상책임에 대한 대체적 책임이어서 사용자도 제3자와 부진정연대관계에 있다고 보아야 할 것이므로, 사용자가 피용자와 제3자의 책임비율에 의하여 정해진 피용자의 부담부분을 초과하여 피해자에게 손해를 배상한 경우에는 사용자는 제3자에 대하여도 구상권을 행사할 수 있으며, 그 구상의 범위는 제3자의 부담부분에 국한된다고 보는 것이 타당하다"(대판 1992.6.23. 전합91다33070)

☞ 사안에서 甲, 乙, 丁은 공동불법행위자로서 丙에 대해 서로 부진정연대채무관계에 있다(위 전합91다33070판결). 判例는 공동불법행위의 경우 형평의 관점에서 공동불법행위자 간에 그 '과실의 비율'에 따른 부담부분이 있는 것으로 보아 구상을 인정해 왔다(대판 1997.12.12. 96다50896). 아울러 연대채무와는 달리 자기 부담부분 초과의 면책행위를 해야 구상권을 행사할 수 있다고 한다(대판 1997.12.12. 96다50896).

이에 따라 사안을 판단해 보면 사안은 과실에 의한 공동불법행위(제760조 제1항)로서 채권자 丙의 과실비율이 20%이므로 과실상계 규정(제396조)에 따라 甲, 乙, 丁은 총 2,400만 원의 손해배상채무에 대해 부진정연대채무관계에 있다. 이 때 내부적 부담부분은 가해자인 甲과 乙의 과실비율에 따라 각 1,600만 원(2,400×2/3), 800만 원(2,400×1/3)이고, 丁은 甲의 사용자이므로 피용자 甲과 동일하게 1,600만 원이다. 따라서 피해자 丙에게 손해배상액 전액인 2,400만 원을 변제한 부진정연대채무자 丁은 다른 부진정연대채무자 乙에 대하여 乙의 부담부분인 800만 원에 대해 구상권을 행사할 수 있으나(③번 지문), 丁의 부담부분(1,600만 원)에 미달한 1,200만 원을 변제한 경우에는 다른 부진정연대채무자에게 구상권을 행사할 수 없다(④번 지문).

[정답] ②

문12 불법행위에 관한 다음 설명 중 옳은 것은? (다툼이 있는 경우 판례에 의할 것)　[기출변형]

① 공동불법행위책임에서 공동의 행위는 '불법행위 자체'를 공동으로 하거나 교사·방조하는 경우에 인정되는 것으로, 횡령행위로 인한 장물을 취득하는 등 '피해의 발생'에 공동으로 관련되는 것만으로는 공동불법행위가 성립될 수 없다.

② 운동경기에 참가하는 자는 다른 경기자 등의 생명이나 신체의 안전을 확보하여야 할 신의칙상 주의의무인 안전배려의무가 있다고 볼 수 없어 이를 위반할시 불법행위책임을 지는 것은 아니다.

③ 일반육체노동을 하는 사람 또는 육체노동을 주로 생계활동으로 하는 사람의 가동연한은 원칙적으로 경험칙상 만 65세까지로 보아야 한다.

④ 2인 이상의 공동불법행위로 인하여 호의동승한 사람이 피해를 입은 경우, 동승자가 입은 손해에 대한 배상액을 산정할 때 호의동승에 의한 책임제한은 상대적 효력만이 있을 뿐이어서 상대방 차량 운전자나 그 보험자인 피고에게까지 호의동승으로 인한 책임제한을 인정할 수는 없다.

해설 ① [X] "민법상 공동불법행위는 객관적으로 관련공동성이 있는 수인의 행위로 타인에게 손해를 가하면 성립하고, 행위자 상호간에 공모는 물론 의사의 공통이나 공동의 인식을 필요로 하는 것이 아니다. 또한 그러한 공동의 행위는 불법행위 자체를 공동으로 하거나 교사·방조하는 경우는 물론 횡령행위로 인한 장물을 취득하는 등 피해의 발생에 공동으로 관련되어 있어도 인정될 수 있다"(대판 2013.4.11. 2012다44969).

② [X] "운동경기에 참가하는 자는 자신의 행동으로 인해 다른 경기자 등이 다칠 수도있으므로, 경기규칙을 준수하면서 다른 경기자 등의 생명이나 신체의 안전을 확보하여야 할 신의칙상 주의의무인 안전배려의무가 있다"(대판 2019.1.31. 2017다203596).

③ [○] "대법원은 1989. 12. 26. 선고한 88다카16867 전원합의체 판결(이하 '종전 전원합의체 판결'이라 한다)에서 일반육체노동을 하는 사람 또는 육체노동을 주로 생계활동으로 하는 사람(이하 '육체노동'이라 한다)의 가동연한을 경험칙상 만 55세라고 본 기존 견해를 폐기하였다. 그 후부터 현재에 이르기까지 육체노동의 가동연한을 경험칙상 만 60세로 보아야 한다는 견해를 유지하여 왔다. 그런데 우리나라의 사회적·경제적 구조와 생활여건이 급속하게 향상·발전하고 법제도가 정비·개선됨에 따라 종전 전원합의체 판결 당시 위 경험칙의 기초가 되었던 제반 사정들이 현저히 변하였기 때문에 위와 같은 견해는 더 이상 유지하기 어렵게 되었다. 이제는 특별한 사정이 없는 한 만 60세를 넘어 만 65세까지도 가동할 수 있다고 보는 것이 경험칙에 합당하다"(대판 2019.2.21. 2018다248909).

④ [X] ※ 공동불법행위에 있어 호의동승으로 인한 책임제한이 미치는 범위

사실관계 A가 운전하던 차량과 B가 운전하던 차량이 두 운전자의 공동과실로 사고가 발생하였고, 그로 인해 B가 운전하던 차량에 타고 있던 C가 사망하였다. 이 때 B와 C는 연인 사이였고 두 사람은 벚꽃구경을 가던 길이었다. 이에 동승차량의 운행목적, 피해자와의 인적 관계, 동승경위 등에 비추어 볼 때 C의 사망에 대해 동승차량 운전자 B에게 전적인 책임을 지우는

것은 신의칙이나 형평의 원칙상 불합리하므로 '호의동승으로 인한 책임제한'을 인정할 수 있는데, 이러한 책임제한이 다른 공동불법행위자인 A에게도 미치는지가 문제되었다. 이에 원심은 호의동승에 의한 책임제한은 인적, 내부적 관계에 기한 것인 만큼 상대적 효력만을 인정하여 부정하였으나 대법원은 아래와 같은 이유로 긍정하였다.

☞ "2인 이상의 공동불법행위로 인하여 호의동승한 사람이 피해를 입은 경우, 공동불법행위자 상호간의 내부관계에서는 일정한 부담부분이 있으나 피해자에 대한 관계에서는 부진정연대책임을 지므로, 동승자가 입은 손해에 대한 배상액을 산정함에 있어서는 먼저 호의동승으로 인한 감액 비율을 참작하여 공동불법행위자들이 동승자에 대하여 배상하여야 할 수액을 정하여야 한다. 그리고 그 당연한 귀결로서 위와 같은 책임제한은 동승 차량 운전자인 B 뿐만 아니라 상대방 차량 운전자인 A와 그 보험자에게도 적용된다"(대판 2014.3.27. 2012다87263).

参 考 　통상 공동불법행위의 경우 과실상계를 함에 있어서는 피해자에 대한 공동불법행위자 전원의 과실과 피해자의 공동불법행위자 전원에 대한 과실을 '전체적'으로 평가하여야 하고 공동불법행위자 간의 과실의 경중이나 구상권 행사의 가능 여부 등은 고려할 여지가 없다(대판 1991.5.10, 90다14423). 왜냐하면, 공동불법행위책임은 가해자 각 개인의 행위에 대하여 개별적으로 그로 인한 손해를 구하는 것이 아니라 그 가해자들이 공동으로 가한 불법행위에 대하여 그 책임을 추궁하는 것이기 때문이다(대판 2000.9.8, 99다48245).

[정답] ③

문 13　다음 설명 중 틀린 것은? (다툼이 있는 경우 판례에 의할 것)　　　[기출변형]

① 공작물의 설치·보존상 하자에 의하여 직접 발생한 화재로 인한 손해배상책임뿐만 아니라 그 화재로부터 연소한 부분에 대한 손해배상책임에 관하여도 공작물의 설치·보존상 하자와 손해 사이에 상당인과관계가 있는 경우에는 민법 제758조 제1항이 적용되고, 실화가 중대한 과실로 인한 것이 아닌 한 화재로부터 연소한 부분에 대한 손해의 배상의무자는 개정 실화책임법 제3조에 의하여 손해배상액의 경감을 받을 수 있다.

② 건물을 임대한 소유자가 건물을 적합하게 유지·관리할 의무를 위반하여 임대목적물에 설치·보존상의 하자가 생기고 그 하자로 임차인이 손해를 입은 경우 건물의 소유자 겸 임대인이 임차인에게 공작물책임과 수선의무 위반에 따른 채무불이행 책임을 진다.

③ 동업관계에 있는 자들이 공동으로 처리하여야 할 업무를 동업자 중 1인에게 그 업무집행을 위임하여 그로 하여금 처리하도록 한 경우, 다른 동업자는 업무집행 과정에서 발생한 사고에 대하여 사용자로서의 손해배상책임이 있다.

④ 어떤 사업에 관하여 자기 명의의 사용을 허용한 자는 명의를 빌린 자의 사무집행에 관한 가해행위에 대하여는 사용자책임을 지지만, 명의를 빌린 자의 피용자의 사무집행에 관한 가해행위에 대하여는 사용자책임을 지지 않는다.

해설 ① [○] 과거 실화책임법이 면책규정을 두고 있었던바, 判例는 공작물 자체의 설치·보존상의 하자에 의하여 직접 발생한 화재로 인한 손해배상책임에 관하여는 민법 제758조 제1항을 적용하고, 그 화재로부터 연소(延燒)한 부분에 대한 손해배상책임에 대하여는 실화 책임에 관한 법률을 적용함이 상당하다고 하였으나(대판 1996.2.23, 95다22887), 현행 실화책임법은 경감규정만 두고 있는바, "공작물의 설치·보존상 하자에 의하여 직접 발생한 화재로 인한 손해배상책임뿐만 아니라 그 화재로부터 연소한 부분에 대한 손해배상책임에 관하여도 공작물의 설치·보존상 하자와 손해 사이에 상당인과관계가 있는 경우에는 민법 제758조 제1항이 적용되고, 실화가 중대한 과실로 인한 것이 아닌 한 화재로부터 연소한 부분에 대한 손해의 배상의무자는 개정 실화책임법 제3조에 의하여 손해배상액의 경감을 받을 수 있다"(대판 2012.6.28. 2010다58056)고 한다.

② [○] "구 건축법(2016. 2. 3. 법률 제14016호로 개정되기 전의 것) 제35조 제1항은 '건축물의 소유자나 관리자는 건축물, 대지 및 건축설비를 관련 규정에 적합하도록 유지·관리하여야 한다.'고 정하고 있고, 민법 제623조는 '임대인은 계약존속 중 그 사용, 수익에 필요한 상태를 유지하게 할 의무를 부담한다.'고 정하고 있다. 따라서 건물을 타인에게 임대한 소유자가 건물을 적합하게 유지·관리할 의무를 위반하여 임대목적물에 필요한 안전성을 갖추지 못한 설치·보존상의 하자가 생기고 그 하자로 인하여 임차인에게 손해를 입힌 경우, 건물의 소유자 겸 임대인은 임차인에게 공작물책임과 수선의무 위반에 따른 채무불이행 책임을 진다"(대판 2017.8.29. 2017다227103)

※ 공작물의 점유자가 피해자인 경우

判例는 점유자인 임차인(또는 임차인의 직장동료)이 임차목적물의 하자로 인하여 연탄가스에 중독된 사안에서, 소유자가 배상책임을 지고, 공작물의 보존에 관해 피해자에게 과실이 있다고 하더라도 과실상계의 사유가 될 뿐이라고 한다(대판 1993.2.9, 92다31668 ; 대판 1993.11.9, 93다40560). 무과실책임을 지는 공작물 소유자의 책임에 관하여 과실상계를 인정한 예외적인 경우이다.

③ [○] ※ 동업관계

업무집행을 위임받은 동업자 중 1인이 업무집행 과정에서 타인에게 손해를 가한 경우, 다른 동업자의 책임과 관련하여 대법원은 "동업관계에 있는 자들이 공동으로 처리하여야 할 업무를 동업자 중 1인에게 그 업무집행을 위임하여 그로 하여금 처리하도록 한 경우, 다른 동업자는 그 업무집행자의 동업자인 동시에 사용자의 지위에 있다 할 것이므로, 업무집행 과정에서 발생한 사고에 대하여 사용자로서의 손해배상책임이 있다"(대판 1998.4.28. 97다55164)고 하여 사용자책임 법리에 의하여 다른 조합원의 손해배상책임을 인정하고 있다. 이 경우 각 조합원의 손해배상채무는 부진정연대채무 관계에 있다.

④ [×] "타인에게 어떤 사업에 관하여 자기의 명의를 사용할 것을 허용한 경우에 그 사업이 내부관계에 있어서는 타인의 사업이고 명의자의 고용인이 아니라 하더라도 외부에 대한 관계에 있어서는 그 사업이 명의자의 사업이고 또 그 타인은 명의자의 종업원임을 표명한 것과 다름이 없으므로, 명의사용을 허용받은 사람이 업무수행을 함에 있어 고의 또는 과실로 다른 사람에게 손해를 끼쳤다면 명의사용을 허용한 사람은 민법 제756조에 의하여 그 손해를 배상할 책임이 있다"(대판 2001.8.21. 2001다3658). 나아가 判例는 지입된 중기를 조종자와 함께 임대한 임대인의 사용자 책임에 관하여, "위 중기가 본래 B(명의 차용자)가 乙회사(명의 대여자)에 지입한 것으로서 비록 B가 그 조종자 및 조수 등을 직접 고용하여 운행하여 왔다고 하더라도 乙회사는 명의대여자로서 뿐만 아니라 객관적으로 A(B의 피용자)를 지휘감독할 관계에 있다고 할 것이고 일시적으로 甲회사에 A와 함께 임대하였다고 하더라도 乙회사는 A에 대한 관계에서는 여전히 사용자의 위치에 있다"(대판 1980.8.9. 80다708)고 판시하였다. 한편, 상법 제24조의 명의대여자의 책임은 명의차용자의 피용자의 행위에까지 미치지 않는다(대판 1989.9.12. 88다카26390). 따라서 상법 제24조에 따른 변제책임은 지지

아니하나, 피용자의 가해해위가 인정된다면 불법행위책임으로서 사용자책임은 인정될 수 있다.

[쟁점정리] ※ 명의대여자의 책임
명의를 대여하여 타인으로 하여금 영업을 하게 한 경우에는, '실제적으로 지휘·감독하였느냐'의 여부에 관계없이 당위적 측면에서 '객관적·규범적으로 보아 지휘·감독해야 할 지위에 있었느냐'에 따라 '명의대여자'에 대해서도 사용자책임이 인정된다(대판 2001.8.21, 2001다3658).

[정답] ④

문14 과실상계(過失相計)에 관한 다음 설명 중 가장 옳지 않은 것은? (다툼이 있는 경우 판례에 의함)

[17서기보]

① 불법행위로 인한 손해발생으로 이득이 생기고 동시에 그 손해발생에 피해자에게도 과실이 있는 경우 먼저 산정된 손해액에서 이득을 공제한 다음에 과실상계를 하여야 한다.

② 표현대리행위가 성립하는 경우 상대방에게 과실이 있다고 하더라도 과실상계의 법리를 유추적용하여 본인의 책임을 경감할 수 없다.

③ 매매계약이 해제되어 원상회복의무의 이행으로서 이미 지급한 매매대금 기타의 급부의 반환을 구하는 경우 과실상계는 적용되지 않는다.

④ 가해행위와 피해자측의 요인이 경합하여 손해가 발생하거나 확대된 경우 피해자측의 요인이 체질적인 소인 또는 질병의 위험도와 같이 피해자측의 귀책사유와 무관한 것이더라도 과실상계의 법리를 유추적용할 수 있다.

[해설] ① [×] "손해발생으로 인하여 피해자에게 이득이 생기고 한편 그 손해발생에 피해자의 과실이 경합되어 과실상계를 하여야 할 경우에는 먼저 산정된 손해액에서 과실상계를 한 후에 위 이득을 공제하여야 한다"(대판 2010.2.25. 2009다57621).

② [○] "표현대리 행위가 성립하는 경우에 그 본인은 표현대리 행위에 의하여 전적인 책임을 져야 하고, 상대방에게 과실이 있다고 하더라도 과실상계의 법리를 유추적용하여 본인의 책임을 경감할 수 없다"(대판 1996.7.12. 95다49554).

③ [○] "계약의 해제로 인한 원상회복청구권에 대하여 해제자가 해제의 원인이 된 채무불이행에 관하여 '원인'의 일부를 제공하였다는 등의 사유를 내세워 신의칙 또는 공평의 원칙에 기하여 일반적으로 손해배상에 있어서의 과실상계에 준하여 권리의 내용이 제한될 수 있다고 하는 것은 허용되어서는 아니된다"(대판 2014.3.13. 2013다34143).

④ [○] "가해행위와 피해자 측의 요인이 경합하여 손해가 발생하거나 확대된 경우에는 피해자 측의 요인이 체질적인 소인 또는 질병의 위험도와 같이 피해자 측의 귀책사유와 무관한 것이라고 할지라도, 그 질환의 태양·정도 등에 비추어 가해자에게 손해의 전부를 배상하게 하는 것이 공평의 이념에 반하는

경우에는, 법원은 손해배상액을 정하면서 과실상계의 법리를 유추적용하여 손해의 발생 또는 확대에 기여한 피해자 측의 요인을 참작할 수 있다. 다만, 책임 제한에 관한 사실인정이나 그 비율을 정하는 것이 형평의 원칙에 비추어 현저하게 불합리하여서는 아니 된다"(대판 2014.7.10. 2014다16968).

[정답] ①

문 15 과실상계에 관한 설명 중 틀린 것은? [기출변형]

① 과실상계의 과실은 손해배상책임을 근거지우는 과실만큼 엄격할 필요는 없고 '신의칙상 공동생활상 요구되는 약한 부주의'를 의미한다거나, 법적인 주의의무를 전제로 하지 않는 '신의칙상 요구되는 결과회피의무'를 의미한다.

② 피해자와 '신분상 및 생활관계상 일체'를 이루는 관계에 있는 자의 과실을 피해자의 과실로 전용하는 것은 자기책임주의 원칙에 반하므로 허용되지 않는다.

③ 불법행위로 인한 손해의 발생 또는 확대에 관하여 피해자에게도 과실이 있는 때에는 가해자의 손해배상의 범위를 정함에 있어 당연히 이를 참작하여야 하고, 가해행위가 사기, 횡령, 배임 등의 영득행위인 경우 등 과실상계를 인정하게 되면 가해자로 하여금 불법행위로 인한 이익을 최종적으로 보유하게 하여 공평의 이념이나 신의칙에 반하는 결과를 가져오는 경우에만 예외적으로 과실상계가 허용되지 않는다.

④ 불법행위로 인한 피해자가 일반적으로 용인될 수 있는 수술을 받으면 노동능력상실 정도를 감소시킬 수 있는 데도 피해자가 수술을 받지 않은 경우, 또는 법적 조치를 취했으면 손해의 확대를 막을 수 있었음에도 피해자가 그러한 조치를 취하지 않은 경우, 과실상계 규정을 유추적용할 수 있다.

해설 ① [○] ※ 과실상계에서 과실의 의미

判例는 과실상계의 과실은 "신의칙상 공동생활상 요구되는 약한 부주의"(대판 2000.8.22, 2000다29028 등)를 의미한다거나, 법적인 주의의무를 전제로 하지 않는 "신의칙상 요구되는 결과회피의무"(대판 1999.9.21, 99다31667 등)를 의미한다고 한다. 즉, 손해배상의 '발생'(책임귀속)요건으로서의 과실과 손해배상의 '범위'(손해액 조정)를 정하는 과실의 의미가 동일할 수는 없다 할 것이다. 즉 과실상계의 과실은 타인에 대한 의무의 존재를 전제로 하는 것이 아니라, 피해자가 자기 자신에게 손해가 발생하지 않도록 주의해야 할 의무에 지나지 않으므로, 통상의 과실보다 정도가 완화되는 약한 부주의로 보는 것이 타당하다.

② [×] ※ 피해자측 과실이론

피해자와 '신분상 및 생활관계상 일체'를 이루는 관계에 있는 자의 과실을 피해자의 과실로 보아 손해배상액을 산정함에 있어서 참작하자는 이론으로, 손해의 공평한 부담을 실현하기 위해 인정된다(대판 1993.11.23, 93다25127 등). 실무적으로는 공동불법행위에서 불필요한 구상관계의 순환 방지와 다른 공동불법행위자의 무자력 위험에 대한 위험을 분배하여 구상관계를 합리적으로 처리하자는 데에 그 실질적인 필요성이 있다.

③ [○] ※ 가해행위가 사기, 횡령, 배임 등의 영득행위인 경우
"불법행위로 인한 손해의 발생 또는 확대에 관하여 피해자에게도 과실이 있는 때에는 가해자의 손해배상의 범위를 정함에 있어 당연히 이를 참작하여야 하고, 가해행위가 사기, 횡령, 배임 등의 영득행위인 경우 등 과실상계를 인정하게 되면 가해자로 하여금 불법행위로 인한 이익을 최종적으로 보유하게 하여 공평의 이념이나 '신의칙'에 반하는 결과를 가져오는 경우에만 '예외적'으로 과실상계가 허용되지 않는다"(대판 2013.9.26. 전합2012다1146 ; 대판 2013.9.26. 전합2012다13637).

쟁점정리 ※ 고의의 불법행위로 인한 손해배상의 경우
어느 일방의 고의가 인정되는 경우에도 과실상계가 가능하나, 이를 인정함이 '신의칙'에 반하는 예외적인 상황에서는 허용되지 않는다. 이에 대해 최근 判例도 "피해자의 부주의를 이용하여 고의로 불법행위를 저지른 자가 바로 그 피해자의 부주의를 이유로 자신의 책임을 감하여 달라고 주장하는 것은 허용될 수 없다"(대판 2000.1.21, 99다50538)고 판시하고 있다.

④ [○] ※ 손해경감조치의무
불법행위로 인한 피해자가 일반적으로 용인될 수 있는 수술을 받으면 노동능력 상실 정도를 감소시킬 수 있는 데도 수술을 받지 않은 경우(대판 1992.9.25, 91다45929 등), 또는 법적 조치를 취했으면 손해의 확대를 막을 수 있었음에도 그러한 조치를 취하지 않은 경우(대판 2003.7.25, 2003다22912), 判例는 특히 이 경우 불법행위의 피해자에게는 그로 인한 손해의 '확대'를 방지하거나 감경하기 위하여 노력하여야 할 '손해경감조치의무'가 있다는 개념을 사용하여 과실상계 규정을 '유추적용'한다. 다만 判例는 이 경우 확대된 손해부분이 아닌 전체손해를 대상으로 하여 과실상계를 한다(대판 1978.10.10, 78다1224 참고).

[정답] ②

문16 과실상계에 관한 설명 중 옳은 것을 모두 고른 것은? (다툼이 있는 경우에는 판례에 의함)

[기출변형]

ㄱ. 표현대리가 성립하여 본인에 대하여 이행청구를 함에 있어서 상대방에게 과실이 있더라도 과실상계의 법리를 적용할 수 없다.

ㄴ. 손해배상청구권 중 일부가 청구된 경우의 과실상계는 전체 손해액에서 과실비율에 의한 감액을 하고, 잔액이 청구액을 초과하면 청구액을 인용하고 잔액이 청구액을 초과하지 않으면 그 잔액을 인용한다.

ㄷ. 피해자의 손해가 100만 원, 손해야기행위로 인한 이익이 30만 원, 피해자 과실이 30%인 경우, 피해자가 배상받을 수 있는 손해액은 49만 원이다.

ㄹ. 배상의무자가 피해자의 과실에 관하여 주장하지 않는 경우에는 법원은 과실상계를 판단할 수 없다.

① ㄱ, ㄴ   ② ㄱ, ㄷ

③ ㄴ, ㄷ   ④ ㄴ, ㄹ

해 설 ㄱ. [○] 과실상계는 본래 채무불이행 내지 불법행위로 인한 손해배상책임에 대해 인정되는 것이고, 채무내용에 따른 본래의 급부의 이행을 구하는 경우에 적용될 것이 아니다. 따라서 표현대리가 성립한 경우의 본인에 대한 이행청구(대판 1996.5.10, 96다8468 ; 즉 상대방에게 과실이 있다고 하더라도 과실상계의 법리를 유추적용하여 본인의 책임을 경감할 수는 없다)와 같이 손해배상책임이 아니라 이행의 책임에 속하는 경우에는 과실상계법리가 (유추)적용되지 않는다.

ㄴ. [○] 피해자가 일부청구를 하는 경우에 과실상계를 어느 부분에서 어떻게 할 것인가에 관하여, 判例는 외측설을 따른다(아래 76다2113 판결).

"일개의 손해배상청구권 중 일부가 소송상 청구되어 있는 경우에 과실상계를 함에 있어서는 손해의 전액에서 과실비율에 의한 감액을 하고 그 잔액이 청구액을 초과하지 않을 경우에는 그 잔액을 인용할 것이고 잔액이 청구액을 초과할 경우에는 청구의 전액을 인용하는 것으로 풀이하는 것이 일부청구를 하는 당사자의 통상적 의사라고 할 것이다"(대판 1977.2.8, 76다2113).

ㄷ. [×] 채무불이행(불법행위책임)에서 채권자(피해자)가 채무자(가해자)의 채무불이행(불법행위)으로 인하여 이익을 얻은 경우에는 그 이익은 손해배상에서 공제되어야 한다(손익상계). 양자의 적용순서에 관해 判例는 산정된 손해액에서 먼저 과실상계를 한 후 손익상계를 하여야 한다고 하여 배상의무자인 채무자(가해자)에게 유리한 방법을 채택하고 있다(대판 1990.5.8, 89다카29129).

☞ 따라서 ⅰ) 손익상계 후 과실상계를 하는 경우에는 피해자가 배상받을 수 있는 손해액은 49만 원[70만 원(100만 원 - 30만 원 ; 손익상계) - 21만 원(70×0.3 ; 과실상계)]이나, ⅱ) **과실상계 후 손익상계를 하는 경우에는 피해자가 배상받을 수 있는 손해액은 40만 원**[70만 원(100만 원 - 100만 원×0.3 ; 과실상계) - 30만 원(손익상계)]이다.

ㄹ. [×] 피해자에게 과실이 인정되면 법원은 손해배상의 책임 및 그 금액을 정함에 있어서 이를 참작하여야 하며, 배상의무자가 피해자의 과실에 관하여 주장하지 않는 경우에도 소송자료에 의하여 과실이 인정되는 경우에는 이를 법원이 직권으로 심리·판단하여야 한다(대판 1996.10.25, 96다30113).

[정답] ①

2022 해커스법원직
민법 기출문제집
윤동환, 공태용 민법의 맥

제5편

친족상속법

제1장 **친족법**
제2장 **상속법**

제1장 친족법

제1절 | 총설

문1 다음 사안 중 가사소송사건의 대상이 될 수 있는 것을 모두 고른 것은?   [기출변형]

> ㄱ. 사실혼 부당파기로 인한 손해배상청구
> ㄴ. 협의상 이혼에 따른 재산분할청구권 보전을 위한 사해행위 취소 및 원상회복청구
> ㄷ. 부부간 명의신탁해지를 원인으로 한 소유권이전등기청구
> ㄹ. 이혼을 원인으로 하는 배우자 이외의 제3자에 대한 손해배상청구

① ㄱ, ㄴ   ② ㄱ, ㄴ, ㄹ
③ ㄱ, ㄷ, ㄹ   ④ ㄴ, ㄷ, ㄹ

[해설] ※ 가사소송과 가사비송사건

구분		종류	성질 등	조정전치주의
가사 소송	가류	각종 무효확인소송, 친생자관계존부확인의 소	확인의 소	×
	나류	각종 취소소송, 재판상 이혼·파양, 친양자파양, 친생부인의 소, 父를 정하는 소, 인지청구(인지이의의 소), 사실혼 관계존부확인의 소	형성의 소	○
	다류	신분관계 해소를 원인으로 한 손해배상의 청구 및 원상회복의 청구	이행의 소	○
가사 비송	라류	제한능력에 관한 사항, 부재자재산관리·실종선고에 관한 사항, 후견 및 친권에 관한 사항	상대방 없음	×
	마류	이혼에 따른 재산분할청구, 상속재산분할청구, 기여분의 결정, 친권자의 지정과 변경, 子의 양육에 관한 처분(과거의 양육비청구도 이에 해당(대결 1994.5.13. 전합92스21)], 부양에 관한 처분[부부간의 부양의무를 이행하지 않은 부부의 일방에 대하여 상대방의 친족이 구하는 부양료 상환청구는 민사소송(대판 2012.12.27. 2011다96932)]	상대방 있음	○
주의		조정전치주의가 적용되는 나류 사건과 마류 사건 중에도, 당사자가 임의로 결정할 수 없는 사항에 관한 것으로서 조정의 성립만으로 효력이 생기지 않고 가정법원의 판결이 있어야 효력이 생기는 것은 다음과 같다.		
		① 친생부인의 소에서의 조정, ② 父를 정하는 소에서의 조정, ③ 친권상실의 재판에서의 조정, ④ 대리권과 재산관리권의 상실의 재판에서의 조정		

ㄱ. 사실혼 부당파기로 인한 손해배상청구

☞ 가사소송법 제2조 1항 가목 다류사건 1) 약혼 해제 또는 사실혼관계 부당 파기로 인한 손해배상청구(제3자에 대한 청구를 포함한다) 및 원상회복의 청구

ㄴ. 협의상 이혼에 따른 재산분할청구권 보전을 위한 사해행위 취소 및 원상회복청구

☞ 가사소송법 제2조 1항 가목 다류사건 4) 민법 제839조의3에 따른 재산분할청구권 보전을 위한 사해행위 취소 및 원상회복의 청구

※ 가사소송 다류 사건들은 본래는 민사사건으로 다루어야 할 것이지만 신분관계와 관련된 손해배상이나 채권자취소권 문제이어서 신분관계 소송과 병합하는 등의 편의를 위해 가사사건으로 규정한 것이다.

ㄷ. 부부간 명의신탁해지를 원인으로 한 소유권이전등기청구

☞ 민사사건

"부부간의 명의신탁해지를 원인으로 한 소유권이전등기청구나 민법 제829조 제2항에 의한 부부재산약정의 목적물이 아닌 부부 공유재산의 분할청구는 모두 **통상의 민사사건**으로, 그 소송절차를 달리하는 나류 가사소송사건 또는 마류 가사비송사건인 이혼 및 재산분할청구와는 병합할 수 없다"(대판 2006.1.13. 2004므1378)

ㄹ. 이혼을 원인으로 하는 배우자 이외의 제3자에 대한 손해배상청구

☞ 가사소송법 제2조 1항 가목 다류사건 2) 혼인의 무효·취소, 이혼의 무효·취소 또는 이혼을 원인으로 하는 손해배상청구(제3자에 대한 청구를 포함한다) 및 원상회복의 청구

"이혼을 원인으로 하는 손해배상청구는 제3자에 대한 청구를 포함하여 가사소송법 제2조 제1항 (가)목 (3) 다류 2호의 가사소송사건으로서 가정법원의 전속관할에 속한다. 그런데 배우자의 상간자에 대하여 배우자와 상간자 사이의 간통 등 부정행위로 인하여 혼인관계가 파탄에 이르렀음을 원인으로 한 위자료의 지급을 구하는 손해배상청구는 이혼을 원인으로 하는 제3자에 대한 손해배상청구에 해당하고, 따라서 위 손해배상청구는 가정법원의 전속관할에 속한다"(대판 2008.7.10. 2008다17762).

[정답] ②

문1 혼인에 관한 다음 설명 중 가장 옳지 않은 것은? (다툼이 있는 경우 판례에 의하고, 전원합의체 판결의 경우 다수의견에 의함) [18서기보]

① 부부간의 동거·부양협조의무는 정상적이고 원만한 부부관계의 유지를 위한 광범위한 협력의무를 구체적으로 표현한 것으로서 서로 독립된 별개의 의무라 할 것이다.

② 부부의 일방이 정당한 이유 없이 동거를 거부함으로써 자신의 협력의무를 스스로 저버리고 있다면, 상대방의 동거청구가 권리의 남용에 해당하는 등의 특별한 사정이 없는 한 상대방에게 부양료의 지급을 청구할 수 없다.

③ 금전차용행위도 금액, 차용 목적, 실제의 지출용도, 기타의 사정 등을 고려하여 그것이 부부의 공동생활에 필요한 자금조달을 목적으로 하는 것이라면 일상가사에 속한다고 보아야 할 것이므로, 아파트 구입비용 명목으로 차용한 경우 그와 같은 비용의 지출이 부부공동체 유지에 필수적인 주거 공간을 마련하기 위한 것이라면 일상가사에 속한다고 볼 수 있다.

④ 부부의 일방이 동거의무를 위반한 경우 상대방은 손해배상을 청구할 수 있다.

/

해설 ① [×] ② [○] ※ 동거의무 위반의 효과 - 부양청구권 제한

"민법 제826조 제1항이 규정하고 있는 부부간의 동거·부양·협조의무는 정상적이고 원만한 부부관계의 유지를 위한 광범위한 협력의무를 구체적으로 표현한 것으로서 서로 독립된 별개의 의무가 아니라고 할 것이므로, 부부의 일방이 정당한 이유 없이 동거를 거부함으로써 자신의 협력의무를 스스로 저버리고 있다면, 상대방의 동거청구가 권리의 남용에 해당하는 등의 특별한 사정이 없는 한, 상대방에게 부양료의 지급을 청구할 수 없다"(대판 1991.12.10. 91므245).

③ [○] ※ 일상가사의 구체적 범위

"금전차용행위도 금액, 차용 목적, 실제의 지출용도, 기타의 사정 등을 고려하여 그것이 부부의 공동생활에 필요한 자금조달을 목적으로 하는 것이라면 일상가사에 속한다고 보아야 할 것이므로, 아파트 구입비용 명목으로 차용한 경우 그와 같은 비용의 지출이 부부공동체 유지에 필수적인 주거 공간을 마련하기 위한 것이라면 일상가사에 속한다고 볼 수 있다"(대판 1999.3.9. 98다46877).

쟁점정리 부부는 일상의 가사에 관하여 서로 대리권이 있으며(제827조 1항), 부부의 일방이 일상가사에 관하여 제3자와 법률행위를 한 때에는 다른 일방은 이에 대하여 연대책임을 진다(제832조). 여기서 일상가사라 함은 부부가 가정공동생활을 영위함에 있어서 필요로 하는 통상의 사무를 말한다(대판 1997.11.28. 97다31229).

④ [○] "동거의무도 엄연한 '법적인 의무'이므로 이를 유책하게 위반한 것에 대해 비재산적 손해, 즉 위자료의 배상을 청구할 수는 있으며, 이러한 위자료청구가 허용되기 위해서 먼저 이혼청구가 전제되어야 하는 것은 아니다"(대판 2009.7.23, 2009다32454).

[정답] ①

문2 부양에 관한 설명 중 옳지 않은 것은? (다툼이 있는 경우 판례에 의함)   [기출변형]

① 부부간의 부양의무는 부양을 받을 자의 생활을 부양의무자의 생활과 같은 정도로 보장하게 하는 1차 부양의무이므로, 부양의무의 이행을 청구하였으나 이행하지 아니함으로써 이행지체에 빠졌는지 여부와 관계없이 과거의 부양료에 대하여도 지급을 청구할 수 있다.

② 부모가 성년의 자녀에 대하여 직계혈족으로서 부담하는 부양의무는 부양의무자가 자기의 사회적 지위에 상응하는 생활을 하면서 생활에 여유가 있음을 전제로 하여, 부양을 받을 자가 자력 또는 근로에 의하여 생활을 유지할 수 없는 경우에 한하여 그의 생활을 지원하는 2차 부양의무이다.

③ 특별한 사정이 없는 한 유학비용의 충당을 위해 성년의 자녀가 부모를 상대로 부양료 청구를 할 수는 없다.

④ 1차 부양의무자와 2차 부양의무자가 동시에 존재함에도 2차 부양의무자가 부양한 경우, 2차 부양의무자는 특별한 사정이 없는 한 그 소요된 비용을 1차 부양의무자에 대하여 상환청구할 수 있다.

해설 ① [×] ※ **부부간 과거의 부양료**

判例에 따르면 ㉠ "부부간의 상호부양의무(제826조 1항)는 혼인관계의 본질적 의무로서 부양을 받을 자의 생활을 부양의무자의 생활과 같은 정도로 보장하여 부부공동생활의 유지를 가능하게 하는 것을 내용으로 하는 **제1차 부양의무이고**"(대판 2012.12.27. 2011다96932). ㉡ "부부간의 상호부양의무는 부부의 일방에게 부양을 받을 필요가 생겼을 때 당연히 발생하는 것이기는 하지만, 과거의 부양료에 관하여는 부양을 받을 자가 부양의무자에게 부양의무의 이행을 청구하였음에도 불구하고 부양의무자가 부양의무를 이행하지 아니함으로써 '이행지체에 빠진 이후의 것'에 대하여만 부양료의 지급을 청구할 수 있을 뿐, 부양의무자가 부양의무의 이행을 청구받기 이전의 부양료의 지급은 청구할 수 없다고 보는 것이 부양의무의 성질이나 형평의 관념에 합치된다"(대결 2008.6.12, 2005스50)고 한다.

비교판례 ※ **자녀에 대한 과거의 부양료**

"부모의 자녀양육의무는 특별한 사정이 없는 한 자녀의 출생과 동시에 발생하는 것이므로 과거의 양육비에 대하여도 상대방이 분담함이 상당하다고 인정되는 경우에는 그 비용의 상환을 청구할 수 있다"(대결 1993.5.13, 전합92스21)

② [○] ④ [○] ※ 배우자의 부양의무와 부모의 부양의무

"부부간의 상호부양의무(제826조 1항)는 혼인관계의 본질적 의무로서 부양을 받을 자의 생활을 부양의무자의 생활과 같은 정도로 보장하여 부부공동생활의 유지를 가능하게 하는 것을 내용으로 하는 제1차 부양의무이고, 반면 부모가 성년의 자녀에 대하여 직계혈족으로서 부양의무(제974조 제1호, 제975조)는 부양의무자가 자기의 사회적 지위에 상응하는 생활을 하면서 생활에 여유가 있음을 전제로 하여 부양을 받을 자가 자력 또는 근로에 의하여 생활을 유지할 수 없는 경우에 한하여 그의 생활을 지원하는 것을 내용으로 하는 제2차 부양의무이다. 이러한 제1차 부양의무와 제2차 부양의무는 의무이행의 정도뿐만 아니라 의무이행의 순위도 의미하는 것이므로, 제2차 부양의무자는 제1차 부양의무자보다 후순위로 부양의무를 부담한다. 따라서 제1차 부양의무자와 제2차 부양의무자가 동시에 존재하는 경우에 제1차 부양의무자는 특별한 사정이 없는 한 제2차 부양의무자에 우선하여 부양의무를 부담하므로, 제2차 부양의무자가 부양받을 자를 부양한 경우에는 소요된 비용을 제1차 부양의무자에 대하여 상환청구할 수 있다"(대판 2012.12.27. 2011다96932).

③ [○] ※ 성년의 자녀가 부모를 상대로 부양료를 청구할 수 있는 경우 및 범위

"성년의 자녀는 요부양상태, 즉 객관적으로 보아 생활비 수요가 자기의 자력 또는 근로에 의하여 충당할 수 없는 곤궁한 상태인 경우에 한하여, 부모를 상대로 그 부모가 부양할 수 있을 한도 내에서 생활부조로서 생활필요비에 해당하는 부양료를 청구할 수 있을 뿐이다. 나아가 이러한 부양료는 부양을 받을 자의 생활정도와 부양의무자의 자력 기타 제반 사정을 참작하여 부양을 받을 자의 통상적인 생활에 필요한 비용의 범위로 한정됨이 원칙이므로, 특별한 사정이 없는 한 통상적인 생활필요비라고 보기 어려운 유학비용의 충당을 위해 성년의 자녀가 부모를 상대로 부양료를 청구할 수는 없다"(대결 2017.8.25. 2017스5)

[정답] ①

문3 혼인, 이혼에 관한 다음 설명 중 가장 옳지 않은 것은? [16서기보]

① 성년인 남자와 만 15세 여자의 혼인은 무효이다.

② 사실혼관계의 부부 사이에도 일상가사에 관한 사항에 관하여 상호대리권이 인정된다.

③ 부부 일방이 이혼 당시에 아직 퇴직하지 않은 채 직장에 근무하고 있는 경우, 퇴직급여채권은 재산분할의 대상에 포함될 수 있고, 그 채권의 범위는 이혼소송의 사실심 변론종결 시점을 기준으로 그 시점에 퇴직할 경우 수령할 수 있을 것으로 예상되는 퇴직급여 상당액이다.

④ 협의 또는 심판에 의하여 구체적 내용이 형성되기 전에 이혼으로 인한 재산분할청구권을 포기하는 행위는 채권자 취소권의 대상이 될 수 없다.

해설 ① [×] **제807조(혼인적령)** 「만 18세가 된 사람은 혼인할 수 있다.」

제817조(연령위반혼인 등의 취소청구권자) 「혼인이 제807조(혼인적령), 제808조(동의가 필요한 혼인)의 규정에 위반한 때에는 당사자 또는 그 법정대리인이 그 취소를 청구할 수 있고 제809조(근친혼 등의 금지)의 규정에 위반한 때에는 당사자, 그 직계존속 또는 4촌 이내의 방계혈족이 그 취소를 청구할 수 있다.」

☞ 따라서 만 18세 미만의 사람이 혼인한 경우 그 혼인을 취소할 수 있을 뿐이다.

② [○] 대판 1980.12.23. 80다2077

제827조(부부간의 가사대리권) 「①항 부부는 일상의 가사에 관하여 서로 대리권이 있다.」

쟁점정리 사실혼의 경우 '상속권' '친족관계' 등 원칙적으로 혼인신고를 전제로 하는 법률혼의 효과는 발생하지 않으나, 동거·부양·협조의무(제826조), 정조의무, 혼인생활비용(제833조), 일상가사대리(제827조), 일상가사채무의 연대책임(제832조), 법정재산제(제830조, 제831조), 재산분할청구권(제839조의2) 등은 사실혼에도 유추적용된다.

③ [○] ※ 분할의 대상이 되는 재산 – 장차 수령할 퇴직급여

"부부 일방이 아직 재직 중이어서 실제 퇴직급여를 수령하지 않았더라도 이혼소송의 사실심 변론종결시에 이미 잠재적으로 존재하여 그 경제적 가치의 현실적 평가가 가능한 재산인 퇴직급여채권은 재산분할의 대상에 포함시킬 수 있으며, 구체적으로는 이혼소송의 사실심 변론종결시를 기준으로 그 시점에서 퇴직할 경우 수령할 수 있을 것으로 예상되는 퇴직급여 상당액의 채권이 그 대상이 된다고 할 것이다"(대판 2014.7.16. 전합2013므2250).

④ [○] ※ 구체화되지 않은 재산분할청구권의 포기가 사해행위가 될 수 있는지 여부(소극)

"이혼으로 인한 재산분할청구권은 이혼을 한 당사자의 일방이 다른 일방에 대하여 재산분할을 청구할 수 있는 권리로서 이혼이 성립한 때에 그 법적 효과로서 비로소 발생하는 것일 뿐만 아니라, 협의 또는 심판에 의하여 구체적 내용이 형성되기까지는 그 범위 및 내용이 불명확·불확정하기 때문에 구체적으로 권리가 발생하였다고 할 수 없으므로 협의 또는 심판에 의하여 구체화되지 않은 재산분할청구권은 채무자의 책임재산에 해당하지 아니하고, 이를 포기하는 행위 또한 채권자취소권의 대상이 될 수 없다"(대판 2013.10.11. 2013다7936).

[정답] ①

문4 혼인의 무효·취소와 관련한 다음 설명 중 틀린 것은? [기출변형]

① 외국인 乙이 甲과의 사이에 참다운 부부관계를 설정하려는 의사 없이 단지 한국에 입국하여 취업하기 위한 방편으로 혼인신고하고 한 달 동안 甲과 혼인생활을 함에 있어서 대부분의 기간 동안 취업을 위해 가출하여 甲과 떨어져 지낸 경우, 甲과 乙 사이의 혼인은 무효이다.

② 당사자 간의 혼인합의가 없어 무효인 혼인신고의 추인에는 소급효가 있다.

③ 아동성폭력범죄 등의 피해를 당해 임신을 하고 출산을 하였으나 자녀와의 관계가 단절되고 상당한 기간 양육이나 교류 등이 이루어지지 않은 경우, 출산 경력을 고지하지 않은 것은 민법 제816조 제3호에서 정한 혼인취소사유에 해당하지 않는다.

④ 사기·강박으로 인해 乙과 혼인한 甲의 사망으로 乙이 甲의 재산을 상속받은 후 甲·乙사이의 혼인이 취소된 경우, 乙이 취득한 상속재산은 법률상 원인 없이 취득한 것이라고 볼 수 있다.

해설 ① [○] ※ 혼인의사의 합치

제815조 1호는 '당사자간에 혼인의 합의가 없는 때에는 혼인은 무효로 한다'고 규정하고 있다. 여기서 '혼인의 합의' 특히 혼인 '의사'의 구체적 내용 및 본질이 무엇이냐와 관련하여 判例는 "민법 제815조 제1호가 혼인무효의 사유로 규정하는 '당사자 간에 혼인의 합의가 없는 때'란 당사자 사이에 사회관념상 부부라고 인정되는 정신적·육체적 결합을 생기게 할 의사의 합치가 없는 경우를 의미하므로, 당사자 일방에게만 그와 같은 참다운 부부관계의 설정을 바라는 효과의사가 있고 상대방에게는 그러한 의사가 결여되었다면 비록 당사자 사이에 혼인신고 자체에 관하여 의사의 합치가 있어 일응 법률상의 부부라는 신분관계를 설정할 의사는 있었다고 하더라도 그 혼인은 당사자 간에 혼인의 합의가 없는 것이어서 무효라고 보아야 한다"(대판 2010.6.10.2010므574)고 판시하여 실질적 의사설의 입장에 있다.

☞ 위 판례사안은 외국인 乙이 甲과의 사이에 참다운 부부관계를 설정하려는 의사 없이 단지 한국에 입국하여 취업하기 위한 방편으로 혼인신고에 이르렀다고 봄이 상당한 사안에서, 설령 乙이 한국에 입국한 후 한 달 동안 甲과 계속 혼인생활을 해왔다고 하더라도 이는 乙이 진정한 혼인의사 없이 위와 같은 다른 목적의 달성을 위해 일시적으로 혼인생활의 외관을 만들어낸 것이라고 보일 뿐이므로, 甲과 乙사이에는 혼인의사의 합치가 없어 그 혼인은 민법 제815조 제1호에 따라 무효라고 판단한 사례이다.

② [○] 재산법에 관한 민법총칙에서의 무효행위의 추인에는 소급효를 인정하지 않는 것이 원칙(제139조)이나, 다만 判例는 신분법에 관하여는 그대로 통용될 수 없으므로 혼인신고가 한쪽 당사자의 모르는 사이에 이루어져 무효인 경우에도 그 후 양쪽 당사자가 그 혼인에 만족하고 그대로 부부생활을 계속한 경우에는 그 혼인을 무효로 할 것이 아니라고 하여 신분관계의 안정을 위해 소급효를 인정하고 있다(대판 1965.12.28. 65므61)

※ 그 외에 신분행위에서의 소급효

소급효가 있는 경우	이혼의 취소(판례), 인지의 취소(제861조), 상속재산의 분할(제1015조), 상속의 포기(제1042조)
소급효가 없는 경우	혼인의 취소(제824조)

③ [○] ※ 제816조 제3호의 혼인취소 사유

"당사자가 성장과정에서 본인의 의사와 무관하게 아동성폭력범죄 등의 피해를 당해 임신을 하고 출산까지 하였으나 이후 자녀와의 관계가 단절되고 상당한 기간 동안 양육이나 교류 등이 전혀 이루어지지 않은 경우라면, 출산의 경력이나 경위는 개인의 내밀한 영역에 속하는 것으로서 당사자의 명예 또는 사생활 비밀의 본질적 부분에 해당하고, 나아가 사회통념상 당사자나 제3자에게 그에 대한 고지를 기대할 수 있다거나 이를 고지하지 아니한 것이 신의성실 의무에 비추어 비난받을 정도라고 단정할 수도 없으므로, 단순히 출산의 경력을 고지하지 않았다고 하여 그것이 곧바로 민법 제816조 제3호에서 정한 혼인취소사유에 해당한다고 보아서는 아니 된다. 그리고 이는 국제결혼의 경우에도 마찬가지이다"(대판 2016.2.18. 2015므654,661)

④ [×] ※ 혼인취소의 비소급효(장래효)

사기 또는 강박으로 인하여 혼인의 의사표시를 한 경우 혼인취소사유에 해당하나(제816조 제3호), 혼인의 취소의 효력은 기왕에 소급하지 않으므로(제824조), 甲과 乙사이 혼인이 취소되기 전 상속인으로서 상속받은 재산은 법률상 원인이 없다고 볼 수 없다.

"민법 제824조는 '혼인의 취소의 효력은 기왕에 소급하지 아니한다.'고 규정하고 있을 뿐 재산상속 등에 관해 소급효를 인정할 별도의 규정이 없는바, 혼인 중에 부부 일방이 사망하여 상대방이 배우자로서 망인의 재산을 상속받은 후에 그 혼인이 취소되었다는 사정만으로 그 전에 이루어진 상속관계가 소급하여 무효라거나 또는 그 상속재산이 법률상 원인 없이 취득한 것이라고는 볼 수 없다"(대판 1996.12.23., 95다43308).

[정답] ④

문5 재산분할청구권에 관한 설명 중 가장 옳지 않은 것은? (다툼이 있는 경우 판례에 의함) [14서기보]

① 혼인 중에 부부가 협력하여 이룩한 재산이 있는 경우에는 혼인관계의 파탄에 대하여 책임이 있는 배우자라도 재산의 분할을 청구할 수 있다.

② 재산분할비율은 개별재산에 대한 기여도에 의해서 정해지는 것이 아니라, 전체 재산에 대한 기여도 기타 모든 사정을 고려하여 정해지는 것이다.

③ 퇴직금은 부부 중 일방이 직장에서 일하다가 이혼 당시에 이미 퇴직금 등의 금원을 수령하여 소지하고 있는 경우에도, 이를 청산의 대상으로 삼을 수 없다.

④ 사실혼관계가 일방 당사자의 사망으로 인하여 종료된 경우에도 그 상대방에게 재산분할청구권이 인정된다고 할 수 없다.

해설 ① [○] 대판 1993.5.11. 93스6

② [○] "재산분할비율은 개별재산에 대한 기여도를 일컫는 것이 아니라 기여도 기타 모든 사정을 고려하여 전체로서의 형성된 재산에 대하여 상대방 배우자로부터 분할받을 수 있는 비율을 일컫는 것이라고 봄이 상당하므로, 법원이 합리적 근거 없이 적극재산과 소극재산을 구별하여 분담비율을 달리 정한다거나, 분할대상 재산들을 개별적으로 구분하여 분할비율을 달리 정함으로써 분할할 적극재산의 가액을 임의로 조정하는 것은 허용되지 않는다"(대판 2006.9.14. 2005다74900).

③ [×] 이미 수령한 퇴직금은 재산분할의 대상이 된다(대판 1995.3.28. 94므1584 ; 대판 2011.7.14. 2009므2628,2635),

④ [○] ※ 사실혼 해소의 효과 - 재산분할청구권

사실혼관계가 일방 당사자의 사망에 의하여 종료된 경우에는 생존한 배우자에게 상속권이 인정되지 않기 때문에 재산분할청구권이 인정될 필요성이 크지만, 대법원은 법률상 혼인관계가 일방 당사자의 사망으로 인하여 종료된 경우에도 생존 배우자에게 재산분할청구권이 인정되지 않으므로 이를 부정하였다(대판 2006.3.24, 2005두15595).

[정답] ③

문6 재산분할에 관한 다음 설명 중 가장 옳지 않은 것은? (다툼이 있는 경우 판례에 의함) [16서기보]

① 아직 이혼하지 않은 당사자가 장차 협의상 이혼할 것을 약정하면서 이를 전제로 하여 위 재산분할에 관한 협의를 하는 경우에 있어서, 당사자 일방이 제기한 이혼청구의 소에 의하여 재판상 이혼이 이루어진 경우라면 위 협의는 조건의 불성취로 인하여 효력이 발생하지 않는다고 보아야 한다.

② 재산분할재판에서 분할대상인지 여부가 전혀 심리된 바 없는 재산이 재판확정 후 추가로 발견된 경우라도 이에 대하여 추가로 재산분할청구를 할 수는 없다.

③ 이혼 당사자 각자가 보유한 적극재산에서 소극재산을 공제하는 등으로 재산상태를 따져 본 결과 재산분할 청구의 상대방이 그에게 귀속되어야 할 몫보다 더 많은 적극재산을 보유하고 있거나 소극재산의 부담이 더 적은 경우에는 적극재산을 분배하거나 소극재산을 분담하도록 하는 재산분할은 어느 것이나 가능하다고 보아야 하고, 후자의 경우라고 하여 당연히 재산분할 청구가 배척되어야 한다고 할 것은 아니다.

④ 재산분할청구권은 이혼한 날부터 2년을 경과한 때에는 소멸한다.

해설 ① [○] "재산분할에 관한 협의는 혼인중 당사자 쌍방의 협력으로 이룩한 재산의 분할에 관하여 이미 이혼을 마친 당사자 또는 아직 이혼하지 않은 당사자 사이에 행하여지는 협의를 가리키는 것인바, 그 중 아직 이혼하지 않은 당사자가 장차 협의상 이혼할 것을 약정하면서 이를 전제로 하여 위 재산분할에 관한 협의를 하는 경우에 있어서는, 특별한 사정이 없는 한, 장차 당사자 사이에 협의상 이혼이 이루어질 것을 조건으로 하여 조건부 의사표시가 행하여지는 것이라 할 것이므로, 그 협의 후 당사자가 약정한대로 협의상 이혼이 이루어진 경우에 한하여 그 협의의 효력이 발생하는 것이지, 어떠한 원인으로든지 협의상 이혼이 이루어지지 아니하고 혼인관계가 존속하게 되거나 당사자 일방이 제기한 이혼청구의 소에 의하여 재판상이혼(화해 또는 조정에 의한 이혼을 포함한다)이 이루어진 경우에는, 위 협의는 조건의 불성취로 인하여 효력이 발생하지 않는다"(대판 2003.8.19. 2001다14061).

② [X] "재산분할재판에서 분할대상인지 여부가 전혀 심리된 바 없는 재산이 재판확정 후 추가로 발견된 경우에는 이에 대하여 추가로 재산분할청구를 할 수 있다. 다만 추가 재산분할청구 역시 이혼한 날부터 2년 이내라는 제척기간을 준수하여야 한다"(대결 2018.6.22. 2018스18).

③ [○] 대판 2013.6.20. 전합2010므4071

[쟁점정리] 과거 判例는 "이혼하는 부부의 일방이 재산분할의 대상이 되는 채무를 부담하고 있어 총재산가액에서 위 채무액을 공제하면 남는 금액이 없는 경우에는 상대방의 재산분할 청구는 받아들여질 수 없다"(대판 2002.9.4. 2001므718 등)는 입장이었으나 **최근 전원합의체 판결로 견해를 변경하여** "소극재산의 총액이 적극재산의 총액을 초과하여 재산분할을 한 결과가 결국 채무의 분담을 정하는 것이 되는 경우에도 법원은 채무의 성질, 채권자와의 관계, 물적 담보의 존부 등 일체의 사정을 참작하여 이를 분담하게 하는 것이 적합하다고 인정되면 구체적인 분담의 방법 등을 정하여 **재산분할 청구를 받아들일 수 있다**"(대판 2013.6.20. 전합2010므4071)고 판시하였다.

④ [○] **제839조의2(재산분할청구권)** 「①항 협의상 이혼한 자의 일방은 다른 일방에 대하여 재산분할을 청구할 수 있다. ②항 1의 재산분할에 관하여 협의가 되지 아니하거나 협의할 수 없는 때에는 가정법원은 당사자의 청구에 의하여 당사자 쌍방의 협력으로 이룩한 재산의 액수 기타 사정을 참작하여 분할의 액수와 방법을 정한다. ③항 1의 재산분할청구권은 이혼한 날부터 2년을 경과한 때에는 소멸한다.」

[정답] ②

문7 다음 설명 중 가장 옳지 않은 것은? (다툼이 있는 경우 판례에 의함)　　　[17서기보]

① 부부의 일방이 혼인중에 자기 명의로 취득한 재산은 그 명의자의 특유재산으로 추정되고, 부부의 누구에게 속한 것인지 분명하지 아니한 재산은 부부의 공유로 추정된다.

② 부부 일방의 특유재산은 원칙적으로 재산분할의 대상이 되지 아니하나 특유재산이더라도 다른 일방이 적극적으로 그 특유재산의 유지에 협력하여 그 감소를 방지하였거나 그 증식에 협력하였다고 인정되는 경우에는 재산분할의 대상이 된다.

③ 재산분할청구권은 이혼한 부부의 일방이 상대방으로부터 부부 공동의 노력으로 이룩한 재산 중 일부를 분할받을 권리를 말하는 것이므로 부부의 소극재산 총액이 적극재산 총액을 초과하는 경우에는 재산분할을 청구할 수 없다.

④ 아직 이혼하지 않은 당사자가 장차 협의상 이혼할 것을 약정하면서 이를 전제로 하여 재산분할에 관한 협의를 한 경우 그 후 당사자 일방이 제기한 이혼청구의 소에 의하여 재판상 이혼이 이루어진 때에는 그 재산분할 협의의 효력이 발생하지 않는다.

해설 ① [○] **제830조(특유재산과 귀속불명재산)** 「①항 부부의 일방이 혼인전부터 가진 고유재산과 혼인중 자기의 명의로 취득한 재산은 그 특유재산으로 한다. ②항 부부의 누구에게 속한 것인지 분명하지 아니한 재산은 부부의 공유로 추정한다.」

☞ 判例는 부부의 일방이 혼인중 단독 명의로 취득한 부동산은 그 명의자의 '특유재산으로 추정'되는 것으로 해석한다(대판 1986.9.9, 85다카1337,1338).

② [○] 判例는 "민법이 혼인 중 부부일방의 명의로 취득한 재산에 대해서 그 일방의 특유재산으로 하는 것은 부부 내부관계에서는 '추정적 효과' 밖에 생기지 않으므로, 실질적으로 다른 일방 또는 쌍방이 그 재산의 대가를 부담하여 취득한 것이 증명된 때에는 그 추정은 깨어지고 다른 일방의 소유이거나 쌍방의 공유"라고 본다(대판 1992.8.14, 92다16171).

☞ 따라서 특유재산이더라도 다른 일방이 적극적으로 그 특유재산의 유지에 협력하여 그 감소를 방지하였거나 그 증식에 협력하였다고 인정되는 경우에는 재산분할의 대상이 된다.

③ [✕] 과거 判例는 "이혼하는 부부의 일방이 재산분할의 대상이 되는 채무를 부담하고 있어 총재산가액에서 위 채무액을 공제하면 남는 금액이 없는 경우에는 상대방의 재산분할 청구는 받아들여질 수 없다"(대판 2002.9.4. 2001므718 등)는 입장이었으나 최근 전원합의체 판결로 견해를 변경하여 "소극재산의 총액이 적극재산의 총액을 초과하여 재산분할을 한 결과가 결국 채무의 분담을 정하는 것이 되는 경우에도 법원은 채무의 성질, 채권자와의 관계, 물적 담보의 존부 등 일체의 사정을 참작하여 이를 분담하게 하는 것이 적합하다고 인정되면 구체적인 분담의 방법 등을 정하여 재산분할 청구를 받아들일 수 있다"(대판 2013.6.20. 전합2010므4071)고 판시하였다.

④ [○] 대판 2003.8.19. 2001다14061

[정답] ③

문8 다음 설명 중 가장 옳지 않은 것은? (다툼이 있는 경우 판례에 의하고, 전원합의체 판결의 경우 다수의견에 의함)

[19서기보]

① 민법은 중혼을 혼인취소의 사유로 정하면서도 그 취소청구권의 제척기간을 규정하지 않고 있으므로, 그 취소권은 특별한 사정이 없는 한 기간의 경과에 의하여 소멸하지 않는다.

② 미성년의 자녀를 양육한 자가 공동 양육의무자인 다른 쪽 상대방에 대하여 갖는 과거의 양육비 지급청구권은, 협의 또는 심판에 의하여 구체화되지 않았더라도 양육자가 그 양육비를 과거에 지출한 때로부터 소멸시효가 진행한다.

③ 이혼으로 인한 재산분할청구권이 협의 또는 심판에 의하여 구체화되지 않았다면, 이러한 재산분할청구권은 채무자의 책임재산에 해당하지 아니하고, 이를 포기하는 행위 또한 채권자취소권의 대상이 될 수 없다.

④ 인지청구의 소에서 제소기간의 기산점이 되는 '사망을 안 날'은 사망이라는 객관적 사실을 아는 것을 의미하고, 사망자와 친생자관계에 있다는 사실까지 알아야 하는 것은 아니다.

해설 ① [○] 중혼의 취소기간에는 특별한 제한이 없다. 다만 중혼을 하고 장기간 경과한 후에 중혼취소를 구하는 것이 '예외적으로 권리남용이 될 수 있다(대판 1993.8.24. 92므907).

"민법은 중혼에 대하여 권리소멸에 관한 사유를 규정하지 아니하고 있는바, 이는 중혼의 반사회성, 반윤리성이 다른 혼인취소사유에 비하여 무겁다고 본 입법자의 의사를 반영한 것으로 보이고, 그렇다면 중혼의 취소청구권에 관하여 장기간의 권리불행사 등 사정만으로 가볍게 그 권리소멸을 인정하여서는 아니될 것이다"(대판 1993.8.24, 92므907).

② [×] ※ 과거 양육비 청구에 관한 문제 - 소멸시효

"당사자의 협의 또는 가정법원의 심판에 의하여 구체적인 지급청구권으로서 성립하기 전에는 과거의 양육비에 관한 권리는 양육자가 그 권리를 행사할 수 있는 재산권에 해당한다고 할 수 없고, 따라서 이에 대하여는 소멸시효가 진행할 여지가 없다"(대결 2011.7.29, 2008스67).

③ [○] 대판 2013.10.11. 2013다7963

④ [○] ※ 강제인지(재판상 인지)

제864조 (부모의 사망과 인지청구의 소) 「제862조(인지에 대한 이의의 소) 및 제863조(인지청구의 소)의 경우에 부 또는 모가 사망한 때에는 그 사망을 안 날로부터 2년내에 검사를 상대로 하여 인지에 대한 이의 또는 인지청구의 소를 제기할 수 있다.」

☞ "이 때 '사망을 안 날'은 사망이라는 객관적 사실을 아는 것을 의미하고, 사망자와 친생자 관계에 있다는 사실까지 알아야 하는 것은 아니다"(대판 2015.2.12. 2014므4871).

[정답] ②

문9 이혼에 관한 다음 설명 중 가장 옳지 않은 것은? (다툼이 있는 경우 판례에 의하고, 전원합의체 판결의 경우 다수의견에 의함)　　[20서기보]

① 이혼 후 협의 또는 심판에 의하여 구체화되지 않은 상태에서 재산분할청구권을 포기하는 행위는 채권자취소권의 대상이 될 수 없다.

② 일시적으로나마 법률상의 부부관계를 해소하려는 당사자간의 합의하에 협의이혼신고가 된 이상, 그 협의이혼에 다른 목적이 있다 하더라도 양자 간에 이혼의 의사가 없다고 할 수 없고, 따라서 그 협의이혼은 무효로 되지 아니한다.

③ 이혼 당시 부부 일방이 아직 공무원으로 재직 중이어서 실제 퇴직급여 등을 수령하지 않았더라도 이혼소송의 사실심 변론종결 시에 이미 잠재적으로 존재하여 경제적 가치의 현실적 평가가 가능한 재산인 퇴직급여 및 퇴직수당채권은 이에 대하여 상대방 배우자의 협력이 기여한 것으로 인정되는 한 재산분할의 대상에 포함시킬 수 있다.

④ 이혼으로 인한 재산분할재판에서 분할대상인지 여부가 전혀 심리된 바 없는 재산을 재판확정 후 추가로 발견한 경우에는 이를 발견한 날부터 2년 이내에 추가로 재산분할청구를 할 수 있다.

① [○] 대판 2013.10.11. 2013다7936

② [○] "협의이혼에 있어서의 이혼의 의사는 법률상의 부부관계를 해소하려는 의사를 말하므로, 일시적으로나마 그 법률상의 부부관계를 해소하려는 당사자간의 합의하에 협의이혼신고가 된 이상, 그 협의이혼에 '다른 목적'이 있다 하더라도 양자간에 이혼의 의사가 없다고는 말할 수 없고 따라서 그 협의이혼은 무효로 되지 아니한다"(대판 1993.6.11, 93므11 등)라고 하여 判例는 사실상 형식적 의사설(신고의사설)의 입장이다.

③ [○] ※ 분할의 대상이 되는 재산 - 장차 수령할 퇴직급여
"부부 일방이 아직 재직 중이어서 실제 퇴직급여를 수령하지 않았더라도 이혼소송의 사실심 변론종결시에 이미 잠재적으로 존재하여 그 경제적 가치의 현실적 평가가 가능한 재산인 퇴직급여채권은 재산분할의 대상에 포함시킬 수 있으며, 구체적으로는 이혼소송의 사실심 변론종결시를 기준으로 그 시점에서 퇴직할 경우 수령할 수 있을 것으로 예상되는 퇴직급여 상당액의 채권이 그 대상이 된다고 할 것이다(대판 2014.7.16. 전합2013므2250).

④ [×] "재산분할재판에서 분할대상인지 여부가 전혀 심리된 바 없는 재산이 재판확정 후 추가로 발견된 경우에는 이에 대하여 추가로 재산분할청구를 할 수 있다. 다만 추가 재산분할청구 역시 '이혼한 날'부터 2년 이내라는 제척기간을 준수하여야 한다"(대결 2018.6.22. 2018스18).

[정답] ④

문 10 재판상 이혼에 관한 설명 중 옳은 것은? (다툼이 있는 경우 판례에 의함)   [기출변형]

① 부부가 장기간 별거하여 실질적으로 부부공동생활이 파탄되었고 객관적으로 회복할 수 없는 정도에 이르렀으나 아직 이혼이 성립하지 않은 상태에서 부부의 일방과 성적인 행위를 한 제3자는 타방 배우자에게 불법행위책임을 진다.

② 이혼소송의 원고가 「민법」 제840조 제2호 사유와 제6호 사유를 주장하는 경우 제2호 사유의 존부를 먼저 판단하고, 그것이 인정되지 않는 경우에 비로소 제6호의 원인을 최종적으로 판단하여야 한다.

③ 부부의 일방이 동거의무를 위반한 경우 상대방은 손해배상을 청구할 수 없으나 재판상 이혼 청구는 가능하다.

④ 의사무능력 상태인 피성년후견인을 대리하여 성년후견인이 그 배우자를 상대로 재판상 이혼을 청구하려면 재판상 이혼 사유가 인정될 뿐 아니라 피성년후견인의 이혼의사가 객관적으로 추정되어야 한다.

---

① [×] "비록 부부가 아직 이혼하지 아니하였지만 부부공동생활이 파탄되어 실체가 더 이상 존재하지 아니하게 되고 객관적으로 회복할 수 없는 정도에 이른 경우에는 제3자가 부부의 일방과 성적인 행위를 하더라도 배우자에 대하여 손해배상책임을 부담하는 것은 아니다"(대판 2014.11.2. 전합2011므2997).

② [×] 判例는 "재판상 이혼사유에 관한 제840조는 동조가 규정하고 있는 각 호 사유마다 각 별개의 독립된 이혼사유를 구성하는 것"(대판 2000.9.5, 99므1886)이라고 판시하면서, "재판상 이혼사유에 관한 민법 제840조는 동조가 규정하고 있는 각 호 사유마다 각 별개의 독립된 이혼사유를 구성하는 것이고, 이혼청구를 구하면서 위 각 호 소정의 수개의 사유를 주장하는 경우 법원은 그 중 어느 하나를 받아들여 청구를 인용할 수 있다"(대판 2000.9.5, 99므1886)고 한다.

③ [×] "부부의 일방이 상대방에 대하여 동거에 관한 심판을 청구한 결과로 그 심판절차에서 동거의무의 이행을 위한 구체적인 조치에 관하여 조정이 성립한 경우에 그 조치의 실현을 위하여 서로 협력할 법적 의무의 본질적 부분을 상대방이 유책하게 위반하였다면, 부부의 일방은 바로 그 의무의 불이행을 들어 그로 인하여 통상 발생하는 비재산적 손해의 배상을 청구할 수 있고, 그에 반드시 이혼의 청구가 전제되어야 할 필요는 없다"(대판 2009.7.23, 2009다32454).

④ [○] 제한능력자의 이혼소송과 관련하여 判例는 개정 전 민법에서 후견인이 의사무능력 상태에 있는 금치산자를 대리하여 그 배우자를 상대로 재판상 이혼을 청구할 수 있다고 본다(그 금치산자의 배우자가 후견인이 되는 때에는 제940조에 의해 후견인을 배우자에서 다른 사람으로 변경하는 것을 전제로 한다). 다만 이는 이혼사유가 존재하고 나아가 피성년후견인(종래 금치산자)의 이혼의사를 객관적으로 추정할 수 있는 경우이어야 한다(대판 2010.4.29, 2009므639).

[정답] ④

문 11 甲은 乙과 혼인하여 A를 출산하고, 그 후 乙이 사망하자 丙과 재혼하였다. 그런데 甲은 丙으로부터 상습적으로 폭행을 당하자 丙을 상대로 이혼소송을 제기하였다. 다음 설명 중 옳은 것은? (다툼이 있는 경우에는 판례에 의함) [기출변형]

① 이혼소송 계속 중 甲이 사망하였다면, 甲의 소송상 지위는 A가 승계한다.
② 甲이 이혼소송 과정에서 재산분할청구를 병합하였는데 위 소송 계속 중 甲이 사망하였다면, 甲의 소송상 지위는 A가 승계한다.
③ 甲이 이혼소송 과정에서 위자료청구를 병합하였는데 위 소송 계속 중 甲이 사망하였다면, 甲의 소송상 지위는 A가 승계한다.
④ 만약 甲과 丙이 사실혼관계였을 경우, 甲이 丙과의 사실혼관계가 해소되었다고 주장하면서 재산분할심판청구를 제기한 후 심판 계속 중 사망하였다면, 재산분할심판은 종료된다.

해설 ①~④는 이혼소송과 소송상 지위의 승계와 관련한 질문이다.

① [×] "재판상 이혼청구권은 부부의 일신전속의 권리이므로 이혼소송 계속 중 배우자의 일방이 사망한 때에는 상속인이 그 절차를 수계할 수 없다"(대판 1994.10.28, 94므246,253)

② [×] 재산분할청구권은 이혼이 성립한 때에 비로소 발생하므로(대판 2001.9.25. 2001므725,732), 이혼이 되기 전에(이혼소송 및 재산분할청구소송 도중에) 배우자 일방이 사망하면 이혼의 성립을 전제로 하여 이혼소송에 부대한 재산분할청구 역시 이를 유지할 이익이 상실되어 이혼소송의 종료와 동시에 종료된다(대판 1994.10.28. 94므246,253).

③ [○] "이혼에 따른 위자료 청구권은 불법행위책임의 성질을 가지므로 귀속상 일신전속적 권리라 할 수 없다. 따라서 청구권자가 위자료의 지급을 구하는 소송을 제기함으로써 청구권을 행사할 의사가 외부적 객관적으로 명백하게 된 이상 이혼소송이 종료하더라도 소송은 승계될 수 있다"(대판 1993.5.27. 92므143)

④ [×] "사실혼관계는 당사자 일방의 의사에 의해 해소될 수 있고 재산분할심판청구시 사실혼관계가 이미 해소되었으므로 사망한 상대방의 상속인이 승계하게 된다"(대결 2009.2.9. 2008스105)
[사실관계] 사안은 사실혼관계의 당사자 중 일방인 乙이 의식불명이 되자 상대방인 甲이 일방적으로 사실혼관계의 해소를 주장하면서 재산분할심판청구를 하였는데, 그 재판 과정에서 乙이 사망한 사안에서 甲과 乙의 사실혼관계는 甲의 일방적 파기로 인해 해소되었고 이에 따라 甲은 乙에게 재산분할청구권을 가진다고 한 다음, 그 뒤 乙이 사망함으로 인하여 乙의 재산분할의무가 乙의 상속인들에게 승계되었음을 전제로 위 재산분할청구심판절차를 乙의 상속인들이 수계하여야한다고 판시한 사례이다.

참고판례 사실혼관계가 일방 당사자의 사망에 의하여 종료된 경우에는 생존한 배우자에게 상속권이 인정되지 않기 때문에 재산분할청구권이 인정될 필요성이 크지만, 대법원은 법률상 혼인관계가 일방 당사자의 사망으로 인하여 종료된 경우에도 생존 배우자에게 재산분할청구권이 인정되지 않으므로 이를 부정하였다(대판 2006.3.24, 2005두15595).

[정답] ③

문12 甲男과 乙女는 1992. 12. 26. 혼인하였는데, 乙이 2010. 3.경부터 丙과 깊은 관계를 맺게 되면서 부부 사이가 회복할 수 없는 상황에 이르러 이혼하려 한다. 乙은 丙을 만나기 전에는 전업주부로서 혼인생활에 충실하였다. 다음 설명 중 옳지 않은 것은? [기출변형]

① 乙은 이혼한 날부터 2년 내에 재산분할을 청구하여야 하며, 이때 2년의 기간은 제척기간이다.

② 민법 제830조 제1항에 따라 甲이 혼인 중 자기 명의로 취득한 재산은 甲의 특유재산으로 추정되고, 재산을 취득함에 있어 乙의 협력이 있었다거나 혼인생활의 내조의 공이 있었다는 것만으로는 위 추정이 번복될 수 없다.

③ 甲 명의의 재산이 甲의 상속재산을 기초로 형성된 재산이라면, 그 유지에 乙의 가사노동이 기여한 것으로 인정되더라도 재산분할의 대상이 되지 않는다.

④ 甲이 乙의 재산분할청구권 행사를 해함을 알면서도 甲 명의의 아파트를 처분한 경우, 乙은 그 취소 및 원상회복을 가정법원에 청구할 수 있다.

해설 ① [O] 재산분할청구권은 이혼한 날로부터 2년을 경과하면 소멸하는데(제839의2 3항) 判例는 이 기간의 성질을 '제척기간'으로 보고 있어, 그 기간이 도과하였는지 여부는 당사자의 주장에 관계없이 법원이 당연히 조사하여 고려할 사항이라고 한다(대판 1994.9.9, 94다17536).

② [O] ③ [X] 민법은 '부부의 일방이 혼인 전부터 가진 고유재산과 혼인 중 자기명의로 취득한 재산은 그 자의 특유재산으로 한다'(제830조 1항)라고 규정함으로써 별산제를 선언하고 있다. 그러나 判例는 "민법이 혼인 중 부부일방의 명의로 취득한 재산에 대해서 그 일방의 특유재산으로 하는 것은 부부 내부관계에서는 '추정적 효과' 밖에 생기지 않으므로, 실질적으로 다른 일방 또는 쌍방이 그 재산의 대가를 부담하여 취득한 것이 증명된 때에는 그 추정은 깨어지고 다른 일방의 소유이거나 쌍방의 공유"라고 본다(대판 1992.8.14, 92다16171). 判例는 일반적으로 금전적 대가 지급, 공동채무 부담 등 '유형적 기여'가 있어야 특유재산의 추정을 번복할 사유가 된다고 하며, "단순히 협력이 있었다거나 결혼생활에 내조의 공이 있었다는 것만으로는 이에 해당하지 않는다"고 한다(대판 1986.9.9, 85다카1337,1338).

비교판례 이와 구별해야 할 判例로 "민법 제839조의2에 규정된 재산분할 제도는 부부가 혼인 중에 취득한 실질적인 공동재산을 청산 분배하는 것을 주된 목적으로 하는 것이므로 부부가 협의에 의하여 이혼할 때 쌍방의 협력으로 이룩한 재산이 있는 한, 처가 가사노동을 분담하는 등으로 내조를 함으로써 부의 재산의 유지 또는 증가에 기여하였다면 쌍방의 협력으로 이룩된 재산은 재산분할의 대상이 된다"(대결 1993.5.11, 93스6)고 보아 혼인관계를 유지하면서 특유재산의 추정을 번복하기 위한 요건과 이혼을 하면서 재산분할을 청구하기 위한 요건에 차이를 두고 있다(즉, 특유재산추정법리와 관련해서는 공유의 인정범위를 매우 좁게 보는 반면 재산분할청구에서는 보다 넓게 파악하고 있다).

④ [O] **제839조의3(재산분할청구권 보전을 위한 사해행위취소권)** 「①항 부부의 일방이 다른 일방의 재산분할청구권 행사를 해함을 알면서도 재산권을 목적으로 하는 법률행위를 한 때에는 다른 일방은 제406조 제1항을 준용하여 그 취소 및 원상회복을 가정법원에 청구할 수 있다. ②항 제1항의 소는 제406조 제2항의 기간 내에 제기하여야 한다.」

☞ 종래 재산분할청구권이 구체적으로 확정되기 전에 재산분할청구권을 피보전권리로 하는 사해행위취소권이 인정되는지 여부에 대하여 다툼이 있었으나, 현행 개정법에서 부부의 일방이 상대방 배우자의 재산분할청구권 행사를 해함을 알고 사해행위를 한 때에는 상대방 배우자가 그 취소 및 원상회복을 법원에 청구할 수 있도록 재산분할청구권을 보전하기 위한 사해행위취소권을 인정하고 있다(제839조의3).

[정답] ③

문 13 이혼시 재산분할에 관한 설명 중 옳지 않은 것은? (다툼이 있는 경우 판례에 의함) [기출변형]

① 사실혼관계에 있었던 당사자들이 생전에 사실혼관계를 해소한 경우 재산분할청구권이 인정될 수 있으나, 사실혼관계가 일방 당사자의 사망으로 인하여 종료된 경우에는 그 상대방에게 재산분할청구권이 인정되지 않는다.

② 이혼으로 인한 재산분할청구권이 협의 또는 심판에 의하여 구체화되지 않았다면, 이를 미리 포기하는 행위는 채권자취소권의 대상이 될 수 없다.

③ 혼인 중에 부부가 협력하여 이룩한 재산이 있는 경우에는 혼인관계의 파탄에 대하여 책임이 있는 배우자라도 재산분할을 청구할 수 있다.

④ 이미 채무초과 상태에 있는 채무자가 이혼할 때 자신의 배우자에게 재산분할로 일정한 재산을 양도하게 됨으로써 결과적으로 일반채권자에 대한 공동담보가 감소된 경우, 그 재산분할은 원칙적으로 사해행위에 해당한다.

[해설] ① [○] "사실혼관계에 있었던 당사자들이 생전에 사실혼관계를 해소한 경우 재산분할청구권을 인정할 수 있으나, 법률상 혼인관계가 일방 당사자의 사망으로 인하여 종료된 경우에도 생존 배우자에게 재산분할청구권이 인정되지 아니하고 단지 상속에 관한 법률 규정에 따라서 망인의 재산에 대한 상속권만이 인정된다는 점 등에 비추어 보면, 사실혼관계가 일방 당사자의 사망으로 인하여 종료된 경우에는 그 상대방에게 재산분할청구권이 인정된다고 할 수 없다"(대판 2006.3.24, 2005두15595).

☞ 判例에 의하면 사실혼 배우자의 생명이 위독한 경우 다른 일방배우자는 사실혼을 일방적으로 파기하고 재산분할청구를 할 수 밖에 없는데 이는 사실혼 보호라는 관점에서 볼 때 문제가 많다. 다만 이러한 결과는 사실혼 배우자를 상속인에 포함시키지 않는 우리 법제에 기인한 것이므로 입법론은 별론으로 하고 해석론으로서는 어쩔 수 없는 것으로 판단된다.

② [○] "이혼으로 인한 재산분할청구권은 이혼을 한 당사자의 일방이 다른 일방에 대하여 재산분할을 청구할 수 있는 권리로서 이혼이 성립한 때에 그 법적 효과로서 비로소 발생하는 것일 뿐만 아니라, 협의 또는 심판에 의하여 구체적 내용이 형성되기까지는 그 범위 및 내용이 불명확·불확정하기 때문에 구체적으로 권리가 발생하였다고 할 수 없으므로 협의 또는 심판에 의하여 구체화되지 않은 재산분할청구권은 채무자의 책임재산에 해당하지 아니하고, 이를 포기하는 행위 또한 채권자취소권의 대상이 될 수 없다"(대판 2013.10.11. 2013다7936).

[참고판례] "이혼으로 인한 재산분할청구권은 협의 또는 심판에 의하여 그 구체적 내용이 형성되기까지는 그 범위 및 내용이 불명확·불확정하기 때문에 구체적으로 권리가 발생하였다고 할 수 없으므로 이를 보전하기 위하여 채권자대위권을 행사할 수 없다"(대판 1999.4.9, 98다58016).

③ [○] "이혼에 따른 재산분할청구권의 행사는 이혼의 일방배우자가 청구할 수 있으며 유책배우자라 할지라도 부부가 혼인 중에 취득한 실질적인 공동재산에 대해 재산분할을 청구할 수 있다"(대결 1993.5.11, 93스6).

④ [✕] "이혼에 따른 재산분할은 혼인 중 쌍방의 협력으로 형성된 공동재산의 청산이라는 성격에 상대방에 대한 부양적 성격이 가미된 제도임에 비추어, 이미 채무초과 상태에 있는 채무자가 이혼을 하면서 배우자에게 재산분할로 일정한 재산을 양도함으로써 결과적으로 일반 채권자에 대한 공동담보를

감소시키는 결과로 되어도, 그 재산분할이 민법 제839조의2 제2항의 규정 취지에 따른 상당한 정도를 벗어나는 과대한 것이라고 인정할 만한 특별한 사정이 없는 한, 사해행위로서 취소되어야 할 것은 아니고, 다만 상당한 정도를 벗어나는 초과부분에 대하여는 적법한 재산분할이라고 할 수 없기 때문에 이는 사해행위에 해당하여 취소의 대상으로 될 수 있을 것이나, 이 경우에도 취소되는 범위는 그 상당한 정도를 초과하는 부분에 한정하여야 하고, 위와 같이 상당한 정도를 벗어나는 과대한 재산분할이라고 볼 만한 특별한 사정이 있다는 점에 관한 입증책임은 채권자에게 있다"(대판 2000.9.29, 2000다25569).

비교판례 " i) 상속재산의 분할협의는 상속이 개시되어 공동상속인 사이에 잠정적 공유가 된 상속재산에 대하여 그 전부 또는 일부를 각 상속인의 단독소유로 하거나 새로운 공유관계로 이행시킴으로써 상속재산의 귀속을 확정시키는 것으로 그 성질상 재산권을 목적으로 하는 법률행위이므로 사해행위취소권 행사의 대상이 될 수 있다. ii) 채무초과 상태에 있는 채무자가 상속재산의 분할협의를 하면서 상속재산에 관한 권리를 포기함으로써 결과적으로 일반 채권자에 대한 공동담보가 감소되었다 하더라도, 그 재산분할결과가 채무자의 구체적 상속분에 상당하는 정도에 미달하는 과소한 것이라고 인정되지 않는 한 사해행위로서 취소되어야 할 것은 아니고, 구체적 상속분에 상당하는 정도에 미달하는 과소한 경우에도 사해행위로서 취소되는 범위는 그 미달하는 부분에 한정하여야 한다. 이때 지정상속분이나 기여분, 특별수익 등의 존부 등 구체적 상속분이 법정상속분과 다르다는 사정은 채무자가 주장·입증하여야 할 것이다"(대판 2001.2.9 2000다51797).

[정답] ④

문14 다음 설명 중 틀린 것은? (다툼이 있는 경우 판례에 의함)   [기출변형]

① '비록 부부가 아직 이혼하지 아니하였지만' 부부공동생활이 파탄되어 실체가 더 이상 존재하지 아니하게 되고 객관적으로 회복할 수 없는 정도에 이른 경우에는 제3자가 부부의 일방과 성적인 행위를 하더라도 배우자에 대하여 손해배상책임을 부담하는 것은 아니다.

② 혼인기간 중 총 10여 차례에 이를 정도로 협의이혼 절차 또는 이혼소송 절차를 신청 내지 청구하였다가 취하하는 행위를 반복하는 등 더 이상 혼인관계를 유지하는 것이 무의미하고, 오히려 미성년 자녀의 복지를 해한다고 판단되는 경우 유책배우자의 이혼 청구를 예외적으로 허용할 수 있다.

③ 국민연금법 제64조에 규정된 '이혼배우자의 분할연금 수급권'은 민법상 재산분할 청구권의 대상이 된다.

④ 이혼을 청구하는 배우자의 유책성을 상쇄할 정도로 상대방 배우자 및 자녀에 대한 보호와 배려가 이루어진 경우이거나, 혼인생활의 파탄에 대한 유책성이 그 이혼청구를 배척해야 할 정도로 남아 있지 아니한 특별한 사정이 있는 경우에는 예외적으로 유책배우자의 이혼청구를 허용할 수 있다.

해설 ① [○] 대판 2014.11.2. 전합2011므2997 판시내용

② [○] 배우자에 대한 폭행 등으로 형사처벌을 받은 원고가 피고를 상대로 이혼청구 등을 구한 사건에서, 대법원 2015. 9. 15. 선고 2013므568 전원합의체 판결의 법리(⑤해설 참고)에 비추어 볼 때 유책배우자의 이혼청구를 허용할만한 예외적 사항이 있다고 판단하여 이혼청구를 인용한 원심판단에 대하여, 원심이 인정한 사정 등에 덧붙여 피고가 혼인관계를 회복하기 위한 노력을 기울이지 않으며, 혼인관계 지속이 미성년자녀의 복지를 해한다고 볼만한 사정 등을 인정할 수 있다고 보아 원심의 판단이 타당하다고 판단하여 상고기각한 사례(대판 2020.11.12. 2020므11818).

③ [×] "국민연금법 제64조에 규정된 이혼배우자의 분할연금 수급권은 이혼한 배우자에게 전 배우자가 혼인 기간 중 취득한 노령연금 수급권에 대해서 그 연금 형성에 기여한 부분을 인정하여 청산·분배를 받을 수 있도록 하는 한편, 가사노동 등으로 직업을 갖지 못하여 국민연금에 가입하지 못한 배우자에게도 상대방 배우자의 노령연금 수급권을 기초로 일정 수준의 노후 소득을 보장하려는 취지에서 마련된 것이다(헌재 2016.12.29. 2015헌바182 결정 참조). 이는 민법상 재산분할청구권과는 구별되는 것으로 국민연금법에 따라 이혼배우자가 국민연금공단으로부터 직접 수령할 수 있는 이혼배우자의 고유한 권리이다"(대판 2019.6.13. 2018두65088).

④ [○] ※ 유책배우자의 이혼청구를 허용할 수 있는지 여부(원칙적 소극)
判例는 유책배우자의 이혼청구(제840조 6호)를 배척하는 것이 기본입장이나, ⅰ) 상대방도 이혼의 반소를 제기하여 이혼의사가 있는 경우나(대판 1987.12.8. 87므44), ⅱ) 상대방도 혼인을 계속할 의사가 없음이 객관적으로 명백한데도 오기나 보복적 감정에서 이혼에 응하지 아니하고 있을 뿐이라는 등 특별한 사정이 있는 경우는 예외적으로 유책배우자의 이혼청구권이 인정된다(대판 1969.12.9. 69므31)고 한다.
그리고 최근에는 전원합의체 판결을 통해 그 사유를 확대하였는바, "㉠ 이혼을 청구하는 배우자의 유책성을 상쇄할 정도로 상대방 배우자 및 자녀에 대한 보호와 배려가 이루어진 경우, ㉡ 세월의 경과에 따라 혼인파탄 당시 현저하였던 유책배우자의 유책성과 상대방 배우자가 받은 정신적 고통이 점차 약화되어 쌍방의 책임의 경중을 엄밀히 따지는 것이 더 이상 무의미할 정도가 된 경우 등과 같이 혼인생활의 파탄에 대한 유책성이 그 이혼청구를 배척해야 할 정도로 남아 있지 아니한 특별한 사정이 있는 경우에는 예외적으로 유책배우자의 이혼청구를 허용할 수 있다"(대판 2015.9.15. 전합 2013므568)고 한다.

[정답] ③

문 15 이혼으로 인한 재산분할청구권에 관한 설명 중 옳지 않은 것을 모두 고른 것은? [기출변형]

> ㄱ. 재판상 이혼시의 재산분할에 있어서 분할의 대상이 되는 재산과 그 액수는 이혼소송의 사실심 변론종결일을 기준으로 정한다.
>
> ㄴ. 아직 이혼하지 않은 당사자가 장차 협의상 이혼할 것을 약정하면서 이를 전제로 재산분할에 관한 협의를 하였다면, 그후 재판상 이혼을 한 경우에도 그 협의에 따라야 한다.
>
> ㄷ. 재산분할의 대상이 되는 소극재산의 총액이 적극재산의 총액을 초과하여, 재산분할을 한 결과가 결국 채무의 분담을 정하는 것이 되는 경우, 법원은 재산분할청구를 받아들여서는 안 된다.
>
> ㄹ. 재산분할청구권은 협의 또는 심판에 의하여 그 구체적 내용이 형성되기 전까지는 그 범위 및 내용이 불명확하고 불확정적이기 때문에 구체적으로 권리가 발생하였다고 할 수 없어 이를 보전하기 위한 채권자대위권은 행사할 수 없다.
>
> ㅁ. 이혼소송과 재산분할청구가 병합된 경우, 배우자의 일방이 사망하면 이혼의 성립을 전제로 하여 이혼소송에 부대한 재산분할청구 역시 이를 유지할 이익이 상실되어 이혼소송의 종료와 동시에 종료된다.

① ㄱ, ㄹ   ② ㄴ, ㄷ

③ ㄱ, ㄴ, ㄹ   ④ ㄱ, ㄷ, ㅁ

[해설] ㄱ. [○] "재판상 이혼을 전제로 한 재산분할에 있어 분할의 대상이 되는 재산과 그 액수는 이혼소송의 사실심 변론종결일을 기준으로 하여 정하여야 한다"(대판 2000.5.2. 2000스13).

[비교판례] 참고로 대법원은 "재산분할 제도는 이혼 등의 경우에 부부가 혼인 중 공동으로 형성한 재산을 청산·분배하는 것을 주된 목적으로 하는 것으로서, 부부 쌍방의 협력으로 이룩한 적극재산 및 그 형성에 수반하여 부담하거나 부부 공동생활관계에서 필요한 비용 등을 조달하는 과정에서 부담한 채무를 분할하여 각자에게 귀속될 몫을 정하기 위한 것이므로, 부부 일방에 의하여 생긴 적극재산이나 채무로서 상대방은 그 형성이나 유지 또는 부담과 무관한 경우에는 이를 재산분할 대상인 재산에 포함할 것이 아니다. 그러므로 재판상 이혼에 따른 재산분할에 있어 분할의 대상이 되는 재산과 그 액수는 이혼소송의 사실심 변론종결일을 기준으로 하여 정하는 것이 원칙이지만, 혼인관계가 파탄된 이후 변론종결일 사이에 생긴 재산관계의 변동이 부부 중 일방에 의한 후발적 사정에 의한 것으로서 혼인 중 공동으로 형성한 재산관계와 무관하다는 등 특별한 사정이 있는 경우에는 그 변동된 재산은 재산분할 대상에서 제외하여야 할 것이다"(대판 2013.11.28, 2013므1455)고 판시하여 예외도 인정하고 있다.

ㄴ. [×] "재산분할에 관한 협의는 혼인중 당사자 쌍방의 협력으로 이룩한 재산의 분할에 관하여 이미 이혼을 마친 당사자 또는 아직 이혼하지 않은 당사자 사이에 행하여지는 협의를 가리키는 것인바, 그 중 아직 이혼하지 않은 당사자가 장차 협의상 이혼할 것을 약정하면서 이를 전제로 하여 위 재산분할에 관한 협의를 하는 경우에 있어서는, 특별한 사정이 없는 한, 장차 당사자 사이에 협의상 이혼이 이루어질 것을 조건으로 하여 조건부 의사표시가 행하여지는 것이라 할 것이므로, 그 협의 후 당사자가 약정한대로 협의상 이혼이 이루어진 경우에 한하여 그 협의의 효력이 발생하는 것이지, 어떠한 원인으로든지 협의상 이혼이 이루어지지 아니하고 혼인관계가 존속하게 되거나 당사자 일방이 제기한 이혼청구의 소에 의하여 재판상이혼(화해 또는 조정에 의한 이혼을 포함한다. 이하 같다)이 이루어진 경우에는, 위 협의는 조건의 불성취로 인하여 효력이 발생하지 않는다고 보아야 할 것이다"(대판 2003.8.19, 2001다14061).

ㄷ. [×] 종전 대법원은 "부부 일방이 혼인 중 제3자에게 채무를 부담한 경우에 그 채무 중에서 공동재산의 형성에 수반하여 부담하게 된 채무는 청산의 대상이 되는 것이므로, 부부 일방이 위와 같이 청산의 대상이 되는 채무를 부담하고 있어 총 재산가액에서 위 채무액을 공제하면 남는 금액이 없는 경우에는 상대방의 재산분할 청구는 받아들여질 수 없다"(대판 1997.9.26, 97므983)고 판시하였으나, 최근 전원합의체 판결로 태도를 바꾸어 "이혼 당사자 각자가 보유한 적극재산에서 소극재산을 공제하는 등으로 재산상태를 따져 본 결과 재산분할 청구의 상대방이 그에게 귀속되어야 할 몫보다 더 많은 적극재산을 보유하고 있거나 소극재산의 부담이 더 적은 경우에는 적극재산을 분배하거나 소극재산을 분담하도록 하는 재산분할은 어느 것이나 가능하다고 보아야 하고, 후자의 경우라고 하여 당연히 재산분할 청구가 배척되어야 한다고 할 것은 아니다. 그러므로 소극재산의 총액이 적극재산의 총액을 초과하여 재산분할을 한 결과가 결국 채무의 분담을 정하는 것이 되는 경우에도 법원은 그 채무의 성질, 채권자와의 관계, 물적 담보의 존부 등 일체의 사정을 참작하여 이를 분담하게 하는 것이 적합하다고 인정되면 그 구체적인 분담의 방법 등을 정하여 재산분할 청구를 받아들일 수 있다 할 것이다. 그것이 부부가 혼인 중 형성한 재산관계를 이혼에 즈음하여 청산하는 것을 본질로 하는 재산분할 제도의 취지에 맞고, 당사자 사이의 실질적 공평에도 부합한다"(대판 2013.6.20, 2010므4071 전원합의체)고 판시하였다.

ㄹ. [○] "이혼으로 인한 재산분할청구권은 협의 또는 심판에 의하여 그 구체적 내용이 형성되기까지는 그 범위 및 내용이 불명확·불확정하기 때문에 구체적으로 권리가 발생하였다고 할 수 없으므로 이를 보전하기 위하여 채권자대위권을 행사할 수 없고, 위자료청구권을 피보전권리로 하는 경우에도 채무자의 무자력이 인정되지 아니하는 한 보전의 필요성이 있다고 할 수 없어 권리보호의 자격이 없다"(대판 1999.4.9, 98다58016).

ㅁ. [○] "이혼으로 인한 재산분할청구권은 협의 또는 심판에 의하여 그 구체적 내용이 형성되기까지는 그 범위 및 내용이 불명확·불확정하기 때문에 구체적으로 권리가 발생하였다고 할 수 없으므로 이를 보전하기 위하여 채권자대위권을 행사할 수 없고, 위자료청구권을 피보전권리로 하는 경우에도 채무자의 무자력이 인정되지 아니하는 한 보전의 필요성이 있다고 할 수 없어 권리보호의 자격이 없다"(대판 1999.4.9, 98다58016).

[정답] ②

문16 이혼으로 인한 재산분할청구권에 관한 설명 중 옳지 않은 것은?

[기출변형]

① 부부 일방의 특유재산은 원칙적으로 분할의 대상이 되지 아니하나 다른 일방이 적극적으로 그 특유재산의 유지에 협력하여 그 감소를 방지하였거나 그 증식에 협력하였다고 인정되는 경우에는 분할의 대상이 될 수 있다.

② 재판상 재산분할청구의 경우, 비록 이혼 당시 부부 일방이 아직 재직 중이어서 실제 퇴직급여를 수령하지 않았더라도 퇴직급여채권은 재산분할의 대상이 될 수 있으며, 구체적으로는 이혼소송의 사실심변론종결시 이후 장래 퇴직시까지 예상되는 퇴직급여 상당액의 채권도 포함된다.

③ 소극재산의 총액이 적극재산의 총액을 초과하여 재산분할을 한 결과가 결국 채무의 분담을 정하는 것이 되는 경우에도 법원은 이를 분담하게 하는 것이 적합하다고 인정되면 구체적인 분담의 방법 등을 정하여 재산분할청구를 받아들일 수 있다.

④ 부부 일방이 혼인 중 제3자에게 부담한 채무는 일상가사에 관한 것 이외에는 원칙적으로 개인의 채무로서 청산대상이 되지 않으나 공동재산의 형성에 수반하여 부담한 채무인 경우에는 청산대상이 된다.

해설 ① [○] ※ 부부 일방의 특유재산이 재산분할의 대상이 되는 경우

"민법 제839조의2에 규정된 재산분할제도는 혼인 중에 취득한 실질적인 공동재산을 청산 분배하는 것을 주된 목적으로 하는 것이므로, 부부가 재판상 이혼을 할 때 쌍방의 협력으로 이룩한 재산이 있는 한, 법원으로서는 당사자의 청구에 의하여 그 재산의 형성에 기여한 정도 등 당사자 쌍방의 일체의 사정을 참작하여 분할의 액수와 방법을 정하여야 하는바, 이 경우 부부 일방의 특유재산은 원칙적으로 분할의 대상이 되지 아니하나 특유재산일지라도 다른 일방이 적극적으로 그 특유재산의 유지에 협력하여 그 감소를 방지하였거나 그 증식에 협력하였다고 인정되는 경우에는 분할의 대상이 될 수 있다"(대판 1998.2.13. 97므1486,1493).

참고판례 判例는 妻의 가사노동도 재산조성에 대한 협력으로 취급함으로써 구체적인 증명이 없더라도 일방의 특유재산에 대한 재산분할청구의 길을 열어놓고 있다(대결 1993.5.11. 93스6 등).

비교판례 判例는 "민법이 혼인 중 부부일방의 명의로 취득한 재산에 대해서 그 일방의 특유재산으로 하는 것은 부부 내부관계에서는 '추정적 효과' 밖에 생기지 않으므로, 실질적으로 다른 일방 또는 쌍방이 그 재산의 대가를 부담하여 취득한 것이 증명된 때에는 그 추정은 깨어지고 다른 일방의 소유이거나 쌍방의 공유"라고 보면서(대판 1992.8.14. 92다16171), 일반적으로 금전적 대가 지급, 공동채무 부담 등 '유형적 기여'가 있어야 특유재산의 추정을 번복할 사유가 된다고 하며, "단순히 협력이 있었다거나 결혼생활에 내조의 공이 있었다는 것만으로는 이에 해당하지 않는다"고 한다(대판 1986.9.9. 85다카1337,1338).

② [×] ※ 재산분할의 대상 - 향후 수령할 퇴직연금

"부부 일방이 아직 재직 중이어서 실제 퇴직급여를 수령하지 않았더라도 이혼소송의 사실심 변론종결시에 이미 잠재적으로 존재하여 그 경제적 가치의 현실적 평가가 가능한 재산인 퇴직급여채권은 재산분할의 대상에 포함시킬 수 있으며, 구체적으로는 이혼소송의 사실심 변론종결시를 기준으로 그 시점에서 퇴직할 경우 수령할 수 있을 것으로 예상되는 퇴직급여 상당액의 채권이 그 대상이 된다"(대판 2014.7.16. 전합2013므2250)

③ [○] ※ 재산분할의 대상 - 소극재산의 총액이 적극재산의 총액을 초과하는 경우

"소극재산의 총액이 적극재산의 총액을 초과하여 재산분할을 한 결과가 결국 채무의 분담을 정하는 것이 되는 경우에도 법원은 채무의 성질, 채권자와의 관계, 물적 담보의 존부 등 일체의 사정을 참작하여 이를 분담하게 하는 것이 적합하다고 인정되면 구체적인 분담의 방법 등을 정하여 재산분할 청구를 받아들일 수 있다"(대판 2013.6.20. 전합2010므4071)

④ [○] ※ 재산분할 - 부부일방이 혼인 중 제3자에게 부담한 채무

채무가 일상가사에 관한 것이 아닌 경우에는 원칙적으로 개인채무로서 청산대상이 되지 않으나, 공동재산의 형성에 수반하여 부담한 채무인 경우에는 청산대상이 된다(대판 1998.2.13, 97므1486). 예를 들어, 判例는 혼인생활 중 쌍방의 협력으로 취득한 부동산에 관하여 부부의 일방이 부담하는 임대차보증금반환채무는 특별한 사정이 없는 한, 혼인 중 재산의 형성에 수반한 채무로서 청산의 대상이 된다고 하였다(대판 2011.3.10, 2010므4699,4705,4712).

[정답] ②

문17 이혼 당사자의 재산분할청구에 관한 설명 중 옳지 않은 것은? [기출변형]

① 당사자가 이혼 성립 후에 재산분할을 청구하고 법원이 재산분할로서 금전의 지급을 명하는 판결이나 심판을 하는 경우, 분할의무자는 그 금전지급의무에 관하여 이혼 성립 다음날부터 이행지체책임을 진다.

② 재판상 이혼 시의 재산분할에 있어 분할의 대상이 되는 재산과 액수는 이혼소송의 사실심 변론종결일을 기준으로 정하는 것이 원칙이다.

③ 이혼 및 재산분할청구의 소가 제기된 직후로서 아직 혼인이 해소되기 전에 당사자 일방이 재산분할청구권을 포기하는 것은 효력이 없다.

④ 협의이혼에 따른 재산분할을 할 때 협의이혼을 예정하고 미리 재산분할 협의를 한 경우, 분할의 대상이 되는 재산과 액수는 재산분할 협의 시점이 아니라 협의이혼 신고일을 기준으로 정해야 한다.

해설 ① [×] ※ 당사자가 이혼 성립 후에 법원이 재산분할로서 금전의 지급을 명하는 판결이나 심판을 하는 경우, 금전지급의무의 이행지체책임을 지는 시기

"이혼으로 인한 재산분할청구권(제839조의2·제843조)은 이혼이 성립한 때에 이혼을 한당사자의 일방이 다른 일방에 대하여 재산분할을 청구할 수 있는 권리로서 협의 또는 심판에 의하여 비로소 그 구체적 내용이 정해지게 되므로, 당사자가 이혼이 성립하기 전에 이혼소송과 병합하여 재산분할의 청구를 하고 법원이 이혼과 동시에 재산분할로서 금전의 지급을 명하는 판결을 하는 경우, 그 금전채무에 관하여는 그 판결이 확정된 다음날(이혼성립 다음날이 아님)부터 이행지체책임(연 5%의 법정이율)을 지게 되고, 이러한 소는 장래의 이행을 청구하는 소에 해당하여 소송촉진 등에 관한 특례법 제3조 1항 단서에 의해 동법 소정의 법정이율은 적용되지 않는다"(대판 2001.9.25. 2001므725,732 ; 대판 2014.9.4. 2012므1656)

② [○] ※ 재판상 이혼을 전제로 한 재산분할에 있어 분할의 대상이 되는 재산과 그 액수 산정의 기준시기 (=이혼소송의 사실심 변론종결일)

"재판상 이혼을 전제로 한 재산분할에 있어 분할의 대상이 되는 재산과 그 액수는 이혼소송의 사실심 변론종결일을 기준으로 하여 정하여야 한다"(대결 2000.5.2. 2000스13)

参考판례 그러나 혼인관계가 파탄된 이후 변론종결일 사이에 생긴 재산관계의 변동이 부부 중 일방에 의한 후발적 사정에 의한 것으로서 혼인 중 공동으로 형성한 재산관계와 무관하다는 등 특별한 사정이 있는 경우에는 그 변동된 재산은 재산분할 대상에서 제외하여야 할 것이다(대판 2013.11.28. 2013므1455). 다만, "부부의 일방이 혼인관계 파탄 이후에 취득한 재산이라도 그것이 혼인관계 파탄 이전에 쌍방의 협력에 의하여 형성된 유형·무형의 자원에 기한 것이라면 재산분할의 대상이 된다"(대판 2019.10.31. 2019므12549,12556).

③ [○] ※ 혼인이 해소되기 전에 미리 재산분할청구권을 포기할 수 있는지 여부(소극)

이혼 및 재산분할청구의 소가 제기된 직후로서 아직 혼인이 해소되기 전에 당사자 일방이 재산분할청구권을 미리 포기하는 것은 허용되지 않지만(대판 2003.3.25. 2002므1787), 사후에 포기하는 것은 가능하다.

④ [○] ※ 협의이혼을 전제로 한 재산분할에 있어 분할의 대상이 되는 재산과 그 액수 산정의 기준시기(= 이혼신고일)

"협의이혼을 예정하고 미리 재산분할 협의를 한 경우 협의이혼에 따른 재산분할에 있어 분할의 대상이 되는 재산과 액수는 협의이혼이 성립한 날(이혼신고일)을 기준으로 정하여야 한다. 따라서 재산분할 협의를 한 후 협의이혼 성립일까지의 기간 동안 재산분할 대상인 채무의 일부가 변제된 경우 그 변제된 금액은 원칙적으로 채무액에서 공제되어야 한다. 그런데 채무자가 자금을 제3자로부터 증여받아 위 채무를 변제한 경우에는 전체적으로 감소된 채무액만큼 분할대상 재산액이 외형상 증가하지만 그 수증의 경위를 기여도를 산정함에 있어 참작하여야 하고, 채무자가 기존의 적극재산으로 위 채무를 변제하거나 채무자가 위 채무를 변제하기 위하여 새로운 채무를 부담하게 된 경우에는 어느 경우에도 전체 분할대상 재산액은 변동이 없다"(대판 2006.9.14. 2005다74900).

[정답] ①

문18 다음 설명 중 가장 옳지 않은 것은? (다툼이 있는 경우 판례에 의함) [14서기보]

① 사실혼관계는 사실상의 관계를 기초로 하여 존재하는 것으로서 당사자 일방의 의사에 의하여 해소될 수 있고 당사자 일방의 파기로 인하여 공동생활의 사실이 없게 되면 사실상의 혼인관계는 해소되는 것이며, 다만 정당한 사유 없이 해소된 때에는 유책자가 상대방에 대하여 손해배상의 책임을 지는 데 지나지 않는다.

② 법률상 혼인관계가 일방 당사자의 사망으로 인하여 종료된 경우 생존 배우자에게 재산분할청구권이 인정되지 아니하고 단지 상속에 관한 법률 규정에 따라서 망인의 재산에 대한 상속권만이 인정된다는 점 등에 비추어 보면, 사실혼관계가 일방 당사자의 사망으로 인하여 종료된 경우도 그 상대방에게 재산분할청구권이 인정된다고 할 수 없다.

③ 일반적으로 약혼은 특별한 형식을 거칠 필요 없이 장차 혼인을 체결하려는 당사자 사이에 합의가 있으면 성립하는데 비하여, 사실혼은 주관적으로는 혼인의 의사가 있고, 또 객관적으로는 사회통념상 가족질서의 면에서 부부공동생활을 인정할 만한 실체가 있는 경우에 성립한다.

④ 법률상의 혼인을 한 부부의 어느 한 쪽이 집을 나가 장기간 돌아오지 아니하고 있는 상태에서 부부의 다른 한 쪽이 제3자와 혼인의 의사로 실질적인 혼인생활을 하고 있다면, 특별한 사정이 없는 한 이를 사실혼으로 인정하여 법률혼에 준하는 보호를 하여야한다.

[해설] ① [○] 사실혼관계는 사실상의 관계를 기초로 하여 존재하는 것으로서 당사자 일방의 의사에 의하여 해소될 수 있고 당사자 일방의 파기로 인하여 공동생활의 사실이 없게 되면 사실상의 혼인관계는 해소되는 것이며, 다만 정당한 사유 없이 해소된 때에는 유책자가 상대방에 대하여 손해배상의 책임을 지는 데 지나지 않는다(대결 2009.2.9. 2008스105).

② [○] ※ 사실혼 해소의 효과 – 재산분할청구권
"사실혼관계가 일방 당사자의 사망에 의하여 종료된 경우에는 생존한 배우자에게 상속권이 인정되지 않기 때문에 재산분할청구권이 인정될 필요성이 크지만, 대법원은 법률상 혼인관계가 일방 당사자의 사망으로 인하여 종료된 경우에도 생존 배우자에게 재산분할청구권이 인정되지 않으므로 이를 부정하였다"(대판 2006.3.24. 2005두15595).
☞ 즉 判例에 의하면 사실혼 배우자의 생명이 위독한 경우 다른 일방배우자는 사실혼을 일방적으로 파기하고 재산분할청구를 할 수 밖에 없는데 이는 사실혼 보호라는 관점에서 볼 때 문제가 많다. 다만 이러한 결과는 사실혼 배우자를 상속인에 포함시키지 않는 우리 법제에 기인한 것이므로 입법론은 별론으로 하고 해석론으로서는 어쩔 수 없는 것으로 판단된다.

③ [○] ※ 약혼과 사실혼의 성립요건 비교
일반적으로 약혼은 특별한 형식을 거칠 필요 없이 장차 혼인을 체결하려는 당사자 사이에 합의가 있으면 성립하는 데 비하여, 사실혼은 주관적으로는 혼인의 의사가 있고, 또 객관적으로는 사회통념상 가족질서의 면에서 부부공동생활을 인정할 만한 실체가 있는 경우에 성립한다(대판 1998.12.8, 98므961).

④ [×] ※ 중혼적 사실혼의 보호기준과 한계
중혼적 사실혼이란 법률상의 혼인관계에 있는 배우자의 일방이 제3자와 사실상의 혼인관계에 들어간 경우의 당해 사실혼관계를 지칭한다. 判例는 "법률상의 혼인을 한 부부의 어느 한쪽이 집을 나가 장기간(20년) 돌아오지 아니하고 있는 상태에서, 부부의 다른 한쪽이 제3자와 혼인의 의사로 실질적인 혼인생활을 하고 있다고 하더라도, 특별한 사정이 없는 한, 이를 사실혼으로 인정하여 법률혼에 준하는 보호를 허여할 수는 없다"(대판 1995.9.26. 94므1638)고 하여 중혼적 사실혼에 관한 법적 보호에 소극적이다.

[관련판례] 다만 중혼적 사실혼이라도 도중에 법률혼이 이혼된 경우 그때부터 보호받을 수 있다고 보아, 법률혼 해소 이후에 취득한 재산에 대하여는 그 사실혼 해소시에 재산분할을 인정한 判例가 있다(대판 1995.9.26. 94므1638 참고). 또한 判例는 "사실상 이혼한 법률상의 처와 부양받던 여자가 있는 경우 부의 사망으로 인하여 지급되는 산업재해보상보험법상의 유족보상일시금의 수급권자는 사망당시 부양되고 있던 사실상 혼인관계에 있던 여자다"(대판 1977.12.27, 75다1098)라고 판시하여 사실혼 배우자에게 유족으로서의 권리를 인정한 것도 있다.

[정답] ④

문 19 사실혼에 관한 다음 설명 중 가장 옳지 않은 것은? (다툼이 있는 경우 판례에 의하고, 전원합의체 판결의 경우 다수의견에 의함) [21서기보]

① 사실혼은 주관적으로는 혼인의 의사가 있고, 객관적으로는 사회통념상 가족질서의 면에서 부부공동생활을 인정할 만한 실체가 있는 경우에 성립한다.
② 중혼적 사실혼은 특별한 사정이 없는 한 사실혼으로서 보호받을 수 없다.
③ 사실혼 관계 부부는 일상가사에 관하여 서로 대리권이 있고, 사실혼중에 일방의 명의로 취득한 재산이더라도 부부쌍방의 공유로 추정된다.
④ 사실혼의 배우자도 재산분할청구권을 행사할 수 있다.

[해설] ① [○] ※ 약혼과 사실혼의 성립요건 비교
일반적으로 약혼은 특별한 형식을 거칠 필요 없이 장차 혼인을 체결하려는 당사자 사이에 합의가 있으면 성립하는 데 비하여, 사실혼은 주관적으로는 혼인의 의사가 있고, 또 객관적으로는 사회통념상 가족질서의 면에서 부부공동생활을 인정할 만한 실체가 있는 경우에 성립한다(대판 1998.12.8, 98므961).

② [○] ※ 중혼적 사실혼의 보호기준과 한계
중혼적 사실혼이란 법률상의 혼인관계에 있는 배우자의 일방이 제3자와 사실상의 혼인관계에 들어간 경우의 당해 사실혼관계를 지칭한다. 判例는 "법률상의 혼인을 한 부부의 어느 한쪽이 집을 나가 장기간(20년) 돌아오지 아니하고 있는 상태에서, 부부의 다른 한쪽이 제3자와 혼인의 의사로 실질적인 혼인생활을 하고 있다고 하더라도, 특별한 사정이 없는 한, 이를 사실혼으로 인정하여 법률혼에 준하는 보호를 허용할 수는 없다"(대판 1995.9.26. 94므1638)고 하여 중혼적 사실혼에 관한 법적 보호에 소극적이다.
☞ 이러한 중혼적 사실혼은 일부일처제의 취지에 반한다고 할 수 있는 바, 특별한 사정이 없는 한 사실혼으로서 보호받을 수 없다.

③ [×] ⅰ) 동거를 하면서 사실상의 부부관계를 맺고 실질적인 가정을 이루어 대외적으로도 부부로 행세하여 왔다면 사실혼 관계 부부 사이에 일상가사에 관한 사항에 관하여 상호대리권이 있다(대판 1980.12.26. 80다2077). ⅱ) 사실혼관계에 있는 부부의 일방이 사실혼중에 자기 명의로 취득한 재산은 그 명의자의 특유재산으로 추정되나 실질적으로 다른 일방 또는 쌍방이 그 재산의 대가를 부담하여 취득한 것이 증명된 때에는 특유재산의 추정은 번복되어 그 다른 일방의 소유이거나 쌍방의 공유라고 보아야 할 것이다(대판 1994.12.22. 93다52068).

[쟁점정리] 사실혼의 경우 '상속권' '친족관계' 등 원칙적으로 혼인신고를 전제로 하는 법률혼의 효과는 발생하지 않으나, 동거 · 부양 · 협조의무(제826조), 정조의무, 혼인생활비용(제833조), 일상가사대리(제827조), 일상가사채무의 연대책임(제832조), 법정재산제(제830조, 제831조), 재산분할청구권(제839조의2) 등은 사실혼에도 유추적용된다.

④ [○] ※ 재산분할청구권자
이혼의 일방배우자가 청구할 수 있으며 유책배우자라 할지라도 부부가 혼인 중에 취득한 실질적인 공동재산에 대해 재산분할을 청구할 수 있다(대결 1993.5.11. 93스6). 사실상(사실혼)의 배우자도 재산분할을 청구할 수 있으며(대판 1995.3.10. 94므1379), 혼인취소의 일방배우자도 청구할 수 있다(가사소송법 제2조 1항 마류 4호).

[정답] ③

문1 친생추정에 관한 다음 설명 중 가장 옳지 않은 것은? (다툼이 있는 경우 판례에 의하고, 전원합의체 판결의 경우 다수의견에 의함)

[20서기보]

① 부부의 한쪽이 장기간에 걸쳐 해외에 나가 있거나 사실상의 이혼으로 부부가 별거하고 있는 경우 등 동서(同棲)의 결여로 처가 부의 자를 포태할 수 없는 것이 외관상 명백한 사정이 있는 경우에는 친생추정의 효력이 미치지 않는다.

② 부와 자녀의 유전자형이 배치되는 경우와 같이 혼인 중 아내가 임신하여 출산한 자녀가 남편과 혈연관계가 없다는 점이 명백히 밝혀진 경우에도 친생추정의 효력이 미치지 않는다.

③ 친생추정을 받고 있는 상태에서 친생부인의 소의 방법이 아닌 친생자관계부존재확인의 소의 방법에 의하여 그 친생자관계의 부존재확인을 소구하는 것은 부적법하나, 그렇더라도 법원이 그 잘못을 간과하고 청구를 받아들여 친생자관계가 존재하지 않는다는 확인의 심판을 선고하고 그 심판이 확정된 경우 그 친생추정의 효력은 사라진다.

④ 호적상의 부모의 혼인 중의 자로 등재되어 있는 자라 하더라도 그의 생부모가 호적상의 부모와 다른 사실이 객관적으로 명백한 경우에는 그 친생추정이 미치지 아니하므로, 그와 같은 경우에는 곧바로 생부모를 상대로 인지청구를 할 수 있다.

해설 ① [○] **제844조(남편의 친생자의 추정)** 「①항 아내가 혼인 중에 임신한 자녀는 남편의 자녀로 추정한다. ②항 혼인이 성립한 날부터 200일 후에 출생한 자녀는 혼인 중에 임신한 것으로 추정한다. ③항 혼인관계가 종료된 날부터 300일 이내에 출생한 자녀는 혼인 중에 임신한 것으로 추정한다.」

☞ "민법 제844조는 부부가 동거하여 처가 부의 자를 포태할 수 있는 상태에서 자를 포태한 경우에 적용되는 것이고 부부의 한쪽이 장기간에 걸쳐 해외에 나가 있거나 사실상의 이혼으로 부부가 별거하고 있는 경우 등 동서의 결여로 처가 부의 자를 포태할 수 없는 것이 외관상 명백한 사정이 있는 경우에는 그 추정이 미치지 아니하므로 이 사건에 있어서 처가 가출하여 부와 별거한지 약 2년 2개월 후에 자를 출산하였다면 이에는 동조의 추정이 미치지 아니하여 부는 친생부인의 소에 의하지 않고 친자관계부존재확인소송을 제기할 수 있다"(대판 1983.7.12. 82므59).

② [×] ※ 혼인 중 아내가 임신하여 출산한 자녀가 남편과 혈연관계가 없다는 점이 밝혀진 경우에도 친생추정이 미치는지 여부(적극)

민법 제844조 제1항(친생추정 규정)의 문언과 체계, 민법이 혼인 중 출생한 자녀의 법적 지위에 관하여 친생추정 규정을 두고 있는 기본적인 입법 취지와 연혁, 헌법이 보장하고 있는 혼인과 가족제도, 사생활의 비밀과 자유, 부부와 자녀의 법적 지위와 관련된 이익의 구체적인 비교 형량 등을 종합하면, 혼인 중 아내가 임신하여 출산한 자녀가 남편과 혈연관계가 없다는 점이 밝혀졌더라도 친생추정이 미치지 않는다고 볼 수 없다(대결 2019.10.23. 2016므2510).

[관련판례] "친생자와 관련된 민법 규정, 특히 민법 제844조 제1항(친생추정 규정)의 문언과 체계, 민법이 혼인 중 출생한 자녀의 법적 지위에 관하여 친생추정 규정을 두고 있는 기본적인 입법 취지와 연혁, 헌법이 보장하고 있는 혼인과 가족제도 등에 비추어 보면, 아내가 혼인 중 남편이 아닌 제3자의 정자를 제공받아 인공수정으로 자녀를 출산한 경우에도 친생추정 규정을 적용하여 인공수정으로 출생한 자녀가 남편의 자녀로 추정된다고 보는 것이 타당하다"(대판 2019.10.23. 전합2016므0000).

③ [○] ※ 친생자 추정의 번복

제846조(자의 친생부인) 「부부의 일방은 제844조의 경우에 그 자가 친생자임을 부인하는 소를 제기할 수 있다.」

제847조(친생부인의 소) 「①항 친생부인(親生否認)의 소(訴)는 부(夫) 또는 처(妻)가 다른 일방 또는 자(子)를 상대로 하여 그 사유가 있음을 안 날부터 2년 내에 이를 제기하여야 한다. ②항전항의 경우에 상대방이 될 자가 모두 사망한 때에는 그 사망을 안 날부터 2년 내에 검사를 상대로 하여 친생부인의 소를 제기할 수 있다.」

제865조(다른 사유를 원인으로 하는 친생관계존부확인의 소) 「①항 제845조(법원에 의한 부의 결정), 제846조(자의 친생부인), 제848조(성년후견과 친생부인의 소), 제850조(유언에 의한 친생부인), 제851조(부의 자 출생 전 사망 등과 친생부인), 제862조(인지에 대한 이의의 소)와 제863조(인지청구의 소)의 규정에 의하여 소를 제기할 수 있는 자는 다른 사유를 원인으로 하여 친생자관계존부의 확인의 소를 제기할 수 있다. ②항 제1항의 경우에 당사자 일방이 사망한 때에는 그 사망을 안 날로부터 2년 내에 검사를 상대로 하여 소를 제기할 수 있다.」

☞ "ⅰ) 민법 제844조 제1항의 친생자 추정의 규정 즉 혼인중 처가 포태한 자에 대한 부의 자로서의 친생추정은 다른 반증을 허용하지 않는 강한 추정이므로, 처가 혼인중에 포태한 이상 그 부부의 한 쪽이 장기간에 걸쳐 해외에 나가 있거나 사실상의 이혼으로 부부가 별거하고 있는 경우 등 동서의 결여로 처가 부의 자를 포태할 수 없는 것이 외관상 명백한 사정이 있는 경우에만 그러한 추정이 미치지 않을 뿐, 이러한 예외적인 사유가 없는 한 아무도 그 자가 부의 친생자가 아님을 주장할 수 없고, 따라서 이와 같은 추정을 받고 있는 상태에서는 위 추정과 달리 다른 남자의 친생자라고 주장하여 인지를 청구할 수 없으며, 그리고 이와 같은 추정을 번복하기 위하여서는 부측에서 민법 제846조, 제847조가 규정하는 친생부인의 소를 제기하여 그 확정판결을 받아야 하며, 친생부인의 소의 방법이 아닌 민법 제865조 소정의 친생자관계부존재확인의 소의 방법에 의하여 그 친생자관계의 부존재확인을 소구하는 것은 부적법하다. ⅱ) 위 친생자관계부존재확인의 소가 부적법한 청구일지라도 법원이 그 잘못을 간과하고 청구를 받아들여 친생자관계가 존재하지 않는다는 확인의 심판을 선고하고 그 심판이 확정된 이상 이 심판이 당연무효라고 할 수는 없는 것이며, 구 인사소송법(1990.12.31. 법률 제4300호 가사소송법에 의하여 폐지) 제35조, 제32조에 의하여 위 확정심판의 기판력은 제3자에게도 미친다고 할 것이어서 위 심판의 확정으로 누구도 소송상으로나 소송 외에서 친생자임을 주장할 수 없게 되었다고 할 것이니 이제는 위 확정심판의 기판력과 충돌되는 친생자로서의 추정의 효력은 사라져버렸다"(대판 2019.10.23. 2016므2510).

④ [○] ※ 혼인 외의 출생 자 – 임의인지

"호적상의 부모의 혼인중의 자로 등재되어 있는 자라 하더라도 그의 생부모가 호적상의 부모와 다른 사실이 객관적으로 명백한 경우에는 그 친생추정이 미치지 아니하므로, 그와 같은 경우에는 곧바로 생부모를 상대로 인지청구를 할 수 있다"(대판 2000.1.28. 99므1817).

[정답] ②

문2 甲男과 乙女 사이에 자 丙(현재 미성년자임)이 출생하였다. 다음 설명 중 옳지 않은 것은? (다툼이 있는 경우에는 판례에 의함) [기출변형]

① 甲과 乙이 협의이혼을 하였는데, 협의에 의하여 丙의 친권자는 甲으로, 양육권자는 乙로 분리하여 정하는 것도 가능하다.

② 甲과 乙이 재판상 이혼을 하였는데, 법원은 丙에 대한 양육권을 甲에게 인정하였다. 그런데 乙이 丙을 甲에게 인도하는 것을 거부한 채 자신이 양육하여 왔다. 乙이 丙을 실제로 양육하였더라도 乙은 甲을 상대로 양육비를 청구할 수 없다.

③ 甲과 乙이 재판상 이혼을 하였는데, 법원은 丙에 대한 양육권을 乙에게 인정하고, 甲은 양육비로 매월 50만 원을 지급하라는 결정을 하였다. 그 후 1년 동안 甲은 양육비를 전혀 지급하지 않고 있다. 乙은 甲에 대한 과거 1년 동안의 양육비채권과 甲이 乙에 대해 갖고 있던 대여금채권을 같은 금액 범위에서 상계할 수 있다.

④ 丙은 甲과 乙의 혼인 외의 출생자이며, 출생 이후 현재까지 15년간 乙이 양육하여 왔는데, 甲이 丙을 인지하였다. 乙은 인지가 있기 전에 丙을 혼자서 양육한 것에 대해서 甲에게 양육비를 청구할 수 있지만, 인지한 때로부터 10년 이전의 양육비에 대해서는 시효로 소멸하였으므로 청구할 수 없다.

해설 ① [○] 민법 제837조, 제909조 4항 등이 부부의 이혼 후 그 자의 친권자와 그 양육에 관한 사항을 각기 다른 조항에서 규정하고 있는 점 등에 비추어 보면, 이혼 후 부모와 자녀의 관계에 있어서 친권과 양유권이 항상 같은 사람에게 돌아가야 하는 것은 아니며, 이혼 후 자에 대한 양육권이 부모 중 어느 일방에, 친권이 다른 일방에 또는 부모에 공동으로 귀속되는 것으로 정하는 것은, 비록 신중한 판단이 필요하다고 하더라도, 일정한 기준을 충족하는 한 허용된다(대판 2012.4.13, 2011므4719).

② [○] "청구인과 상대방이 이혼하면서 사건본인의 친권자 및 양육자를 상대방으로 지정하는 내용의 조정이 성립된 경우, 그 조정조항상의 양육방법이 그 후 다른 협정이나 재판에 의하여 변경되지 않는 한 청구인에게 자녀를 양육할 권리가 없고, 그럼에도 불구하고 청구인이 법원으로부터 위 조정조항을 임시로 변경하는 가사소송법 제62조 소정의 사전처분 등을 받지 아니한 채 임의로 자녀를 양육하였다면 이는 상대방에 대한 관계에서는 상대적으로 위법한 양육이라고 할 것이니, 이러한 청구인의 임의적 양육에 관하여 상대방이 청구인에게 양육비를 지급할 의무가 있다고 할 수는 없다"(대결 2006.4.17. 2005스18,19).

③ [○] "이혼한 부부 사이에서 자(子)에 대한 양육비의 지급을 구할 권리는 당사자의 협의 또는 가정법원의 심판에 의하여 구체적인 청구권의 내용과 범위가 확정되기 전에는 '상대방에 대하여 양육비의 분담액을 구할 권리를 가진다'라는 추상적인 청구권에 불과하고 당사자의 협의나 가정법원이 당해 양육비의 범위 등을 재량적·형성적으로 정하는 심판에 의하여 비로소 구체적인 액수만큼의 지급청구권이 발생한다고 보아야 하므로, 당사자의 협의 또는 가정법원의 심판에 의하여 구체적인 청구권의 내용과 범위가 확정되기 전에는 그 내용이 극히 불확정하여 상계할 수 없지만, 가정법원의 심판에 의하여 구체적인 청구권의 내용과 범위가 확정된 후의 양육비채권 중 이미 이행기에 도달한 후의 양육비채권은 완전한 재산권(손해배상청구권)으로서 친족법상의 신분으로부터 독립하여 처분이 가능하고, 권리자의 의사에 따라 포기, 양도 또는 '상계의 자동채권'으로 하는 것도 가능하다"(대판 2006.7.4. 2006므751).

④ [×] "당사자의 협의 또는 가정법원의 심판에 의하여 구체적인 지급청구권으로서 성립하기 전에는 과거의 양육비에 관한 권리는 양육자가 그 권리를 행사할 수 있는 재산권에 해당한다고 할 수 없고, 따라서 이에 대하여는 소멸시효가 진행할 여지가 없다"(대결 2011.7.29. 2008스67).

[정답] ④

문3 다음 설명 중 틀린 것은? (다툼이 있는 경우 판례에 의함) [기출변형]

① 민법 제777조 소정의 친족은 특단의 사정이 없는 한, 그와 같은 신분관계를 가졌다는 사실만으로써 당연히 친자관계존부 확인의 소를 제기할 소송상의 이익이 있다.

② 재판상 이혼의 경우 부모 모두를 자녀의 공동양육자로 지정하는 것은 공동양육을 위한 여건이 갖추어졌다고 볼 수 있는 경우에만 가능하다.

③ 재판상 이혼 시 친권자와 양육자로 지정된 처(妻)는 부(夫)에게 양육비를 청구할 수 있고, 이 경우 가정법원은 자녀의 양육비 중 처(妻)가 부담해야 할 양육비를 제외하고 부(夫)가 분담해야 할 적정 금액의 양육비만을 결정하여야 한다.

④ 아내가 혼인 중 남편이 아닌 제3자의 정자를 제공받아 인공수정으로 자녀를 출산한 경우에도 친생추정 규정을 적용하여 인공수정으로 출생한 자녀가 남편의 자녀로 추정된다.

해설 ① [×] 1. 민법 제865조에 의한 친생자관계존부확인의 소의 원고적격 범위, 2. 민법 제777조에서 정한 친족은 그와 같은 신분관계에 있다는 사실만으로 당연히 친생자관계존부확인의 소를 제기할 수 있다고 한 종전 대법원 판례의 타당성 여부

"1. 민법 제865조 제1항(이하 '이 사건 조항'이라 한다)은 "제845조, 제846조, 제848조, 제850조, 제851조, 제862조, 제863조의 규정에 의하여 소를 제기할 수 있는 자는 다른 사유를 원인으로 하여 친생자관계존부확인의 소를 제기할 수 있다."라고 정한다. 이는 법적 친자관계와 가족관계등록부에 표시된 친자관계가 일치하지 않을 때 이를 바로잡기 위하여 친생자관계존부확인의 소를 제기할 수 있도록 한 것이다. 이 사건 조항이 친생자관계존부확인의 소를 제기할 수 있는 자를 구체적으로 특정하여 직접 규정하는 대신 소송목적이 유사한 다른 소송절차에 관한 규정들을 인용하면서 각 소의 제기권자에게 원고적격을 부여하고 그 사유만을 달리하게 한 점에 비추어 보면, 이 사건 조항이 정한 친생자관계존부확인의 소는 법적 친생자관계의 성립과 해소에 관한 다른 소송절차에 대하여 보충성을 가진다.

이처럼 이 사건 조항의 규정 형식과 문언 및 체계, 위 각 규정들이 정한 소송절차의 특성, 친생자관계존부확인의 소의 보충성 등을 고려하면, 친생자관계존부확인의 소를 제기할 수 있는 자는 이 사건 조항에서 정한 제소권자로 한정된다고 봄이 타당하다.

2. 구 인사소송법 등의 폐지와 가사소송법의 제정·시행, 호주제 폐지 등 가족제도의 변화, 신분관계 소송의 특수성, 가족관계 구성의 다양화와 그에 대한 당사자 의사의 존중, 법적 친생자관계의 성립이나 해소를 목적으로 하는 다른 소송절차와의 균형 등을 고려할 때, 민법 제777조에서 정한 친족이라는 사실만으로 당연히 친생자관계존부확인의 소를 제기할 수 있다고 한 종전 대법원 판례는 더 이상 유지될 수 없게 되었다고 보아야 한다"(대판 2020.6.18. 전합2015므0000).

② [○] "재판상 이혼의 경우 부모 모두를 자녀의 공동양육자로 지정하는 것은 부모가 공동양육을 받아들일 준비가 되어 있고 양육에 대한 가치관에서 현저한 차이가 없는지, 부모가 서로 가까운 곳에 살고 있고 양육환경이 비슷하여 자녀에게 경제적·시간적 손실이 적고 환경 적응에 문제가 없는지, 자녀가 공동양육의 상황을 받아들일 이성적·정서적 대응능력을 갖추었는지 등을 종합적으로 고려하여 공동양육을 위한 여건이 갖추어졌다고 볼 수 있는 경우에만 가능하다고 보아야 한다"(대판 2020.5.14. 2018므15534).

③ [○] ※ 재판상 이혼 시 친권자와 양육자로 지정된 부모의 일방이 상대방에게 양육비를 청구하는 경우

"부모는 자녀를 공동으로 양육할 책임이 있고, 양육에 드는 비용도 원칙적으로 부모가 공동으로 부담하여야 한다. 그런데 어떠한 사정으로 인하여 부모 중 어느 한쪽만이 자녀를 양육하게 된 경우에는 양육하는 사람이 상대방에게 현재와 장래의 양육비 중 적정 금액의 분담을 청구할 수 있다. 재판상 이혼에 따른 자녀의 양육책임에 대하여 이혼 당사자 간에 양육자의 결정과 양육비용의 부담에 관한 사항에 대하여 협의가 이루어지지 않거나 협의할 수 없을 때에는 가정법원은 직권으로 또는 당사자의 청구에 따라 해당 사항을 정한다(민법 제837조, 제843조). 자녀의 양육에 관한 처분에 관한 심판은 부모 중 일방이 다른 일방을 상대방으로 하여 청구하여야 한다(가사소송규칙 제99조 제1항). 이러한 사항들을 종합하면, 재판상 이혼 시 친권자와 양육자로 지정된 부모의 일방은 상대방에게 양육비를 청구할 수 있고, 이 경우 가정법원으로서는 자녀의 양육비 중 양육자가 부담해야 할 양육비를 제외하고 상대방이 분담해야 할 적정 금액의 양육비만을 결정하는 것이 타당하다.

판결 주문은 명확하여야 하고 주문 자체로서 내용이 특정될 수 있어야 한다. 주문은 어떠한 범위에서 당사자의 청구를 인용하고 배척한 것인가를 그 이유와 대조하여 짐작할 수 있을 정도로 표시되고 집행에 의문이 없을 정도로 이를 명확히 특정하여야 한다. 판결 주문이 특정되었는지 여부는 직권조사사항이다. 가사비송사건에서 금전의 지급, 물건의 인도, 등기, 그 밖에 의무의 이행을 명하는 심판은 집행권원이 된다(가사소송법 제41조). 따라서 양육비의 지급을 명하거나 양육비의 사용 등에 관한 의무의 이행을 명하는 심판도 집행의 문제가 남게 되므로 특히 주문은 의문이 생기지 않도록 분명히 적어야 한다"(대판 2020.5.14. 2019므15302).

④ [○] "친생자와 관련된 민법 규정, 특히 친생추정 규정의 문언과 체계, 민법이 혼인 중 출생한 자녀의 법적 지위에 관하여 친생추정 규정을 두고 있는 기본적인 입법 취지와 연혁, 헌법이 보장하고 있는 혼인과 가족제도 등에 비추어 보면, 아내가 혼인 중 남편이 아닌 제3자의 정자를 제공받아 인공수정으로 자녀를 출산한 경우에도 친생추정 규정을 적용하여 인공수정으로 출생한 자녀가 남편의 자녀로 추정된다고 보는 것이 타당하다.

친생추정 규정의 문언과 체계, 민법이 혼인 중 출생한 자녀의 법적 지위에 관하여 친생추정 규정을 두고 있는 기본적인 입법 취지와 연혁, 헌법이 보장하고 있는 혼인과 가족제도, 사생활의 비밀과 자유, 부부와 자녀의 법적 지위와 관련된 이익의 구체적인 비교 형량 등을 종합하면, 혼인 중 아내가 임신하여 출산한 자녀가 남편과 혈연관계가 없다는 점이 밝혀졌더라도 친생추정이 미치지 않는다고 볼 수 없다"(대판 2019.10.23. 전합2016므2510).

[정답] ①

문4 甲과 乙은 혼인신고를 한 지 10년이 지났으나 乙이 아이를 낳지 못하였다. 丁은 자신과 혼인관계 없는 丙과의 사이에서 A를 출산하였다. 甲과 乙은 丙이 A를 인지하기 전에 A를 자신들의 친생자로 출생신고를 하였다. 단, 위 출생신고로 인하여 입양의 효력은 발생하지 않았고, 丙이 A의 생부라는 사실이 객관적으로 명백하게 밝혀졌음을 전제로 한다. 이에 관한 설명 중 옳은 것을 모두 고른 것은? (각 지문은 독립적이며, 다툼이 있는 경우 판례에 의함) [기출변형]

ㄱ. 甲의 아버지 戊는 甲, 乙, A를 상대로 친생자관계부존재확인의 소를 제기할 수 있다.
ㄴ. A는 곧바로 丙을 상대로 인지청구의 소를 제기할 수 있다.
ㄷ. A의 인지청구권은 일신전속적인 신분관계 상의 권리이므로, 이를 포기할 수 없고 포기하더라도 그 의사표시는 효력이 없다.
ㄹ. 丙이 사망한 후 丁은 A를 상대로 丙과 A 사이의 친생자관계의 존재확인을 구하는 소를 제기할 수 있다.

① ㄱ
② ㄷ
③ ㄴ, ㄹ
④ ㄱ, ㄴ, ㄷ

해설 ㄱ. [○] 친생자관계부존재확인의 소란 특정인 사이의 친생자관계의 존부의 확인을 구하는 소로서 그 대상은 친생자관계에 관한 다른 소송유형에 해당하지 않는 경우의 친생자관계의 존재 또는 부존재의 확인을 구하는 소송이다(제865조 1항). 친생추정을 받는 경우 친생부인의 소(제847조)에 의하여야 할 것인데, 지문의 경우 허위의 출생신고로 인한 입양의 효력은 발생하지 않았고, 丙이 A의 생부라는 사실이 객관적으로 명백히 밝혀졌으므로 A는 친생추정을 받지 않고 따라서 친생부인의 소가 아닌 친생자관계부존재확인의 소를 제기할 수 있다. 친생자관계부존재확인의 소를 제기하기 위해서는 원고가 자기의 신분상 지위에 관하여 친자관계존부의 확인을 구할 이익이 있어야 하는데, 당사자 및 그 법정대리인 또는 민법 제777조의 규정에 의한 친족은 특단의 사정이 없는 한 그와 같은 신분관계를 가졌다는 사실만으로써 당연히 친자관계 존부확인의 소를 제기할 소송상의 이익이 있다고 할 것 이므로(대판 1981.10.13. 80므60) 父의 직계존속인 戊는 정당한 당사자로서 소를 제기할 수 있다. 나아가, 허위의 친생자출생신고가 법률상의 친자관계인 양친자관계를 공시하는 입양신고의 기능을 발휘하게 되는 경우 파양에 의하여 그 양친자관계를 해소할 필요가 있는 등 특별한 사정이 없는 한 그 호적기재 자체를 말소하여 법률상 친자관계의 존재를 부인하게 하는 친생자관계부존재확인청구는 허용될 수 없는 것인데(대판 2001.5.24. 2000므1493) 사안의 경우 허위의 출생신고로 인한 입양의 효력은 발생하지 않았으므로 결국 甲의 아버지 戊는 甲, 乙, A를 상대로 친생자관계부존재확인의 소를 제기할 수 있다.

ㄴ. [○] "민법 제844조의 친생추정을 받는 자는 친생부인의 소에 의하여 그 친생추정을 깨뜨리지 않고서는 다른 사람을 상대로 인지청구를 할 수 없으나, 호적상의 부모의 혼인중의 자로 등재되어 있는 자라 하더라도 그의 생부모가 호적상의 부모와 다른 사실이 객관적으로 명백한 경우에는 그 친생추정이 미치지 아니한다고 봄이 상당하고, 따라서 그와 같은 경우에는 곧바로 생부모를 상대로 인지청구를 할 수 있다"(대판 2000.1.28., 99므1817).
   ☞ 지문의 경우 A는 친생추정을 받지 않으므로 곧바로 생부인 丙을 상대로 인지청구의소(제863조)를 제기할 수 있다.

ㄷ. [○] "인지청구권은 본인의 일신전속적인 신분관계상의 권리로서 포기할 수 없고 포기하였다 하더라도 그 효력이 발생할 수 없는 것이므로 비록 생모 청구외인이 청구인들의 인지청구권을 포기하기로 하는 화해가 재판상 이루어지고 그것이 화해조항에 표시되었다 할지라도 청구외인이 청구인들의 인지청구권을 포기하기로 한 화해는 그 효력이 없다"(대판 1987.1.20, 85므70).

ㄹ. [✕] "혼인외 출생자의 경우에 있어서 모자(모자)관계는 인지(인지)를 요하지 아니하고 법률상의 친자관계가 인정될 수 있지만, 부자(부자)관계는 부(부)의 인지에 의하여서만 발생하는 것이므로, 부가 사망한 경우에는 그 사망을 안 날로부터 1년(현행법상 2년, 제864조, 제863조) 이내에 검사를 상대로 인지청구의 소를 제기하여야 하고, 생모가 혼인외 출생자를 상대로 혼인외 출생자와 사망한 부와의 사이에 친생자관계존재확인을 구하는 소는 허용될 수 없다"(대판 1997.2.14., 96므738).
   ☞ 지문의 경우 생부인 丙의 사망으로 자인 A는 인지청구의 소를 제기할 수 있으므로(제864조) 생모인 丁이 子 A를 상대로 子 A와 父 丙 사이에 친생자관계존재확인을 구하는 청구는 불가능하다(제865조 1항).

[정답] ④

문5 친생부인의 소와 친생자관계존부확인의 소에 관한 설명 중 옳은 것을 모두 고른 것은? [기출변형]

> ㄱ. 인지청구소송의 판결이 확정되어 부(父)와 자(子) 사이의 친자관계가 창설된 경우, 부(父)가 친생자관계부존재확인의 소로써 자(子)와 사이에 친자관계가 존재하지 않는다고 다투는 것은 허용되지 않는다.
>
> ㄴ. 「민법」 규정에 따라 친생추정을 받는 부(父)와 자(子) 사이의 친생추정을 번복하기 위하여 친생자관계부존재확인의 소를 제기하는 것은 적법하다.
>
> ㄷ. 친생부인의 소를 제기할 수 있는 부(夫) 또는 처(妻) 중에 처(妻)는 자(子)를 혼인 중에 포태한 처(妻)로서 친생부인의 대상자인 자(子)의 생모를 의미한다.
>
> ㄹ. 친생자관계존부확인의 소에서 그 상대방이 될 당사자 쌍방이 모두 사망한 경우, 소를 제기할 수 있는 기간은 당사자 쌍방이 모두 사망한 사실을 안 날로부터 기산한다.

① ㄴ

② ㄱ, ㄴ, ㄷ

③ ㄱ, ㄹ

④ ㄱ, ㄷ, ㄹ

해설 ㄱ. [○] ※ 인지의 효과

"인지청구의 소는 부와 자 사이에 사실상의 친자관계의 존재를 확정하고 법률상의 친자관계를 창설함을 목적으로 하는 소송으로서, 당사자의 증명이 충분하지 못할 때에는 법원이 직권으로 사실조사와 증거조사를 하여야 하고, 친자관계를 증명할 때는 부와 자 사이의 혈액형검사, 유전자검사 등 과학적 증명방법이 유력하게 사용되며, 이러한 증명에 의하여 혈연상 친생자관계가 인정되어 확정판결을 받으면 당사자 사이에 친자관계가 창설된다. 이와 같은 인지청구의 소의 목적, 심리절차와 증명방법 및 법률적 효과 등을 고려할 때, 인지의 소의 확정판결에 의하여 일단 부와 자 사이에 친자관계가 창설된 이상, 재심의 소로 다투는 것은 별론으로 하고, 확정판결에 반하여 친생자관계부존재확인의 소로써 당사자 사이에 친자관계가 존재하지 않는다고 다툴 수는 없다"(대판 2015.6.11. 2014므8217).

ㄴ. [×] ※ 친생자 추정의 번복

친생자 추정은 반증이 허용되지 않는 강한 추정이어서 그 추정을 번복하려는 父가 제846조 이하의 엄격한 요건의 '친생부인의 소'를 제기하여야 하고(제846조), 제865조에 의한 '친생자관계 부존재확인의 소'에 의할 수는 없다(대판 2000.8.22. 2000므292). 따라서 친생자 추정을 받는 자에 대해서는 친생자관계부존재확인의 소, 인지청구, 임의인지 등을 할 수 없고 또한 별소에서 선결문제로 친생부인을 주장하는 것도 허용되지 않는다.

ㄷ. [○] ※ 친생부인의 소의 원고적격

"846조에서의 '부부의 일방'은 제844조의 경우에 해당하는 '부부의 일방', 즉 제844조 제1항에서의 '부'와 '자를 혼인 중에 포태한 처'를 가리키고, 그렇다면 이 경우의 처는 '자의 생모'를 의미하며, 제847조 제1항에서의 '처'도 제846조에 규정된 '부부의 일방으로서의 처'를 의미한다고 해석되므로, 결국 친생부인의 소를 제기할 수 있는 처는 자의 생모를 의미한다.

···(중략)···위와 같은 민법 규정의 입법 취지, 개정 연혁과 체계 등에 비추어 보면, 민법 제846조, 제847조 제1항에서 정한 친생부인의 소의 원고적격이 있는 '부, 처'는 자의 생모에 한정되고, 여기에 '재혼한 처'는 포함되지 않는다고 해석하는 것이 옳다"(대판 2014.12.11. 2013므4591).

ㄹ. [○] ※ 제3자가 친생자관계존부확인의 소를 제기함에 있어 당사자 쌍방이 사망한 경우의 출소기간

혼인이 성립한 날로부터 200일이 되기 전에 출생한 자, 혼인관계 종료의 날로부터 300일 이후에 출생한 자, 친생자 추정의 제한을 받는 경우 등 친생자 추정을 받지 않는 혼인 중의 출생자의 경우 이를 다툴 때에는 누구나 제기할 수 있고, 출소기간의 제한도 없는 '친생자관계 부존재확인의 소'에 의하여 부자관계를 부정할 수 있다(대판 1983.7.12, 전합82므59). 다만 당사자 일방이 사망한 때에는 그 사망을 안 날부터 2년 내에 검사를 상대로 하여 소를 제기하여야 하고(제865조 2항), 제3자가 친생자관계존부확인의 소를 제기함에 있어 당사자 쌍방이 모두 사망한 경우 제소기간은 당사자 쌍방이 모두 사망한 사실을 안 날로부터 기산한다(대판 2004.2.12. 2003므2503).

[정답] ④

문6 친생자 추정에 관한 개정민법에 관한 다음 중 틀린 것은?　　　　　　[기출변형]

ㄱ. 개정민법은 구민법과 달리 '혼인이 성립한 날부터 200일 후에 출생한 자녀는 혼인 중에 임신한 것으로 추정한다'는 규정과 '혼인관계가 종료된 날부터 300일 이내에 출생한 자녀는 혼인 중에 임신한 것으로 추정한다'는 규정을 구분하여 규정하였다.

ㄴ. 개정 민법은 친생추정이 경합하는 경우(출산이 전혼 종료 후 300일 내이지만 후혼 성립 후 200일 이후인 경우)에는 父를 정하는 소에 의해 해결할 것이 아니라, 친생부인의 허가를 받거나(제854조의2) 生父가 인지의 허가를 받아(제855조의2) '혼인이 성립한 날부터 200일 후에 출생한 자녀는 혼인 중에 임신한 것으로 추정한다'는 제844조 2항의 추정이 미치지 못하도록 하였다.

ㄷ. 혼인관계가 종료된 날부터 300일 이내에 출생한 자녀가 있는 경우 어머니 또는 어머니의 전(前) 남편은 가정법원에 친생부인의 허가를 청구할 수 있고, 생부(生父)는 제844조 제3항의 경우에 가정법원에 인지의 허가를 청구할 수 있다. 혼인 중의 자녀로 출생신고가 된 경우에도 그러하다.

① ㄱ, ㄴ, ㄷ　　　　　　　　　　② ㄱ, ㄴ
③ ㄴ　　　　　　　　　　　　　④ ㄴ, ㄷ

해설 ㄱ. [○] ☞ 제844조 2항 및 3항 참조

ㄴ. [×] ☞ '제844조 2항의 추정이 미치지 못하도록 하였다'가 아니라 '제844조 3항의 추정이 미치지 못하도록 하였다'가 맞는 지문이다(제854조의2 3항, 제855조의2 3항 참조).

ㄷ. [×] ☞ '혼인 중의 자녀로 출생신고가 된 경우에도 그러하다'가 아니라 '혼인 중의 자녀로 출생신고가 된 경우에는 그러하지 아니하다'가 맞는 지문이다(제854조의2 1항 단서, 제855조의2 1항 단서 참조).

제844조(남편의 친생자의 추정) 「①항 아내가 혼인 중에 임신한 자녀는 남편의 자녀로 추정한다. ②항 혼인이 성립한 날부터 200일 후에 출생한 자녀는 혼인 중에 임신한 것으로 추정한다. ③항 혼인관계가 종료된 날부터 300일 이내에 출생한 자녀는 혼인 중에 임신한 것으로 추정한다.」[전문개정 2017.10.31. ; 시행일 2018.2.1]

구민법은 "혼인성립의 날로부터 200일 후 또는 혼인관계 종료의 날로부터 300일 내에 출생한 자는 혼인 중에 포태한 것으로 추정한다"(제844조 2항)고 규정하였으나 헌법재판소는 "혼인 종료 후 300일 이내에 출생한 자를 전남편의 친생자로 추정하는 민법(1958. 2. 22. 법률 제471호로 제정된 것) 제844조 제2항 중 "혼인관계종료의 날로부터 300일 내에 출생한 자"에 관한 부분(이하 '심판대상조항'이라 한다)이 母가 가정생활과 신분관계에서 누려야 할 인격권, 혼인과 가족생활에 관한 기본권을 침해"(헌재 2015. 4. 30. 2013헌마623)한다고 하여 잠정적용을 명하는 헌법불합치결정을 하였다. 이에 개정민법은 2항과 3항을 구분하여 규정하였다. 한편, 구법상 친생추정이 경합하는 경우(출산이 전혼 종료 후 300일 내이지만 후혼 성립 후 200일 이후인 경우)에는 父를 정하는 소에 의해 해결된다(제845조). 그러나 신법에서는 친생부인의 허가를 받거나(제854조의2), 生父가 인지의 허가를 받아(제855조의2) '제844조 3항(제844조의 2항이 아님)의 추정이 미치지 못하도록 하였다. 즉, 이 경우 전혼 배우자의 자녀로 추정되는 것(제844조 3항)을 상대적으로 구민법보다 쉽게 번복할 수 있도록 있도록 하였다.

제854조의2 (친생부인의 허가 청구) 「①항 어머니 또는 어머니의 전(前) 남편은 제844조제3항의 경우에 가정법원에 친생부인의 허가를 청구할 수 있다. 다만, 혼인 중의 자녀로 출생신고가 된 경우에는 그러하지 아니하다. ②항 제1항의 청구가 있는 경우에 가정법원은 혈액채취에 의한 혈액형 검사, 유전인자의 검사 등 과학적 방법에 따른 검사결과 또는 장기간의 별거 등 그 밖의 사정을 고려하여 허가 여부를 정한다. ③항 제1항 및 제2항에 따른 허가를 받은 경우에는 제844조 제1항 및 제3항의 추정이 미치지 아니한다.」[전문개정 2017.10.31. ; 시행일 2018.2.1.]

제855조의2 (인지의 허가 청구) 「①항 생부(生父)는 제844조제3항의 경우에 가정법원에 인지의 허가를 청구할 수 있다. 다만, 혼인 중의 자녀로 출생신고가 된 경우에는 그러하지 아니하다. ②항 제1항의 청구가 있는 경우에 가정법원은 혈액채취에 의한 혈액형 검사, 유전인자의 검사 등 과학적 방법에 따른 검사결과 또는 장기간의 별거 등 그 밖의 사정을 고려하여 허가 여부를 정한다. ③항 제1항 및 제2항에 따라 허가를 받은 생부가 '가족관계의 등록 등에 관한 법률' 제57조 제1항에 따른 신고를 하는 경우에는 제844조 제1항 및 제3항의 추정이 미치지 아니한다.」[전문개정 2017.10.31. ; 시행일 2018.2.1]

[정답] ④

문7 다음 설명 중 가장 옳지 않은 것은? (다툼이 있는 경우 판례에 의함) [16서기보]

① 배우자가 있는 사람은 배우자와 공동으로 입양을 하여야 하고, 입양으로 인한 친족관계의 소멸은 입양의 취소나 파양으로 인하여만 종료된다.

② 당사자가 양친자관계를 창설할 의사로 친생자출생신고를 하고 거기에 입양의 실질적 요건이 모두 구비되어 있다면 그 형식에 다소 잘못이 있더라도 입양의 효력이 발생하고, 양친자관계는 파양에 의하여 해소될 수 있는 점을 제외하고는 법률적으로 친생자관계와 똑같은 내용을 갖게 된다.

③ 우리 민법은 입양과 관련하여서 부부의 공동입양원칙을 선언하고 있는바 파양을 할 때에도 부부가 공동으로 하여야 하며 이는 양친이 이혼한 때에도 마찬가지라 할 것이다.

④ 성전환수술에 의하여 출생 시의 성과 다른 반대의 성으로 성전환이 이미 이루어졌다고 하더라도 현재 혼인 중에 있거나 미성년자인 자녀를 둔 성전환자의 성별정정은 허용되지 않는다.

해설 ① [○] **제874조(부부의 공동 입양 등)** 「①항 배우자가 있는 사람은 배우자와 공동으로 입양하여야 한다.」

제776조(입양으로 인한 친족관계의 소멸) 「입양으로 인한 친족관계는 입양의 취소 또는 파양으로 인하여 종료한다.」

② [○] ※ 허위의 친생자출생신고의 입양신고로서 효력 인정여부(입양의 형식적 요건)

"당사자가 양친자관계를 창설할 의사로 친생자출생신고를 하고 거기에 입양의 실질적 요건이 모두 구비되어 있다면 그 형식에 다소 잘못이 있더라도 입양의 효력이 발생하고, 양친자관계는 파양에 의하여 해소될 수 있는 점을 제외하고는 **법률적으로 친생자관계와 똑같은 내용을 갖게 되므로** 이 경우의 허위의 친생자출생신고는 법률상의 친자관계인 양친자관계를 공시하는 입양신고의 기능을 발휘하게 되는 것이며, 이와 같은 경우 파양에 의하여 그 양친자관계를 해소할 필요가 있는 등 특별한 사정이 없는 한 그 호적기재 자체를 말소하여 법률상 친자관계의 존재를 부인하게 하는 친생자관계부존재확인청구는 허용될 수 없는 것이다"(대판 2001.5.24. 2000므1493).

③ [×] "민법 제874조 제1항은 부부의 공동입양원칙을 선언하고 있는바, 파양에 관하여는 별도의 규정을 두고 있지는 않고 있으나 부부의 공동입양원칙의 규정 취지에 비추어 보면 양친이 부부인 경우 파양을 할 때에도 부부가 공동으로 하여야 한다고 해석할 여지가 없지 아니하나(양자가 미성년인 경우에는 양자제도를 둔 취지에 비추어 그와 같이 해석하여야 할 필요성이 크다), 그렇게 해석한다고 하더라도 **양친 부부 중 일방이 사망하거나 또는 양친이 이혼한 때에는 부부의 공동파양의 원칙이 적용될 여지가 없다**"(대판 2009.4.23. 2008므3600).

④ [○] ※ 성전환자가 혼인 중에 있거나 미성년자인 자녀가 있는 경우 성별정정 허가 여부(소극)

判例는 "우리 민법은 이성 간의 혼인만을 허용하고 동성 간의 혼인은 허용하지 않고 있다. 그런데 만약 현재 혼인 중에 있는 성전환자에 대하여 성별정정을 허용할 경우 법이 허용하지 않는 동성혼의 외관을 현출시켜 결과적으로 동성혼을 인정하는 셈이 되고, 이는 상대방 배우자의 신분관계 등 법적·사회적 지위에 중대한 영향을 미치게 된다. 따라서 현행 민법 규정과 오늘날의 사회통념상 현재 혼인 중에 있는 성전환자는 전환된 성을 법률적으로 그 사람의 성이라고 평가할 수 없고, 그 결과 가족관계등록부의 성별정정도 허용되지 아니한다고 할 것이다. 다만 현재 혼인 중이 아니라면 과거 혼인한 사실이 있다고 하더라도 위와 같은 혼란을 야기하거나 사회에 부정적인 영향을 미칠 우려가 크지 않으므로 성별정정을 불허할 사유가 되지 아니한다"(대결 2011.9.2. 전합2009스117)고 하여 성전환자가 혼인 중에 있거나 미성년자인 자녀가 있는 경우 성별정정을 허가하지 않는다.

[정답] ③

문8 친양자 입양에 관한 설명 중 옳은 것을 모두 고른 것은? [기출변형]

> ㄱ. 친양자가 될 사람은 17세 미만이어야 한다.
> ㄴ. 친양자 입양이 취소된 때에는 친양자 관계는 입양한 때로 소급하여 소멸하고 입양 전의 친족관계는 부활한다.
> ㄷ. 친양자 입양에는 친양자가 될 사람의 친생부모의 동의가 필요하지만, 친생부모의 소재를 알 수 없는 경우에는 그의 동의 없이도 친양자 입양이 가능하다.
> ㄹ. 친양자가 될 사람이 15세 이상인 경우에는 법정대리인의 동의를 받아 입양을 승낙하고, 15세 미만인 경우에는 법정대리인이 그를 갈음하여 입양을 승낙하여야 한다.
> ㅁ. 친생부모가 자신에게 책임이 있는 사유로 3년 이상 자녀에 대한 부양의무를 이행하지 아니하고, 면접교섭을 하지 아니한 경우에는 친생부모의 동의나 승낙이 없더라도 가정법원이 친양자 입양청구를 인용할 수 있다.

① ㄱ, ㄷ 　　　　　　② ㄱ, ㅁ
③ ㄴ, ㄹ 　　　　　　④ ㄷ, ㅁ

해 설 ※ 전체적으로 2012년 2월 10일 개정(2013년 7월 1일 시행)된 양자관련 규정을 묻는 지문이다.

제908조의2(친양자 입양의 요건 등) 「①항 친양자를 입양하려는 사람은 다음 각 호의 요건을 갖추어 가정법원에 친양자 입양을 청구하여야 한다.
　1. 3년 이상 혼인 중인 부부로서 공동으로 입양할 것. 다만, 1년 이상 혼인 중인 부부의 한쪽이 그 배우자의 친생자를 친양자로 하는 경우에는 그러하지 아니하다.
　2. 친양자가 될 사람이 미성년자일 것
　3. 친양자가 될 사람의 친생부모가 친양자 입양에 동의할 것. 다만, 부모가 친권상실의 선고를 받거나 소재를 알 수 없거나 그 밖의 사유로 동의할 수 없는 경우에는 그러하지 아니하다.
　4. 친양자가 될 사람이 13세 이상인 경우에는 법정대리인의 동의를 받아 입양을 승낙할 것
　5. 친양자가 될 사람이 13세 미만인 경우에는 법정대리인이 그를 갈음하여 입양을 승낙할 것

②항 가정법원은 다음 각 호의 어느 하나에 해당하는 경우에는 제1항 제3호·제4호에 따른 동의 또는 같은 항 제5호에 따른 승낙이 없어도 제1항의 청구를 인용할 수 있다. 이 경우 가정법원은 동의권자 또는 승낙권자를 심문하여야 한다.

1. 법정대리인이 정당한 이유 없이 동의 또는 승낙을 거부하는 경우. 다만, 법정대리인이 친권자인 경우에는 제2호 또는 제3호의 사유가 있어야 한다.
2. 친생부모가 자신에게 책임이 있는 사유로 3년 이상 자녀에 대한 부양의무를 이행하지 아니하고 면접교섭을 하지 아니한 경우
3. 친생부모가 자녀를 학대 또는 유기하거나 그 밖에 자녀의 복리를 현저히 해친 경우」

제908조의7(친양자 입양의 취소·파양의 효력) 「①항 친양자 입양이 취소되거나 파양된 때에는 친양자관계는 소멸하고 입양 전의 친족관계는 부활한다. ②항 제1항의 경우에 친양자 입양의 취소의 효력은 소급하지 아니한다.」

ㄱ. [×] 17세 미만이 아니라 미성년자이면 된다(제908조의2 1항 2호).

ㄴ. [×] 친양자 입양의 취소의 효력은 소급하지 아니한다(제908조의7 2항).

ㄷ. [○] 제908조의2 1항 3호

ㄹ. [×] 15세가 아니라 13세이다(제908조의2 1항 4호, 5호).

ㅁ. [○] 제908조의2 2항 2호

[정답] ④

문9 甲남과 乙녀는 재혼을 하였고 乙과 丁 사이에 출생한 丙을 친양자로 입양하였다. 이에 관한 설명으로 옳은 것은? (다툼이 있는 경우 판례에 의함)   [기출변형]

① 甲과 乙은 3년 이상 혼인 중인 부부로서 공동으로 입양하여야 한다.
② 乙이 甲과 재혼을 하였기 때문에 친양자 입양에 대한 丁의 동의는 요하지 않는다.
③ 친양자 입양이 취소된 때에는 친양자관계는 입양한 때로 소급하여 소멸하고 丁의 친권은 부활하게 된다.
④ 甲과 乙이 이혼한 경우라도 甲과 丙 사이의 법정혈족관계가 유지된다.

[해설] ① [×] ※ 3년 또는 1년 이상 혼인 중인 부부로서 공동으로 입양할 것

제908조의2(친양자 입양의 요건 등) 「①항 친양자를 입양하려는 사람은 다음 각 호의 요건을 갖추어 가정법원에 친양자 입양을 청구하여야 한다. 1. 3년 이상 혼인 중인 부부로서 공동으로 입양할 것. 다만, 1년 이상 혼인 중인 부부의 한쪽이 그 배우자의 친생자를 친양자로 하는 경우에는 그러하지 아니하다.」

☞ 丙은 乙의 친생자이므로 甲과 乙이 1년 이상 혼인 중인 부부라면 丙을 친양자로 입양할 수 있다. 여기서 혼인중이란 법률혼만을 의미하고 사실혼은 해당하지 않는다. 3년 또는 1년 이상 혼인중인 부부란 실질적인 혼인생활의 지속을 의미한다.

② [×] ※ 친생부모의 동의

제908조의2(친양자 입양의 요건 등) 「①항 친양자를 입양하려는 사람은 다음 각 호의 요건을 갖추어 가정법원에 친양자 입양을 청구하여야 한다. 3. 친양자가 될 사람의 친생부모가 친양자 입양에 동의할 것. 다만, 부모가 친권상실의 선고를 받거나 소재를 알 수 없거나 그 밖의 사유로 동의할 수 없는 경우에는 그러하지 아니하다.」

③ [×] ※ 친양자입양의 취소

제908조의7(친양자 입양의 취소·파양의 효력) 「①항 친양자 입양이 취소되거나 파양된 때에는 친양자관계는 소멸하고 입양 전의 친족관계는 부활한다. ②항 제1항의 경우에 친양자 입양의 취소의 효력은 소급하지 아니한다.」

제909조의2(친권자의 지정 등) 「②항 입양이 취소되거나 파양된 경우 또는 양부모가 모두 사망한 경우 친생부모 일방 또는 쌍방, 미성년자, 미성년자의 친족은 그 사실을 안 날부터 1개월, 입양이 취소되거나 파양된 날 또는 양부모가 모두 사망한 날부터 6개월 내에 가정법원에 친생부모 일방 또는 쌍방을 친권자로 지정할 것을 청구할 수 있다. 다만, 친양자의 양부모가 사망한 경우에는 그러하지 아니하다.」

☞ 친양자 입양취소의 효과는 소급하지 않으므로(제908조의7 2항) 丁의 친권이 당연히 부활하는 것이 나니라 친권자지정청구에 따라 친권자가 될 수 있을 뿐이다(제909조의2 2항).

④ [○] ※ 양부모의 이혼

공동입양을 한 양부모가 이혼을 한 경우에도 양친자관계에는 영향이 없다. 만약, 문제와 달리 甲남과 丙의 관계가 아니라 乙녀와 丙의 관계를 물어볼 경우에도 정답은 똑같다. 判例는 "부부 공동입양제가 되어 처도 부와 마찬가지로 입양당사자가 되기 때문에 양부모가 이혼하였다고 하여 양모를 양부와 다르게 취급하여 양모자관계만 소멸한다고 볼 수는 없는 것이다"(대판 2001.5.24. 전합2000므1493)고 하여 양부자뿐만 아니라 양모자관계도 유지된다는 것이 判例의 입장이다

[정답] ④

문 10 친권에 관한 다음 설명 중 가장 옳지 않은 것은? (다툼이 있는 경우 판례에 의하고, 전원합의체 판결의 경우 다수의견에 의함) [20서기보]

① 친권 상실 청구가 있는 경우 가정법원이 청구취지와 달리 친권의 일부 제한을 선고하는 것은 허용되지 않는다.

② 이혼 후 자에 대한 양육권이 부모 중 어느 일방에, 친권이 다른 일방에 또는 부모에 공동으로 귀속되도록 정하는 것도 일정한 기준을 충족하는 한 허용된다.

③ 무상으로 자에게 재산을 수여한 제3자가 친권자의 관리에 반대하는 의사를 표시한 때에는 친권자는 그 재산을 관리하지 못한다.

④ 민법 제921조의 특별대리인은 친권자와 그 친권에 복종하는 자 사이 또는 친권에 복종하는 자들 사이에 서로 이해가 상반되는 특정의 법률행위에 관하여 개별적으로 선임되어야 한다.

해설 ① [X] "민법 제924조 제1항에 따른 친권 상실 청구가 있으면 가정법원은 민법 제925조의2의 판단 기준을 참작하여 친권 상실사유에는 해당하지 않지만 자녀의 복리를 위하여 친권의 일부 제한이 필요하다고 볼 경우 **청구취지에 구속되지 않고 친권의 일부 제한을 선고할 수 있다**"(대결 2018.5.25. 2018스520).

※ 친권의 일부 제한 제도의 도입(민법 제942조의2 신설)

제924조(친권의 상실 또는 일시 정지의 선고) 「①항 가정법원은 부 또는 모가 친권을 남용하여 자녀의 복리를 현저히 해치거나 해칠 우려가 있는 경우에는 자녀, 자녀의 친족, 검사 또는 지방자치단체의 장의 청구에 의하여 그 친권의 상실 또는 일시 정지를 선고할 수 있다. ②항 가정법원은 친권의 일시 정지를 선고할 때에는 자녀의 상태, 양육상황, 그 밖의 사정을 고려하여 그 기간을 정하여야 한다. 이 경우 그 기간은 2년을 넘을 수 없다. 3항 가정법원은 자녀의 복리를 위하여 친권의 일시 정지 기간의 연장이 필요하다고 인정하는 경우에는 자녀, 자녀의 친족, 검사, 지방자치단체의 장, 미성년후견인 또는 미성년후견감독인의 청구에 의하여 2년의 범위에서 그 기간을 한 차례만 연장할 수 있다.」

제924조의2(친권의 일부 제한의 선고) 「가정법원은 거소의 지정이나 징계, 그 밖의 신상에 관한 결정 등 특정한 사항에 관하여 친권자가 친권을 행사하는 것이 곤란하거나 부적당한 사유가 있어 자녀의 복리를 해치거나 해칠 우려가 있는 경우에는 자녀, 자녀의 친족, 검사 또는 지방자치단체의 장의 청구에 의하여 구체적인 범위를 정하여 친권의 일부 제한을 선고할 수 있다.」

제925조의2(친권 상실 선고 등의 판단 기준) 「①항 제924조에 따른 친권 상실의 선고는 같은 조에 따른 친권의 일시 정지, 제924조의2에 따른 친권의 일부 제한, 제925조에 따른 대리권·재산관리권의 상실 선고 또는 그 밖의 다른 조치에 의해서는 자녀의 복리를 충분히 보호할 수 없는 경우에만 할 수 있다. ②항 제924조에 따른 친권의 일시 정지, 제924조의2에 따른 친권의 일부 제한 또는 제925조에 따른 대리권·재산관리권의 상실 선고는 제922조의2에 따른 동의를 갈음하는 재판 또는 그 밖의 다른 조치에 의해서는 자녀의 복리를 충분히 보호할 수 없는 경우에만 할 수 있다.」

② [O] "민법 제837조(이혼과 자의 양육책임), 제909조(친권자) 4항 등이 부부의 이혼 후 그 자의 친권자와 그 양육에 관한 사항을 각기 다른 조항에서 규정하고 있는 점 등에 비추어 보면, 이혼 후 부모와 자녀의 관계에 있어서 친권과 양유권이 항상 같은 사람에게 돌아가야 하는 것은 아니며, 이혼 후 자에 대한 양육권이 부모 중 어느 일방에, 친권이 다른 일방에 또는 부모에 공동으로 귀속되는 것으로 정하는 것은, 비록 신중한 판단이 필요하다고 하더라도, 일정한 기준을 충족하는 한 허용된다"(대판 2012.4.13. 2011므4719).

③ [O] **제918조(제3자가 무상으로 자에게 수여한 재산의 관리)** 「①항 무상으로 자에게 재산을 수여한 제3자가 친권자의 관리에 반대하는 의사를 표시한 때에는 친권자는 그 재산을 관리하지 못한다.」

④ [O] **※ 특별대리인의 선임심판**

제921조(친권자와 그 자간 또는 수인의 자간의 이해상반행위) 「①항 법정대리인인 친권자와 그 자사이에 이해상반되는 행위를 함에는 친권자는 법원에 그 자의 특별대리인의 선임을 청구하여야 한다. ②항 법정대리인인 친권자가 그 친권에 따르는 수인의 자 사이에 이해상반되는 행위를 함에는 법원에 그 자 일방의 특별대리인의 선임을 청구하여야 한다.」

"민법 제921조의 특별대리인 제도는 친권의 남용을 방지하고 미성년인 자의 이익을 보호하려는 데 그 취지가 있으므로, 특별대리인은 이해가 상반되는 특정의 법률행위에 관하여 개별적으로 선임되어야 한다. 따라서 특별대리인선임신청서에는 선임되는 특별대리인이 처리할 법률행위를 특정하여 적시하여야 하고 법원도 그 선임 심판시에 특별대리인이 처리할 법률행위를 특정하여 이를 심판의 주문에 표시하는 것이 원칙이며, 특별대리인에게 미성년자가 하여야 할 법률행위를 무엇이든지 처리할 수 있도록 포괄적으로 권한을 수여하는 심판을 할 수는 없다"(대판 1996.4.9. 96다1139).

[정답] ①

문11 성년후견에 관한 다음 설명 중 가장 옳지 않은 것은? (다툼이 있는 경우 판례에 의함) [16서기보]

① 성년후견은 피성년후견인의 정신적 제약으로 사무처리 능력이 지속적으로 결여된 경우에 한하여 개시되고, 신체적 장애만으로는 성년후견이 개시될 수 없다.

② 피성년후견인이 한 법률행위는 피성년후견인 또는 성년후견인이 이를 취소할 수 있음이 원칙이다.

③ 성년후견인을 여러 명 두는 것도 가능하고, 다만 성년후견인은 자연인에 한하므로 법인은 성년후견인이 될 수 없다.

④ 가정법원은 성년후견개시심판을 하면서 직권으로 여러 사정을 고려하여 성년후견인을 선임하고, 필요하다고 인정하는 경우 직권으로 또는 일정한 자의 청구에 의하여 성년후견감독인을 선임할 수 있다.

[해설] ① [○] **제9조(성년후견개시의 심판)** 「①항 가정법원은 질병, 장애, 노령, 그 밖의 사유로 인한 정신적 제약으로 사무를 처리할 능력이 지속적으로 결여된 사람에 대하여 본인, 배우자, 4촌 이내의 친족, 미성년후견인, 미성년후견감독인, 한정후견인, 한정후견감독인, 특정후견인, 특정후견감독인, 검사 또는 지방자치단체의 장의 청구에 의하여 성년후견개시의 심판을 한다.」

☞ '신체적 장애'로 인하여 원활한 의사표시에 어려움이 있는 경우는 성년후견개시의 원인이 되지 않는다.

② [○] ※ 피성년후견인의 행위능력

제10조(피성년후견인의 행위와 취소) 「①항 피성년후견인의 법률행위는 취소할 수 있다.」

제140조(법률행위의 취소권자) 「취소할 수 있는 법률행위는 제한능력자, 착오로 인하거나 사기·강박에 의하여 의사표시를 한 자, 그의 대리인 또는 승계인만이 취소할 수 있다.」

☞ 피성년후견인의 법률행위는 원칙적으로 언제나 취소할 수 있다(정신적 제약으로 사무를 처리할 능력이 지속적으로 결여되어 있기 때문이다)(제10조 1항). 성년후견인의 동의가 있더라도 취소할 수 있는데, 취소권자는 피성년후견인과 성년후견인이다(제140조).

③ [×] **제930조(후견인의 수와 자격)** 「①항 미성년후견인의 수(數)는 한 명으로 한다. ②항 성년후견인은 피성년후견인의 신상과 재산에 관한 모든 사정을 고려하여 여러 명을 둘 수 있다. ③항 법인도 성년후견인이 될 수 있다.」

④ [○] **제936조(성년후견인의 선임)** 「①항 제929조에 따른 성년후견인은 가정법원이 직권으로 선임한다. 4항 가정법원이 성년후견인을 선임할 때에는 피성년후견인의 의사를 존중하여야 하며, 그 밖에 피성년후견인의 건강, 생활관계, 재산상황, 성년후견인이 될 사람의 직업과 경험, 피성년후견인과의 이해관계의 유무(법인이 성년후견인이 될 때에는 사업의 종류와 내용, 법인이나 그 대표자와 피성년후견인 사이의 이해관계의 유무를 말한다) 등의 사정도 고려하여야 한다.」

제940조의4(성년후견감독인의 선임) 「①항 가정법원은 필요하다고 인정하면 직권으로 또는 피성년후견인, 친족, 성년후견인, 검사, 지방자치단체의 장의 청구에 의하여 성년후견감독인을 선임할 수 있다.」

[정답] ③

문 12 후견계약제도에 관한 설명 중 가장 옳지 않은 것은?   [14서기보]

① 후견계약은 공정증서로 체결하여야만 한다.
② 후견계약은 가정법원이 임의후견감독인을 선임한 때부터 효력이 발생한다.
③ 임의후견감독인의 선임 이후에는 본인 또는 임의후견인은 공증인의 인증을 받은 서면으로 후견계약의 의사표시를 철회하여 후견계약을 종료할 수 있다.
④ 본인이 성년후견 또는 한정후견 개시의 심판을 받은 때에는 후견계약은 종료된다.

해 설 ① [○] ② [○] **제959조의14(후견계약의 의의와 체결방법 등)** 「①항 후견계약은 질병, 장애, 노령, 그 밖의 사유로 인한 정신적 제약으로 사무를 처리할 능력이 부족한 상황에 있거나 부족하게 될 상황에 대비하여 자신의 재산관리 및 신상보호에 관한 사무의 전부 또는 일부를 다른 자에게 위탁하고 그 위탁사무에 관하여 대리권을 수여하는 것을 내용으로 한다. ②항 후견계약은 공정증서로 체결하여야 한다. ③항 후견계약은 가정법원이 임의후견감독인을 선임한 때부터 효력이 발생한다.」

③ [×] **제959조의18(후견계약의 종료)** 「①항 임의후견감독인의 선임 전에는 본인 또는 임의후견인은 언제든지 공증인의 인증을 받은 서면으로 후견계약의 의사표시를 철회할 수 있다. ②항 임의후견감독인의 선임 이후에는 본인 또는 임의후견인은 정당한 사유가 있는 때에만 가정법원의 허가를 받아 후견계약을 종료할 수 있다.」

④ [○] **제959조의20(후견계약과 성년후견·한정후견·특정후견의 관계)** 「①항 후견계약이 등기되어 있는 경우에는 가정법원은 본인의 이익을 위하여 특별히 필요할 때에만 임의후견인 또는 임의후견감독인의 청구에 의하여 성년후견, 한정후견 또는 특정후견의 심판을 할 수 있다. 이 경우 후견계약은 본인이 성년후견 또는 한정후견 개시의 심판을 받은 때 종료된다.」

[정답] ③

문13 부양에 관한 다음 설명 중 가장 옳은 것은? (다툼이 있는 경우 판례에 의하고, 전원합의체 판결의 경우 다수의견에 의함) [18서기보]

① 부양의무는 제1차 부양의무(부양받을 자의 생활을 부양의무자의 생활과 같은 정도로 보장하는 것)와 제2차 부양의무(부양의무자가 자기의 사회적 지위에 상응하는 생활을 하면서 생활에 여유가 있음을 전제로 하여 부양을 받을 자가 자력 또는 근로에 의하여 생활을 유지할 수 없는 경우에 한하여 그의 생활을 지원하는 것)로 나눌 수 있는데, 이러한 구분은 의무이행 정도에 관한 것이지 의무이행 순위에 대해서까지 적용되는 것은 아니다.

② 민법 제826조 제1항에서 규정하는 부부간 상호부양의무는 혼인관계의 본질적 의무로서 부양을 받을 자의 생활을 부양의무자의 생활과 같은 정도로 보장하여 부부공동생활 유지를 가능하게 하는 것을 내용으로 하는 제1차 부양의무이지만, 특별한 사정이 없는 한 부양을 받을 자가 부양의무자에게 부양의무 이행을 청구하기 이전의 과거 부양료 지급은 청구할 수 없다.

③ 부모가 자녀에 대하여 부담하는 부양의무는 제1차 부양의무이다.

④ 민법 제775조 제2항에 의하면 부부 일방이 사망한 경우 혼인으로 인하여 발생한 그 직계혈족과 생존 배우자 사이의 인척관계는 일단 그대로 유지되다가 생존 배우자가 재혼한 때에 비로소 종료한다. 그러므로 부부인 갑, 을 중 갑이 사망하였더라도, 을은 재혼하기 전에는 갑의 생모 병에 대하여 민법 제974조 제1호(직계혈족 및 그 배우자간)에 의하여 생계를 같이 하는지 여부와 관계없이 부양의무를 부담한다.

2022 해커스법원직 민법 기출문제집 윤동환, 공태용 민법의 맥

해설 ① [×] ③ [×] ※ 배우자의 부양의무와 부모의 부양의무의 우선순위

"부부간의 상호부양의무(제826조 1항)는 혼인관계의 본질적 의무로서 부양을 받을 자의 생활을 부양의무자의 생활과 같은 정도로 보장하여 부부공동생활의 유지를 가능하게 하는 것을 내용으로 하는 **제1차 부양의무**이고, 반면 부모가 성년의 자녀에 대하여 직계혈족으로서 부양의무(제974조 제1호, 제975조)는 부양의무자가 자기의 사회적 지위에 상응하는 생활을 하면서 생활에 여유가 있음을 전제로 하여 부양을 받을 자가 자력 또는 근로에 의하여 생활을 유지할 수 없는 경우에 한하여 그의 생활을 지원하는 것을 내용으로 하는 **제2차 부양의무**이다. 이러한 제1차 부양의무와 제2차 부양의무는 의무이행의 '정도' 뿐만 아니라 의무이행의 '순위'도 의미하는 것이므로, 제2차 부양의무자는 제1차 부양의무자보다 후순위로 부양의무를 부담한다. 따라서 제1차 부양의무자와 제2차 부양의무자가 동시에 존재하는 경우에 제1차 부양의무자는 특별한 사정이 없는 한 제2차 부양의무자에 우선하여 부양의무를 부담하므로, 제2차 부양의무자가 부양받을 자를 부양한 경우에는 소요된 비용을 제1차 부양의무자에 대하여 상환청구할 수 있다"(대판 2012.12.27. 2011다96932).

② [○] ※ 부부간 과거의 부양료

判例에 따르면 ㉠ "부부간의 상호부양의무(제826조 1항)는 혼인관계의 본질적 의무로서 부양을 받을 자의 생활을 부양의무자의 생활과 같은 정도로 보장하여 부부공동생활의 유지를 가능하게 하는 것을 내용으로 하는 **제1차 부양의무이고**"(대판 2012.12.27. 2011다96932). ㉡ "부부간의 상호부양의무는 부부의 일방에게 부양을 받을 필요가 생겼을 때 당연히 발생하는 것이기는 하지만, 과거의 부양료에 관하여는 부양을 받을 자가 부양의무자에게 부양의무의 이행을 청구하였음에도 불구하고 부양의무자가 부양의무를 이행하지 아니함으로써 '이행지체에 빠진 이후의 것'에 대하여만 부양료의 지급을 청구할 수 있을 뿐, 부양의무자가 부양의무의 이행을 청구받기 이전의 부양료의 지급은 청구할 수 없다고 보는 것이 부양의무의 성질이나 형평의 관념에 합치된다"(대결 2008.6.12. 2005스50)고 한다.

[비교판례] ※ 자녀에 대한 과거의 부양료

"부모의 자녀양육의무는 특별한 사정이 없는 한 자녀의 출생과 동시에 발생하는 것이므로 과거의 양육비에 대하여도 상대방이 분담함이 상당하다고 인정되는 경우에는 그 비용의 상환을 청구할 수 있다"(대결 1993.5.13. 전합92스21)

④ [×] ※ 부부 일방의 부모 등 그 직계혈족과 상대방 사이에 직계혈족이 사망하고 생존한 상대방이 재혼하지 않은 경우에 부양의무가 인정되는 경우

제775조(인척관계 등의 소멸) 「①항 인척관계는 혼인의 취소 또는 이혼으로 인하여 종료한다. ② 항 부부의 일방이 사망한 경우 생존 배우자가 재혼한 때에도 1항과 같다.」

제974조(부양의무) 「다음 각호의 친족은 서로 부양의 의무가 있다. 1. 직계혈족 및 그 배우자간 3. 기타 친족간(생계를 같이 하는 경우에 한한다.)」

☞ "제775조 제2항에 의하면 부부의 일방이 사망한 경우에 혼인으로 인하여 발생한 그 직계혈족과 생존한 상대방 사이의 인척관계는 일단 그대로 유지되다가 상대방이 재혼한 때에 비로소 종료하게 되어 있으므로 부부의 일방이 사망하여도 그 부모 등 직계혈족과 생존한 상대방 사이의 친족관계는 그대로 유지되나, 그들 사이의 관계는 제974조 제1호의 '직계혈족 및 그 배우자 간'에 해당한다고 볼 수 없다. 배우자관계는 혼인의 성립에 의하여 발생하여 당사자 일방의 사망, 혼인의 무효·취소, 이혼으로 인하여 소멸하는 것이므로, 그 부모의 직계혈족인 부부 일방이 사망함으로써 그와 생존한 상대방 사이의 배우자관계가 소멸하였기 때문이다. 따라서 부부 일방의 부모 등 그 직계혈족과 상대방 사이에서는, 직계혈족(남편)이 생존해 있다면 민법 제974조 제1호에 의하여 생계를 같이 하는지와 관계없이 부양의무가 인정되지만, 직계혈족(남편)이 사망하면 생존한 상대방이 재혼하지 않았더라도 (사망한 부부 일방의 부모와 생존한 상대방 사이는 기타 친족간에 해당하므로) 민법 제974조 제3호에 의하여 생계를 같이 하는 경우에 한하여 부양의무가 인정된다(대결 2013.8.30. 2013스96).

☞ 배우자 甲이 사망하였지만 재혼하지 않은 乙은 甲의 직계존속이 자기의 자력 또는 근로에 의하여 생활을 유지할 수 없는 경우, 생계를 같이 하는 경우에 한하여 부양의무가 인정된다.

[정답] ②

문 14 미성년후견에 관한 설명 중 옳지 않은 것은? [기출변형]

① 친권을 행사하는 부모라도 미성년자를 위한 법률행위의 대리권과 재산관리권이 없는 경우에는 유언으로 미성년후견인을 지정할 수 없다.

② 미성년자에게 친권을 행사하는 부모의 유언으로 미성년후견인이 지정된 경우라도 미성년자는 자신의 복리를 위하여 필요하면 가정법원에 후견을 종료하고 생존하는 부 또는 모를 친권자로 지정할 것을 청구할 수 있다.

③ 미성년자의 신상과 재산에 관한 모든 사정을 고려하여 여러 명의 미성년후견인을 둘 수 있다.

④ 가정법원은 친권의 상실, 일시 정지, 일부 제한의 선고 또는 법률행위의 대리권이나 재산관리권 상실의 선고에 따라 미성년후견인을 선임할 필요가 있는 경우에는 직권으로 미성년후견인을 선임한다.

[해설] ① [○] ② [○] **제931조(유언에 의한 미성년후견인의 지정 등)** 「①항 미성년자에게 친권을 행사하는 부모는 유언으로 미성년후견인을 지정할 수 있다. 다만, 법률행위의 대리권과 재산관리권이 없는 친권자는 그러하지 아니하다. ②항 가정법원은 제1항에 따라 미성년후견인이 지정된 경우라도 미성년자의 복리를 위하여 필요하면 생존하는 부 또는 모, 미성년자의 청구에 의하여 후견을 종료하고 생존하는 부 또는 모를 친권자로 지정할 수 있다.」

③ [×] **제930조(후견인의 수와 자격)** 「①항 미성년후견인의 수(數)는 한 명으로 한다.」

④ [○] **제932조(미성년후견인의 선임)** 「②항 가정법원은 제924조, 제924조의2 및 제925조에 따른 친권의 상실, 일시 정지, 일부 제한의 선고 또는 법률행위의 대리권이나 재산관리권 상실의 선고에 따라 미성년후견인을 선임할 필요가 있는 경우에는 직권으로 미성년후견인을 선임한다.」

[정답] ③

문 15 후견인이 권한을 행사할 때 가정법원의 허가를 받아야 하는 경우가 아닌 것은? [기출변형]

① 임의후견감독인이 선임되기 전에 본인 또는 임의후견인이 후견계약을 철회하고자 하는 경우

② 성년후견인이 피성년후견인을 대신하여 피성년후견인이 의료행위의 직접적인 결과로 사망하거나 상당한 장애를 입을 위험이 있는 의료행위에 동의하는 경우

③ 성년후견인이 피성년후견인을 대리하여 피성년후견인이 거주하고 있는 건물 또는 그 대지에 대하여 매도, 임대, 저당권 설정 행위를 하는 경우

④ 성년후견인이 피성년후견인을 치료 등의 목적으로 정신병원이나 그 밖의 다른 장소에 격리하려는 경우

※ 전체적으로 2011년 3월 7일 개정(2013년 7월 1일 시행)된 성년후견관련 규정을 묻는 지문이다.

☞ ②번에서 ④번까지의 지문은 아래의 조문에서 보는 바와 같이 후견인이 권한을 행사할 때 가정법원의 허가를 받아야 하는 경우이나 ①번 지문인 임의후견감독인의 선임 전에는 본인 또는 임의후견인은 언제든지 공증인의 인증을 받은 서면으로 후견계약의 의사표시를 철회할 수 있다(아래 제959조의18 ①항 참조).

제959조의18(후견계약의 종료) 「①항 임의후견감독인의 선임 전에는 본인 또는 임의후견인은 언제든지 공증인의 인증을 받은 서면으로 후견계약의 의사표시를 철회할 수 있다. ②항 임의후견감독인의 선임 이후에는 본인 또는 임의후견인은 정당한 사유가 있는 때에만 가정법원의 허가를 받아 후견계약을 종료할 수 있다.」

제947조의2(피성년후견인의 신상결정 등) 「①항 피성년후견인은 자신의 신상에 관하여 그의 상태가 허락하는 범위에서 단독으로 결정한다. ②항 성년후견인이 피성년후견인을 치료 등의 목적으로 정신병원이나 그 밖의 다른 장소에 격리하려는 경우에는 가정법원의 허가를 받아야 한다. ③항 피성년후견인의 신체를 침해하는 의료행위에 대하여 피성년후견인이 동의할 수 없는 경우에는 성년후견인이 그를 대신하여 동의할 수 있다. ④항 제3항의 경우 피성년후견인이 의료행위의 직접적인 결과로 사망하거나 상당한 장애를 입을 위험이 있을 때에는 가정법원의 허가를 받아야 한다. 다만, 허가절차로 의료행위가 지체되어 피성년후견인의 생명에 위험을 초래하거나 심신상의 중대한 장애를 초래할 때에는 사후에 허가를 청구할 수 있다. ⑤항 성년후견인이 피성년후견인을 대리하여 피성년후견인이 거주하고 있는 건물 또는 그 대지에 대하여 매도, 임대, 전세권 설정, 저당권 설정, 임대차의 해지, 전세권의 소멸, 그 밖에 이에 준하는 행위를 하는 경우에는 가정법원의 허가를 받아야 한다.」

[정답] ①

문 16 친권에 관한 설명 중 옳지 않은 것은? (다툼이 있는 경우 판례에 의함)　　[기출변형]

① 법정대리인인 친권자는 정당한 사유가 있는 때에는 가정법원의 허가를 얻어 친권자의 권한 중 법률행위의 대리권과 재산관리권을 사퇴할 수 있다.

② 친권자가 공동상속인 자신과 미성년자녀 사이에 미성년자녀를 대리하여 상속재산 분할협의를 한 경우 그 분할협의는 무효이다.

③ 친권자인 모(母)가 미성년자녀를 대리하여 그 자녀의 유일한 재산인 부동산을 자신의 오빠에게 증여한 경우 이는 「민법」 제921조의 이해상반행위에 해당한다.

④ 이혼 후 미성년자녀의 단독친권자인 모(母)가 사망한 경우, 생존한 부(父)가 자동적으로 미성년자녀의 친권자가 되는 것은 아니다.

해설 ① [○] **제927조(대리권, 관리권의 사퇴와 회복)** 「①항 법정대리인인 친권자는 정당한 사유가 있는 때에는 법원의 허가를 얻어 그 법률행위의 대리권과 재산관리권을 사퇴할 수 있다.」

② [○] "상속재산에 대하여 소유의 범위를 정하는 내용의 공동상속재산 분할협의는 행위의 객관적 성질상 상속인 상호간 이해의 대립이 생길 우려가 없다고 볼만한 특별한 사정이 없는 한 민법 제921조의 이해상반되는 행위에 해당한다. 그리고 피상속인의 사망으로 인하여 1차 상속이 개시되고 그 1차 상속인 중 1인이 다시 사망하여 2차 상속이 개시된 후 1차 상속의 상속인들과 2차 상속의 상속인들이 1차 상속의 상속재산에 관하여 분할협의를 하는 경우에 2차 상속인 중에 수인의 미성년자가 있다면 이들 미성년자 각자마다 특별대리인을 선임하여 각 특별대리인이 각 미성년자를 대리하여 상속재산 분할협의를 하여야 하고, 만약 2차 상속의 공동상속인 친권자가 수인의 미성년자 법정대리인으로서 상속재산 분할협의를 한다면 이는 민법 제921조에 위배되는 것이며, 이러한 대리행위에 의하여 성립된 상속재산 분할협의는 피대리자 전원에 의한 추인이 없는 한 전체가 무효이다"(대판 2011.3.10, 2007다17482 등).

③ [×] 위 지문의 경우 母의 오빠와 子의 이해가 상반되는 것에 불과하고 母와 子사이의 이해가 상반되는 것은 아니다. "미성년자의 친권자인 모가 자기 오빠의 제3자에 대한 채무의 담보로 미성년자 소유의 부동산에 근저당권을 설정하는 행위가, 채무자를 위한 것으로서 미성년자에게는 불이익만을 주는 것이라고 하더라도, 민법 제921조 제1항에 규정된 '법정대리인인 친권자와 그 자 사이에 이해상반되는 행위'라고 볼 수는 없다"(대판 1991.11.26. 91다32466).

④ [○]제909조의2는 이혼 등으로 단독 친권자로 정해진 부모의 일방이 사망하거나 친권을 상실하는 등 친권을 행사할 수 없는 경우에 '가정법원의 심리를 거쳐' 친권자로 정해지지 않았던 부모의 다른 일방을 친권자로 지정하거나 후견이 개시되도록 함으로써 부적격의 부 또는 모가 당연히 친권자가 됨으로써 미성년자의 복리에 악영향을 미치는 것을 방지하고 있다.

[정답] ③

문17 다음 설명 중 옳은 것은? (다툼이 있는 경우 판례에 의함) [기출변형]

① 甲녀가 乙남과 혼인하여 丙을 출산한 다음, 乙남과 이혼하고 丁남과 사실혼 관계를 유지하면서 근를 출산하였는데, 甲의 사망 후 丙이 甲이 소유하던 부동산에 관하여 단독으로 상속등기를 마친 다음 戊에게 매도한 사안에서, 근와 甲 사이에 친생자관계가 존재함을 확인하는 판결이 丙의 부동산 처분 이후에 확정되었다면, 丙과 戊에게는 근의 상속지분에 해당하는 소유권이전등기를 말소할 의무가 있으므로, 민법 제1014조를 근거로 근는 丙이 한 상속재산에 대한 처분의 효력을 부인하지 못한다.

② 사실혼 관계에 있는 부부 일방이 혼인 중 공동재산의 형성에 수반하여 채무를 부담하였다가 사실혼이 종료된 후 그 채무를 변제한 경우 변제된 채무는 특별한 사정이 없는 한 청산 대상이 될 수 없다.

③ 입양의 의사로 친생자출생신고를 하고 입양의 실질적 요건이 구비된 경우라면, 입양의 효력이 인정되어 파양에 의하여 그 양친자관계를 해소할 필요가 있는 등 특별한 사정이 없는 한 친생자관계부존재확인청구는 허용될 수 없다. 따라서 양부(乙)가 양모(甲)와 양자(丙)를 상대로 친생자관계 부존재확인을 구했다면 이미 乙과 丙간의 입양관계는 불성립, 무효, 취소, 혹은 파양되는 경우라고 볼 것이어서 공동입양의 원칙에 비추어 甲과 丙 사이에도 양친자관계가 성립할 수 없으므로 결국 위 친생자관계부존재확인청구는 허용된다.

④ 유류분반환청구권자가 1977. 12. 31. 법률 제3051호로 개정된 민법(1979. 1. 1. 시행) 시행 전에 피상속인으로부터 증여받은 재산은 유류분반환청구에서 특별수익으로 고려될 수 있다.

해설 ① [×] "혼인 외의 출생자와 생모 사이에는 생모의 인지나 출생신고를 기다리지 아니하고 자의 출생으로 당연히 법률상의 친자관계가 생기고(대판 1967.10.4. 67다1791), 가족관계등록부의 기재나 법원의 친생자관계존재확인판결이 있어야만 이를 인정할 수 있는 것이 아니다(대판 1992.7.10. 92누3199). 따라서 인지를 요하지 아니하는 모자관계에는 인지의 소급효 제한에 관한 민법 제860조 단서가 적용 또는 유추적용되지 아니하며, 상속개시 후의 인지 또는 재판의 확정에 의하여 공동상속인이 된 자의 가액지급청구권을 규정한 민법 제1014조를 근거로 자가 모의 다른 공동상속인이 한 상속재산에 대한 분할 또는 처분의 효력을 부인하지 못한다고 볼 수도 없다. 이는 비록 다른 공동상속인이 이미 상속재산을 분할 또는 처분한 이후에 그 모자관계가 친생자관계존재확인판결의 확정 등으로 비로소 명백히 밝혀졌다 하더라도 마찬가지이다"(대판 2018.6.19. 2018다1049).

② [×] ※ 재산분할에서 사실혼 해소일 직후 발생한 대출금채무가 소극재산에 포함되는지 여부
"사실혼은 당사자 사이에 혼인 의사가 있고 객관적으로 사회관념상 부부공동생활을 인정할 만한 혼인생활의 실체가 있는 경우이므로 법률혼에 관한 민법 규정 중 혼인신고를 전제로 하는 규정은 유추적용할 수 없다. 그러나 부부재산 청산의 의미를 갖는 재산분할 규정은 부부의 생활공동체라는 실질에 비추어 인정되는 것이므로 사실혼 관계에 유추적용할 수 있다. 부부 일방이 혼인 중 제3자에게 부담한 채무는 일상가사에 관한 것 이외에는 원칙적으로 개인의 채무로서 청산 대상이 되지 않으나 그것이 공동재산의 형성에 수반하여 부담한 채무인 경우에는 청산 대상이 된다. 따라서 사실혼 관계에 있는 부부 일방이 혼인 중 공동재산의 형성에 수반하여 채무를 부담하였다가 사실혼이 종료된 후 그 채무를 변제한 경우 변제된 채무는 특별한 사정이 없는 한 청산 대상이 된다"(대판 2021.5.27. 2020므15841).

③ [×] 입양은 기본적으로 입양 당사자 개인 간의 법률행위이다. 구 민법(2012. 2. 10. 법률 제11300호로 개정되기 전의 것)상 입양의 경우 입양의 실질적 요건이 모두 구비되어 있다면 입양신고 대신 친생자출생신고를 한 형식상 잘못이 있어도 입양의 효력은 인정할 수 있다. 입양과 같은 신분행위에서 '신고'라는 형식을 요구하는 이유는 당사자 사이에 신고에 대응하는 의사표시가 있었음을 확실히 하고 또 이를 외부에 공시하기 위함인데, 허위의 친생자출생신고도 당사자 사이에 법률상 친자관계를 설정하려는 의사표시가 명백히 나타나 있고 양친자관계는 파양에 의하여 해소될 수 있다는 점을 제외하면 법률적으로 친생자관계와 똑같은 내용을 가지므로, 허위의 친생자출생신고는 법률상 친자관계의 존재를 공시하는 신고로서 입양신고의 기능을 한다고 볼 수 있기 때문이다"(대판 2018.5.15. 2014므4963).

[사실관계] 입양의 의사로 친생자출생신고를 하고 입양의 실질적 요건이 구비된 경우, 입양의 효력이 인정되며, 이 경우 양부(乙)가 양모(甲)와 양자(丙)를 상대로 친생자관계 부존재확인을 구한 사안에서 대법원은 "甲과 丙 사이에는 개별적인 입양의 실질적 요건이 모두 갖추어져 있고, 甲에게 乙과 공동으로 양부모가 되는 것이 아니라면 단독으로는 양모도 되지 않았을 것이란 의사, 즉 乙과 丙 사이의 입양이 불성립, 무효, 취소, 혹은 파양되는 경우에는 甲도 丙을 입양할 의사가 없었을 것이라고 볼 특별한 사정도 찾아볼 수 없으며, 입양 신고 대신 丙에 대한 친생자출생신고가 이루어진 후 호적제도가 폐지되고 가족관계등록제도가 시행됨으로써 甲의 가족관계등록부에는 丙이 甲의 자녀로 기록되었고, 丙의 가족관계증명서에도 甲이 丙의 모로 기록되어 있는 점 등에 비추어, 甲과 丙 사이에는 양친자관계가 성립할 수 없다고 본 원심판결에 법리오해의 잘못이 있다고 본 사례

④ [○] ※ 유류분반환청구권자가 1977. 12. 31. 법률 제3051호로 개정된 민법(1979. 1. 1. 시행) 시행 전에 피상속인으로부터 증여받은 재산이 유류분반환청구에서 특별수익으로 고려되어야 하는지 여부(적극)

"유류분 제도가 생기기 전에 피상속인이 상속인이나 제3자에게 재산을 증여하고 이행을 완료하여 소유권이 수증자에게 이전된 때에는 피상속인이 1977. 12. 31. 법률 제3051호로 개정된 민법(이하 '개정 민법'이라 한다) 시행 이후에 사망하여 상속이 개시되더라도 소급하여 증여재산이 유류분 제도에 의한 반환청구의 대상이 되지는 않는다. 개정 민법의 유류분 규정을 개정 민법 시행 전에 이루어지고 이행이 완료된 증여에까지 적용한다면 수증자의 기득권을 소급입법에 의하여 제한 또는 침해하는 것이 되어 개정 민법 부칙 제2항의 취지에 반하기 때문이다(대판 2012.12. 13. 2010다78722). 개정 민법 시행 전에 이미 법률관계가 확정된 증여재산에 대한 권리관계는 유류분 반환청구자이든 반환의무자이든 동일하여야 하므로, 유류분 반환청구자가 개정 민법 시행 전에 피상속인으로부터 증여받아 이미 이행이 완료된 경우에는 그 재산 역시 유류분산정을 위한 기초재산에 포함되지 아니한다고 보는 것이 타당하다. 그러나 유류분 제도의 취지는 법정상속인의 상속권을 보장하고 상속인간의 공평을 기하기 위함이고, 민법 제1115조 제1항에서도 '유류분권리자가 피상속인의 증여 및 유증으로 인하여 그 유류분에 부족이 생긴 때에는 부족한 한도 내에서 그 재산의 반환을 청구할 수 있다'고 규정하여 이미 법정 유류분 이상을 특별수익한 공동상속인의 유류분 반환청구권을 부정하고 있다. 이는 개정 민법 시행 전에 증여받은 재산이 법정 유류분을 초과한 경우에도 마찬가지로 보아야 하므로, 개정 민법 시행 전에 증여를 받았다는 이유만으로 이를 특별수익으로도 고려하지 않는 것은 유류분 제도의 취지와 목적에 반한다고 할 것이다. 또한 민법 제1118조에서 제1008조를 준용하고 있는 이상 유류분 부족액 산정을 위한 특별수익에는 그 시기의 제한이 없고, 민법 제1008조는 유류분 제도 신설 이전에 존재하던 규정으로 민법 부칙 제2조와도 관련이 없다. 따라서 개정 민법 시행 전에 이행이 완료된 증여 재산이 유류분 산정을 위한 기초재산에서 제외된다고 하더라도, 위 재산은 당해 유류분 반환청구자의 유류분 부족액 산정시 특별수익으로 공제되어야 한다"(대판 2018.7.12. 2017다278422).

[정답] ④

제1절 | 상속

문1 상속회복청구권에 관한 다음 설명 중 가장 옳지 않은 것은? (다툼이 있는 경우 판례에 의하고, 전원합의체 판결의 경우 다수의견에 의함) [18서기보]

① 진정상속인이 주장하는 피상속인과 참칭상속인이 주장하는 피상속인이 다른 사람인 경우라도 진정상속인이 제기한 소의 청구원인이 상속에 의하여 소유권을 취득하였음을 전제로 한 것이라면 그 소는 상속회복청구의 소에 해당한다.

② 제3자가 특정 공동상속인의 의사와 관계없이 필요한 서류를 위조하여 그 상속인의 단독명의로 소유권보존등기를 했다는 사유만으로 그 등기명의인이 참칭상속인으로 되는 것은 아니다.

③ 상속인 중 1인이 피상속인의 생전에 그로부터 토지를 매수한 사실이 없음에도 불구하고 이를 매수하였다고 하여 부동산소유권이전등기 등에 관한 특별조치법에 의한 이전등기를 경료하였음을 이유로 하여 나머지 상속인들을 대위하여 그 말소를 청구하는 소는 상속회복청구의 소에 해당한다고 볼 수 없다.

④ 상속인의 상속회복청구권 및 그 제척기간에 관한 규정은 포괄적 유증의 경우에도 유추 적용된다.

해설 ① [X] "상속회복청구의 소는 진정상속인과 참칭상속인이 주장하는 피상속인이 동일인임을 전제로 하는 것이므로 진정상속인이 주장하는 피상속인과 참칭상속인이 주장하는 피상속인이 다른 사람인 경우에는 진정상속인의 청구원인이 상속에 의하여 소유권을 취득하였음을 전제로 한다고 하더라도 이를 상속회복청구의 소라고 할 수 없다"(대판 1998.4.10. 97다54345).

② [O] "상속회복청구의 상대방이 되는 참칭상속인이라 함은, 재산상속인인 것을 신뢰케 하는 외관을 갖추고 있는 자나 상속인이라고 참칭하여 상속재산의 전부 또는 일부를 점유하는 자를 가리키는 것으로서, 공동상속인의 한 사람이 다른 상속인의 상속권을 부정하고 자기만이 상속권이 있다고 참칭하는 경우도 여기에 해당한다 할 것이나, 부동산에 관하여 공동상속인의 한 사람인 甲 단독 명의로 경료된 소유권보존등기가 甲이 다른 상속인인 乙의 상속권을 부정하고 자기만이 상속권이 있다고 참칭하여 경료한 것이 아니라 제3자가 甲의 의사와는 아무런 상관없이 관계서류를 '위조'하여 경료한 것이고, 달리 甲이 자기만이 상속한 것이라고 주장하였다고 볼만한 아무런 자료도 없다면, 甲을 상속회복청구의 소에서 말하는 참칭상속인이라고는 할 수 없다"(대판 1994.3.11. 93다24490).

③ [○] ※ 자기의 상속권을 주장하지 않고 별도의 취득원인(가령 매매나 증여)에 기한, 상속재산에 대한 권리를 주장하는 경우 상속회복청구라고 볼 수 있는지 여부(소극)

"등기부상 등기원인이 매매나 증여로 기재된 이상 재산상속인임을 신뢰케 하는 외관을 갖추었다고 볼 수 없다. 따라서 공동상속 중 1인이 피상속인의 생전에 그로부터 토지를 매수하거나 증여받은 사실이 없음에도 불구하고 구 부동산 소유권이전등기 등에 관한 특별조치법(이하 '특별조치법'이라고 한다)에 의하여 매매 또는 증여를 원인으로 한 이전등기를 경료한 경우 그 이전등기가 무효라는 이유로 다른 공동상속인이 그 등기의 말소(또는 진정명의 회복을 위한 등기의 이전)를 청구하는 소는 상속회복청구의 소에 해당한다고 볼 수 없다"(대판 2008.6.26. 2007다7898).

참고판례 ※ 상속회복청구권의 법적 성질 – 집합권리설

"참칭상속인 또는 자기들만이 재산상속을 하였다는 일부 공동상속인들을 상대로 그 소유권 또는 지분권이 귀속되었다는 주장이 '상속을 원인으로 하는 것인 이상' 그 청구원인(예를 들어 제213조, 제214조, 제741조, 제750조) 여하에 불구하고 민법 제999조의 단기 제척기간의 적용을 받는 상속회복의 소로 보아야 한다"(대판 1991.12.24. 전합90다5740)라고 판시하였는바, 일반적으로 집합권리설(개별적 청구권설)을 취하고 있는 것으로 해석되고 있다.

④ [○] "포괄적 수증자의 법적 지위 내지 권리의무에 관하여 구 민법(1990. 1. 13. 법률 제4199호로 개정되기 전의 것) 제1078조는 '포괄적 유증은 받은 자는 재산상속인과 동일한 권리의무가 있다.'고 규정하고 있어 포괄적 수증자는 그 수증분에 따라서 유증자의 일신전속적인 권리를 제외한 모든 권리 및 의무를 법률상 당연히 포괄적으로 승계하기 때문에 포괄적 유증은 실질적으로는 수증분을 상속분으로 하는 피상속인(유증자)에 의한 상속인 및 상속분의 지정과 같은 기능을 하고 있으므로, 상속인의 상속회복청구권에 관한 규정은 포괄적 수증의 경우에 유추 적용되고, 상속회복청구권의 제척기간에 관한 규정도 상속에 관한 법률관계의 신속한 확정을 위한 상속회복청구권의 제척기간의 제도적 취지에 비추어 볼 때 포괄적 수증의 경우에 유추 적용된다"(대판 2001.10.12. 2000다22942).

[정답] ①

문2 다음 설명 중 가장 옳지 않은 것은? (다툼이 있는 경우 판례에 의함) [14서기보]

① 사단법인의 사원의 지위는 양도 또는 상속할 수 없다고 규정한 민법 제56조의 규정은 강행규정이므로, 비법인사단에서도 사원의 지위는 규약이나 관행에 의하여 양도 또는 상속될 수 없다.

② 피상속인이 생전행위 또는 유언으로 자신의 유체·유골을 처분하거나 매장장소를 지정한 경우에, 선량한 풍속 기타 사회질서에 반하지 않는 이상 그 의사는 존중되어야 하고 이는 제사주재자로서도 마찬가지라고 할 것이지만, 피상속인의 의사를 존중해야 하는 의무는 도의적인 것에 그치고, 제사주재자가 무조건 이에 구속되어야 하는 법률적 의무까지 부담한다고 볼 수는 없다.

③ 제사주재자는 우선적으로 망인의 공동상속인들 사이의 협의에 의해 정해져야 하되, 협의가 이루어지지 않는 경우에는 제사주재자의 지위를 유지할 수 없는 특별한 사정이 있지 않은 한 망인의 장남(장남이 이미 사망한 경우에는 장남의 아들, 즉 장손자)이 제사주재자가 되고, 공동상속인들 중 아들이 없는 경우에는 망인의 장녀가 제사주재자가 된다고 할 것이다.

④ 유언집행자가 유언의 해석에 관하여 상속인과 의견을 달리한다거나 혹은 유언집행자가 유언집행에 방해되는 상태를 야기하고 있는 상속인을 상대로 유언의 충실한 집행을 위하여 자신의 직무권한 범위에서 가압류신청 또는 본안소송을 제기함으로써 일부 상속인들과 유언집행자 사이에 갈등이 초래되었다는 사정만으로 유언집행자의 해임사유가 있다고 할 수 없다.

[해설] ① [×] **제56조(사원권의 양도, 상속금지)** 「사단법인의 사원의 지위는 양도 또는 상속할 수 없다.」

☞ "사단법인의 사원의 지위는 양도 또는 상속할 수 없다고 규정한 민법 제56조의 규정은 강행규정이라고 할 수 없으므로, 비법인사단에서도 사원의 지위는 규약이나 관행에 의하여 양도 또는 상속될 수 있다"(대판 1997.9.26. 95다6205).

② [○] **제1008조의3(분묘등의 승계)** 「분묘에 속한 1정보이내의 금양임야와 600평이내의 묘토인 농지, 족보와 제구의 소유권은 '제사를 주재하는 자'가 이를 승계한다.」

※ 상속재산의 범위 – 제사용 재산의 특별승계

"피상속인이 생전행위 또는 유언으로 자신의 유체·유골을 처분하거나 매장장소를 지정한 경우에, 선량한 풍속 기타 사회질서에 반하지 않는 이상 그 의사는 존중되어야 하고 이는 제사주재자로서도 마찬가지이지만, 피상속인의 의사를 존중해야 하는 의무는 도의적인 것에 그치고, 제사주재자가 무조건 이에 구속되어야 하는 법률적 의무까지 부담한다고 볼 수는 없다"(대판 2008.11.20. 전합 2007다27670).

③ [○] ※ 제사를 주재하는 자

제사주재자의 결정에 관하여 특별한 사정이 없는 한 통상 '종손'이 된다는 것이 종전의 判例(대판 2004.1.16. 2001다79037)였으나, 최근에는 이 判例를 변경하여, "제사주재자는 ⅰ) 우선적으로 망인의 공동상속인들 사이의 협의에 의해 정하되, ⅱ) 협의가 이루어지지 않는 경우에는 제사주재자의 지위를 유지할 수 없는 특별한 사정이 있지 않은 한 망인의 장남(장남이 이미 사망한 경우에는 장남의 아들, 즉 장손자)이 제사주재자가 되고, ⅲ) 공동상속인들 중 아들이 없는 경우에는 망인의 장녀가 제사주재자가 된다"고 판시하였다(대판 2008.11.20. 전합2007다27670).

④ [○] **제1101조(유언집행자의 권리의무)** 「유언집행자는 유증의 목적인 재산의 관리 기타 유언의 집행에 필요한 행위를 할 권리의무가 있다.」

제1106조(유언집행자의 해임) 「지정 또는 선임에 의한 유언집행자에 그 임무를 해태하거나 적당하지 아니한 사유가 있는 때에는 법원은 상속인 기타 이해관계인의 청구에 의하여 유언집행자를 해임할 수 있다.」

　　"지정 또는 선임에 의한 유언집행자에게 임무해태 또는 적당하지 아니한 사유가 있는 때에는 법원은 상속인 기타 이해관계인의 청구에 의하여 유언집행자를 해임할 수가 있으나(민법 제1106조), 유언집행자는 유증의 목적인 재산의 관리 기타 유언의 집행에 필요한 모든 행위를 할 권리의무가 있을 뿐만 아니라(민법 제1101조) 유언의 집행에 필요한 범위 내에서는 상속인과 이해상반되는 사항에 관하여도 중립적 입장에서 직무를 수행하여야 하므로, 유언집행자가 유언의 해석에 관하여 상속인과 의견을 달리한다거나 혹은 유언집행자가 유언의 집행에 방해되는 상태를 야기하고 있는 상속인을 상대로 유언의 충실한 집행을 위하여 자신의 직무권한 범위에서 가압류신청 또는 본안소송을 제기하고 이로 인해 일부 상속인들과 유언집행자 사이에 갈등이 초래되었다는 사정만으로는 유언집행자의 해임사유인 '적당하지 아니한 사유'가 있다고 할 수 없으며, 일부 상속인에게만 유리하게 편파적인 집행을 하는 등으로 공정한 유언의 실현을 기대하기 어려워 상속인 전원의 신뢰를 얻을 수 없음이 명백하다는 등 유언집행자로서의 임무수행에 적당하지 아니한 구체적 사정이 소명되어야 한다"(대결 2011.10.27. 2011스108).

[정답] ①

문3 다음 설명 중 가장 옳지 않은 것은? (다툼이 있는 경우 판례에 의함)　　　　[15서기보]

① 부당이득한 재산에 수익자의 행위가 개입되어 얻어진 이른바 운용이익의 경우, 그것이 사회통념상 수익자의 행위가 개입되지 아니하였더라도 부당이득된 재산으로부터 손실자가 통상 취득하였으리라고 생각되는 범위 내에서는 반환해야 할 이득의 범위에 포함된다.

② 제사주재자(祭祀主宰者)는 우선적으로 망인의 공동상속인들 사이의 협의에 의해 정해져야 하되, 협의가 이루어지지 않는 경우에는 제사주재자의 지위를 유지할 수 없는 특별한 사정이 있지 않은 한 망인의 장남(장남이 이미 사망한 경우에는 장남의 아들, 즉 장손자)이 제사주재자가 되고, 공동상속인들 중 아들이 없는 경우에는 망인의 장녀가 제사주재자가 된다.

③ 한정승인자로부터 상속재산에 관하여 저당권 등의 담보권을 취득한 사람과 상속채권자 사이의 우열관계는 민법상의 일반원칙에 따라야 하고, 상속채권자가 한정승인의 사유만으로 우선적 지위를 주장할 수는 없다.

④ 피인지자에 대한 인지(認知) 이전에 상속재산을 분할한 공동상속인이 그 분할받은 상속재산으로부터 발생한 과실을 취득하는 것은 피인지자에 대한 관계에서 부당이득이 된다.

해설 ① [○] "수익자가 자신의 노력 등으로 부당이득한 재산을 이용하여 남긴 이른바 운용이익도 그것이 사회통념상 수익자의 행위가 개입되지 아니하였더라도 부당이득된 재산으로부터 손실자가 당연히 취득하였으리라고 생각되는 범위 내의 것이 아닌 한 수익자가 반환하여야 할 이득의 범위에서 공제되어야 한다"(대판 1995.5.12. 94다25551).

② [○] **제1008조의3(분묘등의 승계)** 「분묘에 속한 1정보이내의 금양임야와 600평이내의 묘토인 농지, 족보와 제구의 소유권은 '제사를 주재하는 자'가 이를 승계한다.」

※ 제사를 주재하는 자
제사주재자의 결정에 관하여 특별한 사정이 없는 한 통상 '종손'이 된다는 것이 종전의 判例(대판 2004.1.16, 2001다79037)였으나, 최근에는 이 判例를 변경하여, "제사주재자는 i) 우선적으로 망인의 공동상속인들 사이의 협의에 의해 정하되, ii) 협의가 이루어지지 않는 경우에는 제사주재자의 지위를 유지할 수 없는 특별한 사정이 있지 않은 한 망인의 장남(장남이 이미 사망한 경우에는 장남의 아들, 즉 장손자)이 제사주재자가 되고, iii) 공동상속인들 중 아들이 없는 경우에는 망인의 장녀가 제사주재자가 된다고 판시하였다(대판 2008.11.20. 전합2007다27670).

③ [○] ※ 상속채권자와 상속인의 고유채권자의 우열관계 – 한정승인자가 자신의 고유채권자를 위해 상속재산에 담보권을 설정한 경우
최근 전원합의체 판결을 통해 대법원은 "한정승인자로부터 상속재산에 관하여 저당권 등의 담보권을 취득한 사람과 상속채권자 사이의 우열관계는 '민법상의 일반원칙'에 따라야 하고, 상속채권자가 한정승인의 사유만으로 우선적 지위를 주장할 수는 없다. 그리고 이러한 이치는 한정승인자가 그 저당권 등의 피담보채무를 상속개시 전부터 부담하고 있었다고 하여 달리 볼 것이 아니다"(대판 2010.3.18, 전합2007다77781)라고 판시하여 이때에는 일반상속채권자가 담보권자에 우선할 수 없다고 보았다.

비교쟁점 상속채권자와 상속인의 고유채권자의 우열관계 – 일반적인 관계
한정승인을 하면 일단 상속재산과 상속인의 고유재산이 분리되는 효과가 발생하고, 상속채권자는 청산절차에서 변제를 받으며 남은 상속재산이 있으면 이는 한정승인한 상속인도 상속하여 그 상속인 고유의 채권자가 그 재산으로부터 변제를 받거나 집행할 수 있다. 그러한 범위 내에서는 상속채권자는 상속재산에 대해 한정승인한 상속인의 고유채권자보다 우선한다고 할 수 있다.

④ [×] **제860조(인지의 소급효)** 「인지는 그 자의 출생시에 소급하여 효력이 생긴다. 그러나 제3자의 취득한 권리를 해하지 못한다.」

※ 피인지자에 대한 인지 이전에 상속재산을 분할한 공동상속인이 그 분할받은 상속재산으로부터 발생한 과실을 취득하는 것이 피인지자에 대한 관계에서 부당이득이 되는지 여부(소극)
"상속개시 후에 인지되거나 재판이 확정되어 공동상속인이 된 자도 그 상속재산이 아직 분할되거나 처분되지 아니한 경우에는 당연히 다른 공동상속인들과 함께 분할에 참여할 수 있을 것이나, 인지 이전에 다른 공동상속인이 이미 상속재산을 분할 내지 처분한 경우에는 인지의 소급효를 제한하는 민법 제860조 단서가 적용되어 사후의 피인지자는 다른 공동상속인들의 분할 기타 처분의 효력을 부인하지 못하게 되는바, 민법 제1014조는 그와 같은 경우에 피인지자가 다른 공동상속인들에 대하여 그의 상속분에 상당한 가액의 지급을 청구할 수 있도록 하여 상속재산의 새로운 분할에 갈음하는 권리를 인정함으로써 피인지자의 이익과 기존의 권리관계를 합리적으로 조정하는 데 그 목적이 있는 것이다. 따라서 인지 이전에 공동상속인들에 의해 이미 분할되거나 처분된 상속재산은 민법 제860조 단서가 규정한 인지의 소급효 제한에 따라 이를 분할받은 공동상속인이나 공동상속인들의 처분행위에 의해 이를 양수한 자에게 그 소유권이 확정적으로 귀속되는

것이며, 상속재산의 소유권을 취득한 자는 민법 제102조에 따라 그 과실을 수취할 권능도 보유한다고 할 것이므로, 피인지자에 대한 인지 이전에 상속재산을 분할한 공동상속인이 그 분할받은 상속재산으로부터 발생한 과실을 취득하는 것은 피인지자에 대한 관계에서 부당이득이 된다고 할 수 없다"(대판 2007.7.26. 2006다83796).

[정답] ④

문4 상속의 대상에 관한 다음 설명 중 가장 옳은 것은? (다툼이 있는 경우 판례에 의하고, 전원합의체 판결의 경우 다수의견에 의함) [21서기보]

① 부동산의 합유자 사이에 특별한 약정이 없는 한 합유자지위는 그 상속인에게 상속된다.

② 점유권은 상속인에게 이전되지 않는다.

③ 보증기간과 보증한도액의 정함이 없는 계속적 보증계약의 경우 보증인이 사망하면 보증인의 지위가 상속인에게 상속되지 않고, 다만 기왕에 발생된 보증채무만 상속된다.

④ 불법행위로 사망한 자의 정신적 손해에 대한 손해배상청구권은 상속되지 않는다.

[해설] ① [×] ※ 상속재산의 범위 - 소유권 등 물권

물권은 원칙적으로 전부 상속된다. 그러나 합유부동산의 경우 합유지분은 상속이 되지 않는다. 判例는 "부동산의 합유자 중 일부가 사망한 경우 합유자 사이에 특별한 약정이 없는 한 사망한 합유자의 상속인은 합유자로서의 지위를 승계하지 못하므로, 해당 부동산은 잔존 합유자가 2인 이상일 경우에는 잔존 합유자의 합유로 귀속되고 잔존 합유자가 1인인 경우에는 잔존 합유자의 단독소유로 귀속된다"고 한다(대판 1996.12.10, 96다23238).

② [×] **제193조(상속으로 인한 점유권의 이전)** 「점유권은 상속인에 이전한다.」

③ [○] "보증한도액이 정해진 계속적 보증계약의 경우 보증인이 사망하였다 하더라도 보증계약이 당연히 종료되는 것은 아니고 특별한 사정이 없는 한 상속인들이 보증인의 지위를 승계한다고 보아야 할 것이나, 보증기간과 보증한도액의 정함이 없는 계속적 보증계약의 경우에는 보증인이 사망하면 보증인의 지위가 상속인에게 상속된다고 할 수 없고 다만, 기왕에 발생된 보증채무만이 상속된다" (대판 2001.6.12. 2000다47187).

④ [×] "정신적 손해에 대한 배상(위자료)청구권은 피해자가 이를 포기하거나 면제했다고 볼 수 있는 특별한 사정이 없는 한 생전에 청구의 의사를 표시할 필요없이 원칙적으로 상속되는 것이라고 해석함이 상당하다"(대판 1966.10.18, 66다1335).

[정답] ③

문5 상속에 관한 다음 설명 중 가장 옳지 않은 것은? (다툼이 있는 경우 판례에 의함) [16서기보]

① 공동상속인 중 1인이 상속등기에 갈음하여 구 부동산소유권이전등기 등에 관한 특별조치법에 따라 그 명의의 소유권이전등기를 경료한 경우, 다른 공동상속인이 그 등기의 말소를 청구하는 소는 상속회복청구의 소에 해당한다.

② 공동상속인 중에 피상속인으로부터 재산의 생전 증여에 의하여 특별수익을 한 자가 있는 경우, 그 증여는 상속개시 1년 이전의 것인지 여부, 당사자 쌍방이 손해를 가할 것을 알고서 하였는지 여부에 관계없이 유류분 산정을 위한 기초재산에 산입된다.

③ 피상속인이 부담하던 금전채무가 공동상속인들에게 상속된 경우, 공동상속인들은 그와 같은 채무를 상속재산 분할의 대상으로 삼을 수 있고, 이때 상속재산 분할의 효력은 상속 개시 시점으로 소급한다.

④ 공동상속인 중 1인이 상속을 포기하더라도 그 포기자의 채권자는 상속포기가 사해행위라는 이유로 이를 취소할 수 없다.

해설 ① [○] "상속회복청구의 상대방이 되는 참칭상속인은 정당한 상속권이 없음에도 재산상속인임을 신뢰케 하는 외관을 갖추고 있는 사람이나 상속인이라고 참칭하여 상속재산의 전부 또는 일부를 점유하고 있는 사람을 가리키는 것으로서, 상속재산인 부동산에 관하여 공동상속 중 1인 명의로 소유권이전등기가 경료된 경우 그 등기가 상속을 원인으로 경료된 것이라면 그 등기명의인은 재산상속인임을 신뢰케 하는 외관을 갖추고 있는 사람으로서 참칭상속인에 해당한다고 할 것이다. 따라서 공동상속인 중 1인이 '상속등기에 갈음하여' 구 부동산소유권 이전등기 등에 관한 특별조치법(법률 제4502호)에 따라 그 명의의 소유권이전등기를 경료한 경우에 그 이전등기가 무효라는 이유로 다른 공동상속인이 그 등기의 말소를 청구하는 소는 상속회복청구의 소에 해당한다"(대판 2010.1.14. 2009다41199).

☞ 본 사안은 상속에 따른 부동산 취득을 원인으로 하여 소유권이전등기를 경료한 사안(즉, 부동산 소유권 귀속원인이 상속)이므로 매매에 따른 부동산 취득을 원인으로 하여 소유권이전등기를 경료한 아래 비교 판례와 구별된다.

비교판례 "등기부상 등기원인이 매매나 증여로 기재된 이상 재산상속인임을 신뢰케 하는 외관을 갖추었다고 볼 수 없다. 따라서 공동상속인 중 1인이 피상속인의 생전에 그로부터 토지를 매수하거나 증여받은 사실이 없음에도 불구하고 구 부동산 소유권이전등기 등에 관한 특별조치법(이하 '특별조치법'이라고 한다)에 의하여 '매매 또는 증여를 원인으로 한 이전등기를 경료한 경우' 그 이전등기가 무효라는 이유로 다른 공동상속인이 그 등기의 말소(또는 진정명의 회복을 위한 등기의 이전)를 청구하는 소는 상속회복청구의 소에 해당한다고 볼 수 없다"(대판 2008.6.26. 2007다7898).

② [○] 제1114조(산입될 증여) 「증여는 상속개시전의 1년간에 행한 것에 한하여 제1113조의 규정에 의하여 그 가액을 산정한다. 당사자 쌍방이 유류분권리자에 손해를 가할 것을 알고 증여를 한 때에는 1년전에 한 것도 같다.」

※ 유류분액의 산정 - 증여재산

민법 제1118조에 의하여 준용되는 민법 제1008조에서 '공동상속인 중에 피상속인으로부터 재산의 증여 또는 유증을 받은 자가 있는 경우에 그 수증재산이 자기의 상속분에 달하지 못한 때에는 그 부족한 부분의 한도에서 상속분이 있다.'고 규정하고 있는바, 이는 공동상속인 중에 피상속인으로부터 재산의 증여 또는 유증을 받은 특별수익자가 있는 경우에 공동상속인들 사이의 공평을 기하기 위하여 그 수증재산을 상속분의 선급으로 다루어 구체적인 상속분을 산정함에 있어 이를 참작하도록 하려는 데 있다고 할 것이므로, 공동상속인 중에 피상속인으로부터 재산의 생전 증여에 의하여 특별수익을 한 자가 있는 경우에는 민법 제1114조의 규정은 그 적용이 배제된다고 할 것이고, 따라서 그 증여는 상속개시 1년 이전의 것인지 여부, 당사자 쌍방이 손해를 가할 것을 알고서 하였는지 여부에 관계없이 유류분 산정을 위한 기초재산에 산입된다(대판 1996.2.9. 95다17885).

③ [X] ※ 채무의 공동상속

민법은 상속인이 수인인 때에는 상속재산은 그 '공유'로 하는 것으로 정한다(제1006조). 判例는 "금전채무와 같이 급부의 내용이 가분인 채무가 공동상속된 경우, 이는 상속개시와 동시에 당연히 법정상속분에 따라 공동상속인에게 귀속하는 것이므로 상속재산 분할의 대상이 될 여지가 없다"고 한다(대판 1997.6.24. 97다8809).

④ [O] 判例는 "상속의 포기는 비록 포기자의 재산에 영향을 미치는 바가 없지 아니하나 상속인으로서의 지위 자체를 소멸하게 하는 행위로서 순전한 재산법적 행위와 같이 볼 것이 아니다. 오히려 상속의 포기는 1차적으로 피상속인 또는 후순위상속인을 포함하여 다른 상속인 등과의 인격적 관계를 전체적으로 판단하여 행하여지는 '인적 결단'으로서의 성질을 가진다"(대판 2011.6.9. 2011다29307)고 보아 상속의 포기는 사해행위취소의 대상이 되지 못한다고 한다.

[정답] ③

문6 상속재산분할에 관한 다음 설명 중 가장 옳지 않은 것은? (다툼이 있는 경우 판례에 의하고, 전원합의체 판결의 경우 다수의견에 의함)　　　　[21서기보]

① 상속재산의 분할은 상속이 개시된 때 소급하여 효력이 있으나, 제3자의 권리를 해하지 못하는데, 여기서 제3자는 일반적으로 상속재산분할의 대상이 된 상속재산에 관하여 상속재산분할 전에 새로운 이해관계를 가졌을 뿐만 아니라 등기, 인도 등으로 권리를 취득한 사람을 말한다.

② 상속개시 당시에는 상속재산을 구성하던 재산이 그 후 처분되거나 멸실·훼손되었다면 그 재산은 상속재산분할의 대상이 될 수 없으나, 상속인이 그 대가로 대상재산을 취득하였다면 그 대상재산은 상속재산분할의 대상이 될 수 있다.

③ 피상속인은 유언으로 상속재산의 분할방법을 정하거나 이를 정할 것을 제3자에게 위탁할 수 있다.

④ 상속재산 분할협의는 한 번 이루어지면 그 이후에는 공동상속인들이 합의해제할 수 없다.

해설 ① [○] ※ 상속재산분할의 효과 - 소급효와 예외

제1015조(분할의 소급효) 「상속재산의 분할은 상속개시된 때에 소급하여 그 효력이 있다. 그러나 제3자의 권리를 해하지 못한다.」

"민법 제1015조는 상속재산분할의 소급효를 인정하여 공동상속인이 분할 내용대로 상속재산을 피상속인이 사망한 때에 바로 피상속인으로부터 상속한 것으로 보면서도, 상속재산분할 전에 이와 양립하지 않는 법률상 이해관계를 가진 제3자에게는 상속재산분할의 소급효를 주장할 수 없도록 함으로써 거래의 안전을 도모하고자 한 것이다. 이때 민법 제1015조 단서에서 말하는 제3자는 일반적으로 상속재산분할의 대상이 된 상속재산에 관하여 상속재산분할 전에 새로운 이해관계를 가졌을 뿐만 아니라 등기, 인도 등으로 권리를 취득한 사람을 말한다"(대판 2020.8.13.2019다249312).

☞ 제3자는 상속재산분할 전에 이해관계를 맺은 '특별승계인'으로서 그의 선의·악의는 묻지 않는다. 다만 제3자가 권리를 주장하기 위해서는 '권리변동의 효력발생요건'(제186조 · 제188조)을 갖추어야 한다.

② [○] ※ 상속재산의 분할 - 분할 대상이 되는 재산

피상속인이 남긴 재산 전부가 분할의 대상이 된다. "상속개시 당시에는 상속재산을 구성하던 재산이 그 후 처분되거나 멸실·훼손되는 등으로 상속재산분할 당시 상속재산을 구성하지 아니하게 되었다면 그 재산은 상속재산분할의 대상이 될 수 없다. 다만 상속인이 그 대가로 처분대금, 보험금, 보상금 등 대상재산(代償財産)을 취득하게 된 경우에는, 그 대상재산이 상속재산분할의 대상으로 될 수는 있을 것이다"(대결 2016.5.4. 2014스122).

③ [○] **제1012조(유언에 의한 분할방법의 지정, 분할금지)** 「피상속인은 유언으로 상속재산의 분할방법을 정하거나 이를 정할 것을 제3자에게 위탁할 수 있고 상속개시의 날로부터 5년을 초과하지 아니하는 기간 내의 그 분할을 금지할 수 있다.」

④ [×] ※ 상속재산 분할협의 후 재분할협의 = 기존 상속재산분할협의 합의 해제

대법원은 "상속재산 분할협의는 공동상속인들 사이에 이루어지는 일종의 계약으로서, 공동상속인들은 이미 이루어진 상속재산 분할협의의 전부 또는 일부를 전원의 합의에 의하여 해제한 다음 다시 새로운 분할협의를 할 수 있다"고 하였고, "상속재산 분할협의가 합의해제되면 그 협의에 따른 이행으로 변동이 생겼던 물권은 당연히 그 분할협의가 없었던 원상태로 복귀하지만, 민법 제548조 제1항 단서의 규정상 이러한 합의해제를 가지고서는, 그 해제 전의 분할협의로부터 생긴 법률효과를 기초로 하여 새로운 이해관계를 가지게 되고 등기 · 인도 등으로 완전한 권리를 취득한 제3자의 권리를 해하지 못한다"(대판 2004.7.8, 2002다73203)고 하였다.

[정답] ④

문7 상속의 승인 및 포기에 관한 다음 설명 중 가장 옳지 않은 것은? (다툼이 있는 경우 판례에 의하고, 전원합의체 판결의 경우 다수의견에 의함) [18서기보]

① 상속인이 상속재산에 대한 처분행위를 한 때에는 단순승인을 한 것으로 보는바, 상속인이 피상속인의 채권을 추심하여 변제받는 것도 상속재산에 대한 처분행위에 해당한다.

② 상속채권자는 상속재산에 관하여 한정승인자로부터 근저당권을 취득한 한정승인자의 고유채권자에 대하여 그 근저당권에 기한 배당절차에서 한정승인의 사유만으로 우선적 지위를 주장할 수 없다.

③ 상속을 포기한 자는 상속개시된 때부터 상속인이 아니었던 것과 같은 지위에 놓이게 되므로, 피상속인의 배우자와 자녀 중 자녀 전부가 상속을 포기한 경우에는 배우자와 피상속인의 손자녀 또는 직계존속이 공동으로 상속인이 되고, 피상속인의 손자녀와 직계존속이 존재하지 아니하면 배우자가 단독으로 상속인이 된다.

④ 특별한정승인에 관한 민법 제1019조 제3항의 기간은 제척기간이고, 그 기간을 지난 후에도 당사자가 책임질 수 없는 사유로 그 기간을 준수하지 못하였다면 추후에 보완될 수 있다.

[해설] ① [○] 대판 2010.4.29. 2009다84936

② [○] ※ 상속채권자와 상속인의 고유채권자의 우열관계 – 한정승인자가 자신의 고유채권자를 위해 상속재산에 담보권을 설정한 경우

최근 전원합의체 판결을 통해 대법원은 "한정승인자로부터 상속재산에 관하여 저당권 등의 담보권을 취득한 사람과 상속채권자 사이의 우열관계는 '민법상의 일반원칙'에 따라야 하고, 상속채권자가 한정승인의 사유만으로 우선적 지위를 주장할 수는 없다. 그리고 이러한 이치는 한정승인자가 그 저당권 등의 피담보채무를 상속개시 전부터 부담하고 있었다고 하여 달리 볼 것이 아니다"(대판 2010.3.18. 전합2007다77781)라고 판시하여 이때에는 일반상속채권자가 담보권자에 우선할 수 없다고 보았다.

[비교쟁점] 상속채권자와 상속인의 고유채권자의 우열관계 – 일반적인 관계

한정승인을 하면 일단 상속재산과 상속인의 고유재산이 분리되는 효과가 발생하고, 상속채권자는 청산절차에서 변제를 받으며 남은 상속재산이 있으면 이는 한정승인한 상속인도 상속하여 그 상속인 고유의 채권자가 그 재산으로부터 변제를 받거나 집행할 수 있다. 그러한 범위 내에서는 상속채권자는 상속재산에 대해 한정승인한 상속인의 고유채권자보다 우선한다고 할 수 있다.

③ [○] ※ 직계비속과 배우자가 공동상속인인데 직계비속이 모두 상속을 포기하면 배우자가 단독상속하는지 여부

判例는 "상속을 포기한 자는 상속개시된 때부터 상속인이 아니었던 것과 같은 지위에 놓이게 되므로, 피상속인의 배우자와 자녀 중 자녀 전부가 상속을 포기한 경우에는 배우자와 피상속인의 손자녀 또는 직계존속이 공동으로 상속인이 되고, 피상속인의 손자녀와 직계존속이 존재하지 아니하면 배우자가 단독으로 상속인이 된다"(대판 2015.5.14. 2013다48852)고 하여 공동상속설의 입장이다.

구체적 예 甲남(56세)은 2018.8.6. 사망하였고, 유족으로 배우자 乙녀와 자녀 丙, 丁이 있었으며, 부(父) 戊가 생존해 있었고, 모(母)는 이전에 사망하였다. 위 가족들은 모두 甲의 사망을 당일 알았다. 丙과 丁은 한 달이 지난 2018.9.27. 법원에 甲남에 대한 상속포기 신고를 하여 그 신고가 2018.9.30. 수리되었다. 丙은 미혼으로 자녀가 없었으나, 丁은 2016.6.12. 丁2와 혼인하여 2017.6.1. 출산하여 쌍둥이 자녀인 丁3과 丁4를 두었다. 이 경우 피상속인의 직계비속 丙, 丁은 전부 상속을 포기하였으므로, 피상속인의 배우자 乙녀가 甲남의 재산을 단독으로 상속하는 것이 아니라, 乙과 丁의 직계비속인 丁3과 丁4가 공동상속하게 된다.

④ [X] **제1019조(승인, 포기의 기간)** 「③항 1항의 규정에 불구하고 상속인은 상속채무가 상속재산을 초과하는 사실을 중대한 과실없이 제1항의 기간내에 알지 못하고 단순승인(제1026조제1호 및 제2호의 규정에 의하여 단순승인한 것으로 보는 경우를 포함한다)을 한 경우에는 그 사실을 안 날부터 3월내에 한정승인을 할 수 있다.」

☞ "민법 제1019조 제3항의 기간은 한정승인신고의 가능성을 언제까지나 남겨둠으로써 당사자 사이에 일어나는 법적 불안상태를 막기 위하여 마련한 제척기간이고, 경과규정인 개정 민법(2002.1.14. 법률 제6591호) 부칙 제3항 소정의 기간도 제척기간이라 할 것이며, 한편 제척기간은 불변기간이 아니어서 그 기간을 지난 후에는 당사자가 책임질 수 없는 사유로 그 기간을 준수하지 못하였더라도 추후에 보완될 수 없다"(대결 2003.8.11. 2003스32).

[정답] ④

문8 상속에 관한 다음 설명 중 가장 옳지 않은 것은?　　　　　　　　　　[19서기보]

① 한정승인자의 상속재산은 상속채권자의 채권에 대한 책임재산으로서 상속채권자에게 우선적으로 변제되어야 한다. 따라서 한정승인자가 자신의 고유채무에 관하여 상속재산에 저당권을 설정한 경우에도, 그 저당권자가 상속재산에 대한 경매절차에서 상속채권자에 우선하여 배당받을 수는 없다.

② 상속재산의 분할에 관하여 공동상속인 사이에 협의가 성립되지 아니하거나 협의할 수 없는 경우라도, 공동상속인이 상속재산에 속하는 개별 재산에 관하여 민법 제268조의 규정에 따라 공유물분할청구의 소를 제기하는 것은 허용되지 않는다.

③ 한정승인자의 고유채권자는 상속채권자가 상속재산으로부터 채권의 만족을 받지 못한 상태에서 상속재산을 고유채권에 대한 책임재산으로 삼아 이에 대하여 강제집행을 할 수 없다. 이는 한정승인자의 고유채무가 조세채무인 경우에도 그것이 상속재산 자체에 대하여 부과된 조세나 가산금, 즉 당해세에 관한 것이 아니라면 마찬가지이다.

④ 민법 제1026조 제1호는 상속인이 상속재산에 대한 처분행위를 한 때에는 단순승인을 한 것으로 본다고 규정하고 있다. 상속인이 가정법원에 상속포기의 신고를 하였더라도 이를 수리하는 가정법원의 심판이 고지되기 이전에 상속재산을 처분하였다면, 민법 제1026조 제1호에 따라 상속의 단순승인을 한 것으로 보아야 한다.

해설 ① [X] ※ 상속채권자와 상속인의 고유채권자의 우열관계 – 한정승인자가 자신의 고유채권자를 위해 상속재산에 담보권을 설정한 경우

최근 전원합의체 판결을 통해 대법원은 "한정승인자로부터 상속재산에 관하여 저당권 등의 담보권을 취득한 사람과 상속채권자 사이의 우열관계는 '민법상의 일반원칙'에 따라야 하고, 상속채권자가 한정승인의 사유만으로 우선적 지위를 주장할 수는 없다. 그리고 이러한 이치는 한정승인자가 그 저당권 등의 피담보채무를 상속개시 전부터 부담하고 있었다고 하여 달리 볼 것이 아니다"(대판 2010.3.18, 전합2007다77781)라고 판시하여 이때에는 일반상속채권자가 담보권자에 우선할 수 없다고 보았다.

비교쟁점 상속채권자와 상속인의 고유채권자의 우열관계 – 일반적인 관계

한정승인을 하면 일단 상속재산과 상속인의 고유재산이 분리되는 효과가 발생하고, 상속채권자는 청산절차에서 변제를 받으며 남은 상속재산이 있으면 이는 한정승인한 상속인도 상속하여 그 상속인 고유의 채권자가 그 재산으로부터 변제를 받거나 집행할 수 있다. 그러한 범위 내에서는 상속채권자는 상속재산에 대해 한정승인한 상속인의 고유채권자보다 우선한다고 할 수 있다.

② [○] 공동상속인 사이에 분할의 협의가 성립되지 아니한 때에는 각 공동상속인은 가정법원에 그 분할을 청구할 수 있다(가사소송법 제2조 1항 마류비송사건). 우선 조정을 신청하여야 하고, 조정이 성립되지 않으면 심판을 청구할 수 있다.

주의할 점은 공동상속인이 상속재산의 분할에 관하여 공동상속인 사이에 협의가 성립되지 아니하거나 협의할 수 없는 경우, 상속재산에 속하는 개별 재산에 관하여 제268조의 규정에 따라 공유물분할청구의 소를 제기할 수 없다는 점이다(대판 2015.8.13. 2015다18367).

③ [○] "상속재산에 관하여 담보권을 취득하였다는 등 사정이 없는 이상, 한정승인자의 고유채권자는 상속채권자가 상속재산으로부터 그 채권의 만족을 받지 못한 상태에서 상속재산을 고유채권에 대한 책임재산으로 삼아 이에 대하여 강제집행을 할 수 없다고 보는 것이 형평의 원칙이나 한정승인제도의 취지에 부합하며, 이는 한정승인자의 고유채무가 조세채무인 경우에도 그것이 상속재산 자체에 대하여 부과된 조세나 가산금, 즉 당해세에 관한 것이 아니라면 마찬가지이다"(대판 2016.5.24. 2015다250574판결은 상속재산의 매각대금을 한정승인자의 고유채권자로서 그 상속재산에 관하여 담보권을 취득한 바 없는 조세채권자에게 상속채권자보다 우선하여 배당한 경매법원의 조치는 위법하다고 보았다).

④ [○] ※ 법정단순승인 – 상속인이 상속재산에 대한 처분행위를 한 경우(처분의 의미)

제1026조(법정단순승인) 「다음 각호의 사유가 있는 경우에는 상속인이 단순승인을 한 것으로 본다. 1. 상속인이 상속재산에 대한 처분행위를 한 때 3. 상속인이 한정승인 또는 포기를 한 후에 상속재산을 은닉하거나 부정소비하거나 고의로 재산목록에 기입하지 아니한 때」

☞ 여기서의 처분은 한정승인이나 상속포기 전의 처분행위를 지칭한다. 한정승인이나 상속포기를 한 후의 처분은 당연히 법정단순승인사유는 아니고, 그것이 부정소비(제1026조 3호)에 해당하는 때에 한하여 법정단순승인사유로 된다(대판 2004.3.12. 2003다63586).

한편 "상속의 한정승인이나 포기는 상속인의 의사표시만으로 효력이 발생하는 것이 아니라 가정법원에 신고를 하여 가정법원의 심판을 받아야 하며, 그 심판은 당사자가 이를 고지받음으로써 효력이 발생한다(대판 2004.6.25. 2004다20401). 따라서 상속인이 가정법원에 상속포기의 신고를 하였다고 하더라도 이를 수리하는 가정법원의 심판이 고지되기 이전에 상속재산을 처분하였다면, 이는 상속 포기의 효력 발생 전에 처분행위를 한 것에 해당하므로 제1026조 1호에 따라 상속의 단순승인을 한 것으로 보아야 한다"(대판 2016.12.29. 2013다73520).

[정답] ①

문9 甲이 사망하면서 토지와 2,000만 원의 채무를 남겼는데, 甲에게 상속인으로 배우자 乙, 자녀 丙, 丁만 있었다. 甲의 상속재산분할에 관한 설명 중 옳은 것을 모두 고른 것은? [기출변형]

> ㄱ. 채무초과 상태에 있던 乙이 상속재산의 분할협의를 하면서 자신의 상속분에 관한 권리를 포기함으로써 일반 채권자에 대한 공동담보가 감소한 경우라고 하더라도, 상속재산의 분할협의는 그 성질상 재산권을 목적으로 하는 법률행위가 아니므로 이는 원칙적으로 채권자에 대한 사해행위에 해당하지 않는다.
>
> ㄴ. 丙, 丁이 미성년자인 경우, 乙은 丙, 丁 각자마다 특별대리인을 선임하여 그 각 특별대리인이 丙, 丁을 대리하여 상속재산 분할협의를 하도록 하여야 한다.
>
> ㄷ. 2,000만 원의 채무는 상속개시와 동시에 당연히 법정상속분에 따라 乙, 丙, 丁에게 분할되어 귀속되므로, 상속재산분할의 대상이 되지 않는다.
>
> ㄹ. 상속재산의 분할에 관하여 공동상속인 乙, 丙, 丁 사이에 협의가 성립되지 아니하거나 협의할 수 없는 경우, 乙, 丙, 丁은 상속재산에 속하는 개별재산에 관하여 공유물분할청구의 소를 제기할 수 있다.

① ㄱ, ㄴ   ② ㄴ, ㄷ
③ ㄱ, ㄹ   ④ ㄷ, ㄹ

해설 ㄱ. [×] ※ 상속재산 분할협의에 대한 채권자취소권행사

判例에 따르면 "상속재산의 분할협의는 상속이 개시되어 공동상속인 사이에 잠정적 공유가 된 상속재산에 대하여 그 전부 또는 일부를 각 상속인의 단독소유로 하거나 새로운 공유관계로 이행시킴으로써 상속재산의 귀속을 확정시키는 것으로 그 성질상 재산권을 목적으로 하는 법률행위이므로 사해행위취소권 행사의 대상이 될 수 있다. 다만, 상속재산의 분할협의를 하면서 상속재산에 관한 권리포기는 구체적 상속분에 미달하는 과소한 부분에 한하여 사해행위가 된다(일부사해행위 : 저자주)"(대판 2001.2.9 2000다51797)고 한다.

비교판례 ※ 상속포기에 대한 채권자취소권행사

이와 달리, 判例는 "상속의 포기는 비록 포기자의 재산에 영향을 미치는 바가 없지 아니하나 상속인으로서의 지위 자체를 소멸하게 하는 행위로서 순전한 재산법적 행위와 같이 볼 것이 아니다. 오히려 상속의 포기는 1차적으로 피상속인 또는 후순위상속인을 포함하여 다른 상속인 등과의 인격적 관계를 전체적으로 판단하여 행하여지는 '인적 결단'으로서의 성질을 가진다"(대판 2011.6.9. 2011다29307)고 보아 사해행위취소의 대상이 되지 못한다고 한다.

ㄴ. [○] ※ 이해상반행위시 특별대리인의 선임 방법

친권자와 그 子 사이에 또는 그 친권에 복종하는 수인의 子 사이에 이해가 상반되는 경우에, 친권자는 법원에 그 子 또는 수인의 子 각자의 특별대리인의 선임을 청구하여야 한다(제921조). 이 때, "공동상속재산분할협의는 그 행위의 객관적 성질상 상속인 상호간에 이해의 대립이 생길 우려가 있는 행위라고 할 것이므로 공동상속인인 친권자와 미성년인 수인의 자 사이에 상속재산분할협의를 하게 되는 경우에는 미성년자 각자마다 특별대리인을 선임하여 그 각 특별대리인이 각 미성년자인

자를 대리하여 상속재산분할의 협의를 하여야 하고 만약 친권자가 수인의 미성년자의 법정대리인으로서 상속재산분할협의를 한 것이라면, 이는 민법 제921조에 위반된 것으로서 이러한 대리행위에 의하여 성립된 상속재산분할협의는 피대리자 전원에 의한 추인이 없는 한 무효이다"(대판 1993.4.13. 92다54524 등).

ㄷ. [○] ※ 가분인 채무의 상속재산분할 대상 여부
민법은 상속인이 수인인 때에는 상속재산은 그 '공유'로 하는 것으로 정한다(제1006조). 判例는 "금전채무와 같이 급부의 내용이 가분인 채무가 공동상속된 경우, 이는 상속개시와 동시에 당연히 법정상속분에 따라 공동상속인에게 귀속하는 것이므로 상속재산 분할의 대상이 될 여지가 없다"고 한다(대판 1997.6.24, 97다8809)

[관련쟁점] 따라서 상속재산 분할의 대상이 될 수 없는 상속채무에 관하여 공동상속인들 사이에 분할의 협의가 있는 경우라면 이러한 협의는 민법 제1013조에서 말하는 상속재산의 협의분할에 해당하는 것은 아니지만, 위 분할의 협의에 따라 공동상속인 중의 1인이 법정상속분을 초과하여 채무를 부담하기로 하는 약정은 '면책적 채무인수'의 실질을 가진다고 할 것이어서, 채권자에 대한 관계에서 위 약정에 의하여 다른 공동상속인이 법정상속분에 따른 채무의 일부 또는 전부를 면하기 위하여는 제454조의 규정에 따른 '채권자의 승낙을 필요로 하고, 여기에 상속재산 분할의 소급효를 규정하고 있는 제1015조가 적용될 여지는 전혀 없다(同 判例).

ㄹ. [×] ※ 상속재산 분할방법
공동상속인 사이에 분할의 협의가 성립되지 아니한 때에는 각 공동상속인은 가정법원에 그 분할을 청구할 수 있다(가사소송법 제2조 1항 마류비송사건). 우선 조정을 신청하여야 하고, 조정이 성립되지 않으면 심판을 청구할 수 있다. 그러나 공동상속인이 상속재산의 분할에 관하여 공동상속인 사이에 협의가 성립되지 아니하거나 협의할 수 없는 경우, 상속재산에 속하는 개별 재산에 관하여 제268조의 규정에 따라 공유물분할청구의 소를 제기할 수는 없다(대판 2015.8.13. 2015다18367).

[정답] ②

문 10 상속재산분할에 관한 설명 중 옳은 것은? (다툼이 있는 경우 판례에 의함) [기출변형]

① 공동상속인 중 일부가 한정승인을 한 경우에는 상속재산분할의 대상이 되는 상속재산의 범위에 관하여 공동상속인 사이에 분쟁이 생길 우려가 있으므로, 한정승인에 따른 청산절차가 종료되지 않았다면 상속재산분할청구가 허용되지 않는다.

② 상속개시 당시 상속재산을 구성하던 재산이 그 후 처분되어 상속재산을 구성하지 않게 된 경우, 상속인이 그 대가로 처분대금을 취득하였더라도 이것은 상속재산분할 당시의 상속재산을 구성하지 않으므로 상속재산분할의 대상이 될 수 없다.

③ 채무초과 상태에 있는 채무자가 상속재산 분할협의에서 자기 상속분에 관한 권리를 포기하여 재산의 감소가 있더라도, 상속개시 전에 채권을 취득한 채권자에 대한 관계에서는 공동담보의 감소가 없으므로, 원칙적으로 상속분에 관한 권리의 포기가 그 채권자에 대해서는 사해행위에 해당하지 않는다.

④ 공동상속인 중 1인이 협의분할에 의한 상속을 원인으로 상속부동산에 관한 단독 명의의 소유권이전등기를 마친 경우, 다른 공동상속인이 자신의 동의 없이 협의분할이 이루어져 무효라는 이유로 그 등기의 말소를 청구하는 것은 상속회복청구에 해당한다.

해 설 ① [×] ※ 상속재산분할청구 절차
"상속재산분할청구 절차를 통하여 분할의 대상이 되는 상속재산의 범위를 한꺼번에 확정하는 것이 상속채권자의 보호나 청산절차의 신속한 진행을 위하여 필요하다는 점 등을 고려하면, 한정승인에 따른 청산절차가 종료되지 않은 경우에도 상속재산분할청구가 가능하다"(대결 2014.7.25. 2011스226).

② [×] ※ 상속재산분할의 대상이 되는 재산
"상속개시 당시에는 상속재산을 구성하던 재산이 그 후 처분되거나 멸실·훼손되는 등으로 상속재산분할 당시 상속재산을 구성하지 아니하게 되었다면 그 재산은 상속재산분할의 대상이 될 수 없다. 다만 상속인이 그 대가로 처분대금, 보험금, 보상금 등 대상재산(代償財産)을 취득하게 된 경우에는, 그 대상재산이 상속재산분할의 대상으로 될 수는 있을 것이다"(대결 2016.5.4. 2014 스122).

③ [×] ※ 상속재산분할협의와 사해행위(원칙적 적극)
判例에 따르면 "상속재산의 분할협의를 하면서 상속재산에 관한 권리포기는 구체적 상속분에 미달하는 과소한 부분에 한하여 사해행위가 된다"고 하였다(대판 2001.2.9 2000다51797).

비교판례 ※ 상속포기가 사해행위취소의 대상인지 여부(소극)
대법원은 "상속의 포기는 비록 포기자의 재산에 영향을 미치는 바가 없지 아니하나 상속인으로서의 지위 자체를 소멸하게 하는 행위로서 순전한 재산법적 행위와 같이 볼 것이 아니다. 오히려 상속의 포기는 1차적으로 피상속인 또는 후순위상속인을 포함하여 다른 상속인 등과의 인격적 관계를 전체적으로 판단하여 행하여지는 '인적 결단'으로서의 성질을 가진다"(대판 2011.6.9. 2011다29307)고 보아 상속의 포기는 사해행위취소의 대상이 되지 못한다고 한다.

④ [○] ※ 상속재산분할협의와 상속회복청구권
"공동상속인 중 1인이 협의분할에 의한 상속을 원인으로 하여 상속부동산에 관한 소유권이전등기를 마친 경우에, 협의분할이 다른 공동상속인의 동의 없이 이루어진 것이어서 무효라는 이유로 다른 공동상속인이 위 등기의 말소를 청구하는 소는 상속회복청구의 소에 해당한다"(대판 2011.3.10. 2007다17482).

쟁점정리 判例는 "참칭상속인 또는 자기들만이 재산상속을 하였다는 일부 공동상속인들을 상대로 그 소유권 또는 지분권이 귀속되었다는 주장이 상속을 원인으로 하는 것인 이상 그 청구원인(예를 들어 제213조, 제214조, 제741조, 제750조) 여하에 불구하고 민법 제999조의 단기 제척기간의 적용을 받는 상속회복의 소로 보아야 한다"(대판 1991.12.24. 전합90다5740)라고 판시하였는바, 일반적으로 집합권리설(개별적 청구권설)을 취하고 있는 것으로 해석되고 있다.

[정답] ④

문11 甲은 2018. 5. 20. 사망하였는데, 그 배우자 乙과 아들 丙은 2018. 6. 30. 상속포기신고를 하였으나 그 외의 가족은 상속포기신고를 하지 않았고, 법원은 2018. 7. 20. 乙과 丙의 상속포기신고를 수리하는 심판을 하여 위 심판이 같은 달 31. 고지되었다. 이에 관한 설명 중 옳지 않은 것은? [기출변형]

① 乙이 2018. 6. 10. 상속재산에 속하는 손해배상채권을 채무자 A로부터 추심하여 변제를 받은 경우, 乙의 상속포기는 효력이 없다.

② 丙이 2018. 7. 10. 상속재산에 속하는 고가의 패물을 B에게 5,000만 원에 매도하고 대금을 수령한 경우, 丙은 단순승인을 한 것으로 본다.

③ 乙이 2018. 8. 25. 상속재산에 속하는 토지를 C에게 매도하고 그 매매대금 전액으로 위 토지에 관하여 우선변제권을 가진 甲의 채권자 D에게 채무를 변제한 행위는 상속포기신고 후 상속재산의 부정소비에 해당하여 乙이 단순승인을 한 것으로 본다.

④ 만일 乙과 丙의 상속포기로 단독상속인이 된 甲의 어머니 戊가 2018. 9. 10. 사망함으로써 대습상속이 개시된 경우, 그 대습상속인이 된 乙과 丙이 대습상속에 관하여 「민법」에 따른 절차와 방식으로 한정승인이나 상속포기를 하지 않는 한 단순승인을 한 것으로 본다.

해설 ① [○] ※ 상속인이 피상속인의 채권을 추심하여 변제받는 것이 상속재산에 대한 처분행위에 해당하는지 여부(적극)

"상속인이 상속재산에 대한 '처분행위'를 한 때에는 단순승인을 한 것으로 보는바(제1026조 1호), 상속인이 피상속인의 채권을 추심하여 변제받는 것도 상속재산에 대한 처분행위에 해당한다"(대판 2010.4.29, 2009다84936).

☞ 상속인 乙의 상속포기신고 전 피상속인 甲의 손해배상채권을 추심하여 변제받는 것도 법정단순승인사유(제1026조 1호)에 해당하므로 乙의 상속포기는 효력이 없다.

② [○] ※ 법정단순승인사유인 상속재산에 대한 처분의 시점

단순승인사유인 제1026조 1호에서의 처분행위는 한정승인이나 상속포기 전의 처분행위를 지칭한다. 한정승인이나 상속포기를 한 후의 처분은 당연히 법정단순승인사유는 아니고, 그것이 부정소비(제1026조 3호)에 해당하는 때에 한하여 법정단순승인사유로 된다(대판 2004.3.12, 2003다63586).

한편 "상속의 한정승인이나 포기는 상속인의 의사표시만으로 효력이 발생하는 것이 아니라 가정법원에 신고를 하여 가정법원의 심판을 받아야 하며, 그 심판은 당사자가 이를 고지받음으로써 효력이 발생한다(대판 2004.6.25. 2004다20401). 따라서 상속인이 가정법원에 상속포기의 신고를 하였다고 하더라도 이를 수리하는 가정법원의 심판이 고지되기 이전에 상속재산을 처분하였다면, 이는 상속포기의 효력 발생 전에 처분행위를 한 것에 해당하므로 제1026조 1호에 따라 상속의 단순승인을 한 것으로 보아야 한다"(대판 2016.12.29. 2013다73520).

☞ 상속인 丙은 상속포기신고(2018. 6. 20.) 후 그러나 상속포기신고 수리심판 고지(2018. 7. 31.) 전에 상속재산처분행위(2018. 7. 10.)를 하였으므로 判例에 따르면 단순승인을 한 것으로 본다(제1026조 1호).

③ [×] ※ 민법 제1026조 제3호 소정의 '상속재산의 부정소비'의 의미

'상속재산의 부정소비'라 함은 정당한 사유 없이 상속재산을 써서 없앰으로써 그 재산적 가치를 상실시키는 것을 의미하는바, 判例는 상속재산을 처분하여 그 대금을 전액 상속채무의 변제에 사용한 경우 이는 부정소비가 아니라고 한다(대판 2004.3.12. 2003다63586).

④ [○] ※ 상속포기의 효력이 피상속인을 피대습자로 하여 개시된 대습상속에 미치는지 여부(소극) 및 이는 상속인의 상속포기로 피대습자의 직계존속이 피대습자를 상속한 경우에도 마찬가지인지 여부(적극)

"피상속인의 사망으로 상속이 개시된 후 상속인이 상속을 포기하면 상속이 개시된 때에 소급하여 그 효력이 생긴다(민법 제1042조). 따라서 제1순위 상속권자인 배우자와 자녀들이 상속을 포기하면 제2순위에 있는 사람이 상속인이 된다. 상속포기의 효력은 피상속인의 사망으로 개시된 상속에만 미치고, 그 후 피상속인을 피대습자로 하여 개시된 대습상속까지 미치지는 않는다. 대습상속은 상속과는 별개의 원인으로 발생하는 것인 데다가 대습상속이 개시되기 전에는 이를 포기하는 것이 허용되지 않기 때문이다. 이는 종전에 상속인의 상속포기로 피대습자의 직계존속이 피대습자를 상속한 경우에도 마찬가지이다. 또한 피대습자의 직계존속이 사망할 당시 피대습자로부터 상속받은 재산 외에 적극재산이든 소극재산이든 고유재산을 소유하고 있었는지에 따라 달리 볼 이유도 없다"(대판 2017.1.12. 2014다39824).

[정답] ③

문 12 아버지 乙, 할아버지 丙과 함께 살던 미성년자 甲이 부부인 A와 B의 양자(친양자 아님)로 입양되었다. A에게는 아버지 C가 생존해 있다. 다음 설명 중 옳지 않은 것은? [기출변형]

① A가 사망한 후 甲이 사망하면 甲이 A로부터 상속받은 재산은 乙과 B가 공동 상속한다.

② 乙과 A가 모두 사망한 후 甲이 사망하면 甲이 乙과 A로부터 상속받은 재산은 B가 단독 상속한다.

③ 甲과 A·B가 동시에 사망하면 甲과 A의 재산은 乙이 상속한다.

④ 乙과 A·B 모두 사망한 후 甲이 사망하면 甲이 乙과 A·B로부터 상속받은 재산은 丙과 C가 공동 상속한다.

해설 ① [○] ※ 제1000조 1항 2호의 '피상속인의 직계존속'의 의미(친생부모도 포함, 친양자의 경우는 친생부모 불포함)

양자는 입양이 되어도 친생부모와의 자연혈족관계는 존속하므로(제882조의2 2항), 만약 양자가 직계비속 없이 사망한다면, 양부모뿐만 아니라 친생부모도 상속권을 갖는다. 이 경우 양부모와 친생부모는 공동상속인이 된다. 判例도 "양자가 직계비속 없이 사망한 경우 그가 미혼인 경우 제2순위 상속권자인 직계존속이, 그에게 유처가 있는 경우 직계존속과 처가 동순위로

각 상속인이 되는바, 이 경우 양자를 상속할 직계존속에 대하여 아무런 제한을 두고 있지 않으므로 양자의 상속인에는 양부모뿐 아니라 친부모도 포함된다"(대판 1995.1.20, 94마535)고 판시하였다.

☞ 양친 A가 사망한 경우 배우자 B와 양자 甲이 공동상속한다. 그 뒤 甲이 사망하면 甲이 A로부터 상속받은 재산은 생부 乙과 양친 B가 공동상속한다.

[비교쟁점] 이와 달리 친양자의 경우 입양 전의 친족관계는 소멸하므로(제908조의3 2항 본문), 친양자가 직계비속 없이 사망한 경우 친생부모나 생가의 친족은 상속인이 될 수 없다. 다만, 부부의 일방이 그 배우자의 친생자를 단독으로 입양한 경우라면 배우자 및 그 친족과 친생자 간의 친족관계는 존속하므로(제908조의3 2항 단서), 이 경우에는 친생부 또는 친생모 및 그 친족도 상속인이 될 수 있다.

② [○] ④ [○] **제1000조(상속의 순위)** 「①항 상속에 있어서는 다음 순위로 상속인이 된다. 1. 피상속인의 직계비속 2. 피상속인의 직계존속 3. 피상속인의 형제자매 4. 피상속인의 4촌 이내의 방계혈족 ②항 전항의 경우에 동순위의 상속인이 수인인 때에는 최근친을 선순위로 하고 동친 등의 상속인이 수인인 때에는 공동상속인이 된다.」

☞ (② 관련해설) 생부 乙과 양친 A가 사망하면 양자 甲은 乙과 A 모두를 상속하는바, 그 후 甲이 사망하면 甲이 乙과 A로부터 상속받은 재산은 생존한 B가 단독상속한다. 즉, B, 丙, C는 모두 甲의 직계존속이나, B가 丙이나 C보다 근친이므로 B가 단독상속한다.

☞ (④ 관련해설) 생부 乙과 양친 A와 B가 모두 사망하면 甲은 乙, A, B 모두를 상속하고, 그 후 甲이 사망하면 甲이 乙, A, B로부터 상속받은 재산은 甲의 직계존속 丙과 C가 동등친이므로 공동상속한다.

③ [✕] 동시에 사망한 수인들 사이에서는 상속이 일어나지 않는다(동시존재의 원칙).[1] 따라서 甲·A·B 사이에서는 상속이 발생하지 않고, 甲의 재산은 직계존속인 乙·丙·C 중 근친인 乙이 상속하며, A의 재산은 직계존속인 C가 상속한다.

[비교판례] 수인이 동일한 위난으로 사망한 경우에 제30조에 의하여 동시에 사망한 것으로 추정되고, 이들 사이에서는 상속이 일어나지 않지만, 이들의 직계비속이나 배우자에게 대습상속은 일어난다는 점을 유의하여야 한다(대판 2001.3.9, 99다13157). 지문의 경우는 동시사망한 甲·A·B에게 생존한 직계비속 또는 배우자가 없어 대습상속은 문제되지 않는다.

[정답] ③

---

1) 상속은 상속개시 당시의 권리·의무를 포괄적으로 승계하는 것이므로 피상속인과 상속인 사이의 권리·의무의 단절이 생겨서는 안된다. 따라서 상속인과 피상속인은 짧은 시간만이라도 동시에 권리능력자로서 생존하고 있어야 한다. 상속인이 피상속인보다 먼저 사망하거나 동시에 사망하면 그들 사이에는 상속이 인정되지 않는다. 이를 동시존재의 원칙이라 한다(권순한 친족·상속법 제6판 343쪽).

문13 甲이 사망하면서 주택과 임야, 그리고 A에 대한 5천만 원의 채무를 남겼다. 甲에게는 상속인으로 자녀 乙, 丙, 丁만 있었는데, 甲은 丙에게 위 임야를 유증하였다. 한편 甲의 사망 직전 B로부터 인지청구의 소가 제기되어 그 사망 후 B가 승소의 확정판결을 받았다. 이에 관한 설명 중 옳은 것은? (각 지문은 독립적이며, 다툼이 있는 경우 판례에 의함) [기출변형]

① 乙, 丙, 丁의 상속재산 분할협의에 丁을 대신하여 C가 참석한 경우, C의 대리권에 흠결이 있더라도 위 상속재산 분할협의는 유효하다.

② 丙은 유증의 효력에 의하여 상속개시 당시에 위 임야의 소유권을 취득한다.

③ 상속재산 분할 후 인지된 B가 자신의 상속분에 상당하는 가액지급을 청구할 때, 상속개시 후 상속재산에서 발생한 과실(果實)은 그 가액산정 대상에 포함된다.

④ A에 대한 5천만 원의 채무는 상속개시 당시 상속인에게 법정상속분에 따라 당연히 귀속되므로 상속재산 분할의 대상이 될 수 없다.

해설 ① [X] "협의에 의한 상속재산의 분할은 공동상속인 전원의 동의가 있어야 유효하고 공동상속인 중 일부의 동의가 없거나 그 의사표시에 대리권의 흠결이 있다면 분할은 무효이다"(대판 2001.6.29, 2001다28299).

② [X] 특정유증이란 구체적으로 특정된 개별재산을 증여하는 것을 내용으로 하는 유증이다. 지문의 경우 임야를 유증받았으므로 특정유증이며 "포괄적 유증을 받은 자는 제187조에 의하여 법률상 당연히 유증받은 부동산의 소유권을 취득하게 되나, 특정유증을 받은 자는 유증의무자에게 유증을 이행할 것을 청구할 수 있는 채권을 취득할 뿐이므로, 특정유증을 받은 자는 유증받은 부동산의 소유권자가 아니어서 직접 진정한 등기명의의 회복을 원인으로 한 소유권이전등기를 구할 수 없다"(대판 2003.5.27, 2000다73445).

③ [X] 제1014조에 따른 상속분상당가액지급청구에 있어 가액 산정의 대상에 상속재산의 과실이 포함되는지 여부에 대해 判例는 "상속개시 후에 인지되거나 재판이 확정되어 공동상속인이 된 자도 그 상속재산이 아직 분할되거나 처분되지 아니한 경우에는 당연히 다른 공동상속인들과 함께 분할에 참여할 수 있을 것이나, 인지 이전에 다른 공동상속인이 이미 상속재산을 분할 내지 처분한 경우에는 인지의 소급효를 제한하는 민법 제860조 단서가 적용되어 사후의 피인지자는 다른 공동상속인들의 분할 기타 처분의 효력을 부인하지 못하게 되는바, 민법 제1014조는 그와 같은 경우에 피인지자가 다른 공동상속인들에 대하여 그의 상속분에 상당한 가액의 지급을 청구할 수 있도록 하여 상속재산의 새로운 분할에 갈음하는 권리를 인정함으로써 피인지자의 이익과 기존의 권리관계를 합리적으로 조정하는 데 그 목적이 있다. 따라서 인지 이전에 공동상속인들에 의해 이미 분할되거나 처분된 상속재산은 이를 분할받은 공동상속인이나 공동상속인들의 처분행위에 의해 이를 양수한 자에게 그 소유권이 확정적으로 귀속되는 것이며, 그 후 그 상속재산으로부터 발생하는 과실은 상속개시 당시 존재하지 않았던 것이어서 이를 상속재산에 해당한다 할 수 없고, 상속재산의 소유권을 취득한 자(분할받은 공동상속인 또는 공동상속인들로부터 양수한 자)가 민법 제102조에 따라 그 과실을 수취할 권능도 보유한다고 할 것이며, 민법 제1014조도 '이미 분할 내지 처분된 상속재산' 중 피인지자의 상속분에 상당한 가액의 지급청구권만을 규정하고 있을 뿐 '이미 분할 내지 처분된 상속재산으로부터 발생한

과실'에 대해서는 별도의 규정을 두지 않고 있으므로, 결국 민법 제1014조에 의한 상속분상당가액 지급청구에 있어 상속재산으로부터 발생한 과실은 그 가액산정 대상에 포함된다고 할 수 없다"(대판 2007.7.26, 2006므2757)고 판시하였다.

④ [○] "금전채무와 같이 급부의 내용이 가분인 채무가 공동상속된 경우, 이는 상속 개시와 동시에 당연히 법정상속분에 따라 공동상속인에게 분할되어 귀속되는 것이므로, 상속재산 분할의 대상이 될 여지가 없다고 할 것이다"(대판 1997.6.24, 97다8809).

[정답] ④

문14 다음 설명 중 틀린 것은? (다툼이 있는 경우 판례에 의함) [기출변형]

① 상속재산인 부동산의 분할 귀속을 내용으로 하는 상속재산분할심판에 따른 물권변동의 효력 발생 시기는 상속재산분할심판 확정시이다.

② 상속재산인 부동산의 분할 귀속을 내용으로 하는 상속재산분할심판이 확정된 후 그 상속재산분할심판에 따른 등기가 이루어지기 전에 상속재산분할심판이 있었음을 알지 못한 채 상속재산분할의 효력과 양립하지 않는 법률상 이해관계를 갖고 등기를 마친 제3자에 대해서 상속재산분할의 효력을 주장할 수 없다. 이 때 제3자의 악의에 대한 주장·증명책임은 상속재산분할심판의 효력을 주장하는 자에게 있다.

③ 상속인이 미성년인 경우 제1019조 3항이나 그 소급 적용에 관해 민법 부칙에서 정한 '상속채무 초과사실을 안 날' 등을 판단할 때에는 법정대리인의 인식을 기준으로 해야 하므로, 법정대리인의 인식을 기준으로 하여 특별한정승인이 불가능하다면, 상속인이 성년에 이른 뒤에 본인 스스로의 인식을 기준으로 새롭게 특별한정승인을 할 수는 없다.

④ 민법 제1019조 제3항이 신설된 후 상속인이 단순승인을 하거나 단순승인한 것으로 간주된 후에 한정승인 신고를 하고 가정법원이 특별한정승인의 요건을 갖추었다는 취지에서 수리심판을 하였다면 상속인이 특별한정승인을 한 것으로 보아야 한다.

해설 ① [×] ② [○] ※ 부동산에 관한 상속재산분할심판의 효력과 그 효력이 미치지 않는 제3자의 범위
"상속재산의 분할은 상속이 개시된 때에 소급하여 그 효력이 있다. 그러나 제3자의 권리를 해하지 못한다(민법 제1015조). 이는 상속재산분할의 소급효를 인정하여 공동상속인이 분할 내용대로 상속

재산을 피상속인이 사망한 때에 바로 피상속인으로부터 상속한 것으로 보면서도, 상속재산분할 전에 이와 양립하지 않는 법률상 이해관계를 가진 제3자에게는 상속재산분할의 소급효를 주장할 수 없도록 함으로써 거래의 안전을 도모하고자 한 것이다. 이때 민법 제1015조 단서에서 말하는 제3자는 일반적으로 상속재산분할의 대상이 된 상속재산에 관하여 상속재산분할 전에 새로운 이해관계를 가졌을 뿐만 아니라 등기, 인도 등으로 권리를 취득한 사람을 말한다(대판 1992.11.24. 92다31514, 대판 1996.4.26. 95다54426,54433 판결 등 참조). 상속재산인 부동산의 분할 귀속을 내용으로 하는 상속재산분할심판이 확정되면 민법 제187조에 의하여 상속재산분할심판에 따른 등기 없이도 해당 부동산에 관한 물권변동의 효력이 발생한다. 다만 위에서 본 민법 제1015조 단서의 내용과 입법취지 등을 고려하면, 상속재산분할심판에 따른 등기가 이루어지기 전에 상속재산분할의 효력과 양립하지 않는 법률상 이해관계를 갖고 등기를 마쳤으나 상속재산분할심판이 있었음을 알지 못한 제3자에 대하여는 상속재산분할의 효력을 주장할 수 없다고 보아야 한다. 이 경우 제3자가 상속재산분할심판이 있었음을 알았다는 점에 관한 주장·증명책임은 상속재산분할심판의 효력을 주장하는 자에게 있다고 할 것이다"(대판 2020.8.13. 2019다249312)

③ [○] 상속채무가 상속재산을 초과함에도 법정대리인이 착오나 무지 등으로 한정승인이나 포기를 하지 않는 경우에 미성년 상속인을 특별히 보호하기 위하여 별도의 제도를 마련하는 것이 입법론적으로 바람직하기는 하다. 그러나 현행 민법에 특별한정승인에 관한 법정대리만을 예외적으로 취급할 법적 근거가 전무한 상태임에도 오로지 해석론에 입각하여, 상속인이 성년에 이른 후에 본인 스스로의 인식을 기준으로 별도의 제척기간이 기산됨을 내세워 새롭게 특별한정승인을 할 수는 없다. 이와 달리 새로운 특별한정승인을 허용하자는 견해는, 현행 민법에 따라 인정되는 특별한정승인이 아니라 전혀 새로운 내용의 특별한정승인을 인정하자는 것과 다름이 없고, 이에 따르게 되면 법률의 근거 없이 상속인이 미성년인 동안에 법정대리로 인하여 생긴 기존의 효과를 무시하게 될 뿐만 아니라 법적 안정성 및 형평에도 정면으로 반하게 된다"(대판 2020.11.19. 전합2019다232918).

④ [○] "㉠ 민법 제1019조 제3항은, '제1019조 제1항의 규정에 불구하고 상속인은 상속채무가 상속재산을 초과하는 사실을 중대한 과실없이 제1항의 기간 내에 알지 못하고 단순승인(제1026조 제1호 및 제2호의 규정에 의하여 단순승인한 것으로 보는 경우를 포함한다)을 한 경우에는 그 사실을 안 날부터 3월 내에 한정승인을 할 수 있다.'고 정한다. ㉡ 민법 제1019조 제3항이 신설된 후 상속인이 단순승인을 하거나 단순승인한 것으로 간주된 후에 한정승인 신고를 하고 가정법원이 특별한정승인의 요건을 갖추었다는 취지에서 수리심판을 하였다면 상속인이 특별한정승인을 한 것으로 보아야 한다. ㉢ 민법 제1019조 제3항이 적용되는 사건에서 상속인이 단순승인을 하거나 민법 제1026조 제1호, 제2호에 따라 단순승인한 것으로 간주된 다음 한정승인 신고를 하여 이를 수리하는 심판을 받았다면, 상속채권에 관한 청구를 심리하는 법원은 위 한정승인이 민법 제1019조 제3항에서 정한 요건을 갖춘 특별한정승인으로서 유효한지 여부를 심리·판단하여야 한다"(대판 2021.2.25. 2017다289651).

[정답] ①

문15 상속의 한정승인에 관한 설명 중 옳지 않은 것은? (다툼이 있는 경우 판례에 의함) [기출변형]

① 상속채권자는 특별한 사정이 없는 한 한정승인자의 고유재산에 대해 강제집행을 할 수 없다.

② 상속채권자는 상속재산에 관하여 한정승인자로부터 근저당권을 취득한 한정승인자의 고유채권자에 대해, 그 근저당권에 기한 배당절차에서 한정승인의 사유만으로 우선적 지위를 주장할 수 없다.

③ 공동상속인들 중 일부가 한정승인을 한 경우 이에 따른 청산절차가 종료될 때까지는 상속재산분할청구를 할 수 없다.

④ 상속채권자가 한정승인자에게 상속채무 전부의 이행을 구하는 소를 제기한 경우, 법원은 상속재산이 상속채무의 변제에 부족하다고 하더라도 상속채무 전부에 대한 이행판결을 선고하면서 이행판결의 주문에 상속재산의 한도에서만 집행할 수 있다는 취지를 명시하여야 한다.

해설 ① [○] "민법 제1028조는 "상속인은 상속으로 인하여 취득할 재산의 한도에서 피상속인의 채무와 유증을 변제할 것을 조건으로 상속을 승인할 수 있다."라고 규정하고 있다. 상속인이 위 규정에 따라 한정승인의 신고를 하게 되면 피상속인의 채무에 대한 한정승인자의 책임은 상속재산으로 한정되고, 그 결과 상속채권자는 특별한 사정이 없는 한 상속인의 고유재산에 대하여 강제집행을 할 수 없으며 상속재산으로부터만 채권의 만족을 받을 수 있다"(대판 2016.5.24. 2015다250574).

② [○] ※ 한정승인자가 자신의 고유채권자를 위해 상속재산에 담보권을 설정한 경우 우열관계
"법원이 한정승인신고를 수리하게 되면 피상속인의 채무에 대한 상속인의 책임은 상속재산으로 한정되고, 그 결과 상속채권자는 특별한 사정이 없는 한 상속인의 고유재산에 대하여 강제집행을 할 수 없다. 그런데 민법은 한정승인을 한 상속인(이하 '한정승인자'라 한다)에 관하여 그가 상속재산을 은닉하거나 부정소비한 경우 단순승인을 한 것으로 간주하는 것(제1026조 제3호) 외에는 상속재산의 처분행위 자체를 직접적으로 제한하는 규정을 두고 있지 않기 때문에, 한정승인으로 발생하는 위와 같은 책임제한 효과로 인하여 한정승인자의 상속재산 처분행위가 당연히 제한된다고 할 수는 없다. 또한 민법은 한정승인자가 상속재산으로 상속채권자 등에게 변제하는 절차는 규정하고 있으나(제1032조 이하), 한정승인만으로 상속채권자에게 상속재산에 관하여 한정승인자로부터 물권을 취득한 제3자에 대하여 우선적 지위를 부여하는 규정은 두고 있지 않으며, 민법 제1045조 이하의 재산분리 제도와 달리 한정승인이 이루어진 상속재산임을 등기하여 제3자에 대항할 수 있게 하는 규정도 마련하고 있지 않다. 따라서 한정승인자로부터 상속재산에 관하여 저당권 등의 담보권을 취득한 사람과 상속채권자 사이의 우열관계는 민법상의 일반원칙에 따라야 하고, 상속채권자가 한정승인의 사유만으로 우선적 지위를 주장할 수는 없다. 그리고 이러한 이치는 한정승인자가 그 저당권 등의 피담보채무를 상속개시 전부터 부담하고 있었다고 하여 달리 볼 것이 아니다"(대판 2010.3.18, 전합2007다77781).

③ [×] "상속재산분할청구 절차를 통하여 분할의 대상이 되는 상속재산의 범위를 한꺼번에 확정하는 것이 상속채권자의 보호나 청산절차의 신속한 진행을 위하여 필요하다는 점 등을 고려하면, 한정승인에 따른 청산절차가 종료되지 않은 경우에도 상속재산분할청구가 가능하다"(대결 2014.7.25. 2011스226).

제5편

2022 해커스법원직 민법 기출문제집 윤동환, 공태용 민법의 맥

④ [○] "상속의 한정승인은 채무의 존재를 한정하는 것이 아니라 단순히 그 책임의 범위를 한정하는 것에 불과하기 때문에, 상속의 한정승인이 인정되는 경우에도 상속채무가 존재하는 것으로 인정되는 이상, 법원으로서는 상속재산이 없거나 그 상속재산이 상속채무의 변제에 부족하다고 하더라도 상속채무 전부에 대한 이행판결을 선고하여야 하고, 다만, 그 채무가 상속인의 고유재산에 대해서는 강제집행을 할 수 없는 성질을 가지고 있으므로, 집행력을 제한하기 위하여 이행판결의 주문에 상속재산의 한도에서만 집행할 수 있다는 취지를 명시하여야 한다"(대판 2003.11.14. 2003다30968)

[정답] ③

문16 상속에 있어서 특별수익과 기여분에 관한 설명 중 옳은 것을 모두 고른 것은?   [기출변형]

ㄱ. 유증의 가액이 상속이 개시된 때의 피상속인의 재산가액에서 기여분을 공제한 액을 넘은 경우에는 그 초과분은 반환하여야 한다.

ㄴ. 구체적 상속분을 산정할 때, 특별수익재산의 평가의 기준시점은 상속개시시이다.

ㄷ. 기여분이 결정되기 전이라도 유류분반환청구소송에서 피고가 된 기여상속인은 상속재산 중 자신의 기여분을 공제할 것을 항변으로 주장할 수 있다.

ㄹ. 공동상속인 중에 특별수익자가 있는 경우 구체적인 상속분의 산정의 기초가 되는 '피상속인이 상속개시 당시에 가지고 있던 재산의 가액'이란 상속재산 가운데 적극재산에서 소극재산을 제외한 순재산을 뜻한다.

ㅁ. 상속재산분할 후에라도 피인지자나 재판의 확정에 의하여 공동상속인이 된 자의 상속분에 상당한 가액의 지급청구가 있는 경우에는 기여분의 결정청구를 할 수 있으나, 상속재산분할의 심판청구가 없는 한 유류분반환청구가 있다는 사유만으로 기여분의 결정청구를 할 수 없다.

① ㄱ, ㄴ
② ㄱ, ㄷ
③ ㄷ, ㄹ
④ ㄴ, ㅁ

해설 ㄱ. [×] **제1008조의2(기여분)** 「③항 기여분은 상속이 개시된 때의 피상속인의 재산가액에서 유증의 가액을 공제한 액을 넘지 못한다.」

관련쟁점 유증은 기여분에 우선하고(제1008의2 3항) 유류분은 유증에 우선한다(제1115조). 그러나 기여분과 유류분은 아무 관계가 없다. 즉 기여분은 공동상속인간의 실질적 공평을 실현하기 위한 제도이므로 기여분이 아무리 커도 유류분을 침해하는 것이 아니다. 다만 실제 기여분 산정에 있어서는 다른 공동상속인의 유류분을 참작하여 결정한다.

ㄴ. [○] **제1008조(특별수익자의 상속분)** 「공동상속인 중에 피상속인으로부터 재산의 증여 또는 유증을 받은 자가 있는 경우에 그 수증재산이 자기의 상속분에 달하지 못한 때에는 그 부족한 부분의 한도에서 상속분이 있다.」

☞ 상속재산과 특별수익재산 가액의 산정기준시기는 상속개시시이다. 그러나 대금으로 정산하는 경우 구체적 정산액 산정은 분할시를 기준으로 한다(아래96스62판결).

관련판례 "공동상속인 중에 피상속인으로부터 재산의 증여 또는 유증 등의 특별수익을 받은 자가 있는 경우에는 이러한 특별수익을 고려하여 상속인별로 고유의 법정상속분을 수정하여 구체적인 상속분을 산정하게 되는데, 이러한 **구체적 상속분을 산정함에 있어서는 상속개시시를 기준으로 상속재산과 특별수익재산을 평가하여 이를 기초로 하여야 할 것이고**, 다만 법원이 실제로 상속재산분할을 함에 있어 분할의 대상이 된 상속재산 중 특정의 재산을 1인 및 수인의 상속인의 소유로 하고 그의 상속분과 그 특정의 재산의 가액과의 차액을 현금으로 정산할 것을 명하는 방법(소위 대상분할의 방법)을 취하는 경우에는, 분할의 대상이 되는 재산을 그 분할시를 기준으로 하여 재평가하여 그 평가액에 의하여 정산을 하여야 한다"(대결 1997.3.21, 96스62).

ㄷ. [X] "기여분이 결정되기 전에는 피고가 된 기여상속인은 유류분반환청구소송에서 상속재산 중 자신의 기여분을 공제할 것을 항변으로 주장할 수는 없다"(대판 1994.10.14, 94다8334).

ㄹ. [X] 구체적 상속분의 산정을 위한 계산의 기초가 되는 '피상속인이 상속개시 당시에 가지고 있던 재산의 가액'은 상속재산 가운데 적극재산의 전액을 가리킨다(대판 1995.3.10, 94다16571). 즉 제1008조는 적극재산에 대해서만 적용되며, 특별수익자가 있더라도 상속채무는 원칙적으로 공동상속인간에 법정상속분(제1009조)에 따라 승계된다(이는 유류분산정의 경우와 다르다). 만일 소극재산을 공제한다면, 자기의 법정상속분을 초과하여 특별이익을 받은 초과특별수익자는 상속채무를 전혀 부담하지 않는 불공평한 결과를 초래할 수 있기 때문이다.

ㅁ. [○] "기여분은 상속재산분할의 전제문제로서의 성격을 갖는 것이므로 상속재산분할의 청구나 조정신청이 있는 경우에 한하여 기여분결정청구를 할 수 있고(제1008조의2 4항), 다만 예외적으로 상속재산분할 후에라도 피인지자나 재판의 확정에 의하여 공동상속인이 된 자의 상속분에 상당한 가액의 지급청구가 있는 경우에는 기여분의 결정청구를 할 수 있으나, 상속재산분할의 심판청구가 없음에도 단지 유류분반환청구가 있다는 사유만으로는 기여분결정청구가 허용된다고 볼 것은 아니다"(대결 1999.8.24, 99스28).

[정답] ④

문17 甲의 사망을 둘러싸고 발생할 수 있는 법률관계에 관한 설명 중 옳은 것은?　　[기출변형]

① 甲이 사망하여 배우자인 乙이 상속받은 후에 甲과 乙의 혼인이 취소된 경우, 乙의 상속은 사망 시에 소급하여 무효로 한다.

② 甲의 사망 후 인지 된 乙이 甲의 사망 시에 소급하여 공동상속인이 되어 상속회복을 청구하는 경우, 乙이 상속권의 침해를 안 것으로 되는 시점은 인지판결 확정일부터이다.

③ 甲의 사망 후의 甲의 부 丙이 사망한 경우, 甲의 배우자인 乙은 丙의 재산을 대습상
　　속한다. 그리고 丙의 사망 전에 乙이 상속결격자로 된 경우에는 乙에게 甲과의 혼인
　　전에 A와의 혼인관계에 출생한 자 B가 있으면 다시 B가 대습상속한다.
④ 甲의 단독상속인인 乙이 상속을 포기한 경우, 乙의 자 丙은 甲은 재산을 대습상속한다.

해설 ① [×] 혼인취소판결이 확정되면 혼인은 장래에 향하여 해소되며, 소급효가 인정되지 않는다(제
824조). 위 조문의 해석과 관련하여, 인격과 불가분의 관계에 있는 신분관계만이 이에 해당하
고, 재산관계에서는 소급효를 인정하는 견해도 있으나, 대법원은 배우자 사이에 재산상속이
있은 후에 그 혼인이 취소되더라도 상속이 무효로 되지 않는다(대판 1996.12.23, 95다48308)고 하
여 신분관계, 재산관계를 불문하고 소급효를 부정한다.

② [○] 상속회복청구권은 상속인 또는 그 법정대리인이 침해를 안 날부터 3년, 상속권의 침해행
위가 있은 날부터 10년이 경과하면 소멸한다(제999조 2항). 여기서 '상속권의 침해를 안 날'이
라 함은 자기가 진정한 상속인임을 알고 또 자기가 상속에서 제외된 사실을 안 때를 가리키는
것으로서, 단순히 상속권 침해의 추정이나 의문만으로는 충분하지 않다(대판 2007.10.25, 2007다
36223). 특히 강제인지를 통해 피인지된 자의 상속회복청구권의 경우 '침해를 안 날부터 3년'의
기산점은 그 인지판결이 확정된 날로부터 기산한다(대판 1978.2.14, 77므21).

③ [×] 재대습상속도 인정된다. 예컨대 조부, 부, 증조부 순으로 사망한 경우에, 조부의 사망에
따라 부가 증조부의 대습상속인이 되는데, 부 또한 증조부보다 먼저 사망하였기 때문에 결
국 자가 증조부를 재대습상속하게 된다. 다만 判例는 대습자인 피대습자의 배우자가 대습상속 개시
전에 사망한 경우에 재대습상속을 부정하였다. 즉 "대습상속이 인정되는 것은 상속인이 될 자(사망자 또
는 결격자)가 피상속인의 직계비속 또는 형제자매인 경우에 한한다 할 것이므로, 상속인이 될 자(사
망자 또는 결격자)의 배우자는 제1003조에 기하여 대습자가 될 수는 있으나, 피대습자(사망
자 또는 결격자)의 배우자가 대습상속의 상속개시 전에 사망하거나 결격자가 되었다면 그
배우자에게 다시 피대습자로서의 지위가 인정될 수는 없다"(대판 1999.7.9, 98다64318,64325)고
한다.

☞ 대습상속의 인정이유가 대습자의 상속에 대한 기대를 보호하는 것에 있다고 할 때, 이와
같은 경우에도 대습상속을 인정할 필요가 있겠지만 제1001조 등의 법문상 배우자는 피대습자
에 포함되어 있지 않기 때문에 判例의 태도는 타당하다.

④ [×] 상속포기는 법문상 대습상속 사유에 포함되지 않는다(제1001조). 그러므로 상속포기자의
직계비속이나 배우자가 대습상속을 할 수는 없다.

관련쟁점 다만 자녀가 모두 상속포기를 하여 다음 순위자인 손자녀가 상속을 하는 것은 가능
하나(대판 1995.4.7, 94다11835), 이 경우에는 손자녀가 본위상속을 하는 것일 뿐 대습상속을 하
는 것은 아니다.

[정답] ②

문18 상속회복청구권에 관한 설명 중 옳은 것을 모두 고른 것은? (다툼이 있는 경우 판례에 의함)

[기출변형]

> ㄱ. 적법하게 공동상속등기가 마쳐진 부동산에 대하여 공동상속인 중 1인이 자기의 단독 명의로 소유권이전등기를 한 경우, 다른 공동상속인들이 그 소유권이전등기의 말소를 청구하는 것은 상속회복청구에 해당한다.
> ㄴ. 상속재산의 일부에 대하여 제척기간 내에 상속회복청구권을 행사하여 제소하였다면, 청구의 목적물로 하지 않은 나머지 상속재산에 대해서도 제척기간을 준수한 것으로 본다.
> ㄷ. 공동상속인 중 1인이 자신이 단독상속인이라고 주장하였다면, 다른 상속인의 상속권에 대한 침해가 없더라도 그는 참칭상속인에 해당한다.
> ㄹ. 상속회복청구권이 제척기간의 경과로 소멸되면 진정상속인은 상속인으로서의 지위를 상실하는 반면, 그 반사적 효과로서 참칭상속인은 상속개시 당시에 소급하여 상속인의 지위를 취득한 것으로 본다.

① ㄱ
② ㄹ
③ ㄱ, ㄹ
④ ㄴ, ㄷ

해설 ㄱ. [×] "상속회복청구의 소는 상속을 원인으로 소유권을 취득하였다고 주장하는 사람이 참칭상속인을 상대로 침해된 상속권의 회복을 구하는 것으로서, 참칭상속인이란 정당한 상속권이 없음에도 재산상속인임을 신뢰케 하는 외관을 갖추고 있는 사람이나 상속인이라고 참칭하여 상속재산의 전부 또는 일부를 점유하고 있는 사람을 말하는바, 소유권이전등기에 의하여 재산상속인임을 신뢰케 하는 외관을 갖추었는지 여부는 권리관계를 외부에 공시하는 등기부의 기재에 의하여 판단하여야 하므로, 등기원인이 상속이 아닌 매매, 증여 등 다른 원인으로 되어 있다면 소유권이전등기를 한 등기명의인이 공동상속인 중의 1인이라고 하더라도 참칭상속인이라고 할 수 없고, 일단 적법하게 공동상속등기가 마쳐진 부동산에 관하여 상속인 중 1인이 자기 단독명의로 소유권이전등기를 한 경우 다른 상속인들이 그 이전등기가 원인 없이 마쳐진 것이라 하여 말소를 구하는 소는 상속회복청구의 소에 해당하지 아니하여 민법 제999조 제2항이 정하는 소의 제기에 관한 제척기간이 적용되지 아니한다. 이는 상속권이 침해되었음을 이유로 그 회복을 구하는 것이 아니라 상속으로 일단 취득한 소유권이 그 후 위법하게 침해되었다는 이유로 소유권의 회복을 구하는 것이기 때문이며, 공동상속등기와 그에 이은 이전등기 사이의 시간적 간격이 짧다거나 공동상속등기와 이전등기가 상속인 중 1인에 의하여 동일한 기회에 이루어졌다고 하여 달리 볼 것이 아니다"(대판 2011.9.29, 2009다78801).

ㄴ. [×] "재산상속에 관하여 진정한 상속인임을 전제로 그 상속으로 인한 소유권 또는 지분권 등 재산권의 귀속을 주장하고 참칭상속인 또는 자기들만이 재산상속을 하였다는 일부 공동상속인들을 상대로 상속재산인 부동산에 관한 등기의 말소 기타 지분권의 반환 등을 구하는 경우에는 그 소유권 또는 지분권 등이 귀속되었다는 주장이 상속을 원인으로 하는 것인 이상 그 청구원인 여하에 불구하고 이는 민법 제999조 소정의 상속회복청구의 소라고 해석함이 상당하고,

이와 같은 경우에는 민법 제999조에 의하여 준용되는 민법 제982조 제2항 소정의 제척기간의 적용이 있으며, 또 상속재산의 일부에 대하여 제소하여 제척기간을 준수하였다 하여 그로써 다른 상속재산에 대한 소송에 그 기간 준수의 효력이 생기지 아니한다"(대판 1981.6.9, 80므84).

ㄷ. [×] "재산상속회복청구의 소에 있어서 그 상대방이 되는 참칭상속인이라 함은 재산상속인임을 신뢰하게 하는 외관을 갖추고 있거나 상속인이라고 참칭하여 상속재산의 전부 또는 일부를 점유하는 등의 방법에 의하여 진정한 상속인의 상속권을 침해하는 자를 가리키는 것으로서, 상속인 아닌 자가 자신이 상속인이라고 주장하거나 또는 공동상속인 중 1인이 자신이 단독상속인이라고 주장하였다 하더라도 달리 상속권의 침해가 없다면 그러한 자를 가리켜 상속회복청구의 소에서 말하는 참칭상속인이라고 할 수는 없는 것이다"(대판 1994.11.18, 92다33701).

ㄹ. [○] "상속회복청구권이 제척기간의 경과로 소멸하게 되면 상속인은 상속인으로서의 지위 즉 상속에 따라 승계한 개개의 권리의무 또한 총괄적으로 상실하게 되고, 그 반사적 효과로서 참칭상속인의 지위는 확정되어 참칭상속인이 상속개시의 시로부터 소급하여 상속인으로서의 지위를 취득한 것으로 봄이 상당하다"(대판 1994.3.25. 93다57155).

[정답] ②

문 19 상속에 관한 설명 중 옳은 것을 모두 고른 것은? (다툼이 있는 경우에는 판례에 의함) [기출변형]

ㄱ. 공동상속인 중 1인이 상속재산인 수 개의 부동산 중 하나의 부동산에 대한 자신의 상속지분을 양도한 것은 「민법」 제1011조 제1항에 규정된 '상속분의 양도'에 해당하지 않으므로, 이에 대하여는 다른 상속인들이 상속분의 양수권을 행사할 수 없다.

ㄴ. 공동상속인들이 상속재산을 분할한 후 피상속인의 혼인외의 출생자로서 인지된 사람이 다른 공동상속인에게 그 상속분에 상당한 가액의 지급을 청구한 경우, 공동상속인이 분할받은 상속재산으로부터 발생한 과실을 취득하는 것은 피인지자에 대한 관계에서 부당이득이 되므로 이를 반환하여야 한다.

ㄷ. 이혼으로 인한 위자료청구권은 원칙적으로 상속되지 않지만, 청구권자가 위자료의 지급을 구하는 소송을 제기한 후 사망한 경우에는 예외적으로 상속된다.

ㄹ. 채권자가 상속인을 상대로 상속채무의 이행을 구하는 소송에서 상속인이 한정승인을 하고도 이를 주장하지 아니하여 책임의 범위에 관한 유보없는 판결이 선고되고 확정된 경우, 상속인은 그 후 위 한정승인 사실을 내세워 청구이의의 소를 제기할 수 없다.

① ㄷ
② ㄱ, ㄷ
③ ㄱ, ㄹ
④ ㄴ, ㄹ

해설 ㄱ. [○] 공동상속의 경우 상속재산분할 전이라도 상속인은 상속채권 및 상속채무를 포함하여 '상속분을 포괄적'으로 제3자에게 양도할 수 있고(상속인 지위의 양도), 이 때 다른 공동상속인이 '그 가액과 양도비용'을 상환하고 그 상속분을 양수할 수 있다(제1011조 1항). 따라서 상속인이 '개별재산에 대한 지분'을 양도하는 것은 상속분 양도가 아니므로 상속분양수의 대상이 되지 않는다(아래 2006다2719판결).

관련판례 "민법 제1011조 제1항은 "공동상속인 중 그 상속분을 제3자에게 양도한 자가 있는 때에는 다른 공동상속인은 그 가액과 양도비용을 상환하고 그 상속분을 양수할 수 있다"고 규정하고 있는바, 여기서 말하는 '상속분의 양도'란 상속재산분할 전에 적극재산과 소극재산을 모두 포함한 상속재산 전부에 관하여 공동상속인이 가지는 포괄적 상속분, 즉 상속인 지위의 양도를 의미하므로, 상속재산을 구성하는 개개의 물건 또는 권리에 대한 개개의 물권적 양도는 이에 해당하지 아니한다. 공동상속인 중 일부가 상속재산인 임야 중 자신들의 상속지분을 양도한 경우, 이는 민법 제1011조 제1항에 규정된 '상속분의 양도'에 해당하지 아니하고 상속받은 임야에 관한 공유지분을 양도한 것에 불과하여, 다른 공동상속인에게 민법 제1011조 제1항에 규정된 상속분 양수권이 있다고 볼 수 없다"(대판 2006.3.24. 2006다2719).

ㄴ. [✕] 상속개시후의 인지 또는 재판의 확정에 의하여 공동상속인이 된 자는 상속재산분할을 청구하여 분할에 참가할 수 있다. 그러나 다른 공동상속인들이 이미 상속재산의 분할 기타 처분을 한 때에는 상속인들의 분할이나 처분행위의 무효를 주장할 수 없으나, 다만 다른 공동상속인에게 그 상속분에 상당한 가액의 지급을 청구할 권리가 있다(제1014조). 여기서 상속재산의 과실은 제1014조에 따른 상속분 상당 가액청구에서 가액산정의 대상에 포함되지 않으며, 따라서 이에 대한 부당이득반환청구는 허용되지 않는다(아래 2006므2757,2764판결).

관련판례 "인지 전에 공동상속인들에 의해 이미 분할되거나 처분된 상속재산은 이를 분할받은 공동상속인이나 공동상속인들의 처분행위에 의해 이를 양수한 자에게 그 소유권이 확정적으로 귀속되는 것이며, 그 후 그 상속재산으로부터 발생하는 과실은 상속개시 당시 존재하지 않았던 것이어서 이를 상속재산에 해당한다 할 수 없고, 상속재산의 소유권을 취득한 자(분할받은 공동상속인 또는 공동상속인들로부터 양수한 자)가 민법 제102조에 따라 그 과실을 수취할 권능도 보유한다고 할 것이며, 민법 제1014조도 '이미 분할 내지 처분된 상속재산' 중 피인지자의 상속분에 상당한 가액의 지급청구권만을 규정하고 있을 뿐 '이미 분할 내지 처분된 상속재산으로부터 발생한 과실'에 대해서는 별도의 규정을 두지 않고 있으므로, 결국 민법 제1014조에 의한 상속분상당가액지급청구에 있어 상속재산으로부터 발생한 과실은 그 가액산정 대상에 포함된다고 할 수 없다"(대판 2007.7.26. 2006므2757,2764).

ㄷ. [○] 위자료청구권은 양도 또는 승계되지 않으나, 당사자간에 이미 그 배상에 관한 계약이 성립되거나 소를 제기한 후에는 승계된다(제843조, 제806조 3항). 이와 관련하여 判例는 이혼위자료청구권은 행사상 일신전속권이고 귀속상 일신전속권은 아니라 할 것인바, 그 청구권자가 위자료의 지급을 구하는 소송을 제기함으로써 청구권을 행사할 의사가 외부적 객관적으로 명백하게 된 이상 양도나 상속 등 승계가 가능하다고 한다(대판 1993.5.27. 92므143). 즉 이혼·위자료 청구 소송 중 원고가 사망한 경우, 이혼소송은 종료되지만 위자료청구소송은 상속인들이 수계할 수 있다.

ㄹ. [✕] 判例는 종래 해석론상 논의되던, 적법하게 한정승인신고를 하고서도 소송과정에서 한정승인의 항변을 하지 않았던 상속인이 집행절차에서 비로소 한정승인주장(청구에 관한 이의의 소)[1]을

---

1) 청구에 관한 이의의 소는 채무자가 집행권원의 내용인 사법상의 청구권이 현재의 실체상태와 일치하지 않는 것을 주장하여 그 집행권원이 가지는 집행력의 배제를 구하는 소이다(민사집행법 제44조). 이는 집행권원의 성립절차와 집행절차를 분리하고 있는 제도에서 실체적 권리상태를 제대로 반영하지 않는 집행권원의 집행력을 배제하여 집행을 막는 구제방법이다.

할 수 있는지 여부에 관하여 긍정설의 입장이다(아래 2006다23138판결). 즉, 대법원은 한정승인제도와 관련하여 상속채권자의 보호에 제한적 태도를 취하고 있다. 이는 우리 민법상의 한정승인 제도가 상속채권자의 보호보다는 상속인이 피상속인의 채무를 무한정 상속하여 파탄에 빠지는 것을 막아 상속인을 보호하려는 데 본래의 목적이 있기 때문이다.

"채권자가 피상속인의 금전채무를 상속한 상속인을 상대로 그 상속채무의 이행을 구하여 제기한 소송에서 채무자가 한정승인 사실을 주장하지 않으면 책임의 범위는 현실적인 심판대상으로 등장하지 아니하여 주문에서는 물론 이유에서도 판단되지 않으므로 그에 관하여 기판력이 미치지 않는다. 그러므로 채무자가 한정승인을 하고도 채권자가 제기한 소송의 사실심 변론종결시까지 그 사실을 주장하지 아니하여 책임의 범위에 관한 유보가 없는 판결이 선고되어 확정되었다고 하더라도, 채무자는 그 후 위 한정승인 사실을 내세워 청구에 관한 이의의 소를 제기할 수 있다"(대판 2006.10.13. 2006다23138).

[비교판례] 그러나 상속포기의 경우에는 다르다. 즉 判例는 채무자가 상속포기를 하였으나 채권자가 제기한 소송에서 사실심변론종결시까지 이를 주장하지 않은 경우, 채권자의 승소판결 확정 후 청구이의의 소를 제기할 수 없다고 하였다(대판 2009.5.28. 2008다79876).

[정답] ②

제2절 | 유언 및 유류분

문1 다음 설명 중 가장 옳지 않은 것은? (다툼이 있는 경우 판례에 의함) [14서기보]

① 자필증서에 의한 유언은 유언자가 그 전문과 연월일, 주소성명을 자서하고 날인하여야 하는데, 날인이 인장이 아닌 무인에 의한 경우라면 무효이다.

② 유언자가 유언을 철회한 것으로 볼 수 없고 이해관계인이 유언증서의 내용을 입증하였다면, 유언증서가 그 성립 후 에 멸실되거나 분실되었더라도 유언은 실효되지 않는다.

③ 상속인의 상속회복청구권 및 그 제척기간에 관하여 규정한 민법 제999조는 포괄적 유증의 경우에도 유추 적용된다.

④ 권원 없이 공유물을 점유하는 자에 대한 공유물의 반환청구는 공유물의 보존행위이므로, 상속인들이 상속포기신고를 하기에 앞서 점유자를 상대로 피상속인의 소유였던 주권에 관하여 주권반환청구소송을 제기한 것은 민법 제1026조 제1호가 정하는 상속재산의 처분행위에 해당하지 아니한다.

해설 ① [X] "민법 제1065조 내지 제1070조가 유언의 방식을 엄격하게 규정한 것은 유언자의 진의를 명확히 하고 그로 인한 법적 분쟁과 혼란을 예방하기 위한 것이므로, 법정된 요건과 방식에 어긋난 유언은 그것이 유언자의 진정한 의사에 합치하더라도 무효라고 하지 않을 수 없고, 자 필증서에 의한 유언은 유언자가 그 전문과 연월일, 주소, 성명을 자서(自書)하고 날인하여야 하는바(민법 제1066조 제1항), 유언자의 주소는 반드시 유언 전문과 동일한 지편에 기재하여야 하는 것은 아니고, 유언증서로서 일체성이 인정되는 이상 그 전문을 담은 봉투에 기재하더라도 무방하며, 그 날인은 무인에 의한 경우에도 유효하다"(대판 2007.10.25. 2006다12848).

② [○] ※ 유언의 철회
"유언자가 유언을 철회한 것으로 볼 수 없는 이상, 유언증서가 그 성립 후에 멸실되거나 분실되었 다는 사유만으로 유언이 실효되는 것은 아니고 이해관계인은 유언증서의 내용을 입증하여 유언의 유효 를 주장할 수 있다"(대판 1996.9.20. 96다21119).

③ [○] "포괄적 수증자의 법적 지위 내지 권리의무에 관하여 구 민법(1990. 1. 13. 법률 제4199호로 개정되기 전의 것) 제1078조는 '포괄적 유증은 받은 자는 재산상속인과 동일한 권리의무가 있 다.'고 규정하고 있어 포괄적 수증자는 그 수증분에 따라서 유증자의 일신전속적인 권리를 제외한 모든 권리 및 의무를 법률상 당연히 포괄적으로 승계하기 때문에 포괄적 유증은 실질적으로는 수증분을 상 속분으로 하는 피상속인(유증자)에 의한 상속인 및 상속분의 지정과 같은 기능을 하고 있으므로, 상속인 의 상속회복청구권에 관한 규정은 포괄적 수증의 경우에 유추 적용되고, 상속회복청구권의 제척기간 에 관한 규정도 상속에 관한 법률관계의 신속한 확정을 위한 상속회복청구권의 제척기간의 제도 적 취지에 비추어 볼 때 포괄적 수증의 경우에 유추 적용된다"(대판 2001.10.12. 2000다22942).

④ [○] "권원 없이 공유물을 점유하는 자에 대한 공유물의 반환청구는 공유물의 보존행위이므로, 상 속인들이 상속포기신고를 하기에 앞서 점유자를 상대로 피상속인의 소유였던 주권에 관하여 주권반환청구소송을 제기한 것은 민법 제1026조 1호가 정하는 상속재산의 처분행위에 해당하 지 아니한다"(대판 1996.10.15, 96다23283).

[정답] ①

문2 유언, 유증 등에 관한 다음 설명 중 가장 옳지 않은 것은? [16서기보]

① 정지조건 있는 유증은 수증자가 그 조건 성취 전에 사망하더라도 수증자의 상속인 이 있는 경우에는 그 상속인에게 대습상속된 후 그 조건이 성취하면 그때 유증의 효력이 생긴다.

② 만 17세에 달하면 유언을 할 수 있다.

③ 적법한 유언은 민법 제1091조에서 규정하고 있는 유언증서에 대한 법원의 검인이 나 민법 제1092조에서 규정하는 유언증서의 개봉절차를 거치지 않더라도 유언자의 사망에 의하여 곧바로 그 효력이 생기는 것이며, 검인이나 개봉절차의 유무에 의하 여 유언의 효력이 영향을 받지 아니한다.

④ 유언자의 날인이 없는 유언장은 자필증서에 의한 유언으로서의 효력이 없다.

해설 ① [×] **제1089조(유증효력발생전의 수증자의 사망)** 「①항 유증은 유언자의 사망 전에 수증자가 사망한 때에는 그 효력이 생기지 아니한다. ②항 정지조건 있는 유증은 수증자가 그 조건성취전에 사망한 때에는 그 효력이 생기지 아니한다.」

제1090조(유증의 무효, 실효의 경우와 목적재산의 귀속) 「유증이 그 효력이 생기지 아니하거나 수증자가 이를 포기한 때에는 유증의 목적인 재산은 상속인에게 귀속한다. 그러나 유언자가 유언으로 다른 의사를 표시한 때에는 그 의사에 의한다.」

☞ 따라서 정지조건 있는 유증은 수증자가 그 조건 성취 전에 사망한 경우 스증자의 상속인이 있는 경우에도 그 효력이 생기지 아니하므로, 유증의 목적인 재산은 원칙적으로 유언자의 상속인에게 귀속된다.

② [○] **제1061조(유언적령)** 「만17세에 달하지 못한 자는 유언을 하지 못한다.」

③ [○] ※ 유언의 효력발생 시기

제1073조(유언의 효력발생시기) 「①항 유언은 유언자가 사망한 때로부터 그 효력이 생긴다.」

"적법한 유언은 검인(제1091조)이나 개봉절차(제1092조)를 거치지 않더라도 유언자의 사망에 의하여 곧바로 그 효력이 생기는 것이며, 검인이나 개봉절차의 유무에 의하여 유언의 효력이 영향을 받지 아니한다"(대판 1998.6.12, 97다38510).

④ [○] ※ 자필증서에 의한 유언의 요건 – 성명의 자서와 날인

성명은 자서를 하여야 하나, 날인은 타인이 하여도 무방하며, 날인은 인장 대신에 무인에 의한 경우에도 유효하다. 다만 성명의 자서 외에 날인도 갖추어야 하는가에 대해 ⅰ) 날인은 유언자의 동일성과 그의 진의를 확인하기 위한 것인데 이는 성명의 자서에 의해 확인될 수 있으므로 성명의 자서가 있다면 날인은 없더라도 유언은 유효하다는 견해가 있으나(다수설), ⅱ) 자필증서 유언에 날인을 요구하고 있는 것은 그것이 단순히 유언의 초안에 불과한 것이 아니고 확정적인 유언임을 담보하는 의미가 있기 때문이므로, 날인이 누락된 자필증서유언의 효력을 부정하는 것이 타당하다. ⅲ) 判例도 성명을 자서하였더라도 날인이 없으면 자필증서에 의한 유언은 무효라고 한다(대판 2006.9.8, 2006다25103,25110).

[정답] ①

문3 유류분제도에 관한 다음 설명 중 가장 옳지 않은 것은? [15서기보]

① 유류분액을 산정함에 있어 반환의무자가 증여받은 재산의 시가는 증여 당시를 기준으로 산정하여야 한다.

② 유류분반환청구권은 그 행사 여부가 유류분권리자의 인격적 이익을 위하여 그의 자유로운 의사결정에 전적으로 맡겨진 권리로서 행사상의 일신전속성을 가진다고 보아야 하므로, 유류분권리자에게 그 권리행사의 확정적 의사가 있다고 인정되는 경우가 아니라면 채권자대위권의 목적이 될 수 없다.

③ 유류분권리자는 먼저 유증을 받은 자를 상대로 유류분침해액의 반환을 구하여야 하고, 그 이후에도 여전히 유류분침해액이 남아 있는 경우에 한하여 증여를 받은 자에 대하여 그 부족분을 청구할 수 있는바, 사인증여는 유증과 같은 것으로 보아야 한다.

④ 유류분반환청구권의 행사는 재판상 또는 재판 외에서 상대방에 대한 의사표시의 방법으로 할 수 있고, 이 경우 그 의사표시는 침해를 받은 유증 또는 증여행위를 지정하여 이에 대한 반환청구의 의사를 표시하면 그것으로 족하며, 그로 인하여 생긴 목적물의 이전등기청구권이나 인도청구권 등을 행사하는 것과는 달리 그 목적물을 구체적으로 특정하여야 하는 것은 아니다.

───

[해설] ① [×] ※ 유류분액의 산정 – 평가액 산정 기준시

유류분액을 산정함에 있어 반환의무자가 증여받은 재산의 시가는 상속개시 당시를 기준으로 산정해야 하고(대판 1996.2.9, 95다17885), 당해 반환의무자에 대하여 반환해야 할 재산의 범위를 확정한 다음 그 원물반환이 불가능하여 가액반환을 명하는 경우에는 그 가액은 사실심 변론종결시를 기준으로 산정해야 한다(대판 2005.6.23, 2004다51887).

② [○] 대판 2010.5.27, 2009다93992

③ [○] "유류분반환청구의 목적인 증여나 유증이 병존하고 있는 경우에는 유류분권리자는 먼저 유증을 받은 자를 상대로 유류분침해액의 반환을 구하여야 하고, 그 이후에도 여전히 유류분침해액이 남아 있는 경우에 한하여 증여를 받은 자에 대하여 그 부족분을 청구할 수 있는 것이며, 사인증여의 경우에는 유증의 규정이 준용될 뿐만 아니라 그 실제적 기능도 유증과 달리 볼 필요가 없으므로 유증과 같이 보아야 할 것이다"(대판 2001.11.30, 2001다6947).

④ [○] ※ 유류분반환청구권의 행사 방법

재판상 또는 재판 외의 방법으로 행사할 수 있다. 判例는 "그 의사표시는 침해를 받은 유증 또는 증여행위를 지정하여 이에 대한 반환청구의 의사를 표시하면 그것으로 족하며, 그로 인하여 생긴 목적물의 이전등기청구권이나 인도청구권 등을 행사하는 것과는 달리 그 목적물을 구체적으로 특정하여야 하는 것은 아니고, 민법 제1117조에 정한 소멸시효의 진행도 그 의사표시로 중단된다"(대판 2002.4.26, 2000다8878)고 한다.

[정답] ①

문4 다음 설명 중 가장 옳지 않은 것은? (다툼이 있는 경우 판례에 의함)

① 유류분반환청구권을 행사함으로써 발생하는 목적물의 이전등기청구권 등은 유류분 반환청구권에서 파생되는 권리이므로 그 이전등기청구권 등에 대하여는 민법 제 1117조 소정의 유류분반환청구권에 대한 소멸시효가 적용된다.

② 금전채무와 같이 급부의 내용이 가분인 채무가 공동상속된 경우 이는 상속개시와 동시에 당연히 법정상속분에 따라 공동상속인에게 분할되어 귀속되므로 상속재산 분할의 대상이 될 여지가 없다.

③ 포괄적 유증을 받은 자도 상속회복청구권을 행사할 수 있다.

④ 상속개시 후에 인지판결이 확정되어 공동상속인이 된 자가 있더라도 그 인지판결 확정 전에 상속재산을 분할한 다른 공동상속인들이 그 분할받은 상속재산으로부터 발생한 과실을 취득하는 것은 피인지자에 대한 관계에서 부당이득이 되지 않는다.

해 설 ① [×] **제1117조(소멸시효)** 「(유류분)반환의 청구권은 유류분권리자가 상속의 개시와 반환하여야 할 증여 또는 유증을 한 사실을 안 때로부터 1년내에 하지 아니하면 시효에 의하여 소멸한다. 상속이 개시한 때로부터 10년을 경과한 때도 같다.」

※ 유류분반환청구권의 소멸
"유류분반환청구권을 행사함으로써 발생하는 목적물의 이전등기청구권 등은 유류분반환청구권과는 다른 권리이므로, 그 이전등기청구권 등에 대하여는 민법 제1117조 소정의 유류분반환청구권에 대한 소멸 시효가 적용될 여지가 없고, 그 권리의 성질과 내용 등에 따라 별도로 소멸시효의 적용 여부와 기간 등을 판단하여야 한다"(대판 2015.11.12. 2011다55092,55108).

② [○] ※ 채무의 공동상속
민법은 상속인이 수인인 때에는 상속재산은 그 '공유'로 하는 것으로 정한다(제1006조). 判例는 "금전채무와 같이 급부의 내용이 가분인 채무가 공동상속된 경우, 이는 상속개시와 동시에 당연히 법 정상속분에 따라 공동상속인에게 귀속하는 것이므로 상속재산 분할의 대상이 될 여지가 없다"고 한다(대판 1997.6.24. 97다8809).

③ [○] "포괄적 수증자의 법적 지위 내지 권리의무에 관하여 구 민법(1990. 1. 13. 법률 제4199호로 개정되기 전의 것) 제1078조는 '포괄적 유증은 받은 자는 재산상속인과 동일한 권리의무가 있 다.'고 규정하고 있어 포괄적 수증자는 그 수증분에 따라서 유증자의 일신전속적인 권리를 제외한 모든 권리 및 의무를 법률상 당연히 포괄적으로 승계하기 때문에 포괄적 유증은 실질적으로는 수증분을 상 속분으로 하는 피상속인(유증자)에 의한 상속인 및 상속분의 지정과 같은 기능을 하고 있으므로, 상속인 의 상속회복청구권에 관한 규정은 포괄적 수증의 경우에 유추 적용되고, 상속회복청구권의 제척기간 에 관한 규정도 상속에 관한 법률관계의 신속한 확정을 위한 상속회복청구권의 제척기간의 제도 적 취지에 비추어 볼 때 포괄적 수증의 경우에 유추 적용된다"(대판 2001.10.12. 2000다22942).
☞ 따라서 포괄적 유증을 받은 자도 상속회복청구권을 행사할 수 있다.

④ [○] **제860조(인지의 소급효)** 「인지는 그 자의 출생시에 소급하여 효력이 생긴다. 그러나 제3자의 취득한 권리를 해하지 못한다.」

※ 피인지자에 대한 인지 이전에 상속재산을 분할한 공동상속인이 그 분할받은 상속재산으로부터 발생한 과실을 취득하는 것이 피인지자에 대한 관계에서 부당이득이 되는지 여부(소극)

상속개시 후에 인지되거나 재판이 확정되어 공동상속인이 된 자도 그 상속재산이 아직 분할되거나 처분되지 아니한 경우에는 당연히 다른 공동상속인들과 함께 분할에 참여할 수 있을 것이나, 인지 이전에 다른 공동상속인이 이미 상속재산을 분할 내지 처분한 경우에는 인지의 소급효를 제한하는 민법 제860조 단서가 적용되어 사후의 피인지자는 다른 공동상속인들의 분할 기타 처분의 효력을 부인하지 못하게 되는바, 민법 제1014조는 그와 같은 경우에 피인지자가 다른 공동상속인들에 대하여 그의 상속분에 상당한 가액의 지급을 청구할 수 있도록 하여 상속재산의 새로운 분할에 갈음하는 권리를 인정함으로써 피인지자의 이익과 기존의 권리관계를 합리적으로 조정하는 데 그 목적이 있는 것이다. 따라서 인지 이전에 공동상속인들에 의해 이미 분할되거나 처분된 상속재산은 민법 제860조 단서가 규정한 인지의 소급효 제한에 따라 이를 분할받은 공동상속인이나 공동상속인들의 처분행위에 의해 이를 양수한 자에게 그 소유권이 확정적으로 귀속되는 것이며, 상속재산의 소유권을 취득한 자는 민법 제102조에 따라 그 과실을 수취할 권능도 보유한다고 할 것이므로, 피인지자에 대한 인지 이전에 상속재산을 분할한 공동상속인이 그 분할받은 상속재산으로부터 발생한 과실을 취득하는 것은 피인지자에 대한 관계에서 부당이득이 된다고 할 수 없다(대판 2007.7.26. 2006다83796).

[정답] ①

문5 다음 설명 중 가장 옳지 않은 것은? (다툼이 있는 경우 판례에 의하고, 전원합의체 판결의 경우 다수의견에 의함) [19서기보]

① 공동상속인 중에 상당한 기간 동안 피상속인을 특별히 부양한 사람이 있을지라도 공동상속인의 협의 또는 가정법원의 심판으로 기여분이 결정되지 않은 이상 유류분반환청구소송에서 기여분을 주장할 수는 없다.

② 유류분반환청구권의 행사로 인하여 생기는 원물반환의무 또는 가액반환의무는 이행기한의 정함이 없는 채무이므로, 반환의무자는 그 의무에 대한 이행청구를 받은 때에 비로소 지체책임을 진다.

③ 자필증서에 의한 유언은 유언자가 전문과 연월일, 주소, 성명을 모두 자서하고 날인하여야만 효력이 있으나, 유언자가 주소를 자서하지 않았다고 하더라도 유언장의 다른 기재에 의하여 유언자를 특정할 수 있다면 유언의 효력을 인정할 수 있다.

④ 공동상속인 중 1인이 자신의 법정상속분 상당의 상속채무분담액을 초과하여 유류분권리자의 상속채무 분담액까지 변제한 경우, 그러한 사정을 유류분권리자의 유류분 부족액 산정 시 고려할 것은 아니다.

해설 ① [○] ※ 기여분 - 유류분과의 관계

유증은 기여분에 우선하고(제1008의2 3항) 유류분은 유증에 우선한다(제1115조). 그러나 기여분과 유류분은 아무 관계가 없다. 즉 기여분은 공동상속인간의 실질적 공평을 실현하기 위한 제도이므로 기여분이 아무리 커도 유류분을 침해하는 것이 아니다. 따라서 "설령 공동상속인의 협의 또는 가정법원의 심판으로 기여분이 결정되었다고 하더라도 유류분을 산정함에 있어 기여분을 공제할 수 없고, 기여분으로 인하여 유류분에 부족이 생겼다고 하여 기여분에 대하여 반환을 청구할 수도 없다"(대판 2015.10.29. 2013다60753). 다만 실제 기여분 산정에 있어서는 다른 공동상속인의 유류분을 참작하여 결정한다.

② [○] ※ 유류분반환청구권의 행사로 생기는 원물반환의무(가액반환의무)의 지체책임의 발생 시기

유류분반환청구권의 행사로 인하여 생기는 원물반환의무 또는 가액반환의무는 이행기한의 정함이 없는 채무이므로, 반환의무자는 그 의무에 대한 이행청구를 받은 때에 비로소 지체책임을 진다(대판 2013.3.14. 2010다42624).

③ [✕] ※ 유언자가 자필증서에 의한 유언을 하면서 주소를 자서하지 않은 경우, 유언자의 특정에 아무런 지장이 없다고 하여 효력을 인정할 수 있는지 여부(소극)

"민법 제1065조 내지 제1070조가 유언의 방식을 엄격하게 규정한 것은 유언자의 진의를 명확히 하고 그로 인한 법적 분쟁과 혼란을 예방하기 위한 것이므로, 법정된 요건과 방식에 어긋난 유언은 그것이 유언자의 진정한 의사에 합치하더라도 무효라고 하지 않을 수 없다. 따라서 자필증서에 의한 유언은 민법 제1066조 제1항의 규정에 따라 유언자가 그 전문과 연월일, 주소, 성명을 모두 자서하고 날인하여야만 효력이 있다고 할 것이므로 유언자가 주소를 자서하지 않았다면 이는 법정된 요건과 방식에 어긋난 유언으로서 그 효력을 부정하지 않을 수 없고, 유언자의 특정에 아무런 지장이 없다고 하여 달리 볼 것도 아니다"(대판 2014.10.6. 2012다29564).

④ [○] 유류분 산정의 기초가 되는 재산 = 상속개시시 적극재산의 가액 + 생전증여재산의 가액(1년 내의 생전증여액 + 1년 전의 쌍방 악의의 생전증여액 + 공동상속인에게 한 생전증여) - 채무전액

※ 유류분 산정시 공제되어야 할 채무

判例에 따르면 "금전채무와 같이 급부의 내용이 가분인 채무가 공동상속된 경우, 이는 상속개시와 동시에 당연히 공동상속인들에게 법정상속분에 따라 상속된 것으로 봄이 타당하므로, 법정상속분 상당의 금전채무는 유류분권리자의 유류분 부족액을 산정할 때 고려하여야 할 것이나, 공동상속인 중 1인이 자신의 법정상속분 상당의 상속채무 분담액을 초과하여 유류분권리자의 상속채무 분담액까지 변제한 경우에는 유류분권리자를 상대로 별도로 구상권을 행사하여 지급받거나 상계를 하는 등의 방법으로 만족을 얻는 것은 별론으로 하고, 그러한 사정을 유류분권리자의 유류분 부족액 산정시 고려할 것은 아니다"라고 한다(대판 2013.3.14. 2010다42624).

[정답] ③

문6 사인증여와 유증에 관한 설명 중 옳지 않은 것은? (다툼이 있는 경우에는 판례에 의함) [기출변형]

① 사인증여는 원칙적으로 증여자와 수증자의 합의에 의해 성립하지만, 유증은 유언자의 사망 전에 수유자가 유언자에 대하여 승낙의 의사표시를 할 필요가 없다.

② 증여자의 사망 전에 사망한 사인증여 수증자의 지위가 상속되는가의 여부는 사인증여의 내용에 의해 정해지고, 유언자의 사망 전에 사망한 유증 수유자의 지위가 상속되는가의 여부는 유언의 취지에 의해 정해진다.

③ 미성년자가 사인증여를 함에는 원칙적으로 법정대리인의 동의를 얻어야 하지만, 미성년자라도 만 17세에 달한 자가 유증을 함에는 법정대리인의 동의를 얻을 필요가 없다.

④ 포괄적 유증을 받은 자는 상속인과 동일한 권리의무가 있다고 규정한 민법 제1078조는 포괄적 사인증여에 준용되지 않는다.

해설 ①~④는 사인증여와 유증을 비교하는 문제이다. 민법은 사인증여에 유증에 관한 규정을 준용하고 있다(제562조). 다만 사인증여는 불요식 계약이나 유증은 단독행위로 엄격한 요식성을 요하는 바 준용의 범위가 문제되는바, 判例는 기본적으로 "유증의 방식에 관한 민법 제1065조 내지 제1072조는 그것이 단독행위임을 전제로 하는 것이어서 계약인 사인증여에는 적용되지 않는다"(대판 1996.4.12. 94다37714,37721)고 한다.

① [O] 사인증여는 '계약'으로서 당사자(증여자와 수증자)의 의사합치가 필요하나, 유증은 '단독행위'로서 유언자의 의사표시만 있으면 족하다.

② [X] 유증은 유언자의 사망전에 수증자가 사망한 때에는 그 효력이 생기지 아니한다(제1089조 1항). 아울러 사인증여의 경우에는 유증에 관한 규정을 준용하므로(제562조), 사인증여의 경우에도 수증자가 사인증여의 증여자보다 먼저 사망한 때에는 그 효력이 생기지 않는다.

③ [O] 사인증여도 계약이므로 미성년자가 사인증여를 함에는 원칙적으로 법정대리인의 동의를 얻어야 한다(다만 미성년자가 사인증여를 받는 수증자인 경우에는 부담이 없는 한 단독으로 받을 수 있다; 제5조 제2항 단서). 그러나 만 17세에 달하면 유언을 할 수 있으므로(제1061조), 미성년자라도 만 17세에 달한 자가 유증을 함에는 법정대리인의 동의를 얻을 필요가 없다.

④ [O] "포괄적 사인증여에 민법 제1078조가 준용된다면 양자의 효과는 동일하게 되므로, 결과적으로 포괄적 유증에 엄격한 방식을 요하는 요식행위로 규정한 조항들은 무의미하게 된다. 따라서 민법 제1078조가 포괄적 사인증여에 준용된다고 하는 것은 사인증여의 성질에 반하므로 준용되지 아니한다고 해석함이 상당하다"(대판 1996.4.12. 94다37714,37721)

[정답] ②

문7 다음 설명 중 옳지 않은 것은? (다툼이 있는 경우에는 판례에 의함)

[기출변형]

① 비밀증서에 의한 유언이 방식을 갖추지 못하였다면 그 증서가 자필증서의 방식에 적합한 경우이더라도 유언의 엄격 요식성에 비추어 자필증서에 의한 유언으로 볼 수 없다.

② 혼인외의 자를 혼인 중의 친생자로 출생신고한 경우, 그 출생신고는 무효이지만 인지신고로서의 효력은 인정할 수 있다.

③ 타인의 자를 자기의 자로 출생신고한 경우, 그 출생신고는 무효이나, 입양의 실질적 요건을 갖추었다면 입양신고로서의 효력은 인정할 수 있다.

④ 공동상속인 전원의 협의에 따라 상속재산 전부를 상속인 중 일부에게 상속시킬 방편으로 나머지 상속인들이 한 상속포기가 법정기간을 경과한 후에 신고된 것이어서 상속포기로서의 효력이 없더라도, 상속인들 사이에 상속재산의 협의분할이 이루어진 것이라고 볼 수 있다.

해설 ①~④ 가족법 중 **무효행위의 전환**(제138조)과 관련한 질문이다.

① [X] 비밀증서에 의한 유언이 그 방식에 흠결이 있는 경우에 그 증서가 자필증서의 방식에 적합한 때에는 자필증서에 의한 유언으로 본다(제1071조).

② [○] 혼인신고가 위법하여 무효인 경우에도 무효인 혼인중 출생한 자를 그 호적에 출생신고하여 등재한 이상 그 자에 대한 인지의 효력이 있다"(대판 1971.11.15. 71다1983)

③ [○] "당사자가 양친자관계를 창설할 의사로 친생자출생신고를 하고 거기에 입양의 실질적 요건이 모두 구비되어 있다면 그 형식에 다소 잘못이 있더라도 입양의 효력이 발생한다"(대판 2001.5.24. 전합2000므1493)

④ [○] "상속재산을 공동상속인 1인에게 상속시킬 방편으로 나머지 상속인들이 한 상속포기 신고가 민법 제1019조 제1항 소정의 기간을 경과한 후에 신고된 것이어서 상속포기로서의 효력이 없다고 하더라도, 공동상속인들 사이에서는 1인이 고유의 상속분을 초과하여 상속재산 전부를 취득하고 나머지 상속인들은 이를 전혀 취득하지 않기로 하는 내용의 상속재산에 관한 협의분할이 이루어진 것으로 보아야 한다"(대판 1996.3.26. 95다45545,45552,45569)

[정답] ①

문8 유언의 집행에 관한 설명 중 옳은 것은? (다툼이 있는 경우 판례에 의함) [기출변형]

① 구수증서에 의해 유언이 작성된 경우에 그 증서보관자는 유언자의 사망 후 지체없이 법원에 그 검인을 청구하여야 한다.

② 봉인된 유언증서 개봉에는 유언자의 상속인, 그 대리인 기타 이해관계인이 참여하여야 하며, 적법한 유언이라도 개봉에 필요한 요건을 갖추지 않으면 유언은 효력을 잃는다.

③ 제한능력자와 달리 파산선고를 받은 자는 유언집행자가 될 수 있다.

④ 유언집행자가 수인인 경우, 유언집행자를 상대로 유증의무의 이행을 구하는 소송은 특별한 사정이 없는 한 유언집행자 전원을 피고로 삼아야 하는 고유필수적 공동소송이다.

[해설] ① [×] **제1070조(구수증서에 의한 유언)** 「① 구수증서에 의한 유언은 질병 기타 급박한 사유로 인하여 전4조의 방식에 의할 수 없는 경우에 유언자가 2인이상의 증인의 참여로 그 1인에게 유언의 취지를 구수하고 그 구수를 받은 자가 이를 필기낭독하여 유언자의 증인이 그 정확함을 승인한 후 각자 서명 또는 기명날인하여야 한다. ② 전항의 방식에 의한 유언은 그 증인 또는 이해관계인이 급박한 사유의 종료한 날로부터 7일내에 법원에 그 검인을 신청하여야 한다.」

② [×] ※ 유언의 효력발생시기
유언은 유언자가 사망한 때로부터 그 효력이 생긴다(제1073조). 따라서 적법한 유언은 검인(제1091조)이나 개봉절차(제1092조)를 거치지 않더라도 유언자의 사망에 의하여 곧바로 그 효력이 생기는 것이며, 검인이나 개봉절차의 유무에 의하여 유언의 효력이 영향을 받지 아니한다(대판 1998.6.12, 97다38510).

③ [×] **제1098조(유언집행자의 결격사유)** 「제한능력자와 파산선고를 받은 자는 유언집행자가 되지 못한다.」

④ [○] 수인의 유언집행자 중 1인만을 피고로 하여 유증의무 이행을 구하는 소송을 제기한 사안에서, 判例는 "유언집행자 지정 또는 제3자의 지정 위탁이 없는 한 상속인 전원이 유언집행자가 되고, 유언집행자에 대하여 민법 제1087조 제1항 단서에 따라 유증의무의 이행을 구하는 것은 유언집행자인 상속인 전원을 피고로 삼아야 하는 고유필수적 공동소송"(대판 2011.6.24. 2009다8345)이라고 판시하였다.

[정답] ④

문9 유류분에 관한 설명 중 옳은 것(○)과 옳지 않은 것(×)을 올바르게 조합한 것은? [기출변형]

ㄱ. 공동상속인 중 피상속인의 생전에 재산을 증여받아 특별수익을 한 자가 있는 경우, 그 증여는 상속개시 1년 이전의 것인지 여부, 당사자 쌍방이 손해를 가할 것을 알고서 하였는지 여부에 관계없이 유류분 산정을 위한 기초재산에 산입된다.

ㄴ. 유류분권리자의 가액반환청구에 대하여 반환의무자가 원물반환을 주장하며 가액반환에 반대하는 의사를 표시한 경우에는 반환의무자의 의사에 반하여 원물반환이 가능한 재산에 대하여 가액반환을 명할 수 없다.

ㄷ. 공동상속인 중 1인이 자신의 법정상속분 상당의 상속채무분담액을 초과하여 유류분권리자의 상속채무분담액까지 변제한 경우에도 별도로 구상권을 행사하거나 상계하는 등의 방법으로 만족을 얻는 것은 별론으로 하고, 이를 유류분권리자의 유류분 부족액 산정 시 고려하여서는 안 된다.

① ㄱ(○), ㄴ(○), ㄷ(○)   ② ㄱ(○), ㄴ(○), ㄷ(×)
③ ㄱ(○), ㄴ(×), ㄷ(○)   ④ ㄱ(×), ㄴ(○), ㄷ(○)

해설 ㄱ. [○] ※ 유류분액 산정의 기초가 되는 재산

유류분 산정의 기초가 되는 재산에는 증여계약이 체결된 때를 기준(증여계약의 이행시가 아님)으로 상속개시전의 1년간 증여는 모두 산입된다(제1114조 본문). 상속개시 1년 이전의 증여는 원칙적으로 산입되지 않지만, ⅰ) 당사자 쌍방이 유류분권리자에 손해를 가할 것을 알고 증여를 한 때에는 상속개시 1년 이전의 증여라도 반환을 청구할 수 있으며(제1114조 후단), ⅱ) 공동상속인에 있어서는 상속 개시 1년 전에 증여받은 것이라도 모두 산입대상이 된다(대판 1996.2.9, 95다17885). 이러한 특별수익은 상속재산을 선급받은 것이므로 공동상속인간의 공평한 분배를 위하여 산입되어야 하는 것이다.

ㄴ. [○] ※ 유류분의 반환방법

"민법은 유류분의 반환방법에 관하여 별도의 규정을 두지 않는바, 반환의무자는 통상적으로 증여 또는 유증대상인 재산 그 자체를 반환하면 될 것이다(제1115조 1항 참조, 예컨대 수증자 또는 수유자가 아직 목적물을 소유하고 있거나, 목적물을 양수한 제3자가 악의인 경우). 만약 원물반환이 불가능한 경우(예컨대 수증자 또는 수유자가 선의의 제3자에게 양도한 경우)에는 그 가액 상당액을 반환할 수밖에 없다. 특히 원물반환의 경우 목적물이 부동산인 때에는 유류분이 비율로 정해져 있으므로 공유지분의 이전등기를 청구하는 형태가 될 것이다. 그리고 원물반환이 가능하더라도 유류분권리자와 반환의무자 사이에 가액으로 이를 반환하기로 협의가 이루어지거나 유류분권리자의 가액반환청구에 대하여 반환의무자가 이를 다투지 않은 경우에는 법원은 가액반환을 명할 수 있지만, 유류분권리자의 가액반환청구에 대하여 반환의무자가 원물반환을 주장하며 가액반환에 반대하는 의사를 표시한 경우에는 반환의무자의 의사에 반하여 원물반환이 가능한 재산에 대하여 가액반환을 명할 수 없다"(대판 2013.3.14. 2010다42624).

ㄷ. [○] "금전채무와 같이 급부의 내용이 가분인 채무가 공동상속된 경우, 이는 상속개시와 동시에 당연히 공동상속인들에게 법정상속분에 따라 상속된 것으로 봄이 타당하므로, 법정상속분 상당의 금전채무는 유류분권리자의 유류분 부족액을 산정할 때 고려하여야 할 것이나, 공동상속인 중 1인이 자신의 법정상속분 상당의 상속채무 분담액을 초과하여 유류분권리자의 상속채무 분담액까지 변제한 경우에는 유류분권리자를 상대로 별도로 구상권을 행사하여 지급받거나 상계를 하는 등의 방법으로 만족을 얻는 것은 별론으로 하고, 그러한 사정을 유류분권리자의 유류분 부족액 산정시 고려할 것은 아니다"(대판 2013.3.14. 2010다42624).

[정답] ①

문10 유류분에 관한 설명 중 옳은 것은? (다툼이 있는 경우 판례에 의함) [기출변형]

① 공동상속인 중 1인이 자신의 법정상속분 상당의 상속채무 분담액을 초과하여 유류분권리자의 상속채무 분담액까지 변제한 경우, 그러한 사정은 유류분권리자의 유류분 부족액 산정 시 고려되어야 한다.

② 유류분반환청구권자가 침해를 받은 유증 또는 증여행위를 지정하여 재판 외에서 이에 대한 반환청구의 의사를 표시했더라도 그로부터 6개월 이내에 재판상의 청구 등을 하여야 소멸시효 진행이 중단된다.

③ 공동상속인의 협의 또는 가정법원의 심판으로 유류분반환의무자의 기여분이 인정된 경우, 유류분을 산정함에 있어 그 기여분을 공제하여야 한다.

④ 유류분반환청구소송에서 유류분반환의무자가 증여 또는 유증대상 재산 그 자체를 반환하는 것이 불가능한 경우에는 사실심 변론종결시를 기준으로 산정한 가액 상당액을 반환해야 한다.

해설 ① [✕] "금전채무와 같이 급부의 내용이 가분인 채무가 공동상속된 경우, 이는 상속개시와 동시에 당연히 공동상속인들에게 법정상속분에 따라 상속된 것으로 봄이 타당하므로, 법정상속분 상당의 금전채무는 유류분권리자의 유류분 부족액을 산정할 때 고려하여야 할 것이나, 공동상속인 중 1인이 자신의 법정상속분 상당의 상속채무 분담액을 초과하여 유류분권리자의 상속채무 분담액까지 변제한 경우에는 유류분권리자를 상대로 별도로 구상권을 행사하여 지급받거나 상계를 하는 등의 방법으로 만족을 얻는 것은 별론으로 하고, 그러한 사정을 유류분권리자의 유류분 부족액 산정시 고려할 것은 아니다"(대판 2013.3.14. 2010다42624).

② [✕] 유류분 반환청구권의 행사는 재판상 또는 재판 외의 방법으로 행사할 수 있다. 判例는 "그 의사표시는 침해를 받은 유증 또는 증여행위를 지정하여 이에 대한 반환청구의 의사를 표시하면 그것으로 족하며, 그로 인하여 생긴 목적물의 이전등기청구권이나 인도청구권 등을 행사하는 것과는 달리 그 목적물을 구체적으로 특정하여야 하는 것은 아니고, 민법 제1117조에 정한 소멸시효의 진행도 그 의사표시로 중단된다"(대판 2002.4.26, 2000다8878)

③ [×] 유증은 기여분에 우선하고(제1008의2 3항) 유류분은 유증에 우선한다(제1115조). 그러나 기여분과 유류분은 아무 관계가 없다. 즉 기여분은 공동상속인간의 실질적 공평을 실현하기 위한 제도이므로 기여분이 아무리 커도 유류분을 침해하는 것이 아니다.

따라서 "설령 공동상속인의 협의 또는 가정법원의 심판으로 기여분이 결정되었다고 하더라도 유류분을 산정함에 있어 기여분을 공제할 수 없고, 기여분으로 인하여 유류분에 부족이 생겼다고 하여 기여분에 대하여 반환을 청구할 수도 없다"(대판 2015.10.29. 2013다60753).

④ [○] "유류분반환범위는 상속개시 당시 피상속인의 순재산과 문제된 증여재산을 합한 재산을 평가하여 그 재산액에 유류분청구권자의 유류분비율을 곱하여 얻은 유류분액을 기준으로 하는 것인바, 이와 같이 유류분액을 산정함에 있어 반환의무자가 증여받은 재산의 시가는 상속개시 당시를 기준으로 산정하여야 하고, 당해 반환의무자에 대하여 반환하여야 할 재산의 범위를 확정한 다음 그 원물반환이 불가능하여 가액반환을 명하는 경우에는 그 가액은 사실심 변론종결시를 기준으로 산정하여야 한다"(대판 2005.6.23, 2004다51887).

[정답] ④

2022 대비 최신판

해커스법원직

기출문제집 | 2권

초판 1쇄 발행 2021년 11월 15일

지은이	윤동환, 공태용 공편저
펴낸곳	해커스패스
펴낸이	해커스공무원 출판팀

주소	서울특별시 강남구 강남대로 428 해커스공무원
고객센터	1588-4055
교재 관련 문의	gosi@hackerspass.com
	해커스공무원 사이트(gosi.Hackers.com) 교재 Q&A 게시판
	카카오톡 플러스 친구 [해커스공무원강남역], [해커스공무원노량진]
학원 강의 및 동영상강의	gosi.Hackers.com

ISBN	979-11-6662-842-9 (13360)
Serial Number	01-01-01

최단기 합격 공무원학원 1위,
해커스공무원 **gosi.Hackers.com**

해커스공무원

· '회독'의 방법과 공부 습관을 제시하는 **해커스 회독증강 콘텐츠**(교재 내 할인쿠폰 수록)
· **해커스공무원 학원 및 인강**(교재 내 인강 할인쿠폰 수록)
· 해커스 스타강사의 **공무원 민법 무료 동영상강의**

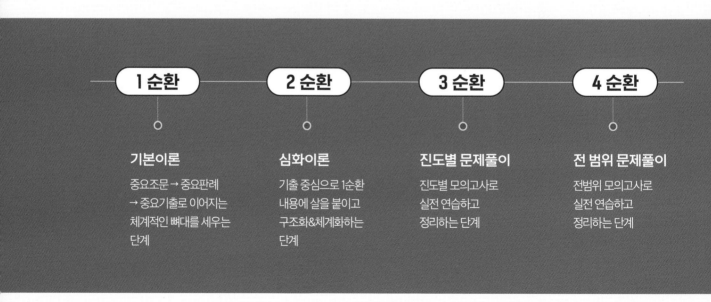